D1691508

westermann

D Eins

Deutsch

D Eins

Deutsch

Herausgegeben von
Claus Gigl und Klaus-Michael Guse

Erarbeitet von
Klaus Ackermann, Claudia Deetjen, Luise Esser, Maria Fuhs, Jens Göttert, Franziska Happ, Roland Henke, Christian Kass, Christina Knott, Florian Koch, Markus Alexander Kopp, Andreas Seidler, Birgit Tutt, Lucia Zahradníček und Jasmin Zielonka

westermann GRUPPE

© 2021 Westermann Bildungsmedien Verlag GmbH, Braunschweig, www.westermann.de

Das Werk und seine Teile sind urheberrechtlich geschützt.
Jede Nutzung in anderen als den gesetzlich zugelassenen bzw. vertraglich zugestandenen Fällen bedarf der vorherigen schriftlichen Einwilligung des Verlages. Nähere Informationen zur vertraglich gestatteten Anzahl von Kopien finden Sie auf www.schulbuchkopie.de.

Für Verweise (Links) auf Internet-Adressen gilt folgender Haftungshinweis: Trotz sorgfältiger inhaltlicher Kontrolle wird die Haftung für die Inhalte der externen Seiten ausgeschlossen. Für den Inhalt dieser externen Seiten sind ausschließlich deren Betreiber verantwortlich. Sollten Sie daher auf kostenpflichtige, illegale oder anstößige Inhalte treffen, so bedauern wir dies ausdrücklich und bitten Sie, uns umgehend per E-Mail davon in Kenntnis zu setzen, damit beim Nachdruck der Verweis gelöscht wird.

Druck A[1] / Jahr 2021
Alle Drucke der Serie A sind im Unterricht parallel verwendbar.

Redaktion: Melanie Horn, Lena Röseler
Illustrationen: Hannah Brückner, Leona Rudel, Yaroslav Schwarzstein
Umschlaggestaltung und Layout: Janssen Kahlert Design & Kommunikation, Hannover
© iStockphoto.com / Wavebreakmedia
Satz: Lumina Datamatics Ltd.
Druck und Bindung: Westermann Druck GmbH, Braunschweig

ISBN 978-3-507-**69003**-5

Inhaltsverzeichnis

8 So könnt ihr mit „D Eins" arbeiten

Schwerpunkt: *Kommunikation*

Vernetzungen bestehen mit folgenden *Inhaltsfeldern* und Teilkapiteln …

1. Miteinander sprechen – über verschiedene Medien

- 10 # keine Standardsprache
- 12 Über digitale Kommunikation nachdenken
- 14 Sprachliche Besonderheiten von Chatsprache untersuchen
- 18 Sich in Gesprächen angemessen ausdrücken
- 21 **Schätze deinen Lernstand ein**
- 22 Sich in Chatgesprächen angemessen ausdrücken
- 25 **Zeigt, was ihr könnt**

17 → Schwerpunkt *Sprache:* Jugendsprache reflektieren, S. 285–287
　→ Schwerpunkt *Sprache:* Mit verschiedenen Wörterbüchern arbeiten, S. 305–307
20 → Schwerpunkt *Sprache:* Sprache in unterschiedlichen Situationen verwenden, S. 276/277

2. Über Kommunikationsstörungen nachdenken

- 26 **Was willst du damit sagen?**
- 28 Störungsfreie Rahmenbedingungen schaffen
- 29 Sich miteinander verständigen
- 32 Einander zuhören und verstehen
- 37 **Schätze deinen Lernstand ein**
- 38 Para- und nonverbale Kommunikationsstörungen untersuchen
- 41 **Zeigt, was ihr könnt**

30 → Schwerpunkt *Sprache:* Sprache in unterschiedlichen Regionen vergleichen, S. 278
32 → Schwerpunkt *Sprache:* Sprache in unterschiedlichen Situationen verwenden, S. 276/277
40 → Schwerpunkt *Texte* schreiben: Einen Informationstext lesen und erschließen, S. 102–104

Schwerpunkt: *Medien*

3. Internetformate kennen und vergleichen

- 42 **Schöne neue Welt?!**
- 44 Merkmale eines Microblogging-Beitrags kennenlernen
- 46 Beiträge in verschiedenen Medien miteinander vergleichen
- 49 Einen Podcast untersuchen
- 52 Typische Merkmale von Infotainment erkennen
- 55 **Schätze deinen Lernstand ein**
- 56 Einen Podcast gestalten und aufnehmen
- 59 **Zeigt, was ihr könnt**

45 → Schwerpunkt *Texte* schreiben: Einen informierenden Text planen und schreiben, S. 112–116
50 → Schwerpunkt *Kommunikation:* Sich in Gesprächen angemessen ausdrücken S. 18–20
52 → Schwerpunkt *Texte* schreiben: Den Aufbau einer Argumentation kennen, S. 131

4. Zeitungen und andere Informationsmedien untersuchen

- 60 **Gut informiert durch den Tag**
- 62 Den Aufbau von Informationsmedien vergleichen
- 64 Journalistische Textsorten unterscheiden I: Meldung, Bericht, Kommentar
- 70 Journalistische Textsorten unterscheiden II: Reportage
- 74 Verschiedene Arten von Zeitungen vergleichen
- 76 **Schätze deinen Lernstand ein**
- 78 Eine Reportage schreiben
- 80 **Sich auf eine Klassenarbeit vorbereiten**

65 → Schwerpunkt *Sprache:* Mit verschiedenen Wörterbüchern arbeiten, S. 305–307
72 → Schwerpunkt *Texte* schreiben: Einen informierenden Text planen und schreiben, S. 112–116

5. Einen Kurzfilm untersuchen

- 82 **„Ins Spielzeugland? Da will ich auch hin …"**
- 84 Die Beziehungen der Filmfiguren erkunden
- 86 Zentrale Aussagen des Films verstehen
- 88 Filmisches Erzählen untersuchen
- 90 Details der Filmgestaltung entdecken
- 93 Merkmale von Kurzfilmen erkunden
- 94 **Schätze deinen Lernstand ein**
- 95 Ein Storyboard für einen Kurzfilm erstellen
- 99 **Zeige, was du kannst**

85 → Schwerpunkt *Texte* lesen und untersuchen: Zum Verhalten der Figuren Stellung nehmen, S. 172–175
90 → Schwerpunkt *Texte* lesen und untersuchen: Sprachliche Mittel einer Kurzgeschichte untersuchen, S. 151–153
97 → Schwerpunkt *Texte* lesen und untersuchen: Kennzeichen einer Kurzgeschichte kennenlernen, S. 154–156

Inhaltsverzeichnis

Schwerpunkt: *Texte* schreiben

6. Informierende Texte materialgestützt schreiben

- 100 **Unsere Umwelt – ist sie noch zu retten?**
- 102 Einen Informationstext lesen und erschließen
- 105 Ein Diagramm auswerten und dazu schreiben
- 107 Materialien erschließen
- 112 Einen informierenden Text planen und schreiben
- 117 **Schätze deinen Lernstand ein**
- 119 Material erschließen und einen informierenden Text überarbeiten
- 122 **Sich auf eine Klassenarbeit vorbereiten**

- 115 → Schwerpunkt *Sprache*: Rede anderer Personen eindeutig wiedergeben, S. 265
- 116 → Schwerpunkt *Kommunikation*: Sich in Gesprächen angemessen ausdrücken, S. 18–20
  → Schwerpunkt *Sprache*: Mit Fremdwörtern treffend schreiben, S. 303/304
- 121 → Schwerpunkt *Sprache*: Texte anhand von Kriterien überarbeiten, S. 256/257

7. Materialgestützt argumentieren

- 124 **Auf anderen Wegen lernen**
- 126 Argumente sammeln
- 130 Auf die Gegenposition eingehen
- 131 Den Aufbau einer Argumentation kennen
- 132 Das Sanduhr-Prinzip kennenlernen
- 134 Eine schriftliche Argumentation nach dem Sanduhr-Prinzip verfassen
- 136 Einen Appell formulieren
- 137 **Schätze deinen Lernstand ein**
- 138 Schriftlich argumentieren
- 142 **Sich auf eine Klassenarbeit vorbereiten**

- 134 → Schwerpunkt *Sprache*: Formulierungsmuster für das Argumentieren untersuchen, S. 261/262
  → Schwerpunkt *Sprache*: Formulierungsmuster untersuchen und verwenden, S. 271
- 135 → Schwerpunkt *Kommunikation*: Sich in Gesprächen angemessen ausdrücken, S. 18–20
  → Schwerpunkt *Sprache*: Texte anhand von Kriterien überarbeiten, S. 256/257

Schwerpunkt: *Texte* lesen und untersuchen

8. Kurzgeschichten erschließen und verstehen

- 144 **Alltägliches – Einzigartiges – Seltsames**
- 146 Figuren einer Kurzgeschichte charakterisieren
- 149 Erzähler und Erzählperspektive untersuchen
- 151 Sprachliche Mittel einer Kurzgeschichte untersuchen
- 154 Kennzeichen einer Kurzgeschichte kennenlernen
- 157 Einen Interpretationsaufsatz schreiben
- 161 **Schätze deinen Lernstand ein**
- 162 Mit einer Kurzgeschichte kreativ umgehen
- 164 **Sich auf eine Klassenarbeit vorbereiten**

- 148 → Schwerpunkt *Texte* lesen und untersuchen: Eine literarische Figur charakterisieren, S. 236–238
- 149 → Schwerpunkt *Texte* lesen und untersuchen: Eine literarische Figur charakterisieren, S. 236–238
- 153 → Schwerpunkt *Sprache*: Jugendsprache reflektieren, S. 285–287
- 160 → Schwerpunkt *Sprache*: Texte anhand von Kriterien überarbeiten, S. 256/257

9. Eine Novelle untersuchen

- 166 **Gottfried Keller: Romeo und Julia auf dem Dorfe**
- 168 Die Exposition untersuchen
- 170 Den zentralen Konflikt erfassen
- 172 Zum Verhalten der Hauptfiguren Stellung nehmen
- 176 Einen zentralen Wendepunkt der Novelle erkunden
- 178 Das dramatische Ende der Novelle verstehen
- 181 **Schätze deinen Lernstand ein**
- 182 Den Romeo-und-Julia-Stoff neu interpretieren
- 185 **Sich auf eine Klassenarbeit vorbereiten**

- 169 → Schwerpunkt *Texte* lesen und untersuchen: Erzähler und Erzählperspektive untersuchen, S. 149/150
- 171 → Schwerpunkt *Sprache:* Sprache in unterschiedlichen Situationen verwenden, S. 276/277
  → Schwerpunkt *Texte* schreiben: Einen Appell formulieren, S. 136
- 173 → Schwerpunkt *Sprache*: Rede auf unterschiedliche Arten wiedergeben, S. 252/253; Rede anderer Personen eindeutig wiedergeben, S. 265
  → Schwerpunkt *Kommunikation*: Para- und nonverbale Kommunikation untersuchen, S. 38–40

10. Moderne Lyrik interpretieren

- 186 **Gedichte von Heimat, Aufbruch und Fremde**
- 188 Motivgleiche Gedichte untersuchen
- 190 Die Form moderner Lyrik im Vergleich verstehen
- 193 Die sprachliche Gestaltung moderner Gedichte untersuchen
- 196 Antwortgedichte als Interpretationshilfe nutzen
- 198 Gedichte mithilfe von biografischen Informationen erschließen
- 200 Merkmale moderner Lyrik zusammenfassen
- 201 **Schätze deinen Lernstand ein**
- 202 Deutsch-türkische Migrantenliteratur kennenlernen
- 204 Gedichte produktionsorientiert interpretieren
- 206 **Sich auf eine Klassenarbeit vorbereiten**

187 → Schwerpunkt *Sprache*: Unterschiedliche Wortbedeutungen erkennen und einordnen, S. 288/289
192 → Schwerpunkt *Sprache*: Sprache in unterschiedlichen Situationen verwenden, S. 276/277
199 → Schwerpunkt *Kommunikation*: Sich miteinander verständigen, S. 29–31

11. Ein Theaterstück untersuchen

- 208 **Antigone – der Mythos lebt**
- 210 Antigone und Ismene – untersuchen, wie die Handlung in Gang kommt
- 213 Antigone früher und heute – Personenverzeichnisse und Expositionen vergleichen
- 215 Antigone versus Kreon – wer hat recht? Einen Konflikt untersuchen
- 217 Die Eskalation eines Gesprächs beschreiben
- 221 „Es ist vorbei!" – Die Schlussszenen vergleichen
- 224 **Schätze deinen Lernstand ein**
- 226 Prinzipientreue oder Sturheit? – Das Handeln einer Figur beurteilen
- 228 **Sich auf eine Klassenarbeit vorbereiten**

212 → Schwerpunkt *Texte* schreiben: Argumente sammeln, S. 126–129
→ Schwerpunkt *Sprache*: Sprache in unterschiedlichen Situationen verwenden, S. 276/277
→ Schwerpunkt *Sprache*: Sprache in unterschiedlichen Regionen vergleichen, S. 278
→ Schwerpunkt *Texte* lesen und untersuchen: Eine literarische Figur charakterisieren, S. 236–238
219 → Schwerpunkt *Texte* schreiben: Argumente sammeln, S. 126–129

12. Eine Detektivgeschichte lesen – dem Täter auf der Spur

- 230 **Sherlock Holmes: Das gefleckte Band**
- 232 Den Anfang der Detektivgeschichte untersuchen
- 236 Eine literarische Figur charakterisieren
- 239 Eine Charakterisierung überarbeiten
- 241 Die Beschreibung eines Handlungsortes genau lesen
- 243 **Schätze deinen Lernstand ein**
- 244 Figuren charakterisieren
- 245 Die Mittel des Spannungsaufbaus untersuchen
- 246 Die Auflösung einer Detektivgeschichte nachvollziehen
- 248 **Sich auf eine Klassenarbeit vorbereiten**

240 → Schwerpunkt *Sprache*: Texte anhand von Kriterien überarbeiten, S. 256/257
245 → Schwerpunkt *Sprache*: Attribute in Texten untersuchen, S. 258/259

Schwerpunkt: *Sprache*

13. Sprache in Texten untersuchen

- 250 **Einstieg**
- 252 Rede auf unterschiedliche Arten wiedergeben
- 254 Sätze und Satzglieder untersuchen
- 256 Texte anhand von Kriterien überarbeiten
- 258 Attribute in fachsprachlichen Texten untersuchen
- 260 Sachverhalte kommentiert darstellen
- 261 Formulierungsmuster für das Argumentieren untersuchen
- 263 Mit dem Konjunktiv II irreale Situationen beschreiben
- 265 Rede anderer Personen eindeutig wiedergeben
- 266 Informationen in Sätzen hervorheben
- 267 **Schätze deinen Lernstand ein**
- 268 Redewiedergabe in einem Interviewtext untersuchen
- 270 Wünsche und Bedingungen mit dem Konjunktiv II beschreiben
- 271 Formulierungsmuster untersuchen und verwenden
- 272 **Zeige, was du kannst**

257 → Schwerpunkt *Kommunikation*: Sich in Gesprächen angemessen ausdrücken, S. 18–20
262 → Schwerpunkt *Texte* schreiben: Eine schriftliche Argumentation nach dem Sanduhr-Prinzip verfassen, S. 134/135
271 → Schwerpunkt *Texte* schreiben: Den Aufbau einer Argumentation kennen, S. 131
→ Schwerpunkt *Texte* schreiben: Das Sanduhr-Prinzip kennenlernen, S. 132/133
→ Schwerpunkt *Texte* schreiben: Eine schriftliche Argumentation nach dem Sanduhr-Prinzip verfassen, S. 134/135

14. Sprache reflektieren

- 274 **Einstieg**
- 276 Sprache in unterschiedlichen Situationen verwenden
- 278 Sprache in unterschiedlichen Regionen vergleichen
- 279 Aktiv und Passiv nutzen und vergleichen
- 281 Sprachliche Veränderungen verstehen
- 283 Wortbildung untersuchen
- 285 Jugendsprache reflektieren
- 288 Unterschiedliche Wortbedeutungen erkennen und einordnen
- 290 Die Funktion von Wortarten untersuchen
- 292 **Schätze deinen Lernstand ein**
- 293 Sprachwandel nachvollziehen
- 294 Die Fachsprache des Fußballs untersuchen
- 295 Sprachliche Diskriminierung erkennen
- 296 **Zeige, was du kannst**

277 → Schwerpunkt *Kommunikation*: Sich in Gesprächen angemessen ausdrücken, S. 18–20
278 → Schwerpunkt *Kommunikation*: Sich in Gesprächen angemessen ausdrücken, S. 18–20
278 → Schwerpunkt *Kommunikation*: Sprachliche Besonderheiten von Chatsprache untersuchen, S. 14–17
287 → Schwerpunkt *Kommunikation*: Sprachliche Besonderheiten von Chatsprache untersuchen, S. 14–17

15. Richtig schreiben

- 298 **Einstieg**
- 300 Funktionen von Fremwörtern erkennen
- 302 Fremdwörter mit rh, th, ph richtig schreiben
- 303 Mit Fremdwörtern treffend schreiben
- 305 Mit verschiedenen Wörterbüchern arbeiten
- 308 Wörter verschiedener Wortarten zusammen- oder getrennt schreiben
- 315 Kommas richtig setzen
- 317 **Schätze deinen Lernstand ein**
- 318 Fremdwörter richtig schreiben
- 319 Regeln der Getrennt- und Zusammenschreibung anwenden
- 320 Satzstrukturen erkennen und Kommas richtig setzen
- 321 **Zeigt, was ihr könnt**

301 → Schwerpunkt *Texte* schreiben: Einen informierenden Text planen und schreiben, S. 112–116
304 → Schwerpunkt *Texte* schreiben: Argumente sammeln, S. 126–129

Anhang

Methoden und Arbeitstechniken

322 Andere in einem One-Minute-Talk informieren
323 Ein Gruppen- oder Partnerpuzzle durchführen
325 Eine Mitschrift anfertigen
327 Verschiedene Lesetechniken anwenden

Wissen und Können

330 Kommunikation
337 Medien
344 Texte schreiben
353 Texte lesen und untersuchen
363 Sprache

387 Starthilfen
395 Autoren- und Quellenverzeichnis
400 Bildquellen
401 Textsortenverzeichnis
403 Stichwortverzeichnis

So könnt ihr mit „D Eins" arbeiten

D Eins ist euer persönliches Deutschbuch. Es begleitet euch durch das ganze Schuljahr und ihr lernt damit alles, was in diesem Jahr im Fach Deutsch Thema ist. Im Inhaltsverzeichnis (S. 3–7) könnt ihr nachschauen, worum es in den einzelnen Kapiteln geht.

Wie die Kapitel aufgebaut sind

Alle Kapitel sind gleich aufgebaut. So findet ihr euch leicht zurecht:

Einstieg

Hier erfahrt ihr, womit ihr euch in diesem Kapitel beschäftigt. Fotos, Bilder und erste Aufgaben führen euch in das Thema und die Arbeitsschwerpunkte ein.

Kompetenzen aufbauen

Das ist der wichtigste und deshalb auch der umfangreichste Teil eines Kapitels. Ihr lernt Schritt für Schritt alles, was ihr am Ende der Einheit können sollt. Manchmal könnt ihr bei Aufgaben zwischen verschiedenen Möglichkeiten (Ⓐ und Ⓑ) auswählen. Und oft gibt es auch noch **rote** Aufgaben zum Weiterarbeiten.

Zwischencheck

Beim Lernen ist es wichtig, immer mal wieder zu prüfen, was man schon weiß und kann – und was vielleicht noch nicht so gut klappt. Im Zwischencheck findet ihr Aufgaben, mit denen ihr euren Lernstand einschätzen könnt:
☺ Kein Problem, das kann ich gut.
😐 Das kann ich schon ganz gut, brauche aber noch etwas Übung.
☹ Das habe ich noch nicht richtig verstanden, das muss ich noch mal wiederholen.
Hinter den Smileys steht immer, wo ihr passend zu eurem Lernstand wiederholen oder weiterarbeiten könnt.

Gelerntes anwenden und vertiefen

Hier könnt ihr nach dem Zwischencheck weiterarbeiten:
- Seiten und Aufgaben mit grauen Aufgabenziffern sind für alle, die noch ein wenig Übung und Anwendung des Gelernten brauchen, damit sie es sicher beherrschen. Sie passen zu diesem Smiley: 😐.
- Seiten und Aufgaben mit roten Aufgabenziffern sind für alle, die das Gelernte vertiefen wollen. Sie passen zu diesem Smiley: ☺.
- In manchen Kapiteln findet ihr auch Ideen zur kreativen Weiterarbeit.

Leistungsnachweis

Hier zeigt ihr, was ihr gelernt habt, oder bereitet euch auf eine Klassenarbeit vor.

Wie man im Buch schreiben und markieren kann

- Direkt ins Buch dürft ihr nichts hineinschreiben oder auf den Seiten markieren. Wenn ihr eine durchsichtige Folie über die Seite legt, könnt ihr darauf mit wasserlöslichem Folienstift schreiben.

Was man im Buch alles nachschlagen kann

- Manchmal braucht man einen kleinen Anstoß, um mit einer Aufgabe besser klar zu kommen. Wenn ihr die Rakete seht, findet ihr hinten im Buch eine Starthilfe.

- Der Pfeil zeigt an, an welcher anderen Stelle im Buch ihr noch einmal nachlesen könnt, was euch bei der Lösung der Aufgabenstellung nützlich sein kann. Er zeigt euch auch, wie einzelne Kapitel verknüpft sind und wo ihr euch mit einem bestimmten Thema vielleicht schon einmal beschäftigt habt.

Im Anhang des Buchs (ab Seite 330) findet ihr im Nachschlageteil **Wissen und Können** weitere interessante Informationen: Hier steht noch einmal übersichtlich gegliedert und zusammengefasst, was ihr in D Eins seit Klasse 5 nach und nach erarbeitet habt, z. B. zum Vorlesen und Vortragen, zum Beschreiben und Berichten, zu Anekdoten und anderen Textsorten, zu den Satzgliedern oder zum Rechtschreiben.

Was zum Buch noch dazugehört

Wenn ihr eines dieser Piktogramme seht, könnt ihr euch im **Medienpool**
- einen kleinen Film ansehen,
- eine Hördatei anhören
- oder zusätzliche Texte lesen / ausdrucken.

Über die Internetadresse **www.westermann.de/69003-medienpool** könnt ihr diese Medien abrufen.

- Wann immer das Computersymbol neben einer Aufgabe auftaucht, wisst ihr, dass ihr diese, in Absprache mit eurem Lehrer oder eurer Lehrerin, auch mit einem **Textverarbeitungsprogramm** bearbeiten könnt.

- Immer wenn ihr dieses Piktogramm im Buch seht, bekommt ihr einen Hinweis, welche Seiten aus dem **Arbeitsheft D Eins** zu der Seite im Buch passen.

- In einer digitalen Welt wird **Medienbildung** immer wichtiger – auch im Fach Deutsch. Sobald dieses Symbol neben einer Kapitelüberschrift oder Aufgabe auftaucht, zeigt es an, dass ihr hier eure Medienkompetenz besonders trainieren könnt.

Miteinander sprechen – über verschiedene Medien

#keine Standardsprache

Ständig in Kontakt zu sein – das ist durch die neuen Medien heute viel einfacher geworden. Statt sich zu verabreden oder einen Brief zu schreiben, können wir Freunden schnell eine Sprachnachricht schicken, offiziellere Anliegen per E-Mail äußern oder im Familienchat über den letzten Urlaub plaudern. Allerdings hat sich durch diese Medien nicht nur viel in unserem Kommunikationsverhalten geändert, auch die Sprache selbst ist im Wandel. In diesem Kapitel werdet ihr die Besonderheiten digitaler Kommunikation einmal genauer unter die Lupe nehmen.

In diesem Kapitel lernt ihr ...
› die Besonderheiten von Sprache in Chats kennen,
› mündliche und schriftliche Kommunikation auf verschiedenen Ebenen zu unterscheiden,
› euch in unterschiedlichen Situationen und Medien angemessen auszudrücken.

Miteinander sprechen – über verschiedene Medien

1 In den beiden Nachrichten stellt Irene ihrer Freundin Fragen zu einem Referat.
   a) Beschreibt, was euch an Irenes Nachricht irritiert.
   b) Formuliere die Nachricht so um, als würdest du diese Fragen deiner Freundin in einem Chat oder Messenger stellen. Du kannst hierzu auch Emojis verwenden.

> **Irene**
> Liebe Gabi,
> bezüglich der in der letzten Stunde erstellten Präsentationen habe ich noch einige Fragen: Du hattest gesagt, dass wir eine Kurzpräsentation erstellen sollen, die nur etwa eine Minute dauert und sich auf wesentliche Informationen beschränkt. Denkst du, es ist ein Problem, dass meine Präsentation etwa drei Minuten lang ist?
> 20:35

> Bevor ich mit meinem eigentlichen Thema starte, würde ich gern einen allgemeineren Überblick geben. Außerdem würde ich gern wissen, ob wir uns wirklich unbedingt an die angegebene Abgabefrist am nächsten Montag halten müssen. Wie du weißt, ist Erich, mit dem ich zusammenarbeite, seit einiger Zeit krank, weswegen er noch nichts zu unserer Präsentation beitragen konnte. Denkst du, Herr Nobel hätte dafür Verständnis?
>
> Viele Grüße, Irene
> 20:45

2 Tauscht euch darüber aus, zu welchem Anlass ihr am liebsten welches Kommunikationsmedium nutzt. Übertragt die Tabelle unten in euer Heft und haltet die wichtigsten Ergebnisse stichpunktartig fest:
   a) Sammelt alle Kommunikationsmedien, die ihr in eurem Alltag gebraucht, und tragt sie untereinander in die linke Tabellenspalte ein.
   b) Ordnet den verschiedenen Medien die häufigsten Verwendungszwecke zu. Ihr könnt z. B. folgende Anlässe verwenden, aber auch eigene ergänzen: Urlaubsgruß versenden, Meinung zu aktuellem politischem Thema äußern, nachmittags verabreden, über Streit mit den Eltern schreiben, nach Hausaufgaben fragen, …
   c) Lest den Informationstext zum Begriff „Standardsprache". Diskutiert, in welchen Medien ihr Standardsprache sprecht und in welchen ihr davon abweicht. Notiert auch ein oder zwei Beispiele für diese Abweichungen.

> **Tipp**
> Wenn ihr feststellt, dass ihr in einem Medium je nach Anlass Standardsprache verwendet oder von ihr abweicht, könnt ihr beide Symbole in die Spalte eintragen.

Kommunikationsmedium	Verwendungszweck	Standardsprache: ja ✓ nein ✗

Standardsprache

Unter dem Begriff Standardsprache versteht man eine sprachliche Norm, die beispielsweise in Klassenarbeiten oder offiziellen Briefen gefordert wird. Die Regeln dieser Sprache sind allgemeinverbindlich und lassen sich beispielsweise in Wörterbüchern oder Grammatiken nachlesen. Häufig wird Standardsprache im Deutschen auch mit dem Begriff „Hochdeutsch" gleichgesetzt und meint, dass beispielsweise keine regionalen Dialekte, Formen von Jugendsprache oder umgangssprachlichen Ausdrücke verwendet werden.

Über digitale Kommunikation nachdenken

1 Ihr selbst schreibt täglich Nachrichten über die neuen Medien und verwendet dabei sicherlich auch Abkürzungen. Könnt ihr folgenden „Satz" verstehen:
hi paps wmds? bb l?
Notiert, was dieser Satz bedeutet oder stellt Vermutungen an, wenn ihr es nicht wisst. Tauscht euch in der Klasse über eure Ergebnisse aus.

2
a) Lest den Zeitungsartikel. Besprecht, welche Kritik der Autor des Artikels am Verhalten und am Sprachgebrauch seiner Tochter äußert. Wie begründet er seine Kritik?
b) Wie reagiert Lotta auf die Kritik ihres Vaters? Welche Argumente hält sie ihm entgegen?
c) Habt ihr selbst schon einmal Situationen erlebt, in denen eure Eltern oder Großeltern sich in Chat-Nachrichten aus eurer Sicht merkwürdig ausgedrückt haben? Erzählt davon.

Tilmann Prüfer, ZEIT Magazin, 20.11.2019, Text leicht verändert

Chatsprache: „hi paps wmds? bb l"

Bei uns zu Hause tobt ein täglicher Kulturkampf um die Bildschirmzeit. Meine Frau und ich mahnen, wir appellieren, wir regulieren, wir nehmen das Smartphone aus der Hand. […] Meine Tochter hängt die ganze Zeit in irgendwelchen Chats rum und albert mit ihren Mitschülern. […] Wenn ich etwas mit Lotta besprechen möchte, dann schreibe ich ihr eine Textnachricht, das ist allemal erfolgversprechender, als sie direkt in ihrem Zimmer anzusprechen. Leider mache ich mich dabei komplett lächerlich. Denn ich kann angeblich nicht schreiben.
Ich selbst würde allerdings schon von mir behaupten, ich könne schreiben. Immerhin verdiene ich mein Geld mit dem Schreiben. Aber in Lottas Augen schreibe ich wie ein Stümper. In meiner Welt schreibt man ausführlich, mit Anrede und Verabschiedung, mit „Liebe" und „Liebe Grüße" und so. Lotta empfindet das aber nicht als höflich, sondern als komplett bekloppt. Als würde ich versuchen, in Sütterlin´ zu tippen, und eine Briefmarke auf das Handydisplay kleben. Denn wenn Lotta mir eine Textnachricht schickt, dann liest sich das eher so: „hi paps wmds? bb l" Das kann man übersetzen mit: „Hallo, Papa, was machst du so? Bye-bye! Lotta".
Wenn ich Lottas Botschaften lese, packt mich manchmal der bürgerliche Groll. Schließlich ist es ja nicht so, dass der Speicherplatz auf so einem Smartphone allzu begrenzt wäre und man deswegen irgendwie mit den Buchstaben haushalten müsste. Ich denke, es ist einfach Faulheit und Zeitersparnis. Statt sich die Mühe zu machen, sich zum Beispiel bei jemandem ausführlich zu bedanken, dazu etwas zu formulieren, die richtige Grammatik zu nutzen und vielleicht sogar einen Ausdruck zu finden, der genau zum Anlass passt, schreibt man einfach: thx. Und damit soll alles gesagt sein. Das könnte ich noch schulterzuckend hinnehmen, weil die Jugend eben immer mehr verroht. Aber Lotta macht sich ja noch dazu lustig über mich. Sie tut so, als sei ich es, der hier ein Defizit hat. Weil ich eben so schreibe wie jemand, der in den Siebzi-

gerjahren geboren ist.

Aber ich bin ja lernfähig, niemand, der nicht in der Lage wäre, mit der Zeit zu gehen. Ich bin bereit, alle Sprachkunst zur Hölle zu schicken, wenn es um Modernität geht. Ich habe mir von Lotta mal ein paar von den Kürzeln erklären lassen. Es ist nicht unkompliziert, denn ein einziger falscher Buchstabe macht hier viel aus. „hdgdl" heißt etwa „Hab dich ganz doll lieb".

„hdm" hingegen steht für „Halt dein Maul!". Es geht auch um Fremdsprachliches, das man erst einmal erkennen muss: „ilyttmabam" ist die Abkürzung für „I love you to the moon and back and more". Das finde ich dann doch sehr beeindruckend. Ich hätte nicht gedacht, dass man mit so wenigen Buchstaben so viel aussagen kann. Aber versuchen kann man es ja. Und ich muss zugeben, dass es wirklich ein ausgeklügeltes Vokabular ist.

Vielleicht ist es ja auch nichts anderes als eine Jugendsprache der Display-Welt. Codes, die eben jene nicht nutzen können, die nicht informiert genug sind, weil sie Eltern sind. Die nicht verstehen können, dass ein Buchstabe mehr sagen kann als tausend Worte. Ich schrieb Lotta „hddza?" und erhielt „?" als Antwort. „Hast Du Dein Zimmer aufgeräumt?", präzisierte ich. Die Antwort lautete so: „kb".

* Sütterlin: alte deutsche Handschrift, die Erstklässler bis 1941 an deutschen Schulen lernten

https://www.zeit.de/zeit-magazin/2019/48/chatsprache-internetsprache-jugendliche-pruefers-toechter

3 a) Im Text werden einige Abkürzungen aus der Chatsprache genannt. Notiert ihre jeweilige Bedeutung und ihre Verwendungshäufigkeit in einer Tabelle.

Abkürzung	Bedeutung	Verwendung im Alltag (häufig / gelegentlich / nie)
wmds	...	
...		

b) Markiert in der Tabelle, welche der Abkürzungen ihr selbst verwendet und welche ihr nicht kennt. Tauscht euch darüber aus, woran es liegen könnte, dass euch einige Abkürzungen unbekannt sind.

c) Teilt eure Klasse in zwei Gruppen und tretet in einem Quiz gegeneinander an. Notiert dazu in eurer Gruppe zunächst ca. zehn Abkürzungen, die in Chats verwendet werden. Spielt anschließend gegen die andere Gruppe, indem ihr euch abwechselnd nach der Bedeutung einer Abkürzung fragt. Für jede richtige Antwort gibt es einen Punkt. Die Gruppe mit den meisten Punkten gewinnt.

4 Im letzten Abschnitt des Zeitungsartikels schreibt Tillmann Prüfer:
„Vielleicht ist es [das ausgeklügelte Vokabular] ja auch nichts anderes als eine Jugendsprache der Display-Welt. Codes, die eben jene nicht nutzen können, die nicht informiert genug sind, ..." (Z. 70–73)
Diskutiert dieses Statement in der Klasse. Wägt dabei ab, welche Argumente für und welche gegen die Aussage sprechen.

→ *Sprachlicher Code, S. 31*

→ *Starthilfe, S. 387*

Sprachliche Besonderheiten von Chatsprache untersuchen

Wie man sich in einem Chat ausdrückt, wisst ihr in der Regel alle – wahrscheinlich sogar besser als eure Eltern oder Lehrkräfte. Dennoch oder gerade deshalb ist es spannend, die Merkmale dieser „Sprache" näher zu erfoschen.

1 Lest die Chatauszüge M 1 – M 3. Würdet ihr in einem Chat ähnlich schreiben oder gibt es Unterschiede? Benennt diese gegebenenfalls. Seid ihr euch in eurer Einschätzung einig?

M 1 Kino

Luis: Yo bres, wie siehts aus heute mit Kino?

Noah: Joa. Matteo haste bock?

Matteo: Welches Kino?

Noah: Cinewelt die anderen hier sind whack

Luis: Hmm, aber ich habe eher an kino world gedacht. Die Nachos sind da hmdl 🥲

Matteo: Digga Kinoworld ist so weit weg

Noah: Naja nur 10 min Zug nh

Luis: Das bockt

Matteo: MEGA!

Luis: Macht jemand den Gönnjamin und gibt Eintritt aus?

Noah: Ich geb dir n Getränk aus.

Staffellauf

Emily
Mia, wat sollte das vorhin? 🤨

Sofia
Es nervt einfach, jedes Wochenende das gleiche mit dir, du bist so langsam ich meine das was du bei den staffeln fabrizierst nennt man nichtmehr laufen, sondern rollen. 🙄

Mia
Oha. Du bist auch so nutzlos, dass du den stab nicht übergeben kriegst, sogar meine Oma hätte das gemacht 😬

Sofia
Könnt froh sein, dass wir gewonnen haben. Sonst hätte ich euch beiden was erzählt

Emily
Das du überhaupt noch laufen darfst. Solltest eigentlich ne Bank wärmen ehrenlos

Sofia
Übertreibt mal nicht passiert jedem mal

Mia
Is auch nich schlimm wir haben ja gewonnen sorry nochmal

Mittagessen

Livi
Leute Referat war echt nice und der Pauker hat echt gegönnt lass mal noch was Essen gehen auf entspannt *grins

Livi
Dabie?

Livi
*Dabei

Katrin
Hab auch übel Hunger lass zu can

Jones
Can wäre an sich mega hab aber nicht so bock auf Döner lass lieber nh Burger fetzten

Katrin
Ja komm auf die entspannte 1 kann man sich ma gönnen

Livi
Lass machen

Untersucht die sprachlichen Besonderheiten der Chatauszüge nun genauer und stellt euch die Untersuchungsergebnisse anschließend gegenseitig vor. Geht dazu arbeitsteilig vor. Jede Gruppe arbeitet mit einem Chatauszug.

2 Bearbeitet den Chatauszug eurer Gruppe zunächst in Einzelarbeit.
   a) Notiere, was dir sprachlich an dem Auszug auffällt. Inwiefern unterscheidet er sich beispielsweise von einem formellen Brief?
   b) Versucht nun gemeinsam, die sprachlichen Besonderheiten, die ihr notiert habt, zu ordnen: Unter welche Oberbegriffe (Kategorien) kann man einzelne Phänomene zusammenfassen?

Starthilfe, S. 387

3 Sprachwissenschaftler/-innen unterteilen die Sprache in verschiedene Ebenen, um sie genauer untersuchen zu können. Drei dieser Ebenen sind in der untenstehenden Tabelle genannt, es gibt allerdings noch einige weitere.

Sprachliche Besonderheiten im Chat		
Wortebene	**Satzebene**	**Ebene des Mediums**
• Akronym → „hmdl"	• elliptischer Satzbau → „lass machen"	• Tippfehler → „Dabie"
• ...	• ...	• ...

   a) Vergleicht eure eigenen Kategorien mit den Kategorien in der Tabelle. Sind diese ähnlich oder vielleicht sogar genauer?
   b) Einigt euch auf Kategorien, die euch für die sprachliche Untersuchung sinnvoll erscheinen. Ändert oder ergänzt die Tabelle bei Bedarf entsprechend.
   c) Tragt eure Arbeitsergebnisse zusammen und füllt die Tabelle so weit wie möglich aus.

4 Vergleicht eure Ergebnisse mit den Begriffen und Beispielen aus dem Wissen-und-Können-Kasten. Ordnet den sprachlichen Besonderheiten aus eurer Tabelle die passenden Fachbegriffe zu und ergänzt sie gegebenenfalls.

„Vorlage Plakat"

5 a) Erstellt in eurer Gruppe ein Plakat zu eurem Chatauszug. Eine entsprechende Vorlage findet ihr im Medienpool. Macht die sprachlichen Besonderheiten mit verschiedenen Farben kenntlich (Wortebene rot, Satzebene blau, Ebene des Mediums grün und ggf. weitere Farben für eure weiteren Ebenen).
   b) Stellt eure Ergebnisse den Gruppen vor, die die anderen Chats bearbeitet haben.
   c) Vergleicht eure Chatauszüge und eure Plakate:
      • Habt ihr ähnlich viele Merkmale auf den verschiedenen Ebenen gefunden?
      • Gibt es Merkmale, die es nur in einzelnen Chatauszügen gibt?
      • Was sind weitere Gemeinsamkeiten oder Unterschiede?

❗ Wissen und Können

Sprachliche Besonderheiten im Chat
Im Folgenden findest du sprachliche Besonderheiten, die im Chat besonders häufig auftreten. Diese kannst du nutzen, um einen Chat zu untersuchen.

Wortebene (morphologisch)
- Assimilationen, z. B. haste (statt „hast du")
- Tilgungen am Wortanfang/ -ende, z. B. ne (statt „eine")
- phonetische Kurzformen, z. B. wat? (statt „was?")
- Inflektive, z. B. *grins
- Akronyme, z. B. hmdl

Satzebene (syntaktisch)
- Einwortsätze, z. B. Dabei?
- Subjektellipsen, z. B. Bin dabei

Ebene des Mediums
- Emojis als nonverbale Begleitung, z. B. ☺
- Hervorhebungsakzente, etwa durch Großschreibung, z. B. HALLO
- fehlende Satzzeichen
- expressive Ausrufe, z. B. Aha, Oha
- Weglassen von persönlichen Anreden

---

6 a) Bestimmt für jede sprachliche Besonderheit aus dem Wissen-und-Können-Kasten, inwiefern der Sprachgebrauch von der Standardsprache abweicht und welche Funktion diese Abweichung hat. Welche Gemeinsamkeiten fallen euch auf? Fasst eure Ergebnisse in zwei bis drei Sätzen zusammen.

➡ *Jugendsprache reflektieren, S. 285–287*

So könnt ihr beginnen:

> *Sprache im Chat zeichnet sich vor allem dadurch aus, dass ….*
> *Diese Ausdrucksweise hat vor allem die Funktion …*

b) Wie ihr euch in einem Chat ausdrückt, hängt natürlich auch vom Adressaten oder der Adressatin der Nachricht ab. Diskutiert, welche Ausdrucksformen ihr in einer Nachricht an ein älteres Familienmitglied, z. B. einen Onkel oder eure Großmutter, eher nicht verwenden würdet und welche aus eurer Sicht durchaus angemessen sind.

7 Die Regeln der Chatsprache ändern sich ständig. Gut, wenn da ein Lexikon mit den wichtigsten Begriffen zur Hand ist.
 a) Überlegt gemeinsam, welche Funktionen ein Lexikon oder Wörterbuch erfüllen muss, um ein nützliches Hilfsmittel zu sein.
 b) Diskutiert anschließend, ob ihr ein solches Wörterbuch der Chatsprache für sinnvoll haltet.

➡ *Wörterbücher nutzen, S. 305–307*

📄 *Arbeitsheft, S. 6/7*

Sich in Gesprächen angemessen ausdrücken

1. Vergleiche die beiden Gesprächsauszüge M 1 und M 2 miteinander.
   a) Worin unterscheiden sie sich? Notiert die sprachlichen Unterschiede. Verwendet dazu u. a. die folgenden Fachbegriffe:
   Interjektion (= Ausrufewort)   Einwortäußerung   Satzabbruch   Korrektur
   b) Welcher der beiden Auszüge ist realistischer?

Auszug aus einem Gespräch I — M 1

Mutter: Lena, wo ist Anna?
Lena: In ihrem Zimmer, oder?
Mutter: Aha. Anna, kommst ...
Anna: Was denn? Ich mach' grad Dings, äh, Hausaufgaben sozusagen.
Mutter: Du machst immer irgendwas. Runterkommen! Du bist mit der Spülmaschine dran. Husch husch.
Anna: Jaja, ich komme ja schon.
Mutter: Es ist schön, dass du dir die Mühe machst. Wir sollten ... ach, lassen wir das.

Auszug aus einem Gespräch II — M 2

Mutter: Lena, wo ist Anna?
Lena: Ich vermute, dass sie sich in ihrem Zimmer aufhält.
Mutter: Vielen Dank, Lena. Anna, kommst du bitte einmal zu mir?
Anna: Was denn? Ich bin gerade dabei, meine Hausaufgaben zu erledigen.
Mutter: Du erledigst ständig angeblich Wichtigeres. Komme jetzt sofort die Treppe herunter! Du bist mit dem Ausräumen der Spülmaschine an der Reihe. Beeile dich.
Anna: Nun gut, ich komme ja schon.
Mutter: Es ist schön, dass du dir die Mühe machst. Wir sollten vielleicht einmal einen Putzplan einführen. Allerdings befürchte ich, dass auch dieser dich nicht motivieren wird, von selbst im Haushalt mitzuhelfen.

2. Diskutiert anhand der beiden Materialien M 1 und M 2, ob es angemessen ist, in jeder Situation „wie gedruckt" zu sprechen. Begründet euren Standpunkt.

3. a) Klärt mithilfe des Wissen-und-Können-Kastens, was die Begriffe konzeptionelle Mündlichkeit und konzeptionelle Schriftlichkeit bedeuten und wie sie sich von medialer Mündlichkeit und medialer Schriftlichkeit unterscheiden.
   b) Begründet, warum die Zuordnung auf der medialen Ebene eindeutig ist, die Einordnung auf der Ebene des Konzepts jedoch auf einer Skala erfolgt.
   c) Ordnet den beiden Gesprächsauszügen M 1 und M 2 jeweils zwei der vier Begriffe aus Aufgabe a) zu. Erklärt anhand dieses Beispiels, wozu die Unterscheidung zwischen Medium und Konzept dient.

Wissen und Können

Medium und Konzeption in der Sprache

Mündliche und schriftliche Kommunikation kann man auf zwei Ebenen voneinander unterscheiden:

1. Auf der **medialen Ebene** lässt sich meist eindeutig entscheiden, ob ein Text oder ein Gespräch mündlich oder schriftlich ist. Hier geht es um die Form der **Übermittlung:** Medial mündlich sind Nachrichten, die wir sprechen und hören, etwa ein persönliches Gespräch oder eine Sprachnachricht. Medial schriftlich sind Nachrichten, die wir schreiben und lesen, etwa Briefe oder Chatnachrichten.
2. Da geschriebene Texte (z. B. ein Chat) aber manchmal aussehen wie mündliche Gespräche und ein guter Redner „druckreife" Texte sprechen kann, muss man bei der Einordnung auch die sogenannte **konzeptionelle Ebene** bedenken.
   Die Frage ist hier: Folgt die **Art und Weise**, wie ich mich ausdrücke, eher den Regeln gesprochener und geschriebener Sprache? Generell gilt: Je näher man seinem Gesprächspartner steht und je weniger offiziell und förmlich der Anlass ist, desto eher wird man sich konzeptionell mündlich ausdrücken. Ein (medial mündliches) Bewerbungsgespräch wird also in der Regel konzeptionell schriftlich sein, eine (medial schriftliche) Textnachricht an ein Familienmitglied konzeptionell mündlich. Die Zuordnung ist hier weniger eindeutig und lässt sich eher auf einer Skala anordnen.

medial eindeutig mündlich: es wird gesprochen	
konzeptionell mündlich ←	→ **konzeptionell schriftlich**
die Art der Kommunikation folgt den Merkmalen eines mündlichen, informellen Gesprächs	die Art der Kommunikation folgt den Merkmalen der schriftlichen, formellen Sprache
medial eindeutig schriftlich: es wird geschrieben	

4 a) Würdet ihr die Chatauszüge auf den Seiten 14/15 eher als konzeptionell mündlich (informell) oder als konzeptionell schriftlich (formell) bewerten? Erklärt, woran ihr eure Einschätzung festmacht.
   b) Übertragt die Skala aus dem Wissen-und-Können-Kasten in eure Hefte. Ordnet fünf bis sechs alltägliche Kommunikationssituationen (z. B. ein Telefongespräch mit einem Freund oder einen Vortrag in der Klasse) passenden Positionen zu.
   c) Tauscht euch in Kleingruppen über eure Ergebnisse aus. Sollte es eine starke Verteilung geben, klärt gemeinsam, worin Ursachen für die unterschiedliche Positionierung liegen.

Stell dir vor, du hast am Wochenende an einem Volleyball-Turnier teilgenommen, bei dem du dich unglücklich an der rechten Hand (mit der du auch schreibst) verletzt hast.

→ *Sprache in unterschiedlichen Situationen verwenden, S. 276/277*

Textverarbeitungsprogramm

5 Teilt in der Klasse die folgenden Gesprächspartner und -formen unter euch auf und verfasst kurze Dialoge, die ihr anschließend einübt:

- ein Telefonat mit den Eltern, die du aus dem Krankenhaus anrufst
- ein Gespräch mit dem Arzt, der nach der Verletzung fragt
- ein Videochat mit der besten Freundin/dem besten Freund, in dem du dich über deine Verletzung beklagst
- ein Chat mit der Tante, die sich erkundigt, wie es dir geht
- ein Gespräch mit dem großen Bruder, der sich nach dem Turnier erkundigt
- eine E-Mail an den Sportlehrer, in der du über deine Verletzung informierst
- eine Unterhaltung mit der Deutschlehrerin über die anstehende Klassenarbeit mit deiner verletzten Hand
- ein Gespräch mit Mitschüler/-innen, die sich nach den Folgen deiner Verletzung für die Schule erkundigen

6 Tragt euch eure Dialoge in Form eines szenischen Spiels in der Klasse vor. Stellt euren Mitschülerinnen und Mitschülern die Dialogtexte außerdem zur Verfügung, beispielsweise auf einer Kopie oder digital über eine Dokumentenkamera, einen Laptop mit Beamer o. ä.
   a) Notiert als Zuschauer/-innen, welche sprachlichen Besonderheiten euch auffallen und ob ihr die sprachliche Gestaltung für realistisch haltet.
   b) Ordnet die Dialoge anschließend hinsichtlich ihrer Konzeption auf der Skala zwischen konzeptioneller Mündlichkeit und konzeptioneller Schriftlichkeit an.
   c) Vergleicht eure Ergebnisse mit denen eurer Mitschüler/-innen. Diskutiert mögliche Abweichungen mithilfe konkreter Textstellen.

7 „And the Oscar goes to ..." Stimmt darüber ab, welche Präsentation einen Oscar verdient hat. Natürlich gibt es verschiedene Kategorien, z. B.
   - der originellste Dialog
   - der authentischste Dialog
   - der bestgespielte Dialog.
   Denkt euch weitere Kategorien aus und prämiert die einzelnen Aufführungen.

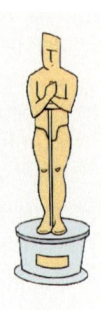

Arbeitsheft, S. 8/9

Schätze deinen Lernstand ein
Ein Gespräch umschreiben

Gespräch über das Training

Alex: Hallo lieber Max, wie geht es dir?
Max: Hallo Alex, mir geht es sehr gut, danke der Nachfrage. Wie war das Training gestern? Ich konnte wegen meiner Zerrung leider nicht kommen.
5 Alex: Es hat alles hervorragend geklappt. Das Aufwärmen war locker, das anschließende Techniktraining bereits etwas anspruchsvoller. Abschließend haben wir mit der Staffel noch eine neue Bestzeit erreichen können.
Max: Wie war euch das ohne mich möglich? Daraus würde resul-
10 tieren, dass die Zeit demnächst, wenn ich wieder gesund bin, noch besser würde.
Alex: Das könnte gut sein. Der Trainer hat sich bereits nach dir erkundigt. Kommst du nächste Woche wieder zum Training?
Max: Das habe ich vor. Ich denke, bis dahin bin ich wieder gesund.
15 Alex: Dann wünsche ich dir weiterhin gute Besserung. Bis demnächst.
Max: Auf Wiederhören.

1 a) Das Gespräch zwischen Alex und Max wirkt sehr steif. Woran liegt das und wie unterscheidet es sich von einem „normalen" Alltagsgespräch?
b) Nenne drei typische Merkmale für Alltagsgespräche mit einer Freundin oder einem Freund.

2 Schreibe das Gespräch so um, dass ein typisches Alltagsgespräch entsteht.

3 Welche weiteren Besonderheiten wären typisch für das Gespräch, wenn es sich um einen Chat handeln würde? Nenne drei.

4 Wenn man Kommunikation einordnen will, verwendet man die Begriffe mündlich und schriftlich. Erkläre, warum diese Begriffe ungenau sind und näher eingegrenzt werden müssen.

5 Nenne jeweils ein Beispiel für folgende Gesprächsarten:
a) konzeptionell mündlich + medial mündlich
b) konzeptionell schriftlich + medial mündlich
c) konzeptionell mündlich + medial schriftlich
d) konzeptionell schriftlich + medial schriftlich

→ S. 22–24, B
→ S. 22–24, A
← S. 17, Wissen und Können, S. 18/19

Sich in Chatgesprächen angemessen ausdrücken

Wenn wir Textnachrichten schreiben, bestehen diese je nach Anlass und Kommunikationsform nicht allein aus Buchstaben, sondern auch aus bildhaften Zeichen, den sogenannten Emojis. In einem One-Minute-Talk könnt ihr euren Mitschüler/innen erläutern, was ihr über den Gebrauch von Smileys und Co. herausgefunden habt.

1 a) Stellt euch zu folgender Frage in der Klasse spontan zu einer Meinungslinie auf:
   Ist die Verwendung von Smileys und anderen Emojis sinnvoll oder überflüssig?
   b) Tauscht euch mit den Schülerinnen und Schülern neben euch aus und begründet eure Meinung.

Ⓐ In einem One-Minute-Talk über die Funktion von Emojis informieren

2 Bildet Kleingruppen. Besprecht die unten genannten Gründe für die Verwendung von Emojis. Welche Gründe könnt ihr nachvollziehen, welche nicht?

> **Ausdruck von Emotionen**   **Faulheit beim Tippen**
>
> **optisch ansprechenderes Aussehen von Nachrichten** 🤔
>
> **Modetrend**   **Ausdruck von Nähe / Vertrautheit**

3 Diskutiere folgende Aussage mit deinen Mitschülerinnen und Mitschülern:

> Emojis sind die einzige Möglichkeit, in einem getippten Gespräch Emotionen zu zeigen, und deswegen ein Merkmal konzeptioneller Mündlichkeit.

→ *One-Minute-Talk, S. 322*

4 Informiert euch im Kapitel „Methoden und Arbeitstechniken" über die Methode „One-Minute-Talk". Klärt offene Fragen zum Vorgehen in der Gruppe oder mithilfe eurer Lehrerin oder eures Lehrers.

5 Bereite nun in Einzelarbeit deinen One-Minute-Talk zum Thema „Emojis – warum verwenden wir sie und was haben sie mit konzeptioneller Mündlichkeit zu tun?" vor.
   a) Notiere die überzeugendsten Gründe für die Verwendung von Smileys aus Aufgabe 2 in einer Mindmap oder auf einem Stichwortzettel. Ergänze sie ggf. um 1–2 weitere Gründe.
   b) Finde Beispiele, um die Gründe zu belegen. Du kannst Beispiele aus den Chats in diesem Kapitel verwenden, Auszüge aus eigenen Chatgesprächen nutzen oder dir passende Beispiele ausdenken.

c) Erläutere, welcher Zusammenhang zwischen der Nutzung von Emojis und der konzeptionellen Mündlichkeit von Chat-Gesprächen besteht. Fasse zu diesem Zweck auch noch einmal in eigenen Worten zusammen, was konzeptionelle Mündlichkeit bedeutet.
e) Trage deine Ergebnisse zusammen und kürze sie so, dass du alle wichtigen Informationen in der Dauer von einer Minute vortragen kannst.
f) Übe, deinen One-Minute-Talk zu halten. Hierzu gibt es mehrere Möglichkeiten:
- Tragt eure One-Minute-Talks reihum in euren Kleingruppen vor und gebt euch Feedback, das ihr anschließend ggf. einarbeitet und umsetzt.
- Nimm deinen Vortrag (z. B. mit deinem Smartphone) auf, höre ihn dir selbst an und überarbeite die Stellen, mit denen du noch unzufrieden bist.

B In einem One-Minute-Talk über Probleme bei der Kommunikation mit Emojis informieren

2 Lest den folgenden Text.

Emoijs – eindeutig uneindeutig?!

Daumen hoch, rauchender Kopf oder Kuss: Smileys geben unserer getippten Kommunikation erst den letzten Schliff und machen Emotionen sichtbar. Aber ist ihre Verwendung wirklich so eindeutig, wie wir denken, oder kommt das, was wir ausdrücken wollen, mitunter ganz anders an, als wir es beabsichtigt hatten?

Gut oder böse?
Wenn wir auf unserem Smartphone einen bestimmten Smiley auswählen und abschicken, sieht dieser beim Empfänger der Nachricht vielleicht vollkommen anders aus. Denn im Grunde verschickt und empfängt jedes Gerät nur einen Code, der wiederum ganz unterschiedlich dargestellt werden kann. Obwohl die Bedeutung der Emojis eigentlich einheitlich ist, wird der eben noch eindeutig fröhliche Smiley, je nach Smartphone-Marke und verwendetem Messenger, zu einem Smiley, der von den meisten Usern eher als wütend interpretiert wird – Missverständnisse sind da natürlich vorprogrammiert. Forscher der Universität Minnesota konnten die Wahrscheinlichkeit derartiger Missverständnisse sogar in einer Studie nachweisen.

Die persönliche Einstellung macht's
Doch nicht nur Smartphone und Messenger haben Einfluss auf das Verständnis von Emojis. Wie so oft in der Kommunikation zwischen mehreren Gesprächsteilnehmer/-innen können auch Smileys von Mensch zu Menschen anders verstanden werden. Selbst wenn also alle „technischen" Störfaktoren ausgeschlossen werden können, verbinden Menschen mit den bunten Gesichtern und anderen Symbolen unter Umständen sehr verschiedene Emotionen. Je nach aktueller Gemütslage können sich diese Unterschiede mal mehr und mal weniger stark auf die Verständigung auswirken. Auch diese Quelle von Missverständnissen bestätigen die Forscher der Universität Minnesota.

Starthilfe, S. 387

3 a) Listet die im Text genannten Faktoren bzw. Fehlerquellen auf, die das Verständnis von Emojis beeinflussen.
b) Sammelt in der Kleingruppe weitere mögliche Faktoren, die zu Missverständnissen in der Kommunikation über Emojis führen können.
c) Teilt die möglichen Einflussfaktoren unter euch auf.

One-Minute-Talk, S. 322

4 Informiert euch im Kapitel „Methoden und Arbeitstechniken" über die Methode „One-Minute-Talk". Klärt offene Fragen zum Vorgehen in der Gruppe oder mithilfe eurer Lehrerin oder eures Lehrers.

5 Bereite den One-Minute-Talk in Einzelarbeit vor.
a) Recherchiere im Internet nach weiteren Informationen zu dem Einflussfaktor, über den du informieren willst. Notiere und ordne die wichtigsten Informationen.
b) Plane die Visualisierung deines Vortrags. Du kannst z. B. die Emojis, die du in deinen Beispielen erwähnen möchtest, groß ausdrucken oder eine entsprechende Präsentationsfolie gestalten.

These are all the same emoji!

This is what the "grinning face with smiling eyes" emoji looks like on devices for each of these platforms:

| Apple | Google | Microsoft | Samsung | LG | HTC | Twitter | Facebook | Mozilla | Emoji One |

c) Halte abschließend fest, welche Schlussfolgerung sich aus den Informationen ziehen lässt: Wie kann man mit der vorgestellten Fehlerquelle in Chat-Kommunikation angemessen umgehen?
d) Kürze die Informationen anschließend so zu Stichworten, dass du alle wichtigen Informationen in der Dauer einer Minute vortragen kannst. Notiere dir auch, an welcher Stelle du deine Visualisierungselemente einsetzen willst.
e) Übe, deinen One-Minute-Talk zu halten. Hierzu gibt es mehrere Möglichkeiten:
• Tragt eure One-Minute-Talks reihum in euren Kleingruppen vor und gebt euch Feedback, das ihr anschließend ggf. einarbeitet und umsetzt.
• Nimm deinen Vortrag (z. B. mit deinem Smartphone) auf, höre ihn dir selbst an und überarbeite die Stellen, mit denen du noch unzufrieden bist.

6 a) Tragt eure One-Minute-Talks in der Klasse vor.
b) Zieht abschließend ein Fazit, welche neuen Informationen zur Funktion und zum Umgang mit Emojis ihr aus den Kurzvorträgen mitnehmt.

Zeigt, was ihr könnt

Einen Auszug aus einem Chat-Roman weiterschreiben

Inzwischen gibt es auch einige Chat-Romane, also Romane, die ausschließlich aus Chats bestehen. Im vorliegenden Roman geht Sam davon aus, dass er seinem Freund Frank schreibt. Eigentlich ist es aber Alice, die seine Nachrichten erhält …

Jennifer Wolf und Alexandra Fuchs
Häkelenten tanzen nicht (2015)

17:25 Uhr. Sam – Frank:
ANTWORTE, FRANK! Ich sitze hier total scheiße in der Klemme. Meine Oma erwartet gleich ihr Geschenk. Wo bist du????? Sag mir bitte, dass du meine E-Mail bekommen hast, ich hatte nämlich deine Handynummer noch nicht im neuen Handy gespeichert.

18:00 Uhr, Sam – Frank:
Wenn ich meine Oma noch einmal zur Ablenkung küssen muss, schwöre ich bei Gott, dass ich dich als meine neue Freundin vorstelle. Die ist verdammt kurzsichtig und bevor du dich versiehst, hat sie dir mit ihrem zahnlosen Mund die ganze Backe abgeschlabbert.

18:05 Uhr, Sam – Frank:
Ich sehe, dass du meine Nachrichten liest!!!!!!!!!! WO BIST DU???? Ich habe schon Durchfall vorgetäuscht und hocke auf dem Drecksklo. Alter, hier sitzen Häkelenten auf dem Klopapier.

18:06 Uhr, Sam – Frank:
ERDE AN FRANK! SAM BRAUCHT DEINE HILFE!

18:09 Uhr, Frank – Sam:
Lieber Sam,
eigentlich dachte ich, dass sich dieses Missverständnis von alleine klären würde – spätestens wenn Frank auftaucht … Da dieser aber wohl nicht vor hat in den nächsten Stunden aufzutauchen und deine Geduld begrenzt scheint, möchte ich dir nur kurz mitteilen, dass du die falsche Nummer in deinem Handy abgespeichert hast. Hier ist definitiv nicht Frank. Fröhliche Weihnachten und viel Glück mit deiner Oma.
Liebe Grüße
NICHT Frank ;)

1 Lest den Romananfang. Diskutiert in der Klasse, inwieweit die Chatbeiträge realistisch wirken. Begründet eure Meinung. Belegt sie mit konkreten Beispielen.

2 a) Schreibe den Beginn des Romans so um, wie du in deinen Chats schreiben würdest. Behalte aber die dargestellte Situation bei.
b) Setze den Chat-Roman fort. Ergänze mindestens 20 weitere Chatnachrichten und bringe die Handlung zu einem vorläufigen Abschluss.

Textverarbeitungsprogramm

3 Stellt euch eure Texte in einem Museumsgang vor und gebt euch gegenseitig ein Feedback, ob die Romananfänge realistisch und passend sind.

Über Kommunikationsstörungen nachdenken

Was willst du damit sagen!?

Wenn wir miteinander sprechen – also miteinander kommunizieren – läuft nicht immer alles glatt. Immer wieder kommt es zu Missverständnissen. Manchmal kann das lustig sein, manchmal aber auch verletzend. Dann stellt man sich Fragen wie: Warum versteht er nicht, was ich meine? Was will sie von mir? Macht es überhaupt noch Sinn, dass wir miteinander sprechen? Und gelegentlich reden wir auch einfach aneinander vorbei. Wie man erkennt, woran Gespräche scheitern, und wie man einander besser versteht – das lernt ihr in diesem Kapitel.

Wo hast du eigentlich deinen Freund gelassen?

Oma, ich habe keinen Freund.

Du hättest ihn ruhig mitbringen können.

In diesem Kapitel lernt ihr ...
› was Kommunikationsstörungen sind,
› welche verschiedenen Arten von Störungen es gibt,
› wie ihr Missverständnisse vermeiden oder ausräumen könnt.

Über Kommunikationsstörungen nachdenken

1 Auf der linken Seite seht ihr einen Auszug aus der Graphic Novel „Wie gut, dass wir darüber geredet haben" (2020) von Julia Bernhard.
   a) Beschreibt, was in den vier Panels erzählt wird und erklärt, wie die Szene zum Titel der Graphic Novel passt.
   b) Die gestörte Kommunikation zwischen der Großmutter und ihrer Enkelin könnte mehrere Gründe haben. Wählt aus den aufgeführten Möglichkeiten diejenige aus, die euch am wahrscheinlichsten erscheint. Begründet eure Wahl.

> Die Großmutter ist schwerhörig oder hat ihr Hörgerät nicht richtig eingestellt. Vielleicht war es im Restaurant auch zu laut.

> Die Enkelin hat sich missverständlich ausgedrückt.

> Die Großmutter hat eine andere Antwort erwartet und/oder wollte ihre Enkelin nicht verstehen.

> Die Großmutter hat die Bedeutung des Satzes falsch verstanden.

> Die Enkelin hat zu leise gesprochen.

   c) Stellt euch eure Lösungen und Begründungen im Plenum gegenseitig vor. Erläutert dabei auch, welche Möglichkeiten ihr von vornherein ausgeschlossen habt und welche in die engere Wahl kamen.
   d) Entwerft Gedankenblasen für die Panels drei und vier, aus denen deutlich wird, warum sich Großmutter und Enkelin nicht verstehen.

2 Um Verständigungsproblemen auf die Schliche zu kommen, haben Wissenschaftler sogenannte Kommunikationsmodelle entwickelt. Sie verbildlichen, welche verschiedenen Faktoren eine Rolle spielen, wenn Menschen miteinander sprechen. Betrachtet dieses einfache Kommunikationsmodell.

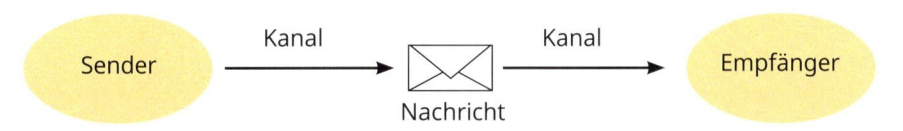

Sender —Kanal→ ✉ —Kanal→ Empfänger
Nachricht

Ausschnitt eines Kommunikationsmodells nach Wolfgang Herlitz, 1973

Kommunikationskanal: Als Kommunikationskanal wird das Übertragungsmedium einer Nachricht verstanden. Das können zum Beispiel die Schallwellen in der Luft sein, eine Telefonleitung oder ein Blatt Papier.

   a) Erklärt zunächst, wie die Antwort „Oma, ich habe keinen Freund." im Modell dargestellt werden müsste. Wer ist Sender, wer ist Empfänger und über welchen „Kanal" wird die Nachricht übertragen?
   b) Ordnet für die in Aufgabe 1b) aufgeführten Gründe zu, an welcher Stelle die Kommunikation zwischen den Gesprächspartnern scheitert. Liegt das Problem ...
   beim Sender der Nachricht   beim Empfänger der Nachricht
   am Übertragungskanal   in der Nachricht selbst?

3 Erinnert ihr euch an ein lustiges oder ärgerliches Missverständnis, das ihr einmal mit einem Gesprächspartner hattet? Spielt es in der Klasse mit einem Partner oder einer Partnerin vor. Entscheidet dann gemeinsam, an welcher Stelle des Kommunikationsmodells die Kommunikation gescheitert ist.

Starthilfe, S. 387

Störungsfreie Rahmenbedingungen schaffen

1 a) Betrachtet zunächst die beiden Abbildungen genauer. Beschreibt, in welcher Situation sich die Beteiligten jeweils befinden.
b) Was könnten die abgebildeten Personen zu ihren Gesprächspartner/-innen sagen? Spielt die Situationen aus dem Stehgreif szenisch nach.
c) Warum verstehen sich die Gesprächspartner/-innen nicht? Erklärt mithilfe des Kommunikationsmodells auf Seite 27, an welcher Stelle es zur Kommunikationsstörung kommt.

Telefonat zwischen Vater und Tochter

Nele: Hallo Papa, wir haben jetzt schon schulfrei. Herr Koch war nicht da. Deutsch ist ausgefallen.
Günter: Das ist doch super – gerade bei dem schönen Wetter. Was ist da bei dir so laut?
Nele: Ich bin schon im Bus ...
Günter: Was ist Schluss? Die Schule? Hast du doch gerade schon gesagt!
Nele: Nein, ich bin im BUS! Wir wollen noch zum See fahren, weil das Wetter so schön ist und in der Sonne sitzen und Eis essen.
Günter: Achso, BUS. Man versteht dich nicht gut. Das Netz ist immer mal wieder weg.
Nele: Wir sprechen einfach, wenn ich zu Hause bin. Gegen drei.
Günter: Gegen zwei? Möchtest du dann was essen?
Nele: Nein, gegen drei!
Günter: Zwei?
Nele: NEIN, drei! Bis später.
Günter: Bis später. Wir sehen uns um zwei.

2 Lest das Telefonat zwischen Vater und Tochter mit verteilten Rollen.
a) Wie entwickelt sich der Dialog? Welche Auswirkungen hat die Kommunikationsstörung auf die Beteiligten?
b) Diskutiert: Lassen sich Kommunikationsstörungen auf der Ebene des Kanals leicht oder schwer beheben? Wie sollten die Gesprächspartner/-innen damit umgehen?
c) Erstellt einen Erste-Hilfe-Koffer für Kommunikationsstörungen, den ihr von Kapitel zu Kapitel befüllt. Setzt dazu folgenden Tipp fort:

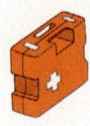

Eine Kommunikationsstörung auf der Ebene des Kanals liegt vor, wenn ...
Um ein Kommunikationsproblem auf dieser Ebene zu lösen, ist es hilfreich, ...

Sich miteinander verständigen

Schon während der Anmeldung bei der Legion in Condate, zu der später auch Asterix und Obelix stoßen, kommt es zwischen dem Ägypter und den Römern zu einem Missverständnis.

Information:
Die Panels stammen aus dem Heft „Asterix als Legionär" (Band X, 1971 in deutscher Übersetzung erschienen). Sie finden sich dort auf den Seiten 18 (oben) und 28 (unten).

Um die neuen Legionäre auszulaugen, befiehlt man ihnen, mit Steinen gefüllte Säcke zu schleppen. „Tennisplatzis" versteht die Situation aber anders.

1 a) Beschreibt die Situation, in der sich Tennisplatzis befindet. Achtet dabei darauf, dass ihr alle Personen in den Panels erfasst. Geht darauf ein, welche Aufgabe beim Militär die Person jeweils hat und welche Absicht sie verfolgt.
b) Schildert das Missverständnis von Tennisplatzis und erklärt seine Ursachen. Geht dabei auch auf die Rolle des Zenturios (ganz rechts) im ersten Panel ein.
c) Erörtert, welche weiteren Folgen das Kommunikationsproblem von Tennisplatzis haben könnte.
d) Zeichnet ein weiteres Panel, das die Folgen des Kommunikationsproblems von Tennisplatzis verdeutlicht.

Starthilfe, S. 387

2 a) Sucht nach selbst erlebten Situationen, in denen es zu einem Missverständnis gekommen ist, weil ihr nicht die gleiche Sprache wie eure Gesprächspartnerin oder euer Gesprächspartner gesprochen habt. Tauscht euch darüber aus.
b) Erläutert, wie ihr gemerkt habt, dass ihr etwas völlig falsch verstanden habt oder selbst falsch verstanden worden seid.
c) Schildert, wie ihr euch in der Situation gefühlt habt. War euch das Missverständnis beispielsweise peinlich oder war es lustig? Konntet ihr das Missverständnis in der Situation auflösen und erklären?

Hans Kratzer, Süddeutsche Zeitung, 04.01.2019

Die Bluatsschand[1] mit der Sprache

Vor wenigen Tagen ist ein Autofahrer am Marktplatz in Bad Birnbach (Kreis Rottal-Inn) beim Ausparken mit einem anderen Wagen kollidiert. Das leicht beschädigte Auto gehört einer Frau, die im Kurort zu Hause ist und sich in der Rottaler Mundart auszudrücken pflegt – im Gegensatz zum Schadensverursacher. Deshalb fand das Unglück eine kuriose Fortsetzung. Als die Frau den Unglücksfahrer nach dem Malheur[2] aufforderte, er solle doch bitte „zurifahren", also an die Seite fahren, verstand er stattdessen, er solle zufahren [= weiterfahren]. Und das tat er dann auch, vermutlich glückselig über den Umstand, dass sein Missgeschick einen solch glimpflichen Ausgang nahm.

Als die Polizei den guten Mann später aufsuchte und ihn mit dem Vorwurf der Unfallflucht konfrontierte, bekam er große Augen. So billig, wie er dachte, kommt er nicht davon. Jetzt liegt es an der Justiz, ob er sich wegen Fahrerflucht verantworten muss oder ob „das Ganze mit der Begleichung des Schadens und einem Lächeln zu den Akten gelegt wird", wie die örtliche Zeitung galant[3] spekulierte. [...]

https://www.sueddeutsche.de/bayern/rottaler-mundart-die-bluatsschand-mit-der-sprache-1.4274536

[1] Bluatsschand: bayrische Mundart für „Sauerei"
[2] Malheur: Missgeschick
[3] galant: entgegenkommend, liebenswürdig

3
a) Lest den Zeitungsartikel laut vor und äußert eure ersten Eindrücke.
b) Arbeitet in Kleingruppen. Spielt das Gespräch zwischen dem Polizisten und dem Mann, der den Unfall verursacht hat, nach. Präsentiert euch gegenseitig die Ergebnisse.
c) Der im Artikel beschriebene Vorfall ist ein weiteres Beispiel für ein sprachliches Missverständnis, bei dem die Gesprächsbeteiligten jedoch die gleiche Sprache sprechen. Erklärt, wodurch es zu der Kommunikationsstörung gekommen ist. Bezieht das erweiterte Kommunikationsmodell unten mit ein und verwendet dabei die Begriffe Sender, Empfänger, Kanal und Code.

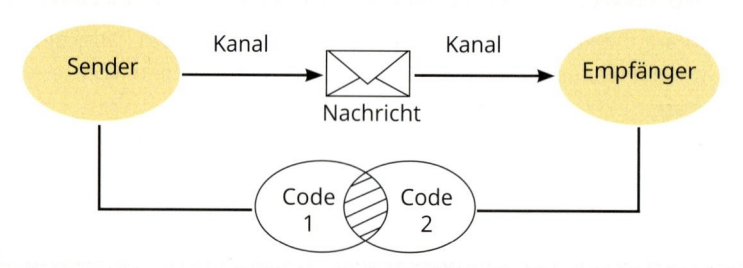

→ *Sprache in unterschiedlichen Regionen, S. 278*

d) Erläutert, warum in dem Modell Code 1 und Code 2 verwendet werden. Warum überschneiden sie sich nur teilweise? Bezieht das Beispiel aus dem Zeitungsartikel in eure Erklärungen ein.

e) Wie müsste das Modell für den Dialog zwischen Tennisplatzis und dem Zenturio aus dem ersten Panel gezeichnet werden? Erweitert das Modell, indem ihr den Übersetzer als dritte Person berücksichtigt.

4 Diskutiert: Sollte man den Fall des Fahrers aus dem Zeitungsartikel „mit einem Lächeln zu den Akten legen"? Was spricht dafür, was dagegen, dass der Mann ohne eine Strafe davonkommt? Welche Konsequenzen ergeben sich daraus für den Umgang mit Kommunikationsstörungen auf der Ebene der Sprache?

❗ Wissen und Können

Kommunikationsstörungen auf der Ebene der Sprache
Es gibt Kommunikationsstörungen, die den **Code** einer Nachricht betreffen. Mit Code ist im weitesten Sinne eine Sprache (also beispielsweise auch ein Dialekt oder Jugendsprache) gemeint. Wenn Gesprächspartner Informationen austauschen, werden diese vom Sender nach einem bestimmten Code erzeugt und vom Empfänger nach demselben Code interpretiert. Verständnisprobleme treten immer dann auf, wenn die Gesprächsteilnehmer/-innen den Code nicht kennen oder falsch verstehen.

➡ *Code-Switching, S. 277*

Beleidigte Gasteltern

[Ein deutscher Austauschschüler ist in einer englischen Familie zu Gast.] Wenn er abends fortgeht, findet er beim Heimkommen immer die gesamte Familie im Wohnzimmer versammelt, die offensichtlich nur seinetwegen aufgeblieben ist. Seine erste Reaktion sind Schuldgefühle, nach ein paar Tagen wird es ihm aber zu dumm, und er erklärt ihnen in seinem Schulenglisch freundlich, aber bestimmt: „You must not wait for me." Worauf die Gastgeber ganz beleidigt antworten: „And you must not talk to us like that."

5 Lest die Anekdote „Beleidigte Gasteltern".
  a) Worin besteht das Missverständnis zwischen Gastschüler und Gasteltern?
  b) Wie fühlen sich die Beteiligten in der Situation?
  c) Diskutiert, wie hilfreich die folgenden Verhaltensweisen sind, um das Problem zu lösen:
    • Der Gastschüler verlässt wütend den Raum.
    • Die Gasteltern beschweren sich bei der Organisation, die den Austausch organisiert, über ihren Gastschüler.
    • Die Gasteltern reden mit Bekannten und Freunden über die Situation.
    • Der Gastschüler fragt in der Situation aktiv nach, warum die Gasteltern beleidigt sind und fragt, ob er etwas Falsches gesagt hat.
  d) Fügt der Liste mindestens eine weitere hilfreiche Verhaltensweise hinzu.

6 Ergänzt euren Erste-Hilfe-Koffer für Kommunikationsstörungen um Tipps zu Kommunikationsstörungen auf sprachlicher Ebene. Berücksichtigt dabei, dass eine solche Störung von den Gesprächspartner/-innen nicht immer gleich erkannt wird.

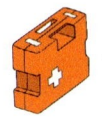

Einander zuhören und verstehen

Kommunikation kann auch misslingen, wenn man dieselbe Sprache spricht. Kleine Missverständnisse lassen sich meist schnell aus der Welt räumen. Manchmal fällt uns aber gar nicht auf, dass der andere eine Aussage ganz anders aufgefasst hat, als sie gemeint war – oder in einer bestimmten Situation eine andere Reaktion von uns erwartet hätte. Das kann unsere Beziehungen zu anderen Menschen mitunter stark belasten. Umso wichtiger ist es, Störungen auf der Beziehungsebene zu erkennen, zu besprechen und wenn möglich zu beseitigen.

Dialog aus der Serie „The Big Bang Theorie", Staffel 6, Folge 6 (Min 10:53 –13:39), verändert

Beziehungsprobleme

Die beiden etwas weltfremden Physiker Sheldon und Leonard wohnen in einer WG zusammen und sind nicht nur Mitbewohner, sondern auch mehr oder weniger beste Freunde. Sheldon hat den berühmten Physiker und Nobelpreisträger Stephen Hawking zum scrabble-ähnlichen Onlinespiel „Words with friends" eingeladen und dieser hat ihm zugesagt. Währenddessen hat Leonard Schuldgefühle gegenüber seiner Freundin Penny.

Leonard: Was machst du gerade?
Sheldon: Ich versuche Stephen Hawking mit einem Jedi-Gedankentrick zu beeinflussen. (*konzentriert sich auf sein Tablet*) Spiel. Spiel. Argh! Bestimmt trägt Hawking seinen Hut aus Aluminiumfolie.
Leonard: Ich habe was Schlimmes getan.
Sheldon: Betrifft es mich?
Leonard: Nein.
Sheldon: Dann leide bitte schweigend. (*konzentriert sich wieder auf sein Tablet*) Spiel. Spiel. Spiel. (*Klopf klopf klopf*) Stephen Hawking. (*Klopf klopf klopf*) Stephen Hawking. (*Klopf klopf klopf*) Stephen Hawking.
Leonard: Penny hat angefangen, in einen Kurs zu gehen und ihre erste Arbeit geschrieben. Sie wollte nicht, dass ich sie lese, da habe ich sie hintergangen und sie heimlich gelesen.
Sheldon: Stephen Hawking hasst mich.
Leonard: Ich weiß nicht, was ich tun soll. Ich meine, ihre Arbeit war grauenhaft. Aber wenn ich es ihr sage, weiß sie, dass ich sie gelesen habe und sie wird bestimmt wütend.
Sheldon: Ich habe ihn so überlegen besiegt, dass er nicht mehr mein Freund sein will. Wieso lieben mich alle, nur Stephen Hawking nicht?
Leonard: Wäre es möglich, dass wir zwei verschiedene Gespräche führen?
Sheldon: Woher soll ich das wissen? Ich höre dir nicht zu.
Leonard: Eine Sekunde (*holt aus einer Schublade eine Schachuhr*). Ok, wir machen folgendes. Schachuhr. Jeder kriegt fünf Minuten, um über sein Problem zu reden. Abwechselnd. Jede Runde besteht aus einer Frage und einer hilfreichen Antwort des Freundes. (*startet Sheldons Uhr*) Fang an.
Sheldon: Ich habe Stephen Hawking im Online Spiel „Words with friends" geschlagen. Jetzt spielt er nicht mehr und wir sind keine Freunde mehr.
Leonard: Er ist vermutlich beschäftigt. Du machst dir wegen nichts Sorgen. Gib ihm ein paar Tage, dann spielt er wieder und alles ist

in Ordnung. (*startet seine Uhr*) Ich bin dran. Ich kann nicht zulassen, dass Penny eine schlechte Arbeit abgibt. Aber wie soll ich ihr sagen, dass die Arbeit furchtbar ist, ohne ihr zu verraten, dass ich sie gelesen habe?

Sheldon: Hmm. Bin überfragt. (*startet seine Uhr wieder*) Also, ich weiß, dass Hawking nicht beschäftigt ist, denn ich sehe, dass er im Moment gegen andere spielt.

Leonard: Aber vielleicht bist du so gut, dass er sich Zeit lässt, bevor er sich der Herausforderung stellt. (*startet seine Uhr*) Ich will, dass Penny Freude hat, wenn sie …

Sheldon: (*startet vorschnell seine Uhr*) Wolowitz hat mir gesagt, dass Hawking ein großes Kind sei. Ja, das habe ich nicht gewusst und ich habe „Extrakt" gelegt für 82 Punkte. Und daran ist Amy schuld. Sie hat mir das Wort vorgesagt. Ich muss mich von ihr trennen.

Leonard: Ich bin noch nicht fertig gewesen mit reden. (*startet seine Uhr*) Sie wird die Arbeit morgen abgeben. Ich weiß, dass ich ihr helfen könnte. Und sie ist doch meine Freundin. Es sollte doch möglich sein, dass ich ihr dabei helfe. Wieso darf ich ihr nicht dabei helfen?

Sheldon: Verstehe, mein Alter. (*startet seine Uhr*)

Leonard: (*startet erbost seine Uhr*) Nein. Du musst mir einen Rat geben.

Sheldon: Ähh, gut. Frauen, was? (*startet schnell seine Uhr*)

Leonard: Nein! (*startet genervt seine Uhr*) Bezogen auf meine derzeitige Situation.

Sheldon: Dann: Blonde Frauen, was? (*startet blitzschnell seine Uhr*)

Leonard: (*startet zornig seine Uhr und schreit*) Mitfühlend.

Sheldon: Möchte nicht du sein. (*startet trotzig und schnell seine Uhr*)

Leonard (*schreit*): Ich geb's auf! (*springt vom Tisch auf und geht weg*)

Sheldon: Leonard, warte. Nein. Ich höre mir ja deine dumme Geschichte an.

(*Leonard verlässt frustriert den Raum.*)

---

1 Lest den Dialog mit verteilten Rollen vor.

2 Leonard fragt nach einiger Zeit „Wäre es möglich, dass wir zwei verschiedene Gespräche führen?". Erarbeitet zu dieser Situation in Kleingruppen ein Standbild.
   a) Achtet darauf, das Verhältnis der beiden Personen in eurem Standbild auszudrücken.
   b) Macht deutlich, woran eurer Meinung nach bisher die Kommunikation gescheitert ist. Klärt dabei auch, wie Leonard seine Frage meint.
   c) Diskutiert dazu, welche Ursachen das Scheitern der Kommunikation hat und wie man das in einem Standbild verdeutlichen kann.
   d) Präsentiert anschließend eure Ergebnisse. Beachtet dabei, dass beim Feedback das Plenum zunächst Vermutung über die Interpretation der Kommunikationsstörungen äußert, bevor die Baumeisterin oder der Baumeister aufklärt, wie das Standbild gemeint ist.

→ *Standbilder bauen, S. 335/336*

3 Bestimmt, welche Art von Kommunikationsstörung zwischen Sheldon und Leonard vorliegt. Benutzt dazu das erweiterte Kommunikationsmodell von Seite 34. Inwiefern unterscheidet sich diese Störung von den Störungen, die ihr bereits kennengelernt habt?

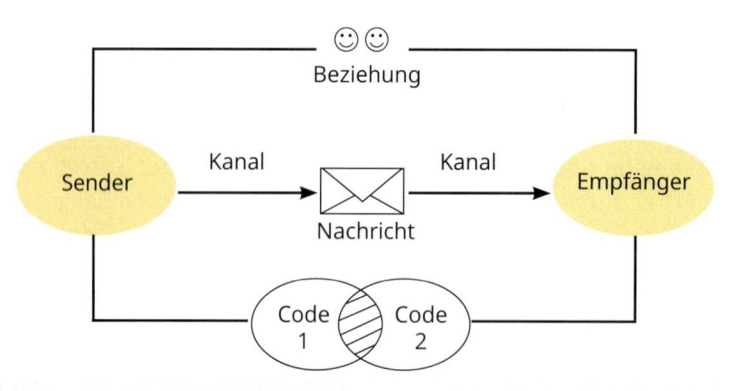

```
          ☺ ☺
         Beziehung
    ┌─────────────────┐
Sender ──Kanal──▶ ✉ ──Kanal──▶ Empfänger
              Nachricht
              Code 1 ∩ Code 2
```

Starthilfe, S. 387

4 Stellt Vermutungen an, warum und inwiefern Kommunikationsstörungen auf der Beziehungsebene eine besondere Herausforderung darstellen.

5 Diskutiert ausgehend von euren Standbildern und mithilfe des Kommunikationsmodells im Plenum, welche Ursachen die Kommunikationsstörung zwischen Leonard und Sheldon hat. Bezieht nun den gesamten Dialog ein.
 a) Belegt eure Interpretation mit konkreten Beispielen aus dem Text.
 b) Verbessert sich die Kommunikation im weiteren Verlauf des Dialogs? Belegt eure Meinung.
 c) Beurteilt den Vorschlag von Leonard, das Kommunikationsproblem mithilfe einer Schachuhr zu lösen. Haltet ihr den Vorschlag für geeignet?
 d) Diskutiert alternative Lösungsvorschläge für das Problem der beiden.

6 Überlegt, welche Folgen die gestörte Kommunikation zwischen Sheldon und Leonard für ihre Beziehung zueinander haben könnte. Bezieht die folgenden Fragen mit ein:
 a) Welche Erwartungen und Hoffnungen steckt Leonard in die Antworten und Ratschläge seines besten Freundes?
 b) Inwiefern entsprechen die Antworten von Sheldon nicht diesen Hoffnungen und Bedürfnissen?

Textverarbeitungsprogramm

7 Schreibt in Partnerarbeit eine Fortsetzung des Dialogs. Nun soll der Dialog aber einen positiven Verlauf nehmen und die Kommunikationsstörung gelöst werden. Nehmt dazu an, dass die beiden sich im Laufe des Tages erneut treffen. Inzwischen hatten sie Zeit, über ihr Verhalten nachzudenken.

> **Tipp**
> Das Verhalten muss nicht stimmig mit dem Charakter der Figuren in der Sitcom sein. Ihr dürft euch davon lösen.

> **❗ Wissen und Können**
>
> **Kommunikationsstörungen auf der Beziehungsebene**
> **Unbeabsichtigte Störungen** auf der Beziehungsebene können auftreten, weil die Beteiligten aneinander vorbeireden, unaufmerksam für die Wünsche und Erwartungen des anderen sind, oder eine der Personen das Gesagte anders verarbeitet, als es gemeint war. Störungen auf der Beziehungsebene treten aber auch auf, wenn eine Person das Gespräch **bewusst** manipuliert, ihrem Gegenüber absichtlich nicht richtig zuhört oder diesen ignoriert, weil kein wirkliches Interesse an dem Gespräch besteht.

Arbeitsheft, S. 10–13

Kompetenzen aufbauen — Über Kommunikationsstörungen nachdenken

Der folgende Dialog stammt aus dem Jugendtheaterstück „Creeps" von Lutz Hübner. In dem Stück geht es um ein Casting für eine Fernsehshow, die Themen von Jugendlichen aufgreift.

Lutz Hübner

Creeps (Auszug)

Die drei 16 und 17 Jahre alten Mädchen Petra, Maren und Lilly sind in ein Fernsehstudio nach Hamburg eingeladen worden. Alle drei gehen davon aus, dass sie die Rolle der Moderatorin für die Fernsehshow „Creeps" bereits bekommen haben. Es findet jedoch ein Casting statt, bei dem eine der drei ausgewählt werden soll. Nach der ersten Probeaufnahme kommt es zu folgendem Gespräch:

Das rote Licht geht aus.
Petra: War das okay für dich?
Maren: Ja, war okay.
Lilly: Petra, hör mal, halblang, ja?
  Das war eigentlich meine Runde. Ich weiß ja nicht, wie das bei euch da drüben läuft, aber so munter vordrängeln ist nicht. Wir können das auch auf die harte Tour machen.
Petra: Du wolltest doch nicht.
Lilly: Ich sollte das Interview machen.
Maren: Also wenn du mir nicht zuhörst. Wenn du es nicht nötig hast, mir zuzuhören.
Lilly: Ja, entschuldige, dass ich dir nicht fasziniert zugehört habe.
Maren: Wir haben hier alle die gleichen Chancen. Das hier ist nicht nur dein Casting.
Lilly: Dann hör auch auf, ständig zu fragen, ob du es noch mal machen darfst.
  Sie schnipst.
  Ich! Ich! Ich, Herr Lehrer.
Petra: Ich habe mich überhaupt nicht vorgedrängelt.
Maren: Jeder macht hier sein Ding.
Lilly: Kommt immer drauf an, wie viel Raum er sich dafür nimmt.
Lillys Handy klingelt, sie geht ran.
Lilly: Ja hallo … ich weiß nicht, ob ich das noch schaffe … schick mir die Nummer als SMS, ich stell jetzt ab … erzähl ich dir nachher … Ciao Ciao.
Petra: Ich hab mich nicht vorgedrängelt.
Maren: Ist das jetzt schon entschieden?
Lilly hat inzwischen ihr Handy abgestellt, setzt sich zu den anderen.
Lilly: Vergessen wir das, okay?
Petra: Okay.
Lilly: *zu Maren* Hey, versuch doch mal ein bisschen locker zu sein, okay?
Maren: Ich bin locker.
Lilly: Dann möchte ich dich mal sehen, wenn du nervös bist.
Maren reagiert nicht.

8 Lest den Textauszug aus „Creeps" mit verteilten Rollen.

> **Tipp**
>
> Achtet darauf, dass Kommunikation nie einseitig ist. Überlegt also auch, was Petra und Maren zur Verschärfung des Konfliktes beitragen.

9 Bildet Vierer-Gruppen, um die Szene zu spielen. Drei von euch übernehmen je eine Rolle und eine/r führt Regie.
   a) Diskutiert zunächst, in welcher Situation sich Lilly, Maren und Petra befinden. Welche Auswirkungen hat das auf die Beziehung der drei Mädchen zueinander?
   b) Lilly ist offensichtlich verärgert. Klärt gemeinsam den Grund dafür.
   c) Untersucht nun, warum es den Mädchen in der Szene nicht gelingt, das Problem zu lösen. Prüft dazu genau, welche Äußerungen den Konflikt eher verschärfen (und warum) und welche eher zur Lösung beitragen.

10 Schreibt nun die Szene so um, dass es den Mädchen gelingt, den Konflikt zu lösen. Achtet dabei auf folgende Aspekte:
   - Verändert die Ausgangssituation der Mädchen nicht.
   - Überlegt euch Äußerungen von Maren und Petra, die dazu führen könnten, dass Lilly ihren Ärger überwindet.

> *Das rote Licht geht aus.*
> **Petra:** *War das okay für dich?*
> **Maren:** *Ja, war okay.*
> **Lilly:** *Petra, hör mal, halblang, ja? Das war eigentlich meine Runde. Ich weiß ja nicht, wie das bei euch da drüben läuft, aber so munter vor drängeln ist nicht. Wir können das auch auf die harte Tour machen.*
> **Petra:** *...*

Textverarbeitungsprogramm

- Schreibt dann eine veränderte Reaktion von Lilly für das Ende der Szene.

11 Probt beide Szenen. Der Regisseur oder die Regisseurin sollte darauf achten, dass in der ersten Version die Fehler besonders deutlich werden. Entsprechend sollte auch die Lösung des Kommunikationsproblems in der zweiten Version gut dargestellt werden.

12 Spielt euch beide Szenen mehrfach vor und gebt euch gegenseitig ein Feedback.
   a) Welcher Gruppe ist es besonders gut gelungen, die gescheiterte Kommunikation darzustellen?
   b) Welche Gruppe hat die beste Lösung gefunden? Wägt ab, was die Vorteile der jeweiligen Lösungen sind. Sind sie realistisch?

13 Tragt zusammen, welche Schlussfolgerungen sich aus der Bearbeitung der beiden Materialien (Auszug aus der Sitcom und dem Theaterstück) für den Umgang mit Kommunikationsstörungen auf der Beziehungsebene ziehen lassen. Ergänzt euren Erste-Hilfe-Koffer für Kommunikationsstörungen um entsprechende Tipps.

Schätze deinen Lernstand ein

Kurze Zeit nach der ersten Szene (S. 35) kommt es zu folgendem Dialog. Inzwischen haben alle Mädchen kurz etwas aufgeführt:

Lutz Hübner

Creeps (Auszug)

Stille.
Petra: Möchte noch jemand einen Sprudel?
Maren nickt, Petra steht auf, schenkt ein, Lilly zündet sich eine Zigarette an.
5 **Petra**: Hier ist Nichtraucher.
Lilly: Wieso, hier darf man doch alles, oder? Hier macht jeder, was er will, egal ob man darf oder nicht. Ist doch egal, Hauptsache, es knallt. Hauptsache, man kann so richtig zeigen, wie primitiv man sein kann, wie verkorkst, wie abgefuckt, wie zerfressen von Komplexen. Wenn das der Stil ist, der hier angesagt ist, darf ich doch wohl rauchen, oder?
Maren: Rauch doch.
15 **Lilly**: Also wenn es dich nicht stört, dass ich rauche, mache ich die Kippe sofort aus.
Petra: Mich stört es.
Maren stellt Lilly ihr Wasserglas hin, Lilly wirft die Zigarette hinein.
20 **Lilly**: Danke.
Maren: Nichts zu danken.
Lilly: Stimmt auch wieder.
Stille.

---

1 Auch in diesem Gespräch zwischen den Mädchen kommt es zu einer Kommunikationsstörung. Erläutere, worin die Störung besteht und an welchen Stellen sie sich zeigt.

2 Stelle auf der Basis deiner Kenntnisse der ersten Szene Vermutungen an, warum die Figuren sich auf diese Weise verhalten. Um welche Art der Störung handelt es sich?

3 Am Ende des Textauszugs wird die Störung aufgelöst.
 a) Beschreibe genau, wer zur Aufhebung der Störung beiträgt. Wie geschieht das?
 b) Beurteile, ob der Streit zwischen den Mädchen durch diese Geste vollständig beigelegt werden kann. Begründe deine Einschätzung.

☺ → S. 38–40, **B**
😐 → S. 38–40, **A**
☹ ← S. 32–34

Para- und nonverbale Kommunikationsstörungen untersuchen

In Kommunikationssituationen kommt es nicht nur darauf an, was man sagt, sondern auch darauf, wie man etwas sagt. Das *Wie* der menschlichen Kommunikation wird maßgeblich durch unser para- und nonverbales Verhalten bestimmt. Dazu gehören unsere Gestik und Mimik (= nonverbales Verhalten) sowie unsere Ausdrucksweise, z. B. unsere Stimmlage oder unsere Betonung (= paraverbales Verhalten).

1 Seht euch erneut den Dialog aus dem Zwischencheck (S. 37) an. Durch welche Kommunikationsweise löst Maren den Konflikt?

2 Versucht, Marens Geste in eine verbale Äußerung umzuformulieren. Was stellt ihr fest?

Ⓐ Über den Einsatz von Stimme und Körpersprache bei der Kommunikation nachdenken

→ *Lösung, S. 394*

3 Ordnet die sieben Grundemotionen den passenden Gesichtern auf der Abbildung rechts zu. Begründet eure Entscheidung.

a. Überraschung
b. Angst
c. Wut
d. Verachtung
e. Freude
f. Ekel
g. Trauer

Achtung: Zwei der Gesichter passen zu keiner der Grundemotionen!

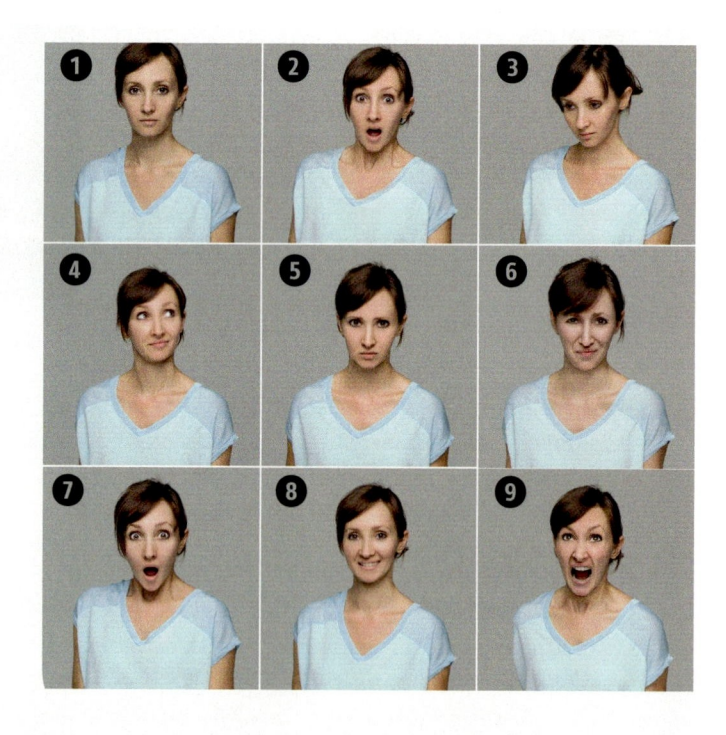

→ *Starthilfe, S. 387*

4 Arbeitet in Partnerarbeit.
a) Spielt euch gegenseitig weitere Emotionen nur mit dem Einsatz von Mimik und Körpersprache vor und lasst euren Partner oder eure Partnerin raten, welche Emotion ihr darstellt.
b) Schlussfolgert aus der Übung, ob das Erkennen nonverbaler Zeichen eher leicht oder schwer fällt. Von welchen Faktoren hängt ab, ob die Verständigung gelingt oder misslingt?

5 „Das hast du wirklich toll gemacht!" Liest man diesen Satz, klingt er erst einmal nach einem großen Lob. Je nachdem, wie man ihn ausspricht, kann er aber von der Gesprächspartnerin oder dem Gesprächspartner sehr verschieden verstanden werden.
   a) Diskutiert in Kleingruppen, auf welche Art und Weise man den Satz aussprechen kann und welche Botschaft damit jeweils übermittelt wird.
   b) Findet euch mit einer anderen Kleingruppe zusammen. Führt euch die verschiedenen Varianten gegenseitig vor. Ein anderer Spieler oder eine andere Spielerin soll spontan auf den Satz reagieren. Klärt anschließend, wie die angesprochene Person die Nachricht aufgefasst hat.
   c) Sind bei der Verständigung Missverständnisse aufgetreten? Überlegt, wie es dazu kam und wie man diese Missverständnisse vermeiden könnte.
   d) Zählt diejenigen Varianten auf, bei denen sich die angesprochene Person unwohl oder angegriffen gefühlt hat. Diskutiert, wann diese Varianten besser vermieden werden sollten und in welchen Situationen sie vielleicht auch passend und angebracht sein könnten.

6 Spielt folgende kleine Szene in Gruppen nach:

Sam ist neu an der Schule. Sie oder er stellt sich der Klasse am ersten Schultag vor.
Sam: „Hi, ich bin Sam und ich bin die / der Neue. Eigentlich komme ich aus Würzburg, aber mein Vater hat vor kurzem einen neuen Job angeboten bekommen. Deshalb sind wir umgezogen. Bestimmt lernen wir uns in den nächsten Tagen noch besser kennen."

   a) Wählt ein Gruppenmitglied aus, das mit der Vorstellung beginnt. Er oder sie soll die Vorstellung so vortragen, wie er oder sie es an Stelle von Sam tun würde.
   b) Wechselt den Spieler oder die Spielerin, bis alle einmal an der Reihe waren. Die Zuschauer/-innen machen sich Notizen zum para- und nonverbalen Verhalten der Spielerin / des Spielers und beurteilen den Gesamteindruck. Wirkt die oder der Neue z. B.:
   **schüchtern   cool und gelangweilt   unterhaltsam
   sympathisch und natürlich   selbstbewusst   höflich und förmlich**

7 Wertet die Übung in der Gruppe gemeinsam aus.
   a) Welche non- und paraverbalen Mittel haben die Spieler/-innen eingesetzt und welchen Gesamteindruck haben sie dadurch vermittelt? Welche Wirkung hatte dies auf die Mitschüler/-innen?
   b) War diese Wirkung beabsichtigt? Wie könnte die Spielerin oder der Spieler die Art und Weise, wie sie / er auf andere wirken möchte, klarer kommunizieren?
   c) Versucht zu erraten, wie hoch einer Studie zufolge der Anteil der folgenden Faktoren auf den Gesamteindruck ist, den ein Mensch hinterlässt:
   Worte: %, Tonfall der Stimme: %, Körpersprache: %
   d) Diskutiert, was die Lösung von Aufgabe 7 c) für den künftigen Einsatz von non- und paraverbaler Sprache in eurer Kommunikation bedeuten könnte.

→ *Lösung, S. 394*

B Eine Präsentation über die Bedeutung von Stimme und Körpersprache in der Kommunikation erstellen

3 Erstellt in Partnerarbeit eine kleine Präsentation, in der ihr para- und nonverbale Kommunikation erklärt und ihre Bedeutung erläutert.

→ Einen Informationstext lesen und erschließen, S. 102–104

a) Lest in Einzelarbeit den Text unten und notiert euch die zentralen Aussagen.
b) Vergleicht mit eurem Partner oder eurer Partnerin die Ergebnisse.
c) Recherchiert im Internet nach Informationen zur para- und nonverbalen Kommunikation und ergänzt eure Ergebnisse.
d) Entscheidet euch für eine Form der Visualisierung (Flipchart, PowerPoint, Folie etc.) bei der Präsentation.
e) Bereitet einen 3- bis 5-minütigen Vortrag mit Visualisierung vor, in dem ihr die Klasse über para- und nonverbale Kommunikation informiert.

Tipp
Geht auch auf mögliche Missverständnisse bei der non- und paraverbalen Kommunikation ein. Arbeitet mit Beispielen.

Ann-Katrin Emig, 04.11.2017, Text geändert

Die Macht der nonverbalen Kommunikation

Es gibt immer wieder Situationen, in denen einem der Gesprächspartner nicht sympathisch ist. Er muss gar nichts Falsches gesagt haben, dennoch bleibt kein positives Gefühl zurück. Woran liegt das? Der Schlüssel liegt in der non- und paraverbalen Kommunikation. Bereits 1967 fand Mehrabian in einer Studie heraus, dass Kommunikation von drei verschiedenen Faktoren beeinflusst wird: Dem Gesagten, dem Tonfall (= der paraverbalen Kommunikation) und der nonverbalen Kommunikation. Ob wir jemanden auf Anhieb mögen, wird nur zu 7% vom Inhalt der Kommunikation bestimmt. Einen weit größeren Einfluss hat die non- und paraverbale Kommunikation, die mit 93% bestimmt, ob wir jemanden sympathisch finden oder nicht. Davon fallen 38% auf die Art, wie etwas gesagt wird und 55% auf die Mimik. [...]
Die Gestik etwa, eines der nonverbalen Elemente, beschreibt die „Sprache der Hände". Jedoch ist ihre Bedeutung nicht immer eindeutig und kann zu Missverständnissen führen. Beispielsweise wird in vielen Kulturen mit dem „Daumen hoch"-Zeichen etwas Positives ausgedrückt. Es bedeutet so viel wie super oder prima. Ein Australier oder Nigerianer würde jedoch denken, dass er verschwinden soll. [...]
Über die non- und paraverbale Kommunikation werden unsere Emotionen für andere sichtbar und ein Teil der Persönlichkeit preisgegeben. [...] Sie kann sowohl kontrolliert eingesetzt werden, wie es oft bei Rednern zu sehen ist, aber auch unbewusst genutzt werden, wenn uns jemand unsympathisch ist und sich das – ohne dass wir es merken – auf unseren Tonfall auswirkt.
Um [...] erfolgreich zu kommunizieren ist es daher wichtig, sich dieser Signale bewusst zu sein. Gerade für einen guten ersten Eindruck ist dies entscheidend, denn für diesen hat man meist nur wenige Millisekunden Zeit.

4 Haltet zwei oder drei Vorträge und diskutiert anschließend die Ergebnisse mit der gesamten Klasse.

Zeigt, was ihr könnt
Kommunikationsregeln für Streitschlichter – einen Flyer entwickeln

Als Streitschlichter/-in in der Schule muss man besonders gut kommunizieren können und vorhandene Kommunikationsstörungen zwischen sich streitenden Parteien erkennen und auflösen.

1. Entwickelt in Kleingruppen (ca. 4 Schülerinnen und Schüler) einen Flyer mit Kommunikationsregeln für Streitschlichter. Nutzt dazu das Wissen, das ihr euch in diesem Kapitel zum Thema Kommunikationsstörungen angeeignet habt und formuliert Tipps, die Streitschlichtern helfen können.

   Geht dabei folgendermaßen vor:
   a) Tragt gemeinsam alle Tipps zusammen, die ihr im Laufe der Arbeit am Kapitel für euren „Erste-Hilfe-Koffer" gesammelt habt.
   b) Formuliert die Tipps zu Regeln für Streitschlichter um. Achtet darauf, dass die Regeln kurz und verständlich formuliert sind. Gebt auch praktische Beispiele, das macht die Regeln anschaulicher.
   c) Ordnet die Regeln einzelnen Überschriften zu. Im Bild findet ihr bereits Überschriften, die ihr verwendet könnt. Andere und weitere Überschriften sind aber möglich.
   d) Gestaltet insgesamt 6 Seiten für den Flyer. Auf der ersten Seite befindet sich der Titel des Flyers und auf der letzten Seite ein Impressum. Dort platziert ihr eure Namen und vielleicht ein Bild der Gruppe.

> **Tipp**
> Den Flyer könnt ihr handschriftlich erstellen und mit passenden Bildern bekleben. Ihr könnt aber auch ein geeignetes Computerprogramm nutzen, das an eurer Schule verwendet wird.

2. Stellt euch die Flyer gegenseitig vor und gebt euch jeweils ein Feedback. Was ist besonders gut gelungen? Was könnte noch verbessert werden? Ist ein Flyer vielleicht so gut, dass man ihn drucken kann? Im Internet gibt es etliche Seiten, auf denen das schnell gelingt. Besprecht das Vorgehen aber unbedingt mit eurer Lehrkraft, denn die meisten Seiten sind kostenpflichtig.

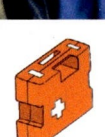

> **Tipp**
> Gibt es in eurer Klasse eine Streitschlichterin oder einen Streitschlichter? Diese/r kann den einzelnen Gruppen sicherlich mit praktischen Beispielen helfen.

Internetformate kennen und vergleichen

Schöne neue Welt?!

Egal ob in der Schule, beim Einkaufen oder zuhause – Technik bestimmt zunehmend unseren Alltag. In diesem Kapitel lernt ihr skurrile und nützliche Erfindungen und Ideen kennen, die unsere Zukunft prägen könnten. Dabei werdet ihr untersuchen, wie unterschiedlich uns die Informationen über diese Technologien der Zukunft in verschiedenen Internetformaten vom Social-Media-Post bis zum Podcast präsentiert werden. Denn auch die Art und Weise, wie wir uns künftig digital informieren, ist Teil der „schönen neuen Welt".

Internetformate kennen und vergleichen 43

1 a) Betrachtet das Bild auf der linken Seite und tauscht euch aus: Welche Situationen und Gegenstände sind in der Zeichnung dargestellt? Welchen Eindruck bekommt ihr von der Szene insgesamt?
b) Benennt die technischen Innovationen, die ihr im Bild erkennt: Wovon habt ihr schon einmal gehört? Was habt ihr selbst kennengelernt?

2 a) Diskutiere mit einem Partner, welche der Ideen im Bild aus deiner Sicht besonders nützlich ist. Begründe deine Einschätzung.
b) Vergleicht eure Meinungen in der Klasse: Inwiefern überschneiden sie sich? Nach welchen Kriterien habt ihr euch entschieden?
c) Sammelt Ideen, in welchen weiteren Bereichen technische Erfindungen eurer Meinung nach besonders hilfreich sind.
d) Oft haben Erfindungen nicht nur positive Seiten: Überlegt euch Beispiele für Erfindungen, die aus eurer Sicht auch Nachteile mit sich bringen, und benennt diese. Ihr könnt dazu auch auf die Innovationen aus dem Bild zurückgreifen.

3 Wie sieht dein digitaler Alltag aus?
a) Notiere in einer Tabelle, welche technischen Geräte du wann und für welchen Zweck nutzt.

Technisches Gerät	Wann?	Wofür?

b) Gibt es Geräte, auf die du auf keinen Fall verzichten möchtest? Gibt es auf der anderen Seite Geräte, auf die du bewusst ganz oder teilweise verzichtest?

4 a) Denkt darüber nach, wie ihr euch über Themen, die euch interessieren, informiert: Wie geht ihr vor? Welche Medien nutzt ihr? Bevorzugt ihr Texte, Bilder, Audio-Angebote oder Videos?
b) Überlegt, wie ihr entscheidet, welches Medium ihr nutzt, um euch zu informieren: Wählt ihr das Medium gezielt aus? Sucht ihr konkret nach bestimmten Beiträgen? Gibt es Themen, bei denen sich beispielsweise Videos besonders anbieten?
c) Stellt Vermutungen an, wie sich eure Mediennutzung in Zukunft verändern wird: Wovon hängt diese Veränderung ab?

> **In diesem Kapitel lernt ihr ...**
> › Merkmale unterschiedlicher Arten von Internetbeiträgen kennen,
> › die Art der Präsentation von Informationen in unterschiedlichen Beiträgen miteinander zu vergleichen,
> › die Vor- und Nachteile verschiedener Medienformate zu erkennen und gegeneinander abzuwägen,
> › was ein Podcast ist und welche Merkmale er besitzt,
> › wie ihr einen eigenen Podcast vorbereitet und produziert.

Merkmale eines Microblogging-Beitrags kennenlernen

Neue Erfindungen sollen uns das Leben möglichst einfacher machen und uns Arbeit abnehmen. Doch über den praktischen Nutzen so mancher Idee kann man geteilter Meinung sein.

> **future mike**
> @futuremike2
>
> Baut bitte einen Saugroboter, der „Tschuldigung" oder „Autsch" sagt, wenn er irgendwo gegenstößt. Außerdem sollte er generell motzen, wie die Wohnung schon wieder aussieht.
> „Boah, räum mal auf, Mike!...Muss ich eigentlich alles allein machen?...Immer nur putzen, putzen, putzen!"
>
> Translate Tweet
>
> 11:44 AM · Jul 5, 2020 · Twitter for iPhone
>
> **1** Retweet   **1** Like
>
> 💬   🔁 1   ♡ 1   ⬆
>
> Tweet your reply

Textverarbeitungsprogramm

1 a) Seht euch den Tweet von future mike an und fasst in eigenen Worten zusammen, was er sich für die Zukunft wünscht.
   b) Auf Microblogging-Beiträge kann man mit einem Kommentar reagieren. Verfasst einen Kommentar von maximal 280 Zeichen, in dem ihr auf den Tweet antwortet.
   c) Stellt euch eure Kommentare gegenseitig vor und sprecht darüber, ob future mikes Idee für die Zukunft wünschenswert ist.

2 Trage zusammen, welche Merkmale ein Microblogging-Beitrag besitzt. Gehe dazu so vor:
   a) Lies den Informationstext von Seite 45 und kläre, was Microblogging bedeutet.
   b) Ordne die im Informationstext genannten und erläuterten Elemente eines Microblogging-Beitrags dem Beitrag von future mike zu. Notiere dir, welche Elemente du an welcher Stelle im Screenshot findest.
   c) Halte fest, welche zusätzlichen Informationen und Elemente du dem Screenshot entnehmen kannst.
   d) Vergleiche deine Ergebnisse mit denen deines Partners. Klärt mögliche Fragen.
   e) Überlegt, warum die weiteren Informationen für die Leserin oder den Leser eines Microblogging-Beitrags wichtig sind.

3 a) Erstelle eine Liste mit möglichen Hashtags, unter denen der Beitrag von future mike veröffentlicht werden könnte, damit er möglichst gut auffindbar ist.
b) Sammelt die von euch gewählten Hashtags in der Klasse.
c) Vergleicht eure Hashtags miteinander: Welche Gemeinsamkeiten stellt ihr fest? Wie hängen die Hashtags und der Beitrag inhaltlich genau zusammen?
d) Hashtags werden auch als „Wegweiser" für Nutzer eines sozialen Netzwerks bezeichnet. Erklärt in eigenen Worten, was dieser Ausdruck bedeutet.
e) Schlussfolgert, unter welchen Hashtags der Beitrag von future mike eurer Meinung nach besonders erfolgreich sein könnte.

4 a) Verfasse einen kurzen Schülerzeitungsartikel zum Thema „Erfindungen, die dringend erfunden werden müssten", in dem du beispielsweise auf die Möglichkeiten von Haushaltsrobotern in der Zukunft eingehst.
b) Stellt euch in der Klasse eure Schülerzeitungsartikel gegenseitig vor: Inwiefern unterscheiden sie sich vom Beitrag von future mike? Geht insbesondere auf den Aufbau der Texte, die verwendete Sprache und das Layout ein.
c) Diskutiert, wie ein Microblogging-Beitrag gestaltet sein sollte, damit er erfolgreich ist.
d) Tweets werden unter anderem genutzt, um andere zu informieren. Benennt die Vor- und Nachteile eines Tweets gegenüber einem Zeitungsartikel.

Textverarbeitungsprogramm

Informiernde Texte strukturieren und formulieren, S. 116

So funktioniert Microblogging

Blogs kennt fast jeder, aber woher stammt eigentlich der Begriff? Es handelt sich hierbei um eine Kurzform von Weblog, einem Kofferwort, das die Begriffe Web (Netz) und Logbuch (Tagebuch) miteinander verschmilzt. Ein Blog ist also eine tagebuchähnliche öffentliche Website, auf der eine Autorin oder ein Autor Kommentare, Artikel oder Notizen zu einem oder mehreren Themen veröffentlicht. Microblogging ist eine spezielle Form des Bloggens, bei der die Benutzer kurze Texte (beispielsweise bis zu 280 Zeichen) veröffentlichen können. Die Themen reichen dabei von persönlichen Meinungen bis zu aktuellen Erlebnissen oder Tätigkeiten. Die einzelnen Postings sind entweder privat oder öffentlich zugänglich und werden in einer Timeline chronologisch aufgelistet.

Das Besondere beim Microblogging sind die Querverweise (Hashtags), die verschiedene Beiträge zu einem Thema miteinander verknüpfen. So wird ein Doppelkreuz (#) vor einen Ausdruck gesetzt (z. B. **#zukunft** oder **#anmorgendenken**), um einen Beitrag für andere Nutzer auffindbar zu machen. Posten viele Nutzer zu einem bestimmten Thema und nutzen dabei denselben Hashtag, „trendet" dieser und wird so besonders leicht auffindbar.

Wenn man einen Beitrag, den man gelesen hat, mit seinen eigenen Followern teilen möchte, wird er retweetet, sodass die eigenen Follower den Beitrag sehen und gegebenenfalls kommentieren können. Möchte ich einen Beitrag direkt an eine andere Person oder Organisation schicken, damit mein Beitrag von dieser auch wirklich gesehen wird, kann ich sie durch ein @ ergänzt um den Nutzernamen verlinken (z. B. @superman55).

Arbeitsheft, S. 14/15

Beiträge in verschiedenen Medien miteinander vergleichen

1 a) Lest die Überschrift des Textes (M1) und betrachtet das Bild: Beschreibt, wie das Fahrrad aufgebaut ist und wodurch es sich von einem „normalen" Fahrrad unterscheidet.
b) Stellt Vermutungen an, welche Vorteile ein fliegendes Fahrrad haben könnte und welche Schwierigkeiten bei der Umsetzung entstehen könnten.

2 a) Lies den Text und fasse die wesentlichen Informationen in eigenen Worten stichpunktartig zusammen.
b) Vergleicht die Ergebnisse eurer Textzusammenfassung in Partnerarbeit mit euren Vermutungen aus Aufgabe 1.

Jörn Brien (t3n, 30.04.2016; Text leicht verändert)

M1

Hoverbike: Brite erfindet fliegendes Fahrrad

Keine Bremse, kein Sattel, dafür ziemlich laut: Der britische Video-Blogger Colin Furze hat ein fliegendes Fahrrad gebaut. Das Hoverbike hebt sogar ab und schwebt ein paar Zentimeter über der Erde.

Hoverbike: Video-Blogger fliegt Fahrrad

Nach dem im Vorjahr entbrannten Hype um das Hoverboard aus dem Streifen „Zurück in die Zukunft II" geht die Entwicklung um schräge fliegende Vehikel[1] in die nächste Runde. Der britische Erfinder und Video-Blogger Colin Furze, der mit Entwicklungen wie den Wolverine-Klauen oder Hand-Flammenwerfern seine 2,6 Millionen Abonnenten unterhält, hat sich jetzt an und auf ein selbstgebautes fliegendes Fahrrad gewagt – das Hoverbike.
Das fliegende Ungetüm besteht aus einem Metallgerüst und zwei Motoren, die sonst motorisierte Paragleiter in die Lüfte heben. Wie das Hoverbike entstanden ist, könnt ihr ebenfalls auf dem Video-Channel von Furze nachverfolgen. Hier hat der ausgebildete Stuntman den mehrmonatigen Entwicklungsprozess dokumentiert. So sieht man auch, wie schwer es offenbar ist, das Gerät ruhig in der Luft zu halten. Auch brenzlige Situationen wie Abstürze mit dem Bruch der Rotorblätter als Folge werden gezeigt.

Hoverbike: Vorurteile ablegen

Die Entwicklung des fliegenden Fahrrads ist Teil einer Marketingkampagne eines bekannten Autobauers, mit der Menschen dazu angeregt werden sollen, ihre Vorurteile über Bord zu werfen. Dass ein solches fliegendes Fahrrad jemals auf den Markt kommt, ist also mehr als fraglich, nicht zuletzt, weil die Motoren so laut sind und das Vehikel so schwer steuerbar ist. Aber wer weiß, vielleicht entsteht in absehbarer Zukunft aus dieser verrückten Idee ja wirklich ein steuerbares Hoverbike?

[1] Vehikel: Fahrzeug

Kompetenzen aufbauen

Internetformate kennen und vergleichen

47

3 a) Seht euch den Beitrag „Homemade Hoverbike" (M 2) des britischen Erfinders Colin Furze zweimal an. Notiert die wichtigsten Informationen, die ihr im Beitrag erhaltet, ebenfalls in Stichpunkten.

▶ „Homemade Hoverbike"   M 2

  b) Beantwortet nach dem ersten Betrachten der beiden Materialien folgende Fragen:
  - Welche Informationen habt ihr jeweils zum Hoverbike erhalten?
  - Wie stellen die Beiträge das Hoverbike jeweils dar?
  - Welchen Beitrag findet ihr eher geeignet, um euch über das Hoverbike zu informieren? Wovon könnte eure Entscheidung für das Medium abhängig sein?

4 Untersucht beide Beiträge nun genauer im Partnerpuzzle und vergleicht sie.

→ *Partnerpuzzle, S. 323/324*

  a) Arbeitet mit einem Lernpartner oder einer Lernpartnerin zusammen. Teilt M 1 und M 2 unter euch auf und übertragt die Tabelle unten in eure Hefte.
  b) Erschließt euer Material noch einmal sorgfältig in Einzelarbeit. Berücksichtigt dabei die in der Tabelle genannten Kriterien und nutzt den Methoden-Kasten auf Seite 48. Notiert wenn möglich Zitate, um eure Ergebnisse belegen zu können.
  c) Finde einen weiteren Partner oder eine Partnerin, der oder die das gleiche Material wie du bearbeitet hat, und vergleicht eure Stichworte: Verbessert und ergänzt sie, wenn nötig.
  d) Setze dich wieder mit deinem Ausgangspartner oder deiner Ausgangspartnerin zusammen. Stellt euch eure Ergebnisse vor. Während der/die eine zuhört, schreibt der/die andere mit und fragt ggf. nach.

Kriterien	M1	M2
Inhaltliche Untersuchung		
W-Fragen (Was? Wer? Wann? Wo? Wie? Warum? Welche Folgen?)		
Formale Untersuchung		
Art des Mediums und Gestaltung des Beitrags (Aufbau etc.)		
Verwendete Bilder (Was wird gezeigt? Motive, Farben …)		
Sprachliche Untersuchung		
Wortwahl, Satzbau, sprachliche Mittel		

▢ *„Tabelle Partnerpuzzle"*

▢ *Arbeitsheft, S. 16–19*

5 Wertet eure Tabelle gemeinsam aus. Nutzt dazu den Methoden-Kasten und erläutert eure Schlussfolgerungen mithilfe der Ergebnisse aus der Tabelle.
a) Beschreibt, um welche Art von Medium es sich bei den Beiträgen jeweils handelt.
b) Vergleicht die Sprache in den Beiträgen miteinander: Welche Unterschiede fallen euch bei der Länge der Sätze und der Wortwahl auf?
c) Ordnet den Beiträgen begründet Funktionen zu. Dienen sie eher der Information, Beeinflussung (Manipulation), Kommunikation oder der Unterhaltung? Verwendet dazu Vergleiche, z. B.: ... ist manipulativer als ..., da ... / ... ist informativer, denn ...
d) Tauscht euch darüber aus, an welche Zielgruppe sich die beiden Beiträge jeweils richten und welche Art der Aufbereitung im Vordergrund steht. Berücksichtigt dazu den fünften Schritt im Methoden-Kasten.
e) Sprecht darüber, welchen Beitrag ihr euch lieber ansehen würdet: Welche Vorteile hat der jeweilige Beitrag? Welcher Beitrag ist aus eurer Sicht glaubwürdiger?

Starthilfe, S. 387

6 a) Bezieht auf Grundlage der beiden Materialien und eurer eigenen Überlegungen Stellung, für wie wahrscheinlich ihr es haltet, dass ein Hoverbike in Zukunft ein wichtiges Transportmittel sein könnte.
b) Stellt euch vor, ihr hättet nur eines der beiden Materialien zur Verfügung gehabt: Hätte der Zeitungsartikel eine andere Einschätzung bewirkt als das Video? Begründet eure Überlegungen mithilfe eurer bisherigen Ergebnisse.

Starthilfe, S. 387

◘ Methode

Beiträge in verschiedenen Medien miteinander vergleichen

1. Schritt: Materialien vorstellen

Dazu nennst du jeweils die TATTE-Informationen (Titel, Autor, Textart/Medienart, Thema, Erscheinungsjahr) sowie das gemeinsame Thema der Materialien.

2. Schritt: Inhalte der Materialien zusammenfassen

Fasse den Inhalt sachlich und mit eigenen Worten zusammen. Orientiere dich an den W-Fragen.

3. Schritt: Materialien inhaltlich vergleichen

Achte darauf, welche Informationen wie ausführlich in welchem Beitrag präsentiert werden.

4. Schritt: Unterschiede herausarbeiten

Untersuche, wie sich die Materialien in der Präsentation der Informationen voneinander unterscheiden. Berücksichtige dabei die Art des Mediums (zum Beispiel Printmedium [Zeitung], visuelles Medium [Fernsehen, Internetvideo, ...]), die Gestaltung des jeweiligen Beitrags und die sprachliche Darstellung.

5. Schritt: Zielgruppe bestimmen

Schlussfolgere, welche Zielgruppe (Fachpublikum, Erwachsene, Kinder, ...) mit dem jeweiligen Beitrag angesprochen werden soll, welchen Zweck (sachliche Information, Erregen von Aufmerksamkeit, Unterhaltung, etc.) dieser anstrebt und welche Art der Aufbereitung (schnelle Information, mit Hintergrundwissen aufbereitete Wissensvermittlung, ...) im Vordergrund steht.

Einen Podcast untersuchen

1 a) Lest euch die nebenstehende Definition des Begriffs „Podcast" aus einem Wörterbuch durch und fasst sie in eigenen Worten zusammen.
b) Sammelt Namen von Podcasts, die ihr kennt: Um welche Themen geht es in diesen Podcasts? Könnt ihr diese zu Oberthemen zuordnen?
c) Stellt Vermutungen an, für wen die Podcasts jeweils interessant sein könnten.
d) Überlegt, wie ihr einen Podcast findet und wonach ihr entscheidet, ob ihr euch einen Podcast anhört.

Podcast

[pɔtkaːst] Ein Podcast ist eine Vielzahl an abonnierten Mediendateien, die über das Internet bezogen werden können. Über einen Newsfeed werden die zum Podcast gehörenden Audiodateien automatisch heruntergeladen. Teile von Radiosendungen werden beispielsweise als Podcast angeboten und können zeitlich unabhängig gehört werden.

2 Folgender Einführungstext zu einer Folge des Podcasts „Jubel & Krawall" lässt sich auf der Homepage eines Hörbuch-Anbieters nachlesen:

> Wie guckt man in die Zukunft? Die Popkultur hat verschiedene Antworten darauf, wie ein solches Morgen aussehen kann. Sophie und Matthias finden: Das ist manchmal ganz schön stümperhaft und manchmal ziemlich brillant.
> In „Jubel & Krawall" sprechen Sophie Passmann und Matthias Kalle über neue Serien, alte Bands, gute Bücher und schlechte Comedy. [...]

a) Die Folge beginnt mit folgender Frage, die Sophie Passmann ihrem Gesprächspartner stellt: „Schnelles Spiel: Würdest du lieber alles wissen, was in der Zukunft passiert, oder die gesamte Vergangenheit vergessen?". Fragt spontan in der Klasse ab, für welche der beiden Möglichkeiten ihr euch entscheiden würdet.
b) Sprecht darüber, warum ihr euch für die jeweilige Lösung entschieden habt: Welche Vorteile könnte es bieten, die eigene Zukunft zu kennen? Welche Vorteile könnte es haben, die gesamte Vergangenheit zu vergessen?
c) Stellt einen Zusammenhang zwischen dem Namen der Podcast-Reihe, der Frage am Beginn und dem Einführungstext her: Inwiefern wird daran deutlich, dass es um „Jubel & Krawall" geht?
d) Besprecht, ob ihr euch den Podcast anhören würdet. Begründet eure Einschätzung.

→ *Standpunkte vertreten, S. 336*

3 Lest nun das Transkript (= die Umschrift) vom Anfang der Podcast-Folge durch und fasst den Inhalt in eigenen Worten zusammen.

Folie

4 a) Untersuche den Podcastauszug genauer. Gehe so vor:
- Lege eine Folie über den Text. Markiere alle Begriffe, die deutlich machen, dass es sich um eine Podcast-Reihe handelt.
- Unterstreiche alle Hauptsätze in einer und alle Nebensätze in einer anderen Farbe.
- Markiere alle Worte, die informell (konzeptionell mündlich) sind.

→ *konzeptionelle Mündlichkeit, S. 19*

b) Stellt euch in Partnerarbeit gegenseitig eure Ergebnisse vor und besprecht, woran man erkennen kann, dass es sich bei einem Podcast um einen Hörtext handelt. Nutzt dazu auch den Wissen-und-Können-Kasten.

„Jubel & Krawall" mit Sophie Passmann und Matthias Kalle (Transkript Min. 00:35–01:42)

Folge 9: Zukunftsszenarien (Anfang)

Matthias Kalle: Ich hab die Frage richtig verstanden, oder? Also ich möchte meine Vergangenheit nämlich nicht vergessen.
Sophie Passmann: Genau, aber du könntest im Gegenzug könntest du alles, was in deinem Leben noch passiert, wissen.
Kalle: Also ich weiß alles, was vorher war, und alles, was danach war.
Passmann: Nö, das ist ja das „Entweder-oder-Spiel" daran.
Kalle: Ach so, ne, dann möchte ich von der Zukunft gar nichts wissen und möchte alles behalten, an was ich mich erinnern kann.
Passmann: Meine sehr verehrten Damen und Herren, es geht heute hier in dieser Folge „Jubel & Krawall" natürlich um die Zukunft. Und der Mann, der mir gegenüber leicht nervös jetzt schon Angstschweiß auf der Stirn hat wegen dieser Frage, ist Matthias Kalle, der wunderbare Matthias Kalle.
Kalle: Ich muss immer noch, diese Frage verwirrt mich genauso, wie mich „Tenet", dieser neue Christopher-Nolan-Film, verwirrt hat, zu dem wir gleich noch kommen. Ich hab Probleme mit Zeitleisten.
Passmann: Geh es gerne nochmal langsam durch. Du hast zwei Möglichkeiten: Entweder ...
Kalle: Ja?
Passmann: ... du weißt, was in der Zukunft passiert, und zwar alles, was in deinem Leben passiert, oder aber du erinnerst dich an deine Vergangenheit. Entweder, oder?
Kalle: Hab ich verstanden. Dann Vergangenheit, Vergangenheit, Vergangenheit.
Passmann: Das würde aber auch bedeuten, dass du nicht weißt, dass du nächste Woche Dienstag einen Zahnarzttermin hast. Alles, was in deinem Leben passiert, ist eine völlige Überraschung dann.
Kalle: Okay, aber das ist es ja eh, wenn wir aufzeichnen dienstags, von daher ist das gar nicht so schlimm.

Podcast: „Jubel & Krawall: Zukunftsszenarien (Anfang)"

5 Hört euch den Beginn des Podcasts an:
a) Beschreibt genau, wie der Podcast beginnt: Mit welchen Mitteln wird das Interesse der Hörerinnen und Hörer geweckt? Wie werden sie in das Thema eingeführt?
b) Notiert euch, welche Wirkung der Beginn auf euch hat: Was spricht euch an? Was spricht euch eher nicht an? Begründet eure Urteile.

6 Podcasts können für unterschiedliche Zielgruppen von Interesse sein.
   a) Sammelt Situationen, in denen ihr euch einen Podcast anhören würdet (zum Beispiel bei der Busfahrt, beim Sport, etc.): Warum würdet ihr einen Podcast insbesondere in diesen Situationen hören?
   b) Erschließt das Balkendiagramm: Welche Themen sind bei Podcasts besonders beliebt?
   c) Überlegt, welche dieser Themen auch für euch interessant sein könnten. Unterscheiden sich eure Ergebnisse?
   d) Diskutiert, inwiefern es einen Zusammenhang zwischen den Hörgewohnheiten und den Podcast-Themen gibt: Gibt es Situationen, in denen sich bestimmte Themen eher anbieten als andere?
   e) Schätzt ein, welche Konsequenzen die unterschiedlichen Themen für die im Podcast verwendete Sprache haben könnten.

Die beliebtesten Podcast-Themen der Deutschen
Anteil der Befragten, die angeben, die folgenden Podcastthemen zu hören

- Nachrichten und Politik: 43 %
- Film und Fernsehen: 41 %
- Comedy: 34 %
- Sport und Freizeit: 30 %
- Musik: 24 %
- Gesellschaft ud Kultur: 24 %
- Bildung: 24 %
- Wissenschaft und Medizin: 21 %
- Technologie: 19 %
- Gesundheit: 18 %

Quelle: Bitkom Basis: 221 Podcasthörer (ab 14 Jahren); 2018

7 Tauscht euch darüber aus, für welchen Zweck sich aus eurer Sicht eher ein Podcast, wann eher ein Videobeitrag oder ein Zeitungsartikel anbietet: Welches Medium nutzt ihr, um euch gezielt zu informieren? Welches Medium bietet sich an, um unterhalten zu werden? Welche Themen sind für welches Medium besonders geeignet?

8 Haltet stichpunktartig fest, was aus eurer Sicht einen guten Podcast ausmacht. Beziecht euch dabei auf eure Ergebnisse aus den Aufgaben 4–7.

❗ Wissen und Können

Was ist ein Podcast?
Ein Podcast ist eine Serie von Mediendateien, die in **regelmäßigem Rhythmus** zur Verfügung gestellt werden und „on demand" (= auf Abruf) gehört werden können. Podcasts lassen sich **abonnieren**, sodass man über neue Folgen benachrichtigt wird, und haben zumeist einen Aufbau, der bei jeder Folge einer Reihe identisch ist.
Die Folgen beginnen mit einer **persönlichen Begrüßung** und nutzen **Verweise** auf andere Folgen, damit die Zuhörer/-innen sich angesprochen und einbezogen fühlen. Sprachlich sind Podcasts oft **informell** und **in einfachen Sätzen** gehalten. Je nach Thema und Zielgruppe kann ein Podcast sprachlich aber durchaus auch komplexer gestaltet sein, wobei es sich generell um einen medial mündlichen Text handelt.

Arbeitsheft, S. 20/21

Typische Merkmale von Infotainment erkennen

1 a) Betrachte die Abbildung und beschreibe die einzelnen Symbole, die auf der Uhr dargestellt sind.
b) Bei der dargestellten Uhr handelt es sich um die sogenannte „Lebensuhr". Erkläre, was diese Metapher bedeuten könnte.
c) Überlege, auf welcher Uhrzeit die Lebensuhr bei dir steht.

→ *Metapher, S. 361*

2 Eine Folge aus der Wissenschafts-Reihe „Quarks" im WDR trägt den Titel „Ewig jung: Wie Wissenschaftler das Altern stoppen wollen": Inwiefern könnte es wünschenswert sein, das Altern aufhalten zu können? In welcher Lebensphase würdest du das Altern stoppen, wenn es möglich wäre?

▶ *„Quarks: Ewig jung: Wie Wissenschaftler das Altern stoppen wollen"*

3 a) Sieh dir den ersten Teil des Beitrags (bis Min. 10:39) an und halte deinen Eindruck fest, wie weit die Forscher beim Aufhalten des Alterns bereits gekommen sind.
b) Sieh dir den ersten Teil des Beitrags ein zweites Mal an und erstelle ein Sequenzprotokoll. Halte dazu genau fest, in welche inhaltlichen Abschnitte der Beitrag unterteilt werden kann. Fasse zudem knapp zusammen, worum es in der jeweiligen Sequenz geht. Lasse die rechte Spalte zunächst noch frei.

Sequenz	Dauer	Zusammenfassung des Inhalts	Funktion
1	00:00 – 01:11	Aussage: Menschen haben Angst vor dem Altern, aber Wissenschaftler behaupten, Altern lässt sich stoppen; Ankündigung: Sendung besucht Labors und Forscher mit neuen Entdeckungen zum Aufhalten der Lebensuhr	
2	01:12 – 01:50	…	
…	…	…	

c) Vergleiche deine Ergebnisse mit denen einer Lernpartnerin oder eines Lernpartners und ergänze deine Notizen.
d) Ermittelt gemeinsam, wie der Beginn des Beitrags aufgebaut ist: Welche Funktion nehmen die einzelnen Sequenzen ein? Haltet eure Überlegungen in der rechten Spalte fest. Ihr könnt auch mehrere Sequenzen mit einer Funktion zusammenfassen.
e) Vergleicht den Aufbau der Fernsehsendung mit dem Aufbau des Videos zum Hoverbike: Welche Unterschiede stellt ihr fest?

✈ *Starthilfe, S. 387*

| | Kompetenzen aufbauen | Internetformate kennen und vergleichen | 53 |

4 a) Erläutert, was auf dem Screenshot aus der Sendung zu sehen ist: Welche Frage soll sich aus der gezeigten Grafik über das Altern ergeben?

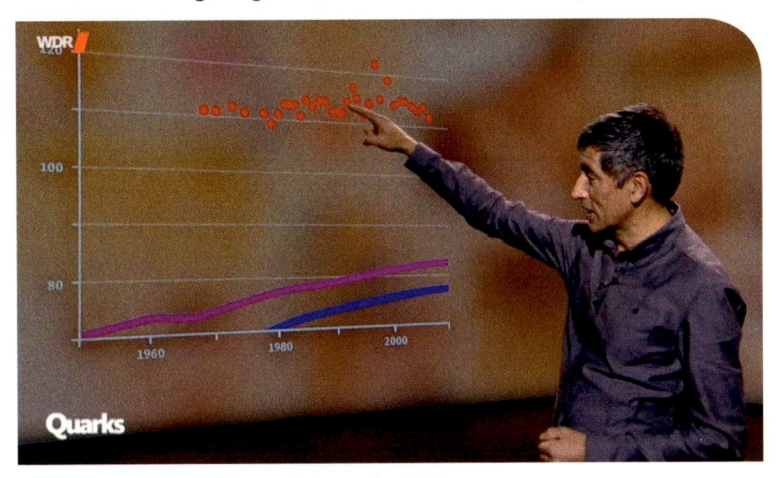

b) Überlegt, aus welchem Grund die Grafik im Beitrag eingesetzt wird. Wie hilft sie den Zuschauer/-innen dabei, die Frage nachzuvollziehen, inwiefern es für Menschen eine natürliche Altersgrenze gibt?

c) Grafiken sind ein typisches Mittel, das bei Infotainment-Beiträgen eingesetzt wird. Diskutiert, ob Grafiken eher der Information oder der Unterhaltung (engl.: entertainment) dienen. Begründet eure Antwort. Nutzt dazu auch den Wissen- und-Können-Kasten auf Seite 54.

5 Untersucht, inwiefern der Beitrag aus „Quarks" ein typisches Beispiel für Infotainment ist. Geht dazu so vor:
a) Sieh dir den Beginn des Beitrags ein drittes Mal an und halte fest, welche Bilder und Effekte an welcher Stelle eingesetzt werden.
b) Vergleiche dein Ergebnis mit dem einer Partnerin oder eines Partners und ergänze oder korrigiere deine Notizen, falls nötig.
c) Erläutert anhand eurer bisherigen Ergebnisse, welche typischen Mittel von Infotainment am Beginn des Beitrags erfüllt sind. Nutzt dazu auch eure Ergebnisse aus Aufgabe 3.

6 a) Erkläre in eigenen Worten, was mit folgender Aussage des Kommunikationswissenschaftlers Norbert Bolz gemeint ist:

> Infotainment ist die einzige Form, in der Leute überhaupt noch Informationen entgegennehmen.

b) Sammle stichwortartig Argumente, welche Vor- und Nachteile es mit sich bringt, sich über Infotainment-Formate zu informieren.

c) Nimm schriftlich Stellung, inwiefern du die Einschätzung teilen kannst, dass Menschen Informationen nur noch in Form von Infotainment entgegennehmen. Begründe deinen Standpunkt mithilfe deiner bisherigen Ergebnisse und deiner eigenen Gewohnheiten, dich über Sachverhalte zu informieren.

→ *Argumentationskreise und Argumentationsketten bilden, S. 131*

▢ *Textverarbeitungsprogramm*

→ *Gruppenpuzzle, S. 323/324*

⊙ Tipp

Folgende vier Beiträge sollen bearbeitet werden: Microblogging-Beitrag (S. 44), Artikel auf der Online-Plattform eines Magazins (S. 46), Video von einem Videoportal (S. 47), Auszug aus einer Podcast-Folge (S. 50).

7   Elemente des Infotainment finden sich zunehmend in vielen verschiedenen Medienformaten. Überprüft in einem Gruppenpuzzle, inwiefern sich in den Beiträgen, die ihr in diesem Kapitel kennengelernt habt, typische Mittel des Infotainment wiederfinden. Geht dazu folgendermaßen vor:
a) Findet euch in Vierergruppen (Stammgruppen) zusammen und teilt die vier Beiträge aus dem Kapitel unter euch auf.
b) Untersuche, welche typischen Mittel des Infotainment sich in dem von dir gewählten Beitrag finden.
c) Setzt euch in Expertengruppen mit anderen Mitschüler/-innen zusammen, die denselben Beitrag gewählt haben. Vergleicht eure Ergebnisse und ergänzt oder korrigiert eure Notizen, falls nötig.
d) Kehrt in eure Stammgruppen zurück und stellt euch eure Ergebnisse gegenseitig vor.
e) Überlegt gemeinsam, welche Funktion die Infotainment-Elemente bei den einzelnen Beiträgen einnehmen.

8   a) Mit der Einführung virtueller Studios werden verstärkt aufwändige Animationen in Beiträgen eingesetzt. Mutmaßt, welches Thema das virtuelle Studio dem Zuschauer der abgebildeten Fernsehsendung näherbringen soll.
b) Diskutiert, inwiefern diese Art der virtuellen Darstellung einen Mehrwert für das Verständnis von realen Inhalten und Zusammenhängen bietet.

❗ Wissen und Können

Was ist Infotainment?
Eine Infotainment-Sendung verfolgt das Ziel, die Zuschauerinnen und Zuschauer **auf unterhaltsame Weise** über einen oder mehrere komplexe Sachverhalte zu **informieren**. Der Begriff Infotainment ist ein Kofferwort, das sich aus den englischen Wörtern **info**rmation und enter**tainment** zusammensetzt. Als Infotainment werden dabei nicht nur Fernsehsendungen bezeichnet. Auch einige Internetformate wie beispielsweise Erklärvideos setzen auf diese Kombination aus Information und Unterhaltung.
Typische Mittel von Infotainment sind:
- **Personalisierung**: Der Sachverhalt wird an konkreten Beispielen erläutert. Oft stehen einzelne Personen und ihre Geschichten im Mittelpunkt.
- **Dramatisierung**: Durch Musikeffekte, einprägsame Bilder oder bewegend erzählte Geschichten wird der Sachverhalt besonders emotional präsentiert.
- **Visualisierung**: Visuelle Elemente wie Grafiken oder Modelle veranschaulichen die Sachverhalte, sodass die Zuschauerin oder der Zuschauer die Erklärungen leicht nachvollziehen kann.
- **Ständiger Wechsel der Inhalte**: Indem einzelne Aspekte des Themas und neue Informationen in möglichst schneller Folge präsentiert werden, wird die Aufmerksamkeit der Zuschauerin oder des Zuschauers aufrecht erhalten.

Schätze deinen Lernstand ein

Zum Thema „digitale Schule" sind Len und Pia auf folgende Materialien gestoßen:

M 1

Natalia Frumkina (25.03.2020, tagesschau.de)

Schule an digitalen Grenzen

Fehlende digitale Plattformen, Schüler ohne Zugang zu Rechnern, Unklarheiten beim Abitur […].

„E-Learning" ist das, was die Schulen durch die Corona-Krise führen soll – digitaler Fernunterricht. Der aber funktioniert nicht überall und vor allem nicht überall gleich gut. Dabei geht es weniger um die digitale Ausstattung an Schulen als um die Infrastrukturen und die Inhalte. Birgit Eickelmann, Schulpädagogin und Expertin für digitale Bildung, sagt dazu im Interview mit der Friedrich-Ebert-Stiftung: „Wir wissen, dass wir hier in der Fläche nicht gut aufgestellt sind. Die Schulen, die hier vorgedacht haben, haben jetzt bessere Möglichkeiten." Alle anderen seien auf das Engagement einzelner, Lehrkräfte und Eltern, angewiesen.

Doch auch dieses Engagement stößt oft an technische Grenzen. Eine Lehrerin einer Hamburger Stadtteilschule berichtet, dass der Server, von dem die Lehrkräfte E-Mails mit Aufgaben verschicken sollen, nach wenigen Tagen zusammengebrochen sei. „Eigentlich dürfen wir private E-Mail-Adressen aus Datenschutzgründen nicht zur Kommunikation mit den Schülern nutzen, aber momentan geht es nicht anders. Ich schicke zum Teil Aufgaben von meiner privaten E-Mail-Adresse und nehme die Lösungen per Foto mit einem Chat-Programm entgegen." […]

Quelle: https://www.tagesschau.de/inland/schule-corona-101.html, Text leicht verändert

M 2

> **future mike**
> @futuremike2
>
> Auf meinem Gym wird teilweise noch mit Büchern aus den 80er Jahren gearbeitet. Wir haben ganze 30 Computer, 10 Jahre alt, und wenn der Browser geladen ist, ist die Stunde um… Digital geht hier gar nichts. #futureschool
>
> Translate Tweet
>
> 1:41 PM · Jun 17, 2020 · Twitter for iPhone

1 a) Sieh dir die beiden Materialien M1 und M2 an und formuliere das gemeinsame Thema.
b) Vergleiche die beiden Texte inhaltlich und sprachlich miteinander. Gehe dabei unter anderem auf die verwendete Sprache, den Aufbau und die inhaltlichen Aussagen ein. Halte deine Ergebnisse stichpunktartig fest.
c) Überlege, welche Zielgruppe mit den Beiträgen jeweils angesprochen wird. Begründe deine Einschätzung mithilfe deiner bisherigen Ergebnisse.

2 Wähle einen der beiden Beiträge aus und verfasse einen eigenen Microblogging-Beitrag, der deine Meinung zum Thema in maximal 280 Zeichen ausdrückt.

→ S. 56–58, **B**
→ S. 56–58, **A**
← S. 48, Methoden-Kasten

Einen Podcast gestalten und aufnehmen

In dieser Vertiefung sollt ihr einen eigenen Podcast-Beitrag zum Thema „**Virtuelle Welten: Fluch(t) oder Zukunft?**" erstellen. Ein solches Projekt ist zwar nicht schwer zu realisieren, muss aber gut vorbereitet werden. Neben einer inhaltlichen Vorbereitung solltet ihr auch wissen, wie ihr den Podcast technisch umsetzt.

1
a) Lest zunächst die Überschrift des Informationstextes. Tauscht euch darüber aus, was ihr bereits über „Augmented Reality" (AR) und „Virtual Reality" (VR) wisst.
b) Lest nun den gesamten Text. Klärt, worin der Unterschied zwischen AR und VR und „klassischen Medien" wie z. B. Filmen, Dokumentationen oder Büchern besteht.
c) Diskutiert, welche Chancen und Risiken das Eintauchen in die virtuellen Welten zukünftig mit sich bringen könnte. Welche Anwendungen könnten Spaß machen oder nützlich sein? Besteht auch die Gefahr, die Realität aus dem Blick zu verlieren, wenn „kein Reiz mehr zu dir durchdringt"?

2
a) Mache dir klar, welche Schritte für das Aufnehmen eines eigenen Podcasts nötig sind. Lies dazu den Methoden-Kasten unten.
b) Erkläre deiner Partnerin oder deinem Partner in eigenen Worten, wie du beim Aufnehmen eines eigenen Podcasts vorgehen musst. Deine Partnerin bzw. dein Partner überprüft, ob du alles richtig verstanden hast. Tauscht dann die Rollen.

⚙ Methode

Einen Podcast aufnehmen

1. Schritt: Bereite dich inhaltlich vor

Recherchiere zu deinem Thema. Lege genau fest, worum es in deinem Beitrag gehen soll, und welche Aspekte du behandeln möchtest. Notiere anschauliche Beispiele.

2. Schritt: Plane dein Manuskript

Überlege dir einen Einstieg, der zu deinem Thema hinführt und das Interesse der Zuhörer/-innen weckt. Formuliere einen Schluss, der den Podcast abrundet und Lust macht, die nächste Folge zu hören (Call to Action).

3. Schritt: Formuliere dein Manuskript aus

4. Schritt: Erstelle eine Titelmusik

Suche einen passenden Jingle für deinen Podcast, der einen Wiedererkennungswert besitzt.

5. Schritt: Bearbeite deine Aufnahme

Du kannst deine Aufnahme mit Effekten belegen oder Hintergrundmusik hinzufügen, um sie interessanter zu machen. Passende Soundeffekte findest du beispielsweise in der Sounddatenbank der BBC, die du kostenfrei verwenden darfst. Die Datenbank findest du unter http://bbcsfx.acropolis.org.uk. Achte aber darauf, dass ein Podcast möglichst natürlich wirken sollte. Nutze Schnitte und Effekte daher sparsam.

handysektor.de, 22. August 2016

Virtuell oder doch real?

Was würdest du sagen, wenn du dir vorab das Hotel deines nächsten Urlaubs ganz genau anschauen könntest? Oder das Louvre besuchen könntest, ohne dabei in Paris zu sein? Wie wäre es mit einer Achterbahnfahrt im heimischen Wohnzimmer? Oder wie wäre es, Computer- und Konsolenspiele so zu erleben, als wärst du mittendrin statt nur dabei? Mit Augmented und Virtual Reality ist das heute schon möglich.

Augmented Reality (AR) und Virtual Reality (VR) sollen die Welt der Technik weiter revolutionieren und die Realität in entscheidendem Maße erweitern und verändern. Doch was genau bedeutet eigentlich AR und VR und welche Rolle spielen diese riesigen Datenbrillen?

Augmented Reality

Augmented Reality heißt übersetzt „erweiterte Realität". Dabei werden virtuelle Informationen, wie Texte und Bilder oder sogar 3D-Objekte, in die reale Umgebung integriert. Das kann z. B. in Form einer App auf deinem Smartphone passieren: Durch die Kameralinse nimmt das Gerät deine Umgebung auf und zeigt das Bild angereichert mit Informationen auf deinem Display an. Das Spiel Pokémon GO arbeitet beispielsweise mit Augmented Reality – schaltet man die Funktion ein, so werden die Pokémon auf dem Bildschirm in deiner realen Umgebung angezeigt. Sie sitzen dann abhängig von deinem Aufenthaltsort auf deinem Schreibtisch, im Fluss oder auf deinem Bett. Noch futuristischer sind Augmented-Reality-Brillen. […]

Virtual Reality

Virtual Reality bedeutet, dass man in eine dreidimensionale, meist computergenerierte Datenwelt eintaucht und von der realen Welt isoliert wird. Man spricht auch von „programmierter Realität".

Viele große High-Tech-Unternehmen verkaufen schon Virtual-Reality-Brillen oder arbeiten an eigenen Geräten. […]

Die Virtual-Reality-Geräte sehen aus wie riesige Skibrillen – schließlich muss darin einiges an Technik untergebracht werden, wie Bildschirme und Bewegungssensoren. Außerdem müssen die Brillen dein komplettes Gesichtsfeld verdecken, damit du dich vollkommen auf die virtuelle Welt konzentrieren kannst. Wenn du dir zusätzlich noch Kopfhörer aufsetzt, dringt aus der realen Welt fast kein Reiz mehr zu dir durch.

Quelle: https://www.handysektor.de/artikel/virtuell-oder-doch-real

---

Ⓐ Auf Basis eines Textes eine Podcast-Folge planen und aufnehmen

Produziert eine Podcast-Folge, in der ihr die Begriffe „Augmented Reality" und „Virtual Reality" erklärt und über die Vor- und Nachteile virtueller Welten sprecht. Nutzt den Beitrag „Virtuell oder doch real?" als Grundlage.

3 Erstellt eine Gliederung eures Manuskripts: Überlegt, in welcher Reihenfolge ihr welche Aspekte des Themas in eurem Beitrag thematisieren wollt.

4   Sammelt weitere Einsatzmöglichkeiten für AR und VR und notiert euch mögliche Vor- und Nachteile ihres Einsatzes.

5   Formuliert einen Einstieg für euren Beitrag, der das Thema verdeutlicht und die Zuhörerinnen und Zuhörer neugierig macht.

Textverarbeitungsprogramm

6   Entwerft einen Ablaufplan, in dem ihr die genauen Inhalte der Folge und ihre Abfolge stichpunktartig festhaltet. Achtet darauf, adressatengerecht zu formulieren.

> **Tipp**
>
> Euer Podcast wird lebendiger, wenn ihr euch häufig in den Redebeiträgen abwechselt.

7   Nehmt eure Podcast-Folge auf, indem ihr euren Text einsprecht.
Geht dazu so vor:
a) Wählt ein Gerät, mit dem ihr euren Podcast aufnehmen möchtet. Hochwertige Mikrofone mit USB-Anschluss sorgen dafür, dass die Aufnahme einen besonders guten Klang bekommt, zumeist reichen aber auch die eingebauten Mikrofone von Tablets oder Smartphones für gute Ergebnisse aus.

b) Wählt eine App, mit der ihr eure Aufnahme vornehmen möchtet. Macht euch damit vertraut, wie ihr die Aufnahme startet und beendet. Achtet darauf, dass die Lautstärke ausreichend ist.
c) Überprüft euer Ergebnis, indem ihr eure Aufnahme testweise anhört.

B Einen Text als Ausgangspunkt für eine eigene Podcast-Folge nutzen

Recherchiert im Internet nach weiteren Informationen zum Thema „Virtuelle Welten: Fluch(t) oder Zukunft?" Produziert anschließend eine eigene Podcast-Folge, in der ihr auch über die Vor- und Nachteile von AR und VR diskutiert.

3   Erstellt zunächst eine Gliederung eurer Podcast-Folge: Überlegt, in welcher Reihenfolge ihr welche Aspekte in eurem Beitrag thematisieren wollt.

4   Führt eine Internetrecherche zur Frage durch, zu welchem Zweck AR und VR bisher eingesetzt werden und welche neuen Technologien und Anwendungsmöglichkeiten in der Entwicklung sind. Notiert die gefundenen Informationen.

5   Überlegt, welche Vor- und Nachteile virtuelle Welten bereits haben und welche Funktionen und Bedeutung sie in Zukunft haben könnten.

Textverarbeitungsprogramm

6   Macht einen genauen Ablaufplan und nehmt euren Podcast anschließend auf: Geht dabei so vor, wie in den Aufgaben A **5–7** beschrieben.

Leistungsnachweis   Internetformate kennen und vergleichen   59

Zeigt, was ihr könnt

Eine Ergebniswand erstellen

Aufgabe: Erstellt in Kleingruppen Ergebniswände, auf denen ihr die Gemeinsamkeiten und Unterschiede der verschiedenen Internetformate, die ihr in diesem Kapitel kennengelernt habt, vorstellt.

So könnt ihr vorgehen:

Die gelernten Inhalte wiederholen und vertiefen
- Listet die verschiedenen Internetformate auf, die ihr in diesem Kapitel kennengelernt habt.
- Haltet in einer Tabelle fest, welche Merkmale jedes dieser Internetformate besitzt. Berücksichtigt dabei beispielsweise das Medium, den Aufbau und die Sprache. Nutzt die Informationen, die ihr im Kapitel erarbeitet habt.
- Sucht für jedes Internetformat noch ein weiteres, eigenes Beispiel. Überprüft, inwiefern die Beispiele zu den bisher festgehaltenen Merkmalen passen, und ergänzt gegebenenfalls eure Notizen.

Die Ergebniswand vorbereiten
- Überlegt, wie ihr eure Ergebniswand gestalten wollt: Wählt eine prägnante Überschrift und positioniert sie so, dass sie klar erkennbar ist. Notiert anschließend die wesentlichen Informationen auf der gesamten Fläche. Formuliert präzise, um die Leserinnen und Leser knapp und eindeutig zu informieren. Verwendet auch Bilder und Diagramme, um eure Ergebnisse zu veranschaulichen.
- Ihr könnt eure Ergebnisse auch digital sichern, indem ihr mit einem entsprechenden Tool eine digitale Ergebniswand erstellt.

Die Ergebniswand präsentieren
- Stellt euch eure Ergebniswände gegenseitig vor. Haltet den Vortrag zu euren Ergebnissen möglichst frei. Nutzt eure Ergebniswand als Gedächtnisstütze und bezieht sie aktiv in euren Vortrag ein, ohne einfach den Inhalt abzulesen oder ihn zu wiederholen.
- Gebt euch gegenseitig eine Rückmeldung zu den Präsentationen. Achtet dabei insbesondere darauf, ob der Vortrag flüssig und verständlich ist und die wichtigsten Informationen enthält.

So könnt ihr weiterarbeiten: Wenn ihr eure Ergebnisse vertiefen wollt, könnt ihr zusätzlich eine Internetrecherche durchführen. Sucht weitere Internetformate, die aus eurer Sicht im heutigen Alltag wichtig sein könnten. Erarbeitet ihre wichtigsten Merkmale und fügt sie der Ergebniswand hinzu.

Zeitungen und andere Informationsmedien untersuchen

Gut informiert durch den Tag

Freie Berichterstattung durch Zeitung, Radio oder Fernsehen oder freie Meinungsäußerung im Internet – das gibt es in vielen Ländern der Erde nicht. Für eine demokratische Gesellschaft sind Presse- und Meinungsfreiheit aber grundlegend.

So ist es von besonderem Wert, dass uns heute so viele Informationen wie nie zuvor zugänglich sind, unabhängig von Ort und Zeit und zu fast jedem beliebigen Thema. Gerade online sehen wir uns jedoch einer zahllosen Menge an Postings, Artikeln und Videos gegenüber. Hier die nützlichen und zuverlässigen Informationen herauszufiltern, ist eine besondere Herausforderung. Wer aber weiß, mit welcher Absicht und wie Nachrichten aufbereitet und vermittelt werden, ist stärker vor Falschinformationen und Manipulation geschützt.

In diesem Kapitel lernt ihr …
› wie man Informationen bzw. Nachrichten in journalistischen Medien untersucht,
› Meinungen von faktengestützten Informationen zu unterscheiden,
› wie und mit welcher Absicht journalistische Texte gestaltet sind,
› Gelesenes und Gehörtes zu dokumentieren und zusammenzufassen.

Zeitungen und andere Informationsmedien untersuchen

1. Liste zu jedem Nachrichtenmedium aus der Abbildung links konkrete Beispiele auf, die du kennst.

2. Du suchst Informationen zu aktuellen Ereignissen.
   a) Welche der hier angeführten Medien nutzt du dazu hauptsächlich?
   b) Führt eine Punktabfrage in eurer Lerngruppe durch. Jede/r gibt dabei an, warum sie/er das jeweilige Nachrichtenmedium bevorzugt.

3. Werte die Balkendiagramme unten aus. Gehe dabei wie folgt vor:
   - Gib exakt das Thema an.
   - Verschaffe dir Klarheit über die Bedeutung der Zahlen.
   - Stelle fest, woher und von wann die Diagramme sowie die Daten stammen. Gib die Quelle an. Informiere dich über die Quelle.
   - Notiere 2–4 Aspekte, von denen du denkst, dass sie erwähnenswert sind, weil du es vielleicht so nicht erwartet hast.

Meistgenutzte Nachrichtenmedien in Deutschland

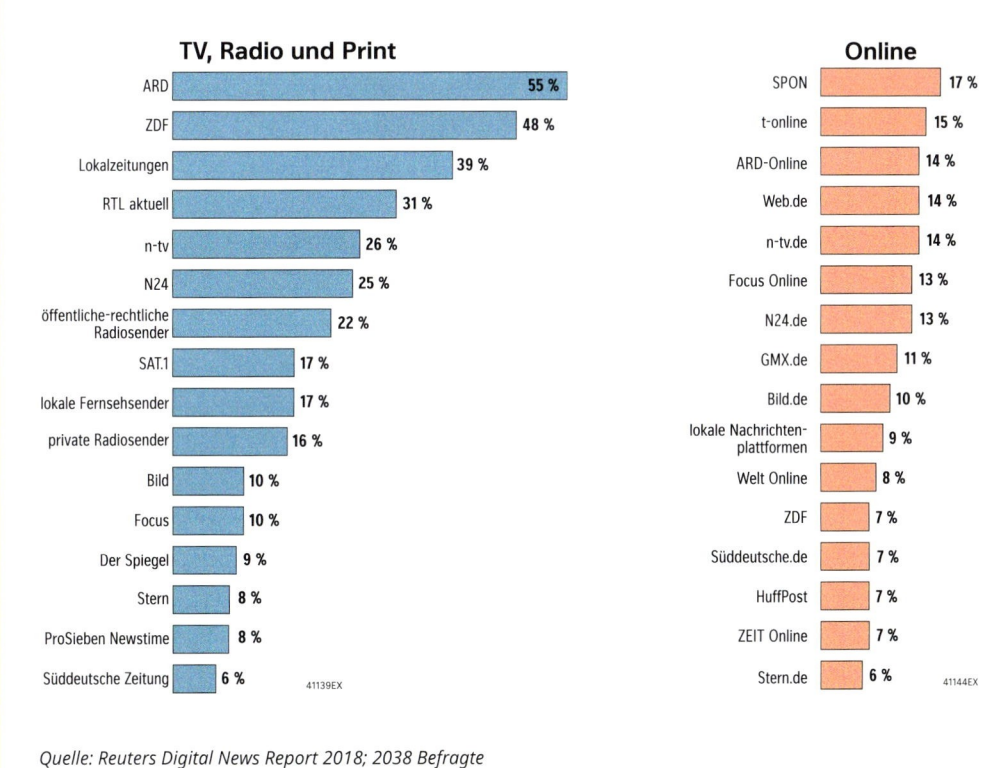

TV, Radio und Print

Medium	Anteil
ARD	55 %
ZDF	48 %
Lokalzeitungen	39 %
RTL aktuell	31 %
n-tv	26 %
N24	25 %
öffentliche-rechtliche Radiosender	22 %
SAT.1	17 %
lokale Fernsehsender	17 %
private Radiosender	16 %
Bild	10 %
Focus	10 %
Der Spiegel	9 %
Stern	8 %
ProSieben Newstime	8 %
Süddeutsche Zeitung	6 %

Online

Medium	Anteil
SPON	17 %
t-online	15 %
ARD-Online	14 %
Web.de	14 %
n-tv.de	14 %
Focus Online	13 %
N24.de	13 %
GMX.de	11 %
Bild.de	10 %
lokale Nachrichtenplattformen	9 %
Welt Online	8 %
ZDF	7 %
Süddeutsche.de	7 %
HuffPost	7 %
ZEIT Online	7 %
Stern.de	6 %

Quelle: Reuters Digital News Report 2018; 2038 Befragte

4. Die Diagramme machen Aussagen über die Nutzung von Nachrichtenmedien in der Gesamtbevölkerung. Stellt Vermutungen an, inwieweit sich die Nachrichtenbeschaffung von Jugendlichen (14–17 Jahre) davon unterscheidet, und diskutiert darüber. Geht dabei auch auf die Gründe für den unterschiedlichen Nachrichtenzugriff ein.

Den Aufbau von Informationsmedien vergleichen

1 a) Ordne die Kennzeichnungen in den Kästen den nummerierten Teilen der abgebildeten Titelseite der Tageszeitung zu.
b) Beschreibe den Aufbau der Titelseite zusammenhängend.
c) Stelle deiner Klasse die Titelseite einer von dir ausgewählten Tageszeitung (print oder digital) vor. Gib dabei die Unterschiede zu der unten abgebildeten Tageszeitung an. Hebe auch die Gemeinsamkeiten hervor.

Tageszeitung Print Titelseite

Elemente des Aufbaus

Bildaufmacher als Blickfang zentral gesetzt mit kurzem Text und Seitenverweis ○

Bericht: Nachricht mit Hintergrundinformationen, 40–60 Zeilen ○

Werbung ○

Zeile mit **Anreißer / Teaser**, kurzen, Interesse weckenden Hinweisen auf Artikel im Innenteil ○

Leitartikel: Meinungsäußerung eines Redaktionsmitglieds zu einem aktuellen Thema mit Bildaufmacher an herausgehobener Stelle, die Überschrift hier ergänzt durch eine **Dachzeile** ○

Kopfzeile: Zeitungsname mit Logo ○

Zeile mit Erscheinungsort, Datum, Jahrgang, Einzelnummer, Internetadresse, Preis

(Text-)**Aufmacher** an zentraler Stelle mit **Hauptschlagzeile** und **Unterzeile** von der Redaktion herausgestellt als Nachricht, die von besonders großem allgemeinen Interesse ist (Topnachricht) ○

Matthies meint: **Kolumne**: erscheint regelmäßig an dieser Stelle, dabei ist die Meinung des Verfassers mit persönlichen Erfahrungen verknüpft ○

Index: Angaben zu Börse, Wetter, Servicenummern, **Sachgebieten / Ressorts** ○

Kompetenzen aufbauen — Zeitungen und andere Informationsmedien untersuchen

2 Kennzeichne die Aufbauelemente der unten abgebildeten Nachrichten-Website und prüfe dazu, welche Bezeichnungen du aus der Titelseite der Tageszeitung (Print) übernehmen kannst. Finde für den Rest sinnvolle Bezeichnungen.

Starthilfe, S. 388

3 Erstelle ein Beobachtungsprotokoll: Gehe zwei- bis dreimal über den Tag verteilt auf die Startseite einer von dir ausgewählten Nachrichten-Website. Notiere jeweils, was sich verändert hat (Ersetzung, Verschiebung, Entfernung, Umgestaltung, …).

4 Vergleiche **Tageszeitung** und **Nachrichten-Website**.
 a) Liste die Unterschiede bei der Verwendung der beiden Medien auf.
 b) Gib Vor- und Nachteile beim Lesen in den beiden Medien an.

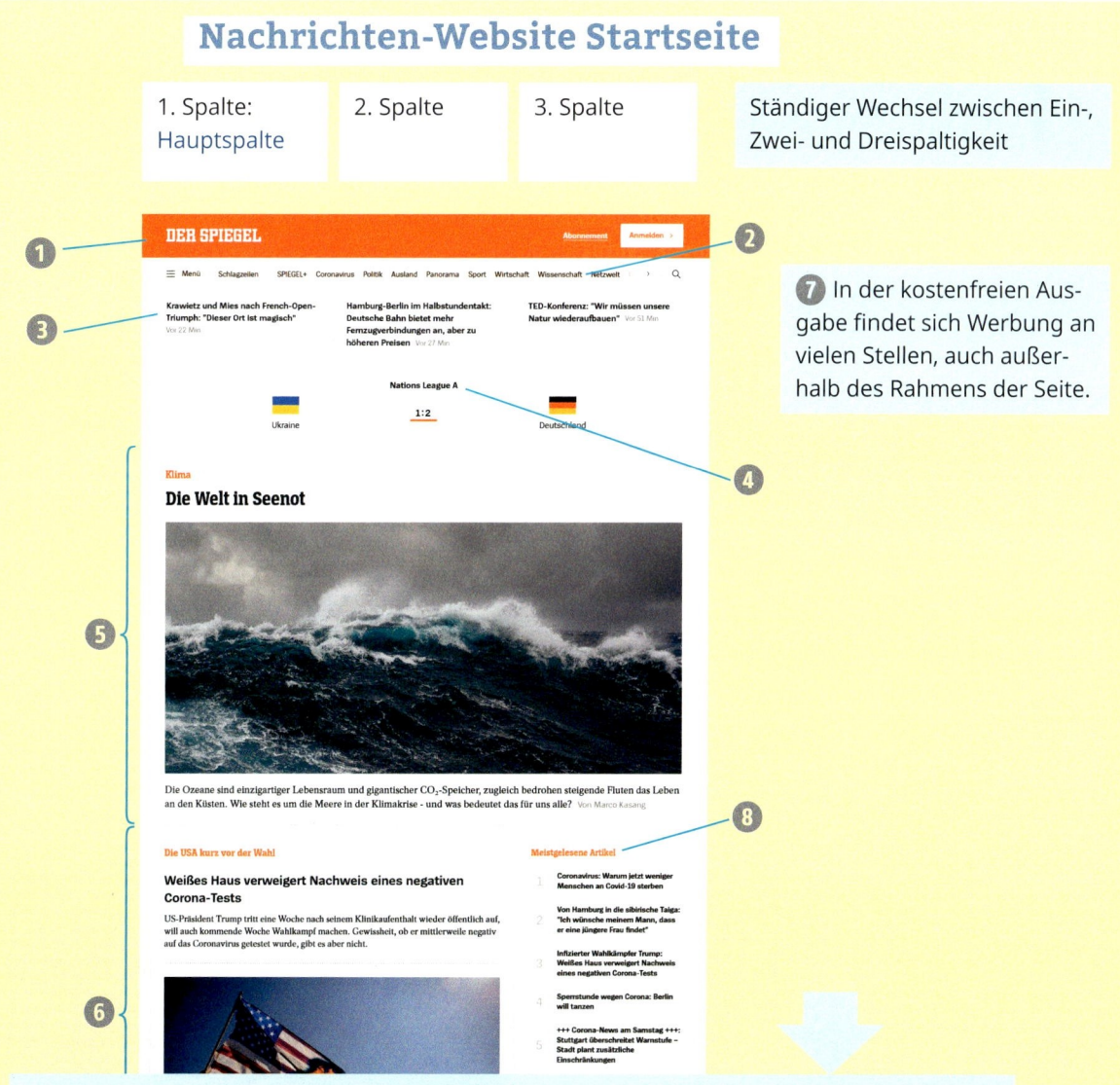

Nachrichten-Website Startseite

1. Spalte: Hauptspalte
2. Spalte
3. Spalte
Ständiger Wechsel zwischen Ein-, Zwei- und Dreispaltigkeit

7 In der kostenfreien Ausgabe findet sich Werbung an vielen Stellen, auch außerhalb des Rahmens der Seite.

Durch Scrollen / Swipen zeigen sich weitere minutenaktuelle Nachrichten zu den verschiedenen Ressorts in Teaser-Form: Artikel, Videos, Bildstrecken, Podcasts, Interviews, Kommentare, Kolumnen, Cartoons, auch Infografiken, English-Site, Spiele etc. können angeklickt werden.

Journalistische Textsorten unterscheiden I: Meldung, Bericht, Kommentar

Text 1: Meldung

Die Zeit / © AFP[1]

Malta: Bloggerin in Malta durch Autobombe getötet

Valletta, Malta, 16. Oktober 2017, 17:55 Uhr
In Malta ist am Montag eine Bloggerin getötet worden, die der Regierung des Inselstaats Korruption[2] vorgeworfen hatte. Nach Polizeiangaben starb Daphne Caruana Galizia, als eine unter ihrem fahrenden Auto angebrachte Bombe explodierte. Der maltesische Regierungschef Joseph Muscat sprach von einer „barbarischen" Tat und einem „schwarzen Tag für unsere Demokratie und unsere Meinungsfreiheit". Der Mitte-Links-Politiker wies die Sicherheitskräfte an, die Täter zu finden und vor Gericht zu bringen.

[1] AFP: Agence France-Presse: Nachrichtenagentur, verbreitet aktuelle, selbst recherchierte und formulierte Meldungen an alle Medien. Diese Meldungen werden dann von Tageszeitungen, Internetportalen und anderen Nachrichtenmedien unverändert oder (leicht) verändert weiterverbreitet.
[2] Korruption: Bestechlichkeit, Machtmissbrauch zum privaten Vorteil

https://www.zeit.de/news/2017-10/16/malta-bloggerin-in-malta-durch-autobombe-getoetet-16175802

Text 2: Bericht

Frankfurter Allgemeine – FAZ, 16.10.2017, © AFP / Reuters[1] (Bild)

„Barbarische Tat"
Autobombe tötet maltesische Bloggerin

Bei der Explosion einer Autobombe ist eine maltesische Bloggerin getötet worden. Ein Bericht der Journalistin Daphne Caruana Galizia hatte Regierungschef Joseph Muscat zu Neuwahlen gedrängt.

In Malta ist am Montag eine Bloggerin getötet worden, die der Regierung des Inselstaats Korruption vorgeworfen hatte. Nach Polizeiangaben starb Daphne Caruana Galizia, als eine unter ihrem fahrenden Auto angebrachte Bombe explodierte. Der maltesische Regierungschef Joseph Muscat sprach von einer „barbarischen" Tat und

Zeitungen und andere Informationsmedien untersuchen

einem „schwarzen Tag für unsere Demokratie und unsere Meinungsfreiheit". Der Mitte-Links-Politiker wies die Sicherheitskräfte an, die Täter zu finden und vor Gericht zu bringen.

Die 53-jährige Internet-Bloggerin, die als Journalistin auch für andere Medien tätig war, hatte mit ihren Berichten erreicht, dass Muscat wegen der Vorwürfe im Zusammenhang mit den „Panama Papers"[2] vorgezogene Neuwahlen ansetzte. Unter anderem steht seine Frau im Verdacht, Bestechungsgelder auf geheimen Konten in Panama versteckt zu haben. Vorwürfe im Zusammenhang mit Off-Shore-Konten[3] richteten sich auch gegen den Energieminister sowie gegen Muscats Kabinettschef.

Aus der vorgezogenen Parlamentswahl im Juni ging Muscats Arbeiterpartei trotz der Korruptionsvorwürfe als Siegerin hervor. Es war das erste Mal seit der Unabhängigkeit des Inselstaats von Großbritannien 1964, dass die Arbeiterpartei zwei Wahlen in Folge gewann. Muscat hatte die Vorwürfe kategorisch bestritten und für den Fall, dass sie sich als wahr erweisen sollten, seinen Rücktritt angekündigt.

[1] Reuters: Nachrichtenagentur, verbreitet aktuelle Nachrichten an alle Medien

[2] Panama Papers: bezeichnet eine riesige Anzahl von Dokumenten aus den Jahren 1977–2015, die Steuerbetrug in großem Umfang zeigen. Dabei haben viele bekannte und sehr wohlhabende Menschen Geld heimlich auf Konten außerhalb des eigenen Landes, z. B. nach Panama, gebracht, um keine Steuern bezahlen zu müssen.

[3] Off-Shore-Konten: Konten von Scheinfirmen/Briefkastenfirmen. Von ihnen existiert nur eine Adresse und ein Briefkasten – in Ländern mit günstigen Steuern (Steueroasen).

https://www.faz.net/aktuell/gesellschaft/kriminalitaet/malta-bloggerin-durch-autobombe-getoetet-15249964.html

1
a) Kläre die Begriffe „Blog" und „Bloggerin"/"Blogger".
b) Gib die wichtigsten Informationen des Artikels (Text 1) an: Beantworte dazu die W-Fragen: Wer hat was, wann, wo, wie, in welchem Ausmaß und mit welchen Folgen gemacht? Welche Informationsquellen werden genannt? Schreibe jeweils Frage und Antwort auf.
c) Die Frage „Warum?" wird nicht beantwortet. Gib Gründe dafür an.
d) Stelle die Unterschiede und Gemeinsamkeiten zwischen Text 1 und Text 2 heraus. Was sagen diese über die Art und Weise aus, wie die Journalisten jeweils arbeiten?
e) Beschreibe den Aufbau der Informationsvergabe im Bericht (Text 2) mithilfe der nachfolgenden Grafik zum sogenannten „Lead-Stil". Beginne bei den Überschriften.

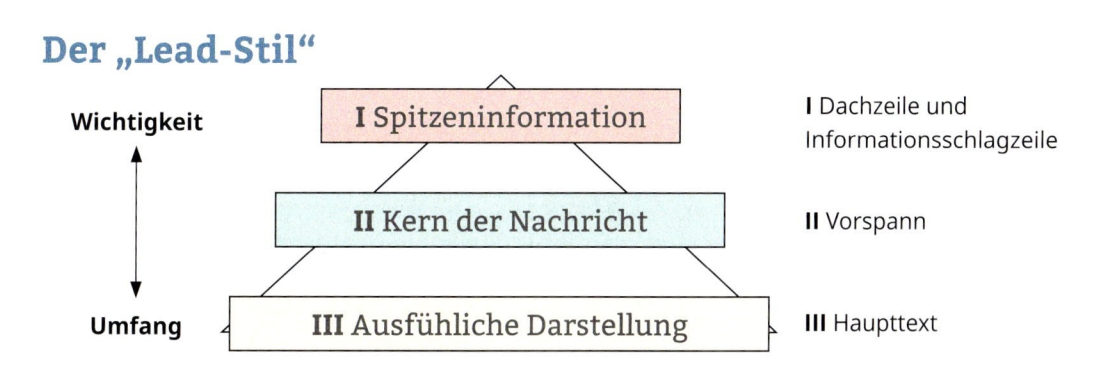

Mit verschiedenen Wörterbüchern arbeiten, S. 305–307

Der „Lead-Stil"

Wichtigkeit ↕ Umfang

- **I Spitzeninformation** — I Dachzeile und Informationsschlagzeile
- **II Kern der Nachricht** — II Vorspann
- **III Ausführliche Darstellung** — III Haupttext

2 Erläutert die Hintergründe und die Absicht des folgenden Cartoons mithilfe der Informationen aus den Zeitungsartikeln (Text 1, 2 und 3).

Cartoon/Karikatur

Paolo Lombardi,
21. Februar 2020

Text 3: Kommentar

Süddeutsche Zeitung, 17. Oktober 2017, 18:34 Uhr

Mord auf Malta

Der Journalisten-Mord von Malta ist ein Angriff auf die Werte Europas

Pressefreiheit[1] galt in der EU lange Zeit als selbstverständlich. Nach dem Mord an Daphne Caruana Galizia müssen Europäer sich fragen: Wenn die Reporter einmal tot sind, wer ist als Nächster dran?

Kommentar von Nicolas Richter

Es ist ein furchtbares Jahr für die Pressefreiheit, allein in Mexiko sind 2017 vier Reporterinnen und Reporter ermordet worden, weil sie über organisierte Kriminalität schrieben. Bei einer erschossenen Journalistin fand man einen Bekennerbrief; sie verdiene den Tod, hieß es, weil sie zu viel herumschnüffele. Und, an den örtlichen Gouverneur gerichtet, die Drohung: Du bist als Nächster dran.

In Europa hat man sich daran gewöhnt, dass solch finstere Nachrichten von weit her kommen, wenn sie denn überhaupt hier ankommen. Pressefreiheit galt jedenfalls in der EU lange als so selbstverständlich wie Trinkwasser. Nun haben Unbekannte im EU-Staat Malta die Journalistin Daphne Caruana Galizia ermordet. Mit einer Bombe, die ein ganzes Auto wegschleuderte. Dies ist mehr als ein Mord, es sieht vielmehr aus wie eine Warnung, wie man sie von der Mafia kennt: Die Täter wollen abschrecken – in diesem Fall offenbar jene, die nach der Wahrheit suchen, jene, die sich dem freien Wort verpflichtet sehen.

Auch ein Anschlag auf die Pressefreiheit

Daphne Caruana Galizia war eine mutige, beharrliche Frau, die den Rechtsstaat beschützen wollte. Ihr Tod sollte alle Europäer empören und deren Sinne schärfen, denn der Anschlag gilt wohl auch der Pressefreiheit, diesmal der europäischen. Dass die Reporterin Korruptionsvorwürfe gegen Maltas Regierung erhob, heißt zwar nicht, dass diese Regierung den Mord in Auftrag gegeben hat. Womöglich kommen andere Täter und Motive infrage. Aber die Regierung Maltas muss die Täter und deren Anstifter finden und vor Gericht stellen sowie den hartnäckigen Korruptionsverdacht gegen hochrangige Politiker untersuchen lassen, notfalls von außen. Die EU-Kommission[2] muss darauf dringen.

Schon vor dem Mord in Malta war die Pressefreiheit weltweit in Bedrängnis, wegen autoritärer[3] Regime wie etwa in der Türkei, wegen der Verbrechersyndikate[4] in Mittelamerika. Wegen eines US-Präsidenten, der Reporter zu „Feinden des amerikanischen Volkes" erklärt und die Frage aufwirft, ob das bloß eine singuläre[5] Unverschämtheit ist oder eine Kampagne, die mit Zensur[6] enden könnte oder damit, dass Reporter durch die Straßen gejagt werden.

In der EU, der anderen Heimat der Menschenrechte, ist es nicht besser. Die Steueroase Malta, die auf Kosten anderer EU-Länder Steueroptimierer[7] lockt, ist berüchtigt dafür, dass Politiker missliebige Journalisten in den Ruin klagen. In Polen und Ungarn sieht sich die Presse politischen Einschüchterungsversuchen ausgesetzt. Und in Deutschland ist das Wort „Lügenpresse" sogar schon halbwegs salonfähig[8].

Journalisten sind nicht wichtiger als andere Menschen, aber sie verkörpern etwas, das mittelbar allen Bürgerinnen und Bürgern gehört: Das Recht, die Mächtigen und Reichen zur Rechenschaft zu ziehen. Ein Mord an Journalisten ist ein Angriff auf dieses Recht, und der Tod einer maltesischen Journalistin – sofern er mit ihrem Beruf zu tun hat – ein Angriff auf die Werte Europas. Auch Europäer müssen sich jetzt fragen: Wenn die Reporter einmal tot sind, wer ist dann als Nächster dran?

---

[1] Pressefreiheit: wird in Deutschland durch das Grundgesetz (Artikel 5) geschützt; Einschüchterung, Bedrohung gefährdet die Pressefreiheit, Zensur setzt sie außer Kraft

[2] EU-Kommission (Europäische Kommission): Regierung der Europäischen Union (EU)

[3] autoritär: diktatorisch, intolerant, antidemokratisch

[4] Verbrechersyndikate: Zusammenschluss von Verbrechern

[5] singulär: einmalig, selten / vereinzelt auftretend

[6] Zensur: meist staatliche Kontrolle / Überwachung von Texten und Produktionen in den Medien, dabei kann eine Publikation genehmigt, korrigiert, verboten oder beschlagnahmt werden

[7] Steueroptimierer: Personen, die möglichst wenig Steuern bezahlen wollen

[8] salonfähig: hier: eingebürgert, akzeptiert

https://www.sueddeutsche.de/medien/mord-auf-malta-der-journalisten-mord-von-malta-ist-ein-angriff-auf-die-werte-europas-1.3712576

3 Fasse die wesentlichen Aussagen von **Text 3** zusammen. Besprecht: Welche Absicht verfolgt der Artikel: Will er hauptsächlich informieren, unterhalten, Vorschläge machen, warnen, …?

4 Vergleiche **Text 2** und **Text 3**:
   a) Stelle die Unterschiede im Inhalt heraus.
   b) Gib mindestens 5 Unterschiede in der sprachlichen Gestaltung der beiden Texte an. Übertrage dazu folgende Checkliste/Kriterienliste in dein Heft und schreibe Beispiele heraus:

Sprachliches Mittel Verwendung von …	trifft zu? ja/nein	Beispiele aus dem Text
vielen und wertenden Adjektiven	Text 2: ja/nein	
	Text 3: ja/nein	
vielen wertenden Begriffen/Formulierungen	Text 2: ja/nein	
	Text 3: ja/nein	
Wiederholungen mit alarmierender, warnender Bedeutung, Appell	Text 2: ja/nein	
	Text 3: ja/nein	
imperativisch eingesetzten bzw. Wunsch ausdrückenden Hilfsverben wie müssen, sollen, dürfen	Text 2: ja/nein	
	Text 3: ja/nein	
bildhafter Sprache: z. B. Metaphern, Vergleichen, Personifikationen	Text 2: ja/nein	
	Text 3: ja/nein	
Doppelpunkten zur Hervorhebung wichtiger Gedanken, Ankündigungen etc.	Text 2: ja/nein	
	Text 3: ja/nein	
Aufzählungen	Text 2: ja/nein	
	Text 3: ja/nein	
Selbstnennungen des Verfassers oder der Zeitung/Personalpronomen, Namen	Text 2: ja/nein	
	Text 3: ja/nein	

   c) Bestimme das jeweilige Haupttempus der Texte 2 und 3.
   d) Vergleiche die Texte 2 und 3 miteinander und werte aus: Welche Wirkung erzielen die eingesetzten Mittel in Text 3 im Vergleich zu Text 2? Welche Schlussfolgerungen lassen sich in Bezug auf die unterschiedliche Absicht, mit der die beiden Zeitungstexte geschrieben wurden, ziehen?
   e) Gib ein einminütiges Statement ab: Warum ist Pressefreiheit wichtig?

Methode „One-Minute-Talk", S. 322

5 Weist in Gruppenarbeit an den Texten 1, 2 und 3 sowie dem Cartoon nach, dass es sich um die angegebene journalistische Darstellungsform handelt. Begründet eure Zuordnung konkret mit Hilfe der Merkmale aus dem folgenden Wissen-und-Können-Kasten.

Zeitungen und andere Informationsmedien untersuchen

❗ Wissen und Können

Journalistische Textsorten unterscheiden

Journalistische Textsorten mit Faktenorientierung	Merkmale
Nachricht/Meldung, Bericht 	**Inhalt**: Nachricht/Meldung und Bericht sind sachlich und nüchtern formuliert. Sie beantworten die W-Fragen (Was? Wo? Wer? Wann? Wie? Warum? Welche Folgen? Welche Informationsquelle?), Wertungen werden weitgehend vermieden, die Informationen bleiben faktentreu, die Angaben sind nachprüfbar, die Quelle (Autor oder Nachrichtenagentur) ist meist mit Kürzel angegeben. **Aufbau**: meist Lead-Stil: (1) Dachzeile/Schlagzeile/Unterzeile: Grundinformationen; (2) Vorspann/Einstieg: Zusammenfassung des gesamten Inhalts; (3) Haupttext: ausführliche Darstellung mit Zusatzinformationen, Details **Sprache**: nüchtern, sachlich, kaum wertende Ausdrücke, kaum Adjektive, Haupttempus: Präteritum, indirekte Rede für Aussagen **Auswahl**: Ereignisse von allgemeinem Interesse oder von Interesse für die Leserschaft der jeweiligen Zeitung (z. B. Lokalnachrichten) **Umfang Nachricht** bzw. **Meldung**: sehr knapp, nur wenige Sätze, einspaltig, ca. 15–20 Spaltenzeilen (Kurzform) **Umfang Bericht**: ausführlicher, ca. 40–60 Spaltenzeilen (Langform)
Journalistische Textsorten mit Meinungsorientierung	**Merkmale**
Kommentar 	**Inhalt**: Der namentlich genannte Verfasser äußert seine Meinung zu einem Ereignis oder Thema, es soll eine Position zu einem Thema/Sachverhalt deutlich werden, dazu werden nachvollziehbare Begründungen, auch unter Berücksichtigung von Gegenargumenten, geliefert **Aufbau**: häufig Einstieg mit Darstellung des Sachverhalts, zu dem der Kommentar Stellung bezieht, und Erläuterung seiner Bedeutung. Der Leser soll sich seine eigene Meinung dazu bilden **Sprache**: wertende Ausdrücke, vor allem Adjektive, Metaphern, Vergleiche, häufig Selbstnennung des Verfassers (ich, meine, …), Aufzählungen, rhetorische Fragen, Doppelpunkt, Ausrufezeichen; Haupttempus: Präsens **Auswahl**: Themen von aktuell großem öffentlichen Interesse oder speziellem Interesse (siehe Ressorts: Politik, Kultur, Sport,…) **Umfang**: oft länger als ein Bericht
Karikatur/Cartoon 	**Inhalt**: Der Karikaturist zeigt seine Meinung zugespitzt und provokativ zu einem meist tagesaktuellen Thema **Sprache/Ausdruck**: i. d. R. gezeichnet, witzig, übertreibend, ironisch, auch mahnend **Auswahl**: Ereignisse von allgemeinem Interesse **Umfang**: meist ein einziges Bild

Arbeitsheft, S. 22/23

Journalistische Textsorten unterscheiden II: Reportage

Verena Friederike Hasel (Tagesspiegel), 04. Dezember 2018, Text gekürzt und leicht verändert

„Komm rein und lern Deutsch"

Montagmorgen in Deutschland. Ein Mann betritt eines der größten Flüchtlingsheime in Berlin. Er will den Menschen Deutsch beibringen. Aber verdammt – man kann sich keinen vorstellen, der schlechter geeignet wäre. Der Mann stammt aus Kolumbien, verwechselt Dativ und Akkusativ und hat heute noch nicht mal ein Lehrbuch dabei.

Armes Deutschland.

Oder?

Im Raum 78 des Flüchtlingsheims im ehemaligen Rathaus Wilmersdorf sitzen elf Menschen aus Syrien, Afghanistan und dem Libanon und halten sich an ihren Handys fest.

Jaime Beck klatscht in die Hände. „So", sagt er. „Stellen wir uns vor, wir sind auf dem Amt." Und schon ist er auf den Flur verschwunden und steckt von draußen den Kopf ins Klassenzimmer.

„Ganz wichtig", sagt er, „immer erst anklopfen auf dem Amt."

Was man dabei alles falsch machen kann, führt Beck nun vor. Zum Beispiel wie irre gegen die Tür trommeln. Tammtammtamm. Beck drischt drauflos. Die Ersten legen das Handy aus der Hand. Dieser Typ ist unterhaltsamer als jede App.

„Nun sind wir also drin", sagt er. „Und bitte: Auf keinen Fall schimpfen jetzt. Lieber sagen: Danke, dass Sie Kopien gemacht haben. Wisst ihr, zu den Leuten vom Amt ist niemand nett. Wenn ihr nett seid, werden sie euch lieben. Und wenn ihr eure Unterlagen dabei habt! Wer von euch hat den Lebenslauf auf dem Handy?"

Zwei Männer melden sich.

„Bravo", sagt Beck. „Alle anderen", er macht ein Zeichen an seiner Gurgel, „Kopf ab." Allgemeines Lachen. Nur ein Mann mit Bart guckt finster. Beck stellt sich vor ihn.

„Was sagst du zu der Frau vom Amt?"

„Bitte helfen Sie mir. Ich suche eine Arbeit", murmelt der Bärtige.

„Sehr gut, mein Freund", sagt Beck, „Aber nicht so grimmig schauen. Sonst denkt die Frau vom Amt noch, du bist Osama bin Laden[1]." Der Bärtige hebt den Blick. Er taxiert[2] Beck. Dann beginnt etwas um seine Augen herum zu tanzen und wandert bis zu seinem Mund. Der Bärtige lacht und hört eine ganze Weile nicht mehr auf.

Ein Integrationsgroßmeister Berlins

[Jaime Beck] arbeitet seit mehr als zwei Jahren in der Notunterkunft am Fehrbelliner Platz, fünf

Tage die Woche, bis zu sechs Stunden täglich. Als ehrenamtlicher Helfer hat der 63 Jahre alte Unternehmensberater Hunderten von Flüchtlingen Deutsch beigebracht, hat manche in die Philharmonie[3] begleitet und andere zur Polizei. Im Laufe der Zeit ist Beck zu einem der Integrationsgroßmeister Berlins geworden, und angefangen hat alles mit einer Verwechslung.

Als Beck am 6. September 2015 das Heim das erste Mal betritt, will er eigentlich nur einen alten Laptop abgeben. Als er erfährt, dass in einem Raum eine Deutschstunde für Flüchtlinge stattfindet, schlüpft er dazu. Vielleicht brauchen sie dort ja auch Dinge, die er spenden kann. Eine Frau erklärt gerade die Fälle, „der Mann, des Mannes, dem Mann, den Mann". Drei junge Männer, die nebeneinander sitzen, sehen verzweifelt aus. Beck geht zu ihnen. Es ist ein kalter Tag, Beck reibt sich die Arme. „Kalt", sagt er. „Kalt", wiederholen die Männer. So geht es weiter, alle Wörter von elementarer Bedeutung kommen dran. Kreisförmiges Bauchreiben: Hunger. Zeigefinger an der Schläfe: Denken. Augenaufschlag gen Himmel: Liebe. „Bukra", sagen die Männer irgendwann. Bukra? Beck schaut das Wort auf seinem Telefon nach, es bedeutet „morgen". „Nein, nicht morgen", ruft er entsetzt, „ich bin doch kein Lehrer." Doch die drei Iraker bestehen drauf. Bukra. „Okay, bukra, nine o'clock", sagt Beck. Als er am nächsten Tag ankommt, warten die drei Männer schon auf ihn und haben noch vier Freunde mitgebracht. Am Morgen danach kommen zwölf, dann 15 Flüchtlinge, schließlich muss Beck in einen größeren Raum umziehen

Er sagt: „Übermorgen", und macht einen Sprung nach vorn

Becks pädagogisches Markenzeichen ist die geöffnete Tür. Läuft einer am Raum 78 vorbei, winkt Beck ihn heran. „Hallo, kannst du mich verstehen? Nein? Dann bist du hier richtig. Komm rein und lern Deutsch." Die Tafel im Raum 78 hat Beck mit kleinen Kreidezeichnungen bedeckt. Baum, Fahrrad, Moschee und Kirche. Vor diesem Wimmelbild aus Deutschland im Jahr 2017 steht Beck und unterrichtet. Und ja, Beck macht Fehler, er verwechselt Artikel und vertauscht Satzteile, aber sein Deutsch klingt wie ein Lied, das man mitsingen möchte. „Vater, Mutter, Tochter, Sohn." Eine Silbe treibt die nächste, jedes Wort hat Rhythmus und jeder Satz eine Melodie. „Jetzt alle zusammen." Und dabei bewegt sich Beck pausenlos. Sagt: „Übermorgen", und macht einen Sprung nach vorn. Sagt: „Vorgestern", und beugt sich so weit nach hinten, als tanze er Limbo.

[...] Am liebsten führt Beck die Schönheit der deutschen Sprache [...] mithilfe einer pantomimischen Einlage vor: Er deutet erst auf seinen Arm, dann auf das Band um seinen Hals und schließlich auf die Uhr an der Wand. Arm-Band-Uhr. Drei Wörter, die zusammen ein neues ergeben. Etwas kompliziert, aber insgesamt klar. Ein bisschen wie das Land, in das Beck vor 49 Jahren kam.

[1] Osama bin Laden: Terroristenanführer, plante u. a. die Anschläge vom 11. September 2001 in den USA

[2] taxieren: prüfend anschauen, mustern

[3] Philharmonie: Konzertsaal

https://www.tagesspiegel.de/politik/reporterpreis-2018-als-beste-lokalreportage-komm-rein-und-lern-deutsch/20517208.html

1 Überfliege den Zeitungsartikel und notiere dir Thema und Anliegen des Textes.

Folie

2 a) Lies den Text nun gründlich und bewerte den Artikel nach folgenden Kriterien:

Kriterien	trifft zu	trifft nicht zu
wichtig		
sachlich-nüchtern		
anschaulich		
lebendig		
witzig / humorvoll		
emotional		
informierend		
wertend / meinungslastig		
Gesamtbewertung: für dich lesenswert		

nein	nicht besonders	ja	besonders

b) Wem würdest du den Artikel zum Lesen empfehlen: Mitschüler/-innen, Lehrer/-innen, Eltern, Großeltern, Freund/-innen, Politiker/-innen, ...?

Folie

→ *Informierende Texte strukturieren und formulieren, S. 116*

3 a) Markiere im Text alle wesentlichen Sachinformationen. Schreibe danach den Artikel in eine (rein) informierende Nachricht / Meldung um. Welche Schwierigkeiten tauchen dabei auf und warum?
b) Erläutere: Wie verändert sich die Wirkung des Textes?

4 Untersucht in kleinen Gruppen:
- Wie kommt der Verfasser an die Informationen und Eindrücke, die im Artikel vermittelt werden?
- Welche Aufbauelemente (Überschriften, Einstieg, Beantwortung der W-Fragen, Szenen, roter Faden, Spannungsbogen, Schluss, ...) prägen den Text?
- Welche sprachlichen bzw. stilistischen Merkmale (Tempus, direkte / indirekte Rede, sachliche / lebendige / bildhafte Formulierungen, lange / kurze Sätze, ...) kennzeichnen die Darstellung?

Starthilfe, S. 388

Textverarbeitungsprogramm

5 Nutzt den Text „Komm rein und lern Deutsch" als Beispiel. Erstellt einen Wissen-und-Können-Kasten als Anleitung zum Verfassen einer Reportage, indem ihr die falschen Hinweise aus den Kästen auf der rechten Seite weglasst.

Textverarbeitungsprogramm

6 Entscheidet euch in Kleingruppen (ca. drei Partner/-innen) für ein Reportage-Thema. Organisiert die Reportage, recherchiert vor Ort und schreibt sie. Ergänzt sie mit ausdrucksstarken Fotos.

Vorschläge zu Reportage-Themen: Alltagshelden; Menschen, die außergewöhnlichen Tätigkeiten nachgehen (z. B. Kaffeesommelier); ein Tag beim Tierschutzverein / in der Tierarztpraxis; Journalisten bei einer Recherche begleiten; Stadt- / Ortsteil vorstellen; Events am Heimatort; Flüchtlingskinder lernen Deutsch; Aktivitäten einer Bürgerinitiative; Theaterprobe ...

Die folgenden Hinweise liefern Bausteine für eine Schreibanleitung zur Reportage (Seite 72, Aufgabe 5). Aber Achtung: Nicht alle Hinweise passen zur Reportage …

Reporterin / Reporter:
- wählt Thema, verschafft sich Hintergrundinformationen, bereitet Befragungen vor?
- recherchiert unmittelbar vor Ort, ist Augenzeuge?
- schreibt auf, was er / sie gesehen, gehört, gespürt, gefühlt hat, befragt Akteure und Betroffene?

Sprache / Stil:
- formuliert anschaulich, lebendig, fesselnd?
- vermittelt die Geschehnisse möglichst sachlich?
- verwendet Präsens als Haupttempus
- baut kurze Sätze (parataktischer Satzbau)?
- gibt häufiger Äußerungen korrekt in wörtlicher Rede wieder (Zitate)?
- bringt Äußerungen nur in indirekter Rede ins Spiel?
- benutzt starke Verben?
- baut auch überraschende Vergleiche, Personifikationen, Metaphern ein?

Inhalt:
- informiert über ein Thema an einem besonderen Beispiel, stellt Hintergründe und Zusammenhänge dar?
- gibt Vor-Ort-Eindrücke des Verfassers wieder?
- verknüpft Sachinformationen (Fakten, Zitate) geschickt mit erlebnisbetonten Passagen (Wahrnehmungen des Verfassers)?
- lässt immer die Meinung des Reporters / der Reporterin deutlich werden?
- verzichtet auf Fakten, nutzt die Recherche als Ausgangspunkt unterhaltsamen Erzählens?
- liefert exakte Angaben zu Ort und Zeit?

Überarbeitung:
Sind folgende Punkte geprüft und gegebenenfalls korrigiert:
- Fakten, Zitate, Namen korrekt?
- verständlich und präzise formuliert?
- lebendig gestaltet?
- sinnvolle Textabschnitte?
- passende Übergänge?
- korrekte Zitierweise?
- sinnvoller Schluss?

Aufbau:
- weckt mit Überschrift Neugier / Aufmerksamkeit?
- betont mit dem Titel immer Sachlichkeit?
- führt zu Beginn häufig mitten in das Geschehen durch eine Schilderung der Situation vor Ort, eine kurze Beschreibung des Protagonisten oder einen szenischen Einstieg (Zitate aus Dialogen) und leitet damit auch zum Thema hin?
- beschränkt sich auf die wichtigsten Fakten?
- enthält Spannungsmomente?
- folgt einem roten Faden (inhaltlich schlüssige Abfolge)?
- gibt in lockerer Reihenfolge spannende Szenen wieder?
- rundet im Schluss ab (z. B. Bezug auf den Anfang)?

Gesamtwirkung des Textes:
- erfüllt die Forderung nach Anschaulichkeit, Lebendigkeit, Nähe zum Geschehen, Echtheit / Authentizität, Korrektheit / Nachprüfbarkeit?
- ist unterhaltsam ohne Verpflichtung zur Faktentreue?

Arbeitsheft, S. 24/25

Verschiedene Arten von Zeitungen vergleichen

Ein Ereignis – zwei Berichte

1. Lies die beiden Zeitungsartikel auf der rechten Seite. Gib mit eigenen Worten wieder, worüber berichtet wird.

2. Finde Gründe, warum Zeitungen über diesen Vorfall berichten.

3. a) Begründe: Welcher der beiden Zeitungsartikel spricht dich mehr an?
   b) Entscheide, welcher der beiden Texte / Artikel sachlicher angelegt ist.
   c) Gib mindestens fünf Unterschiede in der Gestaltung der beiden Artikel an. Gehe z. B. ein auf den Anfang, den Textaufbau, den Satzbau, das jeweilige Haupttempus, die Angaben zu Ort, Zeit und Personen, die Wiedergabe von Äußerungen, das Layout (Text-/Bildgestaltung, Schrift, Farbe, …).
   d) Werte aus: Welche Wirkung erzielen die unterschiedlichen Mittel?

4. Boulevard- oder Abonnementzeitung: Ordne jeden der beiden Artikel einem dieser beiden Zeitungstypen zu. Nutze den Informationstext unten.

Nina Horaczek / Sebastian Wiese (Auszug)

Boulevardzeitungen und Abonnement-Zeitungen im Vergleich

Der Begriff leitet sich ab vom französischen Wort „Boulevard", auf Deutsch „Straße". Im Gegensatz zu den Abonnement-Zeitungen mit einer fixen Leserschaft, mussten früher die Zeitschriften, die von Zeitungsburschen auf der Straße verkauft wurden, täglich neu um ihre Kundschaft werben.

Im Kampf um die Leser lautete das Motto „Lauter, schriller, bunter!" Schließlich wurde nur gekauft, was den Leuten im Vorbeigehen auffiel. Und so verbindet man bis heute mit Boulevardmedien grelle Farben, fette Headlines, große Bilder und wenig Text. [Bei] Boulevardzeitungen [liegt der Fokus] meist auf anderen Themen als bei jenen Medien, die als „Qualitätsmedien" bezeichnet werden und die sich durch tiefgründige Recherche, eine abwägende Analyse und Hintergrundinformationen auszeichnen. Boulevardmedien setzen auf „soft news", harmlose, leicht verständliche Inhalte. Sie emotionalisieren die politische Berichterstattung, verbinden Information und Unterhaltung.

| Kompetenzen aufbauen | Zeitungen und andere Informationsmedien untersuchen | 75 |

Rappen, bis die Polizei kommt

Musik-Videodreh löst Großeinsatz aus

Von THOMAS MÜLLER

Zweibrücken – **Zur Glaubwürdigkeit von Gangster-Rappern gehört ein kriminelles Image. Oder zumindest ein großer Polizeieinsatz. Den haben die Jungs von „Highup" mit einer unbedachten Aktion hingekriegt ...**

Samstag, 19.10 Uhr: An der Tankstelle in der Dinglerstaße traut eine Autofahrerin ihren Augen kaum. Im Verkaufsraum stehen Maskierte, die Zeugin meldet einen Raubüberfall. Die Polizei rast laut Mitteilung mit „allen verfügbaren" Kräften zum „Tatort" (BILD berichtete).

Als die Beamten ankommen, sind die vermeintlichen Verbrecher schon wieder weg. Seltsam: Es gibt keine Opfer – und keine Tat.

▶ Aufklärung: Die Jungs haben ein Video für das Lied „Immer" gedreht, dafür einen Raubüberfall nachgestellt. Die Aktion war aber nur mit den Tankstellenbetreibern abgesprochen, nicht mit der Polizei.

BILD trifft die Rapper am Drehort. „Wir hätten nie gedacht, dass das solche Wellen schlägt", sagt Kevin (20), Künstlername LVDL. „Im Nachhinein sind wir jetzt natürlich schlauer", sagt sein Kumpel Enver (20).

Und bald sind sie wohl auch um ein paar Hundert Euro ärmer: Die Kosten für den Einsatz werden ihnen in Rechnung gestellt.

Laut Tankstellen-Inhaberin sind die Kumpel „nette Jungs, die schon öfter hier einkaufen waren."

Fotos: THOMAS WIECK

oben: Bild Saarland, Dienstag, 06.11.2018, Seite 11

Rapper löst in Zweibrücken Großeinsatz der Polizei aus

ZWEIBRÜCKEN (SZ) Ein selbsternannter Gangster-Rapper hat in Zweibrücken einen Großeinsatz der Polizei ausgelöst – und muss jetzt wohl Hunderte Euro zahlen. Für ein Musikvideo stellte der 20-Jährige, dessen Namen die Polizei nicht preisgab, am Samstagabend in einer Tankstelle einen Raubüberfall nach. Zwar habe der junge Künstler die Mitarbeiter vorher um Erlaubnis gefragt, dabei aber nicht bedacht, dass vielleicht auch die Polizei Bescheid wissen sollte, teilten die Beamten gestern mit. So kam es, dass alle verfügbaren Kräfte ausrückten, als eine Autofahrerin die Polizei informierte, dass sie gerade mehrere Maskierte in einer Tankstelle gesehen habe.

Als die Beamten eintrafen, waren der Rapper und seine Freunde bereits mit dem Video fertig und nicht mehr vor Ort. Die Angestellten der Tankstelle konnten das Missverständnis zwar schnell aufklären. Dennoch erwartet den Musiker jetzt eine saftige Rechnung. Die Höhe muss anhand der Zahl der Polizisten und ihrer Einsatzzeit noch berechnet werden. Beides hält die Polizei geheim.

links: Saarbrücker Zeitung, Montag, 05.11.2018, Titelseite A 1, unten rechts

Arbeitsheft, S. 26–29

Schätze deinen Lernstand ein

Lorenz Maroldt (Tagesspiegel), 27. Dezember 2018, Auszug

Silvesterböller
Knall auf Fall

Kaum sind die besinnlichen Tage vorbei, beginnt in Berlin die Zeit der besinnungslosen Böllerei. Bereits vor dem Verkaufsstart des Silvester-Schwarzpulvers am Freitag kracht es in der Stadt, es explodieren Reste vom vergangenen Jahr oder illegal eingeführte „Kanonenschläge" und Raketen. Gezielt wird [rund um Neujahr] auf alles, was sich bewegt, also auf Fahrzeuge, Fahrradfahrer, Fußgänger und Feuerwehrleute, aber auch auf offene Fenster, Balkone und Terrassen; es werden Briefkästen gesprengt, Mülltonnen abgefackelt, Busse beschossen, Haltestellen attackiert, Geschäfte angezündet. Ganze Gebiete sind über Stunden nicht sicher passierbar. Die Bilanz vom vergangenen Jahr: 3048 Notrufe, 1732 Einsätze, 400 Brände, Dutzende Menschen schwer verletzt, 57 Angriffe auf Einsatzwagen. Die zaghaften Versuche, den wilden Missbrauch einzuschränken, verpufften in Berlin bisher wie ein nasser Knallfrosch. Umfragen zeigen, dass eine große Mehrheit die Böllerei so nicht mehr will. Andere Städte zeigen, wie örtliche Verbote rechtssicher beschlossen und kontrolliert werden können. Die Erfahrung zeigt, dass Appelle an die Vernunft verhallen, Verbote oft erst für undurchsetzbar erklärt werden, sich am Ende aber fast alle rasch damit arrangieren. Wer's nicht glaubt, kann ja mal im Zentrum von London, Paris oder auch Düsseldorf einen Chinakracher zünden. Zentral organisierte Feuerwerke und ausgewiesene Knallplätze für zwanghafte Knallfrösche sind keine perfekte Lösung, aber die bessere Idee.

1 a) Gib das Thema des Artikels an. Kläre, mit welcher Absicht er verfasst ist.
   b) Bestimme die journalistische Textsorte. Begründe deine Zuordnung inhaltlich und sprachlich / stilistisch.

2 a) Liste auf, welche Fakten angeführt sind. Bewerte ihre Verlässlichkeit.
   b) Inwieweit wird die Meinung des Verfassers deutlich? Gib die entsprechenden Textstellen an.

3 Schaue dir die Platzierung des Artikels auf der Titelseite an (S. 77, ❹). Welche Funktion hat der Text in der Zeitungsausgabe?

4 Benenne weitere Aufbauelemente der Titelseite (S. 77). Schreibe zu jedem nummerierten Teil die korrekte Bezeichnung in dein Heft.

5 Entwirf jeweils einen Bild-Aufmacher (Skizze oder Foto) und eine Hauptschlagzeile zu folgendem Vorspann auf der Titelseite einer Abonnement-Zeitung und einer Boulevard-Zeitung:
Senat, Abgeordnete und Umweltamt fordern Berliner zum Verzicht auf Silvesterknallerei auf. Polizei: Verbot nicht zu kontrollieren.

☺ → Seite 78/79, Ⓑ
😐 → Seite 78/79, Ⓐ
☹ ← Seite 62, 69

Zwischencheck — Zeitungen und andere Informationsmedien untersuchen

DER TAGESSPIEGEL

Die mächtigen sieben: Wer im Nahen Osten das Sagen hat – *Seite 6*

Heute mit Ticket: Alle Filmstarts dieser Woche

Leser spenden:
Tablets für Senioren
– Menschen helfen, Seite 18

Toleranz ist nichts für Feiglinge
– Meinung, Seite 8

Trieb und Intellekt:
Gérard Depardieu wird 70 – Kultur, Seite 27

BERLIN, DONNERSTAG, 27. DEZEMBER 2018 / 74. JAHRGANG / NR. 23 691   WWW.TAGESSPIEGEL.DE   BERLIN/BRANDENBURG 1,70 €, AUSWÄRTS 2,30 €, AUSLAND 2,50 €

Japan jagt wieder

Schwarzer Tag für Tierschützer und Walfang-Gegner.
Japan zieht sich aus der Internationalen Walfangkommission zurück und nimmt den kommerziellen Walfang wieder auf.
Die Entscheidung löste weltweit Kritik aus – *Seiten 8 und 36*

Foto: imago/All Canada Photos

Silvesterböller
Knall auf Fall

VON LORENZ MAROLDT

Kaum sind die besinnlichen Tage vorbei, beginnt in Berlin die Zeit der besinnungslosen Böllerei. Bereits vor dem Verkaufsstart des Silvester-Schwarzpulvers am Freitag kracht es in der Stadt, es explodieren Reste vom vergangenen Jahr oder illegal eingeführte „Kanonenschläge" und Raketen. Rund um Neujahr führt dann die Ausnahmeregel vom Bundessprengstoffgesetz in Teilen Berlins zum Ausnahmezustand: Gezielt wird auf alles, was sich bewegt, also auf Fahrzeuge, Fahrradfahrer, Fußgänger und Feuerwehrleute, aber auch auf offene Fenster, Balkone und Terrassen; es werden die Briefkästen gesprengt, Mülltonnen abgefackelt, Busse beschossen, Haltestellen attackiert, Geschäfte angezündet. Ganze Gebiete sind über Stunden nicht sicher passierbar. Die Bilanz vom vergangenen Jahr: 3048 Notrufe, 1732 Einsätze, 400 Brände, Dutzende Menschen schwer verletzt, 57 Angriffe auf Einsatzwagen.

Nur Zyniker bezeichnen das noch als hinzunehmenden Kollateralschaden eines angeblichen Brauchtums. Aber die zaghaften Versuche, den wilden Missbrauch einzuschränken, verpufften in Berlin bisher wie ein nasser Knallfrosch. Während immer mehr Gemeinden ihre Innenstädte teilweise oder auch komplett für privates Feuerwerk sperren, irrlichtert die Landespolitik herum. Die beiden Kernargumente: Zuständig sind erstens die anderen, also je nach dem entweder die Bezirke, der Senat oder der Bund. Und zweitens, so heißt es, sie ist verboten ist, nicht zu kontrollieren. Das organisierten Verantwortungslosigkeit kommt ein drittes dazu. Die unfreiwillige „Deutsche Umwelthilfe" zündete: der Vorwurf der Intoleranz und des Spaßverderber-Spießertums. Der Verband hatte ein Verbot der privaten Böllerei gefordert und damit auch unterliftert: In dieser einen Nacht wird in ganz Deutschland durch Feuerwerk so viel Feinstaub freigesetzt wie durch den Straßenverkehr in zwei Monaten. „Die Diesel-Hasser wollen jetzt das Böllern verbieten", empörte sich die „Bild" über den „Gaga-Vorschlag", assistiert von Landwirtschaftsministerin Julia Klöckner, die per Twitter ätzte: „Und das Lachen soll wahrscheinlich auch noch verboten werden."

Doch für eine Toleranzdebatte eignet sich Silvester nicht, es genügt ein Blick ins Gesetz: „Wer andere Personen oder fremde Gegenstände mit Feuerwerkskörper gefährdet, wird mit Geldstrafe oder Freiheitsstrafe bis zu 5 Jahren bestraft." Verboten ist die Böllerei auch Silvester in der Nähe von Krankenhäusern, Altenheimen, Kirchen und gefährdeten Orten. Eigentlich. Es sei denn, es geschieht in Berlin? Da bleibt einem das Lachen doch im Hals stecken.

Umfragen zeigen, eine große Mehrheit der Bevölkerung ist so nicht mehr will. Andere Städte zeigen, wie örtliche Böllerverbote rechtssicher beschlossen und kontrolliert werden können. Die Erfahrung zeigt, dass Appelle an die Vernunft verhallten, Verbote oft erst für undurchsetzbar erklärt werden, sich am Ende aber fast alle rasch damit arrangieren. Wer's nicht glaubt, kann ja mal im Zentrum von London, Paris oder auch Düsseldorf einen Chinakracher zünden. Die Zeit ist über die Silvesteranarchie hinweggegangen, übrig geblieben ist ein gemeingefährlicher Anachronismus, an dem im Ernst nur noch eine Minderheit hängt. Zentral organisierte Feuerwerke und ausgewiesene Knallplätze für zwangshafte Knallfröche sind keine perfekte Lösung, aber die bessere Idee.

Mieten steigen auch 2019 rasant

Berliner Mieterverein sieht in Preisbremse kein geeignetes Mittel / Erhöhungen schlagen auch auf bestehende Verträge durch

Von Hendrik Lehmann

BERLIN/FRANKFURT AM MAIN - Der Deutsche Mieterbund warnt vor weiter steigenden Mieten im neuen Jahr. „Es gibt nach unserer Einschätzung wenig Faktoren, die den Anstieg der Mieten bremsen dürften", sagte Direktor Lukas Siebenkotten. So klaffen Angebot und Nachfrage gerade in Großstädten, Ballungszentren und Universitätsstädten nach wie vor auseinander. Die Folge seien kräftig wachsende Angebotsmieten. „Denkbar ist nur, dass sich in den extrem hochpreisigen Städten der Preisanstieg verlangsamt, die Mieten hier nicht mehr bezahlbar sind."

Auch die eingeführte gesetzliche Mietpreisbremse ist nach Einschätzung von Reiner Wild, Geschäftsführer des Berliner Mietervereins, kein geeignetes Mittel, um die Entwicklung grundsätzlich zu stoppen. „So, wie das Gesetz aufgebaut ist, werden die Mietsteigerungen nicht aufgehalten. Nur wenige mutige, streitwillige und versierte Mieter hätten bislang erwas von ihr. Sie muss deshalb reformiert werden", sagte Wild dem Tagesspiegel. Damit sie wirken könne, müssten die meisten Ausnahmen abgeschafft werden, sagte Wild. „Ein großer Teil der Vermieter versucht über solche Lücken, die Notsituation der Wohnungssuchenden auszunutzen und an der Mietpreisbremse vorbei Mieten zu erhalten. Dafür brauche es Sanktionen, zum Beispiel in Form von Bußgeldern", forderte Wild.

Der Mieterbund befürchtet, dass auch bestehende Mietverträge von den Preissteigerungen betroffen sein werden. Denn die hohen Angebots- und Wiedervermietungsmieten würden nun auch auf die Mieten in bestehenden Mietverhältnissen durchschlagen, sagte Siebenkotten. „Die ortsüblichen Vergleichsmieten werden in den Städten voraussichtlich um drei bis fünf Prozent steigen."

„Vermieter nutzen Situation der Wohnungssuchenden aus"
Reiner Wild, Berliner Mieterverein

Zumindest bei den Nebenkosten rechnet der Mieterbund 2019 nicht mit wesentlichen Anstiegen. Nach letzten Zahlen für 2016 zahlten Mieter im Schnitt knapp 2,20 Euro je Quadratmeter für die „zweite Miete" inklusive Heizkosten. Bei einer 80-Quadratmeter-Wohnung fallen demnach 176 Euro Nebenkosten pro Monat an. Fast die Hälfte entfalle dabei auf die Heizen. Nur Haushalte, die mit Öl heizten, müssten mit Aufschlägen rechnen, sagte Siebenkotten.

Besonders stark zogen die Mieten in den sieben größten Städten an, darunter Berlin, Hamburg und München. Im Schnitt wuchsen sie dort um 6,4 Prozent auf knapp zwölf Euro je Quadratmeter kalt. Untersucht wurden je 80 Quadratmeter große Wohnungen im Baualter von 30 Jahren bei mittlerer Lage und üblicher Ausstattung, die auf dem Onlineportal Immobilienscout24 angeboten wurden.

Auch 2017 und im ersten Halbjahr 2018 waren die Mieten deutschlandweit bei Neuvermietungen stärker gestiegen als die Inflation, wie Daten des Bundesinnenministeriums zeigen. Bei bestehenden Mietverträgen, die den Immobilienmarkt nachlaufen, waren die Zuwächse dagegen geringer: 2017 kletterten die Bestandsmieten um 1,6 Prozent gemessen am Vorjahr, teilte der Immobilienverband GdW mit.

Skeptisch blickt der Berliner Mieterverein auch auf die derzeit geplanten Neubauten. „Nicht jeder Neubau hilft. Die Preissteigerungen sind zu eklatant", sagte Geschäftsführer Wild. Vorrangig würden Mietwohnungen errichtet, sagte Wild. „Die Bundesregierung denkt, zehn bis 15 Prozent preisgünstiger Neubau reichen. Aber in Berlin müssten es aktuell mindestens 50 Prozent sein." *mit dpa*

— *Seite 9*

Verlässt die Bundeswehr Afghanistan?

Geplanter US-Truppenabzug entfacht Debatte über Einsatz deutscher Soldaten

BERLIN - Angesichts des möglichen Abzugs tausender US-Soldaten aus Afghanistan werden in Deutschland Forderungen laut, den Einsatz der Bundeswehr am Hindukusch zu beenden. Derzeit sind rund 1100 Bundeswehrsoldaten in Afghanistan stationiert.

Kujat bezeichnete es als „sehr unwahrscheinlich", dass die Nato ihr Ausbildungsprogramm für afghanische Soldaten fortsetzen könne, sollte die Hälfte der US-Truppen das Land verlassen. „Wenn die Vereinigten Staaten sich bis auf ein Restkontingent aus Afghanistan zurückziehen, gibt es auch für uns keinen Grund mehr, diesen Einsatz fortzusetzen", sagte der frühere Generalinspekteur der Bundeswehr, Harald Kujat, dem Tagesspiegel. „Wenn zudem ein Einsatz ohne die Unterstützung unserer Soldaten nicht hundertprozentig gewährleistet ist, muss die Bundeswehr ihren Einsatz in Afghanistan beenden, das steht außer Frage."

Nach Angaben eines US-Regierungsvertreters will Washington die Hälfte der rund 14000 amerikanischen Soldaten abziehen. Dies hätte nach Einsatz zur Folge, dass Nato-Mitglieder wie Deutschland sich nicht länger an der Ausbildung afghanischer Sicherheitskräfte im Rahmen der Mission „Resolute Support" beteiligen können, da die notwendige Schutz durch das US-Militär wegfalle. Die Außenministerium versuche, „im Gespräch mit unseren Kollegen in Washington und Kabul Klarheit zu erlangen". Erst auf dieser Grundlage solle über Konsequenzen nachgedacht werden. Allerdings sei klar, dass es in allen an der Ausbildungsmission beteiligten Ländern grundsätzliche Debatten über den Afghanistan-Einsatz geben müsse, sollten die „USA essenzielle Ressourcen abziehen".

Die Linkspartei warf der Bundesregierung Versagen vor und bekräftigte ihre Forderung nach einem Ende des deutschen Einsatzes. „Die Bundeswehr muss raus aus Afghanistan", sagte Linken-Fraktionschef Dietmar Bartsch. Das Scheitern der Politik der Regierung werde nun für jedermann sichtbar. „Die Bilanz des Afghanistan-Einsatzes ist desaströs. Tote, Chaos, Taliban."

Offenbar in Reaktion auf die US-Abzugspläne ist die instabile Sicherheitslage wird nun die für April geplante Präsidentenwahl in Afghanistan verschoben. Das teilte die Wahlkommission nach Berichten afghanischer Medien mit. Zur Begründung hieß es, die Abstimmung könne „aufgrund bestimmter Umstände" nicht wie geplant stattfinden.
S. Haselberger/P. Starzmann

— *Seite 2 und Meinungsseite*

INDEX

„STATISTIKEN KÖNNEN IRREN" 26
Albas Sportdirektor Himar Ojeda und Buchautor Christoph Biermann über den Wert von Zahlen und den großen Unterschied zwischen Fußball und Basketball.

WETTER 2
Es bleibt neblig trüb, wolkenverhangen.
8/5 je 3/-2
Ab und zu geht Regen oder Nieselregen über der Stadt nieder. Der Wind weht schwach aus Westen.

SPORT 24 + 25
TAGESTIPPS 34
MEDIEN / TV-PROGRAMM 29
IMPRESSUM & ADRESSEN 8
LESERBRIEFE@TAGESSPIEGEL.DE
TEL. REDAKTION (030) 29021-0
TEL. ABO-SERVICE (030) 29021-500
TEL. SHOP (030) 29021-520
TEL. TICKETS (030) 29021-521

ISSN 1865-2263

4 190662 202303 40052

Trump im Irak: USA nicht länger „Weltpolizist"

AL-ASAD - US-Präsident Donald Trump hat bei einem Truppenbesuch im Irak die Rolle der Weltpolizei für sein Land abgelehnt. Die Vereinigten Staaten „können nicht weiter der Weltpolizist sein", sagte Trump am Mittwoch auf dem Luftwaffenstützpunkt Al-Asad in der westirakischen Provinz Anbar. Trump und seine Frau Melania war Trump am Mittwoch überraschend im Irak eingetroffen. Es war das erste Mal seit seinem Amtsantritt vor zwei Jahren, dass Trump US-Soldaten in einem Kampfgebiet besuchte. Trumps Sprecherin Sarah Sanders teilte mit, der Präsident und die First Lady seien in den Irak geflogen, um den US-Soldaten vor Ort „für ihr Engagement, ihren Erfolg und ihr Opfer zu danken und um ihnen Frohe Weihnachten zu wünschen." *AFP*

— *Seite 5*

ANZEIGE

Abenteuerträume ... jetzt erfüllen!
Abenteuer-Träume für draußen – jetzt erfüllen.
Gönne dir jetzt, was du dir schon immer erträumt hast.

CAMP 4
DIE OUTDOOR-INSIDER
Karl-Marx-Allee 32
Berlin-Mitte
www.camp4.de

Eine Reportage schreiben

Ihr sollt eine Reportage schreiben zu dem Mord an einem jungen Mann namens Burak Bektaş. Die Reportage soll den letzten Tag des Opfers nachzeichnen und mehr Licht in die Hintergründe der Tat bringen.

1 a) Lies die folgende Pressemitteilung der Berliner Polizei und informiere dich über das Verbrechen
b) Die Tat ist bislang nicht aufgeklärt. Bildet Dreierteams und bereitet eine Reportage vor. Sammelt im Brainstorming-Verfahren eure Ideen auf Karten:
- Welche Aspekte erscheinen euch im Zusammenhang der Tat besonders wichtig?
- Wie könnt ihr die notwendigen Informationen erhalten?

Tötungsdelikt in Neukölln – Zeugen gesucht
Polizeimeldung vom 12.04.2012
Berlin Neukölln
05.04.2012

Am Donnerstag, den 5. April 2012, hielten sich ab ca. 0 Uhr 20 fünf junge Männer in Buckow vor dem Haus Rudower Straße 51 auf dem Gehweg auf. Gegen 1 Uhr 15 kam ein unbekannter Mann aus Richtung Möwenweg zu der Gruppe heran und schoss sofort mehrmals. Eines der Opfer wurde tödlich getroffen, zwei andere wurden schwer verletzt. Der Täter flüchtete in Richtung Möwenweg und bog kurz davor rechts über die dortige Grünfläche in Richtung Laubsängerweg ab. Das mögliche Motiv des Täters ist bislang völlig unklar. [...]

Ein Team des Rundfunk Berlin-Brandenburg (rbb) ermittelte Jahre später im ungeklärten Mordfall auf eigene Faust. Der Reporter Philip Meinhold zeichnete seine Recherche auf. Er rekonstruierte unter anderem den Ablauf von Burak Bektaş' letztem Tag sowie den Tathergang mit dessen damaligen Begleitern: Ömer (21 Jahre), Seltunc (21 Jahre), Markus-Jamal (16 Jahre), Alex (16 Jahre). Burak selbst war 22 Jahre alt. Die fünf Jungs haben türkische, arabische und russische Familienwurzeln.

Podcast: „Wer hat Burak erschossen?", Folge 1/9

Transkript: „Wer hat Burak erschossen?", Folge 1/9

2 Schlüpft in die Rolle des Reporters, um eine Reportage zu schreiben. Sie soll die letzten Stunden von Burak mit seinen Freunden nachvollziehen und vielleicht einen Beitrag zur Aufklärung des Falls liefern. Nutzt dazu die Folge 1 der Podcast-Serie „Wer hat Burak erschossen?" sowie die Bildinformation zur Lage des Tatorts auf Seite 79. Ergänzt, wenn nötig, mit Internetrecherchen.

3 Beschreibt Vorgehen und Probleme bei der Recherche des Reporters Philip Meinhold. Bewertet die Recherche kurz: Für wie zuverlässig haltet ihr sie?

Zeitungen und andere Informationsmedien untersuchen

Tatort Rudower Straße 51: Hier wurde Burak Bektaş ermordet.

A Eine Reportage für eine Schülerzeitung schreiben

4   Macht euch bewusst, für welche Zielgruppe ihr eure Reportage schreibt. Wie sollte die Reportage sprachlich gestaltet sein? Welche Informationen interessieren eure Leserschaft besonders?

5   Schreibt auf der Grundlage der Rechercheergebnisse des Reporters aus dem Podcast eine Reportage für eine Schülerzeitung (ca. 700 Wörter). Nutzt die Tipps aus dem Kasten unten.

Textverarbeitungsprogramm

B Eine Zeitungsreportage schreiben

4   a) Wählt eine Tageszeitung / Abonnementzeitung mit einer breiten Leserschaft aus, für die ihr eure Reportage schreiben wollt.
    b) Diskutiert, welcher sprachliche Stil und welche Inhalte für eure Reportage angemessen sind.

5   Schreibt auf der Grundlage der Rechercheergebnisse des Rundfunk-Reporters im Podcast eine Reportage für die ausgewählte Zeitung (ca. 900 Wörter). Nutzt die Tipps aus dem Kasten unten.

Textverarbeitungsprogramm

Tipps zum Vorgehen

→   Um mit dem Material arbeiten zu können, muss euer Redaktionsteam eine Mitschrift anfertigen.
→   Übernehmt für eure Reportage nur, was euch wichtig und zuverlässig erscheint.
→   Orientiert euch zur Anfertigung der Reportage an eurem selbst erstellten Wissen- und-Können-Kasten (Seite 72, Aufgabe 5).
→   Berücksichtigt bei Inhalt sowie bei Sprache/Stil die Erwartungen eurer jeweiligen Leserschaft.
→   Einstieg: Führt mit Aufmerksamkeit erregenden Zitaten (z. B. „War wie so'n Horrorfilm auf jeden Fall.") mitten in das Geschehen ein.
→   Achtet bei Zitaten auf korrekte wortwörtliche Übernahme.
→   Nehmt euch Zeit zum Überarbeiten. Kontrolliert auch, ob die W-Fragen (Wer?, Was?, Wann?, Wo?, Wie?, Warum?, Woher (Quelle)?) beantwortet sind. Kürzt, ergänzt, vereinfacht.
→   Sammelt in eurem Redaktionsteam verschiedene Überschriften. Entscheidet euch für eine, die auf eure Reportage neugierig macht.

Methode „Eine Mitschrift anfertigen", S. 325/326

Tipps zur Podcast-Mitschrift

Sich auf eine Klassenarbeit vorbereiten

Einen Kommentar verfasssen

Aufgabe: Verfasse einen Kommentar für eine Tageszeitung/Abonnementzeitung, in dem du neuere Ergebnisse zur Nachrichtennutzung von Jugendlichen kommentierst. Bearbeite die Aufgaben 1–3 als Vorbereitung für deinen Text.

Info: „Die 18. Shell Jugendstudie stützt sich auf eine repräsentativ zusammengesetzte Stichprobe von 2.572 Jugendlichen im Alter von 12 bis 25 Jahren, die von […] Interviewern zu ihrer Lebenssituation und ihren Einstellungen und Orientierungen persönlich befragt wurden."

1. Lies den Auszug aus der Shell Jugendstudie 2019 (M 1). Verorte ihn auf der Skala „faktenorientiert vs. meinungsorientiert". Schätze zudem ein, an welcher Stelle in der Skala ungefähr der Punkt für einen journalistischen Kommentar zu setzen ist.

Darstellungsform	faktenorientiert	meinungsorientiert
	stark	stark
Auszug „Jugendstudie"	←――――――――――――→	
Kommentar	←――――――――――――→	

2. Fasse die drei wichtigsten Untersuchungsergebnisse in Bezug auf „politische Informationsquellen" zusammen. Präzisiere deine Zusammenfassung mit den Informationen aus M 2 (Diagramm).

3. Erkläre, warum die Untersuchungsergebnisse deiner Meinung nach eine gute bzw. eine weniger gute Entwicklung zeigen. Nutze die Ergebnisse aus Aufgabe 2.

Auszug aus der Shell-Jugendstudie 2019

M 1

Seit 1953 beauftragt Shell unabhängige Wissenschaftler und Institute mit der Erstellung von Studien, um Sichtweisen, Stimmungen und Erwartungen von Jugendlichen in Deutschland zu dokumentieren.
Die Shell Jugendstudie zeichnet nach, auf welche Weise [die Generation der 12- bis 25-Jährigen] mit Herausforderungen umgeh[t] und welche Verhaltensweisen, Einstellungen und Mentalitäten sie dabei herausbilde[t].
Die 18. Shell Jugendstudie (Oktober 2019) untersucht auch, unter welchen politischen und sozialen Bedingungen Jugendliche heute aufwachsen.
Die Studie präsentiert damit nicht nur eine Sicht auf die Jugend von heute, sondern gibt darüber hinaus gesellschaftspolitische Denkanstöße.

Das Internet als wichtigste politische Informationsquelle

Die Mehrheit der Jugendlichen informiert sich zu politischen Themen inzwischen online. Am häufigsten werden hierbei Nachrichten-Websites oder News-Portale genutzt (20 %), viele verweisen zudem auf Social-Media-Angebote, also auf entsprechende Informationsquellen in den sozialen Netzwerken, auf Messenger Apps (14 %) oder auf YouTube (9 %). Das Fernsehen als Informationsquelle nennen zwar 23 % der Jugendlichen, 15 % nutzen das Radio und ebenfalls 15 % klassische Printmedien, aber Internet und Social Media haben den klassischen Medien im Bereich der gezielten politischen Informationssuche mittlerweile den Rang abgelaufen. Das größte Vertrauen wird jedoch nach wie vor den klassischen Medien entgegengebracht. Die große Mehrheit hält die Informationen in den ARD- oder ZDF-Fernsehnachrichten für vertrauenswürdig. Vergleichbares gilt auch für die großen überregionalen Tageszeitungen, wobei Jugendliche in Ostdeutschland (68 %) auch diesen Zeitungen deutlich weniger trauen als ihre Altersgenossen im Westen (83 %). YouTube bezeichnet hingegen etwa jeder zweite Jugendliche als weniger bis nicht vertrauenswürdig. Bei Facebook sind es sogar etwas mehr als zwei von drei Jugendlichen, die den dort angebotenen Informationen misstrauen. Auch Twitter vertraut nur eine Minderheit

Das Vertrauen in einzelne Kanäle beeinflusst deren Nutzung. Es zeigt sich, dass die politisch interessierten Jugendlichen besonders häufig den klassischen Informations- und Nachrichtenkanälen (Print und öffentlicher Rundfunk) vertrauen und ihre Informationen weder ausschließlich und auch nicht vorrangig in den Social-Media-Kanälen suchen.

https://www.shell.de/ueber-uns/shell-jugendstudie/_jcr_content/par/toptasks.stream/1570708341213/4a002dff58a7a9540cb9e83ee0a37a0ed8a0fd55/shell-youth-study-summary-2019-de.pdf

Shell-Jugendstudie: Welchen Nachrichtenangeboten vertrauen Jugendliche? M 2

„Für wie vertrauenswürdig hältst du die Informationen ... ?"
(Angaben in %)

	sehr vertrauenswürdig	eher vertrauenswürdig	weniger vertrauenswürdig	nicht vertrauenswürdig	keine Angabe
ARD-/ZDF-Fernsehnachrichten	39	43	5	9	4
große überregionale Tageszeitungen	28	52	7	10	3
YouTube	7	36	5	40	12
Facebook	4	21	7	46	22
Twitter	4	19	23	38	16

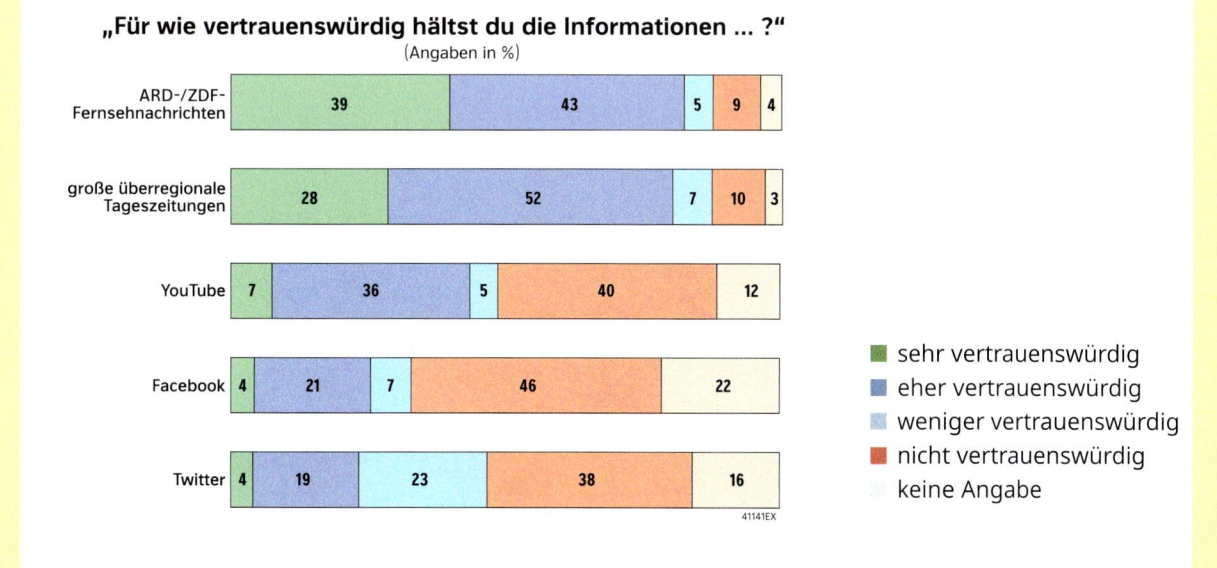

Quelle: Shell Deutschland Holding Jugend 2019, S. 243; 2572 Befragte, Alter: 12–25 Jahre

Schwerpunkt: Medien

Einen Kurzfilm untersuchen

„Ins Spielzeugland? Da will ich auch hin ..."

Ein packender und berührender Film mit einer Länge von weniger als einer halben Stunde? Was in den frühen Tagen des Kinos der Normalfall war, ist heute eher die Ausnahme. Wenn überhaupt, werden Kurzfilme im Nachtprogramm des Fernsehens gezeigt oder auf speziellen Festivals oder Filmabenden präsentiert. Dabei ist der Kurzfilm ein Filmgenre, das eine Menge zu bieten hat und an dem man viel über das filmische Erzählen lernen kann. Der Film „Spielzeugland", der euch durch dieses Kapitel begleitet, hat 2009 sogar einen Oskar gewonnen.

In diesem Kapitel lernt ihr ...
› in welcher besonderen Weise Kurzfilme eine Geschichte erzählen,
› welche filmischen Mittel sie nutzen, um Emotionen und Stimmungen zu erzeugen,
› welche Gemeinsamkeiten und Unterschiede es zwischen Kurzfilmen und Kurzgeschichten gibt.

Einen Kurzfilm untersuchen 83

1. Schaut euch das Filmplakat zum Film „Spielzeugland" genau an und beschreibt, was ihr seht.
   a) Beschreibt die Figuren, ihre Haltung, ihre Mimik, ihre Kleidung und den Ort.
   b) Bezieht auch den Bildhintergrund in eure Beschreibung ein.

2. Stellt Vermutungen an, in welchem Verhältnis die Figuren zueinander stehen, in welcher Situation und in welcher Zeit sie sich befinden. Belegt eure Vermutungen mit Details des Filmplakats.

3. Mutmaßt, worum es in dem Film gehen könnte. Notiert die verschiedenen Vermutungen auf einem Flipchart o. Ä., um sie später überprüfen zu können.
   - Welche Erwartungen weckt das Filmplakat bei euch?
   - Was könnte der Titel „Spielzeugland" bedeuten?

4. Schaut euch nun den Film „Spielzeugland" gemeinsam an.   ▶ *„Spielzeugland"*

5. Sprecht über die Handlung des Films und fasst sie grob zusammen.
   a) Welche Figuren tauchen in dem Film auf?
   b) Wer sind die beiden Figuren auf dem Filmplakat und welche Beziehung haben sie zueinander?
   c) Wann spielt der Film? Wovon handelt er?
   d) Überprüft eure Vermutungen aus Aufgabe 3 und markiert diejenigen, die sich als richtig oder falsch erwiesen haben, mit verschiedenen Farben. Wenn ihr euch noch nicht sicher seid, markiert ihr die Vermutung als unentschieden.
   e) Beim ersten Betrachten des Films versteht man oft nicht alle Details. Notiere zunächst allein auf einer Karte, was du nicht verstanden hast. Pinnt dann alle Karten an eine Wand (oder an die Tafel) und sprecht über die offenen Fragen. Vielleicht lassen sich einige schon klären.

   Warum erzählt Heinrichs Mutter von der Reise ins Spielzeugland?

6. Erklärt, worum es in dem Gespräch, das auf dem Filmplakat abgebildet ist, geht. Woher kommt der Begriff „Spielzeugland" und warum wurde er „erfunden"?

7. Betrachtet nun den Film ein zweites Mal. Versucht anschließend, möglichst viele der offenen Fragen an Wand oder Tafel zu klären.

   Hinweis: Sollten nach dem zweiten Betrachten Fragen offen bleiben, ist das nicht schlimm. Vieles wird sich sicherlich im Verlauf des Kapitels klären. Am Ende der Einheit könnt ihr noch einmal überprüfen, ob alle Fragen beantwortet sind.

   ◉ Tipp

   Es gibt auch Fragen, die der Film gar nicht beantwortet (sogenannte „Leerstellen").

Die Beziehungen der Filmfiguren erkunden

▶ *„Spielzeugland"*

1
a) Schaut euch den Film ein drittes Mal an, um die Figurenkonstellation genauer zu erfassen.
b) Fertigt auf einem DIN-A4-Blatt ein Schaubild an, in dem ihr die wichtigsten Figuren des Films und ihre Beziehung zueinander einzeichnet.
- Arbeitet euch von den Hauptfiguren (innen) zu den Nebenfiguren (außen) vor.
- In der Mitte sollen die beiden Jungen, David und Heinrich, stehen.
- Schreibt die wichtigsten Schlüsselwörter zur Art der Beziehung auf die Verbindungslinien und lasst noch etwas Platz, um das Schaubild später zu ergänzen.
c) Gibt es Figuren, deren Beziehung zu den anderen oder deren Rolle im Film euch nicht klar sind? Notiert sie zunächst gesondert auf Klebezetteln, um sie später in die Figurenkonstellation einfügen zu können.
d) Hängt eure Figurenkonstellationen in der Klasse auf. Fallen euch Unterschiede zwischen den Entwürfen auf? Tauscht euch über die Vor- und Nachteile der einzelnen Darstellungen aus.

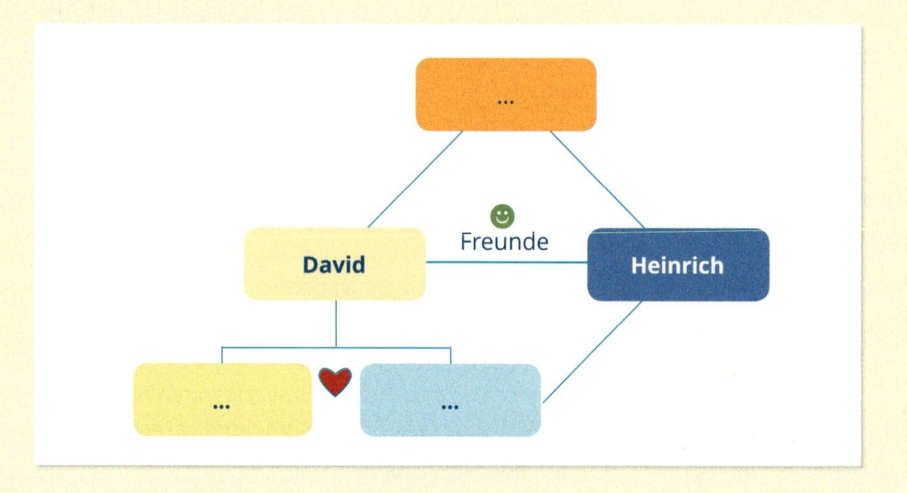

> **Tipp**
> Ihr könnt zur Veranschaulichung der Art der Beziehung auch Symbole nutzen.

→ *Personenkonstellation, S. 220*

2 Diskutiert, welche Informationen aus dem Text zum geschichtlichen Hintergrund (S. 85 oben) euch helfen, die Filmhandlung und die Figuren besser zu verstehen.

3 Beantwortet die Fragen auf der Grundlage des Hintergrundwissens aus dem Text.
a) Warum erzählt Heinrichs Mutter (= Frau Meißner) ihrem Sohn, dass David mit seinen Eltern ins Spielzeugland fährt?
b) Was befürchtet sie, als sie Heinrich am Morgen nicht in seinem Bett findet und feststellt, dass die Wohnung der Nachbarn verwüstet wurde?
c) Was sagt die Unterbrechung des Klavierspiels der Kinder durch die Nachbarn über das Leben von Davids Familie aus? Wie verhält sich Heinrichs Mutter gegenüber der Familie Silberstein?
d) Warum nimmt Heinrichs Mutter David am Bahngleis mit, obwohl er nicht ihr Sohn ist? Was bedeutet das für die Eltern von David? Was für David selbst?

Der historische Hintergrund

Der Film „Spielzeugland" spielt im nationalsozialistisch beherrschten Deutschland im Jahr 1942. Die Nationalsozialisten waren 1933 an die Macht gekommen. Ab 1935 wurden die Rechte der jüdischen Mitbürger/-innen in Deutschland zunehmend beschränkt. In der Reichspogromnacht am 9. November 1938 wurden tausende Synagogen sowie Geschäfte und Wohnungen von Menschen jüdischen Glaubens zerstört und zahlreiche jüdische Mitbürger/-innen ermordet. Seit 1941 wurden die jüdischen Mitbürger/-innen gezwungen, auf ihrer Kleidung einen für alle sichtbaren gelben „Judenstern" zu tragen, was eine weitere Demütigung bedeutete.

1942, im dritten Jahr des Zweiten Weltkriegs, begann die systematische Vernichtung der „Juden". Menschen jüdischen Glaubens aus Deutschland und weiten Teilen Europas wurden durch Angehörige der SS (einer militärischen Organisation der Nationalsozialisten) häufig in Viehwaggons in Konzentrations- und Vernichtungslager verschleppt, wo die meisten von ihnen ermordet wurden. Insgesamt wurden in der sogenannten Shoah sechs Millionen europäische Juden ermordet.

4 Erzähle die im Film dargestellte Geschichte der Freundschaft zwischen den beiden Jungen aus der Perspektive von Heinrich. Entscheide dich für eine der beiden Varianten und verschriftliche, was Heinrich jeweils sagt.

   Ⓐ Nachdem Heinrich vor dem Transportwagen abgewiesen wurde, trifft er einen Bekannten seiner Mutter, der ihn fragt, wohin er unterwegs sei. Erzähle die Geschichte aus der Sicht Heinrichs in dieser Situation.

   Ⓑ Erzähle die Geschichte als Zeitzeuge aus der Sicht des erwachsenen Heinrich nach 1945 (nach dem Krieg) in der Rückschau.

Starthilfe, S. 388

Textverarbeitungsprogramm

5 a) Stellt euch eure Erzählungen aus Aufgabe 4 gegenseitig vor und vergleicht sie miteinander. Welche Unterschiede und Gemeinsamkeiten könnt ihr feststellen?
   b) Welche der beiden Erzählperspektiven passt besser zur Art der Darstellung der Geschichte im Film? Begründet eure Meinung.

6 „Du sollst nicht lügen." Dieser Grundsatz wird im Film gleich mehrfach verletzt.
   a) Bennent, wie oft und von wem in der Geschichte gelogen wird.
   b) Diskutiert, ob die im Film dargestellten Lügen eurer Meinung nach gerechtfertigt sind. Begründet euren Standpunkt.
   c) Stellt Vermutungen darüber an, welche Beweggründe (= Motive) die Figuren haben, zu der jeweiligen Notlüge zu greifen. Was sagen diese Motive über ihre Beziehung zu den anderen Figuren aus? Ergänzt das Schaubild zur Figurenkonstellation entsprechend.

Zum Verhalten der Figuren Stellung nehmen, S. 172–175

Zentrale Aussagen des Films verstehen

Der Kurzfilm „Spielzeugland" setzt sich u. a. mit der sogenannten Rassenlehre der Nationalsozialisten auseinander. Diese „Lehre" geht davon aus, dass einige Menschen von Geburt an wertvoller sind als andere. Welche indirekten Aussagen der Film zu dieser Weltanschauung macht, untersucht ihr auf den folgenden Seiten.

1. Das Bild und der kurze Dialog stammen aus der Filmszene am Bahnhof (Min. 05:19–05:57). Schaut euch die vollständige Szene an.

> Steh'n bleiben, Judensau.
>
> Ich suche mein Kind.
>
> Wo ist denn dein Sternchen? Wo dein Stern ist!!!

2. Beschreibt genau, was in der Szene passiert.
   - Warum beschimpfen die SS-Männer Frau Meißner als „Judensau"?
   - Wie gehen sie mit ihr um, als sie ihren Personalausweis zeigt und ihr Problem schildert?

3. Lest den Informationstext zur nationalsozialistischen Rassenlehre. Erörtert, was die Filmszene über die Rassenlehre der Nationalsozialisten aussagt.

Nationalsozialistische Rassenlehre

Die Nationalsozialisten entwickelten eine rassistische Weltanschauung, nach der sie alle Menschen in unterschiedliche Rassen unterteilten. Nach dieser Lehre gab es höhere Rassen („die Arier") und niedere Rassen, die weniger wert sein sollten, wie z. B. „die Juden". Nur wenn die höheren Rassen rein gehalten würden, sich also nicht vermischten, könnten sie überleben und sich fortentwickeln. Die Lehre entbehrt jeder Grundlage, aber die Nationalsozialisten taten so, als sei die Rassenlehre wissenschaftlich erwiesen. Eine solche Lehrmeinung nennt man auch „pseudowissenschaftlich".
Bereits in der Schule wurde in allen Fächern die

Rassenlehre gelehrt. Durch Rassetafeln sollte belegt werden, dass man bereits am Aussehen die Rassenzugehörigkeit aller Menschen klar erkennen könne. Die Rassenlehre führte schließlich dazu, dass über 6 Millionen „Juden" und viele andere Volksgruppen (z. B. Sinti, Roma, Slaven) in Europa verfolgt und ermordet wurden.

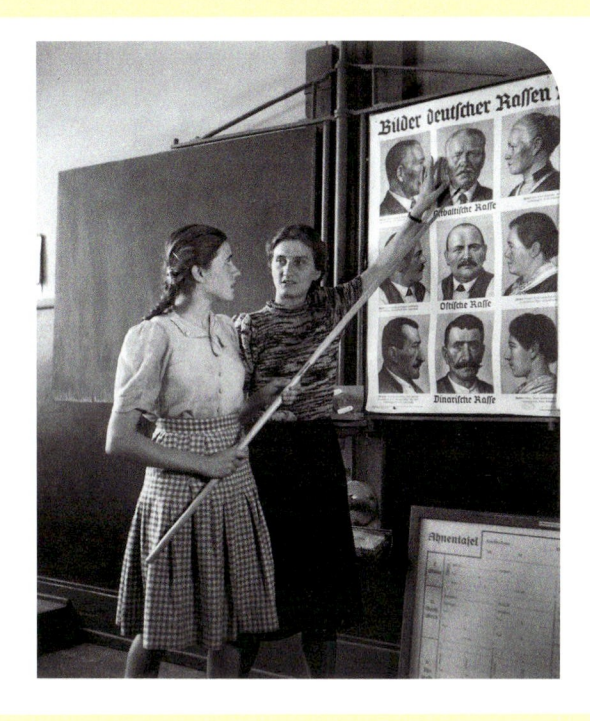

Bild rechts: Rassenkunde im nationalsozialistischen Deutschland

4 Eine weitere Schlüsselszene des Films ist die Szene am Bahnhofsgleis (Min. 10:10–10:50). Seht sie euch an und beschreibt genau, was in dieser Szene passiert.

> So hübsch, ganz die Mutter. Das nächste Mal erschreckst du die Mama aber nicht so. Wir brauchen dich noch. So, und jetzt ab nach Hause.

5 Erläutert, wie die beiden Szenen zusammenhängen, aber auch, wodurch sie sich unterscheiden.

6 Erkläre mithilfe des Informationstextes, wie der Film die Rassenlehre der Nationalsozialisten als pseudowissenschaftlich entlarvt.

Starthilfe, S. 388

Filmisches Erzählen untersuchen

Beim ersten Betrachten des Films habt ihr vielleicht Schwierigkeiten gehabt, der Handlung auf Anhieb zu folgen. Das hat mit der besonderen Erzählweise des Films zu tun.

1 Die folgenden Filmbilder stehen jeweils für eine Szene aus „Spielzeugland".
Gib den Szenen inhaltlich passende Überschriften.

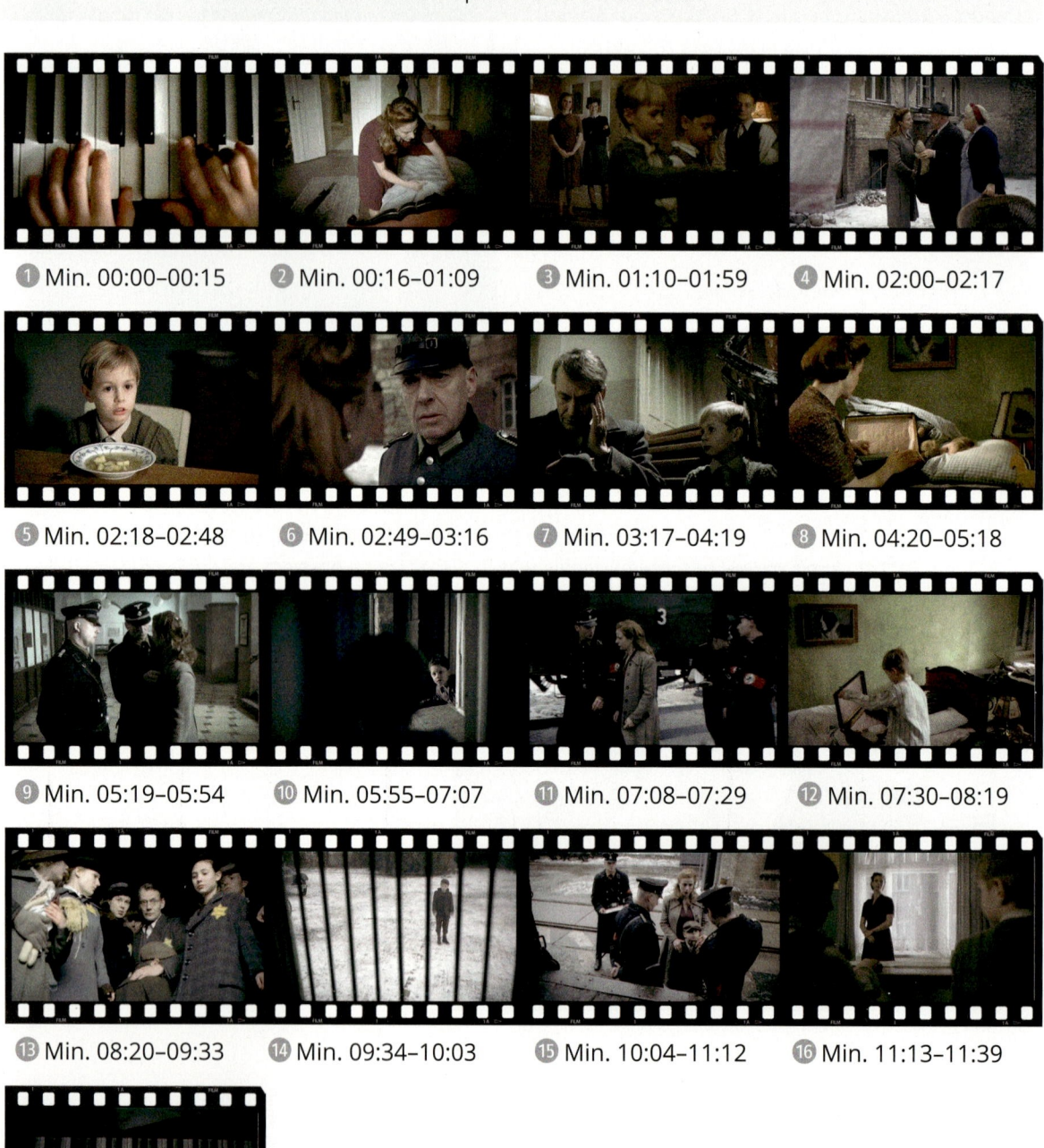

① Min. 00:00–00:15 ② Min. 00:16–01:09 ③ Min. 01:10–01:59 ④ Min. 02:00–02:17

⑤ Min. 02:18–02:48 ⑥ Min. 02:49–03:16 ⑦ Min. 03:17–04:19 ⑧ Min. 04:20–05:18

⑨ Min. 05:19–05:54 ⑩ Min. 05:55–07:07 ⑪ Min. 07:08–07:29 ⑫ Min. 07:30–08:19

⑬ Min. 08:20–09:33 ⑭ Min. 09:34–10:03 ⑮ Min. 10:04–11:12 ⑯ Min. 11:13–11:39

⑰ Min. 11:40–12:22

Kompetenzen aufbauen

Einen Kurzfilm untersuchen

2 Wie du sicher festgestellt hast, stimmt die Abfolge der Szenen im Film nicht mit der zeitlichen Reihenfolge (= Chronologie) der erzählten Geschichte überein.
a) Informiere dich mithilfe des Wissen-und-Können-Kastens, wie man eine solche Erzählweise nennt.
b) Ermittle den Zeitraum, den die Geschichte, die der Film bis zu Szene 16 erzählt, umfasst.
c) Ordne die Szenen mithilfe der Überschriften auf einem Zeitstrahl in chronologischer Reihenfolge an. Was fällt dir bei der filmischen Anordnung der Szenen auf?
d) Im Film gibt es zwei Zeitebenen. Ordne jede Szene einer der beiden Zeitebenen zu. Bestimme, welche Zeiträume die Ebenen jeweils erfassen.

3 Untersucht in Partnerarbeit die Wirkung der achronologischen Erzählweise.
a) Erläutert, inwieweit das Erzählen auf zwei Zeitebenen die Orientierung der Zuschauerin oder des Zuschauers erschwert.
b) Diskutiert, welchen Effekt die Irritation, die durch das achronologische Erzählen hervorgerufen wird, auf die Zuschauer/-innen haben könnte. Was bedeutet die anfängliche Verwirrung für die Aufmerksamkeit des Filmpublikums?
c) Überlegt, auf welche Weise das achronologische Erzählen noch darüber hinaus Spannung erzeugt. Bedenkt dabei, dass der in Szene 2 begonnene Handlungsstrang immer wieder unterbrochen und erst später wieder aufgenommen wird.

4 Der Spannungsaufbau durch die verschiedenen zeitlichen Ebenen hat auch etwas mit den unterschiedlichen Perspektiven zu tun, aus denen der Film jeweils erzählt.
a) Betrachtet noch einmal die zweite Szene des Films (Min. 00:16–01:09) und benennt die Figur, die in der Szene gezeigt wird. Beschreibt, in welcher Situation sie sich befindet und was sie fühlt.
b) Erklärt, wie es dem Regisseur gelingt, dass sich die Zuschauer/-innen mit dieser Figur identifizieren, sich also in sie hineinversetzen. Welche Wirkung hat diese Identifikation mit einer Figur?
c) Ermittelt alle Szenen, die aus der Perspektive der Mutter erzählt werden. Wählt eine dieser Szenen aus. Zeigt, wie der Unterschied zwischen ihrem Wissensstand und demjenigen der Zuschauer/-innen zum Spannungsaufbau beiträgt. Benennt, was Figur und Zuschauer/-innen zu dem Zeitpunkt jeweils wissen und was nicht.

erzählte Vergangenheit

erzählte Gegenwart

Starthilfe, S. 388

❗ Wissen und Können

Chronologisches und achronologisches Erzählen im Film

Spielfilme bestehen aus verschiedenen **Szenen** (bzw. Sequenzen), die in der Montage zu einem gesamten Film zusammengefügt werden. Dies gilt für Kurzfilme ebenso wie für Langfilme. Dabei kann die Reihenfolge, in der die Szenen montiert werden, von der zeitlichen Reihenfolge der gezeigten Handlungen abweichen, indem z. B. Rückblenden zu Ereignissen gezeigt werden, die bereits früher stattgefunden haben. Man spricht dann von **achronologischem Erzählen** im Film (im Unterschied zum chronologischen Erzählen, das sich an die zeitliche Reihenfolge der Ereignisse hält, von denen erzählt wird). Eine einzelne Szene lässt sich durch die Einheit von Ort, Zeit und beteiligten Figuren der Handlung bestimmen.

Arbeitsheft, S. 30

Details der Filmgestaltung entdecken

Wie in der Literatur werden auch im Film zahlreiche Stilmittel eingesetzt, um die Wirkung des Films zu erhöhen und die Zuschauer/-innen zu unterhalten und zum Nachdenken zu bringen. Einige dieser Stilmittel sollt ihr im Folgenden in einer arbeitsteiligen Gruppenarbeit entdecken und euch ihre Wirkung gegenseitig vorstellen. Insgesamt sollt ihr drei Bereiche genauer betrachten.

> **Tipp**
> Wer schon vor den anderen fertig ist, kann sich mit einem weiteren Stilmittel als Bonusaufgabe beschäftigen.

1 a) Bildet zunächst 6 Arbeitsgruppen und entscheidet euch in der Gruppe für eines dieser Stilmittel: die **Farbgebung** im Film (**A**), die **Art der Kameraführung** (**B**) oder die **Musik** (**C**). Jedes Stilmittel sollte von zwei Gruppen untersucht werden.
b) Arbeitet nun an der Stelle weiter, an der die Aufgabe zu dem von euch gewählten Stilmittel stehen.

A Die Farbgebung im Film untersuchen

2 Macht zur Vorbereitung zu Hause einige Fotos von eurer Wohnung, z. B. von der Küche oder dem Wohnzimmer. Ersatzweise könntet ihr euch einige Fotos vom Klassenraum aufnehmen. Nutzt dabei keine besonderen Filter.

3 Schaut euch nun die ersten Minuten des Films erneut an. Vergleicht die Farbgebung im Film mit der auf den von euch gemachten Fotos. Wie unterscheidet sich die Farbgebung im Film von der eurer Bilder?

4 Vergleicht die Farbgebung einzelner Szenen im Film. Haltet die Unterschiede zwischen den Szenen, die nach Heinrichs Verschwinden spielen, und den Rückblenden fest.

5 Erläutert die Wirkung der Farbgebung im Film auf die Zuschauer/-innen.

6 In einigen Szenen gibt es Elemente, die sich farblich vom Rest deutlich abheben. Findet einige dieser Elemente (**Tipp**: der gelbe Judenstern).

7 Bereitet eine kleine Präsentation (max. 5 Minuten) für den Rest der Klasse vor.
a) Entscheidet gemeinsam, an welchen Szenen ihr eure Ergebnisse zeigen wollt.
b) Entscheidet, ob ihr eure Ergebnisse gleich zu Beginn präsentieren oder erst die Filmszenen zeigen wollt. Wenn ihr zunächst die Szenen zeigt, könnt ihr euren Mitschülerinnen und Mitschülern einen Beobachtungsauftrag geben, der ihnen hilft, eure späteren Ausführungen zur Farbgebung im Film zu verstehen.

→ Symbol, S. 203, S. 153

> **! Wissen und Können**
>
> **Farbgebung im Film**
> Durch Licht und Farbe können im Film Stimmung und Atmosphäre erzeugt werden. Farben können auch mit bestimmten symbolischen Bedeutungen versehen sein oder z. B. als warm oder kalt wahrgenommen werden. Auch verschiedene Handlungsebenen eines Films können durch unterschiedliche Farbgebung markiert werden.

B Die Kamerabewegung / Kameraführung im Film untersuchen

2. Sicherlich habt ihr schon einmal mit eurem Smartphone einen kleinen Film aufgenommen. Erörtert, was eure Aufnahmen bzgl. der Kameraführung von einem professionell produzierten Film unterscheidet. Nutzt zur Anregung die Ausführungen im Wissen-und-Können-Kasten.

3. Schaut euch nun den gesamten Film erneut an und achtet dabei genau auf die Kamerabewegung.
   - Wann bewegt sich die Kamera, wann ist sie fix?
   - Wenn die Kamera sich bewegt: Ist die Kamerabewegung eher ruhig, ist sie unruhig oder gar hektisch?
   - Wann wird eine Handkamera eingesetzt?

4. a) Erstellt eine Liste einzelner Szenen, in denen ihr das Thema der Szene und die Art der Kamerabewegung notiert.

Szene	Thema der Szene	Kamerabewegung	Wirkung

   b) Diskutiert die Wirkung der jeweiligen Kamerabewegung und notiert die Ergebnisse in der Tabelle.

5. Bereitet eine kleine Präsentation (max. 5 Minuten) für den Rest der Klasse vor. Geht dabei vor, wie auf Seite 90 in Aufgabe 7 **A** beschrieben.

! Wissen und Können

Kamerabewegung / Kameraführung im Film

Kameras können eine Einstellung aus dem **Stand** filmen, ohne sich zu bewegen. Dadurch bleibt immer derselbe Ausschnitt des Raumes sichtbar und die Bilder wirken ruhig.

Die Kamera kann aber auch beweglich sein. Dies kann in einem **Schwenk** geschehen, bei dem die Kamera nach oben, unten, zur Seite oder im Kreis geschwenkt wird, oder durch eine **Kamerafahrt**, bei der sich die Kamera mit oder an Figuren und Objekten vorbei bewegt. Die Bewegung der Kamera kann in beiden Fällen schnell oder langsam sein.

Die Kameraführung kann dabei ruhig sein, indem die Kamera auf ausgelegten Schienen gefahren wird, oder sie kann unruhig und wackelig sein, weil es sich um eine von einem Menschen getragene **Handkamera** handelt.

Diese unterschiedlichen Möglichkeiten werden von Filmemacher/-innen genutzt, um die Wirkung von Ruhe oder Unruhe auf die Zuschauenden zu übertragen.

C Die Musik im Film untersuchen

2   Ihr habt den Film „Spielzeugland" nun schon mehrfach gesehen. Versucht euch zu erinnern, wann im Film welche Musik zu hören ist. Tragt eure Erinnerungen zusammen und haltet sie fest.

3   Betrachtet nun den Film erneut und achtet genau darauf, welche Musik eingesetzt wird. Nehmt euch nach dem Betrachten einige Minuten Zeit und notiert euch alles, was euch zur Musik aufgefallen ist: die Art der Musik, die Lautstärke, ihre Wirkung auf euch, das Zusammenspiel mit der Filmhandlung usw.

4   Ordnet eure Beobachtungen mit Hilfe des Wissen-und-Können-Kastens danach, an welchen Stellen des Films es sich um Filmmusik und an welchen um Musik im Film handelt. Gelingt euch das nicht aus der Erinnerung, schaut euch den Film erneut an.

> **! Wissen und Können**
>
> **Musik im Film**
> Beim Einsatz von Musik in Filmen wird unterschieden zwischen Musik im Film und Filmmusik. Bei Musik im Film handelt es sich um **Musik im On**. Das heißt, die Quelle der Musik (die Musiker, das Radio etc.) existiert in der gezeigten Welt des Films und die Musik kann dort auch von den Figuren wahrgenommen werden. Bei Filmmusik hingegen handelt es sich um **Musik aus dem Off**. Das heißt, die Musik erklingt nicht in der Filmwelt, sondern wird nur über die Filmbilder gelegt. Sie ist nur für das Publikum hörbar, nicht aber für die Figuren im Film.

5   Erläutert, welche Wirkung die Musik an unterschiedlichen Stellen des Films hat. Verdeutlicht eure Deutung an einer konkreten Szene eurer Wahl.

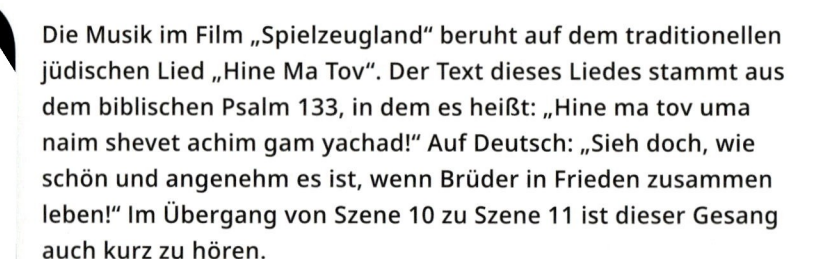

> Die Musik im Film „Spielzeugland" beruht auf dem traditionellen jüdischen Lied „Hine Ma Tov". Der Text dieses Liedes stammt aus dem biblischen Psalm 133, in dem es heißt: „Hine ma tov uma naim shevet achim gam yachad!" Auf Deutsch: „Sieh doch, wie schön und angenehm es ist, wenn Brüder in Frieden zusammen leben!" Im Übergang von Szene 10 zu Szene 11 ist dieser Gesang auch kurz zu hören.

6   Erklärt, in welchem Zusammenhang der Text des Liedes mit der Handlung des Films steht.

7   Bereitet eine kleine Präsentation (max. 8 Minuten) für den Rest der Klasse vor. Geht dabei vor, wie auf Seite 90 in Aufgabe 7 **A** beschrieben.

Merkmale von Kurzfilmen erkunden

Ihr alle kennt Spielfilme, die in der Regel 90 Minuten und länger dauern, oder auch Serien, die sich für das Erzählen ihrer Geschichten noch mehr Zeit nehmen können. Die meisten Kurzfilme dauern dagegen weniger als 20 Minuten. Daraus ergeben sich Besonderheiten in der Erzählweise.

1. Findet euch in Vierergruppen zusammen. Sammelt in einem Placemat eure Vermutungen, welche Konsequenzen die Dauer des Kurzfilms für die Erzählweise haben könnte. Orientiert euch dabei am Kurzfilm „Spielzeugland".
   Geht folgendermaßen vor:
   a) Übertragt die folgende Skizze (ohne den Text) auf eine DIN A4-Seite.

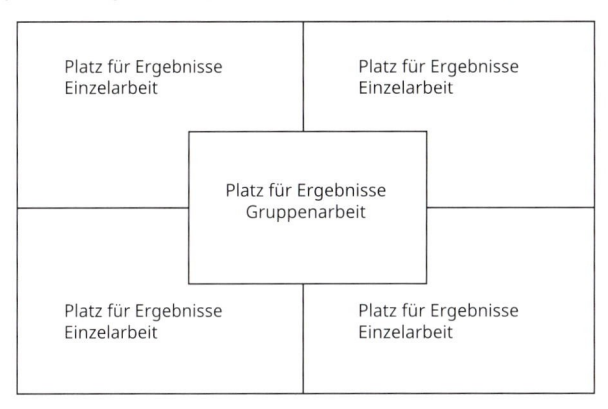

Platz für Ergebnisse Einzelarbeit	Platz für Ergebnisse Einzelarbeit
Platz für Ergebnisse Gruppenarbeit	
Platz für Ergebnisse Einzelarbeit	Platz für Ergebnisse Einzelarbeit

   b) Jede/r von euch erhält eines der vier äußeren Felder. Notiert euch darin in Einzelarbeit (ca. 10 Minuten), welche Besonderheiten sich aus der kurzen Erzählzeit in Bezug auf die folgenden Aspekte ergeben könnten:

   - Einstieg / Einführung in die Handlung
   - Zentrale Ereignisse / Wendung
   - Ende des Films
   - Informationen über die Figuren
   - Figurendialoge
   - Thema

   > **Tipp**
   > Beachtet, dass sich die Regisseurin oder der Regisseur auf das Wesentliche konzentrieren muss.

   c) Dreht das Placemat eine Position nach rechts und lest, was eure Sitznachbarin oder euer Sitznachbar aufgeschrieben hat. Wenn alle mit dem Lesen fertig sind, dreht ihr das Blatt um eine weitere Position, bis am Schluss alle die Notizen der übrigen Gruppenmitglieder gelesen haben.
   d) Tragt in der Mitte des Blattes eure Ergebnisse aus den Einzelarbeiten unter der Überschrift „Merkmale von Kurzfilmen" nach Aspekten geordnet zusammen. Diskutiert Punkte, bei denen eure Überlegungen voneinander abweichen und einigt euch abschließend auf eine gemeinsame Version.

   > **Tipp**
   > Wenn ihr euch bei einem Aspekt nicht einigen könnt, vergleicht das Ergebnis eurer Gruppenarbeit am Schluss mit dem Eintrag „Kurzfilm" auf Seite 342/343.

2. Diskutiert auf der Grundlage der zusammengetragenen Merkmale eines Kurzfilms, welche Vor- und Nachteile die Gattung „Kurzfilm" für das Erzählen einer Geschichte hat.

Arbeitsheft, S. 31

Schätze deinen Lernstand ein
Zwei Filmszenen einordnen und vergleichen

„Auf der Straße" (Min. 02:49–03:17)

„Im Treppenhaus" (Min. 03:20–04:18)

1. Betrachte die beiden in Minute 02:49–04:18 aufeinanderfolgenden Szenen „Auf der Straße" und „Im Treppenhaus".

2. Ordne die beiden Szenen zeitlich in die Gesamthandlung des Kurzfilms „Spielzeugland" ein.

3. Erkläre die Bedeutung des Gesprächs zwischen Herrn Silberstein und Heinrich vor dem Hintergrund der gesamten Filmhandlung. Warum erzählt Herr Silberstein die Geschichte vom Nashorn?

4. Vergleiche die beiden Szenen im Hinblick auf ihre filmische Gestaltung. Gehe dabei auf die Bewegungen der Kamera, die farbliche Gestaltung sowie auf die Art und Wirkung der verwendeten Musik ein.

→ Seite 95–98, B
→ Seite 95–98, A
← Seite 90–92, Wissen und Können

Ein Storyboard für einen Kurzfilm erstellen

Es gibt eine Reihe von Ähnlichkeiten hinsichtlich der Darstellungsweise zwischen einem Kurzfilm und einer Kurzgeschichte. Daher bietet es sich an, aus einer Kurzgeschichte ein Storyboard für einen Kurzfilm zu erstellen. Dazu lernt ihr hier die Kurzgeschichte „Saisonbeginn" von Elisabeth Langgässer kennen. Sie spielt wie der Kurzfilm „Spielzeugland" in der Zeit des „Dritten Reiches".

1 Lies die Kurzgeschichte „Saisonbeginn" von Elisabeth Langgässer oder höre dir den Hörtext an. Mache dir Notizen zur Handlung der Geschichte.

Elisabeth Langgässer
Saisonbeginn (1947) *„Saisonbeginn"*

Information zur Autorin
Elisabeth Langgässer, deutsche Schriftstellerin (1899–1950). Langgässers Vater war vom Judentum zum Katholizismus konvertiert. Daher galt Elisabeth Langgässer im nationalsozialistischen Deutschland als „Halbjüdin". Ab 1936 durfte sie keine Schriften mehr veröffentlichen und musste ab 1942 Zwangsarbeit in einer Munitionsfabrik leisten.

Die Arbeiter kamen mit ihrem Schild und einem hölzernen Pfosten, auf den es genagelt werden sollte, zu dem Eingang der Ortschaft, die hoch in den Bergen an der letzten Passkehre lag. Es war ein heißer Spätfrühlingstag, die Schneegrenze hatte sich schon hinauf zu den Gletscherwänden gezogen. Überall standen die Wiesen wieder in Saft und Kraft; die Wucherblume verschwendete sich, der Löwenzahn strotzte und blähte sein Haupt über den milchigen Stengeln; Trollblumen, welche wie eingefettet mit gelber Sahne waren, platzten vor Glück, und in strahlenden Tümpeln kleinblütiger Enziane spiegelte sich ein Himmel von unwahrscheinlichem Blau. Auch die Häuser und Gasthöfe waren wie neu: ihre Fensterläden frisch angestrichen, die Schindeldächer gut ausgebessert, die Scherenzäune ergänzt. Ein Atemzug noch: dann würden die Fremden, die Sommergäste, kommen – die Lehrerinnen, die mutigen Sachsen, die Kinderreichen, die Alpinisten, aber vor allem die Autobesitzer in ihren großen Wagen ... Ford und Mercedes, Fiat und Opel, blitzend von Chrom und Glas. Das Geld würde anrollen. Alles war darauf vorbereitet. Ein Schild kam zum anderen, die Haarnadelkurve zu dem Totenkopf, Kilometerschilder und Schilder für Fußgänger: Zwei Minuten zum Café Alpenrose.

An der Stelle, wo die Männer den Pfosten in die Erde einrammen wollten, stand ein Holzkreuz, über dem Kopf des Christus war auch ein Schild angebracht. Seine Inschrift war bis heute die gleiche, wie sie Pilatus entworfen hatte: J. N. R. J.[1] – die Enttäuschung darüber, dass es im Grunde hätte heißen sollen: er behauptet nur, dieser König zu sein, hatte im Lauf der Jahrhunderte an Heftigkeit eingebüßt. Die beiden Männer, welche den Pfosten, das Schild und die große Schaufel, um den Pfosten in die Erde zu graben, auf ihren Schultern trugen, setzten alles unter dem Wegkreuz ab; der dritte stellte den Werkzeugkasten, Hammer, Zange und Nägel daneben und spuckte ermunternd aus.

Nun beratschlagten die drei Männer, an welcher Stelle die Inschrift des Schildes am besten zur Geltung käme; sie sollte für alle, welche das Dorf auf dem breiten Passweg betraten, besser: befuhren, als Blickfang dienen und nicht zu verfehlen sein. Man kam also überein, das Schild kurz vor dem Wegekreuz anzubringen, gewissermaßen als Gruß, den die Ortschaft jedem Fremden entgegenschickte. Leider stellte sich aber heraus, dass der Pfosten dann in den Pflasterbelag einer Tankstelle hätte gesetzt werden müssen – eine Sache, die sich selbst verbot, da die Wagen, besonders die größeren, dann am Wenden behindert waren. Die Männer schleppten also den Pfosten noch ein Stück weiter hinaus bis zu der Gemeindewiese und wollten schon mit der Arbeit beginnen, als ihnen auffiel, dass diese Stelle bereits zu weit von dem Ortsschild entfernt war, das den Namen angab und die Gemeinde, zu welcher der Flecken gehörte. Wenn also das Dorf den Vorzug dieses Schildes und seiner Inschrift für sich beanspruchen wollte, musste das Schild wieder näherrücken – am besten gerade dem Kreuz gegenüber, so dass Wagen und Fußgänger zwischen beiden hätten passieren müssen.

Dieser Vorschlag, von dem Mann mit den Nägeln und dem Hammer gemacht, fand Beifall. Die beiden anderen luden von neuem den Pfosten auf ihre Schultern und schleppten ihn vor das Kreuz. Nun sollte also das Schild mit der Inschrift zu dem Wegekreuz senkrecht stehen; doch zeigte es sich, dass die uralte Buche, welche gerade hier ihre Äste mit riesiger Spanne nach beiden Seiten wie eine Mantelmadonna ihren Umhang entfaltete, die Inschrift im Sommer verdeckt und ihr Schattenspiel deren Bedeutung verwischt, aber mindestens abgeschwächt hätte. Es blieb daher nur noch die andere Seite neben dem Herrenkreuz, und da die erste, die in das Pflaster der Tankstelle überging, gewissermaßen den Platz des Schächers[2] zur Linken bezeichnet hätte, wurde jetzt der Platz zur Rechten gewählt und endgültig beibehalten. Zwei Männer hoben die Erde aus, der dritte nagelte rasch das Schild mit wuchtigen Schlägen auf; dann stellten sie den Pfosten gemeinsam in die Grube und rammten ihn rings von allen Seiten mit größeren Feldsteinen an.

Ihre Tätigkeit blieb nicht unbeobachtet. Schulkinder machten sich gegenseitig die Ehre streitig, dabei zu helfen, den Hammer, die Nägel hinzureichen und passende Steine zu suchen; auch einige Frauen blieben stehen, um die Inschrift genau zu studieren. Zwei Nonnen, welche die Blumenvase zu Fuße des Kreuzes aufs neue füllten, blickten einander unsicher an, bevor sie weitergingen. Bei den Männern, die von der Holzarbeit oder vom Acker kamen, war die Wirkung verschieden: einige lachten, andere schüttelten nur den Kopf, ohne etwas zu sagen; die Mehrzahl blieb davon unberührt und gab weder Beifall noch Ablehnung kund, sondern war gleichgültig, wie sich die Sache auch immer entwickeln würde. Im Ganzen genommen konnten die Männer mit der Wirkung zufrieden sein. Der Pfosten, kerzengerade, trug das Schild mit der weithin sichtbaren Inschrift, die Nachmittagssonne glitt wie ein Finger über die zollgroßen Buchstaben hin und fuhr jeden einzelnen langsam nach wie den Richtspruch auf einer Tafel ... Auch der sterbende Christus, dessen blasses, blutüberronnenes Haupt im Tod nach der rechten Seite geneigt war, schien sich mit letzter Kraft zu bemühen, die Inschrift aufzunehmen: man merkte, sie ging ihn gleichfalls an, welcher bisher von den Leuten als einer der ihren betrachtet und wohl gelitten war. Unerbittlich und dauerhaft wie sein Leiden, würde sie ihm nun für lange Zeit schwarz auf weiß gegenüberstehen.

Als die Männer den Kreuzigungsort verließen und ihr Handwerkszeug wieder zusammenpackten, blickten alle drei noch einmal befriedigt zu dem Schild mit der Inschrift auf. Sie lautete: „In diesem Kurort sind Juden unerwünscht."

---

[1] J. N. R. J.: Iesus Nazarenus Rex Iudaeorum, zu Deutsch: Jesus von Nazareth, König der Juden
[2] Schächer: Räuber, Verbrecher. Jesus wurde zusammen mit zwei Verbrechern gekreuzigt, je einem zur rechten wie zur linken Seite von Jesus.

Einen Kurzfilm untersuchen

2 Diskutiert in der Klasse, worum es in der Kurzgeschichte geht.
- Was wird im Text beschrieben?
- Was ist das Thema der Kurzgeschichte?
- Erläutert, warum erst im letzten Satz der Erzählung der Text des Schildes, das die Arbeiter aufstellen, verraten wird. Was erreicht die Autorin mit dieser Erzählweise?

3 Erläutert die Bedeutung der religiösen Motive in der Geschichte:
- die Inschrift J. N. R. J.,
- den endgültige Platz des Schildes an der Stelle des rechten Schächers,
- den sterbenden Christus, der sich mit letzte Kraft bemüht, die Inschrift aufzunehmen.

➢ *Starthilfe, S. 388*

4 Erklärt, warum Langgässer die Geschichte „Saisonbeginn" genannt hat.
- Was hat der Titel mit der Handlung der Geschichte zu tun?
- Welche Bedeutung hat er hinsichtlich des Themas der Geschichte?

Eure Aufgabe soll es nun sein, zu der Kurzgeschichte von Elisabeth Langgässer ein Storyboard zu entwickeln. Dazu ist es sinnvoll, sich zunächst die Gemeinsamkeiten und Unterschiede in der Darstellung von Kurzgeschichte und Kurzfilm zu notieren. Diese Übersicht kann euch helfen, das Storyboard zu entwickeln.

5 Erstellt eine Tabelle, in der ihr die Merkmale von Kurzfilm und Kurzgeschichte miteinander vergleicht.

➢ *Merkmale von Kurzgeschichten, S. 156*

Merkmale von Kurzfilm und Kurzgeschichte		
	Kurzfilm	**Kurzgeschichte**
Beginn	*setzt unvermittelt ein, ohne Einleitung*	
Handlung		
Figuren		
…		

„Einfaches Storyboard"

Ⓐ Ein einfaches Storyboard erstellen

6 Entwickelt in Kleingruppen zur Kurzgeschichte von Elisabeth Langgässer ein einfaches Storyboard.
  a) Entscheidet zunächst, aus wie vielen Szenen euer Kurzfilm bestehen soll. Gebt den Szenen einen Kurztitel.
  b) Legt fest, was genau in jeder Szene zu sehen ist (Motivwahl).
  c) Bestimmt, in welcher Szene etwas gesprochen wird. Schreibt dazu die notwendigen Dialoge.
  d) Fügt die einzelnen Elemente in einem Storyboard zusammen. Das Motiv kann jeweils in einer Zeichnung festgehalten werden.

❗ Wissen und Können

Ein **Storyboard** dient der Planung von Filmszenen. Hier wird in gezeichneten Bildern – ähnlich einer Sequenz von Comic-Panels – festgehalten, was die Kamera aufnehmen soll. Neben dem, was später im Bild zu sehen und zu hören ist, sollten auch die eingesetzten Hilfsmittel (z. B. Kameraführung, Umschnitt, Farbgebung, Musik etc.) notiert werden.

Szene	Motiv (Zeichnung)	Gesprochener Text	...
1: Ortschaft im Frühling			
2: ...			

„Erweitertes Storyboard"

Ⓑ Ein erweitertes Storyboard erstellen

6 Entwickelt in Kleingruppen zur Kurzgeschichte von Elisabeth Langgässer ein erweitertes Storyboard.
  a) Entscheidet zunächst, welche Szenen umgesetzt werden sollen. Gebt ihnen jeweils einen Kurztitel.
  b) Legt fest, was genau in jeder Szene zu sehen ist (Motivwahl).
  c) Bestimmt, in welchen Szenen etwas gesprochen wird. Schreibt dazu die notwendigen Dialoge.
  d) Entscheidet euch, wie die Kamera geführt werden soll und wie die Personen und Motive gezeigt werden (= Einstellungsgröße).
  e) Diskutiert, ob der Film mit Musik unterlegt werden soll. Sucht ggf. passende Musik aus und haltet fest, wann welche Musik zu hören ist.
  f) Erweitert das Modell eines einfachen Storyboards aus dem Wissen-und-Können-Kasten um eure zusätzlichen Elemente und füllt das Storyboard entsprechend aus. Das Motiv kann jeweils in einer Zeichnung festgehalten werden.

> 📷 **Tipp**
> Folgende Einstellungsgrößen kennt ihr bereits: Totale, Halbtotale, Halbnahe, Nahe, Großaufnahme, Detailaufnahme.

7 Stellt euch die Storyboards in der Klasse gegenseitig vor und bewertet sie.
  • Was ist gut gelungen? Was sollte noch verbessert werden?
  • Ist das Storyboard so aussagekräftig, dass ihr euch den Film mithilfe der Erläuterungen der Gruppe vorstellen könnt?

Zeige, was du kannst

Eine Filmrezension schreiben

In einer Filmrezension bzw. Filmkritik werden die Beschreibung und die Bewertung eines Films miteinander verbunden. Um die Leser-/innen fundiert über einen Film zu informieren, sollte der Kritiker oder die Kritikerin auf die folgenden Aspekte eines Films zumindest kurz eingehen:

- namentliche Erwähnung zumindest des Regisseurs / der Regisseurin und der wichtigsten Darsteller/-innen
- Handlung des Films (aber ohne zu viel zu verraten)
- Art und Weise, wie die Geschichte erzählt wird (Besonderheiten im Hinblick auf Reihenfolge und filmische Darstellungsmittel, die verwendet werden)
- besondere Leistungen der Schauspieler/-innen (nur auf wenige eingehen)
- die Deutung der Aussage des Films
- eine begründete Gesamtbewertung des Films

Schreibe für eine Schülerzeitung oder eine Schul-Website eine Filmrezension zu **Spielzeugland**. Die folgenden Satzanfänge können dir helfen:

Textverarbeitungsprogramm

Der Kurzfilm „Spielzeugland" des Regisseurs und Drehbuchautors Jochen Alexander Freydank handelt von …

_____

_____

Bei der Erzählweise des Films ist besonders auffällig, …

_____

_____

Eine wichtige Rolle in dem Film spielt auch die Musik …

_____

_____

Aus dem Schauspieler/-innenensemble ragt vor allem … heraus. …

_____

_____

Der Film enthält eine zentrale Botschaft …

_____

_____

„Spielzeugland" ist ein … Kurzfilm, weil …

_____

Informierende Texte materialgestützt schreiben

Unsere Umwelt – ist sie noch zu retten?

Im Heinrich-Heine-Gymnasium wird alljährlich eine Projektwoche durchgeführt, an deren Ende ein Projekttag steht, bei dem alle Gruppen ihre Ergebnisse präsentieren. Die Klasse 8a hat sich dazu entschlossen, sich mit dem Thema „Unsere Umwelt – ist sie noch zu retten?" zu beschäftigen. Am Ende der Projektwoche möchte die Klasse an einem Stand über verschiedene Arten der Umweltverschmutzung sowie über bereits existierende Umweltschutzprogramme informieren. Dafür möchte sie eine Broschüre erstellen, die zu dieser Projektwoche erscheinen soll. Es geht den Schülerinnen und Schülern nur darum, über Tatsachen zu informieren und nicht, selbst Stellung zu nehmen.

Informierende Texte materialgestützt schreiben 101

1. Schaue dir die Bilder auf der linken Seite an. Welche Themenaspekte des Oberthemas „Umwelt" werden hier angesprochen?

2. Im Zusammenhang mit einem neuen Umweltbewusstsein wurde der „ökologische Fußabdruck" geschaffen. Im Medienpool findet ihr einen Test, der euch mehr über eure eigenen „ökologischen Fußabdrücke" verrät.
   a) Tausche dich mit deiner Nachbarin oder deinem Nachbarn darüber aus, was es mit dem ökologischen Fußabdruck auf sich haben könnte, was er beinhaltet und aussagt.
   b) Diskutiert eure Überlegungen aus a) im Plenum.
   c) Stellt Vermutungen zu eurem eigenen ökologischen Fußabdruck an.
   d) Absolviert den Test und besprecht die Ergebnisse.

   Test: ökologischer Fußabdruck

3. Die Klasse 8a möchte für das Schulfest einen Stand zu dem Thema „Unsere Umwelt – ist sie noch zu retten?" errichten und eine Broschüre dazu gestalten. Dazu müssen zunächst folgende Punkte geklärt werden:
   a) Was ist das Ziel des Standes?
   b) Wer wird die Broschüre lesen und was bedeutet das für die Schreibplanung?

   Broschüre: *eine Druckschrift von geringem Umfang zu einem aktuellen Thema; ist meist nur lose gebunden*

4. Übertrage die Mindmap in dein Heft und sammle mit einer Partnerin oder einem Partner Aspekte für die Broschüre zum Thema „Umwelt".

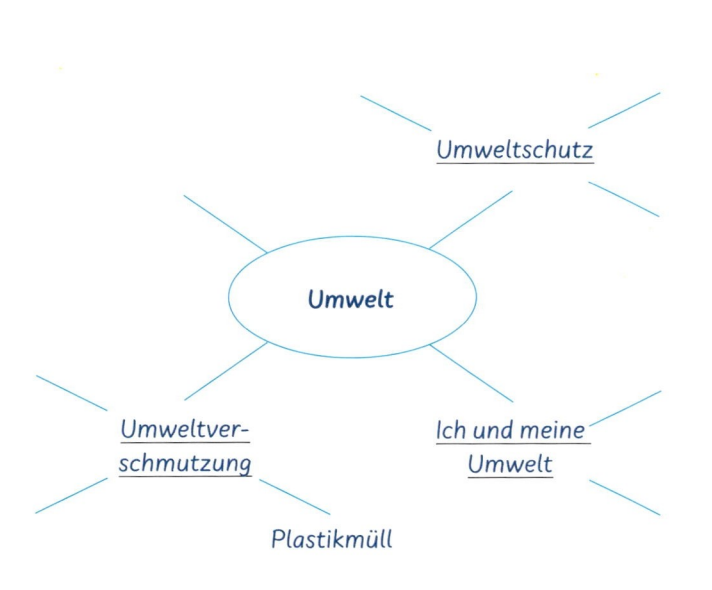

   Vorlage: Meine Infomappe

   Im Laufe des Kapitels erstellt ihr eine „Infomappe" für eure Broschüre. Hier sammelt ihr alle Informationen, die ihr bei der Materialerschließung aus den Texten herausfiltert. Immer wenn ihr dieses Symbol seht, schreibt ihr eure Ergebnisse in diese Mappe.

   Mindmap „Umwelt":
   - Umweltschutz
   - Ich und meine Umwelt
   - Plastikmüll
   - Umweltverschmutzung

   In diesem Kapitel lernt ihr, ...
   › einem Text wichtige Informationen zu entnehmen,
   › Diagramme und Schaubilder auszuwerten und zu beschreiben,
   › unterschiedliche Informationen aus verschiedenen Materialien zusammenzuführen,
   › Aussagen anderer in einen Text zu integrieren,
   › materialgestützt einen informierenden Text zu planen, schreiben und überarbeiten.

Einen Informationstext lesen und erschließen

Die Klasse 8a bearbeitet die verschiedenen Themen in Gruppen. Du willst mit deiner Gruppe das Thema „Plastikmüll – Probleme und Lösungsansätze" übernehmen und dazu einen informierenden Text für die gemeinsame Broschüre schreiben. Nach der bereits erledigten Recherche müsst ihr zunächst Informationen zu dem Thema sichten.

1. a) Überlege, wo dir in deinem Alltag Plastik begegnet und wo du selbst Dinge aus Plastik verwendest. Mache dir Notizen.
   b) Diskutiert die Aktualität des Themas „Plastikmüll – Probleme und Lösungsansätze" im Plenum.

2. **Die Texterschließung vorbereiten**
   a) Lies die Überschrift des Textes M 1. Benenne das Thema des Textes.
   b) Stelle Vermutungen an, worum es in dem Text gehen könnte.

→ *Verschiedene Lesetechniken anwenden, S. 327–329*

3. **Sich einem Text durch orientierendes Lesen nähern**
   a) Lies den Text M 1 zügig durch und mache dir neben dem Text Zeichen für Passagen, die dich überraschen (*), die dir wichtig erscheinen (!) und die du nicht verstehst (?).
   b) Überprüfe, ob der Textinhalt mit deinen Überlegungen aus Aufgabe 2 übereinstimmt.
   c) Besprich mit einer Lernpartnerin oder einem Lernpartner die Textpassagen, die du in Aufgabe 3 a) markiert hast. Klärt gemeinsam Textpassagen, die ihr nicht verstanden habt.
   d) Überlege dann, welche Informationen die Leserin oder den Leser der Broschüre besonders interessieren könnten und formuliere hierzu Fragen.

Notiere das Thema und die Fragen in deiner Infomappe.

Die fünf Müllstrudel der Ozeane

Text: Die 5 Müllstrudel der Ozeane **M 1**

In den Ozeanen treiben nach Schätzungen der Vereinten Nationen weltweit mehr als 150 Millionen Tonnen Plastikmüll. Jedes Jahr kommen mindestens drei Millionen weitere Tonnen Plastikmüll dazu.
Über die Nahrungskette landen winzige Plastikteilchen dann auch wieder bei uns Menschen auf dem Teller, zum Beispiel beim Fisch essen.

Wissenschaftler der NASA haben nun die Strömungen in den Ozeanen untersucht, um zu erkennen, wie sich der Plastikmüll im Meer sammelt. Die NASA nutzte dazu die Daten von im Meer treibenden Bojen der Umweltbehörde NOAA, die seit 1980 die Daten im Meer sammeln.

Das Ergebnis: Die Bojen verteilen sich auf fünf große Meeresströmungen. Im nächsten Schritt gaben die Forscher tausende virtuelle Plastikteilchen in das Programm, die sich in den Müllinseln sammelten. Zum Schluss kombinierten die NASA Wissenschaftler in der Video-Simulation diese Plastikteilchen mit den Daten der Schwimmbojen und stellten fest, dass sich beide in den gleichen fünf Regionen sammelten. Alle fünf Müllinseln befinden sich in der Nähe des Äquators, genau an den Stellen, an denen unterschiedliche Meeresströmungen von Norden und Süd aufeinandertreffen und dabei riesige Strudel bilden.

Die Ausmaße dieser Müllinseln im Meer lassen einen erschaudern: Zwischen Hawaii, dem amerikanischen Festland und Asien treibt eine drei Millionen Tonnen schwere Plastikinsel im Pazifik, die so groß ist wie ganz Mitteleuropa. Der größte Müllstrudel wird daher auch der „pazifische Müllstrudel" genannt.

Dies hat verheerende Folgen für Fische, Vögel, Robben und andere Tiere. Zahlreiche Meeresbewohner und Seevögel, die den Kunststoff in dem Irrglauben fressen, es sei Nahrung, sind dadurch einer großen Gefahr ausgesetzt. Zwei Drittel der Seevögel weltweit haben Plastik im Magen.

Die wirbelnden Strömungen von Wind und Wasser bewirken, dass der Strom der mehr oder weniger großen Plastikteile niemals versiegt. Im Gegenteil: In den letzten 40 Jahren hat sich die Größe des pazifische Müllstrudels sogar um das Hundertfache vergrößert.

Der Kunststoff in den Ozeanen stammt zu etwa 80 Prozent vom Land: Teilweise von Deponien in die Meere geweht, teilweise über Flüsse in die Ozeane hineingespült oder von verschmutzten Stränden ins Meer gelangt.
Über unser Abwasser werden vor allem feine Kunststoffpartikel in die Meere gespült, sogenanntes Mikroplastik. Es steckt in vielen Kosmetikprodukten wie Flüssigseife oder Zahnpasta. Zudem verlieren Fleecepullis und andere Kleidungsstücke aus Kunstfasern bei jedem Waschgang bis zu 2000 feine Fasern. Auch sie gelangen ungehindert in die Ozeane – genau wie das Mikroplastik aus Fabriken. Größere Teile weht oftmals der Wind vom Strand oder von Müllkippen in Flüsse oder direkt ins Meer.
Auch der Fischfang trägt zum Plastikproblem bei: Ausgediente Netze landen – oft mit Absicht – in den Ozeanen. Das ist bequemer, als sie an Land zu entsorgen. Das übrige Plastik stammt von Schiffen, die ihre Ausrüstung verlieren, denen große Container bei Sturm über Bord gehen oder die heimlich ihre Abfälle auf hoher See unbeobachtet ins Meer kippen.

→ *Verschiedene Lesetechniken anwenden, S. 327–329*

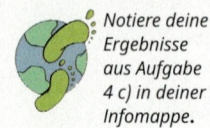

Notiere deine Ergebnisse aus Aufgabe 4 c) in deiner Infomappe.

Textverarbeitungsprogramm

4 Einen Text intensiv lesen
a) Lies den Text M 1 noch einmal sorgfältig durch. Unterteile ihn in Sinnabschnitte und formuliere Überschriften. Markiere dabei immer die wichtigsten Informationen (Schlüsselbegriffe) im Text.   *Folie*
b) Besprich mit deiner Nachbarin oder deinem Nachbarn, welche Informationen ihr für die Leserinnen und Leser eurer Broschüre als wichtig erachtet und markiert diese mit einem Zeichen.   *Folie*
c) Haltet eure Ergebnisse aus b) fest. Überlegt euch, ob ihr dafür lieber eine Mindmap, einen Cluster oder eine Tabelle nutzen wollt.   *Starthilfe, S. 388/389*
d) Überprüfe, ob die Fragen, die du beim ersten Lesen formuliert hast, mit den Notizen aus deiner Mindmap beantwortet werden können.

5 Den eigenen Leseprozess reflektieren
a) Schreibe auf, wie du beim Erschließen des Textes M 1 vorgegangen bist. Notiere, an welchen Stellen du eventuell Schwierigkeiten hattest und überlege dir Strategien, wie du diesen bei dem nächsten Text begegnen könntest.
b) Tausche dich über deine Notizen aus a) mit deiner Nachbarin oder deinem Nachbarn aus.

→ *Verschiedene Lesetechniken anwenden, S. 327–329*

❗ Wissen und Können

Einen Informationstext lesen und erschließen

Bevor du selbst einen Text zu einem bestimmten Thema schreibst, musst du dir das nötige Wissen aneignen. Dazu liest du zunächst verschiedene Texte und erschließt diese. Gehe dabei strukturiert vor.
Bevor du einen Text liest, solltest du dir Gedanken zur Überschrift machen. Überlege, worum es in dem Text gehen könnte und was du bereits darüber weißt.
Lies dann den Text ein erstes Mal relativ zügig durch und markiere Stellen, die dir besonders wichtig erscheinen, die dich wundern oder die du nicht verstehst. Kläre Passagen, die dir unklar sind.
Überlege dir, was die Leserin oder den Leser deines Textes besonders interessieren könnte und formuliere hierzu Fragen.
Lies den Text ein zweites Mal, nun jedoch intensiv und markiere wichtige Schlüsselbegriffe. Unterteile den Text in Sinnabschnitte und formuliere Unterüberschriften. Halte dann die wichtigsten Informationen schriftlich, z. B. in einer Mindmap, fest.
Überprüfe, ob die Fragen, die du beim ersten Lesen formuliert hast, mit den Notizen aus deiner Mindmap beantwortet werden können.

Ein Diagramm auswerten und dazu schreiben

Bei der Recherche bist du auf interessante Diagramme gestoßen. Auch diese kannst du auswerten und für deinen informierenden Text verwenden.

1. **Die Erschließung vorbereiten**
   Schau dir die Überschrift des folgenden Diagrammes an. Was ist das Thema und was weißt du bereits darüber?

2. **Sich einer Grafik durch orientierendes Lesen nähern**
   a) Schau dir das Diagramm an.
   b) Verschaffe dir Klarheit über die Bedeutung der Zahlen und Beschriftungen.
   c) Stelle fest, woher das Diagramm und die Daten stammen.

> **Tipp**
> Markiere die Stellen, die dich überraschen mit einem (*), die dir wichtig erscheinen mit einem (!), die du nicht verstehst mit einem (?).

➡ *Verschiedene Lesetechniken anwenden, S. 327–329*

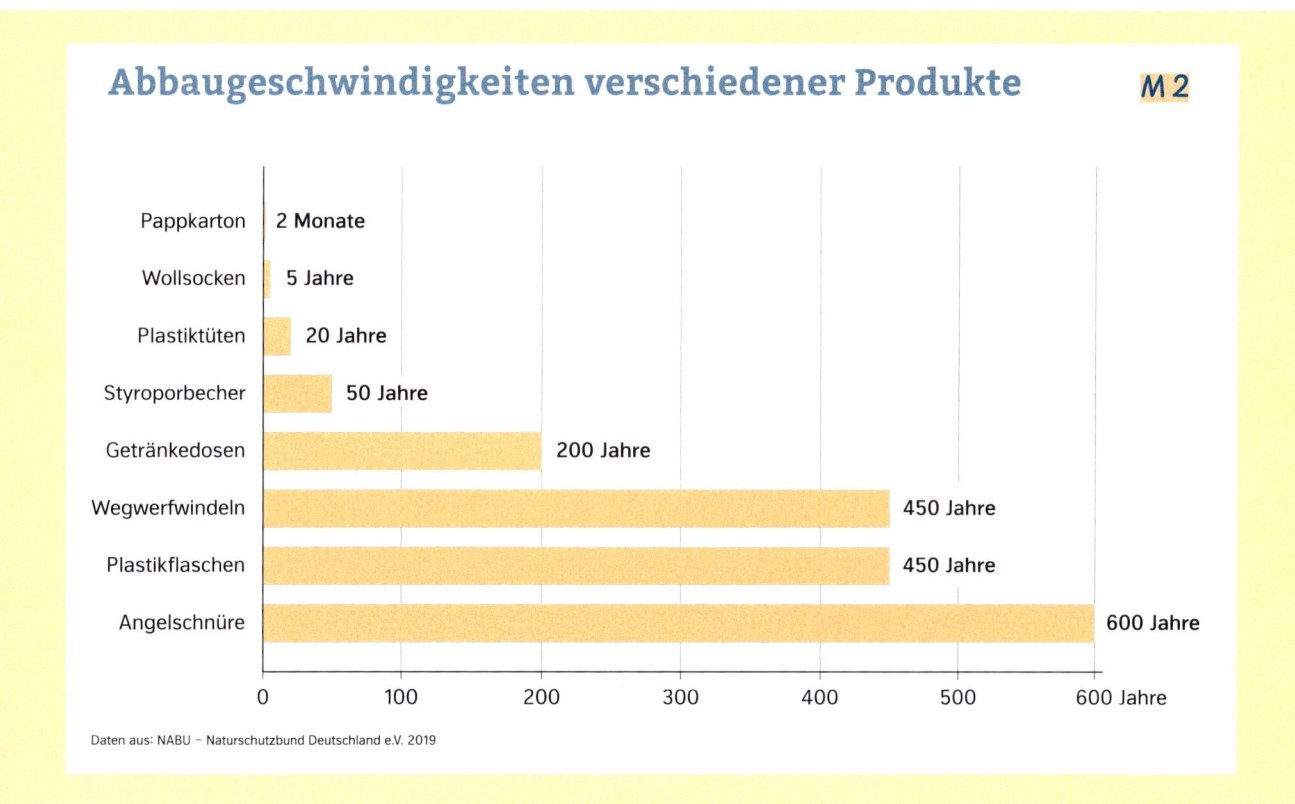

Abbaugeschwindigkeiten verschiedener Produkte M 2

Produkt	Abbauzeit
Pappkarton	2 Monate
Wollsocken	5 Jahre
Plastiktüten	20 Jahre
Styroporbecher	50 Jahre
Getränkedosen	200 Jahre
Wegwerfwindeln	450 Jahre
Plastikflaschen	450 Jahre
Angelschnüre	600 Jahre

Daten aus: NABU – Naturschutzbund Deutschland e.V. 2019

3. **Ein Diagramm durch intensives Lesen erschließen**
   Schau dir das Diagramm M 2 genau an und formuliere zu seinem Inhalt zutreffende Aussagen. Tausche dich mit deiner Nachbarin deinem Nachbarn aus und ergänze deine Liste.

   - *Es wird angenommen, dass eine Getränkedose dreimal schneller vergeht als eine Angelschnur.*

Notiere die Informationen zu dem Diagramm in deiner Infomappe.

Textverarbeitungsprogramm

4 Eine Grafik in einen Text umwandeln

Zwei deiner Gruppenmitglieder haben jeweils einen Text zum Diagramm M 2 geschrieben. Vergleiche beide Textanfänge miteinander, welcher ist gelungener? Begründe.

Text 1

Das Diagramm zeigt, dass Angelschnüre am längsten bestehen bleiben und es 600 Jahre dauert, bis sie wieder biologisch abgebaut sind.
Pappkartons sind bereits nach etwa zwei Monaten kompostiert. Ich finde das sehr interessant, denn ich gehe auch gerne in meiner Freizeit angeln und habe schon einmal eine Angelschnur verloren. Ich habe mir dabei nie Gedanken darüber gemacht, dass es so lange dauert, bis die Angelschnur abgebaut ist. ...

Text 2

Das vorliegende Balkendiagramm gibt Auskunft darüber, wie lange bestimmte Gegenstände brauchen, bis sie biologisch abgebaut sind. Die Daten sind aus dem Jahr 2019 und wurden vom „NABU – Naturschutzbund Deutschland e. V." veröffentlicht.
Die X-Achse zeigt die Anzahl der benötigten Jahre, während auf der Y-Achse die einzelnen Gegenstände aufgeführt sind. ...

5 Leite aus den Texten Tipps für eine gelungene Beschreibung eines Diagrammes ab.

Starthilfe, S. 389

6 Es gibt Wörter und Ausdrücke, die bei der Einleitung einer Beschreibung von Diagrammen besonders sinnvoll sind. Welche davon findest du in den Texten 1 und 2?

Textverarbeitungsprogramm

7 Vervollständige die Diagrammbeschreibung, die du für gelungener hältst.

Diagramme, S. 337

❗ Wissen und Können

Ein Diagramm auswerten und dazu schreiben

Diagramme bilden einen bestimmten Sachverhalt, eine bestimmte Entwicklung, einen Vergleich oder eine Verteilung übersichtlich und anschaulich ab. Um ein Diagramm zu beschreiben, verschaffst du dir zunächst einen Überblick über die dargestellten Aspekte.
In der **Einleitung** nennst du zunächst die Art des Diagrammes (Säulen-, Balken-, Kuchendiagramm), den Titel, das Thema, das Veröffentlichungsdatum und die Quelle.
Im **Hauptteil** beschreibst du, was genau die Y-Achse und X-Achse anzeigen und gehst dann auf die einzelnen Ergebnisse ein. Achte auf Besonderheiten und vergleiche einzelne Daten miteinander.
Am **Schluss** fasst du die Hauptaussage des Diagramms noch einmal abschließend zusammen.
Verwende für deinen Text in der Regel das Präsens und schreibe sachlich und objektiv.

Materialien erschließen

Bevor du nun deinen informierenden Text zum Thema „Plastikmüll – Probleme und Lösungsansätze" schreibst, musst du dich zunächst weiter zu dem Thema informieren. Deine Mitschülerinnen und Mitschüler haben schon passende Materialien recherchiert. Bevor du das Material erschließt, mache dir Gedanken zum Schreibauftrag.

1 Den Schreibauftrag klären
   a) Welches Ziel verfolgst du mit deinem Text?
   b) Überlege, welchen Kriterien ein informierender Text grundsätzlich gerecht werden muss. *Starthilfe, S. 389*
   c) Wer wird deinen Text lesen (Adressat)? Was bedeutet das für die Gestaltung des Textes? *Starthilfe, S. 389*
   d) Was musst du bezüglich der Länge deines Textes beachten?

Darum muss sich der Westen kümmern   M 3

Ein Interview der Zeitschrift „Die Zeit" mit der Meeresbiologin Jennifer Lavers

ZEIT: Plastikmüll ist ja nicht das einzige Umweltproblem. Angesichts des Klimawandels, schwindender Artenvielfalt und Überdüngung – warum sollten wir uns um den Plastikmüll besonders Gedanken machen?
Lavers: Die Folgen des Plastikmülls für die Umwelt und die Gesundheit sind nicht weniger bedrohlich als die des Klimawandels, sondern verschlimmern sich schneller als z. B. der Klimawandel. Das hat 2016 eine Untersuchung auf Anfrage des australischen Senats ergeben.
ZEIT: Die EU will zum Beispiel bis 2030 alle Verpackungen recycelbar machen, die Regierungen in Kanada und Indien wollen Einwegplastik in zwei und drei Jahren verbieten. Das sind doch gute Ansätze.
Lavers: Das Problem der Regierungen ist, dass sie sich zu viel Zeit geben. Wir müssten jetzt etwas ändern. Und Recycling ist eine Heftpflaster-Lösung. Statt von Recyceln sollten wir besser von Downcyceln sprechen. Es ist kein richtiger Kreislauf, viele Arten von Plastik kann man nur einmal recyceln. Danach sind sie auch wieder Plastikmüll. Schon jetzt ist das Problem dramatisch, vor allem durch Mikro- und Nanoplastik. Diese Partikel vergiften die ganze Nahrungskette. Die Stoffe gelangen ins Blut und wirken auf das Gehirn und das Nervensystem. Tiere ändern ihr Verhalten, jagen nicht mehr oder können sich nicht mehr fortpflanzen.
ZEIT: Mikroplastik nennt man zum Beispiel die kleinen Körner in der Zahnpasta. Sie sind allerdings nicht verboten.
Lavers: Tatsächlich ist es teilweise legal, solche Stoffe in Kosmetika zu mischen – die landen direkt im Abfluss. Dazu kommt all der größere Müll, der sich in kleine Partikel zerlegt. Und außerdem die Fasern von Kleidung aus Polyester und Nylon, die beim Waschen in den Wasserkreislauf gelangen. Die kann man kaum noch herausfiltern.
ZEIT: Kann man denn überhaupt etwas tun, um das zu ändern?
Lavers: Die Verantwortung liegt bei jedem Einzelnen. Wir können nicht immer warten, dass die Regierungen was tun. Wir müssen selbst Verantwortung übernehmen. Ich verwende zum Beispiel seit 10 Jahren keine Plastiktüten mehr.

Diese Entscheidung allein hat viel Müll erspart. […]

ZEIT: Das meiste Plastik, das im Meer schwimmt, stammt allerdings aus Flüssen in Entwicklungsländern. Was hat eine in Deutschland entsorgte Plastiktüte damit zu tun?

Lavers: Was wir wegwerfen, verschwindet nicht einfach so. Verbrennen macht wieder andere Probleme, das ist auch nicht die Lösung. Und überhaupt: Wir im Westen finden immer leicht andere, die noch schlimmer sind als wir. Aber wer das Privileg hatte, per Zufall in so einem reichen Land geboren zu sein, der sollte nicht die anderen beschuldigen, sondern ein Beispiel sein, wie man es besser macht.

ZEIT: Aber für das Plastik aus diesen Flüssen ändert das erst mal nichts.

Lavers: Ja, das meiste Plastik, insgesamt 90 Prozent, kommt aus 10 Flüssen, die meisten davon in Südostasien […], das heißt, wir können an 20 Flüssen intervenieren und so etwas verändern! Darum muss sich der Westen kümmern und diese Länder mit Technologie, Erfahrung und Ressourcen unterstützen.

ZEIT: Wie groß ist das Potenzial technischer Lösungen wie des Ocean-Cleanup-Projekts, das mit großen Netzen den Müll wieder aus dem Meer holen soll?

Lavers: Wir werden kreative und innovative Lösungen brauchen. Man hat aber leider auch schon herausgefunden, dass das sogenannte Ocean-Cleanup nicht ganz unproblematisch ist.

ZEIT: Was ist denn die Lösung?

Lavers: Wir müssen das Problem an der Quelle angehen, ganz vom Plastik wegkommen.

ZEIT: Unternehmen in Deutschland leisten einen Beitrag, indem sie Plastiktüten nicht mehr gratis hergeben. Hilft das?

Lavers: Solche Maßnahmen reduzieren den Verbrauch von Plastiktüten auf jeden Fall. Andererseits machen sie nur einen Bruchteil des Plastiks aus, das wir verwenden. Es ist gut, dass wir uns darum kümmern. Aber wir sollten den Rest nicht vergessen: Auch Plastikflaschen, Verpackungen und Wegwerfgeschirr landen in großen Mengen im Meer.

ZEIT: Wenn Sie die Macht hätten, eine Maßnahme in der gesamten Welt umzusetzen, was würden Sie tun?

Lavers: Das ist einfach. Ich würde dafür sorgen, dass der Preis von Plastik seine Kosten für die Umwelt widerspiegelt. Dann wäre Plastik nicht mehr billig, sondern teuer. Stattdessen würde man Papier und neue Materialien verwenden. Und es gäbe sicher auch viel Innovation in diese Richtung.

ZEIT: Wir brauchen Plastik in so vielen Alltagsdingen. Die Plastikindustrie setzt alleine in der EU fast 350 Milliarden Euro im Jahr um und beschäftigt mehr als 1,5 Millionen Menschen. Wie realistisch ist es, dass wir davon wegkommen?

Lavers: Schauen Sie, es gibt Fälle, da muss sich etwas ändern, egal was die Industrie dazu sagt. Wir werden uns gegen Plastik entscheiden müssen, da haben wir keine Wahl. Ich bin sicher, dass wir etwas ändern werden. Ich hoffe nur, dass wird früh genug passieren.

ZEIT: Ihre Bilanz hört sich niederschmetternd an. Wie kommt es, dass Sie trotzdem noch nicht aufgegeben haben?

Lavers: Es ist extrem deprimierend. Aber ich bin überzeugt, dass die Natur geschützt gehört, um ihrer selbst willen und weil wir sie brauchen. Wenn Sie zum Arzt gingen und er sagte Ihnen, Sie hätten Lungenkrebs, dann würden Sie doch auch nicht einfach heimgehen und ihn ignorieren.

Text leicht verändert

Diese fünf Projekte sollen das Meer vom Plastik befreien M4

Jedes Jahr am 08. Juni ist der internationale Tag der Meere und wie jedes Jahr ist das kein Grund zum Feiern. Das Problem ist eine ganze Menge Müll, in Zahlen: 140 Tonnen Plastikmüll. An der Meeresoberfläche schwimmen Plastiktüten, Flaschen und Strohhalme in Müllteppichen, die so groß sind wie Mitteleuropa. Das Plastik kann in winzige Teilchen zerfallen und wird dann von Fischen oder anderen Lebewesen mit Nahrung verwechselt. Oder es sinkt einfach ab: Der meiste Plastikmüll liegt schon auf dem Meeresgrund. Doch wer tut eigentlich was dagegen? Wenn es so weitergeht, wird es 2050 mehr Plastik als Fische im Meer geben. Zum Glück gibt es Initiativen, die es sich zur Aufgabe gemacht haben, etwas gegen das Plastikproblem zu unternehmen und hier sind fünf davon:

1. Sorgenfreie Socken
Die Initiative „Healthy Seas" fischt mit freiwilligen Tauchern zusammen so genannte „Geisternetze" aus dem Meer. Dabei handelt es sich um verlorengegangene oder zurückgelassene Fischernetze, die durchs Meer wabern. Klingt gruselig? Ist es auch, Lebewesen können sich darin verheddern und sterben. Die Initiative stellt daraus Nylonfaden her. Mittlerweile wurde so viel Faden hergestellt, dass daraus neun Millionen Paar Socken gefertigt werden können.

2. Von der Masterarbeit aufs Meer
Was mit der Masterarbeit einer Aachener Studentin begann, ist schnell zum Zukunftsprojekt geworden. Marcella Hansch wollte nach einem Tauchurlaub nicht mehr nur zuschauen und entwarf zum Abschluss ihres Architekturstudiums eine schwimmende Plattform. Pacific Garbage Screening nennt sich die riesige, 400 mal 400 Meter große Station, die auch kleinere Teilchen aus der Tiefe filtern soll.

3. Tierische Hilfe
SeeKuh und SeeElefant: So heißen die beiden Schiffe, mit denen One Earth One Ocean e.V das Plastik auffischen will. Die SeeKuh sammelt schon seit 2017 den Müll mithilfe von Netzen oder Förderbändern aus dem Meer. Ab 2021 soll der Müll dann direkt zum SeeElefanten, einem zweiten, viel größeren Schiff gebracht werden, wo er sortiert und fürs Recycling gepresst werden soll.

4. Müll gehört in die Tonne
Mülleimer fürs Meer? Klingt erstmal komisch, ist aber nur logisch. Der Seabin ist so eine „schwimmende Mülltonne" und säubert vor allem Häfen, indem er Wasser einsaugt und durch diesen Sog auch alle im Umkreis herumschwimmenden Dinge wie Plastiktüten und To-Go-Becher, aber auch Mikroplastik ab zwei Millimeter Größe anzieht und auffängt.

5. Trial and Error
Boyan Slat war 17 Jahre alt, als er mit seiner Vision The Ocean Cleanup das Meer in großem Stil vom Plastik befreien wollte. Das war 2012. Letztes Jahr war es dann soweit und das System wurde installiert und es folgte: Ernüchterung. Die Konstruktion sammelte kaum Plastik und musste zum Jahreswechsel wegen Materialschäden sogar ganz entfernt werden. Seitdem haben Boyan und sein Team geforscht, neue Ideen ausprobiert und wieder verworfen. Jetzt soll es weitergehen, mit einer Konstruktion, die leichter, schneller und wirksamer ist.

Auch wenn nicht alle Initiativen erfolgreich waren und das grundsätzliche Problem des Plastikmülls nicht beheben können, so sind sie doch ein Anfang und ein Schritt in die richtige Richtung.

Text leicht verändert

Plastikmüll im Jahr 2017 in Deutschland — M 5

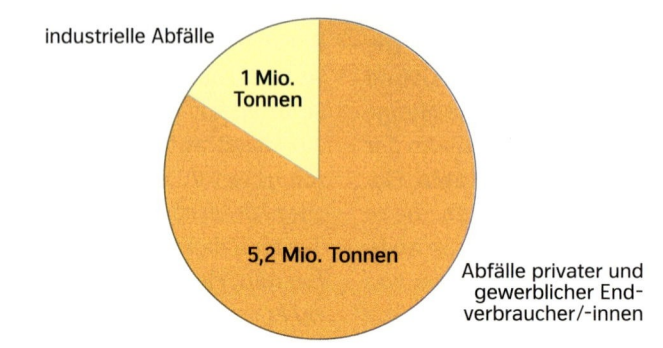

- industrielle Abfälle: 1 Mio. Tonnen
- Abfälle privater und gewerblicher Endverbraucher/-innen: 5,2 Mio. Tonnen

Quelle: NABU e.V. auf Basis von Consultic (2018): Stoffstrombild Kunststoffe in Deutschland 2017

2 Eine Materialerschließung vorbereiten
Verschaffe dir einen Überblick über die Materialien M 3 – M 5, indem du dir die Überschriften und die Beschriftungen anschaust. Überlege, worum es in den Materialien gehen könnte.

> **Tipp**
> Verwende Zeichen: Aspekte, die dich überraschen (*), die dir wichtig erscheinen (!) und die du nicht verstehst (?)

3 Material durch orientierendes Lesen erschließen
a) Lies die Materialien ein erstes Mal zügig durch und mache dir neben dem Text Zeichen für Passagen, die dir auffallen. 📝 Folie
b) Überprüfe deine Überlegungen aus Aufgabe 2. Stimmen diese mit den Inhalten überein?

> **Tipp**
> Denk daran, dass du Texte in Sinnabschnitte unterteilen oder Überschriften formulieren kannst.

4 Material durch intensives Lesen erschließen
a) Lies die Materialien M 3 – M 5 nun sorgfältig. Markiere die wichtigsten Informationen (Schlüsselbegriffe) in den Texten und den Grafiken.
b) Halte die Informationen fest, welche die Leserin bzw. den Leser besonders interessieren könnten und deiner Meinung nach wichtig sind. Verwende hierzu eine dir geeignet erscheinende Art der Darstellung, z. B. Mindmap, Cluster oder Tabelle.

Notiere deine Ergebnisse aus Aufgabe 4 in deiner Infomappe.

5 Materialien vergleichen
Prüfe die Materialien auf sich wiederholende Informationen und markiere diese in deinen Notizen aus Aufgabe 4.

❗ Wissen und Können

Das Schreiben eines informierenden Textes vorbereiten

Bevor du einen Text schreibst, mache dir bewusst, was dein **Schreibziel** ist, an wen der Text **adressiert** ist und was die **Textsorte** erfordert.
Dann erschließt du dir unterschiedliches Material zu dem ausgewählten Thema und hältst die wichtigsten Informationen (z. B. in einer Infomappe) fest. Du kannst dazu Mindmaps oder Tabellen erstellen.

Methode

Material erschließen

Wenn du einem neuen Text oder einem neuen Schaubild begegnest, kannst du diese auf verschiedene Arten erschließen. Ein mögliches Vorgehen sieht wie folgt aus:

→ *Verschiedene Lesetechniken anwenden, S. 327–329*

Eine Materialerschließung vorbereiten

1. Mache dir Gedanken zum Titel des Textes oder des Schaubildes und überlege dir, worum es gehen könnte. Das hilft dir, das Material besser zu verstehen.
2. Überlege dir, was du selbst zu dem Thema schon weißt. Aktiviere dein Vorwissen, indem du dir Notizen z. B. in Form einer Mindmap machst.

Material durch orientierendes Lesen erschließen

Text	Grafik
1. Lies den Text zügig durch und mache dir neben dem Text Zeichen für Passagen, die dich überraschen (*), die dir wichtig erscheinen (!) oder die du nicht verstehst (?). 2. Notiere das Thema des Textes. 3. Überprüfe deine Annahmen aus dem Punkt „Materialerschließung vorbereiten". 4. Überlege, welche Informationen die Leserin oder den Leser deines Textes besonders interessieren könnten und formuliere hierzu Fragen.	1. Verschaffe dir einen ersten Überblick über das Schaubild und markiere in dem Schaubild mit einem Zeichen, was dich überrascht (*), dir wichtig erscheint (!) oder du nicht verstehst (?). 2. Notiere dir das Thema des Schaubildes. 3. Überprüfe deine Annahmen aus dem Punkt „Materialerschließung vorbereiten". 4. Überlege, welche Informationen die Leserin oder den Leser deines Textes besonders interessieren könnten und formuliere hierzu Fragen.

Material durch intensives Lesen erschließen

Text	Grafik
1. Lies den Text sorgfältig durch. Unterteile ihn in Sinnabschnitte und formuliere Überschriften. Markiere dabei immer die wichtigsten Informationen (Schlüsselbegriffe) im Text. 2. Halte die wichtigsten Informationen fest, z. B. in einer Tabelle oder Mindmap. 3. Überprüfe, ob die Fragen, die du beim ersten Lesen formuliert hast, mit den Notizen aus deiner Mindmap beantwortet werden können.	1. Schaue dir das Schaubild noch einmal ganz sorgfältig an. Lies die Legende an der x- bzw. y-Achse. 2. Halte die wichtigsten Informationen fest, z. B. in einer Tabelle oder Mindmap. 3. Überprüfe, ob die Fragen, die du beim ersten Lesen formuliert hast, mit den Notizen aus deiner Mindmap beantwortet werden können.

Materialien vergleichen

Prüfe, wenn vorhanden, mehrere Materialien zu einem Thema auf Gemeinsamkeiten und Unterschiede und ergänze deine Notizen.

Arbeitsheft, S. 32–36

Einen informierenden Text planen und schreiben

Einen Text einleiten

Nachdem du die Materialen nun erschlossen hast, schreibst du eine Einleitung für deinen Text.

1. Vergleiche die beiden folgenden Einleitungen miteinander und begründe, welche du für gelungener hältst.

Text 1

Mülleimer Umwelt

Wer kennt diesen Anblick nicht: Plastiktüten auf Spielplätzen, leere Verpackungen am Straßenrand, Plastikflaschen in Parks – überall findet man die Plastikhinterlassenschaften von verantwortungslosen Mitmenschen, die ihren Müll nicht ordnungsgemäß entsorgen. Doch warum ist Plastikmüll eigentlich ein so großes Problem, das nicht nur unsere Heimat verschmutzt, sondern die ganze Welt? Und was kann dagegen getan werden?

Text 2

Mülleimer Umwelt

Plastik ist ein Kunststoff und wird aus Erdöl gewonnen und in unserem Alltag benutzen wir am häufigsten Dinge, die aus Polyethylen gemacht sind – das ist eine Art des Plastiks. Plastik verwenden wir für viele Dinge. Ich finde Plastik sehr praktisch, weiß aber, dass es für die Umwelt gar nicht gut ist. Warum das so ist, werde ich nun erklären.

Starthilfe, S. 389

2. Erstelle eine Liste mit Kriterien einer gelungenen Einleitung für einen informierenden Broschürentext.

Textverarbeitungsprogramm
Textlupe: Einleitung

3. a) Schreibe nun selbst eine Einleitung und überlege dir eine Überschrift.
   b) Tausche dich mit einer Partnerin oder einem Partner aus und gebt euch gegenseitig eine Rückmeldung.
   c) Überarbeite deine Einleitung unter der Berücksichtigung der Rückmeldung, die du bekommen hast.

Wissen und Können

Einen Text einleiten

Bei einem informierenden Text dient die Einleitung dazu, das Interesse der Leserin bzw. des Lesers zu wecken und sie oder ihn dazu zu animieren, den Text weiter zu lesen. Dies erreicht man z. B. dadurch, indem man an die Lebenswelt der Leserinnen und Leser anknüpft, Fragen stellt oder auch interessante Fakten aufzeigt. Zudem verdeutlicht man in dieser, um was es in dem folgenden Text gehen wird, ohne die Inhaltspunkte bloß aufzulisten.

Den Hauptteil des Textes inhaltlich planen

Um den Text nun weiterzuschreiben, musst du dir zunächst Gedanken machen, welche Inhalte in welcher Reihenfolge den Hauptteil des Textes bilden sollen. Dafür sichtest du deine Notizen zu den einzelnen Materialien.

4 a) Überlege dir, was die Leserin oder den Leser deines Textes interessieren könnte. Welche Informationen sind für sie oder ihn wichtig? Welche Aspekte kann man vernachlässigen?
   b) Schau dir deine Notizen in deiner Infomappe zu den Materialien M 1 – M 5 genau an. Entscheide unter Berücksichtigung deiner Überlegungen in Aufgabe 4 a), welche Inhaltspunkte du für deinen Text verwenden möchtest. Markiere diese mit einem Zeichen oder einem farbigen Stift.

5 Bilde Themenblöcke und finde thematische Überschriften, unter denen du die verschiedenen Informationen fassen kannst (z. B. Warum ist Plastik ein Problem? Woher kommt Plastik? ...). Erstelle eine Mindmap und notiere hinter jedem Aspekt, aus welchem Material du die Information hast mit „M 1", „M 2" usw. Besprich dich mit einer Partnerin oder einem Partner.

> **Tipp**
> Überlege dir, auf welche Frage die einzelnen Inhalte Antwort geben.

6 Damit dein Text über Plastikmüll auch einen roten Faden hat, musst du einen Textplan erstellen.
   a) Markiere in deinen Notizen aus Aufgabe 5, welche Informationen die Leserin bzw. der Leser der Broschüre als erstes benötigt, um deinen Text zu verstehen.
   b) Überlege dir dann eine sinnvolle Reihenfolge, wie du die unterschiedlichen Themen in deinem Text anordnen möchtest und erstelle einen Textplan. Die Gliederungspunkte können dir als Unterüberschriften dienen.

> *Ergänze die Mindmap und den Textplan aus den Aufgabe 5 und 6 in deiner Infomappe.*

> **Tipp**
> Welche Reihenfolge sorgt dafür, dass die Leserin/der Leser den Text am besten verstehen kann?

   c) Markiere in deinem Textplan jene Punkte, die ausführlicher dargestellt werden müssen, da sie sonst nicht gut zu verstehen sind.
   d) Vergleiche deinen Textplan mit dem Plan aus dem Medienpool.

> *Textplan*

❗ Wissen und Können

Den Hauptteil des Textes inhaltlich planen

Um den Inhalt des Hauptteils zu planen, musst du dir darüber klar werden, welche Informationen du aus welchen zugrunde liegenden Materialien verwenden möchtest. Danach planst du den Aufbau des Hauptteils und legst fest, in welcher Reihenfolge die Informationen wiedergegeben werden sollen. Bedenke dabei, dass dein Text einen **roten Faden** haben muss, damit er für die Leserin bzw. den Leser gut nachvollziehbar ist. Beachte auch, an wen sich dein Text richtet (**Adressat**).

Den Hauptteil schreiben

Starthilfe, S. 389

7 Die folgenden zwei Texte sind Auszüge aus zwei Schülertexten. Welcher der beiden Textauszüge ist besser zu verstehen? Begründe.

Text 1

Es gibt mittlerweile einige Initiativen, etwas gegen Plastikmüll in den Weltmeeren zu unternehmen. Eine davon ist die „Healthy Seas"-Initiative. Hier werden in Zusammenarbeit mit freiwilligen Tauchern verlorengegangene und zurückgelassene Fischnetze aus dem Meer gefischt und dann zu Nylonfäden weiterverarbeitet.

Weiterhin gibt es auch die „One Earth-One Ocean e.V."-Initiative, bei der große Schiffe mit Netzen und Förderbändern Müll aus dem Meer sammeln.

Diese sind nur zwei von vielen Möglichkeiten, etwas gegen den Plastikmüll in den Weltmeeren zu unternehmen. Dennoch wird deutlich, dass zumindest ein Anfang gemacht worden ist, aktiv den Müll aus den Weltmeeren zu entfernen.

Text 2

„Healthy Seas" ist eine Initiative. Die Initiative macht etwas gegen das Plastik in den Meeren. Die „One Earth-One Ocean"-Initiative macht auch etwas gegen Plastik. Es gibt viele Initiativen. Es sind nur zwei von vielen Initiativen, die es gibt und die etwas, wenn es auch andere Initiativen gibt, gegen Plastikmüll unternehmen und deshalb aufzeigen, dass, wenn auch das Problem dadurch nicht gelöst wird, ein Anfang gemacht worden ist, der ein Schritt in die richtige Richtung ist und deshalb ist es wichtig, diese Initiativen hier näher zu betrachten. „Healthy Seas" ist eine Initiative, bei der Netze von Menschen, die sie im Meer vergessen haben, wiedereingeholt werden und aus den Meeren gesammelt werden. Das ist eine gute Sache! Die andere Initiative verwendet Netze und Förderbänder und sammelt so Müll. Bei der ersten Initiative machen das auch Taucher, die das aber freiwillig machen.

8 Erarbeite anhand des gelungeneren Beispiels,
   a) wie ein Textabschnitt aufgebaut sein sollte,
   b) welche Kriterien für eine gelungene sprachliche Gestaltung erfüllt sein müssen,
   c) welche Formulierungen helfen, den Text zu strukturieren.

9 a) Die Klasse 8a unterhält sich über Merkmale eines gelungenen Hauptteils. Lies die folgenden Aussagen.

> Also ich finde, der Text sollte besonders spannend sein. Am besten verwenden wir dafür auch spannungserzeugende Worte wie „plötzlich".

> Mhm, meiner Meinung nach sollte der Text Fachbegriffe enthalten und eher objektiv verfasst sein.

> Und es ist wichtig, dass die einzelnen Absätze miteinander verbunden werden mit Überleitungen. Man sollte nicht gleich „mit der Tür ins Haus fallen".

> Es ist, denke ich, wichtig, dass man sich in dem Text auch mal auf Experten bezieht und wiedergibt, was diese zu dem Thema sagen. Hier und da kann man auch mal mit sehr eindrucksvollen Zitaten arbeiten.

Kompetenzen aufbauen — Informierende Texte materialgestützt schreiben — 115

> Ich denke, es wäre gut, wenn wir auch besonders anschaulich erzählen und dafür viele beschreibende Adjektive verwenden.

> Vielleicht sollten wir auch hier und da einen lustigen Spruch oder Witz einbauen, das macht das Lesen nicht so langweilig.

> Ich denke, der Text sollte vor allem prägnant sein und unnötige Informationen vermieden werden.

> Am besten schreiben wir den Text auch besonders ausführlich und nennen viele Details, damit der Leser auch wirklich alles über das Thema erfährt.

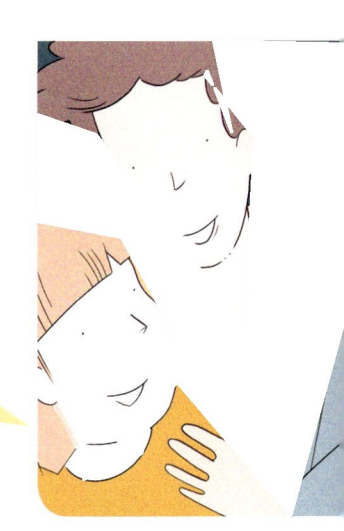

b) Wähle die Aussage(n) aus, die du für richtig hältst. Begründe deine Auswahl.

10 In dem Interview mit der Meeresbiologin Jennifer Laver (M 3) sagt diese:
„Die Verantwortung liegt bei jedem Einzelnen. Wir können nicht immer warten, dass die Regierungen was tun. Wir müssen selbst Verantwortung übernehmen. Ich verwende zum Beispiel seit 10 Jahren keine Plastiktüten mehr." (Z. 44–48).
Wenn du dich in deinem Text direkt auf das Gesagte von Frau Lever beziehen möchtest, so musst du dies kenntlich machen. Übertrage die Aussage der Meeresbiologin. Nutze dafür die folgenden Formen:
a) Indirekte Rede (mit Konjunktiv I)
b) Indirekte Rede (dass …)
c) Quellenangabe (laut …/so…)

→ *Rede anderer Personen eindeutig wiedergeben, S. 265*

11 Schreibe nun den Hauptteil deines informierenden Textes, indem du dich an deinem Textplan orientierst und die Tipps für einen gut verständlichen informierenden Text beachtest.

Textverarbeitungsprogramm

Den Schluss schreiben

12 Lies den Schluss des Textes M 4 noch einmal durch und leite daraus Kriterien für einen gelungenen Schluss eines informierenden Textes ab.

Starthilfe, S. 389

13 Ein Schüler aus der Klasse 8a hat ebenfalls einen Schluss geschrieben. Er bittet dich, ihm Rückmeldung zu geben.

> *Plastikmüll ist und bleibt ein großes Problem für Mensch, Tier und Umwelt. Trotz vieler Bemühungen wächst der Müllstrudel in unseren Meeren von Jahr zu Jahr. Aber Plastik ist nicht unser einziges Problem. Unser ökologischer Fußabdruck ist einfach zu groß. Das finde ich sehr traurig.*

14 Formuliere nun selbst einen Schluss für deinen Text.

Textverarbeitungsprogramm

❗ Wissen und Können

Einen informierenden Text verständlich und nachvollziehbar formulieren und strukturieren

Die **Sprache** eines informierenden Textes sollte anschaulich und konkret sein. Der Text sollte keine komplizierten Schachtelsätze beinhalten, sondern Sätze, die gut zu verstehen sind. Dazu darf man Hauptsätze nicht einfach aneinanderreihen, das würde einen Text eintönig machen. Außerdem sollten deine Sätze nicht immer gleich beginnen. Verwende sogenannte Konnektoren (Verbindungswörter) wie z.B. darüber hinaus, um deinen Text gut zu strukturieren.

Textabschnitte im Hauptteil helfen, einen Text zu strukturieren und einen roten Faden herzustellen. Ein Abschnitt beschäftigt sich immer mit einer Idee und beginnt mit einem allgemeinen Satz, in dem klar wird, worum es in dem folgenden Abschnitt geht. Die folgenden Sätze geben dann spezifischere Informationen dazu.

Insgesamt sollte der Text möglichst **objektiv** sein und nicht die eigene Meinung wiedergeben. Man vermeidet auch Personalpronomen wie ich oder du, stattdessen verwendet das allgemeine man.

Den informierenden Text überarbeiten

Textlupe: Informierender Text
→ *Sich in Gesprächen angemessen ausdrücken, S. 18–20*

15 a) Lies den Text deiner Lernpartnerin oder deines Lernpartners durch und beurteile ihn anhand der Checkliste unten. Was ist gut gelungen? Was kann noch verbessert werden?
b) Gib deiner Partnerin oder deinem Partner ein Feedback.

Textverarbeitungsprogramm

16 Überarbeite deinen eigenen Entwurf anhand der Rückmeldungen.

✅ Checkliste

Einen informierenden Text schreiben

Der Text … / Im Text …
  Allgemein
  ☑ ist für den Adressaten angemessen geschrieben,
  ☑ entspricht den Kriterien für einen informierenden Text,
  ☑ wird den Anforderungen des Schreibauftrages gerecht,
  Inhalt
  ☑ enthält die wichtigen Informationen aus den Materialien,
  ☑ sind ausreichend Informationen vorhanden, um das Thema gut nachzuvollziehen,
  ☑ kommt es zu keinen inhaltlichen Wiederholungen,
  Aufbau
  ☑ hat eine interessante Einleitung, die deutlich macht, um was es in dem Text geht,
  ☑ ist sinnvoll aufgebaut und hat einen roten Faden,
  ☑ ist sinnvoll in Abschnitte gegliedert,
  Sprache
  ☑ ist in einer verständlichen, konkreten und nachvollziehbaren Sprache verfasst,
  ☑ sind die Sätze mit Konnektoren (Verbindungswörter) verbunden.

→ *Mit Fremdwörtern treffend schreiben, S. 303/304*

Arbeitsheft, S. 37–39

Schätze deinen Lernstand ein

Upcycling – Praxistipps M 1

Upcycling ist eine Methode, Abfall weiter zu verwerten.
Es grenzt sich bewusst vom Recycling ab, bei dem Abfälle oder Teile davon aufbereitet und zu neuen Rohstoffen umgewandelt werden. An dieser Methode wird kritisiert, dass so die Qualität des Produktes verringert wird. [...]
Beim Upcycling wird hingegen versucht, den Wert des Abfalls durch Weiterverarbeitung zu erhöhen. Kaputte Dinge werden zu neuen Gegenständen umgebaut. Dazu gehören auch Stoffe, die sich nur schwer recyceln lassen. Auf diese Weise sparen Sie Geld, Energie und Rohstoffe ein.
Als Ausgangsmaterial kann hierfür so gut wie alles verwendet werden. Kaputte Kleidung, alte Bücher, Computergehäuse, Plastikflaschen, Autoreifen: Aus jedem kaputten Stück lassen sich dutzende neue Dinge fertigen.

Seit wann gibt es Upcycling und wer hat es erfunden? M 2

Not macht erfinderisch: Den Spruch gab es schon lange vor dem Upcycling-Trend! Wo Rohstoffe rar sind, wertschätzen und pflegen die Menschen daraus hergestellte Produkte. Gartenwerkzeuge werden repariert, kaputte Socken gestopft, verschlissene Kleidung als Topflappen weitergenutzt – das war das vollkommen natürliche Upcycling unserer Vorfahren – seit Generationen! Bis die unvernünftige Wegwerf-Mentalität in der Moderne zur „Normalität" wurde. [...]
Dem Ingenieur Reiner Pilz wird die Erfindung von Upcycling zugesprochen – zumindest das Wort „Upcycling" hat er geprägt und erstmals auf den Unterschied zum „Recycling" hingewiesen [...].

Ein Liter Licht: Plastikflaschen werden zu Solarlampe M 3

Viele Menschen leben noch immer ohne elektrisches Licht. Die philippinische Organisation „MyShelter" hat 2011 die „Liter of Light" Bewegung ins Leben gerufen, um dies zu ändern. Sie machte sich die Entdeckung des brasilianischen Mechanikers Alfredo Moser zu Nutze. Moser entdeckte 2002, dass eine mit Wasser gefüllte Plastikflasche einen Raum erhellen kann, wenn diese in einem Loch im Dach befestigt wird. Treffen Sonnenstrahlen auf die Flasche, wird diese zur Lichtleiter, die das Sonnenlicht aufgrund der Totalreflexion direkt nach unten umleitet – die Plastikflasche verwandelt sich in eine 40–60 Watt starke Glühbirne. Ein Schuss Bleichmittel im Wasser verhindert das Algenwachstum im Innern der Flasche und erhält die Helligkeit des Lichts. [...] Ziel der Bewegung ist es, die Technik unter der Bevölkerung in ländlichen, stromarmen Gebieten zu verbreiten, in dem freiwillige Communities weltweit zeigen, wie die Lampe gebaut und installiert werden kann.
Wasser und Bleiche sind eine einfache Formel, aber diese Technik kann Räume nur erhellen, wenn draußen die Sonne scheint. In Gegenden ohne Strom besteht aber auch nachts Bedarf für Beleuchtung. Daher hat das Team von „MyShelter" die Lampe noch einen Schritt weiterentwickelt. [...] Um auch nachts Licht abgeben zu können, sind die mit Wasser und Bleichmittel gefüllten Plastikflaschen zusätzlich mit einem kleinen Solarpanel, einer Batterie und einer LED-Lampe ausgestattet. Eine so gepimpte Flasche kann bis zu 10 Stunden Licht liefern. [...] Nach Angaben auf ihrer Webseite hat „Liter of Light" bereits mehr als 350.000 Flaschenlampen in mehr als 15 Ländern installiert.

Text leicht verändert

Du hast die Idee, für die Broschüre zusätzlich zu dem Thema „Plastikmüll" einen kurzen informierenden Text zum Thema „Upcycling" zu verfassen. Zu diesem Thema hast du die Materialen M 1– M 3 vorliegen.

1. Sortiere die folgenden Arbeitsschritte, die beim Schreiben eines informierenden Textes auf Basis verschiedener Materialen u. a. durchlaufen werden, in einer sinnvollen Reihenfolge:

einen informierenden Text schreiben   *eine Materialsammlung anlegen*

sich über den Adressaten klarwerden   *einen Textplan erstellen*

verschiedene Materialien inhaltlich erschließen   *die Schreibaufgabe klären*

den eigenen Text überarbeiten   *die Materialien miteinander vergleichen*

die Endversion eines Textes schreiben

Material erschließen

2. Lies dir die Materialien M 1 – M 3 zum Thema „Upcycling" durch und erschließe dir die Texte inhaltlich, indem du so vorgehst, wie du es in diesem Kapitel gelernt hast. Halte die wichtigsten Punkte z. B. in einer Mindmap fest.

☺ → Seite 119–121, **B**
😐 → Seite 119–121, **A**
☹ ← Seite 102–104

Einen informierenden Text planen und schreiben

3. Schreibe eine Einleitung für deinen informierenden Text und überlege dir eine Überschrift.

☺ → Seite 119–121, **B**
😐 → Seite 119–121, **A**
☹ ← Seite 112–115

4. Erstelle mithilfe deiner Notizen aus Aufgabe 2 einen Textplan für den Hauptteil.

Einen informierenden Text überarbeiten

5. Im Folgenden findest du einen Ausschnitt aus einem Schülertext.
   a) Beurteile, ob der Textabschnitt sinnvoll strukturiert ist.
   b) Überprüfe, inwiefern die gewählten Formulierungen passend sind.
   c) Überarbeite den Textabschnitt gemäß deinen Ergebnissen aus a) und b).

☺ → Seite 119–121, **B**
😐 → Seite 119–121, **A**
☹ ← Seite 116

> Der Begriff „Upcycling" beschreibt die Weiterverarbeitung von Abfall. Darüber hinaus werden also hier Sachen, die eigentlich Müll sind, zu etwas Anderem umgebaut. Im Gegensatz dazu wird beim Upcycling der Wert des Abfalls erhöht. Als erstes ist anzuführen, dass der Ingenieur Reiner Pilz der erste war, der den Unterschied benannt und das Wort „Upcycling" geprägt hat. Das ist anders beim Recycling.

Material erschließen und einen informierenden Text überarbeiten

Ein weiteres Thema, welches die Klasse 8a in ihre Broschüre aufnehmen möchte, ist der Klimawandel. Hierfür haben deine Mitschülerinnen und Mitschüler die folgenden Materialien gefunden. Diese müssen nun erschlossen werden, um dann einen informierenden Text schreiben zu können.

Was bedeutet Klimawandel? M 1

(A) „Klima" ist nicht nur das Wetter von heute oder morgen. Das Wort vereint alle Wetterzustände an einem Ort. Der Niederschlag, Sonnenscheinstunden, Windmessungen aber auch die typische Aufeinanderfolge von Jahreszeiten und die Klimazonen – Klima beinhaltet viele Aspekte. Dass sich das Klima ändert, ist nichts Neues. Es gab schon sehr viele klimatische Veränderungen auf der Erde, z. B. die Eiszeit. Doch die Veränderungen haben Millionen Jahre gedauert. Heute gehen Wissenschaftler von einem Klimawandel aus, wenn sich die durchschnittliche Temperatur der Erde um nur wenige Grad erhöht. Das kann viele Folgen für Menschen, Tiere und Pflanzen und die Lebensräume haben. Denn wir Menschen haben uns an das vorherrschende Klima gewöhnt und das Leben darauf ausgerichtet.

(B) Den größten Anteil am Klimawandel trägt der Mensch:
- Fabriken, Autos, Flugzeuge – da werden viele Abgase produziert, vor allem umweltschädliches Kohlendioxid (abgekürzt CO_2)
- Durch die Abholzung des Regenwaldes gibt es nicht mehr genug Bäume, die CO_2 wieder in Sauerstoff umwandeln
- Bau von Städten und Zerstörung der Natur
- Massentierhaltung – Kühe produzieren umweltschädliches Methan
- Klamotten und Nahrung – beides legt oftmals einen weiten Weg auf Schiffen, in LKWs oder in Flugzeugen zurück

(C) Viele Wissenschaftler beschäftigen sich mit dem Thema Klimawandel. Sie haben errechnet, was passiert, wenn sich die durchschnittliche Temperatur der Erde um nur wenige Grad erhöht.
Einige Folgen spüren wir schon jetzt: Naturkatastrophen, wie Überschwemmungen, starke Stürme und Hitzewellen sind auf die Erderwärmung zurückzuführen. Einige Gebiete in Afrika können nicht mehr von Menschen bewohnt werden, da es dort zu heiß ist. Die Menschen können dort nichts anbauen, auch das Trinkwasser ist knapp. Wüsten breiten sich aus. Lebensräume von Tieren werden geringer.

(D) Bei einer Erwärmung der Erde um durchschnittlich vier Grad würde der Meeresspiegel um einen halben Meter ansteigen, da die Gletscher der Pole schmelzen würden und sich warmes Wasser ausdehnt. Viele Tiere, wie z. B. der Eisbär, sind dann bedroht, da ihr Lebensraum sich stark verkleinern würde. Viele Korallenriffe würden absterben. Für den Menschen hätte der erhöhte Meeresspiegel immense Folgen: Städte an den Küsten würden überschwemmt. Millionenstädte, wie Shanghai, Tokio oder Hamburg müssten umgesiedelt werden oder es müssten riesige Dämme gebaut werden. Etwa eine Milliarde Menschen wären davon betroffen. Der Mensch würde auch aus wärmeren Regionen, wie große Teile in Afrika, verdrängt. Dort könnte er nicht mehr überleben.

Text leicht verändert

Was ist der Treibhauseffekt? M 2

Die Erde wird von einer unsichtbaren Lufthülle, der Atmosphäre, umgeben. Die Atmosphäre besteht aus verschiedenen Treibhausgasen, wie z. B. Wasserdampf, Kohlendioxid (CO_2) und Methan (CH_4). Wenn die Sonne auf die Erde scheint, treffen die Strahlen die Erdoberfläche und werden von ihr reflektiert. Die meisten Strahlen werden zurück ins Weltall geworfen, doch einige bleiben in der Atmosphäre „hängen" und erwärmen nun die Erde.
Den Treibhauseffekt gab es, wie auch den Klimawandel, schon immer. Aber wenn durch den Menschen immer mehr Treibhausgase (vor allem CO_2) in die Atmosphäre gelangen, bleiben immer mehr Strahlen dort „hängen" und die Erde erwärmt sich immer stärker.

Weltweiter Klimaschutz M 3

Die Begrenzung der Erderwärmung kann nur gelingen, wenn augenblicklich begonnen wird, den Ausstoß an CO_2 und anderen Treibhausgasen deutlich zu vermindern. [...]
An die Stelle von fossilen Brennstoffen können erneuerbare Energien treten: Solarenergie, Wind- und Wasserkraft oder Erdwärme.
Einige Forscher schlagen vor, unseren Planeten künstlich abzukühlen. Man könnte einen Teil des Sonnenlichts ins Weltall zurückstrahlen oder CO_2 aus der Atmosphäre entfernen. Allerdings sind diese großen Eingriffe ins Klima noch weit entfernt von der Realisierung und mögliche schädliche Folgen sind nicht geklärt. [...] Besser ist es, Energie einzusparen – etwa bei der Mobilität. Autos müssen in Zukunft weniger Treibstoff verbrauchen. Noch besser ist die Nutzung von öffentlichen Verkehrsmitteln und das Vermeiden unnötiger Wegstrecken. [...] Die beste Energie ist die, die man nicht verbraucht.

Text leicht verändert

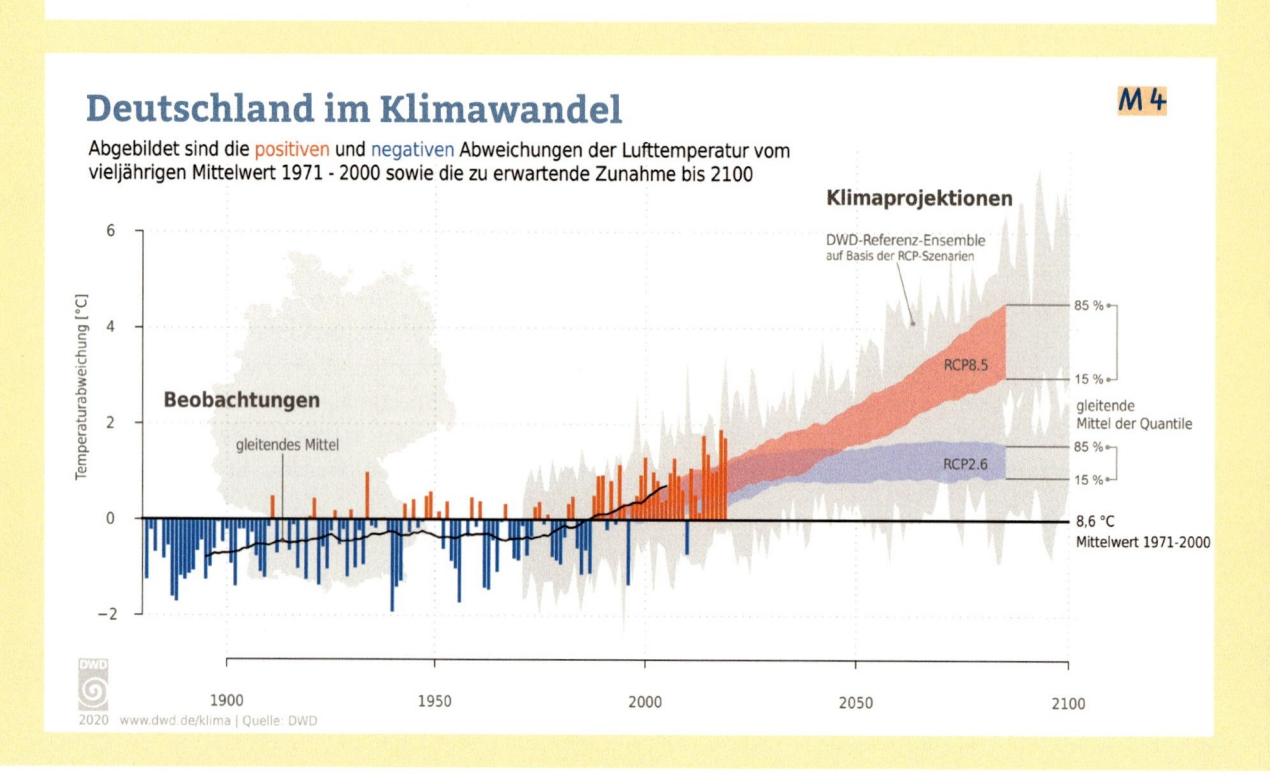

Deutschland im Klimawandel M 4

Abgebildet sind die positiven und negativen Abweichungen der Lufttemperatur vom vieljährigen Mittelwert 1971 - 2000 sowie die zu erwartende Zunahme bis 2100

Klimaprojektionen
DWD-Referenz-Ensemble auf Basis der RCP-Szenarien

Beobachtungen
gleitendes Mittel

RCP8.5
RCP2.6

85 %
15 %
gleitende Mittel der Quantile
85 %
15 %

8,6 °C Mittelwert 1971-2000

2020 www.dwd.de/klima | Quelle: DWD

Material erschließen

1 Erschließe dir die Texte M 1 – M 3 so, wie du es in diesem Kapitel gelernt hast, und finde Unterüberschriften für die vier Abschnitte in M1.

→ *Verschiedene Lesetechniken anwenden, S. 327–329*

2 Halte die wichtigsten Informationen aus den Texten in einer Mindmap, einer Tabelle oder einem Cluster fest. Vergleiche sie mit einer Partnerin oder einem Partner.

Textverarbeitungsprogramm

3 Erstelle eine Tabelle mit wichtigen Aussagen aus M 4. Tausche dich mit deiner Tischnachbarin oder deinem Tischnachbarn aus und ergänze gegebenenfalls weitere wichtige Informationen aus der Grafik.

Einen Text planen

4 Überarbeite den folgenden Ausschnitt aus einem Textplan für den informierenden Text zum Thema „Klimawandel":

> 2. Klimawandel – was bedeutet das?
> 2.1 der Treibhauseffekt kurz erklärt
> 2.2 Klima – eine Definition
>
> 3. Klimaschutz
> 3.1 mögliche Maßnahmen
> 3.2 klimatische Veränderungen

Eine Einleitung überarbeiten und schreiben

A 5 Überarbeite die folgende Einleitung zum Thema „Klimawandel", indem du markierst, was gut gelungen/weniger gut gelungen ist. Begründe.

Folie

> Unsere Erde wird immer wärmer. Das nennt man Klimawandel. Eine klimatische Veränderung ist nichts Ungewöhnliches, denke man nur an die Eiszeit. Doch noch nie vollzog sich eine Veränderung so rasch wie zu unserer Zeit. Ich finde das übrigens sehr interessant und halte den Klimawandel für ein aktuelles und wichtiges Thema. Deshalb sollen die Gründe für diesen Wandel und mögliche Maßnahmen, um diesem entgegenzuwirken, im Folgenden genauer erklärt werden.

B 5 Formuliere eine mögliche Einleitung zum Thema „Klimawandel".

Textverarbeitungsprogramm

Einen Hauptteil überarbeiten und schreiben

A 6 Überarbeite den folgenden Textabschnitt zum Thema „Klimawandel" und markiere unterschiedlich,
- was gut gelungen/weniger gut gelungen ist.
- welche Informationen wichtig/unwichtig sind.

Folie

→ *Texte anhand von Kriterien überarbeiten, S. 256/257*

> Unsere Erde ist von einer unsichtbaren Hülle, der sogenannten Atmosphäre, umgeben. Diese besteht aus verschiedenen Treibhausgasen. Wenn die Sonnenstrahlen auf die Erde treffen, werden sie reflektiert und ins All zurückgeworfen. Es bleiben aber welche hängen und erwärmen die Erde. Das ist natürlich sehr interessant und es ist wichtig, dass man das weiß, um zu verstehen, warum sich unsere Erde immer mehr erwärmt, denn das ist ja ein großes Problem und wenn es zu warm wird, dann können wir auf der Erde nicht mehr leben.

B 6 Formuliere den Hauptteil eines informierenden Textes zum Thema „Klimawandel".

Textverarbeitungsprogramm

Sich auf eine Klassenarbeit vorbereiten

Elektromüll – „e-waste"

M 1

Der Durchschnittscomputer eines westlichen Nutzers hat eine Halbwertszeit von wenigen Monaten. Dann muss ein Neuer her: mehr Arbeitsspeicher, neue Grafik- und Soundkarten oder ein „cooleres" Design werden benötigt. Der alte Rechner wird ausgemustert. Das gleiche Schicksal ereilt Handys, DVD-Player, Drucker, Scanner. Doch was passiert mit dem Elektronikschrott? Für einen großen Teil der weltweiten Müllberge ist mittlerweile Elektroschrott verantwortlich. Warum gerade hier so viel weggeworfen wird? Die Gründe sind vielfältig: Einerseits hat das damit zu tun, dass viele von uns mit ihren Smartphones, Tablets und Notebooks immer auf dem aktuellen Stand sein wollen. Da wie bei der Mode mindestens einmal jährlich neue Produktserien auf den Markt kommen, ist das aktuelle Gerät schnell veraltet.

Gleichzeitig ist bei vielen elektronischen Geräten kein Unfall Ursache für ein frühes Ende, sondern eine schlechte Verarbeitung. In diesem Zusammenhang wird auch von der serienmäßig mitgelieferten „geplanten Obsoleszenz" gesprochen. Ein anderer Begriff dafür ist auch die „Soll-Bruchstelle". Gemeint ist damit eine seitens der Hersteller eingebaute Schwachstelle, die meist früher als später dafür sorgt, dass dein Gerät nicht mehr funktioniert. Den Rest der Geschichte kennt jeder: Man bringt das kaputte Gerät zum nächsten Shop und bekommt hier die Auskunft, dass eine Reparatur entweder gar nicht möglich ist oder so teuer, dass sie sich im Vergleich zum Preis eines neuen Gerätes kaum lohnt. Und schon landet wieder ein Smartphone, Drucker oder Tablet auf dem Müll. [...]

Elektroschrott ist einer der am schnellsten anwachsenden Teile des weltweiten Müllberges – und gleichzeitig einer der bedenklichsten. Die europäische Umweltbehörde hat berechnet, dass die Menge an Elektroschrott [...] schneller wächst als jede andere Art von Hausmüll. Füllt man den jährlich weltweit anfallenden Elektroschrott in Müllwagen, ergäbe dies eine Schlange, die sich um den halben Erdball erstreckt. [...] In Deutschland gibt es seit 2015 ein neues Entsorgungsgesetz für Elektronikschrott, dass den Händler vorschreibt, Altgeräte zurückzunehmen und sie zu recyceln. Aufhorchen lässt jedoch, dass etwa dreimal so viel Elektronik verkauft wird, wie als E-Müll bei den Erfassungsstellen landet. Sicherlich verstauben viele Geräte in Kellern und Garagen, doch die meisten Kleingeräte landen im Hausmüll. [...]

Die Konsequenzen sind dramatisch. Durch E-Geräte auf den Müllkippen gelangen Blei, Quecksilber, Arsen, Kadmium, Beryllium und andere Giftstoffe in den Boden. Außerdem verschwenden wir mit jedem Produkt mit einer Batterie oder einem Stecker, das wir auf den Müll werfen, wertvolle Ressourcen. Und: Wer alte Elektronikgeräte bei einem Recyclingunternehmen oder einer kommunalen Sammelstelle abgibt, kann nicht davon ausgehen, dass sie auch umweltgerecht entsorgt werden. Sicher gibt es auch vorbildliche Firmen, doch viele verkaufen den E-Müll an Makler, die das Zeug in Drittweltländer mit laxen Umweltstandards exportieren.

Was passiert mit Elektromüll? M 2

[D]ie Wiedergewinnung von Metallen aus Elektroschrott ist nur in komplizierten und teuren Verfahren möglich und lohnt sich deshalb bisher kaum. [...]

Einige Stoffe lassen sich allerdings nicht wiederverwerten. Sie landen als giftiger Sondermüll auf speziellen Deponien. [...]

Weil Recycling in Europa so teuer ist, schaffen viele Unternehmen ihren Elektroschrott illegal nach Afrika oder Asien. Dort lagert er dann auf riesigen Müllhalden und die enthaltenen Schadstoffe gelangen in die Umwelt. [...]

Oft wird aber auch in Entwicklungsländern unter schlimmen Umständen wiederaufbereitet: Arbeiter zerkleinern den Schrott auf offener Straße oder in Hinterhöfen. Den Kunststoff verbrennen sie meist, um an die seltenen Metalle zu gelangen. Dabei tragen sie keinerlei Schutzausrüstung und atmen die giftigen Dämpfe ein. Außerdem verwenden sie Wasser, um bestimmte Stoffe herauszulösen. Diese gelangen dann verschmutzt und mit Schadstoffen belastet in Flüsse und Seen. Häufig sind sogar Kinder damit beschäftig, die Müllhalden nach verwertbaren Teilen zu durchsuchen und den Elektroschrott zu zerkleinern oder zu verbrennen.

Elektromüll global M 3

E-waste gesamt (Mio. Tonnen):
- 2014: ~41
- 2015: ~43
- 2016: 44,7
- 2017: ~46
- 2018: ~48
- 2019: ~50
- 2020: ~51

E-waste pro Einwohner/-in (kg):
- 2014: ~5,8
- 2015: ~5,9
- 2016: 6,1
- 2017: ~6,2
- 2018: ~6,3
- 2019: ~6,4
- 2020: ~6,5

Quelle: The Global E-waste Monitor 2017

Aufgabe: Schreibe einen informierenden Text für die Broschüre der Klasse 8a zum Thema „Unsere Umwelt – ist sie noch zu retten? Das Problem Elektromüll".

Gehe so vor:

1. Lies dir die Materialien M 1–M 3 zum Thema „Elektromüll" durch und erschließe dir die Texte inhaltlich. Halte die wichtigsten Punkte z. B. in einer Mindmap fest.

2. Erstelle mithilfe deiner Notizen aus Aufgabe 1 einen Textplan für den Hauptteil.

3. Schreibe den informierenden Text. Bedenke dabei die Merkmale eines strukturierten und verständlichen Textes.

Textverarbeitungsprogramm

Materialgestützt argumentieren

Auf anderen Wegen lernen

Seit Jahrhunderten sitzen Schülerinnen und Schüler an Tischen in Klassenräumen und lernen. Waren es in früheren Zeiten Bänke, die in Reih und Glied auf die Tafel ausgerichtet waren, so variieren heute die Sitzordnungen und die alte Tafel hat Konkurrenz von elektronischen Tafeln bekommen. An vielen Schulen bildet der „klassische" Unterricht in der Klassengemeinschaft mit einer Lehrerin oder einem Lehrer immer noch den Kern des Lernens. Einige Schulen, wie die „Schule für Circuskinder" in Nordrhein-Westfalen oder die Halligschulen, nutzen zeitweise digitalen Unterricht, der auch E-Learning genannt wird. Es gibt aber auch Schulen, die das digitale Lernen zu ihrem Schwerpunkt gemacht haben, zum Beispiel die Alemannenschule in Wutöschingen.

In diesem Kapitel lernt ihr, …
› Argumente zu verschiedenen Positionen zu sammeln,
› Argumente zu gewichten und gegeneinander abzuwägen,
› Gegenargumente zu formulieren,
› sich eine eigene Meinung zu bilden,
› andere durch eine schriftliche Argumentation zu überzeugen,
› an andere zu appellieren.

Materialgestützt argumentieren

1 Beschreibt die Unterrichtssituationen auf den Bildern. Inwiefern unterscheiden sie sich von dem Unterricht, der bei euch üblich ist?

2 a) Würde dir ein rein digitaler Unterricht gefallen? Warum (nicht)?
b) Welche Informationen bräuchtest du, um dir eine begründete Meinung über einen digitalen Unterricht bilden zu können? Sammle Fragen.

Die Alemannenschule ist eine Gemeinschaftsschule in Baden-Württemberg, die Unterricht zunehmend digitaler organisiert. Gleichzeitig hat die Schule damit einen Weg zum individuellen Lernen eingeschlagen.

Die Alemannenschule stellt sich vor

Die Gebäuderiegel der Alemannenschule liegen im Ortskern gleich neben Kirche und Rathaus. In den beiden Altbauten hat man vor sieben Jahren die Wände herausgerissen, der Neubau erinnert an einen modernen Campus mit Mensa, Meetingräumen und Bibliothek, in der allerdings komplett die Bücher fehlen. Die braucht hier keiner. Die 650 Schüler und 70 Lehrer nutzen vielmehr iPads und eine digitale Lernplattform namens „DiLer", die Lehrkräfte der Wutöschinger Schule in Eigenregie entwickelt haben, weil es keine entsprechende staatliche gab.
Über DiLer kann jeder Schüler jederzeit einsehen, wo er steht, was er bereits erreicht hat und was noch vor ihm liegt. Das ist auch deswegen wichtig, weil Stoff in Wutöschingen nicht mehr in synchronem Frontalunterricht, sondern in altersübergreifenden Lerngemeinschaften vermittelt wird, und zwar in einer Geschwindigkeit, die jeder Schüler seinen Fähigkeiten entsprechend wählt. Den Erfolg prüfen die Lehrer statt in angstschweißtreibenden Klassenarbeiten durch sogenannte Gelingensnachweise, die nicht benotet, sondern lediglich als Mindest-, Fortgeschrittenen- oder Expertenstandard eingestuft werden. [...]
Wenn [Lehrer Dieter] Umlauf beispielsweise im Englischunterricht das Thema New York durchnimmt, muss er seine Schüler nicht mehr Texte in einem zwangsläufig nicht mehr ganz aktuellen Schulbuch durcharbeiten lassen („Im schlimmsten Fall stehen da auf den Fotos noch die Twin Towers"). An der Alemannenschule kann er sie stattdessen mit iPad und ein paar Links direkt zu Erkundungsgängen durch den Big Apple schicken und ihre eigenen Entdeckungen machen lassen. „Und jetzt raten Sie mal, was Schüler mehr motiviert!"

3 Erklärt mithilfe des Textes und der Bilder, wie das Lernen in der Alemannenschule organisiert ist.

4 Was überzeugt dich an dieser Form des digitalen Lernens (nicht)? Nenne Argumente. Beachte dabei den Aufbau eines Argumentes nach dem Argumentationshaus.

Meinung

Begründung

Stärkung 1   Stärkung 2

Argumente sammeln

Auch andere Schulen setzen auf digitales Lernen, haben aber ein anderes Konzept als die Alemannenschule.

Digitales Lernen (auch: E-Learning): *heißt, dass der Lernprozess durch Computer unterstützt wird, z. B. durch Online-Module, Videokonferenzen, Lernprogramme usw.*

1. a) Kläre anhand der Materialien M 1 – M 6, warum die dort vorgestellten Schulen digitalen Unterricht anbieten.
   b) Notiere, wie digitale Unterrichtsangebote in den vorgestellten Schulen genutzt werden.

2. Arbeite heraus, welche Vorteile diese Unterrichtsformen für die Schülerinnen und Schüler haben. Siehst du auch Nachteile?

Halligschulen M 1

Halligen sind kleine Inseln in der Nordsee, die regelmäßig vom Meer überspült werden, sodass nur noch die eingedeichten Warften herausschauen. Meist lernen weniger als 10 Schüler aus verschiedenen Jahrgangsstufen gemeinsam in einer Klasse. Digitales Lernen ergänzt hier das klassische Schulkonzept. Videokonferenzen werden zum Beispiel für den Englischunterricht genutzt oder wenn „Land unter" ist.

Englisch auf der Hallig M 2

Das E-Learning im Fach Englisch ist ein besonderes Unterrichtsangebot für alle Schülerinnen und Schüler von den nordfriesischen Halligen. An zwei Tagen in der Woche treffen wir uns in den E-Learning-Gruppen von verschiedenen Halligen gleichzeitig in einem online Klassenraum mit unserer Englischlehrkraft, Frau Brütt, vom Festland. Bei dem Unterricht über den Computer sprechen wir Englisch, bearbeiten Höraufgaben und üben die Aussprache. So haben alle Jugendlichen von den Halligen die

Möglichkeit, sich in ihrer ersten Fremdsprache zu verbessern und werden von einer Fachlehrkraft begleitet. Daneben gibt es auf einer Lernplattform Aufgaben, die zum Beispiel in der Schule oder zuhause bearbeitet werden können, ganz unabhängig davon, ob „landunter" ist. Regelmäßig haben wir Kontakt zu unserer Partnerschule aus Mount Juliet in Tennessee. Zwei Mal im Schuljahr besucht Frau Brütt die Schülerinnen und Schüler vor Ort. Gemeinsam wird dann gekocht, Präsentationen geübt oder ein Film erstellt ... und natürlich viel Englisch gesprochen.

Die „Schule für Circuskinder in Nordrhein-Westfalen" — M 3

Zirkuskinder sind ständig auf Reisen, jede Woche gastiert der Zirkus in einer anderen Stadt, geregelter Schulunterricht vor Ort ist nicht möglich. Deshalb gibt es die „Schule für Circuskinder in NRW". Zweimal in der Woche kommt die Schule in Form eines Wohnmobils zum Stellplatz des jeweiligen Zirkus und unterrichtet die Kinder und Jugendlichen vor Ort. Während der restlichen drei Schultage ergänzen digitale Lerneinheiten das Unterrichtsangebot.

Online-Lernen im Zirkus — M 4

Joy erzählt, wie das Online-Lernen funktioniert:

Wenn wir am Stellplatz ankommen, überprüfen wir schon beim Aufstellen der Wagen, wo der Handyempfang gut ist, damit wir am Online-Unterricht teilnehmen können. Leider gibt es nicht überall ein stabiles Internet. Sobald ich Zeit habe, schaue ich im Online-Kalender nach, wann ich Online-Stunden habe. Dazu muss ich mich rechtzeitig einloggen. In diesen Stunden kann ich auch mit Kindern aus anderen Zirkussen reden, denn wir arbeiten dann gemeinsam an einem Thema. Das gibt es im Schulwagen seltener, weil mein Bruder vier Jahre jünger ist als ich. Neben den Online-Stunden bekomme ich über eine Lernplattform auch Hausaufgaben, die ich erledigen muss. Dabei kann ich mir die Zeit aber frei einteilen. Manchmal ist das gar nicht so einfach, denn ich muss natürlich beim Auf- und Abbau helfen, trainieren und bin bei den Auftritten dabei.

„Schule für Circuskinder in Nordrhein-Westfalen" M 5

Unterricht vor Ort
- Lehrer kommt mit Schulmobil
- 2 Tage die Woche
- 3–6 Schüler/-innen pro Klasse
- alle Fächer von Vorschule bis Klasse 10
- nur innerhalb von NRW
- inklusive sonderpädagogischer Förderung

+

Onlinelernen
- Ergänzung zum Unterricht vor Ort
- Vertiefung/Hausaufgaben/Stundenvorbereitung

Lernpakete
- Aufgaben zu bestehenden Themen
- selbstständiges Arbeiten
- für unterrichtsfreie Tage

virtuelles Klassenzimmer
- Kurse zu bestimmten Themen
- Onlineunterricht in Echtzeit
- Kurse von max. 10 Schülern aus verschiedenen Zirkussen

3 Beschreibe anhand der Materialien M 3 – M 5, welche Probleme für die Zirkuskinder beim digitalen Lernen auftreten können.

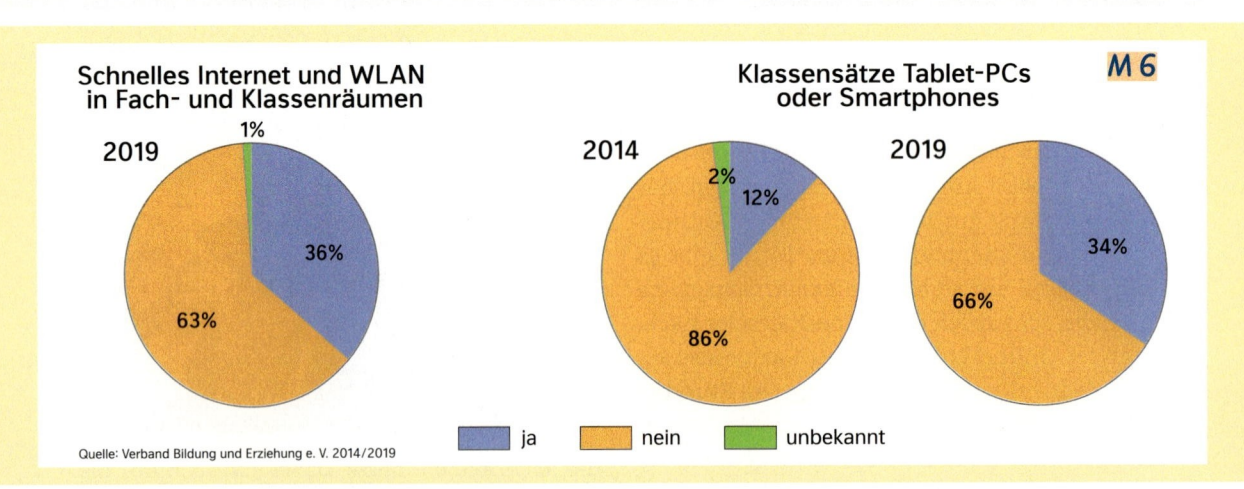

M 6

Schnelles Internet und WLAN in Fach- und Klassenräumen
- 2019: ja 36%, nein 63%, unbekannt 1%

Klassensätze Tablet-PCs oder Smartphones
- 2014: ja 12%, nein 86%, unbekannt 2%
- 2019: ja 34%, nein 66%

Legende: ja / nein / unbekannt

Quelle: Verband Bildung und Erziehung e. V. 2014/2019

4 Beschreibe die Grafiken M 6.
a) Welche Entwicklung wird deutlich?
b) Erläutere, warum gerade die Halligschulen und die „Schule für Circuskinder in Nordrhein-Westfalen" Vorreiter beim Einsatz digitaler Medien im Unterricht sind.

Materialgestützt argumentieren

5 Du hast jetzt verschiedene Formen des digitalen Unterrichts kennengelernt. Lege eine Mindmap an, in der du diese übersichtlich darstellst.

6 In Aufgabe 2 auf Seite 125 hast du Fragen zum digitalen Lernen gesammelt.
   a) Welche Fragen sind offen geblieben?
   b) Schau dir die Wortwolke an. Fallen dir noch Fragen ein, die du klären musst?

digitale Ausstattung
Klassengröße Individualisierung
Gleichzeitigkeit Medienkompetenz Fehltage
Chancengleichheit
Kosten

7 An welcher Stelle passen die Begriffe aus der Wortwolke in deine Mindmap von Aufgabe 5? Wähle mindestens drei aus und ergänze deine Mindmap entsprechend.

8 Aus den Stichworten in deiner Mindmap kannst du Argumente ableiten. Lege eine Tabelle an und sortiere deine Notizen danach, was für bzw. gegen digitalen Unterricht spricht.

Vorlage: Tabelle „Pro- und Kontra-Argumente"

Das spricht für digitales Lernen (pro)	Das spricht gegen digitales Lernen (kontra)
• bei längeren Fehlzeiten ist die Teilnahme am Unterricht digital möglich • …	• nicht jeder hat zuhause ein Tablet oder einen Computer für sich zur Verfügung • …

9 Arbeitet zu zweit und liefert euch einen Wettstreit: Person A nennt einen Grund für das E-Learning, Person B sucht einen passenden Grund dagegen und fordert damit einem neuen Grund heraus. An welcher Stelle passen mehrere Gegengründe?

> ### ❗ Wissen und Können
>
> **Argumente finden**
>
> Eine Argumentation soll dabei helfen, sich zu einem Thema begründet eine Meinung zu bilden. Deshalb ist es wichtig, zunächst neutral möglichst viele **Argumente (= Behauptung + Begründung + Beispiel)** zu einem Sachverhalt zu sammeln. Dazu solltest du in verschiedenen Quellen recherchieren. Anschließend werden die Argumente danach sortiert, ob sie für (**pro**) den Sachverhalt sprechen oder dagegen (**kontra**).

Arbeitsheft, S. 40–43

Auf die Gegenposition eingehen

Wer sich einen Überblick über ein Thema verschafft, wird immer Gründe finden, die überzeugender sind als andere. Welche das sind, hängt stark von den eigenen Interessen ab.

Malte (Schulsprecher) — Frau Knist (Informatiklehrerin) — Dr. Stüve (Schulleiter) — Frau Wattler (Schuldezernentin)

1. Diskutiert, welche Positionen die vorgestellten Personen zum Thema „digitales Lernen" vertreten könnten.

Starthilfe, S. 389

2. Lege nach dem Muster unten eine Tabelle an:
   a) Welche deiner Argumente könnten die verschiedenen Personen für ihre Position anbringen? Ordne zu und ergänze gegebenenfalls fehlende Argumente.
   b) Sieh dir deine Pro- und Kontra-Argumente noch einmal an. Welche Argumente könnten die Personen besonders gut davon überzeugen, ihre Position zu ändern? Begründe deine Auswahl.

Person	führt folgende Gründe an	könnte durch folgende Gründe überzeugt werden
Dr. Stüve (Schulleiter)	• niemand hat Zeit, die Geräte zu warten	• wir könnten eine Schülerfirma gründen, die die Wartung übernimmt
Frau Wattler (Schuldezernentin)		

❗ Wissen und Können

Gegenargumente entkräften

Um jemanden zu überzeugen, muss man gute Argumente anbringen. Welche Gründe besonders überzeugend sind, hängt von den **Interessen der Adressatin bzw. des Adressaten** ab. So kann man einen Schulleiter wahrscheinlich mit anderen Argumenten überzeugen als einen Schüler. Wenn man sich in die Position der Adressatin oder des Adressaten versetzt und sich überlegt, welche Argumente sie oder er anbringen wird, kann man diese mit eigenen Argumenten **entkräften** und die Position schwächen. Deshalb sollte man bei einer Argumentation immer beide Positionen darlegen.

Den Aufbau einer Argumentation kennen

Wenn du überzeugend argumentieren möchtest, solltest du deine Argumente sinnvoll aufbauen. Du kannst dafür den Argumentationskreis oder die Argumentationskette verwenden.

> ## ❗ Wissen und Können
>
> **Argumentationskreise und Argumentationsketten bilden**
>
> Du kannst deine Argumente wie Ketten aneinanderhängen (**Argumentationskette**):
> - Digitales Lernen scheitert bei uns schon daran, dass sich niemand um die Geräte kümmern kann (**Behauptung**), weil wir ohnehin zu wenige Lehrer haben (**Begründung**). Frau Knist hat zum Beispiel schon den Informatikkurs des erkrankten Kollegen übernommen (**Beleg**). Außerdem können nicht alle Kollegen die Tablets sicher bedienen (**Behauptung**), sodass erst Fortbildungen durchgeführt werden müssten (**Folgerung**) …
>
> Du kannst nach einem Beleg aber auch noch einmal auf die Behauptung zurückgreifen, sodass sich das Argument wie ein Kreis schließt (**Argumentationskreis**):
> - Digitales Lernen scheitert bei uns schon daran, dass sich niemand um die Geräte kümmern kann (**Behauptung**), weil wir ohnehin zu wenige Lehrer haben (**Begründung**). Frau Knist hat zum Beispiel schon den Informatikkurs des erkrankten Kollegen übernommen (**Beleg**), deshalb hat sie wirklich nicht noch die Zeit, sich um die Wartung der Tablets zu kümmern (**Rückbezug zur Behauptung**). Außerdem …
>
> Argumentationsketten und Argumentationskreise sind gleichwertig. Wichtig ist aber, dass die Argumentation in sich stimmig und im Zusammenhang nicht eintönig ist.

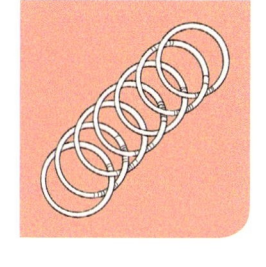

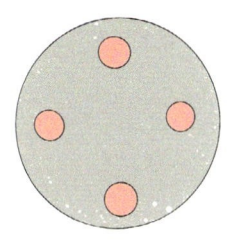

1 Du musst deine Argumente stimmig miteinander verbinden. Sammle Formulierungen für den Aufbau und die Verbindung von Argumenten. Übertrage dazu die Mindmap ins Heft und ergänze sie.

Starthilfe, S. 389

Vorlage: Formulierungshilfen

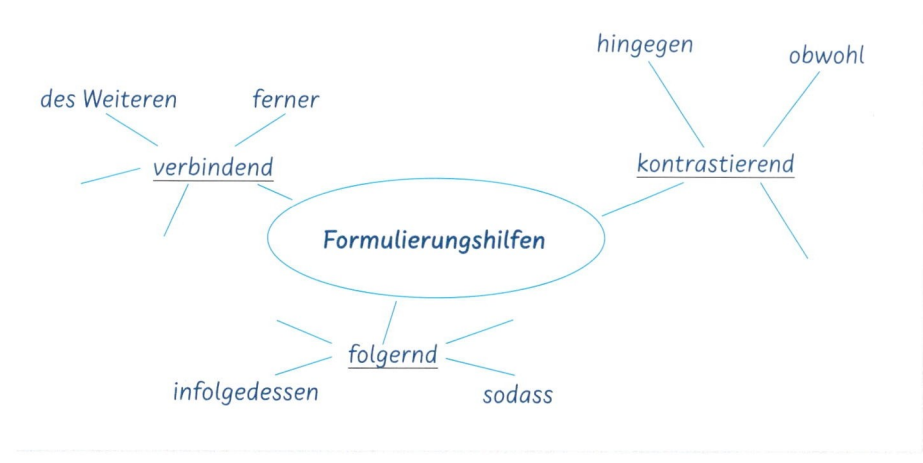

Mindmap *Formulierungshilfen*:
- verbindend: des Weiteren, ferner
- kontrastierend: hingegen, obwohl
- folgernd: infolgedessen, sodass

2 Suche dir aus deiner Sammlung zu Aufgabe 8 (Seite 129) drei Argumente heraus und formuliere sie mithilfe der Mindmap zu Argumentationsketten oder -kreisen aus.

Das Sanduhr-Prinzip kennenlernen

Du hast dir inzwischen bestimmt eine Meinung gebildet, ob du für oder gegen die Einführung digitaler Lernangebote an deiner Schule bist.

1 Überlege dir, wen du überzeugen möchtest: den Schulsprecher Malte, die Informatiklehrerin Frau Knist, den Schulleiter Dr. Stüve oder die Dezernentin Frau Wattler.

Textverarbeitungsprogramm

2 a) Lies die folgende E-Mail und überlege dir passende Argumente.
b) Übertrage dann die E-Mail in dein Heft und ergänze deine Argumente. Denke daran, Behauptungen mit Begründungen und Beispielen zu stützen. Greife auf deine Notizen aus Aufgabe 2 zurück und nutze den Wissen-und-Können-Kasten (Seite 130).

Von: klasse8a@schule.de
An:
Kopie/CC:

Betreff: Digitale Lernangebote an unserer Schule

Einleitung und Thema

Sehr geehrte(r) …,
wir, die Schülerinnen und Schüler der Klasse 8a, haben uns im Unterricht mit dem Thema E-Learning beschäftigt und denken, dass es (k)eine gute Idee wäre, wenn es an unserer Schule auch digitale Lernangebote gäbe.
Jetzt sagen Sie sicher, dass ein solches Angebot für unsere Schule (nicht) sinnvoll sei, weil …

Argumente der Gegenseite

Wir verstehen auch, dass …
weil / denn …
Sicher muss man auch … bedenken, …

Überleitung und eigene Argumente

Trotzdem sind wir aber auch vom Nutzen eines solchen Angebotes (nicht) überzeugt, denn … Außerdem glauben wir, dass …
Sicher möchten auch Sien…

Schluss: Zusammenfassung mit Appell

Wie Sie sehen, haben wir uns intensiv mit dem Thema beschäftigt und gute Gründe für / gegen die Einführung von digitalen Angeboten gefunden. Deshalb bitten wir Sie, bei der nächsten Lehrerkonferenz/ SV-Sitzung/ Stadtratssitzung dafür zu werben/ davon abzuraten, digitale Lernangebote zu erstellen.

Mit freundlichen Grüßen
Ihre Klasse 8a

Der Schulleiter Dr. Stüve findet die Idee, Unterricht mit digitalen Lernangeboten anzureichern, prinzipiell gar nicht schlecht. Er sieht aber große Schwierigkeiten bei der Umsetzung. Vor allem die technische Ausstattung der Schule bereitet ihm Sorgen.

Liebe Klasse 8a,

vielen Dank für eure Mail, in der ihr dargelegt habt, dass es sinnvoll wäre, an unserer Schule digitale Lernangebote anzubieten. Leider wird das aber in absehbarer Zeit nicht möglich sein.

Ich muss euch Recht geben, dass es in Zeiten der Digitalisierung sinnvoll wäre, endlich häufiger mit Tablets oder Computern und dem Internet zu arbeiten. Schließlich werdet ihr auch später im Berufsleben mit diesen Techniken konfrontiert. Und digitale Angebote wie Online-Module sind sicher reizvoll, vor allem, weil man sie sich mehrfach ansehen und so individuell üben und z. B. Versäumtes aufarbeiten kann. Um von zuhause aus auf Online-Module zugreifen zu können, muss man ein passendes Gerät und eine Internetverbindung haben. Wir können aber noch nicht voraussetzen, dass jede Schülerin und jeder Schüler ein Tablet oder einen Computer zur Verfügung hat, an dem sie bzw. er arbeiten kann. Wenn man mit dem Handy auf Lernplattformen zugreifen möchte, verbraucht man oft viel Datenvolumen. Auch im Unterricht müssten wir gewährleisten, dass alle ein Tablet oder einen Computer nutzen können, wenn wir digitale Angebote zum Beispiel zur Differenzierung oder zum Üben einsetzen möchten. Außerdem muss dann auch das WLAN zuverlässig funktionieren, selbst wenn mehrere oder sogar alle Klassen gleichzeitig darauf zugreifen.

Da diese Bedingungen noch nicht erfüllt sind und wir momentan auch nicht über die finanziellen Mittel verfügen, um die Geräte anzuschaffen und unser Netzwerk auszubauen, sind digitale Lernangebote gerade keine Option für unsere Schule.

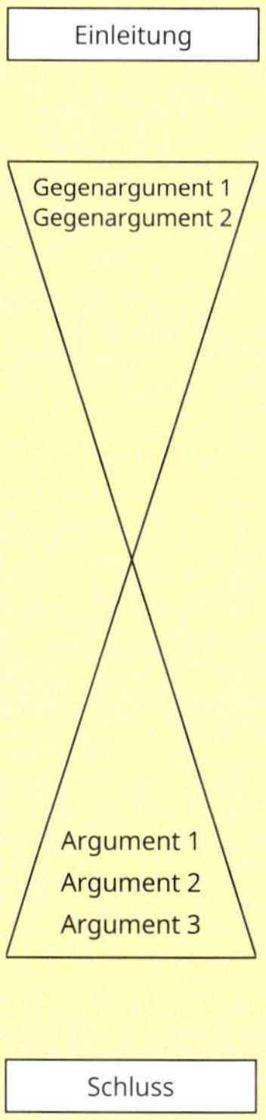

Einleitung

Gegenargument 1
Gegenargument 2

Argument 1
Argument 2
Argument 3

Schluss

3 Übertrage die Sanduhr groß in dein Heft und fülle sie mit den im Text verwendeten (Gegen-)Argumenten: Meinung/Behauptung 1: Tablets und Computer im Unterricht sind zeitgemäß, Begründung 1: Technik wird im Beruf gebraucht, …

Vorlage: Sanduhr

❗ Wissen und Können

Schriftlich argumentieren nach dem Sanduhr-Prinzip

Bei dieser Form der schriftlichen Argumentation nennst du zuerst die **Argumente der Gegenseite**. Du beginnst mit einem starken Argument und führst dann immer schwächer werdende an. Danach führst du deine **eigenen Argumente** an. Du beginnst mit dem schwächsten und endest mit dem stärksten Argument, das der Leserin bzw. dem Leser dann am besten in Erinnerung bleibt. So entkräftest du mehrere Gegenargumente und stärkst deine Position.

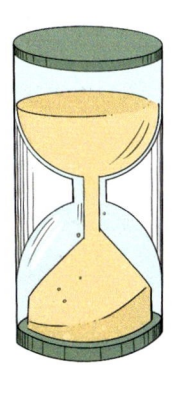

Eine schriftliche Argumentation nach dem Sanduhr-Prinzip verfassen

Bevor du eine schriftliche Argumentation verfasst, solltest du einige Vorarbeiten leisten:

> ☑ **Checkliste**
>
> **Eine schriftliche Argumentation vorbereiten**
> - ☑ Formuliere ein Thema.
> - ☑ Sammle möglichst viele Informationen aus verschiedenen Quellen, strukturiere sie, z. B. in einer Mindmap, und leite daraus Argumente ab.
> - ☑ Sortiere die Argumente danach, ob sie für oder gegen das Thema sprechen.
> - ☑ Überlege dir, wen du mit deiner Argumentation ansprechen möchtest, und sortiere die Argumente danach, wie überzeugend sie für deinen Adressaten sind.
> - ☑ Denke an passende Beispiele, Stärkungen und Schlussfolgerungen.
> - ☑ Erstelle einen Schreibplan.

→ *Formulierungsmuster für das Argumentieren, S. 261/262, 271*

Eine schriftliche Argumentation kann zwei Ziele haben: Sie kann dabei helfen, die eigenen Gedanken zu strukturieren und sich eine Meinung zu einem Thema zu bilden, oder sie soll jemanden von einer Meinung überzeugen. Vom Ziel hängt ab, welche Argumente und Formulierungen ausgewählt werden.

1 Arbeitet zu zweit: Überlegt, welche Textbausteine eher der eigenen Meinungsbildung dienen und welche eher andere überzeugen sollen. Begründet eure Meinung.

> A *Seit einiger Zeit wird in den Medien verstärkt über … berichtet. Ich bin noch unschlüssig, ob … so sinnvoll ist. Einige sagen ja …*
> B *In der Klasse/in meinem Freundeskreis haben wir über … diskutiert. Wir sind zu dem Ergebnis gekommen, dass …*
> C *Haben Sie sich auch schon gefragt, ob …? Erst in der letzten Woche habe ich einen Bericht gelesen, in dem gesagt wurde, … . Dafür spricht …*
> D *In Ihrem Brief teilten Sie uns mit, dass … . Wir verstehen Ihre Position und können nachvollziehen, dass …*
> E *Ich hoffe, ich konnte Sie davon überzeugen, dass … und bitte Sie darum …*

Starthilfe, S. 389

2 Sammelt weitere Formulierungen und stellt sie der Klasse vor.

3 Inzwischen hast du einen ganz guten Überblick über das Thema „digitales Lernen" bekommen.
a) Entscheide dich, ob du für oder gegen die Einführung von digitalen Lernangeboten an deiner Schule, z. B. Online-Modulen oder Videokonferenzen, bist.

Starthilfe, S. 389/390
Vorlage: Schreibplan

b) Trage Argumente für beide Positionen zusammen und erstelle mithilfe des Wissen-und Können-Kastens auf der folgenden Seite einen Schreibplan. Lege dabei auch fest, ob du jemanden direkt ansprechen und überzeugen oder ob du deine eigenen Gedanken strukturieren möchtest.

4 Verfasse eine schriftliche Argumentation zu der Frage, ob an deiner Schule Formen digitalen Lernens eingeführt werden sollten. Zur Verknüpfung oder Abgrenzung von Argumenten kannst du Formulierungen aus den beiden Wortspeichern nutzen.

Textverarbeitungsprogramm

verknüpfend:
noch überzeugender ist, nicht zu vergessen ist, schwerwiegender scheint, man sollte auch beachten, man sollte abwägen, am wichtigsten ist, erstens …, zweitens …

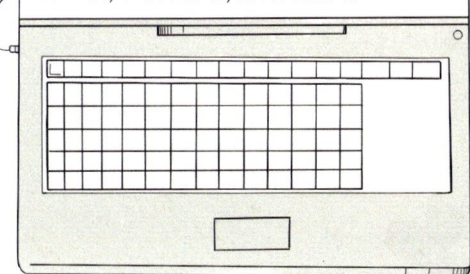

kontrastierend:
trotz dieser Vorteile, allerdings sollte man auch bedenken, nicht zu unterschätzen ist, dagegen spricht, nachteilig ist, im Gegensatz dazu, dagegen ist einzuwenden

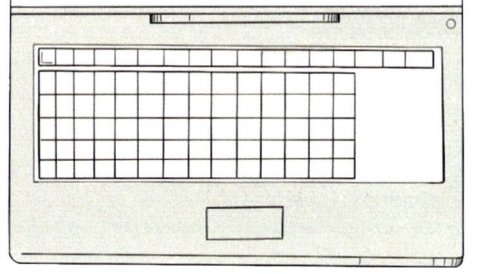

5 a) Suche dir eine Lernpartnerin oder einen Lernpartner, der deine Argumentation liest und Argumente stichwortartig herausschreibt.
b) Lass dir ein Feedback zum Aufbau und zu Formulierungen geben und überarbeite deine Argumentation gegebenenfalls. *Textlupe: Argumentation*

→ *Sich in Gesprächen angemessen ausdrücken, S. 18–20*

→ *Texte anhand von Kriterien überarbeiten, S. 256/257*

❗ Wissen und Können

Eine schriftliche Argumentation nach dem Sanduhr-Prinzip verfassen

Beginne mit einer **Einleitung**, in der du das Thema vorstellst und erklärst, was du diskutieren möchtest.
Führe dann im **Hauptteil** zuerst die **Argumente der Gegenseite** an. Sortiere sie so, dass das Argument, welches du für das stärkste hältst, am Anfang und das schwächste am Ende steht. Denke an Beispiele und Stärkungen.
Leite dann zu deiner Position über, z. B. indem du deine Meinung formulierst oder das letzte Argument aufgreifst und entkräftest. Führe **eigene Argumente** an, die du so sortierst, dass dein schwächstes Argument zuerst genannt wird und dein stärkstes zuletzt.
Achte im Hauptteil auf eine sinnvolle Verknüpfung der Argumente, z. B. durch Formulierungen wie beispielsweise, folglich, dementsprechend, aus diesem Grund, daraus folgt, einerseits – andererseits, am wichtigsten ist, … .
Du kannst auch Verknüpfungen durch Aufzählungen mit Numeralia wie erstens …, zweitens … schaffen.
Im **Schluss** stellst du deine **eigene Position** noch einmal kurz dar und **appellierst** gegebenenfalls an deine Leserin oder deinen Leser, das heißt, du forderst sie oder ihn auf, in deinem Sinn zu handeln.
Verwende eine sachliche Sprache und schreibe im Präsens.

→ *Formulierungsmuster für das Argumentieren, S. 261/262, 271*

Numeralia *(Zahlwörter) sind Ausdrücke, die eine Menge oder Zahl bezeichnen (z. B. eins, erste, erstens, viele, mehrfach, viertel, Hundertstel). Sie können unterschiedlichen Wortarten zugeordnet werden, manchmal werden sie auch als eigene Wortart gesehen, meist können sie flektiert werden.*

Arbeitsheft, S. 44–46

Einen Appell formulieren

Am Ende deiner Argumentation kannst du an deine Leserin oder deinen Leser appellieren, das heißt, du forderst sie oder ihn auf, in deinem Interesse zu handeln. Appelle kommen aber auch in anderen Zusammenhängen vor.

Sozialtag-Aktion der SV

Macht mit beim Sozialtag am 23. Juni. In diesem Jahr unterstützen wir den Kindergarten St. Hubertus und die Tafel. Tragt euch in die Liste der SV ein, um direkt bei der Tafel oder im Kindergarten zu helfen, oder helft an anderer Stelle und spendet euren Lohn. Dem Kindergarten stellen wir unsere Arbeitskraft zur Verfügung, um einen Barfußpfad anzulegen, die Tafel möchten wir finanziell unterstützen. Helft uns, anderen zu helfen!

Dienstag: Ausflug zum See – denkt an Verpflegung, Badezeug und Sonnenschutz!

Zeitzeugen gesucht

Der Geschichtskurs des Gymnasiums möchte gerne eine Dokumentation über Kinder in der DDR erstellen und sucht Zeitzeugen, die über eigene Erfahrungen berichten können. Wenn Sie in der DDR aufgewachsen sind und Lust haben, die Schüler bei ihrem Projekt zu unterstützen, melden Sie sich bitte im Sekretariat. Sie können dazu beitragen, Geschichte lebendig und anschaulich zu vermitteln.

Starthilfe, S. 390 **1** Beschreibt, inwiefern sich die Appelle in den drei Beispielen oben gleichen bzw. unterscheiden.

Starthilfe, S. 390 **2** Ihr findet in eurem Schulalltag häufig Appelle. Sammelt Beispiele.

3 Formuliere selbst Appelle zum Thema „E-Learning". An wen könntest du deinen Appell richten?

❗ Wissen und Können

Einen Appell formulieren

An jemanden zu appellieren bedeutet, sich mit einer Bitte, einem Anliegen oder einer Aufforderung an jemanden zu wenden. Wenn du einen Appell an jemanden richtest, möchtest du erreichen, dass der Adressat in deinem Interesse handelt. Daher musst du gegebenenfalls einen Grund anführen, der für die Adressatin bzw. den Adressaten einsichtig ist.

Schätze deinen Lernstand ein

Jahrgangsübergreifendes Lernen

Wie du in diesem Kapitel erfahren hast, wird schon an vielen Schulen mit digitalen Lernangeboten gearbeitet, aber auch mit altersgemischten Gruppen. Die Schülerinnen und Schüler der Schulen im sogenannten SCHKOLA Schulverbund in der Dreiländerregion Polen-Tschechien-Deutschland arbeiten z. B. bereits seit 1999 in altersgemischten Lerngruppen.

1 Entscheide dich, wie du zu altersgemischten Lerngruppen stehst. Bist du dafür oder dagegen? Oder gibt es einen Mittelweg, bei dem nur bestimmte Fächer jahrgangsübergreifend unterrichtet werden?

→ Seite 138–141, B
→ Seite 138–141, A
← Seite 126–129

2 Im folgenden Text findest du einige Argumente für das altersgemischte Lernen. Schreibe diese heraus. Sammle Gegenargumente.

Gemischte Klassen

Jahrgangsübergreifendes Lernen kennen manche bereits aus der Grundschule. In etlichen Grundschulen werden Schüler der ersten und zweiten Klasse zusammen unterrichtet und Schüler der dritten und vierten Klasse. Es gibt aber auch weiterführende Schulen, die mehrere Jahrgangsstufen zusammenfassen, z. B. sehr kleine Schulen wie die Halligschulen oder die „Schule für Circuskinder in Nordrhein-Westfalen". Auch die Alemannenschule in Wutöschingen bildet jahrgangsübergreifende Lernteams. Schnellere Schüler arbeiten eventuell schon mit den Älteren in der Klasse zusammen ist, wer noch Lücken in einem Fach hat, füllt diese zusammen mit den Jüngeren. Innerhalb der Klasse fühlen sich Schüler füreinander verantwortlich und helfen sich gegenseitig. Davon profitieren alle, denn wenn ein älterer Schüler einem jüngeren etwas erklärt, wiederholt der eine den Stoff und der andere versteht die Erklärungen vielleicht besser als die eines Erwachsenen. Ganz nebenbei steigt die Sozialkompetenz. Zu Beginn des Schuljahres kommen einige Schüler neu in die Klasse, diese lernen sehr schnell, wie der Unterricht organisiert ist, welche Pflichten sie haben, welche Regeln gelten, denn dreiviertel der Klasse kennt sich aus, dadurch geht weniger Zeit für die Klassenorganisation verloren.

3 Wähle für die Pro- und die Kontra-Position zwei bis drei Argumente aus und ordne sie nach dem Sanduhr-Prinzip an. Achte darauf, dass Argumente mit Beispielen belegt und Gegenargumente widerlegt werden.

→ Seite 138–141, B
→ Seite 138–141, A
← Seite 132–135

Schriftlich argumentieren

Homeschooling

In Deutschland herrscht Schulpflicht, das heißt, dass jedes Kind und jeder Jugendliche mindestens zehn Jahre zur Schule gehen muss. Die eigenen Kinder zuhause zu unterrichten, ist nicht erlaubt. Es gibt aber auch Länder, in denen eine Bildungspflicht herrscht, die nicht festlegt, wo und von wem ein Kind unterrichtet wird. Hausunterricht, auch Homeschooling genannt, ist dort eine anerkannte Unterrichtsform.

Homeschooling in den USA

M 1

Joe ist ein DIY-Typ, also „Do It Yourself". Da wundert es dann auch kaum, dass er und Julia auch die Schulbildung der drei Söhne Forrest, Zephrien und Atticus in die eigenen Hände nehmen wollten.

„Der Gedanke meinen fünfjährigen Sohn in den Schulbus zu setzen und zum Abschied zu winken, das fühlte sich schrecklich an. Als würd ich ihn aussetzen. Und die Sachen, die man in der Grundschule lernt, Schreiben und Rechnen, das haben wir uns zugetraut."

In den USA gibt es zwei Millionen Homeschoolschüler. Jeder Staat hat dabei seine eigenen Gesetzesvorgaben. Meist werden Unterrichtsinhalte vorgegeben, nicht aber die Art, wie diese vermittelt werden. „Sitzenbleiben" können Schüler in den USA nicht. In einigen Staaten müssen Homeschool-Schüler eine jährliche Prüfung ablegen. In anderen Staaten reicht eine schriftliche Bewertung der Eltern.

„Nach den ersten Jahren wollte ich Forrest nicht mehr in die Schule schicken", sagt Mutter Julia. „Ich dachte, dass er ein Außenseiter werden würde, wir, die komische Familie ohne fließend Wasser und Strom. Wir hatten wirklich ein ganzes Jahr lang keinen Strom!"

Und doch ist allen drei Söhnen ihr Anderssein bewusst. Wenn möglich, verschweigen sie, dass sie bis zur Highschool von ihren Eltern unterrichtet wurden. So richtig verstehen kann Julia das nicht:

„Sie sind nicht wirklich stolz auf ihren Hausunterricht. Ich glaub, da steckt [die] Angst [dahinter,] von anderen bewertet zu werden. Dabei denk ich, dass es einige Leute gibt, die das richtig cool fänden."

Atticus ist der jüngste der drei Söhne. Er ist inzwischen 17 und wohnt als einziger noch zu Hause. Das erste Jahr an der öffentlichen Highschool nach 14 Jahren Hausunterricht war schrecklich, sagt er:

„Ich hab' mich total anstrengt, wollte keine Wissenslücke haben, sodass die anderen mich für einen Streber hielten. Ich war ganz schüchtern und reserviert. Die anderen fanden mich komisch. Im Jahr drauf war das dann nicht mehr so." [...]

Auf einem Biobauernhof in der Nachbarschaft lebt seit einigen Wochen der 13-Jährige Tyler. Er hat es andersherum gemacht. Er ist erst den normalen Schulweg gegangen, bis er es an seiner alten Schule in New York nicht mehr aushielt. Seit einem Jahr unterrichtet Tylers Mutter Tammy ihn und seine drei Geschwister von zu Hause. „Zu Hause" kann dabei überall sein. Derzeit reist die kleine Familie durch die USA und zieht von einem Biobauernhof zum Nächsten, wo sie gegen ein paar Stunden Arbeit Unterkunft und Verpflegung bekommen. Steht der amerikanische Bürgerkrieg auf dem selbst gestalteten Stundenplan, dann fahren sie an die Orte, wo sich die Geschichte abgespielt hat. Strandbesuche werden zu Geologie- und Biologielehreinheiten genutzt.

„Homeschooling ist praxisorientiert", sagt Tyler. „Möchte ich lieber stundenlang am Schreibtisch sitzen oder die Welt bereisen und so lernen?"

Die Entscheidung fiel, als auch Tylers Schwester in der Schule nicht mehr zurechtkam, erinnert sich seine Mutter Tammy:

„Meine Tochter hatte Schwierigkeiten Lesen zu lernen. Ich hab mich dann nach der Schule noch mal mit ihr hingesetzt, aber dafür war kaum noch Zeit, weil die Kinder so lange in der Schule waren. Und dann muss ich noch mal ran, um ihr das beizubringen, was sie eigentlich in der Schule lernen sollte."

In Deutschland gilt die allgemeine Schulpflicht seit 1919. Sie wurde eingeführt, damit alle Kinder eine Grundbildung erhalten. Bis dahin war es durchaus üblich, dass Kinder über einen längeren Zeitraum keine Schule besuchten, weil sie zum Beispiel auf dem Bauernhof der Eltern mithelfen oder auf andere Weise arbeiten mussten, um zum Lebensunterhalt der Familien beizutragen. Privatunterricht zuhause war zu der Zeit vor allem in höheren sozialen Schichten üblich und man erhoffte sich von der Schulpflicht auch eine soziale Durchmischung der Gesellschaft. Heute wird zudem noch angeführt, dass die Schule Kinder zu mündigen Staatsbürgern erziehen soll. Sie sollen sich in einer vielfältigen Gesellschaft sicher bewegen und sich mit Andersdenkenden auseinandersetzen können. Das heißt nicht nur, dass man Minderheiten akzeptiert, sondern auch, dass Minderheiten sich nicht zurückziehen sollen und zum Gedankenaustausch in der Gesellschaft beitragen.

M 2

- Viele Kinder, die zuhause unterrichtet werden, schneiden bei Tests am Ende der Schullaufbahn gut ab.
- In Deutschland wird die Schulpflicht sogar mit der Polizei durchgesetzt.
- Die Schulpflicht soll Kinder davor schützen, dass sie aus religiösen oder weltanschaulichen Gründen bestimmte Inhalte nicht lernen, z. B. die Evolutionstheorie.
- Schüler müssen nicht so viel Angst vor Klassenarbeiten haben, weil sie nicht mit anderen verglichen werden.
- Wenn man in der Schule Erfahrungen mit Mobbing gemacht hat, ist es beruhigend, zuhause bleiben zu dürfen.
- In vielen Staaten ist Homeschooling erlaubt.

1 Schreibe aus den Materialien M 1 und M 2 Vor- und Nachteile des Homeschoolings heraus und strukturiere deine Notizen, z. B. in Form einer Tabelle oder eines geordneten Stichwortzettels.

2 Formuliere aus deinen Notizen zum Homeschooling Argumente. Denke daran, auch Beispiele, Belege oder Stärkungen anzuführen.
Beispiel: Hausunterricht schadet den Kindern offenbar nicht, da sie am Ende der Schullaufbahn alle wichtigen Unterrichtsinhalte beherrschen. Das zeigen die Tests, die die Hausschülerinnen und Hausschüler an Schulen ablegen müssen.

A   Einen argumentativen Brief verfassen

Lieber Linus,

vor drei Wochen hat das neue Schuljahr begonnen und es ist ganz anders als das letzte. Kurz vor den Sommerferien haben meine Eltern beschlossen, meine Schwester und mich zuhause zu unterrichten. Vor allem für meine Schwester ist das eine Erleichterung, weil sie oft von Mitschülern geärgert wurde. Jetzt ist Rebecca viel entspannter. Ich bin übrigens auch viel gelassener. Gestern haben wir den ersten Test geschrieben, mit dem meine Mutter überprüft hat, ob ich den Mathestoff der letzten drei Wochen verstanden habe. Ich war gar nicht aufgeregt! Sonst habe ich immer ganz viel falsch gemacht, obwohl ich vorher alles wusste, nur weil ich bei der Arbeit so nervös war. Aber ich weiß ja, dass meine Mutter mir keine fiesen Aufgaben stellt, sondern nur schaut, ob ich alles verstanden habe. Ich kann auch viel konzentrierter arbeiten, weil es im Haus viel ruhiger ist als in der Klasse. Ein bisschen komisch ist es zwar, dass ich meine Freunde nicht mehr in der Schule treffe, aber im Orchester spielen wir weiterhin zusammen.
Wie ist das eigentlich in Deutschland? Ich habe gelesen, dass Homeschooling bei euch verboten ist.
Findest du das richtig?
Bitte schreib mir bald wieder.

Viele Grüße

Dein Aaron

3 Aaron nennt in seinem Brief Argumente für das Homeschooling. Ergänze diese in deiner Sammlung aus Aufgabe 2 und füge passende Gegenargumente hinzu.

4 Entscheide dich, ob du für oder gegen den Hausunterricht argumentieren möchtest. Erstelle dann einen Schreibplan für deine Argumentation. Achte darauf, deine Argumente so auszuwählen und anzuordnen, dass sie Aaron überzeugen. Orientiere dich dabei am Sanduhr-Prinzip.

Textverarbeitungsprogramm

5 Schreibe Aaron einen Antwortbrief, in dem du zwei Argumente für deine Position ausführst und ein Argument von ihm entkräftest. Achte auf eine sinnvolle Verknüpfung der Argumente.

B Eine Argumentation nach dem Sanduhr-Prinzip schreiben

Im Text auf der Seite 138/139 wird auch von Tyler erzählt, der mit seinen Eltern von einem Biobauernhof zum nächsten reist. Auf Reisen zu sein und dabei von den Eltern unterrichtet zu werden, ist sicher noch einmal eine besondere Form von Homeschooling.

Eine Familie aus Hamburg hat eine fünfmonatige Weltreise gemacht und ihre Tochter Antonia während dieser Zeit selbst unterrichtet. Ihre Mutter Bettina erzählt davon.

Unterricht für Weltenbummler

„Ich dachte, wir nehmen zwei Hefte mit und vielleicht ein oder zwei Bücher", erinnert sich Bettina [...]. Doch es wird mehr als gedacht: „Irgendwann hatten wir sogar einen extra Rucksack für das Schulmaterial." Schularbeiten kamen per E-Mail und mussten, nachdem sie von Antonia ausgefüllt wurden, abfotografiert und wieder zurückgeschickt werden, was besonders bei schwachen Internetverbindungen zum Problem werden konnte und Bettina kreative Lösungen abverlangte: „Das führte sogar dazu, dass wir Mitglied in einem Bingo-Club für Ältere wurden, nur um Antonias Arbeiten zu verschicken und Kontakt mit den Lehrern zu halten, während die anderen Bingo spielten." Die Eltern teilen sich den Unterricht. Frank übernimmt Mathe, Bettina kümmert sich um Deutsch und Englisch. „Das war nicht immer leicht. Wir sind ja keine Lehrer", erinnert sie sich. Der ursprüngliche Plan sah so aus, jeden Tag ein bis zwei Stunden zu unterrichten. Doch Lehrplan und Reiseplan lassen sich oft nur schwer zusammenbringen. Zum Leidwesen von Antonia kommt der Stoff oft sehr geballt, und während Schwester Helen spielen darf, muss Antonia lernen. „Sie hat einfach überall gelernt. Ob in der Wüste, im afrikanischen Zelt, im Himalaja, auf dem Bootssteg am See in Kanada, im Central Park in New York oder vor der Hütte in Indien", erinnert sich Bettina und ergänzt: „Antonia meinte danach, dass sie sich wieder sehr auf die Schule gefreut hat."

3 Sieh dir deine Notizen zu den Aufgaben von Seite 139 noch einmal an. Welche Argumente ändern sich, wenn es um ein vorübergehendes Homeschooling während einer langen Reise geht?

4 Entscheide dich, ob du für oder gegen ein Homeschooling auf Reisen bist. Erstelle eine Gliederung für eine Argumentation nach dem Sanduhr-Prinzip.

5 Verfasse eine schriftliche Argumentation nach dem Sanduhr-Prinzip, in der du beide Seiten beleuchtest und zu einer begründeten Meinung kommst.

Textverarbeitungsprogramm

Sich auf eine Klassenarbeit vorbereiten

Eine Argumentation nach dem Sanduhr-Prinzip verfassen

Die Fachschaften Deutsch, Englisch und Mathematik haben der Schulleitung vorgeschlagen, eine zusätzliche Übungsstunde für die Mittelstufe einzurichten. In dieser Stunde sollen Übungsaufgaben in Freiarbeit erledigt werden. Noch ist nichts entschieden und du möchtest an die Schulleitung appellieren, die Freiarbeitsstunde (nicht) einzuführen.

Freiarbeit im Unterricht M 1

Freiarbeit im Unterricht bedeutet, dass sich die Schülerin oder der Schüler innerhalb vorgegebener Strukturen wie Zeiten und Räume für Aufgaben entscheiden kann. Oft werden bestimmte Aufgaben vorgegeben, die innerhalb einer festgelegten Zeit erledigt werden müssen. Die Kinder oder Jugendlichen können aber entscheiden, wann sie welche Aufgabe wo und mit wem erledigen. Freiarbeit kann ganz klein innerhalb eines Faches durchgeführt werden, z. B. als Stationslauf mit Pflicht- und Wahlaufgaben, auch ein Wochenplan mit Hausaufgaben kann eine Form von Freiarbeit sein. Sinnvoller ist Freiarbeit, wenn sich Lehrkräfte mehrerer Fächer zusammentun und einen Wochenplan für die Hausaufgaben erstellen oder wenn es im Stundenplan feste Freiarbeitsstunden gibt, in denen Aufgaben aus verschiedenen Fächern erledigt werden. Während der Freiarbeit arbeiten die Schülerinnen und Schüler einer Klasse an unterschiedlichen Aufgaben, zum Beispiel schreibt die eine einen englischen Text, ein anderer rechnet und wieder andere diktieren sich gegenseitig Sätze. Die Lernenden müssen sich ihre Zeit gut einteilen und aufpassen, dass sie keine Aufgabe vergessen.

Klasse 8: Wochenplan für die Woche vom 30.09.– 04.10. M 2

	Montag	Dienstag	Mittwoch	Donnerstag	Freitag
D	Leseauftrag: Kapitel 1, 2 + Lesetagebuch	Buch S. 16, Aufg. 1–3	Leseauftrag: Kapitel 3, 4 + Lesetagebuch	Feiertag	Buch S. 16, Aufg. 3
E	Read book page 54/55. Trage die restlichen Vokabeln aus der Unit 2 ins Heft ein.	book, p. 56, ex. 1	workbook, p. 20, ex.2, 3		Kontrolliere die Aufgaben der Woche (Lösungen im Mail-Anhang), Vokabeln (Unit 2) lernen!
Ma	neues Thema: Wahrscheinlichkeitsrechnung	Buch S. 126, Aufg. 4 + 5	Wiederholung: Baumdiagramm, Buch S. 126, Aufg. 3		Buch S. 127, Aufg. 1 a)–d)

Studierende der Technischen Universität Dresden haben untersucht, wie gut Schülerinnen und Schüler eines Gymnasiums in Freiarbeitsstunden arbeiten.

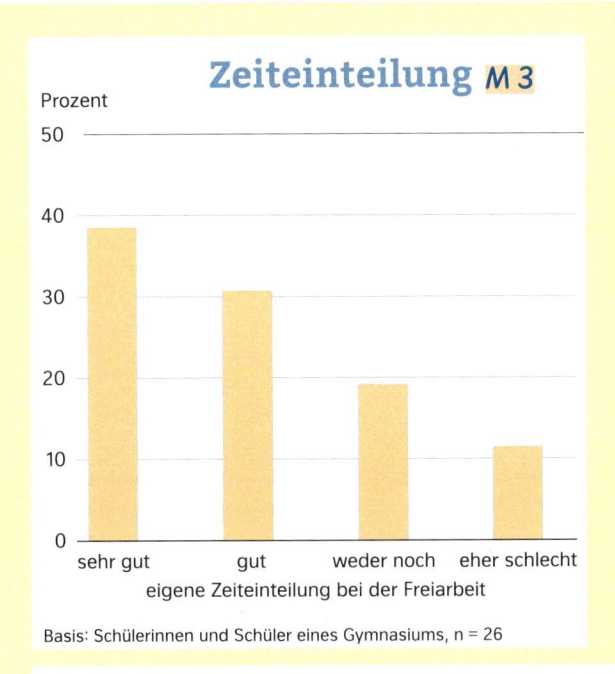

Zeiteinteilung M 3

Prozent

(Balkendiagramm: sehr gut ≈ 38 %, gut ≈ 31 %, weder noch ≈ 19 %, eher schlecht ≈ 12 %)

eigene Zeiteinteilung bei der Freiarbeit

Basis: Schülerinnen und Schüler eines Gymnasiums, n = 26

Stoffbewältigung M 4

Prozent

(Balkendiagramm: immer ≈ 46 %, meistens ≈ 15 %, oft ≈ 23 %, selten ≈ 15 %)

Stoffbewältigung in vorgegebener Zeit

Basis: Schülerinnen und Schüler eines Gymnasiums, n = 26

M 5

In den Freiarbeitsstunden kann ich mir aussuchen, ob ich einfache oder schwierige Aufgaben bearbeite. Das Material ist so gestaltet, dass ich ohne die Hilfe eines Lehrers damit üben kann, manchmal sind auch Spiele oder Rätsel dabei. Aber natürlich gibt es auch vorgegebene Aufgaben, die ich machen muss. In einigen Stunden ist es sehr unruhig, dann fällt es mir schwer, mich zu konzentrieren. Zwei kleine Gruppen können auch draußen auf dem Flur arbeiten. Dort gibt es extra zwei Tische für Gruppenarbeiten.

Aufgabe: Verfasse eine Argumentation nach dem Sanduhr-Prinzip.

Gehe so vor:

1 Betrachte die Materialien M 1 – M 5. Formuliere Argumente, die für bzw. gegen Freiarbeit an Schulen sprechen.

2 Sortiere die Argumente nach pro und kontra.

3 Entscheide dich, ob du für oder gegen Freiarbeit argumentieren möchtest. Erstelle dann einen Schreibplan für eine Argumentation. Achte auf eine sinnvolle Reihenfolge deiner Argumente.

4 Verfasse einen Brief an die Schulleitung, in dem du für oder gegen Freiarbeit im Unterricht argumentierst. Denke an sinnvolle Verknüpfungen der Argumente.

Textverarbeitungsprogramm

Kurzgeschichten erschließen und verstehen

Alltägliches – Einzigartiges – Seltsames

Kurzgeschichten sind schnell gelesen, aber nicht immer schnell verstanden. Sie haben viele und ganz verschiedene Themen: Alltägliches, das ihr bestimmt auch schon mal so erlebt und gehört habt, Einzigartiges, was kaum vorstellbar ist, und Seltsames, das unwirklich erscheint und die Leserin bzw. den Leser irritiert zurücklässt.

Allen ist gemeinsam, dass man nach dem Lesen verwundert ist und viele Fragen an den Text hat. Oftmals sind die Geschichten wie ein Spiegel: Sie zeigen uns in bekannten Situationen, regen uns aber an, über uns selbst nachzudenken.

oben: Marcel Duchamp: autour d'une table, 1917. (dt.: Um einen Tisch)

links: Mademoiselle Narcisse (dt.: Fräulein Selbstverliebt)

rechts: René Magritte: La reproduction interdite, 1937. (dt.: Reproduktion verboten)

In diesem Kapitel lernt ihr ...
› die Kennzeichen von Kurzgeschichten kennen,
› sprachliche Merkmale der Textsorte kennen,
› Kurzgeschichten zu erschließen und zu verstehen,
› über eine Kurzgeschichte zu schreiben.

Kurzgeschichten erschließen und verstehen

1. Wofür nutzt ihr einen Spiegel? Wart ihr schon mal von eurem eigenen Spiegelbild überrascht? Tauscht euch aus.

2. Betrachtet die Spiegelbilder auf der linken Seite: Welches Bild gefällt euch am besten? Was verwundert euch? Versucht eine Interpretation eines der drei Bilder.

Ebenso wie diese Bilder zeigen auch Kurzgeschichten sonderbare Schlüsselmomente und fordern die Leserin oder den Leser auf, sich genau mit dem Geschehen zu beschäftigen. In dem folgenden Text widerfährt Lilly etwas Unglaubliches:

Clemens J. Setz *„Eine sehr kurze Geschichte"*

Eine sehr kurze Geschichte (2011)

Nach einem langen und harten Arbeitstag im Büro stellte Lilly fest, dass auf ihren Schulterblättern kleine Flügel gewachsen waren: schmutzig rosafarbene, verletzlich wirkende Hautgebilde, die wie Gelsenstiche[1] juckten und sich von ihr mit einiger Willensanstrengung sogar ein wenig hin und her bewegen ließen. Vor lauter Angst schnitt sich Lilly die Flügel mit einer Schere ab und spülte sie im Klo hinunter. Sie überlegte, ob sie vielleicht nachwachsen würden, aber diese Sorge erwies sich als unbegründet. Die Flügel kamen nie mehr wieder, egal wie lang und hart Lillys Arbeitstage auch waren, bis ans Ende ihres kurzen Lebens.

[1] Gelsen: Im Österreich geläufiger Begriff für Stechmücken

3. Warum hat sich Lilly die Flügel abgeschnitten? Kannst du ihr Verhalten verstehen? Welche Folgen hat ihr Handeln? Wie hättest du dich verhalten?

4. Lies den Text über die Entstehung und Entwicklung von Kurzgeschichten. Inwiefern ist „Eine sehr kurze Geschichte" eine typische Kurzgeschichte?

Entstehung und Entwicklung der Kurzgeschichte

Der Ursprung der Kurzgeschichte ist in der englischsprachigen Literatur des 19. Jahrhunderts zu finden: In Zeitungen druckten Autoren kurze Texte ab, die „short storys". Die bekanntesten Autoren dieser damals neuen Textsorte sind die amerikanischen Schriftsteller Edgar Allan Poe (1809–1849) und Ernest Hemingway (1899–1961).
In Deutschland wurden vor allem nach dem Zweiten Weltkrieg (1939–1945) Kurzgeschichten geschrieben, die sich kritisch mit der Nachkriegszeit auseinandersetzten. Bis heute schreiben viele Autoren Kurzgeschichten, da die meist mehrdeutigen Texte immer noch viele Leser finden. Die Textgattung grenzt sich von Novelle, Anekdote und Kalendergeschichte ab und erlebt mit Beginn des Internets eine neue Blüte: Zahlreiche Blogger schreiben Kurzgeschichten.

Figuren einer Kurzgeschichte charakterisieren

1 a) Betrachte das Bild oben. Was könnte den abgebildeten Personen an sich nicht gefallen? Hältst du ihre Selbsteinschätzung für realistisch?
b) Überlege: Gibt es etwas, dass dir an deinem Körper nicht gefällt?

Bestimmt hattet ihr auch schon Tage, an denen ihr euch überhaupt nicht gefallen habt. Die Haare liegen nicht, am Kinn wächst ein Pickel und überhaupt gefallt ihr euch heute insgesamt gar nicht: zu klein, zu dünn, zu kurze Arme – einfach alles ist irgendwie doof. Und wenn an einem solchen Tag auch noch Besuch erwartet wird, den ihr toll findet, dann ist das echt nicht euer Tag. Irina erlebt im folgenden Text genau diese Situation.

Ingrid Kötter

Nasen kann man so und so sehen (1994)

Es ist fast 20 Uhr, als Onkel Thomas aus Kanada zu Besuch kommt. Er will sofort Irina begrüßen. „Warte einen Augenblick!", bittet die Mutter. „Irina ist jetzt vierzehn. Das ist ein schwieriges Alter. Um 20 Uhr ist eine Klassenfete. Mal will sie hingehen, dann wieder nicht. Sie hat eine fürchterliche Laune."
Irina steht in ihrem Zimmer vor dem Spiegel. In letzter Zeit steht sie oft dort. Mürrisch betrachtet sie ihr Gesicht von allen Seiten. „Diese Nase!", flüstert sie. „Diese entsetzlich große Nase! Eine Nase wie Manuela müsste man haben." Alle Jungen in Irinas Klasse sind hinter Manuela mit der niedlichen Stupsnase und dem albernen Gekicher her. Mit verbissenem Gesicht kratzt Irina an einem Pickel herum, be-

fühlt eingehend ihre Nase und stöhnt. An manchen Tagen ist es wie verhext. Da kommt einfach alles zusammen: zwei neue Pickel, davon einer mitten auf der zu großen Nase, die dadurch natürlich erst recht unangenehm auffällt. Und dann noch Onkel Thomas. Irina hat ihn mindestens drei Jahre nicht gesehen. Onkel Thomas ist Mutters jüngster Bruder. Er ist 23 Jahre alt, lebt in Kanada und hat die dämliche Angewohnheit, Irina bei jedem Wiedersehen hochzuheben und abzuküssen. „Ich mag diese Küsserei nicht", sagt Irina zu ihrem Spiegelbild, geht zur Zimmertür und will sie abschließen. Das macht sie in letzter Zeit oft, wenn Besuch kommt, den sie nicht ausstehen kann. „Sei nett zu meinem Lieblingsbruder! Er kommt extra aus Kanada", hat die Mutter gesagt. Irina denkt an den schlaksigen, pickeligen Jüngling und denkt: „Von mir aus kann er vom Mond kommen." Sie will den Schlüssel im Schloss herumdrehen. – Zu spät! Onkel Thomas steckt seinen Kopf zur Tür herein: „Hallo, kann ich reinkommen?" Schon ist er im Zimmer. Sieht echt gut aus, der Typ. Hat mächtig breite Schultern gekriegt. Und dann der Bart! Mensch, hat der sich verändert. Er hebt Irina nicht hoch. Er küsst sie nicht ab. Er sieht mit ihr zusammen in den Spiegel, haut ihr kräftig auf die Schulter und sagt: „Meine Güte, du bist ja eine richtig hübsche Dame geworden!" „Ach was! Quatsch keinen Käse!", sagt die junge Dame und hält ihr Gesicht ganz dicht vor die Spiegelscheibe. „Sieh dir diese Pickel an und dann meine Nase!" „Pickel hatte ich in deinem Alter auch", sagt Onkel Thomas. „Siehst du noch welche? Und was deine Nase betrifft, tröste dich! Du bist erst vierzehn. Du und deine Nase, ihr wachst ja noch." Irina reißt entsetzt die Augen auf.

„Wächst noch? Meine Nase? – Alles! Bloß das nicht!" Sie betrachtet sich im Spiegel. Ihre Augen füllen sich mit Tränen. „Na, na!", sagt Onkel Thomas. „Ich finde deine Nase ja schon fast richtig, aber noch ein wenig zu klein." „Zu klein?????" Irina wischt sich eine Träne ab und sieht ungläubig in den Spiegel. „Na ja", meint Onkel Thomas. „Man kann Nasen so und so sehen. Es kommt wohl auf den Betrachter an." „Wie siehst du es denn?" „Also wenn du mich fragst, ich kann zum Beispiel Frauen mit Stupsnasen nicht ausstehen. Kleine Mädchen mit Stupsnasen, na gut. Aber Frauen mit Stupsnasen sind für mich einfach unmöglich. Viel zu niedlich. Zu puppig. Keine frauliche Ausstrahlung. Magst du etwa Stupsnasen?" „Ich? – Nein. – Eigentlich nicht." Irina strahlt ihren Onkel an, fällt ihm um den Hals und küsst ihn ab. „Oh, Onkel Thomas! Wenn du wüsstest! Du bist prima! Kannst ruhig mal wieder vorbeikommen! Tschüss! Ich muss weg. Wir haben jetzt 'ne Klassenfete."

2 Was gefällt Irina an sich nicht? Welche Befürchtung hat sie beim Eintreffen ihres Onkels? Kennst du ähnliche Situationen?

Starthilfe, S. 390

3 Erstelle einen kurzen Steckbrief über Irina. Notiere in Stichpunkten, wie du sie siehst.

4 Untersuche Irinas Verhalten genauer:
   a) Wie verhält sich Irina gegenüber ihrem Onkel zu Beginn des Textes, wie am Ende? Ab wann und warum ändert sich ihre Haltung?
   b) Warum verhält sich Irina so?

5 a) Selbstbild – Fremdbild: Was könnten diese Begriffe bedeuten? Bezieht die Abbildung in eure Überlegungen mit ein.

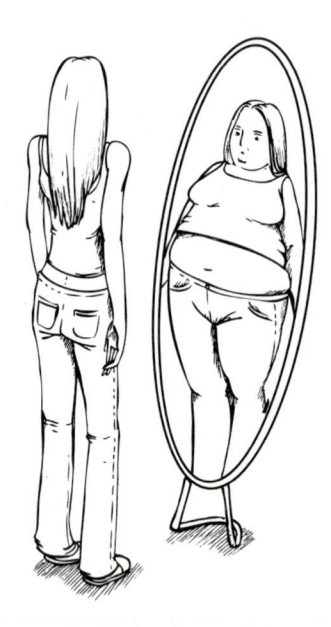

   b) Wendet diese Begriffe auf Irina an. Was könnt ihr feststellen?

→ *Eine literarische Figur charakterisieren, S. 236–238, 347/348*

Starthilfe, S. 390

Textverarbeitungsprogramm

6 a) Wählt eine Situation aus der Begegnung zwischen Irina und Thomas und spielt sie nach. Achtet dabei vor allem auf eure Haltung und eure Stimme. Beschreibt anschließend, wie ihr euch dabei gefühlt habt.
   b) Schreibe Irinas Gedanken, die sie nach der Textstelle „Sie betrachtet sich im Spiegel. Ihre Augen füllen sich mit Tränen." (Z. 59/60) hat, auf.

❗ Wissen und Können

Die Charakterisierung einer Figur der Kurzgeschichte

Eine Charakterisierung beschreibt die äußeren und inneren Merkmale einer Figur.
Äußere Merkmale sind das Aussehen und die Lebensumstände (z. B. Alter, Familienstand, Beruf).
Unter den **inneren Merkmalen** versteht man die Gedanken, Gefühle, persönlichen Eigenarten sowie das Verhalten gegenüber anderen Figuren. In Kurzgeschichten lernt man meist nur den Teil einer Figur kennen, der mit der Handlung zu tun hat. Ein umfassendes Bild der Figur kann man deshalb kaum zeichnen.

Erzähler und Erzählperspektive untersuchen

Warst du schon einmal eifersüchtig? Laut Wörterbuch versteht man darunter die starke, übertriebene Furcht, jemandes Zuneigung mit einem oder mehreren teilen zu müssen oder sie an andere zu verlieren. Eifersucht ist ein sehr starkes, schmerzhaftes Gefühl, wie auch der folgende Text zeigt.

Tanja Zimmermann

Eifersucht (1987)

Diese Tussi! Denkt wohl, sie wäre die Schönste. Juhu, die Dauerwelle wächst schon raus. Und diese Stiefelchen von ihr sind auch zu albern. Außerdem hat sie sowieso keine Ahnung. Von nix und wieder nix hat die 'ne Ahnung. Immer, wenn sie ihn sieht, schmeißt sie die Haare zurück wie 'ne Filmdiva. Das sieht doch ein Blinder, was die für 'ne Show abzieht. Ja, o.k., sie kann gut tanzen. Besser als ich. Zugegeben. Hat auch 'ne ganz gute Stimme, schöne Augen, aber dieses ständige Getue. Die geht einem ja schon nach fünf Minuten auf die Nerven.
Und der redet mit der ... stundenlang. Extra nicht hingucken. Nee, jetzt legt er auch noch den Arm um die. Ich will hier weg! Aber aufstehen und gehen, das könnte der so passen. Damit die ihrem Triumph hat. Auf dem Klo sehe ich in den Spiegel, finde meine Augen widerlich, und auch sonst, ich könnte kotzen. Genau, ich müsste jetzt in Ohnmacht fallen, dann wird ihm das schon leidtun, sich stundenlang mit der zu unterhalten. Als ich aus dem Klo komme, steht er da: „Sollen wir gehen?"
Ich versuche es betont gleichgültig mit einem Wenn-du-willst, kann gar nicht sagen, wie froh ich bin. An der Tür frage ich, was denn mit Kirsten ist. „Oh Gott, eine Nervtante, nee, vielen Dank!" ...
„Och, ich find die ganz nett, eigentlich", murmele ich.

1 In dieser Erzählung geht es, wie der Titel schon sagt, um Eifersucht. Wer ist auf wen eifersüchtig?

2 Was erfährst du über die Erzählerin? Wie wirkt sie auf dich? Charakterisiere sie, beachte hierbei vor allem den letzten Satz.

Eine literarische Figur charakterisieren, S. 236–238, 347/348

❗ Wissen und Können

Der auktoriale und der personale Ich-Erzähler

Du weißt, dass die Autorin oder der Autor einer Erzählung einen Erzähler einsetzt, der der Leserin bzw. dem Leser die Handlung vermittelt. Das kann ein **auktorialer Erzähler** oder ein **personaler Erzähler** sein. Dieser Erzähler kann sich aus der Ich- oder aus der Er-/Sie-Perspektive an die Leserin oder den Leser wenden.

Wenn der Erzähler aus der Ich-Perspektive schreibt, kann man zwischen dem **auktorialen Ich-Erzähler** und dem **personalen Ich-Erzähler** unterscheiden:

- Der **auktoriale Ich-Erzähler** blickt in die Vergangenheit zurück, er kennt Verlauf und Ausgang des Geschehens. Da er dies alles weiß, ist es möglich sowohl Geschehnisse als auch Verhaltensweisen zu kommentieren, man nennt dies auch das **erlebende Ich**.

- Der **personale Ich-Erzähler** ist gerade selbst in der Situation und berichtet, was er erlebt. Er kennt den Verlauf und Ausgang der Handlung nicht, hier spricht man von einem **erzählenden Ich**.

3 Welche Erzählperspektive liegt in der Kurzgeschichte „Eifersucht" vor? Achte besonders auf den Anfang und auf den letzten Absatz. Was fällt dir auf?

Starthilfe, S. 390

Textverarbeitungsprogramm

4 Schreibe diese kurze Geschichte selbst auf und wähle dabei unterschiedliche Erzählperspektiven.
   a) Schreibe aus der Sicht der Erzählerin, wähle aber als Erzählperspektive den auktorialen Ich-Erzähler.
   b) Schreibe aus der Sicht der männlichen Figur und wähle die Erzählperspektive des personalen Ich-Erzählers.
   c) Schreibe aus der Sicht der männlichen Figur und wähle die Erzählperspektive des auktorialen Ich-Erzählers.
   d) Diskutiert dann: Was ändert sich durch den Wechsel der Erzählperspektiven jeweils für die Leserin und den Leser?

5 Erkläre: „Die Eifersucht ist eine Plage. Weh dem, der ihr zum Opfer fällt. Sie schafft viele trübe Tage. Warum ist sie wohl auf der Welt?" (A. Lortzing)

Sprachliche Mittel einer Kurzgeschichte untersuchen

Auch in dem folgenden Text spielt ein Spiegel eine wichtige Rolle. Er steht für mehr als nur ein bloßes Spiegelbild.

Marlene Röder

Scherben (2011)

Ich bin unvorsichtig geworden. Wie schnell das geht. Zu Hause wäre mir das nie passiert. Ich bin müde, daran liegt es. Seit ich hier bin, könnte ich die ganze Zeit nur schlafen.
Sie haben mir ein Zimmer gegeben mit Modellflugzeugen, die von der Decke hängen. An eine Wand ist ein Regenbogen gesprayt. „Was ist denn das für ein Babyzimmer?", hab ich gefragt. Ich bin vierzehn, Mann.
„Das ist das Zimmer von meinem Bruder", hat das Mädchen gesagt, und Alter, wie die dabei geguckt hat. Als würde sie mir jeden Knochen im Leib einzeln brechen, wenn ich die Scheißflugzeuge auch nur schief angucke.
„Und wo ist er, dein Bruder?", hab ich gefragt. Weil, hey, ich hätte ein Problem damit, wenn meine Alten einfach jemand in meinem Zimmer pennen lassen würden, selbst wenn es ein Babyzimmer ist. Aber diese Pfarrerskinder, die sind wohl sozial erzogen. Nächstenliebe und so was.
„Er ist tot", hat sie gesagt und auf den Fußboden geschaut: „Er hatte Muskelschwund." Ich starre sie an und stelle mir einen Jungen vor, der sich langsam auflöst, die Muskeln flutschen zurück wie Spaghetti, bis er nur noch ein Häufchen Knochen ist, überspannt von Haut. Und auseinanderfällt.
Bestimmt hätte ich da was sagen sollen, irgendwas mit herzlich ... Aber das Einzige, was mir eingefallen ist, war herzlichen Glückwunsch, und das passte ja wohl nicht. Also hab ich nur gesagt: „Toll, das Zimmer von 'nem Toten." Auf dem Schreibtisch steht sogar noch ein angefangenes Modellflugzeug, steht da wie in einem Scheiß-Museum, und manchmal bastle ich ein bisschen dran rum, nur um die Pfarrersippschaft zu ärgern.
Neulich kam der Pfarrer himself ins Zimmer, um irgendwelches Gerichtszeug mit mir zu besprechen. Ich hab gesehen, dass er es sofort gemerkt hat, er hat auf das Flugzeug gestarrt und ich dachte, gleich fängt er an zu flennen und scheuert mir eine, aber stattdessen hat er mich angeguckt und dann hat er versucht zu lächeln. Kein Wunder, dass man da lasch wird. Dass man nicht mehr aufpasst, dass man vergisst, die Tür abzuschließen, wenn man morgens mit müdem Kopf ins Bad trottet. Zu Hause wäre mir das nie passiert. Ich stehe in Boxershorts vorm Waschbecken und spüle mir die Zahnpasta aus dem Mund. Als ich wieder hochgucke, sehe ich in dem großen Spiegel, dass das Mädchen hinter mir in der offenen Tür steht. Sie starrt mich an, starrt meinen Rücken an, die Striemen, wo der Arsch mich mit dem Gürtel ... Und meine Mutter, die zugesehen hat, bisschen geflennt, aber zugesehen ... Und jetzt sieht das Mädchen das alles, und ich steh da mit einem Rest Zahnpasta im Mund und hab mich noch nie so scheißnackt gefühlt. Ich wirbel herum, aber ihr Blick geht an mir vorbei, es ist immer noch alles sichtbar im Spiegel, und wie kann das sein, dass sie morgens schon so aussieht, mit dem langen, rotbraunen Haar, das ihr über die Schulter fällt, makellos, ja das ist das Wort. Ihre Augen sind geweitet, sie guckt mich an wie etwas, was runtergefallen und kaputtgegangen ist, schade drum. Und dann gräbt sich die Furche in ihre Stirn – oh, tut mir so leid für dich – und am liebsten würde ich sie schlagen. Stattdessen schreie ich sie an und

schmeiße meine Zahnbürste nach ihr, dass der Schreck das andere in ihren Augen auslöscht. Ich schmeiße auch den Zahnputzbecher und die Cremes, den Rasierapparat und überhaupt alles, was in Reichweite ist. Aus einem kleinen Schnitt am Kinn des Mädchens tropft Blut, aber es bleibt immer noch stehen. Zuletzt knalle ich die Seifenschale aus poliertem Stein gegen den großen Wandspiegel. WUMM! Mit einem befriedigenden Krachen explodiert er und die Scherben regnen glitzernd runter. Da läuft sie endlich weg.

Mein Herz hämmert. Mir ist so heiß. Ich will meine Haut ausziehen und das alte zerknüllte Ding in den Korb für die schmutzige Wäsche schmeißen. Ich will mich hinlegen, mit dem Gesicht auf die kühlen Fliesen, 'ne Runde ausruhen. Aber das geht nicht, alles voller Scherben. Das war's wohl mit dem Pfarrerhaus. Nachdem ich ihr Bad zerlegt habe, schmeißen die mich raus. War ja klar, dass so was passiert. Aus irgendeinem Grund muss ich an das halb fertige Modellflugzeug denken, während ich in diesem Trümmerhaufen rumstehe. Alles voller Scherben und ich bin barfuß.

Keine Ahnung, wie ich hier je wieder wegkommen soll.

Es klopft an der Badezimmertür. „Kann ich reinkommen?", fragt eine Männerstimme.

„Meinetwegen." Was soll ich auch sonst sagen? Erwachsene machen eh, was sie wollen, egal, was du davon hältst. Es ist der Pfarrer. Bestimmt hat seine Tochter ihn geholt, weil sie Angst vor dem Verrückten im Bad hat. Bestimmt ist er wütend, weil ich sie mit Sachen beworfen habe, aber sein Gesicht bleibt ganz ruhig. Er sieht sich in dem zertrümmerten Bad um, dann sieht er mich an. Die Scherben knirschen unter seinen Sohlen, als er auf mich zukommt. Er trägt Schuhe. Mein Körper spannt sich. Da breitet er linkisch die Arme aus und ich kapiere, dass er mich hochheben will, mich über die Scherben hinwegtragen wie einen kleinen Jungen. Aus irgendeinem Grund tut das mehr weh, als wenn er mich geschlagen hätte.

Ich mache einen Schritt rückwärts, suche nach Worten und finde welche, mit denen ich ihn schlagen kann: „Nur weil dein Sohn tot ist ... Ich brauch niemanden, der mich rettet, kapiert!" Die Arme des Pfarrers sinken langsam herab, auch in seinem Gesicht sinkt etwas und ich schaue weg. „Ich hab keinen Muskelschwund! Ich hab jede Menge Muskeln!", sage ich, denn ich bin fast vierzehn.

Und dann laufe ich über die Scherben zur Tür. Ich merke, wie die Scherben in meine nackten Füße schneiden, aber ich laufe weiter.

1 Worum geht es in dieser Kurzgeschichte? Gib den Inhalt in wenigen Sätzen wieder.

2 Beschreibe die Atmosphäre in der Geschichte. Welche Textstellen sind dafür verantwortlich?

3 Beurteile die Reaktion des Jungen auf die Hilfe des Pfarrers.

4 Charakterisiere den Pfarrer.

Starthilfe, S. 390

❗ Wissen und Können

Sprachliche Kennzeichen von Kurzgeschichten

Kurzgeschichten erkennt man oft an ihrer sprachlichen Gestaltung. Zwei **sprachliche Aspekte** sind bei Kurzgeschichten häufig zu finden:

- Oftmals kommen in den Texten **Symbole** vor: Gegenstände, Tiere, Farben oder Zahlen, die stellvertretend für etwas anderes stehen. Im Alltag begegnen wir täglich Symbolen, z. B. der Taube, die für Frieden steht, oder dem roten Herz, das Zuneigung verkörpert. In der Literatur stehen Symbole ebenfalls für einen nicht sichtbaren Sachverhalt, der von der Leserin bzw. vom Leser geklärt werden soll.

- Außerdem ist die **Sprache des Erzählers** von der Autorin bzw. vom Autor sehr bewusst gewählt und kann im Verlauf der Geschichte wechseln. Die Wahl von Wörtern (und Wortfeldern) sowie der Satzbau prägen die **Sprachebene** eines Textes. Man unterscheidet verschiedene Ebenen: Es gibt z. B. Fachsprache, Alltagssprache, Jugendsprache und Umgangssprache. Die Untersuchung der Sprachebene trägt zum Erschließen des Charakters einer Figur bei und verdeutlicht die entsprechende Sichtweise des Erzählers.
  In Kurzgeschichten findet man oft Alltagssprache, bisweilen wird auch bewusst Umgangssprache verwendet.

Jugendsprache reflektieren, S. 285–287

5 Erkläre die Symbole Spiegel, Scherben und Modellflugzeug. Wofür stehen diese Gegenstände?

6 Untersuche die Sprache der Figuren. Welche verschiedenen Ebenen entdeckst du?

7 Untersuche die Gesprächsweise der Figuren und beschreibe sie. Folgende Adjektive helfen dir dabei:

angriffslustig, aggressiv, hitzig, beruhigend, besänftigend, sachlich, unvoreingenommen, vorurteilslos, aufmerksam, freundlich, angenehm, fürsorglich

Kennzeichen einer Kurzgeschichte kennenlernen

„Laut einer FBI-Statistik ist die Mehrheit der Serienkiller im November geboren. Also, Vorhang auf für den wahren Psycho unter den Sternzeichen: Der Skorpion geht über Leichen und neigt zu sadistischen Taten. Wenn die Leidenschaft mit ihm durchgeht, ist niemand sicher.", so kann man in der Zeitschrift *Cosmopolitan* lesen.

1 Welches Sternzeichen bist du? Glaubst du an dein Horoskop? Informiere dich, was dein Sternzeichen aussagt und erstelle eine kurze Zusammenfassung. Hier ein Beispiel:

Skorpion (24.10.–21.11.)

Menschen, die zwischen dem 24.10. und dem 21.11. geboren wurden, gehören zu dem Sternzeichen Skorpion, dem achten Zeichen des Tierkreises. Der Skorpion ist individuell und kämpferisch. Er geht seinen Weg – komme, was da wolle. Wird er vor eine Herausforderung gestellt, ist ihm fast jedes Mittel recht, um sie zu meistern. Verantwortlich dafür ist Mars, der Kampfplanet. Man sollte ihn nach Möglichkeit nicht herausfordern – ist er in angriffslustiger Stimmung, kennt er keine Gnade. Er hat ein ausgeprägtes Selbstbewusstsein: Beleidigungen prallen an ihm ab, Komplimente berühren ihn nicht. – Skorpione sind aber oft überraschend mitfühlend und liebenswürdig. Er setzt sich für Gerechtigkeit ein, bietet allen Schwierigkeiten tapfer die Stirn. Auch ist er ein treuer Freund. Für die Menschen, die ihm wirklich wichtig sind, geht er bis zum Äußersten. Seine strenge und unnachgiebige Art zeigt sich auch in der Familie und im Freundeskreis.

Steinbock · Wassermann · Fische · Widder
Stier · Zwilling · Krebs · Löwe
Jungfrau · Waage · Skorpion · Schütze

2 In der folgenden Kurzgeschichte geht es auch um einen Skorpion, der aber angeblich andere Eigenschaften besitzen soll. Lies den Text von Christa Reinig auf der nächsten Seite.

3 Äußert spontan euren Eindruck zu dem Text. Welche Fragen stellt ihr euch?

4 Welche Eigenschaften hat der Skorpion in diesem Text? – Überlegt: Woher weiß der Skorpion um diese Eigenschaften?

Christa Reinig „Skorpion"

Skorpion (1968)

Er war sanftmütig und freundlich.
Seine Augen standen dicht beieinander. Das bedeutete Hinterlist. Seine Brauen stießen über der Nase zusammen. Das bedeutete Jähzorn. Seine Nase war lang und spitz. Das bedeutete unstillbare Neugier. Seine Ohrläppchen waren angewachsen. Das bedeutete Hang zum Verbrechertum. Warum gehst du nicht unter die Leute? fragte man ihn.
Er besah sich im Spiegel und bemerkte einen grausamen Zug um seinen Mund. Ich bin kein guter Mensch, sagte er. Er verbohrte sich in seine Bücher. Als er sie alle ausgelesen hatte, musste er unter die Leute, sich ein neues Buch kaufen gehen. Hoffentlich gibt es kein Unheil, dachte er und ging unter die Leute. Eine Frau sprach ihn an und bat ihn, ihr einen Geldschein zu wechseln. Da sie sehr kurzsichtig war, musste sie mehrmals hin- und zurücktauschen. Der Skorpion dachte an seine Augen, die dicht beieinander standen und verzichtete darauf, sein Geld hinterlistig zu verdoppeln. In der Straßenbahn trat ihm ein Fremder auf die Füße und beschimpfte ihn in einer fremden Sprache. Der Skorpion dachte an seine zusammengewachsenen Augenbrauen und ließ das Geschimpfe, das er ja nicht verstand, als Bitte um Entschuldigung gelten. Er stieg aus, und vor ihm lag eine Brieftasche auf der Straße. Der Skorpion dachte an seine Nase und bückte sich nicht und drehte sich auch nicht um. In der Buchhandlung fand er ein Buch, das hätte er gern gehabt. Aber es war zu teuer. Es hätte gut in seine Manteltasche gepasst. Der Skorpion dachte an seine Ohrläppchen und stellte das Buch ins Regal zurück. Er nahm ein anderes. Als er es bezahlen wollte, klagte ein Bücherfreund: Das ist das Buch, das ich seit Jahren suche. Jetzt kauft's mir ein anderer weg. Der Skorpion dachte an den grausamen Zug um seinen Mund und sagte: Nehmen Sie das Buch. Ich trete zurück. Der Bücherfreund weinte fast. Er presste das Buch mit beiden Händen an sein Herz und ging davon.
Das war ein guter Kunde, sagte der Buchhändler, aber für Sie ist auch noch was da. Er zog aus dem Regal das Buch, das der Skorpion so gern gehabt hätte. Der Skorpion winkte ab: Das kann ich mir nicht leisten. – Doch, Sie können, sagte der Buchhändler, eine Liebe ist der anderen wert. Machen Sie den Preis. Der Skorpion weinte fast. Er presste das Buch mit beiden Händen fest an sein Herz, und, da er nichts mehr frei hatte, reichte er dem Buchhändler zum Abschied seinen Stachel.
Der Buchhändler drückte den Stachel und fiel tot um.

5 Beachtet den ersten Satz: Inwiefern trifft er auf den Skorpion zu? Findet Textstellen dafür.

6 Gliedert die Handlung ab folgender Stelle: „…ging unter die Leute" (Z. 16). Erstellt eine Tabelle: *Starthilfe, S. 390*

Handlungsort	Was passiert?
Straße	Geld wechseln
Straßenbahn	…
Straße	
…	

7 Betrachtet die Figur des Skorpion.
  a) Beurteilt sein Verhalten.
  b) Klärt, wie er sich selbst sieht und wie ihn andere Menschen sehen.
  c) Diskutiert: Warum gibt er dem Buchhändler seinen Stachel?

Starthilfe, S. 390

8 Erkläre den Satz: „Eine Liebe ist der anderen wert." (vgl. Z. 49).

9 Vergleiche alle bisher in diesem Kapitel gelesenen Kurzgeschichten miteinander – welche Gemeinsamkeiten fallen dir auf?

❗ Wissen und Können

Kennzeichen von Kurzgeschichten kennenlernen

Kurzgeschichten haben einen **geringen Umfang** und sind in kurzer Zeit zu lesen. Sie erzählen von **alltäglichen Situationen**. Die Handlung beginnt meist **unvermittelt** und endet plötzlich. Man hat den Eindruck, dass Kurzgeschichten nur einen Ausschnitt einer Gesamthandlung bieten. Dieser **Ausschnitt** wird linear erzählt, selten gibt es Vor- oder Rückblenden. Oft hat die Geschichte gegen Ende einen **Wendepunkt**, der überrascht oder irritiert.
Da Gefühle und Gedanken oft ausgespart sind, enthalten diese Texte viele **Leerstellen**, die die Leserin bzw. der Leser mit eigenen Gedanken füllen muss. Die **Sprache ist meist einfach** gehalten, häufig liegt Alltagssprache vor. In vielen Texten sind **Symbole** zu finden, die man erst beim intensiven Lesen entdeckt und deuten muss, um die Kurzgeschichte zu verstehen.

Textverarbeitungsprogramm

10 Betrachte nochmals alle Kurzgeschichten. Welche Gemeinsamkeiten findest du? Erstelle dazu eine Tabelle nach folgendem Muster:

Kennzeichen der Kurzgeschichte	Nasen kann man so und so sehen	Eifersucht	Scherben	Skorpion
Kürze	eher eine längere Geschichte			
unvermittelter Beginn			richtig	
…				

Einen Interpretationsaufsatz schreiben

Du hast in diesem Kapitel bereits einige Kurzgeschichten kennengelernt. Nun sollst du zu einer Kurzgeschichte eine Interpretation schreiben. Wie kannst du dabei vorgehen?

Textsammlung: Kurzgeschichten

Vorarbeit:
Zuerst sind einige Vorarbeiten zu leisten. Folgendes solltest du klären:

Handlung/Situation:
- Wovon handelt die Geschichte?
- Welche Erlebnisse, Probleme, Konflikte stehen im Mittelpunkt?

Zeit und Ort:
- An welchem Ort und in welcher Zeit spielt die Geschichte?
- Wie ist das Verhältnis von Erzählzeit und erzählter Zeit?

Figuren:
- Wie viele Figuren gibt es?
- Wie werden sie charakterisiert?
- In welcher Beziehung stehen sie zueinander?
- Wie wirken sie auf die Leserin/den Leser?

Sprache:
- Gibt es auffällige Besonderheiten, z. B. Wiederholungen, Schlüsselwörter, Metaphern?
- Wodurch wird die Handlung spannend oder schwer verständlich?

Erzählform:
- Handelt es sich um eine Ich-Erzählung oder eine Er-/Sie-Erzählung?
- Wird die Geschichte von einem auktorialen oder personalen Erzähler erzählt?
- Gibt es Dialoge? Werden Gedanken geschildert?

Untersuche die folgende Kurzgeschichte von Bob Blume, einem Lehrer, der einen eigenen Blog betreibt, nach den genannten Kriterien:

Bob Blume „Deutschstunde"
Deutschstunde (2015)

„Der Einstieg der Kurzgeschichte ist immer plötzlich, merkt euch das!" Die Kälte war aus den undichten Fenstern in seinen Nacken gekrochen. Ganz hinten, wo er und Jana saßen, war es besonders schlimm. In den Augenwinkeln sah er, dass auch sie fror. Die hellen Haare auf ihren Armen standen nach oben. „Was habe ich gerade gesagt?" Herr Sternbergers Brust bebte. Er schritt gemächlich nach hinten, den Blick nicht von ihm gelassen. Seine Cordhose sah aus wie drei Erdschichten. „Brauchen Sie eine Extraeinladung?"

Paul blickte am Lehrer vorbei, auf die Tafel. Sie war mit unleserlichen Zeichen beschriftet. Etwas Mathe vom Vortag, ein paar englische Vokabeln. Sternbergers Gesicht strahlte fröhlich. Kleine Äderchen zogen sich über die roten Backen vorbei bis zur furchigen Stirn. Die Augen verdrehten sich immer leicht, wenn er versuchte, ein Ziel zu fixieren. Deshalb fokussierte er immer nur wenige Sekunden, um sich dann scheinbar aus Zufall wieder wegzudrehen. Tat er dies, lachten die Schüler ihn aus und taten so, als habe jemand einen Witz gemacht. Paul konnte seinen Atem sehen, als er ansetzte. „Plötzlich!", sagte Paul wie gehaucht. „Seien Sie lauter, Mensch. Alle wollen hören, was Sie gesagt haben." Die anderen hören nichts. Sie starren gelangweilt auf kleine Kritzeleien vor ihnen, die sie während Sternbergers Monolog angefertigt haben. Nur Kreise und Ecken, mal eine unzüchtige Figur dazwischen, nichts Weltbewegendes. „Plötzlich, Herr Sternberger! Kurzgeschichten beginnen plötzlich." „Warum denn nicht gleich so, Lustig?", fragte Sternberger aber wartet die Antwort schon nicht mehr ab. Er betont den Namen, wie er es mag. Meistens, als habe er damit einen Witz gemacht. Er beginnt langsam und geschwollen, mit viel Schwere auf der ersten Silbe, danach gleitet seine Stimme nach oben, als wolle er ihm eine Frage stellen.

„Was will der Autor mit diesem Einstieg erreichen?" Die Blicke der Klasse schweifen ins Leere. Jana sitzt weiter neben ihm und friert. Fror schon immer. Viele sagen, dass sei so bei Mädchen. Aber auch er friert. Er fixiert Sternberger, um sich abwenden zu können. „Sprecht darüber mit euren Nachbarn." Paul schielt herüber. Aber Jana hat sich schon zu einer Dreierreihe gedreht. Es würde nicht lohnen, sich anzuschließen. Vielleicht wäre es wärmer? Er dreht sich zum Fenster.

Der Schnee liegt auf den Bäumen wie ein Meer von Blüten aus einer Welt, in der es kein Dunkel gibt. Die Häuser stehen fest im Boden und stoßen Leben aus. Der Rauch vor dem Schnee – eine Schattierung von Menschen. Aber ohne sie? Die Bäume weiter hinten sind in weiß getaucht. Sie suchen sich, stehen nah beieinander. Aber man sieht nicht, welches der wichtigste Baum ist. Alle sind gleich. Dunkeltannengrün. Wenn man jetzt durch den Wald streifen würde, wäre es sehr still. Schnee schluckt die Farben und die Töne. Die Tiere des Waldes sind im Winterschlaf oder im Süden. Der Weg ihrer Freiheit. „Zu welchem Ergebnis seid ihr gekommen? Paul Witzig?" Eine Gruppe ansprechen und einen meinen. Lehrerfolter. Herr Sternberger steht breitbeinig und lächelt ins Nichts. Einige drehen sich weg, lachen. Er denkt, er sei lustig. Alle wissen: Er ist es nicht.

„Ich habe noch nicht zu Ende gedacht", sagt Paul. Janas Gesicht neben ihm verzerrt sich. Sie prustet gleich los, darf es sich nicht erlauben. „So wird das nichts mit dem Abschluss", sagt Sternberger und fügt an: „So kann das nichts werden." Paul sagt nichts. Er hofft, dass er nun für den Rest der Woche seine Ruhe hat. Dass er nicht gefragt wird, von Sternberger und all den anderen, die ihm sagen, dass das nichts wird. Als er noch Fragen hatte über alles, was ihn interessierte, da war es anders. Aber die Fragen waren weg. Oder bei anderen. Und Antworten hatte er noch nie gehabt.

Die Klingel riss alle wie mit einer durchsichtigen Schnur nach oben. Sie fielen wie im Sturz aus der Klasse heraus, laut tönend und tollend, was nun, endlich, da die Schule vorbei sei, anstünde. Paul atmete tief durch und verfolgte den Atemhauch, der es bis über den Tisch schaffte, ehe er sich auflöste. Er stand auf, langsam, als müsse er sich in Zeitlupe bewegen. Sternberger musste noch etwas auf die Tafel geschrieben haben, das ihm zuvor entgangen war. „Der Schluss..." hieß es dort. Paul packte seine Sachen ein und ging näher an die Tafel. „Der Schluss ist meistens offen." Was sollte das bedeuten. Offen. Es gibt also kein Ende? Kein Happy End? Keine Auflösung. Ein plötzlicher Beginn und keine Auflösung am Ende. Zum ersten Mal an diesem Tag, nein, in dieser Woche, musste Paul grinsen. Die Merkmale der Kurzgeschichte entsprachen nicht nur Sternbergers Schulstunden. Eigentlich entsprachen sie dem ganzen Leben. Schade, dass er das niemandem mitteilen würde. Es würde keiner zuhören wollen. Nur Gelächter, Blicke, kleine Zeichnungen auf Papier.

Das dunkle Brechen unter seinen Schritten begleitete seinen Gang durch den Schnee. Er klopfte an der Haustür, wo seine Oma die Arme ausbreitete. Ein kleiner Punkt auf der Schürze verriet ihm, dass es Gulasch geben würde. Das machte ihn glücklich. „Gulasch!", sagte er freudig. „Weißt du, mein Paulchen", sagte seine Oma. Ich glaube, ich kennen keinen, der so gut beobachten kann wie du."

Erstentwurf schreiben

Wenn du mithilfe der Leitfragen oben den Text untersucht hast, kannst du deinen Erstentwurf schreiben. Orientiere dich was den Aufbau und den Inhalt betrifft an dem Methodenkasten unten.

⚙ Methode

Einen Interpretationsaufsatz planen, schreiben und überarbeiten

Schritt 1: Einen Schreibplan erstellen

- Mache dir klar, wie der Arbeitsauftrag lautet.
- Untersuche die Kurzgeschichte genau. Nimm dazu den Fragenkatalog auf S. 157 zu Hilfe.
- Plane die Struktur deines Textes.

Schritt 2: Den Interpretationsaufsatz schreiben

Achte darauf, dass dein Aufsatz aus drei Teilen besteht.

Einleitung
- Nenne Textsorte, Autor, Titel und Erscheinungsjahr.
  Die Kurzgeschichte XY, welche von XY im Jahr xy verfasst wurde ...
- Gib den Inhalt der Kurzgeschichte knapp wieder (nur das Thema/das Wichtigste).
  Der Text beschäftigt sich mit ...
- Gib die Aussageabsicht des Autors an. Die Absicht des Autors ist es ...

Hauptteil
- Aussagen zur Erzählperspektive
  Es liegt eine xy Erzählperspektive vor, da ... . Dies zeigt z. B. der Satz yz.
- Aussagen zu den Figuren und ihrer Charakteristik
  In der Geschichte gibt es xy Personen. Charakteristisch für XY ist, dass ...
- Aussagen zu Zeit und Ort der Handlung
  Handlungsort der Kurzgeschichte ist xy, sie spielt zur Zeit ...
- Aussagen zur Handlung/Ereignis/Konflikt
  In dem Text ist ein innerer/äußerer Konflikt erkennbar, da ...
- die Untersuchung der Sprache (z. B. Sprachebene und Symbole)
  In der Geschichte wird xy Sprache verwendet, dies zeigt sich z. B. im Gespräch ...
  Folgender Gegenstand ist ein Symbol, da er über sich hinaus auf xy verweist.

Schluss
- eventuell eine Zusammenfassung der wichtigsten Ergebnisse
  Das Hauptthema der Kurzgeschichte ist .../Zusammenfassend ist festzustellen ...
- die Erläuterung der Absicht der Autorin/des Autors
  Der Autor verfolgt mit dem Text das Ziel/hat die Absicht ...
- Aussagen zur Wirkung des Textes
  Insgesamt betrachtet hat die Kurzgeschichte ein xy Wirkung, da ...
- eventuell eine eigene Meinung
  Meiner Meinung nach ist ...

Schritt 3: Den Interpretationsaufsatz überarbeiten

- Überprüfe deinen Text auf inhaltliche und sprachliche Richtigkeit.
- Kontrolliere, ob du alle Aufgaben abgearbeitet hast, die du bei der Abfassung eines Interpretationsaufsatzes zu erledigen hast.

- Textlupe „Interpretationsaufsatz"
- Texte anhand von Kriterien überarbeiten, S. 256/257

Feedback geben
Lest die Lösung eurer Nachbarin oder eures Nachbarn durch und beurteilt den Entwurf anhand des Methodenkastens sowie der Textlupe. Was ist gut gelungen? Was kann noch verbessert werden?

Reinschrift verfassen
Verfasse auf der Grundlage des Feedbacks eine Reinschrift. Achte auf eine stimmige Gliederung deines Textes. Lies dir am Ende deinen Aufsatz noch einmal durch und korrigiere auch die letzten verbliebenen Rechtschreib- und Kommafehler.

! Wissen und Können

Kurzgeschichten erschließen und verstehen

Die Textanalyse und anschließende -interpretation ist eine typische Aufgabenstellung in Klassenarbeiten.

Bei einer **Erschließung** beschreibt man den Text und seinen Aufbau ganz genau. Das griechische Wort dafür ist Analyse und bedeutet so viel wie „Auflösung". Hier nimmt man vor allen Dingen Inhalt, sprachliche Gestaltung und Merkmale der Textsorte genau in den Blick.

Die anschließende **Texterschließung** baut auf diesen Ergebnissen auf. Unter Erschließung versteht man, die Deutung eines Textes vorzunehmen. Man geht also den Fragen nach, was die Autorin oder der Autor der Leserin bzw. dem Leser anhand des Textes mitteilen will oder welche Bedeutung der Text für die Leserin bzw. den Leser heute hat. Der Fachbegriff dafür ist Textinterpretation.

Aus beiden Teilen ergibt sich ein Interpretationsaufsatz, der folgenden Aufbau hat:

Einleitung
Dort findet man wesentliche Informationen über den Text.

⬇

Hauptteil
Er enthält eine genaue Betrachtung der einzelnen Bestandteile (Analyse) und die anschließende Deutung des Gesamtzusammenhangs (Interpretation).

⬇

Schluss
Hier findet sich eine zusammenfassende Beurteilung und ggf. die eigene Meinung der Verfasserin bzw. des Verfassers.

Arbeitsheft, S. 47–49

Schätze deinen Lernstand ein

Martin Suter

At the Top (2007)

Im Eckbüro im Achtundzwanzigsten brennt noch Licht. An einem der Panoramafenster steht Sander, Hände auf dem Rücken, Schultern zurück, Hals gereckt. Über ihm nichts als die Dachterrasse, auf der bei schönem Wetter der Verwaltungsrat in der Sitzungspause einen kleinen Imbiss nimmt. Vor ihm die Lichter der Vorstadt. Unter ihm die Werkhallen eins bis sieben, dazwischen die Verwaltungsgebäude B und C.

In den dunklen Fassaden leuchtet da und dort ein Fenster. Manchmal bewegt sich eine Gestalt hinter den Scheiben, geht von einem Gestell zu einem Schreibtisch und verharrt dort, reglos.

Auf dem Parkplatz bilden ein paar Autos ein karges Muster. Ein Mann geht schnell über den Platz. Bei einem der Autos leuchten kurz die Stopplichter auf, wie zur Begrüßung. Der Mann setzt sich hinters Steuer. Wenn die Fenster nicht schallisoliert wären, würde Sander jetzt den Motor hören. So sieht er nur die Abblendlichter, die sich den Weg aus dem Parkplatz und zum Werkstor suchen.

Sander wendet sich ab. Tief in Gedanken geht er die zehn, zwölf Schritte über den schokoladenbraunen Baumwollvelours[1] zum gläsernen Schreibtisch. Mit einem tiefen Seufzer lässt er sich auf dem Sessel nieder und greift an den Verstellhebel. Lautlos gleitet die Rückenlehne nach hinten. Er legt den Kopf zurück, starrt an die schallschluckenden Deckenlamellen und atmet den Duft des neuen Leders ein. Ein verdammt gutes Gefühl, hier oben zu sitzen und einen harten Arbeitstag ausklingen zu lassen. Sich ein paar Minuten der Einkehr zu gönnen zwischen den Verpflichtungen des Berufslebens und denen des Privaten. Sander schließt die Augen. Wie viel würden die, die morgen wieder zum Werk strömen, darum geben, auch nur ein einziges Mal zu erleben, wie es sich anfühlt, hier oben zu sitzen. Wie es ist, der Mann ganz zuoberst zu sein. Die dünne Luft der Macht zu atmen und in den weichen Polstern der harten Entscheidungen zu ruhen.

Aber keinem wird es vergönnt sein. Keinem der Kader, die irgendwo dort unten ihre sinnlosen Überstunden absolvieren oder beim Apéro[2] ihre erfolglosen Intrigen aushecken oder keinen Schlaf finden bei der Planung ihres nächsten Karriereschritts.

Nur er, Sander, ist in einer Position, in der er jeden Abend dieses unvergleichliche Gefühl auskosten kann. Er beglückwünscht sich zu seinem Job, steht auf, schiebt den Putzwagen hinaus und löscht das Licht.

[1] Baumwollvelours: hochwertiger Teppich mit sehr weicher, samtiger Oberfläche

[2] Apéro: alkoholisches Getränk oder ein abendliches geselliges Zusammenkommen

---

1 Fasse den Inhalt des Textes mit eigenen Worten kurz zusammen.

2 Erkläre, worin die überraschende Wendung der Kurzgeschichte liegt.

3 Charakterisiere die Hauptfigur.

4 Erkläre, welche Erzählperspektive verwendet wird.

5 Arbeite heraus, welche Kennzeichen einer Kurzgeschichte zu finden sind.

→ Seite 162/163 B
→ Seite 162/163 A
← Seite 150, 156

Mit einer Kurzgeschichte kreativ umgehen

Stell dir vor, du könntest für ein Jahr an einem Schüleraustausch mit einer thailändischen Schule teilnehmen. Welche Erwartungen und welche Befürchtungen hättest du? Würdest du trotzdem weggehen? – Im folgenden Text bricht ein Junge nach der Schule nach Asien auf, aber nicht für ein Jahr ...

Sybille Berg

Hauptsache weit (2001)

Und weg, hatte er gedacht. Die Schule war zu Ende, das Leben noch nicht, hatte noch nicht begonnen, das Leben. Er hatte nicht viel Angst davor, weil er noch keine Enttäuschung kannte. Er war ein schöner Junge mit langen dunklen Haaren, er spielte Gitarre, komponierte am Computer und dachte, irgendwie werde ich wohl später nach London gehen, was Kreatives machen. Aber das war später.
Und nun?
Warum kommt der Spaß nicht? Der Junge hockt in einem Zimmer, das Zimmer ist grün, wegen der Neonleuchte, es hat kein Fenster, und der Ventilator ist sehr laut. Schatten huschen über den Betonboden, das Glück ist das nicht, eine Wolldecke auf dem Bett, auf der schon einige Kriege ausgetragen wurden. Magen gegen Tom Yan[1], Darm gegen Curry. Immer verloren, die Eingeweide. Der Junge ist 18, und jetzt aber Asien, hatte er sich gedacht. Mit 1000 Dollar durch Thailand, Indien, Kambodscha, drei Monate unterwegs, und dann wieder heim, nach Deutschland. Das ist so eng, so langweilig, jetzt was erleben und vielleicht nie zurück. Hast du keine Angst, hatten die blassen Freunde zu Hause gefragt, so ganz alleine? Nein, hatte er geantwortet, man lernt ja so viele Leute kennen unterwegs. Bis jetzt hatte er hauptsächlich Mädchen kennengelernt, nett waren die schon, wenn man Leute mag, die einen bei jedem Satz anfassen. Mädchen, die aussahen wie dreißig und doch so alt waren wie er, seit Monaten unterwegs, die Mädchen, da werden sie komisch. Übermorgen würde er in Laos sein, da mag er jetzt gar nicht dran denken, in seinem hässlichen Pensionszimmer, muss Obacht geben, dass er sich nicht aufs Bett wirft und weint, auf die Decke, wo schon die anderen Dinge drauf sind. In dem kleinen Fernseher kommen nur Leute vor, die ihm völlig fremd sind, das ist das Zeichen, dass man einsam ist, wenn man die Fernsehstars eines Landes nicht kennt und die eigenen keine Bedeutung haben. Der Junge sehnt sich nach Stefan Raab, nach Harald Schmidt[2] und Echt[3]. Er merkt weiter, dass er gar nicht existiert, wenn er nichts hat, was er kennt. Wenn er keine Zeitung in seiner Sprache kaufen kann, keine Klatschgeschichten über Prominente lesen, wenn keiner anruft und fragt, wie es ihm geht. Dann gibt es ihn nicht. Denkt er. Und ist unterdessen aus seinem heißen Zimmer in die heiße Nacht gegangen, hat fremdes Essen vor sich, von einer fremdsprachigen Serviererin gebracht, die sich nicht für ihn interessiert, wie niemand hier.

Das ist wie tot sein, denkt der Junge. Weit weg von zu Hause, um anderen beim Leben zuzusehen, könnte man umfallen und sterben in der tropischen Nacht, und niemand würde weinen darum. Jetzt weint er doch, denkt an die lange Zeit, die er noch rumbekommen muss, alleine in heißen Ländern mit seinem Rucksack, und das stimmt so gar nicht mit den Bildern überein, die er zu Hause von sich hatte. Wie er entspannt mit Wasserbüffeln spielen wollte, in Straßencafés sitzen und cool sein. Was ist, ist einer mit Sonnenbrand und Heimweh nach den Stars zu Hause, die sind wie ein Geländer zum Festhalten. [...] Er geht durch die Nacht, selbst die Tiere reden ausländisch, und dann sieht er etwas, sein Herz schlägt schneller. Ein Computer, ein Internet-Café. Und er setzt sich, schaltet den Computer an, liest seine E-Mails. Kleine Sätze von seinen Freunden, und denen antwortet er, dass es ihm gut gehe und alles großartig ist, und er schreibt und schreibt, und es ist auf einmal völlig egal, dass zu seinen Füßen ausländische Insekten so groß wie Meerkatzen herumlaufen, dass das fremde Essen im Magen drückt. Er schreibt seinen Freunden über die kleinen Katastrophen, und die fremde Welt um ihn verschwimmt, er ist nicht mehr allein, taucht in den Bildschirm ein, der ist wie ein weiches Bett, er denkt an Bill Gates[4] und Fred Apple[5], er schickt eine Mail an Sat 1, und für ein paar Stunden ist er wieder am Leben, in der heißen Nacht weit weg von zu Hause.

[1] Tom Yan: thailändische Nudelsuppe
[2] Harald Schmidt: deutscher Kabarettist
[3] Echt: Name einer Band
[4] Bill Gates: Microsoft Gründer
[5] Fred Apple: gibt es nicht → Personifikation der Firma Apple

1   Wie wirkt der Text auf dich? Geht es dem Jungen deiner Ansicht nach gut?

2   Welche Erwartungen hatte der Junge vor seiner Abreise? Wurden sie erfüllt?

3   Erstelle eine Charakterisierung des Jungen vor und nach der Reise.

→ *Eine literarische Figur charakterisieren, S. 236–238, 347/348*

4   Untersuche die Sprache der Geschichte. Achte vor allen Dingen auf den Satzbau.

Starthilfe, S. 390

5   Welche Rolle spielen die Medien für den Jungen?

A Eine E-Mail schreiben

6   Versetze dich in die Situation des Jungen. Verfasse die E-Mail, welche er im Internet-Café schreibt.

Textverarbeitungsprogramm

B Einen Reisebericht verfassen

6   Schreibe einen Reisebericht aus der Perspektive des Jungen mit Hinweisen und Informationen, die ihm gefehlt haben.

Textverarbeitungsprogramm

Sich auf eine Klassenarbeit vorbereiten

Julia Franck

Streuselschnecke (2000)

Der Anruf kam, als ich vierzehn war. Ich wohnte seit einem Jahr nicht mehr bei meiner Mutter und meinen Schwestern, sondern bei Freunden in Berlin. Eine fremde Stimme meldete sich, der Mann nannte seinen Namen, sagte mir, er lebe in Berlin, und fragte, ob ich ihn kennen lernen wolle. Ich zögerte, ich war mir nicht sicher. Zwar hatte ich schon viel über solche Treffen gehört und mir oft vorgestellt, wie so etwas wäre, aber als es soweit war, empfand ich eher Unbehagen. Wir verabredeten uns.

Er trug Jeans, Jacke und Hose. Ich hatte mich geschminkt. Er führte mich ins Café Richter am Hindemithplatz, und wir gingen ins Kino, ein Film von Rohmer. Unsympathisch war er nicht, eher schüchtern. Er nahm mich mit ins Restaurant und stellte mich seinen Freunden vor. Ein feines, ironisches Lächeln zog er zwischen sich und die anderen Menschen. Ich ahnte, was das Lächeln verriet.

Einige Male durfte ich ihn bei seiner Arbeit besuchen. Er schrieb Drehbücher und führte Regie bei Filmen. Ich fragte mich, ob er mir Geld geben würde, wenn wir uns treffen, aber er gab mir keins, und ich traute mich nicht, danach zu fragen. Schlimm war das nicht, schließlich kannte ich ihn kaum, was sollte ich da schon verlangen? Außerdem konnte ich für mich selbst sorgen, ich ging zur Schule und putzen und arbeitete als Kindermädchen. Bald würde ich alt genug sein, um als Kellnerin zu arbeiten, und vielleicht wurde ja auch noch eines Tages etwas Richtiges aus mir.

Zwei Jahre später, der Mann und ich waren uns noch immer etwas fremd, sagte er mir, er sei krank. Er starb ein Jahr lang, ich besuchte ihn im Krankenhaus und fragte, was er sich wünsche. Er sagte mir, er habe Angst vor dem Tod und wolle es so schnell wie möglich hinter sich bringen. Er fragte mich, ob ich ihm Morphium besorgen könne. Ich dachte nach, ich hatte einige Freunde, die Drogen nahmen, aber keinen, der sich mit Morphium auskannte. Auch war ich mir nicht sicher, ob die im Krankenhaus herausfinden wollten und würden, woher es kam. Ich vergaß seine Bitte.

Manchmal brachte ich ihm Blumen. Er fragte nach dem Morphium, und ich fragte ihn, ob er sich Kuchen wünsche, schließlich wusste ich, wie gerne er Torte aß. Er sagte, die einfachen Dinge seien ihm jetzt die liebsten – er wolle nur Streuselschnecken, nichts sonst. Ich ging nach Hause und buk Streuselschnecken, zwei Bleche voll. Sie waren noch warm, als ich sie ins Krankenhaus brachte. Er sagte, er hätte gerne mit mir gelebt, es zumindest gern versucht, er habe immer gedacht, dafür sei noch Zeit, eines Tages – aber jetzt sei es zu spät. Kurz nach meinem siebzehnten Geburtstag war er tot. Meine kleine Schwester kam nach Berlin, wir gingen gemeinsam zur Beerdigung. Meine Mutter kam nicht. Ich nehme an, sie war mit anderem beschäftigt, außerdem hatte sie meinen Vater zu wenig gekannt und nicht geliebt.

Kurzgeschichten erschließen und verstehen   165

Aufgabe: Schreibe einen Interpretationsaufsatz zur Kurzgeschichte „Streuselschnecke" von Julia Franck. Gehe dabei so vor, wie in den Aufgaben 1–3 beschrieben.

1 a) Worum geht es in dieser Kurzgeschichte? Fasse den Inhalt in eigenen Worten zusammen.
   b) Kläre, wo und wann die Geschichte spielt.
   c) Wer sind die Hauptfiguren? Charakterisiere sie.

2 Schreibe den Interpretationsaufsatz und gehe dabei genau auf folgende Aspekte ein:
   – Welche Erzählperspektive liegt vor?
     Erkläre die Wirkung, die davon ausgeht.
   – Wie entwickelt sich die Beziehung der beiden Figuren?
   – Wie ist die Hauptfigur des Mädchens charakterisiert?
   – Erkläre die Bedeutung der „Streuselschnecken".
     Wofür stehen sie?

   Textverarbeitungsprogramm

3 Notiere, an welchen Stellen du Schwierigkeiten hattest und warum. Überlege, wie du in der Klassenarbeit damit umgehen könntest.

Schwerpunkt: Texte lesen und untersuchen

Eine Novelle untersuchen

Gottfried Keller: Romeo und Julia auf dem Dorfe

Literatur hat schon immer über ‚Neuigkeiten' und ungewöhnliche Ereignisse berichtet. Manche Geschichten sind aber auch zeitlos und kehren in immer neuem Gewand wieder: Geschichten über Freundschaft und Verrat, Feindschaft und Liebe, Leben und Tod. „Romeo und Julia" ist eine von ihnen. In diesem Kapitel lernt ihr die Novellenfassung von Gottfried Keller aus dem Jahr 1856 kennen.

„Ich glaube am Ende", sagte Manz, „der Bursche streicht irgendeinem Weibsbild nach; das hätten wir gerade noch nötig!" Die Frau sagte: „O wollte Gott! Dass er vielleicht ein Glück machte! Das täte dem armen Buben gut!"

Jetzt waren aber auch ihre Kinder nachgekommen und sahen den erbärmlichen Auftritt. Sali sprang eines Satzes heran, um seinem Vater beizustehen und ihm zu helfen, dem gehassten Feinde den Garaus machen, der ohnehin der schwächere schien und eben zu unterliegen drohte. Aber auch Vrenchen sprang, alles wegwerfend, mit einem langen Aufschrei herzu und umklammerte ihren Vater, um ihn zu schützen, während sie ihn dadurch nur hinderte und beschwerte.

Eine Novelle untersuchen 167

1. Betrachtet die Fotografien von einer Theateradaption von „Romeo und Julia auf dem Dorfe" und die Textauszüge aus der Novelle von S. 166.
   - Worum könnte es in der Novelle gehen?
   - Welche der abgebildeten Figuren könnten die erste wörtliche Rede aus dem oberen Novellenauszug gesprochen haben?
   - Welche Hinweise auf die Handlung gibt der Titel? Stellt Vermutungen an.

Als **literarische Adaption** bezeichnet man die Umarbeitung eines literarischen Werkes von einer Gattung in eine andere, hier von der Novelle in ein Theaterstück.

2. Informiert euch im unten stehenden Informationstext über den Autor Gottfried Keller und den Inhalt der Novelle.
   a) Vergleicht eure ersten Vermutungen zum Titel der Novelle mit den Hinweisen aus dem Text.
   b) Tragt Informationen zur Textsorte „Novelle" zusammen. Was könnte eine „sich ereignete unerhörte Begebenheit" (Z. 9/10) sein? Inwiefern ist das vielleicht doppeldeutig gemeint?
   c) Notiert weitere Fragen, die nach der Lektüre des Textes offen geblieben sind.

Romeo und Julia auf dem Dorfe (1856)

Der Schweizer Schriftsteller Gottfried Keller (1819–1890) hat im Laufe seines Lebens eine Vielzahl von Gedichten und Romanen veröffentlicht (zum Beispiel „Der grüne Heinrich" (1879/80), „Martin Salander" (1886)). 1856 erschien „Romeo und Julia auf dem Dorfe" als Teil des Novellenzyklus „Die Leute von Seldwyla". Als Novelle (italienisch: novella) stellt dieser Text eine „Neuigkeit" dar, eine „sich ereignete unerhörte Begebenheit", wie Johann Wolfgang Goethe schon sagte. Denn Romeo und Julia auf dem Dorfe beruht auf einem realen historischen Ereignis: Am 3. September 1847 berichtete die Zürcher Freitagszeitung vom tragischen Selbstmord zweier junger Liebenden bei Altsellershausen, nahe Leipzig.
Außerdem steht die Novelle in einer langen Tradition älterer Texte, die den sogenannten „Romeo-und-Julia-Stoff" behandeln. Der englische Dramatiker William Shakespeare hat ihn mit seinem Theaterstück „Romeo and Juliet" (1597) bekannt gemacht, welches die Liebe zweier Kinder aus verfeindeten Adelshäusern behandelt, die ein tragisches Ende nimmt. Wie der Titel bereits andeutet, ist „Romeo und Julia auf dem Dorfe" auch eine Dorfgeschichte, die das ländliche, bäuerlich-kleinbürgerliche Leben des 19. Jahrhunderts darstellt.

In diesem Kapitel lernt ihr ...
- wie man zentrale Konflikte der Figuren einer Novelle erschließt und bewertet,
- welche Merkmale die Textsorte „Novelle" kennzeichnen,
- wie ihr eine Novelle mit ihrer literarischen Vorlage vergleicht.

Die Exposition untersuchen

Die ersten Seiten (Exposition) der Novelle führen in die Geschichte ein. Sie enthalten wichtige Informationen zu den Figuren, zu Zeit und Ort und zum zentralen Konflikt.

„Septembermorgen"

1 Lest die Exposition der Novelle „Romeo und Julia auf dem Dorfe" laut vor oder hört euch den Hörtext an. Welchen Eindruck hinterlässt die Eingangsszene bei euch?

Gottfried Keller: Romeo und Julia auf dem Dorfe

Septembermorgen

Diese Geschichte zu erzählen würde eine müßige[1] Nachahmung sein, wenn sie nicht auf einem wirklichen Vorfall beruhte, zum Beweise, wie tief im Menschenleben jede jener Fabeln[2] wurzelt, auf welche die großen Werke aufgebaut sind. Die Zahl solcher Fabeln ist mäßig; aber stets treten sie in neuem Gewande wieder in Erscheinung und zwingen alsdann die Hand, sie festzuhalten.

An einem schönen Flusse, der eine halbe Stunde entfernt an Seldwyl vorüberzieht, erhebt sich eine weit gedehnte Erdwelle und verliert sich, selber wohlbebaut, in der fruchtbaren Ebene. Fern an ihrem Fuße liegt ein Dorf, welches manche große Bauernhöfe enthält, und über die sanfte Anhöhe lagen vor Jahren drei prächtige lange Äcker weit hingestreckt gleich drei riesigen Bändern nebeneinander. An einem sonnigen Septembermorgen pflügten zwei Bauern auf zweien dieser Äcker, und zwar auf jedem der beiden äußersten; der mittlere schien seit langen Jahren brach[3] und wüst zu liegen, denn der war mit Steinen und hohem Unkraut bedeckt und eine Welt von geflügelten Tierchen summte ungestört über ihm. Die Bauern aber, welche zu beiden Seiten hinter ihrem Pfluge gingen, waren lange knochige Männer von ungefähr vierzig Jahren und verkündeten auf den ersten Blick den sichern, gut besorgten Bauersmann. Sie trugen kurze Kniehosen von starkem Zwillich[4], an dem jede Falte ihre unveränderliche Lage hatte und wie in Stein gemeißelt aussah. […] So glichen sie einander vollkommen in einiger Entfernung; denn sie stellten die ursprünglich Art dieser Gegend dar, und man hätte sie auf den ersten Blick nur daran unterscheiden können, dass der eine den Zipfel der weißen Kappe nach vorn trug, der andere aber hinten im Nacken hängen hatte. […]

So pflügten beide ruhevoll und es war schön anzusehen in der stillen goldenen Septembergegend, wenn sie so auf der Höhe aneinander vorbeizogen, still und langsam, und sich mählich[5] voneinander entfernten, immer weiter auseinander, bis beide wie zwei untergehende Gestirne hinter die Wölbung des Hügels hinabgingen und verschwanden, um eine gute Weile darauf wieder zu erscheinen. Wenn sie einen Stein in ihren Furchen fanden, so warfen sie denselben auf den wüsten Acker in der Mitte mit lässig kräftigem Schwunge, was aber nur selten geschah, da derselbe schon fast mit allen Steinen belastet war, welche überhaupt auf den

Nachbaräckern zu finden gewesen.

So war der lange Morgen zum Teil vergangen, als von dem Dorfe her ein kleines artiges[6] Fuhrwerklein sich näherte, welches kaum zu sehen war, als es begann, die gelinde Höhe heranzukommen. Das war ein grün bemaltes Kinderwägelchen, in welchem die Kinder der beiden Pflüger, ein Knabe und ein kleines Ding von Mädchen, gemeinschaftlich den Vormittagsimbiss heranfuhren. [...] Es war ein Junge von sieben Jahren und ein Dirnchen[7] von fünfen, beide gesund und munter, und weiter war nichts Auffälliges an ihnen, als dass beide sehr hübsche Augen hatten und das Mädchen dazu noch eine bräunliche Gesichtsfarbe und ganz krause dunkle Haare, welche ihm ein feuriges und treuherziges Ansehen gaben.

[1] müßig: überflüssig
[2] Fabeln: lat. *fabula*: Geschichte, Vorfall
[3] brach liegen: nicht bebaut sein
[4] Zwillich: (Leinen-)Gewebe
[5] mählich: allmählich
[6] artig: *hier*: solide gebaut
[7] Dirnchen: junges Mädchen

2 Wovon handelt der Novellenauszug? Macht euch Notizen zu den folgenden Fragen:
- Wo liegt das Dorf, in dem die Handlung spielt? In welcher Zeit spielt die Geschichte eurer Meinung nach?
- Wer sind die Hauptfiguren?
- Was passiert? Fasst das Geschehen in eigenen Worten zusammen.
- Was erfahren wir über den mittleren Acker? Wie gehen die Bauern mit ihm um?

3 In diesem Textauszug werden wichtige Figuren eingeführt. Lege für diese Figuren jeweils eine Figurenkarte an, auf der du wichtige Informationen in Stichworten festhältst. Notiere:
- die Aufgaben und Beziehungen (Beruf, Familie ...)
- das Aussehen
- Informationen zum Verhalten und den Charaktereigenschaften.

Lasse genug Platz frei, um die Informationen im Verlauf des Kapitels zu ergänzen.

> **Bauer Manz**
>
> Familie: Vater von Sali
> Beruf: Bauer
> Aussehen: ...
> Verhalten / Eigenschaften: ...

4 a) Gottfried Keller war Maler, bevor er sich der Schriftstellerei widmete. In der Exposition beschreibt der Erzähler seiner Novelle eine Landschaft. Welche Farben würdest du wählen, um die darin vermittelte Stimmung in einem Bild auszudrücken? Begründe deine Wahl mit Wörtern und Formulierungen aus dem Textauszug.
b) Bestimme die Erzählperspektive, aus der die Landschaft beschrieben wird. Inwiefern trägt diese zur vorherrschenden Stimmung bei?

Starthilfe, S. 390
Erzählperspektive, S. 150

5 Gibt es im Text auch Hinweise darauf, dass die beschriebene Idylle trügerisch ist? Stelle dir vor, du sollst in das Bild zur Exposition aus Aufgabe 4 eine Gewitterwolke hineinmalen, die erste, düstere Vorausdeutungen verbildlicht. Zeichne die Wolke und notiere darin passende Textstellen.

Arbeitsheft, S. 50–52

Den zentralen Konflikt erfassen

Gottfried Keller: Romeo und Julia auf dem Dorfe

Der Streit um den mittleren Acker

„Der Streit um den mittleren Acker"

Es sind einige Jahre vergangen. Um ihren Ernteertrag zu erhöhen, haben beide Bauern bei einer Versteigerung dafür geboten, den mittleren der drei Äcker pachten zu dürfen. Er gehört eigentlich den Nachfahren des sogenannten Trompeters, doch bisher ist es nicht gelungen, diesen ausfindig zu machen. Bauer Manz' Gebot war höher und deshalb kann er den mittleren Acker pachten. Darüber entspinnt sich jedoch ein Konflikt zwischen den beiden Bauern.

[N]ach einem ziemlich hartnäckigen Überbieten erstand ihn [= den Acker] Manz und er wurde ihm zugeschlagen. Die Beamten und die Gaffer verloren sich vom Felde; die beiden Bauern, welche sich auf den Äckern noch zu schaffen gemacht, trafen beim Weggehen wieder zusammen und Marti sagte: „Du wirst nun dein Land, das alte und das neue, wohl zusammenschlagen und in zwei gleiche Stücke teilen? Ich hätte es wenigstens so gemacht, wenn ich das Ding bekommen hätte." – „Ich werde es allerdings tun", antwortete Manz, „denn als ein Acker würde mir das Stück zu groß sein. Doch was ich sagen wollte: Ich habe bemerkt, dass du neulich noch am unteren Ende dieses Ackers, der jetzt mir gehört, hineingefahren bist und ein gutes Dreieck abgeschnitten hast. Du hast es vielleicht getan in der Meinung, du werdest das ganze Stück an dich bringen und es sei dann sowieso dein. Da es nun aber mir gehört, so wirst du wohl einsehen, dass ich eine solche ungehörige Einkrümmung nicht brauchen noch dulden kann, und wirst nichts dagegen haben, wenn ich den Strich wieder grad mache! Streit wird das nicht abgeben sollen!"

Marti erwiderte ebenso kaltblütig, als ihn Manz angeredet hatte: „Ich sehe auch nicht, wo Streit herkommen soll! Ich denke, du hast den Acker gekauft, wie er da ist, wir haben ihn alle gemeinschaftlich besehen und er hat sich seit einer Stunde nicht um ein Haar verändert!"

„Larifari!"[1], sagte Manz, „was früher geschehen, wollen wir nicht anführen! Was aber zu viel ist, ist zu viel und alles muss zuletzt eine ordentliche grade Art haben; diese drei Äcker sind von jeher so grade nebeneinander gelegen, wie nach dem Richtscheit[2] gezeichnet; es ist ein ganz absonderlicher Spaß von dir, wenn du nun einen solchen lächerlichen und unvernünftigen Schnörkel dazwischenbringen willst, und wir beide würden einen Übernamen[3] bekommen, wenn wir den krummen Zipfel da bestehen ließen. Er muss durchaus weg!"

Marti lachte und sagte: „Du hast ja auf einmal eine merkwürdige Furcht vor dem Gespötte der Leute! Das lässt sich aber ja wohl machen; mich geniert das Krumme gar nicht; ärgert es dich, gut, so machen wir es grad, aber nicht auf meiner Seite, das geb ich dir schriftlich, wenn du willst!"

„Rede doch nicht so spaßhaft", sagte Manz, „es wird wohl grad gemacht, und zwar auf deiner Seite, darauf kannst du Gift nehmen!" „Das werden wir ja sehen und erleben!", sagte Marti, und beide Männer gingen auseinander, ohne sich weiter anzublicken; vielmehr starrten sie nach verschiedener Richtung ins Blaue hinaus, als ob sie da wunder was für Merkwürdigkeiten im Auge hätten, die sie betrachten müssten mit

Aufbietung all ihrer Geisteskräfte.
Schon am nächsten Tage schickte Manz einen Dienstbuben, ein Tagelöhnermädchen[4] und sein eigenes Söhnchen Sali auf den Acker hinaus, um das wilde Unkraut und Gestrüpp auszureuten[5] und auf Haufen zu bringen, damit nachher die Steine umso bequemer weggefahren werden könnten. [...] Es wollte kein Ende nehmen und alle Steine der Welt schienen beisammen zu sein. Er ließ sie aber nicht ganz vom Felde wegbringen, sondern jede Fuhre auf jenem streitigen Dreiecke abwerfen, welches von Marti schon säuberlich umgepflügt war. Er hatte vorher einen graden Strich gezogen als Grenzscheide und belastete nun dies Fleckchen Erde mit allen Steinen, welche beide Männer seit unvordenklichen Zeiten herübergeworfen, sodass eine gewaltige Pyramide entstand, die wegzubringen sein Gegner bleiben lassen würde, dachte er. Marti hatte dies am wenigsten erwartet; er glaubte, der andere werde nach alter Weise mit dem Pfluge zu Werke gehen wollen, und hatte daher abgewartet, bis er ihn als Pflüger ausziehen sähe. Erst als die Sache schon beinahe fertig, hörte er von dem schönen Denkmal, welches Manz da errichtet, rannte voll Wut hinaus, sah die Bescherung, rannte zurück und holte den Gemeindeammann[6], um vorläufig gegen den Steinhaufen zu protestieren und den Fleck gerichtlich in Beschlag nehmen zu lassen, und von diesem Tage an lagen die zwei Bauern im Prozess miteinander und ruhten nicht, ehe sie beide zugrunde gerichtet waren.

[1] Larifari: Unsinn
[2] Richtscheit: Maurerwerkzeug
[3] Übernamen: Spitzname, abfälliger Beiname
[4] Tagelöhnermädchen: Magd, die nicht im festen Arbeitsverhältnis steht
[5] ausreuten: von Unkraut befreien
[6] Gemeindeammann: Gemeinde- oder Bezirksvorsteher

1 a) Untersuche, wie der Konflikt zwischen den beiden Bauern entsteht. Beschreibe, wie die Bauern ihre Forderungen am Anfang, in der Mitte und am Ende des Gesprächs vortragen. Berücksichtige dabei, wie sich ihre Sprache im Laufe des Gesprächs verändert. Belege deine Beobachtungen mit passenden Textstellen.
b) Beschreibe, welche Rückschlüsse der Dialog und das Verhalten der Bauern auf die Eigenschaften der beiden Figuren zulassen. Ergänze jeweils deine Figurenkarte mit Informationen aus dem Text.

Starthilfe, S. 390

2 Der Streit zwischen Manz und Marti verschärft sich, es kommt zum Prozess.
a) Am Tag der Gerichtsverhandlung gibt der Richter den Bauern die Möglichkeit, sich kurz vorzustellen und ihr Anliegen vorzutragen. Entscheide dich für eine der beiden Figuren und verfasse eine Rede aus der Ich-Perspektive, in der du
• deine Figur kurz vorstellst,
• deinen eigenen Anspruch auf das Ackerdreieck begründest und ggf. weitere Beschwerden über den jeweils anderen zu Protokoll gibst.
b) Haltet die Gerichtsverhandlung in Kleingruppen ab. Wählt dazu zwei Schüler/-innen aus, die die Reden der beiden Bauern vortragen. Bestimmt einen Richter oder eine Richterin, der oder die nach der Anhörung das Urteil spricht. Besprecht das Gerichtsurteil in der Gruppe.

Tipp
Bedenke dabei, welcher Sprachstil vor Gericht angemessen ist.

Sprache in unterschiedlichen Situationen verwenden, S. 276/277

Einen Appell formulieren, S. 136

Textverarbeitungsprogramm

Zum Verhalten der Hauptfiguren Stellung nehmen

Gottfried Keller: Romeo und Julia auf dem Dorfe

Auf der Brücke 🔊 *„Auf der Brücke"*

Beiden Bauern ist es in den folgenden Jahren schlecht ergangen. Die Prozesskosten haben das Vermögen beider aufgefressen. Bauer Manz hat den Hof aufgegeben, um in Seldwyl einen Neuanfang als Wirt zu versuchen. Bauer Marti hat seinen Hof verkommen lassen. Beim Fischen begegnen sich die beiden wieder.

So kam es, dass, als er [Marti] eines Abends einen ziemlich tiefen und reißenden Bach entlangging, in welchem die Forellen fleißig sprangen, da der Himmel voll Gewitterwolken hing, er unverhofft auf seinen Feind Manz traf, der an dem andern Ufer daherkam. Sobald er ihn sah, stieg ein schrecklicher Groll und Hohn in ihm auf, sie waren sich seit Jahren nicht so nahe gewesen, ausgenommen vor den Gerichtsschranken, wo sie nicht schelten durften, und Marti rief jetzt voll Grimm: „Was tust du hier, du Hund? Kannst du nicht in deinem Lotterneste bleiben, du Seldwyler Lumpenhund?"
„Wirst nächstens wohl auch ankommen, du Schelm!", rief Manz. „Fische fängst du ja auch schon und wirst deshalb nicht so viel zu versäumen haben!" „Schweig, du Galgenhund!", schrie Marti, da hier die Wellen des Baches stärker rauschten, „du hast mich ins Unglück gebracht!" Und da jetzt auch die Weiden am Bache gewaltig zu rauschen anfingen im aufgehenden Wetterwind, so musste Manz noch lauter schreien: „Wenn dem nur so wäre, so wollte ich mich freuen, du elender Tropf[1]!" – „O du Hund!", schrie Marti herüber und Manz hinüber: „O du Kalb, wie dumm tust du!" Und jener sprang wie ein Tiger den Bach entlang und suchte herüberzukommen. […]
Manz schritt indessen auch grimmig genug an der anderen Seite hin; hinter ihm sein Sohn, welcher statt auf den bösen Streit zu hören, neugierig und verwundert nach Vrenchen hinübersah, welche hinter ihrem Vater ging, vor Scham in die Erde sehend, dass ihr die braunen krausen Haare ins Gesicht fielen. […] Während Vrenchen so ganz beschämt und verwirrt auf die Erde sah und Sali nur diese in allem Elende schlanke und anmutige Gestalt im Auge hatte, die so verlegen und demütig dahinschritt, beachteten sie dabei nicht, wie ihre Väter still geworden, aber mit verstärkter Wut einem hölzernen Stege zueilten, der in kleiner Entfernung über den Bach führte und eben sichtbar wurde. Es fing an zu blitzen und erleuchtete seltsam die dunkle melancholische Wassergegend; es donnerte auch in den grauschwarzen Wolken mit dumpfem Grolle und schwere Regentropfen fielen, als die verwilderten Männer gleichzeitig auf die schmale, unter ihren Tritten schwankende Brücke stürzten, sich gegenseitig packten und die Fäuste in die vor Zorn und ausbrechendem Kummer bleichen zitternden Gesichter schlugen. […] Jetzt waren auch ihre Kinder nachgekommen und sahen den erbärmlichen Auftritt. Sali sprang eines Satzes heran um seinem Vater beizustehen und ihm zu helfen, dem gehassten Feinde den Garaus zu machen[2], der ohnehin der schwächere schien und eben zu unterliegen drohte. Aber auch Vrenchen sprang, alles wegwerfend, mit einem langen Aufschrei herzu und umklammerte ihren Vater, um ihn zu schützen, während sie ihn dadurch nur hinderte und beschwerte. Tränen strömten aus ihren Augen, und sie sah flehend den Sali an, der im

Begriff war, ihren Vater ebenfalls zu fassen und vollends zu überwältigen. [...] Darüber waren die jungen Leute, sich mehr zwischen die Alten schiebend, in dichte Berührung gekommen und in diesem Augenblicke erhellte ein Wolkenriss, der den grellen Abendschein durchließe, das nahe Gesicht des Mädchens und Sali sah in dies ihm so wohlbekannte und doch so viel anders und schöner gewordene Gesicht. Vrenchen sah in diesem Augenblicke auch sein Erstaunen und es lächelte ganz kurz und geschwind mitten in seinem Schrecken und in seinen Tränen ihn an.

[1] Tropf: *hier*: einfältiger, dummer Kerl
[2] den Garaus machen: völlig vernichten

---

1 a) Fasse den Inhalt des Streitgesprächs in eigenen Worten zusammen. Was werfen sich die Bauern jeweils vor und wie gehen sie miteinander um?

→ *Rede wiedergeben, S. 252/253, S. 265*

b) Bildet Kleingruppen. Spielt die Szene in eurer Gruppe szenisch nach. Versucht mit eurer Darstellung auszudrücken, was die Figuren denken und fühlen und in welcher Beziehung sie zueinander stehen.

→ *Para- und nonverbale Kommunikation, S. 38–40*

2 Wähle Aufgabenangebot A oder B.

A Schlüpfe in die Rolle von Marti: Was denkt und fühlt er, als er Manz sieht? Verfasse einen inneren Monolog, der seine Gedanken und Gefühle bei der Begegnung wiedergibt. Kannst du seine Position nachvollziehen? Begründe.

B Schlüpfe in die Rolle von Manz: Was denkt und fühlt er, als er Marti sieht? Verfasse einen inneren Monolog, der seine Gedanken und Gefühle bei der Begegnung wiedergibt. Kannst du seine Position nachvollziehen? Begründe.

→ *Innere Monologe verfassen, S. 350/351*

→ *Textverarbeitungsprogramm*

3 a) Der Erzähler bewertet den „Auftritt" der beiden Männer als „erbärmlich" (Z. 54). Stimmt ihr mit seiner Einschätzung überein? Notiert jeweils zwei Gründe, die dafür und dagegen sprechen.

b) Nehmt Stellung zum Verhalten der beiden Bauern, indem ihr den folgenden Text vervollständigt:

→ *Textverarbeitungsprogramm*

In der Szene am Fluss eskaliert der Konflikt zwischen Manz und Marti und es kommt zum Kampf. Die Kinder, Sali und Vrenchen, greifen ein, um das Schlimmste zu verhindern. Der Erzähler bewertet das Verhalten von Manz und Marti: es sei „erbärmlich".

Ich denke, der Erzähler hat mit seiner Einschätzung Recht/Unrecht, weil …

Andererseits kann man sagen, dass …

Zusammengefasst denke ich, dass …

Der Streit der Väter hat auch Auswirkungen auf die Beziehung ihrer Kinder …

Gottfried Keller: Romeo und Julia auf dem Dorfe

Ungewisse Zukunft „Ungewisse Zukunft"

Seit ihrem Wiedersehen muss Sali ständig an Vrenchen denken. Er beschließt, das Mädchen wiederzusehen. Am Hause Vrenchens begegnen sich die beiden erneut.

Das Haus selbst war ebenso kläglich anzusehen; die Fenster waren vielfältig zerbrochen und mit Papier verklebt, aber doch waren sie das Freundlichste an dem Verfall; denn sie waren, selbst die zerbrochenen Scheiben, klar und sauber gewaschen, ja förmlich poliert, und glänzten so hell wie Vrenchens Augen, welche ihm in seiner Armut ja auch allen übrigen Staat ersetzen mussten. Und wie die krausen Haare und die rotgelben Kattunhalstücher[1] zu Vrenchens Augen, stand zu diesen blinkenden Fenstern das wilde grüne Gewächs, was da durcheinanderrankte um das Haus, flatternde Bohnenwäldchen und eine ganze duftende Wildnis von rotgelbem Goldlack. [...]
Sali lehnte daher in aller Sicherheit an einem alten Scheunchen, etwa dreißig Schritte entfernt, und schaute unverwandt nach dem stillen, wüsten Hause hinüber. Eine geraume Zeit lehnte und schaute er so, als Vrenchen unter die Haustür kam und lange vor sich hin blickte wie mit allen ihren Gedanken an einem Gegenstande hängend. Sali rührte sich nicht und wandte kein Auge von ihr. Als sie endlich zufällig in dieser Richtung hinsah, fiel er ihr in die Augen. Sie sahen sich eine Weile an, herüber und hinüber, als ob sie eine Lufterscheinung betrachteten, bis sich Sali endlich aufrichtete und langsam über die Straße und über den Hof ging auf Vrenchen los. Als er dem Mädchen nahe war, streckte es seine Hände gegen ihn aus und sagte: „Sali!" Er ergriff die Hände und sah immerfort ins Gesicht. Tränen stürzten aus ihren Augen während sie unter seinen Blicken vollends dunkelrot wurde, und sie sagte: „Was willst du hier?" – „Nur dich sehen!", erwiderte er, „wollen wir nicht wieder gute Freunde sein?" „Und unsere Eltern?", fragte Vrenchen, sein weinendes Gesicht zur Seite neigend, da es die Hände nicht frei hatte, um es zu bedecken. „Sind wir Schuld an dem, was sie getan und geworden sind?" sagte Sali, „vielleicht können wir das Elend nur gut machen, wenn wir zwei zusammenhalten und uns recht lieb sind!" – „Es wird nie gut kommen", antwortete Vrenchen mit einem tiefen Seufzer, „geh in Gottes Namen deiner Wege, Sali!" – „Bist du allein?", fragte dieser, „kann ich einen Augenblick hineinkommen?" – „Der Vater ist zur Stadt, wie er sagte, um deinem Vater irgendetwas anzuhängen; aber hereinkommen kannst du nicht, weil du später vielleicht nicht so ungesehen weggehen kannst wie jetzt. Noch ist alles still und niemand auf dem Weg, ich bitte dich, geh jetzt!" – „Nein, so geh ich nicht! Ich musste seit gestern immer an dich denken, und ich geh nicht so fort, wir müssen miteinander reden, wenigstens eine halbe Stunde lang oder eine Stunde, das wird uns gut tun!" Vrenchen besann sich ein Weilchen und sagte dann: „Ich geh gegen Abend auf unsern Acker hinaus, du weißt welchen, wir haben nur noch den, und hole etwas Gemüse. Ich weiß, dass niemand weiter dort sein wird, weil die Leute anderswo schneiden[2]; wenn du willst, so komm dorthin, aber jetzt geh und nimm dich in Acht, dass dich niemand sieht! Wenn auch kein Mensch mehr mit uns umgeht, so würden sie doch ein solches Gerede machen, dass es der Vater sogleich vernähme." Sie ließen sich jetzt

die Hände frei, ergriffen sie aber auf der Stelle wieder und beide sagten gleichzeitig: „Und wie geht es dir auch?" Aber statt sich zu antworten, fragten sie das Gleiche aufs Neue und die Antwort lag nur in ihren beredten Augen, da sie nach Art der Verliebten die Worte nicht mehr zu lenken wussten und, ohne sich weiter etwas zu sagen, endlich halb selig halb traurig auseinanderhuschten. „Ich komme recht bald hinaus, geh nur gleich hin!", rief Vrenchen noch nach.

[1] Kattun: dünner, bedruckter Baumwollstoff
[2] schneiden: *hier*: das Korn schneiden

4 Gib den Eindruck wieder, den das Wohnhaus von Vrenchen und ihrem Vater auf Sali macht, als er sie besuchen will. Erläutere: Was sagt der Zustand des Hauses über die Situation von Vater und Tochter aus?

5 a) Benennt Stellen im Text, an denen deutlich wird, dass Vrenchen und Sali ineinander verliebt sind.
b) Vrenchen und Sali sind sich nicht einig, ob ihre Beziehung eine Zukunft haben kann. Welche Argumente für ihren Standpunkt bringen die beiden jeweils vor? Erstellt eine Tabelle, in der ihr die Gründe der beiden auflistet.

Vrenchen	*Sali*
• „Es wird nie gut kommen" (Z. 44)	• …

6 a) Vrenchen ist der Ansicht, dass die Beziehung zwischen ihr und Sali „nie gut kommen" kann. (Z. 44) Überlege, wie du die Zukunft der beiden Figuren bewertest. Teilst du Vrenchens Einschätzung?
b) Schreibe eine persönliche Stellungnahme zu Vrenchens Aussage. Die Informationen aus dem Methoden-Kasten helfen dir dabei.

Textverarbeitungsprogramm

◘ Methode

Eine persönliche Stellungnahme formulieren

In einer persönlichen Stellungnahme bewertest du die Handlungen, Konflikte oder Eigenschaften literarischer Figuren unter einer konkreten Fragestellung. Wie viele andere Texte besteht auch die schriftliche Stellungnahme aus drei Teilen:
1. In der **Einleitung** gibst du an, zu welcher Frage du Stellung nimmst. Außerdem solltest du hier deine erste Einschätzung zur strittigen Frage formulieren, z. B.: Ich möchte zur Frage Stellung nehmen, ob … Vrenchen ist der Überzeugung, dass … Hat sie Recht? Ich denke …
2. Im **Hauptteil** führst du Argumente für und/oder gegen deine Position an, z. B.: Ich denke einerseits, dass Vrenchen im Recht ist, weil … Andererseits glaube ich, dass Sali auch richtigliegt, wenn er …
3. Am **Schluss** fasst du deine Position zur Frage noch einmal zusammen, z. B.: Abschließend kann man sagen, dass …

Arbeitsheft, S. 53–55

Einen zentralen Wendepunkt der Novelle erkunden

Gottfried Keller: Romeo und Julia auf dem Dorfe

Das Unglück nimmt seinen Lauf

Nach dem Vorfall am Fluss treffen sich Vrenchen und Sali heimlich auf dem mittleren Feld, gestehen sich gegenseitig ihre Liebe und küssen sich. Doch als sie sich auf den Heimweg machen wollen, überrascht sie Marti.

Sie umhalsten[1] sich und küssten sich unverweilt[2] und so lange, bis sie einstweilen müde waren, oder wenn man es so nennen will, wenn das Küssen zweier Verliebter sich selbst überlebt und die Vergänglichkeit alles Lebens mitten im Rausche der Blütezeit ahnen lässt. Sie hörten die Lerchen singen hoch über sich und suchten dieselben mit scharfen Augen, und wenn sie glaubten, flüchtig eine in der Sonne aufblitzen zu sehen, gleich einem plötzlich aufleuchtenden oder hinschießenden Stern am blauen Himmel, so küssten sie sich wieder zur Belohnung [...]. [S]o erhoben sie sich und gingen Hand in Hand aus dem Kornfeld, als sie Vrenchens Vater spähend vor sich sahen. [...]
Sie standen wie versteinert und Marti stand erst auch da und beschaute sie mit bösen Blicken, bleich wie Blei; dann fing er fürchterlich an zu toben in Gebärden und Schimpfworten und langte zugleich grimmig nach dem jungen Burschen, um ihn zu würgen; Sali wich aus und floh einige Schritte zurück, entsetzt über den wilden Mann, sprang aber sogleich wieder zu, als er sah, dass der Alte statt seiner nun das zitternde Mädchen fasste, ihm eine Ohrfeige gab, dass der rote Kranz [aus Mohnblumen] herunterflog, und seine Haare um die Hand wickelte, um es mit sich fortzureißen und weiter zu misshandeln. Ohne sich zu besinnen, raffte er einen Stein auf und schlug mit demselben den Alten gegen den Kopf, halb in Angst um Vrenchen und halb im Jähzorn. Marti taumelte erst ein wenig, sank dann bewusstlos auf den Steinhaufen nieder und zog das erbärmlich aufschreiende Vrenchen mit. Sali befreite noch dessen Haare aus der Hand des Bewusstlosen und richtete es auf; dann stand er da wie eine Bildsäule[3], ratlos und gedankenlos.
Das Mädchen, als es den wie tot daliegenden Vater sah, fuhr sich mit den Händen über das erbleichende Gesicht, schüttelte sich und sagte: „Hast du ihn erschlagen?" Sali nickte lautlos und Vrenchen schrie: „O Gott, du lieber Gott! Es ist mein Vater! Der arme Mann!" und sinnlos warf es sich über ihn und hob seinen Kopf auf, an welchem indessen kein Blut floss. Es ließ ihn wieder sinken; Sali ließ sich auf der anderen Seite des Mannes nieder, und beide schauten, still wie das Grab und mit erlahmten reglosen Händen, in das leblose Gesicht. Um nur etwas anzufangen, sagte endlich Sali: „Er wird doch nicht gleich tot sein müssen? Das ist gar nicht ausgemacht!" Vrenchen riss ein Blatt von einer Klatschrose ab und legte es auf die erblassten Lippen, und es bewegte sich schwach. „Er atmet noch", rief es, „so lauf doch ins Dorf und hol Hilfe!" Als Sali aufsprang und laufen wollte, streckte es ihm die Hand nach und rief ihn zurück: „Komm aber nicht mit zurück und sage nichts, wie es zugegangen, ich werde auch schweigen, man soll nichts aus mir herausbringen!", sagte es und sein Gesicht, das es dem armen ratlosen Burschen zuwandte, überfloss von schmerzlichen Tränen. „Komm, küss mich noch einmal! Nein, geh, mach dich fort! Es ist aus, es ist ewig

aus, wir können nicht zusammenkommen!" Es stieß ihn fort und er lief willenlos dem Dorfe zu. Er begegnete einem Knäbchen, das ihn nicht kannte; diesem trug er auf, die nächsten Leute zu holen, und beschrieb ihm genau, wo die Hilfe nötig sei. Dann machte er sich verzweifelt fort und irrte die ganze Nacht im Gehölze herum.

Am Morgen schlich er in die Felder, um zu erspähen, wie es gegangen sei, und hörte von frühen Leuten[4], welche miteinander sprachen, dass Marti noch lebe, aber nichts von sich wisse, und wie das eine seltsame Sache wäre, da kein Mensch wisse, was ihm zugestoßen. Erst jetzt ging er in die Stadt zurück und verbarg sich in dem dunklen Elend des Hauses.

[1] umhalsen: umarmen
[2] unverweilt: sofort, sogleich
[3] Bildsäule: Denkmal, Statue
[4] frühe Leute: Menschen, die schon früh am Tag unterwegs sind

1 Lest den Auszug aus der Novelle.

2 Beschreibt, wie das Umschlagen des Liebesidylls im Kornfeld in eine Katastrophe dargestellt wird.
   a) Stellt in einer Tabelle aussagekräftige Zitate gegenüber, die zeigen, wie das Liebesidyll und der Konflikt mit Marti jeweils sprachlich gestaltet werden.

Liebesidyll im Kornfeld	Konflikt mit Marti
• „umhalsten sich und küssten sich" (Z. 1)	• „um ihn zu würgen" (Z. 21)
• …	• …
→ Wirkung: …	→ Wirkung: …

   b) Im Wissen-und-Können-Kasten erfahrt ihr, dass in einer Novelle eine sonderbare oder dramatische Begebenheit erzählt wird. Welches der beiden Adjektive beschreibt den Inhalt des Textauszugs besser? Begründet euren Standpunkt.

3 a) Informiert euch im Wissen-und-Können-Kasten über die Merkmale der Gattung Novelle. Diskutiert, inwiefern der Textausschnitt eine „unerhörte Begebenheit" schildert und einen „Wendepunkt in der Handlung" darstellt.
   b) Stellt Vermutungen an, was die im Novellenauszug beschriebene Szene für den weiteren Verlauf der Handlung bedeuten könnte.

❗ Novelle

Die **Novelle** (italienisch novella: „Neuigkeit") ist eine **kurze Prosaerzählung**, die von sonderbaren oder dramatischen bzw. **„unerhörten Begebenheiten"** (Johann Wolfgang von Goethe) handelt. Novellen sind in der Form kurz gehalten, stellen eine begrenzte Anzahl von Figuren in den Mittelpunkt und zielen zumeist recht geradlinig auf einen **zentralen Höhe- oder Wendepunkt** der Geschichte ab. Sie können aber auch mehr als einen Wendepunkt haben.

Das dramatische Ende der Novelle verstehen

Gottfried Keller: Romeo und Julia auf dem Dorfe

Kirchweih „Kirchweih"

Einige Wochen nach dem Unglück sehen sich Sali und Vrenchen doch wieder und kommen zu dem Schluss, dass ihre Beziehung keine Zukunft haben kann. Dennoch wollen sie einen letzten gemeinsamen Tag miteinander verbringen und auf die Kirchweih im Nachbardorf gehen. Am Abend mischen sie sich dort im ‚Paradiesgärtlein' unter das tanzende Volk und sprechen über ihre Zukunft.

„Wir können nicht zusammen sein, und doch kann ich nicht von dir lassen, nicht einen Augenblick mehr, nicht eine Minute!" Sali umarmte und drückte das Mädchen heftig an sich und bedeckte es mit Küssen. Seine verwirrten Gedanken rangen nach einem Ausweg, aber er sah keinen. Wenn auch das Elend und die Hoffnungslosigkeit seiner Herkunft zu überwinden gewesen wären, so war seine Jugend und unerfahrene Leidenschaft nicht beschaffen, sich eine lange Zeit der Prüfung und Entsagung vorzunehmen und zu überstehen, und dann wäre erst noch Vrenchens Vater da gewesen, welchen er zeitlebens elend gemacht.

Das Gefühl, in der bürgerlichen[1] Welt nur in einer ganz ehrlichen und gewissensfreien[2] Ehe glücklich sein zu können, war ihm ebenso lebendig wie Vrenchen, und in beiden verlassenen Wesen war es die letzte Flamme der Ehre, die in früheren Zeiten in ihren Häusern geglüht hatte und welche die sich sicher fühlenden Väter durch einen unscheinbaren Missgriff ausgeblasen und zerstört hatten […]. Sali und Vrenchen hatten aber noch die Ehre ihres Hauses gesehen in zarten Kinderjahren und erinnerten sich, wie wohlgepflegte Kinderchen sie gewesen und dass ihre Väter angesehen wie andere Männer, geachtet und sicher. Dann waren sie auf lange getrennt worden, und als sie sich wieder fanden, sahen sie in sich zugleich das ewigverschwundene Glück des Hauses, und beider Neigung klammerte sich nur umso heftiger ineinander. Sie mochten so gerne fröhlich und glücklich sein, aber nur auf einem guten Grund und Boden, und dieser war unerreichbar, während ihr wallendes Blut am liebsten gleich zusammengeströmt wäre. „Nun ist es Nacht", rief Vrenchen, „und wir sollen uns trennen!" – „Ich soll nach Hause gehen und dich allein lassen?", rief Sali, „nein, das kann ich nicht!" – „Dann wird es Tag werden und nicht besser um uns stehen!"

„Ich will euch einen guten Rat geben, ihr närrischen Dinger!" tönte eine schrille Stimme hinter ihnen, und der Geiger trat vor sie hin. „Da steht ihr", sagte er, „wisst nicht wo hinaus und hättet euch gern. Ich rate euch, nehmt euch, wie ihr seid, und säumet nicht. Kommt mit mir und meinen guten Freunden in die Berge, da brauchet ihr keinen Pfarrer, kein Geld, keine Schriften, keine Ehre, kein Bett, nichts als euern guten Willen! Es ist gar nicht so übel bei uns, gesunde Luft und genug zu essen, wenn man tätig ist; die grünen Wälder sind unser Haus, wo wir uns liebhaben, wie es uns gefällt, und im Winter machen wir uns die wärmsten Schlupfwinkel oder kriechen den Bauern ins warme Heu. Also kurz entschlossen, haltet gleich hier Hochzeit und kommt mit uns, dann seid ihr aller Sorgen los und habt euch für immer und ewiglich, solange es euch gefällt wenigstens; denn alt werdet ihr bei unserm freien Leben, das könnt ihr glauben! Denkt nicht etwa, dass ich euch nachtragen will,

Eine Novelle untersuchen

was eure Alten mir getan! Nein! [...] Lasst fahren die Welt und nehmet euch und fraget niemandem was nach! Denkt an das lustige Hochzeitbett im tiefen Wald oder auf einem Heustock[3], wenn es euch zu kalt ist!" Damit ging er ins Haus. Vrenchen zitterte in Salis Armen und dieser sagte: „Was meinst du dazu? Mich dünkt, es wäre nicht übel, die ganze Welt in den Wind zu schlagen und uns dafür zu lieben ohne Hindernis und Schranken!" Er sagte es aber mehr als einen verzweifelten Scherz denn im Ernst. Vrenchen aber erwiderte ganz treuherzig [...]: „Nein, dahin möchte ich nicht gehen, denn da geht es nicht nach meinem Sinne zu. Der junge Mensch mit dem Waldhorn und das Mädchen in dem seidenen Rock gehören auch so zueinander und sollen sehr verliebt gewesen sein. Nun sei letzte Woche die Person ihm zum ersten Mal untreu geworden, was ihm nicht in den Kopf wolle, und deshalb sei er so traurig und schmolle mit ihr und mit den andern, die ihn auslachen. [...] Wo es aber so hergeht, möchte ich nicht sein, denn nie möchte ich dir untreu werden, wenn ich auch sonst alles ertragen würde, um dich zu besitzen!"

[1] bürgerliche Welt: eine Welt, die sich nach bürgerlichen Wertvorstellungen richtet, zu denen u. a. Fleiß, moralische Lebensführung, Ehe und Familie zählen
[2] gewissensfrei: nicht von Schuldgefühlen belastet
[3] Heustock: Heuspeicher, Scheune

---

1 Lest den Textauszug und beschreibt, in welcher Situation sich das Paar befindet.

2 Sali sagt zu Beginn des Auszugs: „Wir können nicht zusammen sein, und doch kann ich nicht von dir lassen, nicht einen Augenblick mehr, nicht eine Minute!" (Z. 1–3)
  a) Was spricht nach Salis Meinung gegen das Zusammensein, das er sich so sehr wünscht? Belegt eure Erläuterungen am Text. Erklärt auch, welche Rolle die Begriffe „bürgerliche Ehe" und „Ehre" in seiner Argumentation spielen.
  b) Welche Haltung nimmt der Erzähler zum Verhalten der beiden ein? Ist er eher kritisch-distanziert, neutral-objektiv oder mitfühlend? Entscheidet euch für eine Möglichkeit. Begründet eure Entscheidung mit Zitaten aus dem Textauszug.

Beim Tanz begegnen die Liebenden dem schwarzen Geiger zum zweiten Mal. Er ist der ursprüngliche Erbe des Ackers, der den Streit zwischen ihren Vätern ausgelöst hat. Weil er keine Ausweispapiere hat und außerhalb der Gemeinschaft lebt, wurde sein Erbe jedoch nicht anerkannt. Nun schlägt er den beiden einen Ausweg aus ihrer Situation vor.

3 a) Gebt den Vorschlag des Geigers in eigenen Worten wieder. Wie unterscheidet sich dieser von den Vorstellungen des Liebespaares?
  b) Entscheidet euch für die Perspektive von Vrenchen oder Sali und antwortet aus ihrer Sicht auf den Vorschlag des schwarzen Geigers.
    • Sammelt in Kleingruppen zunächst Argumente, die für oder gegen den Vorschlag sprechen und haltet sie schriftlich fest.
    • Was könnte der schwarze Geiger den beiden erwidern? Notiert seine möglichen Äußerungen.
    • Führt dann in der Klasse den Dialog zwischen Vrenchen oder Sali und dem schwarzen Geiger auf.
  c) Vergleicht die unterschiedlichen Dialoge miteinander. Welche Argumentation kommt eurer Meinung nach der Darstellung Gottfried Kellers am nächsten?

> **Tipp**
> Bedenkt dabei die Haltung des Erzählers (vgl. Aufgabe 2c).

🔊 *Auszug Podcast: „Romeo und Julia auf dem Dorfe"*

📄 *„Transkript Podcast"*

🚀 *Starthilfe, S. 390*

🔊 *„Der Freitod"*

4 Hört euch nun den Ausschnitt des Podcast vom SWR 2 an.
  a) Fasst zusammen, wie in dem Podcast das Verhalten der beiden Liebenden gewertet wird. Welches Ideal streben sie an und warum gelingt ihnen das nicht?
  b) Stimmt ihr der Einschätzung zu? Begründet eure Meinung und bezieht dabei die Diskussion über die aufgeführten Dialoge ein.

5 Lest das Ende der Novelle („Der Freitod") oder hört euch den Hörtext an.
  a) Diskutiert, was Sali und Vrenchen dazu veranlasst, gemeinsam in den Tod zu gehen und welche Gefühle sie mit diesem Entschluss verbinden. Könnt ihr ihre Äußerungen nachvollziehen?
  b) Stelle dir vor, du bist eine Freundin von Vrenchen. Sie vertraut dir den Entschluss an, gemeinsam mit Sali aus dem Leben zu gehen. Was rätst du ihr?
  c) Vergleicht die Darstellung der Entscheidung von Sali und Vrenchen, in den Tod zu gehen, mit der Darstellung in der Zeitungsmeldung. Welche Behauptungen stellt der Artikel auf? Inwiefern sind diese Behauptungen richtig oder falsch?
  d) Diskutiert darüber, warum Keller die Novelle mit der Zusammenfassung eines (fiktiven) Zeitungsartikels enden lässt.

fiktiv (lat. *fingere*: erdichten, erdenken): auf einer Fiktion (= etwas Erdachtem) beruhend

---

Gottfried Keller: Romeo und Julia auf dem Dorfe

Der Freitod

Am Abend der Kirchweih tauschen Sali und Vrenchen Ringe aus. In ihrer Verzweiflung wissen sie keinen Ausweg mehr.

Salis Herz klopfte bald wie mit Hämmern, bald stand es still, er atmete schwer und sagte leise: „Es gibt eines für uns, Vrenchen, wir halten Hochzeit zu dieser Stunde und gehen dann aus der Welt – dort ist das tiefe Wasser – dort scheidet uns niemand mehr und wir sind zusammen gewesen – ob kurz oder lang, das kann uns dann gleich sein."
Vrenchen sagte sogleich: „Sali – was du da sagst, habe ich schon lang bei mir gedacht und ausgemacht, nämlich, dass wir sterben könnten und dann alles vorbei wäre – so schwör mir es, dass du es mit mir tun willst!" „Es ist schon so gut wie getan, es nimmt dich niemand mehr aus meiner Hand als der Tod!" rief Sali außer sich. Vrenchen aber atmete hoch auf, Tränen der Freude entströmten seinen Augen; es raffte sich auf und sprang leicht wie ein Vogel über das Feld gegen den Fluss hinunter. […]

Als man später unterhalb der Stadt die Leichen fand und ihre Herkunft ausermittelt hatte, war in den Zeitungen zu lesen, zwei junge Leute, die Kinder zweier blutarmen, zugrunde gegangenen Familien, welche in unversöhnlicher Feindschaft lebten, hätten im Wasser den Tod gesucht, nachdem sie einen ganzen Nachmittag herzlich miteinander getanzt und sich belustigt auf der Kirchweih. Es sei dies Ereignis vermutlich in Verbindung zu bringen mit einem Heuschiff aus jener Gegend, welches ohne Schiffleute in der Stadt gelandet sei, und man nehme an, die jungen Leute haben das Schiff entwendet, um darauf ihre verzweifelte und gottverlassene Hochzeit zu halten, abermals ein Zeichen von der um sich greifenden Entsittlichung und Verwilderung der Leidenschaften.

Schätze deinen Lernstand ein

Gottfried Keller: Romeo und Julia auf dem Dorfe

Der schwarze Geiger

Auf einem Spaziergang durch die Felder der Eltern begegnen Sali und Vrenchen dem schwarzen Geiger das erste Mal gemeinsam.

Als sie aber einsmals[1] die Augen von den blauen Kornblumen aufschlugen, an denen sie gehaftet, sahen sie plötzlich einen andern dunklen Stern vor sich hergehen, einen schwärzlichen Kerl, von dem sie nicht wussten, woher er so unversehens gekommen. Er musste im Korne gelegen haben; Vrenchen zuckte zusammen und Sali sagte erschreckt: „Der schwarze Geiger!" In der Tat trug der Kerl, der vor ihnen herstrich, eine Geige mit dem Bogen unter dem Arm und sah übrigens schwarz genug aus; neben einem schwarzen Filzhütchen und einem schwarzen rußigen Kittel, den er trug, war auch sein Haar pechschwarz so wie der ungeschorene Bart, das Gesicht und die Hände aber ebenfalls geschwärzt; denn er trieb allerlei Handwerk, meistens Kesselflicken, half auch den Kohlenbrennern[2] und Pechsiedern[3] in den Wäldern und ging mit der Geige nur auf einen guten Schick aus[4], wenn die Bauern irgendwo lustig waren und ein Fest feierten. [...] Er sah sie scharf an und rief: „Ich kenne euch, ihr seid die Kinder derer, die mir den Boden hier gestohlen haben! Es freut mich zu sehen, wie gut ihr gefahren seid, und werde gewiss noch erleben, dass ihr vor mir den Weg alles Fleisches geht! Seht mich nur an, ihr zwei Spatzen! Gefällt euch meine Nase, wie?" In der Tat besaß er eine schreckbare Nase. [...] „Seht mich nur an", fuhr er fort, „eure Väter kennen mich wohl und jedermann in diesem Dorfe weiß, wer ich bin, wenn er nur meine Nase ansieht. Da haben sie vor Jahren ausgeschrieben, dass ein Stück Geld für den Erben dieses Ackers bereitliege; ich habe mich zwanzigmal gemeldet, aber ich habe keinen Taufschein und keinen Heimatschein, und meine Freunde, die Heimatlosen, die meine Geburt gesehen, haben kein gültiges Zeugnis, und so ist die Frist längst verlaufen, und ich bin um den blutigen Pfennig gekommen[5], mit dem ich hätte auswandern können! Ich habe eure Väter angefleht, dass sie mir bezeugen möchten, sie müssten mich nach ihrem Gewissen für den rechten Erben halten; aber sie haben mich von ihren Höfen gejagt, und nun sind sie selbst zum Teufel gegangen! Item[6], das ist der Welt Lauf, mir kann's recht sein, ich will euch doch geigen, wenn ihr tanzen wollt!"

[1] einsmals: plötzlich, auf einmal
[2] Kohlenbrenner: Arbeiter, die Holzkohle in Meilern herstellen
[3] Pechsieder: Arbeiter, die Pech zum Isolieren oder Abdichten herstellen
[4] auf einen guten Schick ausgehen: ausgehen, um ein gutes Geschäft zu machen
[5] um das letzte Geld gekommen sein
[6] Item: lat. ebenso, kurzum

1. Der schwarze Geiger spricht darüber, wie die Bauern Manz und Marti sowie die anderen Dorfbewohner mit ihm und seinem Anrecht auf den mittleren Acker umgegangen sind. Was ist ihm widerfahren und wie bewertet er das Verhalten der Bauern und der Dorfgemeinschaft? Stelle seine Position dar und benenne die Gründe, die er hierfür anführt.

2. Beschreibe, wie Vrenchen und Sali auf die Worte des Geigers reagieren.

3. a) Entscheide, ob dem schwarzen Geiger Unrecht geschehen ist. Notiere jeweils zwei Gründe, die dafür und dagegen sprechen.
   b) Verfasse eine persönliche Stellungnahme zu der Frage aus Aufgabe 3a).

→ Seite 182–184, B
→ Seite 182–184, A
← Seite 172–175

Den Romeo-und-Julia-Stoff neu interpretieren

Romeo und Julia sind das wohl berühmteste Liebespaar der Weltliteratur. Die bekannteste Umsetzung des Stoffes, also der zugrunde liegenden Geschichte, stammt von William Shakespeare, der eine Fassung für die Bühne geschrieben hat. Es gibt aber zahlreiche Adaptionen und Neuinterpretationen der tragischen Liebesgeschichte.

1. Lest die Inhaltsangabe zu Shakespeares „Romeo und Julia" und den Auszug aus dem Drama, der den Wendepunkt der Handlung enthält.

> **Tipp**
> Lest noch einmal den Anfang der Novelle und den Informationstext auf Seite 167.

2. a) Verständigt euch über Gemeinsamkeiten und Unterschiede zwischen Shakespeares Drama und Kellers Novelle. Vergleicht Ort, Zeit, Figuren sowie Handlung und Sprache. Lest dazu auch noch einmal den Textauszug von Seite 176/177 und vergleicht die Gestaltung des Wendepunktes.
   b) Diskutiert, warum Keller die Handlung der Geschichte in ein Dorf verlegt haben könnte und seine Figuren an einem Nachbarschaftsstreit scheitern lässt.

William Shakespeare's „Romeo und Julia"

Shakespeares Tragödie „Romeo und Julia" spielt in der italienischen Stadt Verona. Die adligen Veroneser Familien Montague und Capulet sind tödlich verfeindet. Romeo, Sohn Montagues, und Julia, Tochter Capulets, verlieben sich unsterblich ineinander. Bruder Lorenzo vermählt die beiden heimlich. Doch ihre Liebe endet tragisch. Romeo tötet Tybalt, den Neffen der Gräfin Capulet, und wird aus Verona verbannt. Julia soll von ihrem Vater gezwungen werden, den Grafen Paris zu heiraten. Sie will sich der Trauung entziehen, indem sie ein schweres Betäubungsmittel nimmt und ihren eigenen Tod vortäuscht. Doch Romeo ahnt nichts von ihrem Plan. Er sieht Julia in der Familiengruft aufgebahrt und glaubt seine Geliebte tot. Mit einem tödlichen Gift will er seiner Gemahlin in den Tod folgen. Er küsst Julia ein letztes Mal und nimmt das Gift. Als Julia aus der Betäubung erwacht, sieht sie den toten Romeo. In ihrer Verzweiflung nimmt sie sich selbst mit einem Dolch das Leben. Vom Tod der Kinder erschüttert, versöhnen sich die verfeindeten Familien.

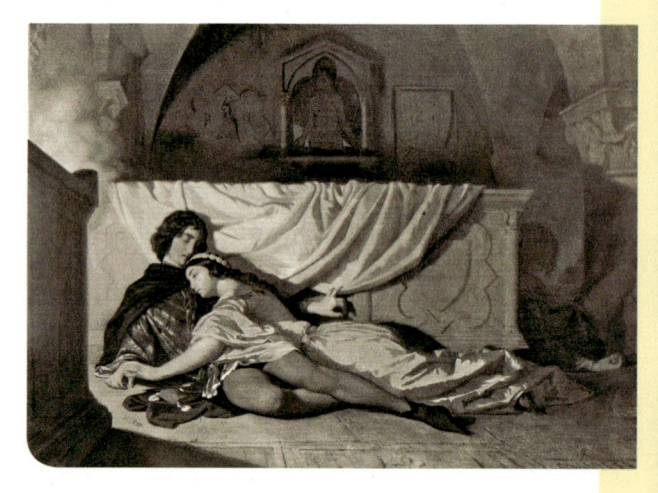

3. Sammelt in einer Mindmap in der Klasse erste Ideen für eine Neuinterpretation des Romeo-und-Julia-Stoffes. Überlegt dazu: Welche Umstände könnten in der heutigen Zeit dazu führen, dass zwei Liebende nicht zusammen sein dürfen und keinen Ausweg mehr sehen?

Auszug aus William Shakespeare's „Romeo und Julia"

(3. Akt, erste Szene)

Julias Cousin Tybalt fordert Romeo zum Duell heraus. Als Romeo Julia zuliebe ablehnt, stellt sich Romeos bester Freund Mercutio an seiner Stelle dem Kampf mit Tybalt. Um seinen Freund zu schützen, tritt Romeo zwischen die Fechtenden. Dabei gelingt es Tybalt, Mercutio schwer zu verwunden. Wenig später verstirbt dieser an seiner Stichwunde.

[…]

ROMEO.
Dieser Edelmann, des Fürsten naher Verwandter, mein guter Freund, erhielt diese tödliche Wunde für mich – mein Ruf befleckt von Tybalts
5 Verleumdung – Tybalt, der seit einer Stunde mein Vetter ist. O süße Julia, deine Schönheit hat mich weibisch gemacht und in meinem Carakter den Stahl des Mutes verweichlicht!
Benvolio[1] tritt auf.

10 **BENVOLIO.**
O Romeo, Romeo, der tapfere Mercutio ist tot! Der feurige Geist ist zu den Wolken hochgestiegen, der zu unzeitig hier die Erde verachtete.

ROMEO.
15 Das schwarze Geschick dieses Tages schwebt drohend über weiteren Tagen. Dieser beginnt nur das Leid, das andere enden müssen.
Tybalt tritt auf.

BENVOLIO.
20 Hier kommt der wütende Tybalt wieder zurück.

ROMEO.
Lebend im Triumph und Mercutio erschlagen! Weg zum Himmel, unterscheidende Milde, und feueräugige Wut sei jetzt mein Führer! Nun,
25 Tybalt, nimm den „Schurken" wieder zurück, den nur wenig über unseren Köpfen und wartet auf du mir kürzlich gabst. Denn Mercutios Seele ist deine, um sie zu begleiten. Entweder du oder ich oder beide müssen mit ihm gehen.

TYBALT.
30 Du elender Junge, der du ihn hierher begleitet hast, sollst mit ihm von hier fort.

ROMEO.
Dies soll das entscheiden!
Sie kämpfen. Tybalt fällt.   35

BENVOLIO
Romeo, fort, verschwinde! Die Bürger sind in Waffen, und Tybalt ist erschlagen. Steh nicht erstarrt. Der Fürst wird dich zum Toder verurteilen, wenn du ergriffen wirst. Weg von hier,   40
verschwinde, fort!

---
[1] Benvolio: Neffe Montagues und Freund Romeos und Mercutio

A Einen Schreibplan für eine Neuinterpretation der Novelle erstellen

4 Bildet Kleingruppen.
   a) Überlegt, was den Kern des „Romeo-und-Julia-Stoffes" ausmacht, sodass eure Leser/-innen die ursprüngliche Geschichte noch wiedererkennen.
   b) Entwickelt auf der Grundlage dieser Überlegungen gemeinsam eine Idee für eine moderne Novellenfassung von „Romeo und Julia".
   Nutzt die Mindmap aus Aufgabe 3.

5 Übertragt den Schreibplan auf ein Blatt Papier und befüllt ihn nach und nach mit euren Ideen. Findet am Schluss eine passende Überschrift, die deutlich macht, in welche Richtung ihr den Stoff modernisieren wollt (z. B. Romeo und Julia in Berlin, Romina und Julia etc.)

> **Schreibplan**
> Titel:
>
> | Wann und wo spielt die Geschichte? | Welche Figuren kommen vor? | Welche „unerhörte Begebenheit" steht im Mittelpunkt? |
> |---|---|---|
> | … | … | … |
>
> Erzählperspektive: …
>
> Handlung der Novelle:
>
> | Exposition: | Wendepunkt(e): | Ende: |
> |---|---|---|
> | - … | - … | - … |
> | - | | |

B Den Wendepunkt einer Neuinterpretation der Novelle schreiben

4 a) Bildet Kleingruppen. Überlegt gemeinsam, was den Kern des „Romeo-und-Julia Stoffes" ausmacht, sodass eure Leser/-innen die ursprüngliche Geschichte noch wiedererkennen. Welche Elemente muss die Neuinterpretation enthalten?
   b) Entwickelt in Einzelarbeit Ideen für den Wendepunkt der modernen Novellenfassung von „Romeo und Julia". Wer oder was steht der Liebe im Weg? Welcher Moment erstickt die letzte Hoffnung auf das Zustandekommen der Liebesbeziehung? Welche Haltung nimmt der Erzähler zum Geschehen ein? Mit welchen sprachlichen Mitteln lassen sich Spannung und Dramatik erzeugen?

Textverarbeitungsprogramm

5 Verfasst den Wendepunkt der Novelle.

6 Stellt euch eure Schreibpläne und Entwürfe gegenseitig vor. Ein Literaturpreiskomitee aus vier Schüler/-innen prämiert abschließend die beste Idee und die beste Umsetzung. Begründet eure Wahl in einer kurzen Preisrede.

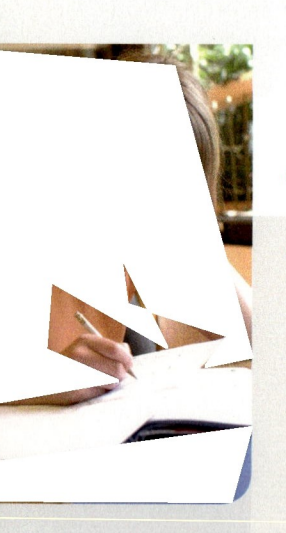

Sich auf eine Klassenarbeit vorbereiten

Gottfried Keller: Romeo und Julia auf dem Dorfe
Im Gasthaus

Vor der Kirchweih essen Sali und Vrenchen in einem Gasthaus. Die Wirtin und ihre Kellnerin halten die beiden für ein junges Brautpaar.

„Allem Anschein nach, wenn es erlaubt ist zu fragen, seid ihr ein junges Brautpaar, das gewiss nach der Stadt geht, um sich morgen kopulieren[1] zu lassen?" Vrenchen wurde rot und wagte nicht aufzusehen, Sali sagte auch nichts und die Wirtin fuhr fort: „Nun, ihr seid freilich beide noch wohl jung, aber jung geheiratet lebt lang, sagt man zuweilen, und ihr seht wenigstens hübsch und brav aus und braucht euch nicht zu verbergen. Ordentliche Leute können etwas zuwege bringen, wenn sie so jung zusammenkommen und fleißig und treu sind. […] Nichts für ungut, aber es freut mich, euch anzusehen, so ein schmuckes Pärchen seid ihr!" Die Kellnerin brachte die Suppe, und da sie einen Teil dieser Worte noch gehört und lieber selbst geheiratet hätte, so sah sie Vrenchen mit scheelen Augen[2] an, welches nach ihrer Meinung so gedeihliche Wege ging. In der Nebenstube ließ die unlieblich[3] Person ihren Unmut frei und sagte zur Wirtin, welche dort zu schaffen hatte, so laut, dass man es hören konnte: „Das ist wieder ein rechtes Hudelvölkchen[4], das, wie es geht und steht, nach der Stadt läuft und sich kopulieren lässt, ohne einen Pfennig, ohne Freunde, ohne Aussteuer und ohne Aussicht auf Armut und Bettelei! Wo soll das noch hinaus, wenn solche Dinger heiraten, die die Jüppe[5] noch nicht allein anziehen und keine Suppe kochen können? Ach, der hübsche junge Mensch kann mich nur dauern, der ist schön petschiert[6] mit seiner jungen Gungeline[7]!" „Bscht! Willst du wohl schweigen, du hässiges[8] Ding!", sagte die Wirtin, „denen lasse ich nichts geschehen! Das sind gewiss zwei recht ordentliche Leutlein aus den Bergen, wo die Fabriken sind; dürftig sind sie gekleidet, aber sauber, und wenn sie sich gern haben und arbeitsam sind, so werden sie weiter kommen als du mit deinem bösen Maul! […]"

So genoss Vrenchen alle Wonnen einer Braut, die zur Hochzeit reiset: die wohlwollende Ansprache und Aufmunterung einer vernünftigen Frau, den Neid einer heiratslustigen bösen Person, welche aus Ärger den Geliebten lobte und bedauerte, und ein leckeres Mittagsmal an der Seite eben eines Geliebten. Es glühte im Gesicht wie eine rote Nelke, […] konnte aber nicht unterlassen, dabei den Sali zärtlich anzusehen.

[1] sich kopulieren lassen: sich (durch den Pfarrer) trauen lassen
[2] mit scheelen Augen: missgünstig, neidisch
[3] unlieblich: unliebenswürdig
[4] Hudelvölkchen: von *hudeln*: übereilt zu Werke gehen
[5] Jüppe: von französisch *jupe*: Frauenrock
[6] petschiert: in eine schwierige Situation gebracht (vgl. *Patsche*)
[7] Gungeline: liederliche Frau
[8] hässig: gehässig

---

1 Die Wirtin und die Kellnerin sind unterschiedlicher Ansicht, was die Zukunft des jungen Liebespaares angeht. Stelle ihre jeweilige Position dar. Verweise auf passende Stellen im Text.

2 Beschreibe, wie Vrenchen und Sali sich im Wirtshaus fühlen.

3 Die Wirtin ist der Ansicht, dass Vrenchen und Sali eine glückliche Zukunft bevorsteht „wenn sie sich gern haben und arbeitsam sind" (Z. 37/38). Teilst du diese Position? Nimm persönlich Stellung. Führe dabei mindestens zwei Gründe an, die für und gegen diese Aussage sprechen. Beziehe die Argumente der Figuren aus dem Text mit ein und nutze dein Hintergrundwissen zur Novelle.

Moderne Lyrik interpretieren
Gedichte von Heimat, Aufbruch und Fremde

Wohin gehöre ich? Wohin zieht es mich? Darf ich dort leben, wo ich möchte? Dies alles sind existenzielle Fragen, die uns darüber nachdenken lassen, wer wir sind und was wir uns wünschen. Die moderne Lyrik verarbeitet diese Themen auf besondere Weise und lädt uns dazu ein, neue Perspektiven auf Vertrautes und Fremdes einzunehmen.

Silbermond
B 96 (2015)

Über blassgelben Feldern
Schüchtern und scheu
Liegt 'n taufrischer Morgen
Neblig und neu
5 Und die frühesten Vögel
Hau'n den Morgenappell[1]
An das rostige Hoftor
Bis es irgendwann umfällt
Und es dauert nicht lang
10 Bis die Gedanken verträumt sind
Hier an der B96

Und die Welt steht still hier im Hinterwald
Und das Herz schlägt ruhig und alt
Und die Hoffnung hängt am Gartenzaun
15 Und kaum ein Mensch kommt je vorbei
Im Hinterwald
Wo mein Zuhause ist
Schön wieder hier zu sein

Versteckt unter Heu
20 Liegen Sachen von dir
Aber auch ne drei viertel Kindheit
Verbeult und ramponiert[2]
Und seit zwanzig Jahren
Brennt ein Licht über'm Stammtisch
25 Und seit zehntausend Jahren
Zerreißen Menschen sich Mäuler
Über alles und jeden
Also alles beim Alten
Hier an der B96

[1] Morgenappell: morgendliche Versammlung von Soldaten, um die Tagesaufgaben zu erhalten
[2] ramponiert: beschädigt

Moderne Lyrik interpretieren 187

1 „B96" – eine Straße ist Titel eines Popsongs. Was erwartet ihr von einem Text, der diesen Titel trägt? Haltet eure Erwartungen in einer Mind-Map fest.

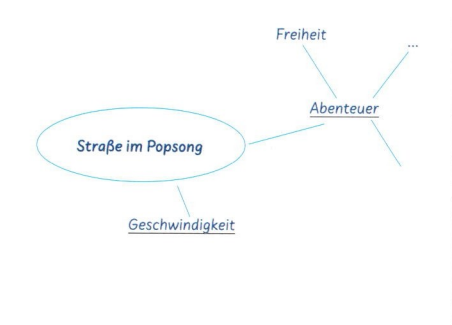

Mind-Map: Straße im Popsong – Freiheit, ..., Abenteuer, Geschwindigkeit

2 Hört euch den Song an oder lest den Text. Fasst die Handlung in einem Satz zusammen. Vergleicht anschließend die Zusammenfassung mit euren Erwartungen und ergänzt die Mind-Map mit einem andersfarbigen Stift.

▶ „Silbermond: B 96"

3 Im Text schildert das lyrische Ich Eindrücke, die es bei der Heimkehr wahrnimmt.
   a) Finde jeweils ein kurzes Zitat und benenne, welche Assoziationen (= spontane Gedanken, die du mit einer Vorstellung verknüpfst) damit verbunden sind. Ordne die Ergebnisse in die Tabelle ein.
   Beachte, dass einige Elemente mehrdeutig sein können. Untersuche hierzu die Zeilen 10, 13, 15 und 16 genauer.
   b) Fasse die Inhalte der beiden Tabellenspalten jeweils in einigen abschließenden Kernbegriffen zusammen.

➔ Polysemie und Homonymie, S. 288

positive Assoziationen	negative Assoziationen
„taufrischer Morgen" (Z. 3)	„rostige Hoftor" (Z. 7)
→ Neuanfang, gesunde Natur	→ Verfall
...	...

4 Stellt euch vor, die Sängerin der Band „Silbermond" würde von einem Musikjournalisten zu ihrem Lied befragt. Beantwortet die Fragen des Journalisten, indem ihr die Schilderungen aus „B 96" als Grundlage nehmt.
   • Im Song „B 96" bezeichnen Sie den Ort, an dem Sie aufgewachsen sind, als „Hinterwald". Wie haben Sie Ihre Kindheit empfunden?
   • Heute leben Sie nicht mehr dort. Warum sind Sie damals weggegangen?
   • Wie geht es Ihnen heute, wenn Sie Ihren Herkunftsort besuchen?

In diesem Kapitel lernt ihr ...
› welche Merkmale und Besonderheiten die moderne Lyrik kennzeichnen,
› Form und Sprache moderner Lyrik zu deuten,
› Antwortgedichte zu verstehen und zu nutzen,
› deutsch-türkische Migrantenliteratur kennen.

Motivgleiche Gedichte untersuchen

Rainer Malkowski „Radfahrt"

Radfahrt (1977)

Schön, zu fahren
im Fliegengeprall –
mit gleißenden[1] Speichen
die wilden
Hügel hinab.
An weidenden Pferden
surrt
das Rad,
am starren
Maisfeld vorbei.
Von der Rolle läuft
an diesem großmütigen Tag
der lange verwickelte
Faden.

[1] gleißend: stark metallisch glänzend

Matthias Buth „Auf dem Fahrrad"

Auf dem Fahrrad (1984)

Zwischen zwei Rädern
Sitzend auf einem Sattel
Zwischen Vorwärts und Rückwärts

Auf leisen Sohlen
Sich auf und davonmachen
Dem Fahrtwind entgegen

Die Kanaldeckel
Reißen am Lenker und
Die Bäume fliegen zusammen

Alle Ampeln sind grün
Alle Straßen frei
Ich komme an

Starthilfe, S. 390

„Zwei Gedichte vergleichen"

1 Fasse den Inhalt der Gedichte zusammen. Gliedere hierzu das jeweilige Gedicht in Abschnitte (Malkowski ❶) bzw. gehe strophenweise vor (Buth ❷).
Formuliere für jeden Abschnitt bzw. jede Strophe einen Satz, der ausdrückt, wie die Fahrt empfunden wird. Achte darauf, die Veränderungen im Verlauf des Gedichts möglichst detailliert wiederzugeben.

2 Betrachte bei Malkowski (❶) die Zeilen 11–14 und bei Buth (❷) die Zeilen 1–3.
a) Formuliere den Inhalt dieser Passagen in eigenen Worten.
b) Vergleicht eure Ergebnisse: Welchen Umfang haben eure Zusammenfassungen gegenüber den Gedichtzeilen? Sind eure Ergebnisse inhaltlich gleich?
c) Gedichte sind im wahrsten Sinne des Wortes „verdichtete" Sprache. Benennt, welche Leistung die Sprache des Gedichts im Vergleich zur Alltagssprache erbringt. Achtet auf die Nutzung von Bildlichkeit und auf den Umfang der Gedichte.

Kompetenzen aufbauen · Moderne Lyrik interpretieren · 189

3 Untersuche nun die Radfahrer in beiden Gedichten im Vergleich:
   a) Welche Bedeutung hat die Fahrt für den jeweiligen Radfahrer? Welche Gefühle hat er bei der Fahrt? Belege deine Ergebnisse am Text.
   b) Der Radfahrer ist nicht an allen Stellen der Gedichte grammatisch erkennbar. Beschreibe die Wirkung, die diese Art der „unpersönlichen" Darstellung auf den Leser oder die Leserin hat.
   c) Im Gedicht „Auf dem Fahrrad" wird das „Ich" erst in der letzten Zeile genannt. Welche Wirkung hat diese Gestaltungsweise?

4 Schreibe das Gedicht „Radfahrt" so um, dass ein explizites lyrisches Ich erkennbar ist. Nutze dazu den Wissen-und-Können-Kasten. Wie verändern sich die Wirkung und die Aussage des Gedichtes dadurch?

Textverarbeitungsprogramm

5 Untersuche die sprachliche und formale Gestaltung eines der beiden Gedichte. Finde dich anschließend mit einem Lernpartner zusammen, der das jeweils andere Gedicht bearbeitet hat. Stellt euch gegenseitig eure Ergebnisse vor.

Ⓐ Radfahrt (Rainer Malkowski):
   a) Beschreibe die Zeilenumbrüche und erkläre, welche Wirkung die Länge der Zeilen für das Lesen und die Atmosphäre des Textes hat.
   b) Markiere alle Adjektive. Untersuche ihre Bedeutung für die Aussage und Atmosphäre des Textes. Was wäre, wenn die Adjektive nicht vorhanden wären?

Folie

Ⓑ Auf dem Fahrrad (Matthias Buth):
   a) Beschreibe den Satzbau der einzelnen Strophen und achte auf die Veränderungen. Erkläre, inwieweit der Satzbau die inhaltliche Aussage des Gedichtes unterstützt.
   b) Finde für jede Strophe eine stilistische Besonderheit, welche diese Aussage ebenfalls stützt.

Starthilfe, S. 390/391

❗ Wissen und Können

Lyrisches Ich
In Gedichten werden Gefühle, Beobachtungen und Gedanken durch einen lyrischen **Sprecher** mitgeteilt. Dieser Sprecher darf nicht gleichgesetzt werden mit dem Dichter / der Dichterin, sondern ist – wie das Gedicht selbst – eine Erfindung des Autors / der Autorin.
Taucht im Gedicht ein Sprecher in der Ich-Form auf, so spricht man von einem **expliziten lyrischen Ich**. Fehlt das Personalpronomen, so bezeichnet man den Sprecher als **implizites lyrisches Ich**. Wird der Inhalt des Gedichts eher neutral aus der Perspektive eines Beobachters präsentiert, wird die Bezeichnung **Sprecher** genutzt.

Die Form moderner Lyrik im Vergleich verstehen

Joseph von Eichendorff „Der frohe Wandersmann"

Der frohe Wandersmann (1822)

Wem Gott will rechte Gunst erweisen,
Den schickt er in die weite Welt,
Dem will er seine Wunder weisen
In Berg und Wald und Strom[1] und Feld.

5 Die Trägen, die zu Hause liegen,
Erquicket[2] nicht das Morgenrot,
Sie wissen nur vom Kinderwiegen
Von Sorgen, Last und Not um Brot.

Die Bächlein von den Bergen springen,
10 Die Lerchen[3] schwirren hoch vor Lust,
Was sollt' ich nicht mit ihnen singen
Aus voller Kehl' und frischer Brust?

Den lieben Gott lass ich nur walten[4];
Der Bächlein, Lerchen, Wald und Feld
15 Und Erd' und Himmel will erhalten,
Hat auch mein' Sach' auf's Best' bestellt[5]!

[1] Strom: großer Fluss
[2] erquicken: erfrischen
[3] Lerchen: Vogelart
[4] walten: handeln, entscheiden
[5] eine Sache bestellen: eine Angelegenheit regeln

---

1 Lies das Gedicht und fasse den Inhalt strophenweise zusammen.

Starthilfe, S. 391
Gedichte, S. 356

2 Beschreibe die Form des Gedichts. Bestimme Strophenbau, Reimschema und Versmaß. Beachte beim Reim insbesondere, ob Reime mehrfach vorkommen.

3 Warum will das lyrische Ich in die Welt wandern?
  a) Stelle in der Tabelle in Zitaten gegenüber, welche Eigenschaften, Erlebnisse und Lebenseinstellungen das Ich den beiden Lebensbereichen zuordnet.
  b) Fasse am Ende der Gegenüberstellung die Stimmung in eigenen Worten zusammen, die der jeweilige Bereich aus der Sicht des Ich ausstrahlt.

„zu Hause" (V. 5)	„die weite Welt" (V. 2)
• …	• …
• …	• „Die Bächlein von den Bergen springen" (V. 9)
• …	• …
→ Stimmung: …	→ Stimmung: …

Moderne Lyrik interpretieren

4 Untersuche die sprachliche Gestaltung des Gedichts.
  a) Inwiefern unterstützt die klangliche Gestaltung in der ersten Strophe die Aufbruchsstimmung des lyrischen Ichs?
  b) Bestimme das Stilmittel, welches das gesamte Gedicht dominiert. Welche Funktion hat es?

Starthilfe, S. 391

5 Fasse schriftlich zusammen, inwiefern die formale und sprachliche Gestaltung die inhaltliche Aussage des Gedichts unterstützen.

Hans-Peter Kraus (*1965)   „Die Entdeckung der Welt"

Die Entdeckung der Welt

Über mir der Flieger in Richtung Süden,
der Reisebus fährt in die City,
die Radlergruppe zum See.
Und die Autos mit den fremden Kennzeichen
5 fahren kreuz und quer.
Ich glaub, ich geh wieder zurück.
Vorhin hab ich vorm Haus
ein neues Pflänzchen entdeckt,
das sich durch eine Ritze zwischen
10 den Gehsteigplatten gekämpft hat.
Das könnt ich mir näher anschauen.

---

6 Verständige dich mit deinem Lernpartner über den Inhalt des Gedichts von Hans-Peter Kraus. Tauscht eure Eindrücke über Form und Sprache des Textes aus.

7 Worin besteht für das Ich die „Entdeckung der Welt"?
  a) Erkläre den Titel. Passt er deiner Meinung nach zum Gedicht? Begründe deine Position.
  b) Vergleiche das Verständnis des Begriffs „Welt" mit demjenigen im Gedicht von Joseph von Eichendorff.

Textverarbeitungsprogramm

8 Untersuche die formale Gestaltung des Gedichts von Hans-Peter Kraus.
   a) Schreibe den Text als Fließtext in dein Heft und lies ihn laut vor. Welche Wirkung hat diese Form?
   b) Gliedere den Gedankengang des Textes in deinem Heft in Abschnitte. Verwende möglichst präzise Verben, die die Gedanken nachzeichnen. Nutze bei Bedarf die Verben aus dem Wortspeicher.

   > **Wortspeicher**: *auflisten, aufzählen, aufzeigen, benennen, beobachten, beschließen, beschreiben, betrachten, beurteilen, bewerten, sich entschließen, schlussfolgern, ein Fazit ziehen, …*

   c) Strukturiere den abgeschriebenen Text in gedankliche Blöcke, indem du in deinen Fließtext Längsstriche einziehst. Vergleiche diese anschließend mit der Zeilenaufteilung des Gedichts.
   d) Analysiere die größeren gedanklichen Blöcke im Gedicht und erkläre hier die Gliederung in Einzelzeilen. Finde eine Erklärung für die Zeilen 4–5 im Vergleich zu den Zeilen 1–3. Erkläre auch die Gliederung der Zeilen 7–10.

Starthilfe, S. 391

Umgangssprache, S. 277

9 Untersuche nun die Sprache des Gedichts. Beschreibe die Sprachebene, die verwendet wird. In den Zeilen 6, 7 und 11 sind die Prädikate besonders gestaltet. Welche Wirkung wird mit dieser Art der Sprache erzielt? Stelle Bezüge zum Inhalt des Gedichts her.

10 Moderner Lyrik wird von Kritikern vorgeworfen, die kunstvolle Ausarbeitung der Form aufgegeben zu haben. Entscheide, ob du dem Vorwurf in Bezug auf das Gedicht „Die Entdeckung der Welt" zustimmen kannst. Begründe deine Entscheidung mithilfe der Vorarbeiten aus den Aufgaben 8 und 9.

Vorlesen und vortragen, S. 336

11 Trage das Gedicht von Hans-Peter Kraus vor. Überlege vorher mit deinem Lernpartner, wie die Zeilen- und Sprachgestaltung beim Vortrag angemessen umgesetzt werden kann.

> ❗ **Wissen und Können**
>
> **Freie Formen in moderner Lyrik**
> Der Begriff „moderne Lyrik" bezeichnet Formen von Lyrik, die sich schon äußerlich von traditionell gestalteten Gedichten unterscheiden. Diese Texte sind zeitlich nicht nur in der Gegenwartslyrik vorzufinden.
> Moderne Lyrik verzichtet häufig auf traditionelle, regelhafte Formelemente wie Strophenbau, Reimschema oder Versmaß. Dennoch sind diese freien Formen nicht beliebig, sondern ganz bewusst gewählt. Die Verse der traditionellen Lyrik nennt man in der modernen Lyrik Zeilen.

Arbeitsheft, S. 56–58

Die sprachliche Gestaltung moderner Gedichte untersuchen

Arno Holz   „Märkisches Städtchen"

Märkisches Städtchen (1925)

Drei
kleine Straßen
mit Häuserchen wie aus einer Spielzeugschachtel
münden auf den stillen Marktplatz.

5   Der alte Brunnen vor dem Kirchlein rauscht,
die
Linden ... duften.

Das ... ist das ganze ... Städtchen.

Aber draußen,
10   wo aus einem tiefen, blauen, hohen Himmel Lerchen singen,
blinkt der See,
dunkelen Wälder und wogen Kornfelder.

Mir ist alles ... wie ein Traum!

Soll ich ... bleiben? ... Soll ich ... weiterziehen?

15   Der Brunnen rauscht ... die Linden duften.

Arno Holz, 1863–1929

1 Lies das Gedicht langsam und lasse es auf dich wirken. Schreibe neben die einzelnen Strophen Sinneseindrücke, die der Text bei dir hervorruft: Was siehst, hörst, fühlst oder riechst du?

2 An welchen Wörtern bzw. Textmerkmalen machst du deine Eindrücke fest? Suche passende Textstellen und formuliere ihre Wirkung möglichst präzise. Stelle hierbei das Städtchen und das Gebiet „draußen" einander in einer Tabelle gegenüber.

Märkisches Städtchen	„draußen" (ab Z. 9)
• Substantive mit Verkleinerungsformen: „Häuserchen" (Z. 3), …	• Substantive: …
→ Wirkung: …	→ Wirkung: …
• Verben: …	• Verben: „dunkelen" (Z. 10), …
→ Wirkung: …	→ Wirkung: …
• Adjektive: …	• Adjektive: …
• Klang: …	• Klang: …
• Sprachliche Bilder: …	• Sprachliche Bilder: …

3 Betrachte die Lücken bzw. die Punkte im Gedicht.
   a) Versuche, diese Leerstellen sprachlich zu füllen und vollständige Sätze zu bilden. Vergleicht eure Ergebnisse. Wie verändert sich der Charakter des Gedichts? Wie gefallen euch die neuen Texte?
   b) Welche Funktion haben die Punkte im Gedicht? Welche Empfindungen des lyrischen Ichs drücken sie aus?
   c) Beschreibe, was die Nutzung der Punkte für das Lesen des Gedichts bedeutet. Welche Aufgabe bekommt der Leser oder die Leserin dadurch gestellt?

4 Nutze die Informationen aus dem Gedicht, um die Frage zu beantworten, die sich das lyrische Ich in Zeile 14 stellt:
   a) Was spricht für das Bleiben, was spricht für das Weiterziehen in Richtung See?
   b) Formuliere die letzte Zeile so um, dass sie die Fragen des lyrischen Ichs beantwortet. Wie verändert sich dadurch der Charakter des Gedichts?

5 Lies das Gedicht von Matthias Politycki. Fasse schriftlich zusammen, was in dem Gedicht konkret geschieht. Was wird in den übrigen Zeilen des Gedichts dargestellt?

6 a) Gliedere die Überlegungen im Gedicht in einzelne Schritte. Orientiere dich dabei an den Strophen. Beachte auch den Unterschied zwischen den freien und den eingeklammerten Textpassagen.
   b) Beschreibe die Funktion der Einklammerungen. Überlege, welche neuen Ausdrucksmöglichkeiten sich dadurch für Gedichte ergeben.

Starthilfe, S. 391

7 Bestimme, wer mit dem lyrischen Du des Gedichts angesprochen ist. Welche Uneindeutigkeit ergibt sich? Beschreibe die Funktion und Wirkung dieser Uneindeutigkeit auf den Leser oder die Leserin.

❗ Wissen und Können

Sprache und Satzbau in moderner Lyrik
Moderne Lyrik erweitert die sprachlichen Möglichkeiten, indem auch „unlyrische" Begriffe aus **Fachsprachen, Fremdsprachen oder Alltagssprache** genutzt werden. Der Satzbau entspricht vielfach nicht der Standardgrammatik. Die Texte arbeiten mitunter mit Satzbrüchen oder -abbrüchen, Einklammerungen oder lose aneinandergereihten Wortgruppen und ungewöhnlichen Zeilenumbrüchen. Auch Auslassungen und Lücken sind in der modernen Lyrik möglich.

Moderne Lyrik interpretieren

Matthias Politycki 🔊 „Der Ausflug"

Der Ausflug (2009)

Endlich in Ærø! Und nun?
Du könntest ein Rad mieten
und die Insel auf möglichst kleinen Nebenstrecken
der Länge nach rauf- und runterfahren
5 (wenn sie nicht für dänische Verhältnisse,
so wie das von hier aus jetzt aussieht,
ein bißchen hügelig wäre, die Insel)

Du könntest dich in eines dieser Touristenlokale setzen
und immerhin in aller Ruhe
Fachwerkgeborgenheit genießen
10 (wenn du dich dabei nicht so verflucht einsam
vor deinem Smørebrød[1] ausmachen würdest
und dem alkoholfreien Øl[2])

Du könntest dir wenigstens am Kai[3] einen Pfosten suchen,
an den du dich dann lehnst, ein Fischbrötchen verdrückst
15 und auf die Fähre zurück wartest
(wenn du eine Ahnung hättest,
wann hier die nächste kommt, mal abgesehen davon,
daß es gar keine Fischbrötchen gibt)

Aber bist du denn blind, da liegt sie ja noch!
Die kleine Fähre nach Svendborg,
20 jetzt tutet sie sogar
(etwas kläglich klingt es noch immer).
Vergiß die Pfosten, die Fachwerkhäuser, das Rad,
all das kriegst du am anderen Ufer auch.

[1] Smørebrød: dänisches reich belegtes Butterbrot
[2] Øl: dänisches Bier
[3] Kai: Ufermauer am Hafen

Matthias Politycki, *1955

---

8 Das Gedicht ist mit „Der Ausflug" betitelt. Welche Position gegenüber Ausflügen, dem Reisen bzw. dem Tourismus bringt das Gedicht zum Ausdruck? Belege deine Ergebnisse am Text.

9 a) Schreibe zu einem der beiden Gedichte des Kapitels ein Parallelgedicht / eine Parallelstrophe.
b) Stellt euch eure Parallelgedichte gegenseitig vor. Diskutiert, welche Haltung des lyrischen Ichs zum Reisen darin jeweils zum Ausdruck kommt.

Arbeitsheft, S. 59–61

Antwortgedichte als Interpretationshilfe nutzen

Antwortgedichte bieten eine eigene Interpretation oder auch eine Modernisierung des Originaltextes in Form eines neuen, eigenständigen Gedichts. Formal können sie frei gestaltet sein und müssen sich nicht an der Form des Ursprungstextes orientieren.

„Der Radwechsel" ist eines der berühmtesten Gedichte Bertolt Brechts. Es hat viele Lyriker zu sehr unterschiedlichen Reaktionen veranlasst. Das hier ausgewählte Antwortgedicht von Yaak Karsunke kann helfen, das Originalgedicht besser zu verstehen.

Bertolt Brecht „Der Radwechsel"

Der Radwechsel (1953)

Ich sitze am Straßenhang.
Der Fahrer wechselt das Rad.
Ich bin nicht gern, wo ich herkomme.
Ich bin nicht gern, wo ich hinfahre.
5 Warum sehe ich den Radwechsel
Mit Ungeduld?

Bertolt Brecht, 1898–1956

1 a) Lies das Gedicht und fasse die Situation zusammen, in der das lyrische Ich sich befindet.
b) Ordne den drei Zeitebenen vorher – jetzt – nachher jeweils einen Ort, die entsprechenden Emotionen des lyrischen Ichs sowie die Zeilenangaben zu.

2 Im Gedicht tauchen zwei Personen auf. Untersuche, was man genau über das Verhältnis der beiden erfährt. Ist das Verhältnis beider Personen eindeutig zu klären? Beachte dabei auch, wo das lyrische Ich genau sitzt.

3 a) Formuliert in eigenen Worten, wie das lyrische Ich seine Situation, seine Befindlichkeit und seine Ziele einschätzt. Überlegt, ob ihr Brechts Haltung nachvollziehen könnt. Habt ihr selbst schon einmal eine ähnliche Situation erlebt?
b) Erkläre mithilfe des Wissen-und-Können-Kastens, inwiefern die Situation, in der sich das lyrische Ich befindet, paradox ist.

❗ Wissen und Können

Paradoxien in der modernen Lyrik
In modernen Gedichten werden das Leben und die Welt oft als kompliziert und undurchschaubar dargestellt. Lösungen für wahrgenommene Probleme bieten die Autor-/innen seltener an. Das drückt sich bisweilen darin aus, dass in den Texten **paradoxe** (= scheinbar widersprüchliche oder absurde) **Situationen** beschrieben werden.

Kompetenzen aufbauen — Moderne Lyrik interpretieren

4 Lies das Gedicht von Yaak Karsunke und beschreibe die dargestellte Situation.

Yaak Karsunke

Matti wechselt das rad (1969)

Ich sitze am Straßenhang.
Der Fahrer wechselt das Rad.
Ich bin nicht gern, wo ich herkomme.
Ich bin nicht gern, wo ich hinfahre.
5 Warum sehe ich den Radwechsel
Mit Ungeduld?

BERTOLT BRECHT

während ich den reifen abmontiere
haut sich der chef auf die wiese, sieht dauernd rüber.
als fahrer verwartest du stunden, warum
10 wird er nervös wenn er einmal
auf mich warten muß? wenn die panne
ihn zuviel zeit kostet: er
kann mir ja helfen.

Yaak Karsunke, *1934

Zusatzinformation

Der Name „Matti" stammt aus Bertolt Brechts Theaterstück „Herr Puntila und sein Knecht Matti". Der Gutsbesitzer Puntila ist nüchtern ein Ausbeuter seines Knechts, wenn er betrunken ist, verspricht er Matti viel Gutes. Dieser erkennt, dass das Verhältnis nicht stabil und gut für ihn ist, und verlässt den Gutshof.

5 Untersuche das lyrische Ich.
 a) Charakterisiere – unter Einbezug der Zusatzinformation neben dem Gedicht – das lyrische Ich und erkläre seine Sicht auf die Situation. Beziehe hier auch die sprachliche Gestaltung ein.
 b) Bestimme die Beziehung zwischen Matti und der zweiten Person, die im Gedicht auftaucht. Beachte die vom Dichter gewählte Perspektive.

Starthilfe, S. 391

6 Das Gedicht von Yaak Karsunke ist ein Antwortgedicht auf „Der Radwechsel" von Bertolt Brecht. Beschreibe den inhaltlichen Zusammenhang zwischen den beiden Gedichten. Nutze auch die Zusatzinformation aus dem Kasten.
 a) Welchen Schwerpunkt setzt Karsunke bei seiner Interpretation des Originalgedichts?
 b) Inwieweit hilft euch diese Interpretation dabei, eine andere Perspektive auf die bei Brecht dargestellte Szene einzunehmen?

7 Schreibe ein Antwortgedicht auf eines der Gedichte des bisherigen Kapitels. Vergleicht abschließend eure Ergebnisse und diskutiert, inwiefern sie eine neue Perspektive auf das Originalgedicht bieten.

Gedichte mithilfe von biografischen Informationen erschließen

Manchmal können zusätzliche Informationen, z. B. zur Entstehungszeit eines Gedichtes oder der Biografie eines Autors/einer Autorin, dabei helfen, einen literarischen Text besser zu verstehen und weitere Deutungsebenen zu erschließen.

1 Lest die hier abgedruckte erste Strophe des Gedichts „Momentaufnahme eines Zeitgenossen" laut vor. Beschreibt in eigenen Worten, in welcher Situation sich das lyrische Ich befindet und wie es sich fühlt.

Mascha Kaléko — „Momentaufnahme eines Zeitgenossen"

Momentaufnahme eines Zeitgenossen

Wenn unsereins *se lengvitsch* spricht,
So geht er wie auf Eiern.
Der Satzbau wackelt, und die *grammar* hinkt,
Und wenn uns etwa ein *ti ehtsch* gelingt,
5 Das ist ein Grund zum Feiern.

[...]

Mascha Kaléko

Starthilfe, S. 391

2 Untersucht, auf welche Weise im Gedicht die Unsicherheit des lyrischen Ichs sprachlich ausgedrückt wird.

3 Im Gedicht wird die 1. Person Plural verwendet. Kennt auch ihr solche Momente, wie sie im Gedicht beschrieben werden? Fühlt ihr euch also als „unsereins" angesprochen?

4 Wertet die Texte zu Mascha Kalékos Biografie und den Begriffen Emigrant/Exil aus. Überprüft nun noch einmal eure Antworten zu Aufgabe 3 auf der Basis der zusätzlichen Informationen.

Emigrant/Exil

Als Emigrant bezeichnet man eine Person, die ihr Heimatland verlassen hat. Häufig müssen Menschen das Exil (= den langfristigen Aufenthalt außerhalb des Heimatlandes) wählen, weil sie in ihren Herkunftsländern verfolgt werden, z. B. wegen ihrer religiösen oder ethnischen Zugehörigkeit oder politischen Überzeugungen. Um der Verfolgung durch die Nationalsozialisten zu entgehen, verließen nach 1933 mehr als 2000 Autorinnen und Autoren Deutschland. Zu ihnen gehörten neben Mascha Kaléko u. a. auch Thomas Mann, Bertolt Brecht, Hilde Domin und Anna Seghers.

Mascha Kaléko

Mascha Kaléko lebte von 1907–1975 und war eine deutschsprachige Dichterin.
Mit 22 Jahren veröffentlichte sie in Berlin ihren ersten Gedichtband. Schnell wurde sie zu einer der bekanntesten und gefeierten Schriftstellerinnen der damaligen Literaturszene.
Die Nationalsozialisten erteilten ihr 1935 wegen ihres jüdischen Glaubens Schreibverbot und verfolgten sie. 1938 emigrierte sie mit ihrem Mann und ihrem Sohn in die USA, wo sie überwiegend in New York lebte, bis sie 1959 nach Israel übersiedelte.

Die beiden hier abgedruckten Gedichte verfasste sie in ihren ersten Jahren im Exil, die genauen Entstehungsdaten sind nicht bekannt.

BERLINER GEDENKTAFEL
Hier lebte von 1936–1938 die Dichterin
MASCHA KALÉKO
7.6.1907–21.1.1975
Das Deutschland von damals trieb sie ins Exil und verbot ihre Bücher. Sie emigrierte 1938 nach New York, lebte seit 1966 in Jerusalem.

---

5 Überlege, welche besonderen Schwierigkeiten einer Schriftstellerin im fremdsprachigen Exil sich in der Gedichtstrophe ausdrücken. Verfasse aus Mascha Kalékos Sicht einen Brief an einen befreundeten Schriftsteller in Berlin, in dem sie ihre Probleme schildert.

→ *Kommunikationsstörungen auf der Ebene der Sprache, S. 31*

6 Analysiert nun das Gedicht „Der kleine Unterschied".
   a) Fasst den Inhalt in eigenen Worten zusammen.
   b) Untersucht die formale Gestaltung und bestimmt Reimschema und Metrum.
   c) Benennt sprachliche und stilistische Besonderheiten, unter anderem in Bezug auf die Wortwahl.

7 Untersucht die spezielle Kommunikationssituation, die das Gedicht konstruiert: Wer spricht hier zu wem? Welche Wirkung wird mit dieser Art der Darstellung erzielt? *Starthilfe, S. 391*

8 Erläutert euer Verständnis der letzten beiden Zeilen. Beziht die Zusatzinformationen und das Gedicht „Momentaufnahmen" ein. Warum bezeichnet der Emigrant sich als „happy", aber nicht „glücklich"?
Inwiefern unterstützen Form, Aufbau und Sprachgestaltung diesen Gegensatz?

9 Für diejenigen Schülerinnen und Schüler, die mehrsprachig aufgewachsen sind: Überlege, welche Dinge/Sachverhalte du in welcher deiner Sprachen am liebsten bzw. am häufigsten ausdrückst. Gib der Klasse Beispiele für deine Sprachwahl und begründe, warum du die jeweilige Sprache gewählt hast.

Mascha Kaléko   🔊 *„Der kleine Unterschied"*

Der kleine Unterschied

Es sprach zum Mister Goodwill
ein deutscher Emigrant:
„Gewiß, es bleibt das selbe,
sag ich nun *land* statt Land,
sag ich für Heimat *homeland*
und *poem* für Gedicht.
Gewiß, ich bin sehr happy:
Doch glücklich bin ich nicht."

Merkmale moderner Lyrik zusammenfassen

Im bisherigen Kapitel habt ihr moderne Lyrik kennengelernt. Abschließend sollt ihr ihre wichtigsten Merkmale zusammenstellen und über die Möglichkeiten dieser Form der Dichtung nachdenken. Diese Systematisierung kann euch zukünftig bei der Analyse von Gedichten helfen.

> **Tipp**
> Ihr könnt auch die Vorlage aus dem Medienpool nutzen.

1 Ergänzt das Schaubild um die Merkmale moderner Lyrik.
  a) Wählt arbeitsteilig jeweils ein Gedicht des bisherigen Kapitels aus.
  b) Übertragt das Schaubild zweifarbig in eure Hefte und ergänzt mit der zweiten Farbe die Elemente, die das von euch gewählte moderne Gedicht verwendet. Falls die Elemente denen der traditionellen Lyrik entsprechen, hakt diese ab. Widersprechen sie dem traditionellen Element, streicht dieses durch.
  c) Vergleicht am Schluss eure Ergebnisse und vervollständigt das Schaubild in einem gemeinsamen Tafelbild.
  d) Beurteilt abschließend, wie die moderne Lyrik mit den Regeln traditioneller Dichtkunst umgeht und wo Schwerpunkte der lyrischen Gestaltung liegen.

„Schaubild: Merkmale moderner Lyrik"

Traditionelle Lyrik
erkennbare Orientierung an literarischen Regeln

Sprachebenen/ Wortwahl	Formen/ Strukturen	sprachliche Mittel	Gedichtformen	Satzbau
Hochsprache	Strophe	Personifikation	Ballade	grammatisch korrekter Satzbau
Dialekt	Vers	Metapher	Volkslied	...
...	Reim	Vergleich	...	
	Metrum	...		
	Zeile			
	...			

Moderne Lyrik
neuer Umgang mit literarischen und sprachlichen Regeln
...
...

2
> Moderne Lyrik erzeugt mit einem Minimum an Sprachmaterial ein Maximum an Wirkung.

Erkläre diese Aussage anhand deiner im Kapitel erworbenen Kenntnisse. Führe 2–3 konkrete Beispiele aus den Gedichten dieses Kapitels an, welche die Aussage stützen.

Schätze deinen Lernstand ein

Ein Gedicht untersuchen und dazu schreiben

Mascha Kaléko

Sehnsucht nach dem Anderswo

Drinnen duften die Äpfel im Spind,
Prasselt der Kessel im Feuer.
Doch draußen pfeift Vagabundenwind[1]
Und singt das Abenteuer!

5 Der Sehnsucht nach dem Anderswo
Kannst du wohl nie entrinnen:
Nach Drinnen, wenn du draußen bist,
Nach Draußen, bist du drinnen.

[1] Vagabund: Landstreicher

---

1 Stelle den Text vor: Nenne Autor, Textart, Titel, Erscheinungsjahr und Thema.

2 Analysiere das Gedicht genau:
  a) Fasse den Inhalt nach Strophen gegliedert zusammen.
  b) Beschreibe die äußere Form. Achte besonders auf das Metrum und seine Wirkung.
  c) Untersuche die sprachlichen Bilder in der 1. Strophe und erläutere, welche Wirkung damit erzielt wird.
  d) Beschreibe das lyrische Ich und seine Position gegenüber dem Thema des Gedichts „Sehnsucht". Wer ist mit dem „du" in der 2. Strophe gemeint?

3 Fasse die zentralen Aussagen des Gedichts abschließend zusammen.

→ Seite 202/203, B
→ Seite 202/203, A
← Seite 188/189, S. 193–195

4 Verfasse eine neue Strophe für das Gedicht. Hierbei kannst du zwischen zwei Möglichkeiten wählen:
  A Gestalte eine alternative erste Strophe.
  B Gestalte eine weitere Strophe, die zwischen die beiden Strophen eingefügt wird. Berücksichtige bei der Gestaltung die inhaltlichen und formalen Ergebnisse der bisherigen Untersuchung.

5 Bei Mascha Kalékos Gedichten ist häufig unbekannt, wann die Dichterin sie genau verfasst hat. Das gilt auch für „Sehnsucht nach dem Anderswo". Ihr Leben war aber von Kindheit an geprägt von mehrfachen Auswanderungen und dem Exil. Inwiefern gewinnt die Interpretation des Gedichts eine weitere Deutungsmöglichkeit, wenn man den biografischen Hintergrund der Autorin einbezieht?

→ Seite 204/205, B
→ Seite 204/205, A
← Seite 195, Aufg. 9, S. 198/199

Deutsch-türkische Migrantenliteratur kennenlernen

Die Spannung zwischen Heimat und Fremdheit kennen besonders Menschen, deren Familien aus einem andern Land stammen und die erst vor wenigen Generationen nach Deutschland eingewandert sind. In diesem Kapitel lernt ihr Schriftstellerinnen und Schriftsteller mit türkischen Wurzeln kennen, die sich in ihren Gedichten mit der Frage nach ihrer Heimat beschäftigen.

Alev Tekinay

Dazwischen (2001)

Jeden Tag packe ich den Koffer
ein und dann wieder aus.

Morgens, wenn ich aufwache,
plane ich die Rückkehr,
5   aber bis Mittag gewöhne ich mich mehr
an Deutschland.

Ich ändere mich
und bleibe doch gleich
und weiß nicht mehr,
10   wer ich bin.

Jeden Tag ist das Heimweh
unwiderstehlicher,
aber die neue Heimat hält mich fest
Tag für Tag noch stärker.

15   Und jeden Tag fahre ich
zweitausend Kilometer
in einem imaginären Zug
hin und her,
unentschlossen zwischen
20   dem Kleiderschrank
und dem Koffer,
und dazwischen ist meine Welt.

Nevfel Cumart

Zwei Welten (1983)

zwischen
zwei
welten
inmitten
5   unendlicher
einsamkeit
möchte
ich eine brücke sein

doch kann ich
10   kaum fuß fassen
an dem einen ufer
vom anderen
löse ich mich
immer mehr

15   die brücke bricht
droht mich
zu zerreißen
in der mitte

---

1 Lest die beiden Gedichte. Verständigt euch, welche Situation das lyrische Ich jeweils schildert. Bezieht zum besseren Verständnis die biografischen Informationen aus den Kästen von Seite 203 ein.

Moderne Lyrik interpretieren   203

Alev Tekinay

geboren 1951 in Izmir in der Türkei. Sie besuchte die deutsche Schule in Istanbul, zog 1971 nach München und studierte dort Germanistik.
Zunächst arbeitete sie als Lehrerin, später als Wissenschaftlerin und Schriftstellerin.

Nevfel Cumart

geboren 1964 als Sohn türkischer Arbeitsmigranten in Lingenfeld. Er wuchs dreisprachig mit Arabisch, Türkisch und Deutsch auf. Er arbeitet als Schriftsteller, Übersetzer und Journalist.

Nevfel Cumart

Entscheide, ob du mit einem Gedicht weiterarbeiten möchtest (A) oder mit beiden im Vergleich (B).

A Die Perspektive des lyrischen Ichs verstehen

2   Wähle eines der beiden Gedichte aus. Stelle den Gedankengang des lyrischen Ichs nach Strophen gegliedert in eigenen Worten dar.
3   Bestimme das zentrale Bild des Gedichts. Erkläre die Aussageabsicht dieses Bildes, indem du darlegst, worauf es symbolisch hinweist. Nutze die Worterklärung am Rand.
4   Im Gedicht wird von „zwei Welten" bzw. „meiner Welt" gesprochen. Versetze dich in die Situation des lyrischen Ichs hinein und finde Beispiele für die Besonderheiten und Schwierigkeiten, die das Leben als deutsch-türkische/r Migrant/in kennzeichnen. Begründe mithilfe der Beispiele, warum die Definition einer „Welt" für das lyrisch Ich so wichtig ist.

*Ein **Symbol** ist ein Sinnbild, das über seine gewöhnliche, konkrete Bedeutung hinaus auf etwas Allgemeines verweist. Meist steht ein konkreter Gegenstand für einen abstrakten Begriff oder Zusammenhang, z. B. die Taube als Symbol für den Frieden oder das Herz als Symbol für die Liebe.*

B Zwei Gedichte vergleichen

2   a) Stelle den Gedankengang des lyrischen Ichs in beiden Gedichten nach Strophen gegliedert dar.
    b) Bestimme jeweils das zentrale Bild des Gedichts. Erkläre die Aussageabsicht dieses Bildes, indem du darlegst, worauf es symbolisch hinweist. Nutze die Worterklärung am Rand.
3   Vergleiche die Position, die das jeweilige Ich zu seinem Leben einnimmt. Achte auf seine Ziele und die Zukunftsperspektive, die es jeweils für sein Leben sieht. Beziehe die sprachliche Gestaltung ein.
4   Beschreibe zusammenfassend die Problematik, in der sich die beiden lyrischen Sprecher befinden und vergleiche die Einschätzung der Situation. Beziehe Stellung, ob eine Lösung des Problems von Heimat und Fremdheit möglich scheint.

Textverarbeitungsprogramm

Gedichte produktionsorientiert interpretieren

Aras Ören

Plastikkoffer

Zuerst kaufte ich mir einen Koffer auf dem Flohmarkt,
so einen billigen aus Plastik.
Wer weiß, was der schon von der Welt
gesehen und wer den schon geschleppt hat,
5   erschöpft auf staubiger Landstraße.

Ich packte einen Umschlag mit Fotos,
einen Aktenordner Gedichte, ein paar Bücher,
zwei Hemden, dreimal Unterwäsche, Strümpfe,
Zahnbürste, Rasierzeug und Handtuch hinein.
10 Zwischen die Wäsche noch ein Sträußchen Lavendel,
die Reise konnte losgehen.

Jetzt ist mir, als hätte ich einige Dinge vergessen,
und die wären wichtiger gewesen
als Fotos, Gedichte, Bücher, Hemden, Wäsche,
15 Strümpfe, Zahnbürste, Rasierzeug und Handtuch.

Ich bin immer noch mit dem Plastikkoffer unterwegs,
aber ich bereue es nicht.
Wenn wir immer nur bereuen,
wie können wir da glücklich sein?
20 Woher dann das Lachen in unserem Gesicht?

Aras Ören, geboren 1939 in Istanbul, lebt seit 1969 in Deutschland. Er ist Schriftsteller, Journalist und Schauspieler.

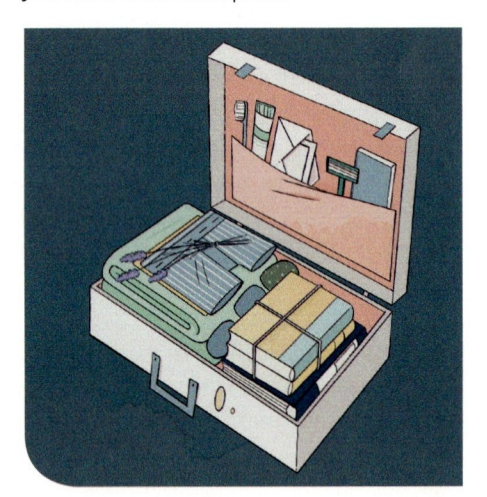

---

1 Lest das Gedicht und verständigt euch über den Inhalt.

2 a) Untersucht die Sicht, die das lyrische Ich auf sein Leben und seine Entscheidung zur Migration hat.
b) Bestimmt die Funktion des Koffers für diese Perspektive auf sein Leben.

3 Betrachtet die Auswahl der Dinge, die im Koffer mitgenommen wurden. Stellt Vermutungen an, welche „Dinge" das lyrische Ich vergessen zu haben glaubt. Diskutiert, ob es sich um materielle oder immaterielle Dinge handeln könnte.

Moderne Lyrik interpretieren 205

Ⓐ Eine neue Strophe schreiben

4 Schreibt eine weitere Strophe zum „Plastikkoffer". Achtet darauf, dass eure Strophe sprachlich und inhaltlich zum Stil und zur Aussage des Gedichts passt. Sammelt zur Vorbereitung zunächst Ideen in einer Mindmap, die ihr dann später nutzen könnt.

> **Tipp**
> Ihr könnt beispielsweise die Dinge benennen, die im Koffer fehlen und damit die Leerstellen des Gedichts füllen.

Ⓑ Ein Antwortgedicht verfassen

4 Betrachtet das Mural des Mannheimer Künstlerduos SOURATI, in dem die Erfahrung der Migration ebenfalls künstlerisch interpretiert wird.
- Deutet das Mural auf die Frage hin, welche Aussage sich in Bezug auf Heimat und Migration daraus ableiten lässt.
- Schreibt ein Antwortgedicht im Sinne des Murals.

„Abschied und Neubeginn" (Mural von SOURATI, 2018)

*Ein **Mural** ist ein Wandgemälde. Das Mural „Abschied und Neubeginn" entstand im Rahmen des Kunstprojekts STADT. WAND. KUNST in Mannheim, bei dem seit 2013 Häuserfassaden im gesamten Stadtgebiet mit großflächigen Wandgemälden gestaltet werden und eine öffentliche Galerie der Street Art ergeben.*

Sich auf eine Klassenarbeit vorbereiten

Ein Gedicht anhand von Leitfragen schriftlich untersuchen

Matthias Politycki

Summe meiner Fehlfahrten (2003)

Auf den Kilimandscharo hinauf
(den Fudschi, den Feldberg, den Dschebel Musa),
in den Grand Canyon hinab gestiegen
(den Geiranger-Fjord, die Schluchten des Balkans),
5 jeden Tempel beklettert in Mandalay (Madras),
die Chinesische Mauer abgelaufen
bis an ihre beiden Enden (und den
kompletten Pfarrer-Krempl-Weg in Ottobrunn)

Auch in der Gobi hab' ich danach gegraben,
10 hab' meine Hände in Saharasand gesteckt,
und in der Zipfelmützenödnis Kappadokiens
entdeckte ich zumindest mal
einen Skorpion in meinem Schuh

Dann fuhr ich nach Finnland, auf die Faröer,
15 fuhr nach Brasilien, Burundi, nach Belgien,
und schließlich ging ich unter Wasser:
tauchte danach im Roten wie im Gelben Meer,
in der Karibik, im Kleinhesseloher See, im Indischen Ozean

Doch wo ich auch suchte,
20 ich konnte und konnte und konnte's
nicht finden.

Aufgabe: Untersuche das Gedicht „Summe meiner Fehlfahrten" von Matthias Politycki schriftlich.

1 Stelle das Gedicht kurz vor: Nenne Autor, Textart, Titel, Erscheinungsjahr und Thema.

2 Untersuche das Gedicht genau.
   a) Fasse den Inhalt in eigenen Worten zusammen.
   b) Beschreibe die äußere Form.
   c) Benenne zwei zentrale sprachliche Mittel, die das Gedicht prägen und erläutere ihre Wirkung.

3 Beschreibe die Einstellung des lyrischen Ichs gegenüber dem Reisen. Betrachte dazu, welche Ziele das Ich weltweit und in Deutschland benennt (siehe Karte unten). Vergleiche die Auswahl und ziehe Rückschlüsse über die Einstellung des Ich. Beziehe die sprachliche Darstellung und Präsentation der Ziele in die Untersuchung ein.

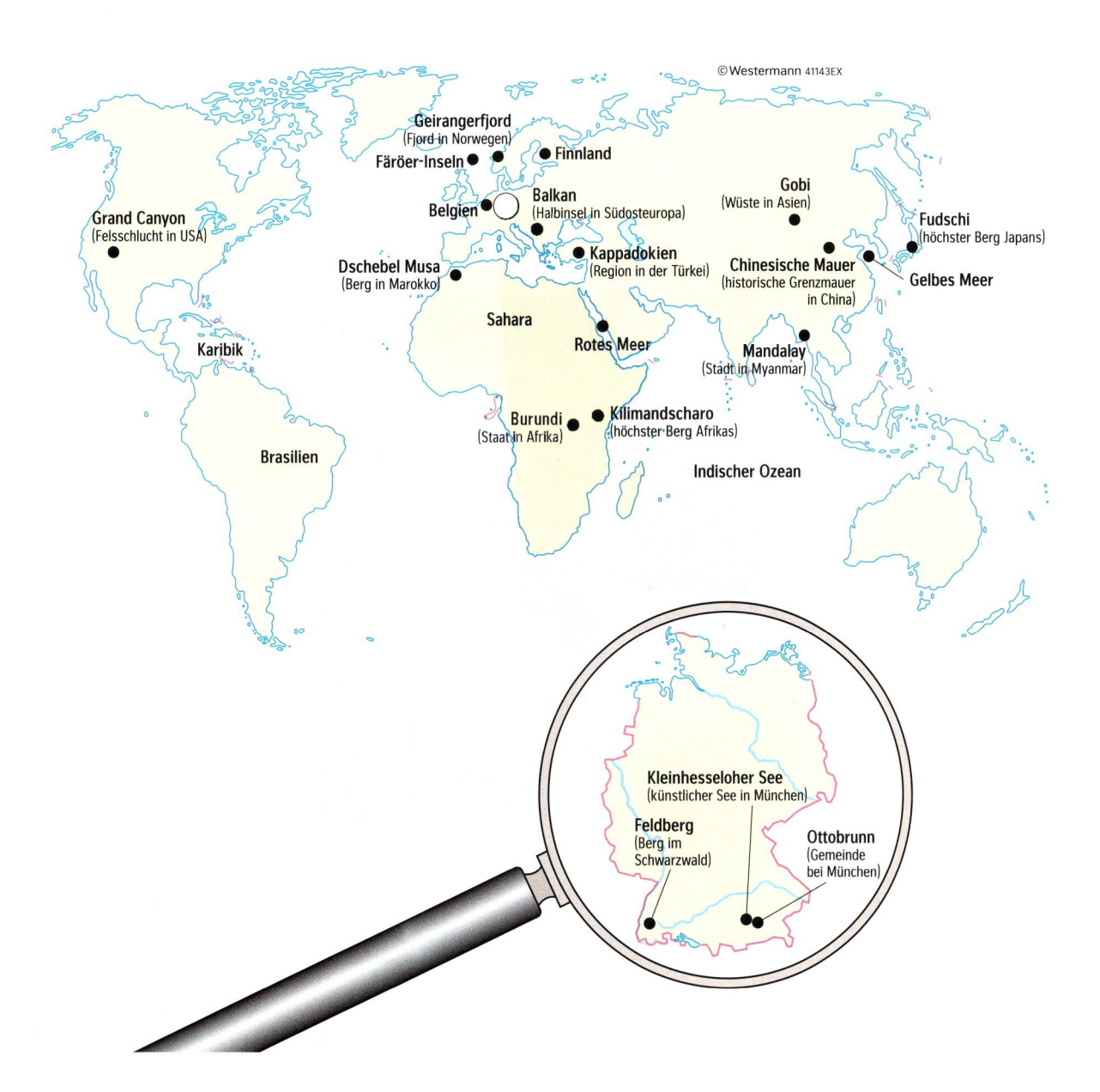

4 Untersuche beim vorliegenden Gedicht, ob es sich um moderne Lyrik handelt:
   a) Überprüfe, ob neue Möglichkeiten der Sprachgestaltung genutzt wurden und erkläre ihre Wirkung.
   b) Prüfe, ob die inhaltliche Gestaltung Kennzeichen moderner Lyrik enthält und erläutere sie.

Ein Theaterstück untersuchen

Antigone – der Mythos lebt

Der antike griechische Dichter Sophokles verfasste um 442 v. Chr. in Athen die Tragödie um Antigone, die Tochter des Königs Ödipus, die ihren Bruder Polyneikes trotz des Verbotes ihres Onkels Kreon, König von Theben, bestattet. Polyneikes führte gegen Theben Krieg, deshalb verweigert Kreon seine Bestattung. Antigones Tat hat weitreichende Folgen ...

Seit der Antike fasziniert der Stoff die Dichter und es entstanden zahlreiche Varianten des Stücks. Im Jahr 2018 verfassten Bodo Wartke, Carmen Kalisch und Sven Schütze ihre Version der „Antigone", welche auch die tragische Vorgeschichte um ihren Vater, den König Ödipus, und den Krieg um die Herrschaft über Theben behandelt.

Antigone: Prinzessin; beerdigt ihren Bruder

Ismene: Antigones Schwester; hat Angst

Polyneikes: Antigones und Ismenes toter Bruder

der Fluch: bringt seit Generationen Unglück über Antigones Familie

Kreon: Antigones Onkel; erlässt als König von Theben ein Verbot, gegen das Antigone verstößt

Haimon: Antigones Verlobter und Kreons Sohn; liebt Antigone

Teiresias: ein Seher; warnt vergeblich

> „Was verbindet uns schon mit einem Mädchen wie der Antigone des Tragödiendichters Sophokles, einer Sagengestalt aus der altgriechischen Sklavengesellschaft, im antiken Athen auf die Bühne gestellt vor zweieinhalb Jahrtausenden?" (Jan Ross, 2020)

In diesem Kapitel lernt ihr ...
- Grundbegriffe zum Drama sowie seinen Aufbau kennen,
- einen Konflikt zu untersuchen,
- eine dramatische Gestalt und ihre Beziehungen zu anderen Figuren zu beurteilen.

Bodo Wartke, Carmen Kalisch und Sven Schütze

Auszug aus 13. Szene

Antigone: [...] Ich nehm mir die Freiheit dir zu widersprechen
und dein unmenschliches Gesetz zu brechen
und aus meiner Familie, hüben wie drüben,
jeden zu lieben, trotz seiner Schwächen!
Ich nehm mir die Freiheit mein Urteil zu fällen
und deine Gesetze in Frage zu stellen,
Gesetze, die – wie ich finde – im großen
Stil gegen die Menschenwürde verstoßen.
Ich nehm mir die Freiheit mir zu erlauben,
an eine freie Gesellschaft zu glauben,
in der man vergeben kann und seinem Nebenmann
andere Ansichten zugestehen kann.
Ich nehm mir die Freiheit, wenn ich schon so frei bin,
über mein Leben und meinen Tod zu entscheiden.

1 Betrachtet die Abbildungen und Texte auf den Seiten 208 und 209. Formuliert eure ersten Eindrücke zu den folgenden Fragen:
    a) Worum könnte es in dem Stück gehen (Thema)?
    b) Welche Fragen ergeben sich aus den Bildern und Texten?
    c) Was für eine Art Mensch könnte Antigone sein?
    d) Warum will Antigone den Leichnam ihres toten Bruders beerdigen?

Lege eine Infomappe zu „Antigone" an. Darin kannst du Bilder, Lösungen, Fotos von Standbildern, Rechercheergebnisse und weiteres Material zusammenstellen. Achte auf das Symbol im Kapitel.

2 „Was verbindet uns schon mit einem Mädchen wie der Antigone [...]?" Tauscht euch über die Frage des Journalisten Jan Ross aus und bezieht euch dabei auch auf Antigones Monolog (Auszug aus 13. Szene).

3 „Antigone" ist ein Theaterstück. Tragt zusammen, was ihr bereits über Theaterstücke wisst. Berichtet, welche Stücke ihr schon gesehen oder besprochen habt. Vielleicht habt ihr selbst einmal in einem Stück mitgespielt – welche Erfahrungen habt ihr gemacht?

4 Tragödie – Komödie – Konflikt – Dialog – Monolog – Drama: Diese Begriffe verwenden wir auch in der Alltagssprache. Welche Bedeutung haben sie dort, welche im Zusammenhang mit dem Theater?

Antigone und Ismene – untersuchen, wie die Handlung in Gang kommt

Antigone und Ismene sind die zwei überlebenden Töchter des Königs Ödipus von Theben. Ihre Brüder, Polyneikes und Eteokles, fielen im Krieg um die Stadt, die nun von ihrem Onkel Kreon regiert wird.

Bodo Wartke, Carmen Kalisch und Sven Schütze

1. Szene: Die fromme Freveltat

Im Morgengrauen im Palast von Theben. Auftritt Antigone und Ismene von verschiedenen Seiten.
Ismene: Antigone! Da bist du ja! Den Göttern sei Dank!
Ich war vor lauter Angst um dich schon ganz krank.
Ich bin mitten in der Nacht plötzlich aufgewacht und du warst nicht da ... Was hast du denn gemacht?
Ich hab den Rest der Nacht wach bis zum Morgen verbracht.
Mensch, wo warst du denn? Ich hab mir voll Sorgen gemacht!
Antigone: Ismene, mach dir keine Sorgen um mich.
Ich erfüllte lediglich meine schwesterliche Pflicht.
Ismene: Wo warst du?
Antigone: Ich war bei unserem Bruder.
Ismene: Du warst bei Polyneikes? Und was wolltest du da?
Antigone: Ich hab versucht ihn zu begraben.
Ismene: Du hast was?!?
Antigone: Ja. Denn da unsere *beiden* Brüder starben,
ist es wichtig, dass sie *beide* auch beerdigt werden.
Das ist das Recht aller Menschen hier auf Erden.
Ismene: Antigone, willst du dein Leben gefährden?!
Du weißt, unser Onkel hat ein Gesetz erlassen, das verbietet, den Leichnam auch nur anzufassen!
Antigone: Sein Gesetz ist nicht rechtens! Kreon irrt.
Polyneikes hat verdient, dass er bestattet wird, statt in der Sonne zu verwesen wie Aas, den Geiern und Hunden zum Fraß.
Nein! Für diese schwerste aller Reisen werde ich ihm die letzte Ehre erweisen.
Ismene: Du bist wahnsinnig –
Antigone: Nein, das bin ich nicht.
Wahnsinnig ist der, der mir mein Recht abspricht.
Ich war schon ziemlich weit und hätt es fast geschafft
ihn zu begraben. Mir fehlten nur die Zeit und die Kraft.
Ich wäre fast entdeckt worden und musste fliehen
und konnt mich grade noch den Blicken der Wächter entziehen.

Gehe im Internet auf die Suche nach Bildern von Antigone und Ismene. Drucke sie aus und vergleiche sie miteinander. Welche gefallen dir besonders gut?

1 Antigone ist/verhält sich ... Ismene ist/verhält sich ... – Vervollständigt die Sätze und tauscht euch aus: Wie wirken die Schwestern auf euch? Sind sie euch sympathisch oder unsympathisch? Wie stellt ihr euch die Schwestern vor? Beschreibt ihr Aussehen, ihre Haltung usw.

Standbilder bauen, S. 335/336

2 a) Baut ein Standbild, das etwas über die Beziehung der Schwestern ausdrückt.
b) Vergleicht eure Standbilder. Welche Unterschiede stellt ihr fest und was bedeuten diese?

3 Wie könnte sich das Gespräch weiterentwickeln? Skizziert den möglichen weiteren Inhalt des Gesprächs in Stichpunkten. Vergleicht dann eure Ideen mit dem wirklichen Fortgang des Dialogs unten.

1. Szene (Fortsetzung)

Ismene: Und was hast du jetzt im Sinn?
Antigone: Dabei lass ich's nicht bewenden.
   Ich geh gleich nochmal hin und werde es vollenden!
5 Ich werde ihn beerdigen, notfalls mit bloßen Händen!
Ismene: Das wird dir Kreon niemals verzeihen!
Antigone: Dann hilf mir! Gemeinsam sind wir schneller als allein!
10 **Ismene:** Nein, Antigone! Ich kann das nicht!
Antigone: Ismene! Es ist unsre verdammte Pflicht!
   Er war nicht nur mein Bruder, sondern auch deiner!
15 **Ismene:** Er stand mir genau wie dir trotz seiner Meuterei nah!
   Ich bin nur leider nicht so mutig wie du!
Antigone: Es gehört nicht nur Mut dazu.
   Ich weiß, wo mein Platz ist: im Kreise meiner
20 Lieben.
   Von meiner ganzen Familie bist nur du mir geblieben,
   du, meine Schwester. Meene Kleene!
   Wenn mich wer fragt: „Wessen Schwester is'n
25 ditte?",
   wat sar' ick immer voller Stolz?
Ismene: „Dit is meene!"
Antigone: Na bitte!
   Wir sind die Einzigen, die jetzt noch einander
30 haben.
   Komm mit und hilf mir Polyneikes zu begraben!
Ismene: Antigone, wenn sie uns dabei fassen, wird Kreon uns beide umbringen lassen!
35 Dann wird am Ende auch von uns zwei'n keine Einzige mehr übrig sein.
Antigone: Na schön. Wenn du nicht mitkommst, geh ich halt allein!

Ismene: Wir müssen einsehen, dass wir machtlos sind.
   Uns mit den Mächtigen zu messen ist uns nicht bestimmt.
Antigone: Wenn du dir in dieser Rolle gefällst, musst du tun, was du für richtig hältst.
Ismene: Ich füg mich denen, die im Staat das Sagen haben.
Antigone: Mach das! Ich werde unterdessen unseren Bruder begraben!
Antigone ab.
Ismene: Du begehst eine fromme Freveltat[1]!
   Verrückt zwar gehst du, doch die Lieben liebend auf die rechte Art!
Die Szenerie verwandelt sich. Auftritt Sprecherin und Sprecher.
Sprecherin: Der ein oder andere fragt sich jetzt beklommen:
   Wie konnte es überhaupt so weit kommen?
Sprecher: Die Rede ist von einer Freveltat, und zwar von einer frommen.
   Und weswegen wird man dafür bitte festgenommen?

[1] Freveltat: Untat, Verstoß gegen Gesetz

→ *Argumente sammeln, S. 126–129, 344*

4 Der Streit zwischen den Schwestern stößt die Handlung des Dramas an.
  a) Worum geht es in dem Streit? Wer nimmt welche Position ein? Welcher Position stimmst du zu? Begründe.
  b) Antigone will ihren Bruder begraben. Halte anhand des Textes fest, welche Argumente sie für diese Tat anführt und stelle diesen die Gegenargumente Ismenes gegenüber.

→ *Starthilfe, S. 391*

5 Untersuche den Dialog unter dem Aspekt, inwiefern er die Funktion einer Exposition erfüllt. Orientiere dich am Wissen-und-Können-Kasten unten.

→ *Starthilfe, S. 391*

6 Die markierten Textstellen stammen aus Sophokles' Drama.
  a) Untersuche und halte fest, inwiefern sie sich vom übrigen Text unterscheiden, und nenne mögliche Gründe, warum die Verfasser sie eingefügt haben könnten.
  b) „Du begehst eine fromme Freveltat! Verrückt zwar gehst du, doch die Lieben liebend auf die rechte Art!" (Z. 50–52) – Übersetze das Zitat in zeitgemäße Sprache und erläutere, was Ismene mit „fromme Freveltat" und „die Lieben liebend auf die rechte Art" meint.

→ *Sprache in unterschiedlichen Situationen verwenden, S. 276/277*
→ *Sprache in unterschiedlichen Regionen vergleichen, S. 278*
→ *Reime (Gedichte), S. 356*

  c) Antigone und Ismene unterhalten sich vorwiegend in aktuell gebräuchlicher Standardsprache, also so, wie man heute spricht. An welchen Merkmalen kannst du das feststellen? Benenne Stellen, in denen Umgangssprache oder Dialekt benutzt wird. Welche Wirkung hat das auf die Zuschauerinnen und Zuschauer?
  d) An vielen Stellen tauchen Reime auf. Untersuche die Stellen genauer: Um welche Reimformen handelt es sich? Welche Wirkung haben die Reime auf die Zuschauerinnen und Zuschauer?

→ *Eine literarische Figur charakterisieren, S. 236–238, 347/348*

7 a) Finde treffende Adjektive für die Schwestern. Beachte dabei auch, wie sie sich gegenseitig beschreiben.
  b) Bewerte die Beziehung der Schwestern auf einer Skala zwischen 1 (kein Vertrauen und Verständnis, Fremdheit) und 10 (vorbehaltloses Vertrauen, Liebe und Verständnis). Begründe deine Einteilung.

> **Tipp**
> Informationen findet ihr u. a. im Video „Antigone to go".

8 Wie konnte es so weit kommen? Warum droht Antigone, für ihre Tat festgenommen zu werden? Recherchiert folgende Aspekte, um diese Fragen klären zu können: Welcher Fluch lastet auf Antigones Familie? Wessen machten sich ihr Vater, König Ödipus, und ihr Bruder Polyneikes schuldig? *Video „Antigone to go"*

Nimm die Ergebnisse der Recherche aus Aufgabe 8 in die Infomappe auf.

> **! Wissen und Können**
>
> **Den Aufbau eines Dramas kennenlernen**
>
> Viele Dramen aus früheren Zeiten sind in der Regel in drei bzw. fünf Akten aufgebaut: Die Handlung kommt mit der **Exposition** in Gang, steigert sich über einen Konflikt zum **Höhepunkt**, der zugleich **Wendepunkt** ist. Nach dem Höhepunkt läuft die Handlung auf die **Auflösung** zu.

Arbeitsheft, S. 62/63

Antigone früher und heute – Personenverzeichnisse und Expositionen vergleichen

1 Vergleiche die folgenden Personenverzeichnisse: Welche Figuren tauchen in beiden Verzeichnissen auf und welche würdest du auf Grundlage der Informationen aus dem Wissen-und-Können-Kasten als Hauptfiguren bezeichnen? Begründe.

Sophokles: Antigone	Wartke/Kalisch/Schütze: Antigone
Antigone	Antigone
Ismene	Ismene
Chor thebanischer Greise	Eine Sprecherin
Kreon	Ein Sprecher
Ein Wächter	Kreon, Statthalter, später König von Theben
Haimon	Eteokles, kurzzeitig König von Theben
Teiresias	Polyneikes, beinahe König von Theben
Ein Bote	Ödipus, ehemaliger König von Theben
Eurydike	Teiresias, der Seher
Zweiter Bote	Das Orakel von Delphi
	Ein Wächter
	Ein Patrouillenführer
	Theseus, König von Athen
	Ariadne
	Haimon
	Der Wachanführer
	Ein Priester
	Eine Priesterin
	Ein Bote
	Eurydike, Königin von Theben

Recherchiere im Internet über Sophokles und stelle einen Steckbrief für die Infomappe zusammen.

❗ Wissen und Können

Hauptfiguren in einem Theaterstück erkennen

Besteht der Titel eines Dramas aus einem Namen (wie im vorliegenden Fall), kann man in der Regel davon ausgehen, dass es sich bei der Figur um eine **Hauptfigur** (Held/in, Protagonist/in) handelt, die sich durch eine besondere Eigenschaft oder ein besonderes Schicksal auszeichnet. Meist sind dieser Figur weitere Figuren zugeordnet, die wichtig sind, weil sie entscheidende Bedeutung für die Hauptfigur (z. B. als Gegner/Antagonist oder Verbündeter) und den Verlauf der Handlung besitzen (weitere Hauptfiguren). Oft stehen sie im Personenverzeichnis vorne.

2 Wie erklärst du dir die unterschiedliche Anzahl der handelnden Personen? Warum kommt Sophokles mit wenigen Personen aus? Welche weiteren Personen/Figuren tauchen bei Wartke/Kalisch/Schütze auf und welche Gründe könnte das haben?

So beginnt Sophokles' Stück:

Vor dem Königshaus in Theben, noch vor Tag. Aus dem Palast treten Antigone und Ismene.
Antigone: Ismene, Schwester, gleichem Mutterleib entstammt!
Kennst du nur eines der von Ödipus entsprungnen Leiden, das Zeus uns beiden nicht im Leben noch erfüllt? [...]
Hat Kreon nicht den einen unsrer beiden Brüder des Grabs gewürdigt und dem andern schmählich es versagt?
Eteokles, sagt man, hat er, wie's die Ordnung will, nach Recht und Brauch geborgen in der Erde, so dass er drunten bei den Toten Ehr genießt.
Doch Polyneikes' Leiche, der so kläglich[1] fiel, – es sei den Bürgern ausgerufen, heißt es – solle keiner im Grabe bergen und bejammern, nein, man lass ihn unbestattet, unbeweint, den Beutevögeln als leckern Vorrat, wenn sie ihn erspähn, zum Fressgenuss.
Und solches, sagt man, hat der brave Kreon dir und mir – ich sag: auch mir – verkündet, [...] jedem, der so etwas tut, dem sei hier in der Stadt der Tod durch Steinigung durchs Volk bestimmt.
So steht's für dich, und bald wirst du beweisen, ob du im Wesen vornehm oder schlecht, trotz edler Eltern.
Ismene: Was könnt ich, Arme, wenn es denn so steht, sei's lösend, sei es knüpfend, dazu tun?
Antigone: Ob du mit mir dich mühn und handeln willst, erwäg!
Ismene: Bei welch riskanter Tat? Wo denkst du hin?
Antigone: Ob du den Toten bergen willst im Bund mit meiner Hand?
Ismene: So willst du ihn begraben, was der Stadt doch untersagt?
Antigone: Ja, meinen Bruder – und den deinen, auch wenn du dich weigerst! Niemals zeiht[2] mich einer des Verrats.
Ismene: Verwegne! Wo doch Kreon es verbietet?
Antigone: Er hat kein Recht, mich von den Meinen fernzuhalten.

[1] kläglich: elend
[2] zeiht → zeihen: anklagen

3 Halte fest: Wie beginnt der Dialog? Worum geht es? Wie endet der Dialog?

4 Vergleiche Antigone und Ismene im Drama des Sophokles und in der Fassung von Wartke/Kalisch/Schütze.
   a) Welche Eigenschaften zeigen Antigone und Ismene in den beiden Fassungen?
   b) Nimm Stellung: Welche Antigone gefällt dir besser und warum?
   c) Vergleiche die Beziehung der Schwestern: Wie erscheint sie bei Sophokles, wie bei Wartke/Kalisch/Schütze?

Starthilfe, S. 391

5 Vergleiche die Expositionen der beiden Stücke. Notiere Gemeinsamkeiten und Unterschiede.

Antigone versus Kreon – wer hat recht?
Einen Konflikt untersuchen

Bodo Wartke, Carmen Kalisch und Sven Schütze

12. Szene: Kreons Staat

Im Palast von Theben. Auftritt Kreon.
Kreon: Ist die Strafe für Polyneikes zu hart?
Nein. Es musste sein, nach allem, was er tat. [...]
Es obliegt nun mir, zur Wiederherstellung der alten
Ordnung den Laden hier zusammenzuhalten.
Bin ich nicht resolut
bei meinem eignen Fleisch und Blut,
wie steh ich dann erst da bei denen außerhalb unseres Stammes?
**Nur wer im eigenen Haus ein rechter Mann is',
wird auch im Staat sich als gerecht erweisen**
und dafür sorgen, dass Recht und Ordnung nicht entgleisen.

Die Königswürde –
was für eine Bürde!
Dieses Land regieren zu müssen,
um dieses Amt hab ich mich nie gerissen!
Doch ich üb es aus, nach bestem Wissen und Gewissen,
und trete das Erbe an meines Schwagers Ödipus
und tue notgedrungen, was getan werden muss,
denn aus großer Macht erwächst große Verantwortung.
Und dies verlangt eine konsequente Handhabung.
Das, worum es jetzt in erster Linie geht,
ist die Wiederherstellung von Stabilität!

---

1 Kreon – gefühlloses Monster oder weiser Staatsmann? Formuliert eure Eindrücke von der Persönlichkeit Kreons.

2 Um seine Position darzulegen und zu begründen, verwendet Kreon eine Reihe von Begriffen (Nomen). Notiere die Begriffe und erläutere mit Bezug zu diesen Begriffen Kreons Position und seine Gründe mit eigenen Worten.

3 Nimm Stellung zu Kreons Position.

Recherchiere im Internet nach verschiedenen Darstellern des Kreon, nimm die Bilder in die Infomappe auf.

4 Lies den Text auf der folgenden Seite und erläutere mit Bezug zum Wissen-und-Können-Kasten, inwiefern
- es sich bei dem Monolog des Wächters um einen typischen Botenbericht handelt, inwiefern er die Spannung steigert und den Konflikt verschärft,
- das Geschehen als Bericht geschildert und nicht als Szene dargestellt wird.

5 Der Wächter schildert ein tragisches Geschehen (Antigone will ihren toten Bruder bestatten), dennoch ist seine Schilderung auch komisch. Nenne entsprechende Stellen und erläutere, welche Wirkung das Ineinanderfließen von Tragischem und Komischem hat.

Starthilfe, S. 391

Nachdem Kreon in dem Monolog seine Position deutlich gemacht hat, kommt es zur Konfrontation mit Antigone:

Bodo Wartke, Carmen Kalisch und Sven Schütze

13. Szene: Die Würde des Menschen

Auftritt Wächter und Antigone.
Wächter: Mein König! Ich bringe euch die Täterin,
um nicht zu sagen: die Verräterin!
Kreon: Antigóne!
Antigone: Antigoné.
Kreon: Wie bitte?
Antigone: Ich heiße Antigoné und nicht Antigóne.
Das solltest du eigentlich wissen als Träger meines Vaters Krone. [...]
(Kreon bittet den Wächter zu berichten, was geschehen ist.)
Wächter: Also, das war so: Es war so gegen Abend, da hatten meine Wächterkollegen
und meine Wenigkeit uns an der Stelle versammelt,
wo der Tote gerade – äh – vergammelt.
Kreon: Und jemand hatte ihn bestattet?
Wächter: Nun ja, nicht direkt.
Der Leichnam war von einer feinen Schicht aus Staub bedeckt.
Wer auch immer es versucht hat, muss scheinbar gestört und unterbrochen worden sein.
Kreon: Und was geschah dann?
Wächter: Na ja, sogleich nahm
ich einen Besen und fegte den Leichnam
frei von der ihn bedeckenden Staubschicht –
also, das war wirklich unglaublich!
Damit rechnet man echt überhaupt nicht.
Na jedenfalls, diese Staubschicht
hab ich weggefegt mit dem Besen.
Und die Leiche war schon am Verwesen.
Und weil einem ja dieser Modergeruch die Nasenschleimhäute verätzt,
haben wir uns ein Stück weiter oben auf einen Hügel gesetzt.
Und da waren wir so am Quatschen bis zum Morgengrauen,
nicht ohne regelmäßig nach der Leiche zu schauen,
als plötzlich … Wir trauten unseren Augen kaum!
Also wirklich, das war wie in einem Traum!
Es war wirklich kaum zu glaubn!
Wir warn voller Erstaunen, das muss man sich erst mal trauen –
Kreon: Was zur Hölle saht ihr denn genau?
Wächter: Eine Frau. Diese Frau!
Sie hat den Toten mit Erde bestreut.
Sie hatte es vorher schon versucht, und nun versuchte sie's erneut. [...]

> ### ❗ Wissen und Können
>
> **Die Funktion eines Botenberichts verstehen**
>
> Der Auftritt und Bericht eines „Boten" (oder einer ähnlichen Figur) diente schon in der griechischen Tragödie dazu, die Zuschauerinnen und Zuschauer über ein für die Handlung **wichtiges Geschehen** zu unterrichten. Dieses sollte oder konnte nicht direkt dargestellt werden, z. B. weil es zeitlich vorher oder an einem weiter entfernten Ort stattfand oder weil das Geschehen tabuisiert war (Gewalt, Sexualität usw.). Der Bericht dient auch zur **Spannungssteigerung**, denn die Informationen verschärfen in der Regel den Konflikt.

Arbeitsheft, S. 64–66

Die Eskalation eines Gesprächs beschreiben

Bodo Wartke, Carmen Kalisch und Sven Schütze

13. Szene: Die Würde des Menschen (Fortsetzung)

Kreon fragt Antigone, ob das Geschilderte der Wahrheit entspricht und ob ihr bewusst sei, dass sie damit sein Gesetz gebrochen und ein Verbrechen begangen habe.

Antigone: Ja, und wo wir schon von Verbrechen sprechen:
Nicht meine Tat, dein Gesetz ist das Verbrechen!
Keines von deinen irdischen „Gesetzen"
wäre imstande, die göttlichen außer Kraft zu setzen.
Ungeschriebene Gesetze, die wir nicht erst seit gestern haben.
Und die besagen: Die Toten gehören begraben!
Sie sind kein Fraß, an dem sich Raben und Kojoten laben.
Und auch wenn ich jetzt in Lebensgefahr bin, meinen Bruder zu bestatten, betrachte ich als meine Pflicht.
Dass darauf die Todesstrafe steht, stört mich nicht.
Früher oder später sterbe ich eh.
Meinetwegen heute. Das tut mir nicht weh.
Weh täte mir, wenn mein Bruder, den ich liebe, jetzt, wo er tot ist, unbestattet bliebe.
==Und kommt dir meine Tat auch töricht vor, so wirft vielleicht ein Tor mir Torheit vor.== [...]
Du bist es, der sich dem Gesetz widersetzt, wenn du unsere Traditionen verletzt!
Für die Toten zu sorgen ist etwas Privates und nicht die Sache des Staates!
Polyneikes hat, wie jeder Mensch auf Erden, das Recht in Würde beerdigt zu werden!
Kreon: Mit allem, was uns heilig ist, trieb er Schindluder!
Er war ein Verräter!
Antigone: Er war mein Bruder! [...]
Jemandem die letzte Ehre zu verwehren heißt, gegen die Götter aufzubegehren!
Kreon: Pah! Was wissen schon die Götter?!
Der eine war der Landesretter, der andre seine Seuche!
Antigone: ==Und gleichwohl fordert Hades diese Bräuche!==
==Du weißt, dass die Seele nur dann, wenn man begraben wird, Frieden finden kann.== [...]

Auf die unterschiedliche Behandlung der toten Brüder hingewiesen – der mit Ehren begrabene Eteokles sei, anders als Polyneikes, eben kein Verräter an seiner Heimatstadt gewesen – rechtfertigt Kreon sich.

Kreon: [...] Doch das Volk braucht nun mal einen „Bösen" und einen „Guten".
Denn die Leute denken leider stets in absoluten, kleingeistigen Schwarz-Weiß-Kategorien, statt ein differenziertes Bild in Erwägung zu ziehen.
Du weißt doch, die Leute sind blind und verstockt
und ha'm für alles immer gerne einen Sündenbock.
Das, was sie zusammenschweißt und vereint, ist eine einhellige Meinung und ein gemeinsamer Feind.
Nach allem, was Theben durchgemacht hat, ist Einigkeit das Beste für die Bürger unserer Stadt.
Also geb ich ihnen, was sie wollen, und mache es publik.
Antigone: Das ist total verlogen!
Kreon: Das ist Politik. [...]
==Ob er nun hier oder im Hades durch die Gegend streunt,==
==der Feind wird nie, auch nicht im Tod, zum Freund!==
Polyneikes war durchtrieben! Und das erheblich!

Antigone: Nicht, um den Feind zu hassen, nein, den Freund zu lieben, leb' ich!
Kreon: Was bist du nur so anti, Antigóne?
Antigone: Antígoné.
Kreon: Im Altgriechischen betont man deinen Namen auf dem „o"!
Antigone: Das ist mir egal.
Kreon: Man sagt es aber so!
Antigone: Du sagst es so. Ich tue es nicht.
Kreon: Und warum nicht?
Antigone: Weil ich finde, dass es mir so nicht entspricht.
Kreon: Weil es dir so nicht entspricht!?
Es heißt Antigóne, und nicht Antígoné.
Man sagt auch Antilópe, und nicht Antílopé.
Wenn hier jeder täte, wonach ihm grad der Sinn steht,
nach eigenem Gutdünken,
was glaubst du, wo's mit dieser Stadt am Ende hingeht?!
Sie würde im Chaos versinken!
Antigone: Dann brauchst du wohl ein Volk, das sich gar nie beklagt
und zu allem brav Ja und Amen sagt.
Doch ich passe nun mal nicht in deine Schablone.
Und mein Name ist Antígoné, nicht Antigóne!
Kreon: Erwartest du vielleicht, dass ich dich verschone,
weil du die Verlobte bist von Haimon, meinem älteren Sohne,
und die Tochter des ehrwürdigen Ödipus?
Antigone: Nein. Mir ist ganz klar bewusst,
dass du mich für meine Tat töten lassen musst.
Kreon: So ist es! Denn das Volk erwartet von mir,
dass ich mit harter Hand den Staat regier.
Antigone: Oh, ihr Bürger Thebens! Nehmt euch in acht!
Widerstand ist zwecklos. Denn Kreon hat die Macht.
Er regiert mit harter Hand, so hält er's für angebracht.
Sieh dich doch mal an! Was hat die Macht aus dir gemacht?
Ich nehm mir die Freiheit dir zu widersprechen
und dein unmenschliches Gesetz zu brechen
und aus meiner Familie, hüben wie drüben,
jeden zu lieben, trotz seiner Schwächen!
Ich nehm mir die Freiheit mein Urteil zu fällen
und deine Gesetze in Frage zu stellen,
Gesetze, die – wie ich finde – im großen
Stil gegen die Menschenwürde verstoßen.
Ich nehm mir die Freiheit mir zu erlauben,
an eine freie Gesellschaft zu glauben,
in der man vergeben kann und seinem Nebenmann
andere Ansichten zugestehen kann.
Ich nehm mir die Freiheit, wenn ich schon so frei bin,
über mein Leben und meinen Tod zu entscheiden.

Text leicht verändert

| Kompetenzen aufbauen | Ein Theaterstück untersuchen |

1 Lest den Dialog zwischen Antigone und Kreon mit verteilten Rollen. Achtet dabei auf Betonung und Tonfall. Tauscht euch danach aus: Welche Gesten könnten die Darstellerinnen und Darsteller an welchen Stellen einsetzen? Welche Körperhaltungen könnten sie einnehmen?

2 Formuliert eure Eindrücke: Wer ist in diesem Streit der/die Stärkere, wer der/die Schwächere? Wer spricht mehr und hat somit einen höheren Redeanteil? Wer verliert? Wer gewinnt? Oder geht der Streit unentschieden aus? Begründet.

Starthilfe, S. 391/392

Argumente sammeln, S. 126–129, 344

3 Der Dialog zwischen Antigone und Kreon lässt sich in drei Abschnitte gliedern:
- Der tote Polyneikes muss begraben werden: Antigones Argumente dafür, Kreons Argumente dagegen (Z. 1–80).
- Antígone versus Antigoné: Welche Betonung ist die richtige? (Z. 81–102)
- „Doch ich passe nun mal nicht in deine Schablone."
  Antigone – wer ich bin und was ich will (Z. 103–140).

Arbeitet zu dritt in Gruppen, teilt die Abschnitte unter euch auf und haltet die Argumente für und gegen die Streitpunkte fest. Tauscht euch anschließend über eure Ergebnisse aus, und vergleicht sie mit euren ersten Eindrücken – inwiefern hat sich euer Urteil verändert?

❗ Wissen und Können

Merkmale des Konflikts im Drama kennenlernen

Anders als im Gedicht oder Roman (Erzählung) besteht die Handlung eines Dramas ausschließlich aus **Dialogen** (sowie **Monologen**, eventuell Regieanweisungen). Sie treiben die Handlung voran und sollen bei der Zuschauerin und beim Zuschauer Interesse an den Figuren sowie Spannung erzeugen. Streitgespräche zwischen Protagonist und Antagonist sind ein Merkmal der steigenden Handlung bzw. des dramatischen Höhepunkts.
So kommt dem **Konflikt** eine zentrale Funktion zu: Dieser entzündet sich an gegensätzlichen, sich widersprechenden Interessen oder Anschauungen (Einstellungen, Werten), die das Verhalten der Figuren motivieren. D.h. die **Hauptfigur (Protagonist)** verfolgt ein bestimmtes Ziel und wird von ihrem **Gegner (Antagonist)** daran gehindert. Der eskalierende Konflikt erzeugt Spannung, die einen Höhepunkt in der Auseinandersetzung zwischen beiden Figuren erreicht.

4 Untersuche den Konflikt, wie er sich im Dialog zwischen Antigone und Kreon zeigt, genauer: Halte fest: Welche Ziele verfolgen Antigone und Kreon? Welche Mittel setzen sie dazu ein? Welche Interessen, Einstellungen oder Werte treiben sie dabei an? Belege mit entsprechenden Textstellen. Beginne z. B. so:

Antigone verfolgt das zentrale Ziel, ihren toten Bruder zu begraben. Kreons Ziel ist es, die Ordnung des Staates ...

5 Antigone will die Leiche ihres toten Bruders begraben. Erläutert, welche Einstellung hinter diesem Wunsch steht und was er mit dem Begriff „Menschenwürde" zu tun hat. Bezieht euch dabei auch auf folgende Hinweise:
- „Die Würde des Menschen ist unantastbar. Sie zu achten und zu schützen ist Verpflichtung aller staatlichen Gewalt." (Artikel 1 des Grundgesetzes der BRD)
- Die Griechen der Antike glaubten daran, dass im Augenblick des Todes die unsterbliche Seele den Körper verlässt und in den Hades, das Reich des Todes, fliegt. Damit ihr das gelingt, muss der tote Körper gemäß bestimmter Rituale begraben werden.

→ *Argumente sammeln, S. 126–129, 344*
Deine Überlegungen kannst du in die Infomappe aufnehmen.

6 Wer hat recht, wer hat unrecht? Welcher Äußerung stimmst du am ehesten zu? Begründe deine Meinung mithilfe passender Argumente und Textbeispielen.
- „Antigone hat recht, Kreon hat Unrecht, weil …"
- „Beide haben recht und unrecht zugleich, weil …"
- „Kreon hat unrecht, aber ganz falsch ist seine Haltung trotzdem nicht, denn …"
- „Antigone hat recht, aber einiges spricht auch gegen sie, denn …"

7 Untersucht, welche Charaktereigenschaften Antigones und Kreons in dem Streit deutlich werden. Berücksichtigt dabei auch die Werte, die sie vertreten.

Du kannst die Personenkonstellation in deiner Infomappe ergänzen.

8 Erstellt ein Schaubild (Personenkonstellation), das erklärt, wie die Figuren Ismene, Antigone, Polyneikes und Kreon zueinander stehen. Ihr findet sicher verschiedene Möglichkeiten. Was drücken sie aus?

❗ Wissen und Können

Die Funktion einer Personenkonstellation kennenlernen

Eine Personenkonstellation stellt das Beziehungsgeflecht der Figuren grafisch dar. Sie dient der Veranschaulichung, macht also die **Art der Beziehung** (Liebe, Freundschaft, Hass, Konkurrenz, …) deutlich und zeigt, **welche Figuren zusammengehören**. In einem Schaubild lässt sich die Art der Beziehung durch Striche, Pfeile, Schlüsselwörter und Symbole kennzeichnen, z. B. ♥ für Liebe, ⚡ für Hass, ☺ für Freundschaft, … .

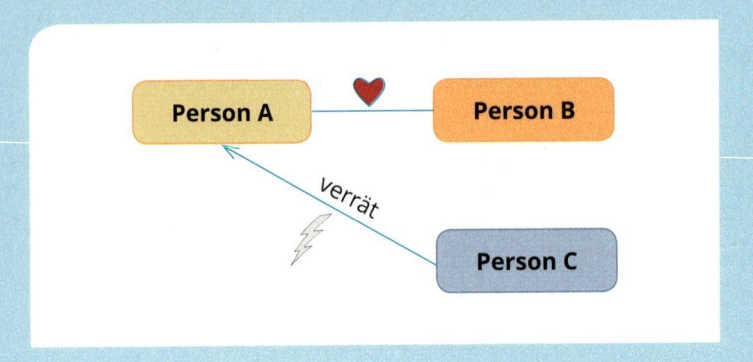

Arbeitsheft, S. 64–66

„Es ist vorbei!" – Die Schlussszenen vergleichen

Haimon, Kreons Sohn und Antigones Verlobter, versucht vergeblich, seinen Vater zur Freilassung Antigones zu bewegen. Antigone schreibt einen Abschiedsbrief an Haimon und wird in einer Felsenhöhle eingekerkert, wo sie verhungern und verdursten soll. Vergebens bittet der Seher Teiresias um Antigones Freilassung. Erst die Priester können Kreon umstimmen, doch die Entscheidung kommt zu spät: Antigone hat sich in der Höhle erhängt; Haimon findet die Tote und begeht Selbstmord, ebenso seine Mutter Eurydike, als sie vom Tod ihres Sohns erfährt. Kreon bleibt alleine zurück.

Bodo Wartke, Carmen Kalisch und Sven Schütze

19. Szene: Späte Einsicht

Sprecherin: Und jetzt?
Sprecher: Jetzt ist es vorbei.
Sprecherin: Aber sag mal, was ist von dem Ganzen denn die Moral?
Sprecher: Gute Frage. – Schauen wir doch mal im Original!
Hier, die letzten Zeilen des Stücks:
Liest aus der Originalausgabe der „Antigone".
Sprecher: *„Weitaus erste Bedingung des Glücks ist das vernünftige Denken; man darf die Sphäre der Götter
niemals entheiligen; doch große Worte der über die Maßen Stolzen lehren, haben sie unter großen Schlägen gebüßt, im Alter vernünftiges Denken."*
Sprecherin: Hä?
Sprecher: Ich sag's mal so, wie ich es sagen würde:
Wenn man irgendwann zur Einsicht kommt, kommt man damit schon echt weit.
Doch besser ist's, man hat sie prompt, und zwar zur rechten Zeit!

Lied: Es ist vorbei
Es ist vorbei. Es ist vorbei.
Von Thebens Herrschersippe bleiben nur noch zwei.
Und zwar Kreon und Ismene,
und jetzt sind se janz alleene
und verbandelt auf Verderb und auf Gedeih.
Es ist vorbei. Es ist vorbei
aufgrund von Kreons Rechthaberei.
Regiert das Land ein einz'ger Mann,
wird aus ihm schnell mal ein Tyrann,
das sieht man beispielsweise grad an der Türkei.
Und bevor er dreist dabei entgleist
und letztlich alle mit sich ins Verderben reißt,
braucht es eine, die ihm zeigt:
Mein lieber Freund, du gehst zu weit!,
und die ihn klar und deutlich in die Schranken weist.
Drum ziehen wir unseren Hut
vor jedem, der mit Verve[1], Leidenschaft und Mut
zur Verteidigung von Freiheit,
Frieden und Gerechtigkeit,
statt einfach nur zu reden, Dinge tut!
Die Freiheit ist ein kostbares Gut.
Drum zolln wir ihr gebührenden Tribut!
Und bieten wir mit Herz und Wagemut
den Mächtigen die Stirn!
Und lassen wir uns nicht beirrn!
Denn sonst ist es mit der Freiheit schnell vorbei!
Es ist vorbei!

[1] Verve: Energie, Nachdruck, Einsatz

Starthilfe, S. 392

1 Erläutere mit Bezug zum einleitenden Text und der Szene, auf welche Weise der zentrale Konflikt des Stücks gelöst wird.

2 „…was ist von dem Ganzen denn die Moral?" (Z. 3/4) – Fasse die Antwort, die der Sprecher gibt, mit eigenen Worten zusammen, und nimm Stellung zu seiner Übersetzung des Originaltextes. Würdest du ähnlich übersetzen oder verstehst du den Originaltext anders?

3 Auch das Lied vermittelt eine Lehre. Formuliere sie mit eigenen Worten.

So endet das Stück bei Sophokles:

Kreon: Weh mir! Nie kann auf einen anderen Sterblichen
abgewälzt werden von mir diese Schuld!
Denn ich habe dich[1], ich dich getötet, o ich Unseliger!
Ja, ich, ich sage die Wahrheit! O, ihr Diener,
bringt schleunigst mich fort, schafft mich aus dem Weg,
mich, der nicht mehr ist als ein Niemand! […]
Es komme, komme,
dass ich den anderen Tag nicht noch sehe!
Chorführer: Das löst die Zukunft. Doch von dem, was vor uns liegt,
gilt's manches noch zu tun. Drum kümmert sich, wer drum sich kümmern muss.
Kreon: Nur das, was ich ersehne, hab ich mir erfleht.
Chorführer: Erbitt jetzt nichts! Denn aus verhängtem Schicksal kann
kein Sterblicher Befreiung finden.
Kreon: So führt mich hinweg, den nichtigen Mann,
der dich, o Sohn – nicht mit Willen – getötet,
dich, und auch die da *(weist auf die tote Eurydike)*, ich Ärmster! Ich weiß nicht,
wen von beiden ich anschau, wo ich mich anlehn; denn alles
ging schief, was ich nahm an die Hand, und mein Haupt sprang an
ein schwer zu ertragendes Schicksal.
Er wird von Dienern ins Haus geführt.
Chor: Weitaus erste Bedingung des Glücks
ist das vernünftige Denken; man darf die Sphäre der Götter
niemals entheiligen; doch große Worte
der über die Maßen Stolzen lehren,
haben sie unter großen Schlägen gebüßt,
im Alter vernünftiges Denken.

Text leicht verändert

[1] dich: hier gemeint: Haimon
[2] nichtig: unwert, unwürdig

Textverarbeitungsprogramm

4 Übertragt den Dialog zwischen Kreon und dem Chorführer in aktuell gebräuchliche Standardsprache und tragt eure Versionen vor.

5 Vergleicht die Lehren miteinander, die in der neuen und alten Version des Stückes ausgedrückt werden.

6 Erläutert mit Bezug zu folgenden Aussagen und den Dramentexten, wie ihr das Verhältnis zwischen den beiden Enden versteht:
- „Das Ende in der modernen Version entspricht weitgehend dem Ende in Sophokles Stück, es wird lediglich in eine zeitgemäße Sprache übertragen."
- „Das Ende in der modernen Version weicht vom Ende in Sophokles Stück stark ab, da den Zuschauern eine ganz andere Lehre gegeben wird."
- „Das Ende in der modernen Version hat im Hinblick auf die Lehre einiges mit Sophokles Stück gemeinsam, unterscheidet sich aber auch in wichtigen Aspekten ..."

7 Vergleicht die beiden Schlussszenen im Hinblick auf die Figur des Kreons. Ist er: Verlierer? Täter? Opfer? Verbrecher? Unvernünftig? Glücklos?
Inwiefern hat er sich gegenüber dem Beginn der Handlung verändert? Wie drückt sich sein Zustand in dem Bild aus?

8 Bei Sophokles heißt es: „Denn aus verhängtem Schicksal kann kein Sterblicher Befreiung finden." (Z. 18–20). Erläutere, wie du diese Äußerung verstehst, und nimm Stellung.

Starthilfe, S. 392

❗ Wissen und Können

Die Auflösung des Konfliktes in der Schlussszene nachvollziehen

Nachdem der Konflikt im Hauptteil seinen Höhepunkt gefunden hat, strebt die Handlung der Auflösung zu. Am Ende des Stückes wird der Konflikt aufgelöst – in der **Komödie** kommt es häufig zum Happy End, in der **Tragödie** zur Niederlage (Tod) der Heldin oder des Helden.

Schätze deinen Lernstand ein

Nach der Auseinandersetzung zwischen Antigone und Kreon betritt Ismene die Szene.

Sophokles
Antigone

Ismene: Getan hab ich die Tat, wenn sie es tat: ich geb es zu
und habe teil daran und trage mit die Schuld.
Antigone: [...] Du wolltest nicht, und ich bezog dich nicht mit ein.
Ismene: Doch jetzt in deiner Not schäm ich mich nicht,
mit dir an Bord zu sein auf deiner Leidensfahrt.
Antigone: Wer es getan, bezeugen Hades und die Toten.
Die nur mit Worten liebt, die Freundin mag ich nicht!
Ismene: Halt, Schwester, nicht für unwert mich,
mit dir zu sterben und den Toten zu entsühnen!
Antigone: Stirb nicht mit mir gemeinsam! Was du nicht berührt,
das eigne dir nicht an – mein Tod genügt! [...]
Ich neid dir nicht, dass du entrinnst.
Ismene: O Ärmste ich! Ich soll dein Los nicht mit dir teilen?
Antigone: Du wähltest ja das Leben, ich den Tod.
[...] Sei guten Muts! Du lebst, doch meine Seele
Längst ist sie tot, um den Verstorbnen beizustehn.
Kreon: Die beiden Mädchen, glaub ich, sind verrückt:
Die eine zeigt es eben jetzt, die andre ist's, seitdem sie lebt.

Bodo Wartke, Carmen Kalisch und Sven Schütze
Antigone

Ismene: Wenn du wen tötest, dann uns zwei!
Denn ich war bei dem Begräbnis dabei!
Antigone: Das ist nicht wahr! Sie war nicht daran beteiligt!
Kreon: Wenn sie es war, wäre das unverzeihlich!
Antigone: Du wolltest nicht! Also tat ich's allein!
Ismene: Dann lass mich wenigstens jetzt bei dir sein!
Ich gehe mit dir gemeinsam in den Tod!
Antigone: Nein, lass es sein! Das tut nicht not.
Du bist die Brave. Mein Tod genügt.
Wer nichts getan hat, dem sei auch keine Strafe zugefügt!
Ismene: Ohne dich will ich nicht sein, so ganz allein!
Antigone: ==Halt dich an Kreon. Für seine Sache standst du ein.==
Ismene: Ich habe dir erklärt warum.
Antigone: Eben drum.
Sei guten Mutes! Dein Leben wird weitergehen.
Meine Seele ist dazu bestimmt den Toten beizustehen.
Kreon: Wenn ich euch so reden hör, beschleicht mich
das Gefühl, ihr seid beide nicht ganz dicht,
die eine erst seit grade eben,
die andere schon ihr ganzes Leben!

Einen Dialog untersuchen

1 Lies dir beide Dialoge gründlich durch und halte den Inhalt in wenigen Sätzen fest.

2 Untersuche den Dialog der Schwestern in der modernen Version. Gehe dabei auf folgende Aspekte ein:
- die Beziehung der Schwestern (Wie stellt sich die Beziehung dar? Inwiefern verändert sich die Beziehung im Laufe des Dialogs?),
- die Charaktere der Schwestern (Welche Charaktereigenschaften zeigen sich in dem Dialog?),
- der Konflikt (Worum geht der Streit? Welche verschiedenen Interessen und Einstellungen liegen ihm zugrunde? Wie geht er aus?).

😊 → *Seite 226/227,* **B**
😐 → *Seite 226/227, Aufg. 1* **A**
☹ ← *Seite 210–212*

Einen Dialog in unterschiedlichen Fassungen vergleichen

3 Lies dir noch einmal den Dialog in Sophokles' Version durch und notiere Gemeinsamkeiten und Unterschiede zur modernen Version. Achte dabei auf den Verlauf des Gesprächs, die Charaktere der Schwestern und ihre Beziehung.

😊 → *Seite 226/227,* **B**
😐 → *Seite 226/227, Aufg. 1* **A**
☹ ← *Seite 213/214, 222*

Zu Textinhalten Stellung nehmen und diese bewerten

4 „Meine Seele ist dazu bestimmt den Toten beizustehen." (Wartke/Kalisch/Schütze, Z. 22/23) – „[…] doch meine Seele/Längst ist sie tot, um den Verstorbnen beizustehn." (Sophokles, Z. 24–26)

Vergleiche Antigones Aussage in beiden Versionen miteinander. Lege dar, wie du die Aussage verstehst und nimm Stellung.

5 „[…] ihr seid beide nicht ganz dicht" (Wartke/Kalisch/Schütze, Z. 26), urteilt Kreon über die Schwestern. Erläutere, wie du Kreons Urteil über die Schwestern verstehst, und bewerte es.

😊 → *Seite 226/227,* **B**
😐 → *Seite 226/227, Aufg. 2* **A**
☹ ← *Seite 212, 215*

Prinzipientreue oder Sturheit? – Das Handeln einer Figur beurteilen

Nach der Auseinandersetzung mit Kreon erscheint der Wächter, um Antigone einzusperren.

Bodo Wartke, Carmen Kalisch und Sven Schütze

16. Szene: Der Abschiedsbrief

Im Gefängnis, Antigone ist gefesselt. Auftritt Wächter.
Antigone: Sie sind es also.
Wächter: Wer? Ich?
Antigone: Der letzte Mensch auf dieser Erde, den ich zu Gesicht bekomme, bevor ich sterben werde. [...]
Wächter: Wir bringen Sie zu den Felsenhöhlen draußen vor der Stadt,
aus denen niemand je herausgefunden hat.
Wir haben den Befehl, Sie dort einzumauern.
Kreon sprach, er wünsche sich, Sie mögen darin versauern.
Antigone: Eingekerkert in einer Höhle soll ich kauern?
Nie wieder werde ich das Sonnenlicht erblicken.
Ich werd verdursten, verhungern, erfrieren und ersticken.
Wächter: Nun ja, ich schätze, Ihnen bleibt dort wesentlich mehr Luft
als in einer stinknormalen Nullachtfuffzehn-Friedhofsgruft. *Schweigen*
Antigone: Haben Sie Kinder?
Wächter: Ja, eins.
Und Sie?
Antigone: Ich habe keins.
Und so, wie es aussieht, werde ich auch keines mehr bekommen.
Wächter: Wieso denn nich?
Sie sind doch eine junge, kerngesunde Frau!
Antigone: Ich werde sterben.
Wächter: Ach ja, ich vergaß. Genau.
Schweigen. [...]
Warum nur haben
Sie Ihren Bruder begraben?
Antigone: Auch ich
tat nur meine Pflicht.
Wächter: Ist Ihnen denn Ihr Leben überhaupt nicht lieb?
Antigone: Es geht hier nicht um mich. Es geht hier ums Prinzip.
Eine muss schließlich ein Exempel statuieren, damit künftig alle anderen davon profitieren.
Wächter: Ja, aber haben Sie denn gar nichts zu verlieren?
Antigone: Doch. Drum würde ich Ihnen gerne einen Brief diktieren. [...]

(Erst weigert der Wächter sich, doch Antigone besticht ihn mit einem Ring, und so lässt er sich ihren Abschiedsbrief an Haimon diktieren.)

Antigone: [...] „Mein liebster Haimon, leider haben wir versäumt,
uns durch Heirat in Liebe auf ewig zu verbünden ... [...]
und eine Familie zu gründen.
Dass wir das nun nicht mehr tun können, werd ich ewiglich bereuen.
Ich hoffe, du wirst glücklich. Das würde mich freuen."
Wächter: Moment, nicht so schnell!
Antigone: „Ich liebe Dich!" [...]
Gezeichnet: „A"
Wächter: Gezeichnet: „A" – alles klar!
Auftritt Wachbataillon.
Wachanführer: Achtung! Das Wachbataillon ist vollzählig. Rühren!
Die Gefangene unverzüglich abführen!
Wächter: Es geht los!
Antigone: Bitte nicht so rigoros!
Wachbataillon und Antigone ab.

A Antigones Entscheidung prüfen

1. Untersucht Antigones Gründe für ihre Entscheidung, den Bruder zu beerdigen und dafür selbst in den Tod zu gehen. Bezieht euch dabei
   - auf ihre Aussagen: „Auch ich / tat nur meine Pflicht. […] Es geht hier ums Prinzip. Eine muss schließlich ein Exempel statuieren, / damit künftig alle anderen davon profitieren" (Z. 37–44). Worin sieht Antigone ihre Pflicht? Um welches Prinzip geht es ihr?
   - auf ihre Beziehung zu Haimon.

2. Beurteilt Antigones Entscheidung und setzt euch dabei mit den folgenden Äußerungen auseinander.
   - „Antigone ist ein Vorbild, denn sie zeigt, dass Menschen für die Wahrheit einstehen, auch wenn sie dafür von Tyrannen mit dem Leben bedroht werden."
   - „Antigone ist stur und verbissen, denn sie beharrt auf ihrer Entscheidung, obwohl sie damit niemandem hilft und sich selbst nur schadet."
   - „Antigone ist lebensmüde, d. h. sie beerdigt ihren Bruder in dem Bewusstsein, dass sie dafür sterben wird, und dies will sie auch."

B Eine Gerichtsverhandlung durchführen

Stellt euch vor, Antigone wird für ihre Tat vor Gericht gestellt. Bereitet eine Gerichtsverhandlung vor und führt sie durch:

a) Verteilt die Rollen: Antigone (Angeklagte), Ankläger/-in (Staatsanwalt), Verteidiger/-in, Zeugen (Ismene, Kreon, Haimon, Wächter, Priester, …), Richter/-in, evtl. Schöffen.

b) Bereitet euch vor und haltet fest bzw. verfasst:
   - **Antigone:** Eingangsstatement (Warum ich die Tat begangen habe),
   - **Ankläger/-in:** was hat die Angeklagte getan, wessen wird sie beschuldigt? Zu welcher Strafe soll sie verurteilt werden? (Stichwörter für ein Schlussplädoyer),
   - **Verteidiger/-in:** Verteidigungsrede,
   - **Zeugen:** Schilderung der Tat aus ihrer Sicht,
   - **Richter/-in (ggf. Schöffen):** verschaffen sich einen Überblick über das Geschehen und die Beteiligten, notieren Fragen.

c) Führt die Verhandlung durch:
   - **Richter/-in:** eröffnet die Sitzung, begrüßt die Teilnehmenden,
   - **Ankläger/-in:** trägt kurzes Eröffnungsplädoyer vor,
   - **Antigone, Verteidiger/-in:** tragen kurz ihre Standpunkte vor,
   - **Richter/-in:** befragt die Zeuginnen und Zeugen,
   - **Ankläger/-in, Verteidiger/-in:** Möglichkeit der Zeugenbefragung,
   - **Ankläger/-in:** hält Schlussplädoyer, Strafforderung,
   - **Verteidiger/-in:** hält Schlussplädoyer, Strafforderung,
   - **Antigone:** Schlusswort,
   - **Richter/-in (ggf. mit Schöffen):** Beratung und Urteilsverkündung (Begründung).

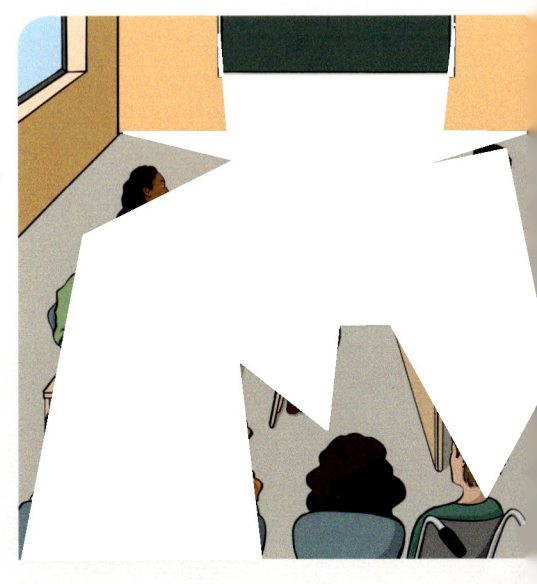

Verfasse einen Bericht über die Verhandlung und nimm ihn in die Infomappe auf.

Sich auf eine Klassenarbeit vorbereiten

Eine Szene untersuchen und Stellung nehmen

Polyneikes und Eteokles sind Zwillinge. Ihr Vater Ödipus (König von Theben) hatte die Nachfolge so geregelt, dass zunächst der Ältere, Eteokles, für ein Jahr in Theben regieren sollte, im Folgejahr dann Polyneikes. Darüber kommt es zwischen den Brüdern zum Streit.

Bodo Wartke, Carmen Kalisch und Sven Schütze

5. Szene: Bruderzwist

Im Palast von Theben. Auftritt Polyneikes und Eteokles.
Polyneikes: Eteokles! Dein Jahr ist vorbei.
  Nun bin ich an der Reih!
5   Nach Mitternacht werd ich König von Theben sein!
Eteokles: Nein!
Polyneikes: Wie, nein?!
Eteokles: Ich finde, mir steht der Job gut zu Gesicht.
10 Ich bin damit nun vertraut, du bist es nicht.
  Und das Volk hat sich grad an seinen König gewöhnt.
  Es ist nicht nötig, dass man einen neuen krönt.
15 Ich finde also, wir sollten's dabei belassen.
Polyneikes: Das könnte dir so passen!
  Auch mir gebührt die Herrschaft über Theben!
Eteokles: Es kann nur einen geben!
Polyneikes: Wir hatten eine Abmachung!
20 **Eteokles:** Na und?
Polyneikes: Du verrätst also unseren brüderlichen Bund?
  Du Hund! Unser Vater hat verfügt,
  dass sich jeder zur Hälfte mit dem Thron begnügt
25
  und dass wir ihn gemeinsam zu gleichen Teil'n beerben!
Eteokles: Ich würde lieber sterben!
Polyneikes: Das kannst du haben! In dein Verderben!
30

Eteokles: Wärst du als Erster König geworden von Theben,
  hättst du mir nach einem Jahr die Krone übergeben?
  Sicherlich nicht! 35
  Du bist doch nur auf deinen eigenen Vorteil erpicht!
Polyneikes: Wenn du mir den Thron nicht geben willst,
  nehm ich ihn mir halt, 40
  notfalls mit Gewalt! Und das schon allzu bald!
  Du wirst sie noch zu spüren kriegen, meine Rache!
Eteokles: Dass ich nicht lache! Wache!
Auftritt Wächter. 45
Wächter: Mein König?
Eteokles: Mein Bruder hat versucht mich zu attackieren.
  Kraft meines Amtes befehl ich dir, ihn zu inhaftieren! 50
Polyneikes: Das wagst du nicht!

Eteokles: Verzagt es dich?
Die Wache ist mir untertänig und treu ergeben.
55 Ich bin nämlich der König von Theben!
Führ ihn ab!
Polyneikes: Du bist komplett übergeschnappt!
Theben hat, wie du weißt, mehr als einen Feind.
60 Vielleicht braucht es einen, der sie alle gegen dich vereint!
Eteokles: Tatsächlich? Oh, welch niederträchtiges und feiges
Zeug hast du im Sinn, mein lieber Polyneikes?
65 **Polyneikes:** Wird das Heer unserer Feinde erst von mir angeführt,
werden wir ja sehen, wem Thebens Thron gebührt!

Druck, 1832: Eteokles und Polyneikes kämpfen um die Herrschaft

Aufgabe: Untersuche den Dialog und nimm Stellung, indem du die folgenden Aufgaben bearbeitest.

1 Halte in wenigen Sätzen fest, worum es in dem Dialog geht.

2 Untersuche den Dialog genauer:
   a) Woran entzündet sich der Konflikt?
   b) Welche Positionen vertreten die Brüder jeweils und welche Argumente führen sie an?
   c) Halte die Charaktereigenschaften der Brüder fest. Inwiefern dominiert einer der beiden das Gespräch? Oder sind die Redeanteile zwischen ihnen (relativ) gleichmäßig verteilt?
   d) Inwiefern verändert sich die Situation durch den Dialog? Wie ist sie zu Beginn, wie am Ende? Gibt es einen Sieger und einen Verlierer? Begründe.

3 Nimm Stellung: Wer hat recht, wer unrecht? Begründe.

Schwerpunkt: Texte lesen

Eine Detektivgeschichte lesen – dem Täter auf der Spur

Sherlock Holmes: Das gefleckte Band

In diesem Kapitel lernt ihr einen berühmten Detektiv genauer kennen: Sherlock Holmes. Der englische Schriftsteller Arthur Conan Doyle (1859–1930, siehe Bild oben) hat sich diese Figur um 1900 ausgedacht. Die Geschichten über den Meisterdetektiv, der die geheimnisvollsten Verbrechen aufklären konnte, werden aber bis heute in Filmen, Hörspielen und Büchern immer wieder erzählt.

Ein rätselhafter Fall

Mitten in der heißen Wüste Sahara liegt ein Mann. Er trägt Stiefel, eine warme Hose und eine dicke Jacke. Neben seinem Kopf liegt eine zerbrochene Brille, wie Piloten in einem kleinen Flugzeug oder Heißluftballon sie zu tragen pflegen. In seiner Hand hält er ein Streichholz. Man sieht keine Verletzungen am Körper.
Woran ist der Mann gestorben?

5

In diesem Kapitel lernt ihr ...
› einen bekannten Fall von Sherlock Holmes kennen,
› wie Detektivgeschichten aufgebaut sind und welche Merkmale sie kennzeichnen,
› literarische Figuren zu charakterisieren.

1. Was wisst ihr schon über Sherlock Holmes und seinen Partner Dr. Watson? Sammelt in der Klasse alle Informationen und ordnet sie in Form eines Steckbriefs an.

- *Wohnort: …*
- *Beruf: …*
- *Familie: …*
- *Aussehen, z. B. äußere Merkmale, an denen man ihn immer erkennt: …*
- *Besondere Eigenschaften: …*

2. Kennt ihr andere Geschichten, in denen es um die Aufklärung von Verbrechen geht? Wer ist in diesen Geschichten die Hauptfigur? Tipp: Nicht immer ermittelt ein Detektiv in diesen Geschichten, sondern auch ältere Damen, Polizisten, Kinder und Jugendliche.

🔊 *„Wie sich Dr. Watson und Sherlock Holmes zum ersten Mal begegnen"*

Wie sich Dr. Watson und Sherlock Holmes zum ersten Mal begegnen

Nach seinem Doktorexamen 1878 nahm Dr. Watson als Arzt an einem Krieg in Afghanistan teil. Als er zurück in London ist, trifft er durch die Vermittlung eines Freundes zum ersten Mal auf Sherlock Holmes.

„Mein Freund, Doktor Watson – Mr. Sherlock Holmes", sagte mein Freund, uns einander vorstellend. „Sehr erfreut, Ihre Bekanntschaft zu machen", erwiderte Holmes in herzlichem Ton und mit kräftigem Händedruck.
„Sie kommen aus Afghanistan, wie ich sehe."
Ich blickte ihn verwundert an. „Wieso wissen Sie das?"[…]
„Ich wusste es ganz von selbst. Da mein Gedankengang meist sehr schnell ist, kommen mir die Schlüsse in ihrer Reihenfolge kaum zum Bewusstsein. Und doch steht alles in logischem Zusammenhang. Ich folgerte so: Der Herr sieht aus wie ein Mediziner und hat dabei eine soldatische Haltung. Er muss Militärarzt sein. Die dunkle Hautfarbe seines Gesichts hat er nicht von Natur, denn am Handgelenk ist seine Haut weiß, also kommt er geradewegs aus den Tropen. Dass er allerlei Beschwerden durchgemacht hat, zeigen seine abgezehrten Wangen; sein linker Arm muss verwundet gewesen sein, er hält ihn unnatürlich steif. In welcher Gegend der Tropen kann ein englischer Militärarzt sich Wunden und Krankheit eingefangen haben? Versteht sich, in Afghanistan."

3. a) Lest den Text über die erste Begegnung von Dr. Watson und Sherlock Holmes. Was geht in Dr. Watson vermutlich vor, als er die Erklärungen von Holmes hört? Wie würdet ihr reagieren?
b) Woher weiß Holmes so viel über Watson, obwohl sie sich gerade zum ersten Mal begegnen?

4. a) Probiert die im Text beschriebene „Holmes-Methode" einmal selbst aus und löst den rätselhaften Fall auf der linken Seite, indem ihr geschickt fragt und kombiniert.
b) Vielleicht kennt ihr selbst noch solche rätselhaften Fälle? Erzählt sie in der Klasse. Welche Fragen haben euch bei der Auflösung geholfen?

Den Anfang der Detektivgeschichte untersuchen

Arthur Conan Doyle: Das gefleckte Band

🔊 *„Ein merkwürdiger Besuch"*

Ein merkwürdiger Besuch in der Baker Street

Sherlock Holmes und Dr. Watson teilen sich eine Wohnung in London in der Baker Street Nummer 221 B. Zu der Wohnung gehört ein Empfangszimmer, in dem an einem frühen Morgen eine junge Frau wartet.

Als wir eintraten, erhob sich eine am Fenster sitzende, tiefverschleierte Frau in Schwarz. „Guten Morgen, Madam", sagte Holmes fröhlich. „Mein Name ist Sherlock Holmes. Darf ich Ihnen meinen langjährigen Freund und Kollegen Dr. Watson vorstellen, dem Sie genauso vertrauen dürfen wie mir. [...]

Madam, setzen Sie sich doch näher zum Kamin! Ich werde sofort heißen Kaffee bestellen, Sie zittern ja." „Es ist nicht die Kälte, die mich zittern lässt", sagte die Frau leise und zog ihren Stuhl näher ans Feuer. „Sondern?"
„Angst, Mr. Holmes. Nackte, kalte Angst." Sie hob ihren Schleier, während sie sprach, und wir sahen, dass sie sich wirklich in einem bemitleidenswerten, verstörten Zustand befand: Ihr Gesicht war verzerrt und grau, ihre Augen blickten unruhig und verängstigt, wie die eines gehetzten Tieres. Gestalt und Gesicht waren die einer dreißigjährigen Frau, aber ihr Haar war stellenweise bereits ergraut und ihr Gesichtsausdruck erschöpft und verhärmt[1]. Sherlock Holmes schaute sie mit einem schnellen, alles umfassenden Blicke an. „Sie brauchen keine Angst zu haben", sagte er beruhigend, beugte sich vor und tätschelte ihren Arm. „Ich hege keinen Zweifel, dass wir alles in Ordnung bringen können. Sie sind heute früh mit dem Zug nach London gekommen, wie ich sehe?" „Sie kennen mich?" „Nein, aber in Ihrem linken Handschuh steckt eine Rückfahrtkarte. Sie müssen früh aufgebrochen und mit einem Einspänner[2] lange über schlechte Wege gefahren sein, bevor Sie den Bahnhof erreichten." Die Dame schrak heftig zusammen und starrte meinen Freund verwirrt an. „Da steckt kein Rätsel dahinter", sagte er lächelnd. „Der linke Arm Ihrer Jacke ist an nicht weniger als sieben Stellen mit Schmutz bespritzt. Die Flecken sind frisch. Es gibt kein Fahrzeug mit Ausnahme des Einspänners, der in dieser Weise den Schmutz hochwirft, und dann nur, wenn man auf der linken Seite des Kutschers sitzt."
„Wie immer Sie auch dazu gekommen sind, Sie haben recht. Ich verließ das Haus vor sechs, erreichte Leatherhead zwanzig nach sechs und nahm den ersten Zug nach Waterloo. Sir, ich kann diese Spannung nicht länger ertragen. Ich werde verrückt, wenn es so weitergeht. Ich habe niemanden, an den ich mich wenden könnte – niemanden außer einem einzigen Menschen, der mich liebt, und er kann mir nicht helfen. Dann hörte ich von Ihnen, Mr. Holmes. Eine Bekannte, Mrs. Farintosh, der Sie einmal in ihrer Not geholfen haben, hat mir von Ihnen erzählt. Von ihr habe ich auch Ihre Adresse. Oh, Sir, glauben Sie nicht, dass Sie auch mir helfen und ein wenig Licht in das tiefe Dunkel, das mich umgibt, bringen könnten? Augenblicklich bin ich nicht in der Lage, Sie für Ihre Hilfe zu entschädigen, aber in einem Monat oder in sechs Wochen werde ich heiraten und über mein eigenes Vermögen verfügen, und dann werden Sie sehen, dass ich nicht undankbar bin."

[1] verhärmt: von Kummer gezeichnet
[2] Einspänner: kleine, von einem Pferd gezogene Kutsche

Kompetenzen aufbauen

Eine Detektivgeschichte lesen – dem Täter auf der Spur

1. Lest den Anfang der Geschichte „Das gefleckte Band" auf Seite 232.
   a) Tauscht euch aus: Welchen Eindruck macht die junge Frau auf euch?
   b) Stellt Vermutungen zum weiteren Verlauf der Geschichte an.

2. Erklärt mithilfe geeigneter Textstellen, um welche Art von Erzähler es sich handelt und wer der Erzähler dieser Geschichte ist.

   → *Auktorialer und personaler Ich-Erzähler, S. 150*

3. Spielt die Szene „Ein merkwürdiger Besuch in der Baker Street" mit verteilten Rollen nach. Achtet dabei vor allem auf die Art und Weise, wie Sherlock Holmes mit der jungen Frau umgeht.

   Starthilfe, S. 392

> ### ❗ Wissen und Können
>
> Der **Aufbau von Detektivgeschichten** folgt einem Muster. Wenn man als Leser bzw. Leserin dieses Muster kennt, findet man im Text deutliche und versteckte Hinweise zur Lösung des Falls.
> - Am **Anfang** der Geschichte erfährt der Detektiv von einem rätselhaften Verbrechen.
> - Im **Hauptteil** der Geschichte wird erzählt, wie der Detektiv die beteiligten Figuren befragt und den Tatort untersucht.
> - Am **Schluss** steht die Auflösung des Falls durch den Detektiv.

4. Welche (verdeckten) Hinweise auf ein Verbrechen findet ihr im Textauszug „Ein merkwürdiger Besuch in der Baker Street"? Wer ist das Opfer des Verbrechens? Lest den Text noch einmal genau und untersucht auch die Fortsetzung „Die Besucherin stellt sich vor".

🔊 *„Die Besucherin stellt sich vor"*

Die Besucherin stellt sich vor

„Mein Name ist Helen Stoner. Ich lebe bei meinem Stiefvater, dem Letzten der Roylotts aus Stoke Moran, einer der ältesten angelsächsischen Familien Englands. [...]
Als Dr. Roylott noch in Indien war, heiratete er meine Mutter, die junge Witwe des Generalmayors Stoner der bengalischen Armee. Meine Schwester Julia und ich waren Zwillinge und erst zwei Jahre alt, als meine Mutter sich wieder verheiratete. Sie verfügte über ein beträchtliches Vermögen, mehr als tausend Pfund im Jahr. Sie vermachte es meinem Stiefvater, Dr. Roylott, solange wir bei ihm wohnten, falls wir Mädchen aber heiraten würden, sollten wir eine bestimmte Summe jährlich erhalten. Kurz nach unserer Rückkehr nach England starb unsere Mutter – sie kam vor acht Jahren durch einen Eisenbahnunfall in der Nähe von Crewe ums Leben. Dr. Roylott gab seinen Plan auf, in London eine Praxis zu gründen, und nahm uns mit sich in sein väterliches Haus nach Stoke Moran. Unsere Mutter hatte uns genügend Geld hinterlassen, um all unsere Wünsche zu erfüllen, und einem glücklichen Leben hätte nichts im Wege gestanden."

Helen Stoner erzählt die Geschichte ihrer Schwester Julia, die zwei Jahre zuvor kurz vor ihrer Hochzeit auf unerklärliche Art und Weise gestorben ist …

🔊 *„Die Geschichte von Julia Stoners Tod"*

Die Geschichte von Julia Stoners Tod

„Ich fand keinen Schlaf in jener Nacht. […] Draußen heulte der Wind, und der Regen peitschte und klatschte gegen die Fensterscheiben. Plötzlich gellte durch das Geheul des Sturmes hindurch der Schrei einer Frau. Ich erkannte die Stimme meiner Schwester. Ich sprang aus dem Bett, schlug einen Schal um mich und stürzte auf den Korridor. Als ich meine Tür öffnete, glaubte ich, ein leises Pfeifen zu hören, so wie es meine Schwester beschrieben hatte, dann ein polterndes Geräusch, als ob ein Stück Metall zu Boden gefallen wäre. Ich lief zum Zimmer meiner Schwester. Die Tür war nicht verschlossen, sondern schwang im Wind hin und her. Ich starrte sie an, von Grauen erfasst, und wusste nicht, welcher Anblick mir gleich darauf zuteil werden sollte. Im Licht der Flurlampe sah ich, wie Julia in der Türöffnung erschien, hin und her schwankend wie eine Betrunkene, ihr Gesicht aschfahl vor Grauen, die Hände hilfesuchend vorgestreckt. Ich rannte auf sie zu und warf meine Arme um sie, aber in diesem Moment schienen ihre Knie nachzugeben, und sie sank zu Boden. Sie warf sich hin und her wie jemand, der fürchterliche Schmerzen auszustehen hat, und ihre Glieder waren fürchterlich verkrümmt. Zuerst dachte ich, sie hätte mich nicht erkannt, aber als ich mich über sie beugte, schrie sie plötzlich laut mit einer Stimme, die ich nie vergessen werde: „Oh Gott, Helen! Das Band! Das gefleckte Band!" Sie wollte noch etwas sagen, zeigte auf das Zimmer des Doktors, aber da wurde sie erneut von einem Krampf geschüttelt, der ihre Worte erstickte. Ich stürzte hinaus und rief laut nach meinem Stiefvater, da sah ich ihn im Morgenrock aus seinem Zimmer eilen. Als wir zu meiner Schwester traten, hatte sie das Bewusstsein verloren, und obwohl er ihr Brandy einflößte und nach einem Arzt aus dem Dorf schickte, waren alle Mühen umsonst, denn sie starb, ohne das Bewusstsein wiedererlangt zu haben. Das war das grauenvolle Ende meiner geliebten Schwester."

„Einen Moment", sagte Holmes. „Sind Sie ganz sicher, das Pfeifen und das folgende metallische Geräusch gehört zu haben? Können Sie das beschwören?"

„Das wurde ich auch vom Vorsitzenden der Gerichtsverhandlung gefragt. Ich bin mir fast sicher, dass ich es hörte, aber bei der Stärke des Sturmes und bei dem Knarren des alten Hauses könnte ich mich auch getäuscht haben."

„War ihre Schwester vollständig angezogen?"

„Nein, sie trug ein Nachthemd. In ihrer rechten Hand fand man ein angebranntes Streichholz und in ihrer linken eine Streichholzschachtel."

„Ein Indiz dafür, dass sie eine Lampe angezündet und um sich geschaut hat, als sie in Angst geriet. Das ist wichtig. Und zu welchen Schlussfolgerungen kam der Vorsitzende?" […]

„Der Vorsitzende konnte keine überzeugende Todesursache finden. Ich gab zu Protokoll, dass die Tür von innen verschlossen gewesen war und sich vor den Fenstern schwere altmodische Läden, die noch dazu mit starken Eisenstangen versehen sind, befinden. Ohne Erfolg wurden die Wände ihres Zimmers abgeklopft und zeigten sich rundum dicht, desgleichen wurde der Fußboden untersucht, mit dem gleichen Erfolg. Der Kamin ist nicht eng, aber mit vier großen Eisenstangen versperrt. Es ist deshalb mit Sicherheit anzunehmen, dass meine Schwester sich allein im Zimmer befand, als sie vom Tod heimgesucht wurde. Außerdem waren keinerlei Spuren von Gewaltanwendung an ihrem Körper festzustellen."

„Gift vielleicht?"

„Auch daraufhin wurde sie vom Arzt untersucht. Nichts." […]

Holmes schüttelte den Kopf wie jemand, der gar nicht zufrieden ist. „Das sind unergründliche Tiefen. Erzählen Sie doch bitte weiter."

„Seitdem sind zwei Jahre verstrichen. Mein Leben wurde einsamer denn je. – Vor einem Monat nun hat ein Mann, ein alter Freund, den ich seit Jahren kenne, um meine Hand angehalten. Sein Name ist Percy Armitage. Mein Stiefvater hat nichts gegen diese Verbindung einzuwenden, und wir wollen noch im Frühjahr heiraten. Vor zwei Tagen nun wurde im Westflügel des Hauses mit der Durchführung einiger Reparaturen begonnen, und die Wand meines Schlafzimmers durchbrochen, weshalb ich in das Zimmer, in dem meine Schwester starb, ziehen musste, und nun im gleichen Bett schlafe, in dem sie auch geschlafen hat. Stellen Sie sich mein Entsetzen vor, als ich in der vergangenen Nacht, während ich wach lag und über ihren Tod nachdachte, plötzlich durch die nächtliche Stille hindurch das Pfeifen hörte, das der Vorbote des Todes meiner Schwester war. Ich sprang aus dem Bett, zündete die Lampe an, aber es war nichts zu sehen. Ich war viel zu erregt, um mich wieder schlafen zu legen, und so zog ich mich an […] und fuhr zur Bahnstation nach Leatherhead, von wo ich heute Morgen gekommen bin, um Ihren Rat zu erbitten."

„Sie haben sehr klug gehandelt", sagte Holmes. „Haben Sie mir alles erzählt?"

„Ja, alles."

„Miss Stoner, das stimmt nicht. Sie decken Ihren Stiefvater."

„Warum? Was meinen Sie damit?"

Als Antwort schob Holmes die schwarze Spitzenrüsche zurück, die über die auf dem Knie liegende Hand der Frau fiel. Fünf kleine Flecken, die Abdrücke von vier Fingern und einem Daumen, waren deutlich auf dem Handgelenk zu sehen.

„Sie sind grausam behandelt worden."

Die junge Frau errötete und verbarg das verletzte Gelenk. „Er ist ein kräftiger Mann", sagte sie, „vielleicht weiß er gar nicht, wie stark er ist."

Ein paar Minuten lang war Schweigen im Raum, und Holmes stützte sein Kinn auf und starrte ins Feuer.

---

1 Sherlock Holmes starrt am Schluss des Textauszugs schweigend ins Feuer. Formuliere in eigenen Worten, was dem Detektiv in diesem Moment durch den Kopf geht.

2 Wie Sherlock Holmes stellen sich dem Leser oder der Leserin Fragen zum Verbrechen.
- Um welche Art Verbrechen geht es überhaupt?
- Warum konnten die Umstände des Todes von Julia Stoner noch nicht aufgeklärt werden?
- Was ist an Julia Stoners Verhalten rätselhaft?

Untersucht „Die Geschichte von Julia Stoners Tod", indem ihr Hinweise zur Beantwortung dieser Fragen sucht. Beantwortet sie in Stichworten und verwendet passende Zeilenangaben.

3 Erstellt ein Schaubild, in dem alle bisher genannten Figuren der Geschichte aufgeführt und ihre Beziehungen zueinander deutlich werden. Überlegt: Wer kommt als Täter in Frage? Wer hat ein Alibi?

→ *Personenkonstellation, S. 220*

Eine literarische Figur charakterisieren

In der Klasse 8a sprechen die Schülerinnen und Schüler über die junge Besucherin in der Baker Street und ihre Geschichte.

Mirna: Warum geht Helen Stoner eigentlich heimlich und in aller Frühe zu Sherlock Holmes?
Karl: Das Gericht hat ja damals keine Hinweise auf ein Verbrechen gefunden. Vielleicht hat sie Angst, sich zu blamieren?
Paul: Sie weiß doch ganz genau, dass ein Verbrechen passiert ist. Die letzten Worte ihrer Schwester Julia über das gefleckte Band sind ein eindeutiger Hinweis.
Tom: Ein eindeutiger Hinweis ist das eher nicht, wenn jemand kurz vor dem Tod fantasiert.
Franz: Aber warum ist sie damals nicht zu Holmes gegangen? Vielleicht hat sie vor irgendetwas Angst.
Tom: Ich finde, Helen Stoner ist eine extrem ängstliche Person. Es war wieder eine Nacht, in der sie an ihre Schwester gedacht hat. Dabei hat sie sich Geräusche eingebildet und ist panisch geworden.
Pauline: Das glaub ich nicht. Als sie das Pfeifen in der Nacht gehört hat, hat sie bestimmt gedacht, dass ihr dasselbe geschieht wie ihrer Schwester. Und deshalb hat sie aus Angst um ihr Leben das gemacht, was sie nach dem Tod von Julia nicht gemacht hat. Sie ist in die Baker Street gegangen.
Mirna: Holmes glaubt ihr ja auch. Der hätte doch erkannt, wenn an der ganzen Sache nichts dran ist. Das spricht für Paulines Theorie.
Karl: Damit ist aber noch nicht klar, warum sie so früh und heimlich kommt. Ihre Angst hat noch einen anderen Grund.

„Diskussion über Helen Stoner"

1 Sprecht in der Klasse über die Vermutungen der Schülerinnen und Schüler und sucht entsprechende Belege im Text.
- Hat Tom Recht, wenn er sagt, dass Helen Stoner eine ängstliche Person ist?
- Was spricht für Paulines Theorie über Helen Stoner?
- Was haltet ihr von den Vermutungen von Mirna und Karl?

❗ Wissen und Können

Eine Figur charakterisieren

Vermittelt über den Erzähler, die Figuren oder innere Monologe erhält der Leser Informationen über eine literarische Figur. Wie beim Schälen einer Zwiebel lernt er die Figur beim Lesen Schicht um Schicht näher kennen und kann sie schließlich charakterisieren. Dafür müssen Hinweise zum **Aussehen** der Figur, zu ihren **Beziehungen und Lebensumständen**, ihrem **Verhalten** und ihren **Gedanken und Gefühlen** zusammengetragen werden.

2 Welche „Schichten" der Figur Helen Stoner lernen wir als Leser/-in bei ihrem ersten Besuch in der Baker Street kennen? Sucht im Text auf Seite 232 Hinweise, die ihr geheimnisvolles Auftreten erklären können. Legt eine Tabelle nach dem Muster unten an und füllt sie aus.

Wie verhält sie sich? Wie redet sie?	Offene und verdeckte Hinweise auf Motive, Wünsche, Ängste
	„Angst, Mr. Holmes" (Z. 13)

Pauline und Tom haben ihre Ergebnisse ausformuliert:

Pauline

Als Helen Stoner am frühen Morgen in der Baker Street erscheint, ist dem Leser klar, dass sie große Angst hat. Man erkennt es daran, dass sie zittert und ihre Augen „wie die eines gehetzten Tieres" (Z. 18) umherblicken. Neben ihrem äußeren Erscheinungsbild weiß man es auch deshalb, weil sie es Holmes eindeutig sagt: „Nackte, kalte Angst." (Z. 13). Durch ihre Erzählung wird deutlich, dass diese Angst etwas mit dem Tod ihrer Schwester zu tun hat. Aber die geheimnisvollen Umstände des Todes ihrer Schwester waren zwei Jahre zuvor nicht Grund genug, um Holmes um Hilfe zu bitten. Dies spricht dafür, dass sie ein Mensch ist, der sich nicht so schnell aus der Ruhe bringen lässt. Erst als sie in der Nacht genau die Geräusche hört, die auch ihre Schwester kurz vor ihrem Tod hörte, hat sie Angst um ihr Leben.

Tom

Helen Stoner ist seit dem Tod ihrer Schwester Julia ein ängstlicher Mensch. Eindeutige Hinweise dafür sind, dass ihre Haare „stellenweise bereits ergraut" (Z. 20/21) sind, obwohl sie erst 30 Jahre ist. Ihr Gesicht wird beim ersten Besuch in der Baker Street beschrieben als „erschöpft und verhärmt" (Z. 21/22). Daraus kann man schließen, dass sie schon lange Zeit unter ihrer Angst leidet. Als sie in dem Bett ihrer Schwester lag, dachte sie ja auch über den Tod ihrer Schwester nach. Kein Wunder, dass sie sich da auch die Geräusche eingebildet hat. Dass es die wirklich gegeben hat, hatte sie ja auch schon vor Gericht nicht beschwören können. Dass sie sofort mitten in der Nacht losgefahren ist, ist ein Beleg dafür, dass sie einfach ein ängstlicher Mensch ist. Das kann man ja auch verstehen.

3 Untersucht die Texte von Tom und Pauline. Welche Unterschiede stellt ihr fest?
- Was ist Pauline, was Tom gut gelungen (inhaltlich und sprachlich)?
- Wie gehen sie vor, um ihre Meinung zu begründen?
- Welche Funktion haben die gelb markierten Ausdrücke bei der Charakterisierung? Nutzt bei eurer Erklärung das Bild des Zwiebel-Schälens.

Starthilfe, S. 392

Textverarbeitungsprogramm

4 Schreibe den Schülertext weiter, der besser zu deinem Eindruck von Helen Stoner passt. Nutze dazu die Arbeitsergebnisse aus Aufgabe 2 von Seite 237.

✺ Methode

Eine Figur schriftlich charakterisieren

Vorarbeiten:
- Lies den Text sorgfältig. Unterstreiche beim zweiten Lesen Hinweise auf die Figur.
- Ordne die Hinweise den passenden Bereichen („Schichten") zu.

Äußeres Erscheinungsbild (z. B. Kleidung, Aussehen)	Informationen über ihre Lebensumstände (z. B. Familienverhältnisse)	Wie verhält sie sich? Wie redet sie?	Offene und verdeckte Hinweise auf Motive, Wünsche, Ängste

Das kennzeichnet deinen Text:
- Am Anfang stellst du die Figur vor und ordnest die Textstelle in die Handlung ein.
- Du **beschreibst** und **erklärst** das Verhalten in der vorgegebenen Textstelle vollständig und in der richtigen Reihenfolge.
- Du nutzt **passende Zitate** als Belege für deine Aussagen über den Charakter.
- Dein Text ist keine Aufzählung von einfachen Sätzen mit „ist". Du schreibst also **nicht**: *Er ist stark. *Er ist wütend. *Er ist gewalttätig. Du verwendest stattdessen Formulierungen wie: „Man erkennt an seinem Verhalten, dass …", „Daran wird deutlich, dass …" „Hinweise für … sind …", „Daraus kann man schließen, dass …"
- Du schreibst in der Zeitform **Präsens**.

Starthilfe, S. 392

Textverarbeitungsprogramm

5 Du hast Helen Stoner auf der Grundlage des Anfangs der Detektivgeschichte charakterisiert (Aufgabe 4). Schreibe nun eine Einleitung für die Leserin bzw. den Leser deines Textes. Stelle darin die Figur vor und ordne die Textstelle „Die Geschichte von Julia Stoners Tod" kurz in den Handlungsverlauf ein.

So kannst du beginnen:
In Arthur Conan Doyles Detektivgeschichte „Das gefleckte Band" ist …

Eine Charakterisierung überarbeiten

🔊 *„Ein verdächtiger Besucher"*

Ein verdächtiger Besucher

Kurz nachdem Helen Stoner die Wohnung des Detektivs verlassen hat, erscheint ihr Stiefvater Dr. Roylott in der Baker Street.

Die Tür war plötzlich aufgerissen worden. Ein Riese von einem Mann stand in der Tür. Sein Aufzug war eine einzigartige Mischung aus städtischer und bäuerlicher Kleidung: Zylinder, Gehrock, lange Gamaschen[1], in der Hand aber schwang er eine Reitpeitsche. Er war so groß, dass sein Kopf am oberen Türbalken anstieß, und auch in der Breite füllte sein Körper den Türrahmen vollständig aus. Auf seinem großflächigen Gesicht, das von einem zum anderen blickte und über das sich tausend Fältchen zogen, von der Sonne gelb ausgedörrt, lag ein teuflischer Ausdruck. Seine tiefliegenden, stechenden Augen und die scharfgeschnittene Nase gaben ihm das Aussehen eines ungezähmten alten Raubvogels.

„Wer von Ihnen ist Holmes?", fragte die Erscheinung scharf.

„Das ist mein Name, Sir, aber ich wüsste nicht …"

„Ich bin Dr. Grimesby Roylott, von Stoke Moran."

„Freut mich", antwortete Holmes kühl. „Nehmen Sie doch bitte Platz."

„Ich denke nicht daran. Meine Stieftochter war hier, ich bin ihr gefolgt. Was hat sie Ihnen erzählt?"

„Heute ist es etwas kalt für diese Jahreszeit, finden Sie nicht auch?", sagte Holmes.

„Was hat sie Ihnen erzählt?", schrie der alte Mann unbeherrscht.

„Aber wie ich höre, sollen die Krokusse bald blühen", fuhr Holmes unerschüttert fort.

„Sie halten mich nicht hin."

Unser Besucher kam einen Schritt näher und hob seine Reitpeitsche. „Ich weiß Bescheid. Sie sind Holmes, der Schuft, der seine Nase in jede Angelegenheit steckt!"

Mein Freund lächelte.

„Holmes, der Gernegroß!"

Die Lachfältchen in Holmes' Gesicht vertieften sich.

„Holmes, der Scotland-Yard-Kasper."

Holmes lachte laut heraus. „Ihre Unterhaltung ist äußerst amüsant", sagte er. „Wenn Sie gehen, schließen Sie doch bitte die Tür hinter sich, es zieht so sehr."

„Ich gehe, wann es mir passt. Und wagen Sie es nicht, sich in meine Angelegenheiten zu mischen. Ich weiß, dass Miss Stoner hier war, ich bin ihr gefolgt. Es ist gefährlich, sich mit mir anzulegen! Schauen Sie her!" Er machte einen hastigen Schritt zum Kamin, ergriff den Feuerhaken und bog ihn mit seinen sehnigen braunen Händen krumm. „Hüten Sie sich. Wenn ich Sie je in meine Finger bekommen sollte …", knurrte er. Er warf den Feuerhaken in den Kamin und schlug die Tür hinter sich zu.

Immer noch lächelnd sagte Holmes: „Ein liebenswerter Mensch! Ich bin zwar nicht so massiv wie er, aber wenn er geblieben wäre, hätte ich ihm zeigen können, dass meine Hände nicht viel schwächer sind als seine." Während er sprach, hob er den eisernen Feuerhaken auf, und mit einem plötzlichen Ruck bog er ihn wieder gerade.

[1] Gamaschen: Kleidungsstück aus Tuch, Leinwand oder Leder, das an das Schuhwerk anschließt und Teile des Fußes und des Beines bedeckt.

1. Lest den Textauszug „Ein verdächtiger Besucher" auf Seite 239. Stellt euch vor: Ihr sollt für eine Verfilmung der Geschichte die Rolle des Dr. Roylott besetzen. Welche Voraussetzungen müsste ein Schauspieler erfüllen (Alter, Aussehen, …)? Sucht passende Fotos in Zeitschriften und im Internet.

2. Tragt in einer Tabelle alle Informationen aus der bisherigen Erzählung zusammen, die dafür oder dagegen sprechen, dass Dr. Roylott der Täter ist. Achtet darauf, was ihr über mögliche Motive, Fähigkeiten und das Alibi von Dr. Roylott sagen könnt.

Mirna hat auf der Grundlage des Textes „Ein verdächtiger Besucher" eine Charakterisierung zu Dr. Roylott geschrieben. Dabei ist einiges schon ganz gut gelungen, aber sie hat auch noch ein paar Fehler gemacht.

> <u>Charakterisierung zu Dr. Roylott von Mirna</u>
>
> Dr. Roylott ist der Stiefvater von Helen Stoner. Er ist ein großer und sehr starker Mann. Er ist so stark, dass er einen Feuerhaken verbiegen kann. Aber das kann Holmes auch. Sein Äußeres ist so, dass er der Mörder seiner Stieftochter Julia sein muss. Aber er kann es ja nicht gewesen sein, weil er in der Todesnacht nicht im Zimmer von Julia gewesen ist. Er ist ein wütender Mann und gewalttätig. Vielleicht ist er so, weil Helen so früh am Morgen das Haus verlassen hat, ohne ihm zu sagen, wohin sie will. Er ist ja verantwortlich für seine Stieftochter und folgt ihr. Als er sieht, dass sie zu einem bekannten Privatdetektiv gegangen ist, fühlt er sich verraten. Deshalb ist ein „teuflischer Ausdruck" (Z. 12/13) auf seinem Gesicht.

3. Überlege zunächst in Einzelarbeit: Welche Teile in Mirnas Aufsatz sind gelungen? Welche müsste sie überarbeiten? Nutze auch den Methoden-Kasten auf S. 238.

4. Überprüft in Partnerarbeit, ob die folgenden Vorschläge 1–5 aus einem Papier-Posting Mirna dabei helfen können, ihren Text zu verbessern.

❶ Du beginnst richtig mit äußeren Merkmalen.

❷ Man kann nicht sagen, dass jemand ein wütender Mann ist, nur weil er sich einmal in einer Situation wütend <u>verhält</u>.

❸ Achte auf passende Textbelege.

❹ zu viele „ist-Sätze"

❺ Beschreibe noch genauer, wie sich Roylott in dieser Textstelle verhält.

5. a) Schreibt die Feedback-Aussagen weiter bzw. um, sodass Mirna genau weiß, wie sie ihren Text verbessern kann. Zum Beispiel: *Du nutzt zu viele „ist-Sätze", z. B. „Sein Äußeres ist so, dass …" (Z. 3); Überarbeitungsvorschlag: Der Erzähler beschreibt sein Äußeres so, dass wir ihn sofort als Täter verdächtigen.*
   b) Formuliert zu weiteren Stellen aus Mirnas Text ein gutes Feedback.

6. Überarbeite Mirnas Charakterisierung auf der Grundlage des Feedbacks.

→ *Texte überarbeiten, S. 256/257*

Arbeitsheft, S. 67–71

Die Beschreibung eines Handlungsortes genau lesen

1 Betrachte die folgenden Filmbilder aus der Verfilmung der Detektivgeschichte „Das gefleckte Band" (Regie: Paul May, 1967). Welche Gegenstände untersucht Holmes?

🔊 *„Untersuchungen in Stoke Moran"*

Untersuchungen in Stoke Moran

Während sich Dr. Roylott in London aufhält, fahren Holmes und Dr. Watson nach Stoke Moran, um die Zimmer von Helen Stoner und ihrem Stiefvater zu untersuchen. Auf der Fahrt informiert Holmes Watson über erste Ermittlungsergebnisse: Dr. Roylott würde durch die Hochzeit von Helen Stoner viel Geld verlieren. Er hat also ein Motiv.

Durch eine schmale Seitentür betraten wir den weißgekalkten Korridor, auf den die drei Schlafzimmertüren führten. Holmes verzichtete darauf, das dritte Zimmer zu besichtigen. Wir gingen sofort in das Mittelzimmer, in dem Miss Stoner zur Zeit schlief und wo ihre Schwester dieses grauenvolle Schicksal ereilt hatte. Es war ein freundliches kleines Zimmer mit einer niedrigen Zimmerdecke und einem offenen Kamin. [...] Holmes zog sich einen Korbstuhl in die Ecke und setzte sich. Schweigend ließ er seine Blicke durch den Raum schweifen und prägte sich die geringste Kleinigkeit ein. „Wohin geht diese Klingel?", fragte er endlich und deutete auf eine dicke Schnur, die über dem Kopfende des Bettes hing. Der Klingelknopf lag auf dem Kissen. „Zum Zimmer der Haushälterin", antwortete Miss Stoner. „Sieht neuer aus als die anderen Dinge hier." „Sie wurde erst vor ein paar Jahren installiert." „Ich nehme an, Ihre Schwester bat darum?" „Nein, ich habe auch nie gesehen, dass Julia sie benutzte. Was wir brauchen, holen wir uns selbst." „Ja, es scheint mir hier wirklich unnötig zu sein, eine Klingelschnur zu legen. Wenn Sie mich für einige Minuten entschuldigen möchten, ich wende mich einmal dem Boden zu." Er kroch vor und zurück und überprüfte jede Bodenritze. Mit derselben Aufmerksamkeit wandte er sich den holzverkleideten Wänden zu. Schließlich trat er vor das Bett. Ein paar Sekunden betrachtete er es schweigend. Auch begutachtete er immer wieder die Wand. Dann nahm er die Klingelschnur in die Hand und zog einmal kurz. „Nur eine Attrappe", sagte er. „Klingelt sie nicht?" „Nein. Sie ist nicht einmal mit einem Draht verbunden. Sehr interessant. Sehen Sie, sie hängt an einem Haken über der kleinen Ventilator-Öffnung. [...] Was für ein Idiot von Architekt muss das gewesen sein, der einen Ventilator nach dem anderen Zimmer legt und nicht an die Außenwand."

2 Schreibt aus dem Text die Informationen heraus, die der Leser oder die Leserin über die Gegenstände erhält, die Holmes untersucht. Sammelt Ideen, welche Bedeutung sie für die Auflösung des Verbrechens haben könnten.

🔊 *„Im Schlafzimmer von Dr. Roylott"*

Im Schlafzimmer von Dr. Roylott

Dr. Grimesby Roylotts Zimmer war größer als das seiner Stieftochter, aber genauso einfach eingerichtet. Ein Feldbett, ein kleines Holzregal, das vollgestellt war mit Büchern, ein Holzstuhl
5 an der Wand, ein runder Tisch und ein großer Safe waren die Haupteinrichtungsgegenstände. Holmes wanderte langsam umher und prüfte alles mit großem Interesse. „Was ist hier drin?", fragte Holmes und klopfte mit der Hand auf den
10 Safe. „Die Geschäftsbriefe meines Stiefvaters." „Sie haben also den Safe schon einmal geöffnet gesehen?" „Ein einziges Mal, vor einigen Jahren. Ich erinnere mich, dass er mit Papieren gefüllt war." „Eine Katze kann nicht drin sein?" „Nein,
15 wie kommen Sie darauf?" „Schauen Sie her." Holmes hob eine kleine Untertasse mit Milch hoch, die auf dem Safe stand. „Nein, Katzen halten wir nicht." [...] „Es gibt noch eine Sache, die ich mir gerne anschauen würde." Er knie-
20 te vor dem Holzstuhl nieder und untersuchte aufmerksam den Sitz. „Das hätten wir auch", sagte er schließlich. Er erhob sich und steckte das Vergrößerungsglas wieder ein. „Hallo! Noch eine Kleinigkeit!"
25 Er hatte eine über dem Bettende hängende kurze Hundepeitsche entdeckt. Das Ende der Schnur war allerdings eingerollt und so gebunden, dass der Lederriemen eine Schlinge bildete. „Watson, was halten Sie davon?" „Eine
30 ziemlich alltägliche Peitsche. Aber aus was für einem Grund ist die nur so festgebunden?" „Das ist nicht so alltäglich, was? Die Welt ist sowieso schlecht, und wenn ein intelligenter Mann seinen Verstand für Verbrechen benutzt, ist es das Schlimmste von allen. [...] Die Lage ist sehr ernst, Miss Stoner. Ihr Leben hängt davon ab, ob Sie meine Worte befolgen oder nicht."
„Ich tue alles, was Sie sagen." „Dr. Watson und ich müssen diese Nacht in Ihrem Zimmer verbringen." Verblüfft starrten Miss Stoner und ich ihn an. [...] „Wenn ihr Stiefvater zurückkehrt, müssen Sie unter dem Vorwand von Kopfschmerzen in Ihrem Zimmer bleiben. Sobald Sie hören, dass er sich zur Ruhe begibt, öffnen Sie den Fensterladen und stellen die Lampe als Zeichen für uns auf. Gehen Sie dann leise in das Zimmer, in dem Sie früher geschlafen haben. Das wird sicherlich, trotz der Bauarbeiten, für eine Nacht möglich sein." „O ja, das geht." „Den Rest überlassen Sie uns." „Was haben Sie vor?" „Wir werden die Nacht in Ihrem Zimmer verbringen und uns mit den Geräuschen beschäftigen, die Sie gestört haben." „Ich habe das Gefühl, Mr. Holmes, dass Sie bereits zu einer Schlussfolgerung gekommen sind", sagte Miss Stoner und legte ihm ihre Hand auf den Arm. „Vielleicht."

3 Erstellt auf der Grundlage beider Textauszüge eine Skizze der drei Schlafzimmer. Tragt in die Skizze alle Gegenstände ein, die Holmes bei der Untersuchung der Schlafzimmer von Helen Stoner und Dr. Roylott entdeckt.

4 Kreist in eurer Skizze alle Gegenstände ein, die Holmes verdächtig findet und notiert euch daneben oder auf einem Extrablatt in Stichworten, welche Besonderheiten dem Detektiv daran merkwürdig vorkommen.

Textverarbeitungsprogramm **5** Schreibt einen Dialog zwischen Holmes und Dr. Watson, in dem Holmes erste Theorien darüber aufstellt, was die einzelnen Indizien bedeuten könnten.

Schätze deinen Lernstand ein

Eine Charakterisierung ergänzen

Helen Stoner erzählt Sherlock Holmes von Dr. Roylott

Er erreichte es, dass ihm ein Verwandter einen Vorschuss für die Finanzierung seines Medizinstudiums gab. Er legte sein Examen ab und ging nach Kalkutta, wo er, da er tüchtig und ehrgeizig war, bald eine große Praxis hatte. Aber in einem Wutanfall über mehrere Diebstähle, die in seinem Haus geschahen, prügelte er einen eingeborenen Diener zu Tode und entging nur knapp der Todesstrafe. So saß er jahrelang im Gefängnis und kehrte als düsterer und vom Leben enttäuschter Mann nach England zurück. [...]

Nach dem Tod unserer Mutter vollzog sich ein schrecklicher Wandel in unserem Stiefvater. Die Nachbarn waren anfangs überglücklich, dass wieder ein Roylott auf Stoke Moran lebte, aber anstatt mit ihnen gutnachbarlichen Umgang zu pflegen und sie hin und wieder herüberzubitten, schloss er sich in seinem Haus ein, und ging er doch einmal aus, brach er mit jedem, der ihm über den Weg lief, einen Streit vom Zaun. Das an Raserei grenzende zügellose Temperament lag in der Familie, und ich glaube, dass der lange Aufenthalt in den Tropen bei meinem Stiefvater diese Veranlagung noch verstärkt hat. Immer häufiger kamen peinliche Streitereien vor, zweimal endeten sie vor dem Polizeigericht. Schließlich war er zum Schrecken des Dorfes geworden. Wenn er erschien, leerten sich die Straßen, weil er eben ein Mann mit ungeheuren Kräften ist und absolut zügellos in seiner Wut.

Letzte Woche erst stieß er im Streit den Dorfschmied über das Geländer in den Fluss, und ich konnte ein gerichtliches Nachspiel nur dadurch verhindern, dass ich alles Geld, das wir im Hause hatten, zusammenkratzte, um den Schmied zu besänftigen. Er hat keine Freunde außer ein paar [fahrenden Leuten], die er auf seinem mit Dornen überwachsenen Grund und Boden nach Belieben ihre Zelte aufschlagen lässt. Dafür verbringt er viele Stunden an ihren Lagerfeuern und ist schon wochenlang mit ihnen durchs Land gezogen. Seine andere Leidenschaft sind indische Tiere, die ihm von einem Geschäftsfreund geschickt werden. Im Augenblick hält er einen Geparden und einen Pavian, die er frei auf seinem Grundstück umherstreifen lässt und die von den Dorfbewohnern beinahe genauso gefürchtet werden wie ihr Herr.

1 Ergänze ausgehend von dieser Textstelle die überarbeitete Charakterisierung von Dr. Roylott (S. 240) in Stichpunkten. Orientiere dich an den folgenden Fragen:
- Wie verhält sich Dr. Roylott gegenüber den Dorfbewohnern?
- Welche Motive verfolgt Dr. Roylott vermutlich?
- Welche Rückschlüsse auf seinen Charakter lassen sich aus diesen Informationen ziehen?

Figuren charakterisieren

Eine unheimliche Nacht

Sherlock Holmes und Dr. Watson mieten ein Zimmer und beobachten Stoke Moran.

Gegen neun Uhr verschwanden die Lichter zwischen den Bäumen. Das Gutshaus versank im Dunkeln. Es verstrichen langsam die Stunden. Plötzlich, Punkt elf, leuchtete ein einzelnes helles Licht auf. „Unser Zeichen!" Holmes sprang auf. „Es kommt aus dem mittleren Zimmer." Als wir aus dem Gasthof gingen, wechselten wir noch einige Worte mit dem Wirt und erklärten ihm, dass wir noch auf einen späten Besuch zu Bekannten gehen würden und dass wir möglicherweise dort die Nacht verbringen würden. Kurz darauf standen wir auf der Straße. Ein kalter Wind blies uns ins Gesicht. Das kleine helle Licht vor uns half uns, den Weg zu finden. Es war nicht schwierig, in den Park zu gelangen, denn in der Parkmauer gähnten große Lücken. Im Schutz der Bäume erreichten wir den Rasen und überquerten ihn. Wir wollten eben durch das Fenster steigen, als aus dem verwilderten Buschwerk ein dunkler Schatten hervorsprang. Er sah aus wie ein grausig verkrüppeltes Kind, warf sich mit zuckenden Gliedern ins Gras und verschwand schnellfüßig in der Dunkelheit. „Mein Gott!", flüsterte ich. „Haben Sie das gesehen?" Im ersten Augenblick war Holmes genauso erschrocken wie ich. In seiner Aufregung schlossen sich seine Finger wie ein Schraubstock um mein Handgelenk. Dann fing er leise zu lachen an und flüsterte mir ins Ohr. „Ein reizender Haushalt. Das war der Pavian." Ich hatte die seltsamen Haustiere, für die der Doktor eine Vorliebe hatte, völlig vergessen. Da gab es ja auch noch den Geparden; vielleicht würde er im nächsten Moment auf unseren Schultern sitzen. Ich muss gestehen, dass ich aufatmete, als ich schließlich, Holmes' Beispiel folgend, die Schuhe in der Hand, im Schlafzimmer angelangt war. Holmes schloss geräuschlos die Läden, stellte die Lampe auf den Tisch und blickte sich im Zimmer um. Es war alles so, wie wir es tagsüber gesehen hatten. Holmes kam ganz nahe zu mir heran und flüsterte beinahe unhörbar in mein Ohr: „Das geringste Geräusch kann alles verderben." Ich nickte, zum Zeichen, dass ich verstanden hatte. „Wir müssen ohne Licht dasitzen. Er würde es durch den Ventilator sehen." Ich nickte abermals. „Schlafen Sie nur nicht ein! Es könnte Sie das Leben kosten. Halten Sie die Pistole bereit, falls wir sie brauchen sollten. Ich setze mich aufs Bett, nehmen Sie den Stuhl." Ich zog meinen Revolver heraus und legte ihn vor mich auf den Tisch. Holmes hatte einen langen dünnen Rohrstock mitgebracht und legte ihn neben sich aufs Bett, daneben eine Schachtel mit Streichhölzern und einen Kerzenstumpf. Schließlich löschte er die Lampe.

Tipp

Verwendet bei der Charakterisierung die **fettgedruckten** Ausdrücke aus den Texten von Tom und Pauline auf Seite 237.

1 a) Wie kommt es, dass sogar Holmes für einen kurzen Augenblick aufgeregt ist?
b) Ist Dr. Watson ein mutiger Mann? Arbeitet bei eurer Antwort mit Textbelegen.

2 Ⓐ Sammelt Textstellen, die ihr für die Charakterisierung von Dr. Watson nutzen wollt. Schreibt in Stichworten dazu, was der Leser durch diese Textstellen über Dr. Watson erfährt.

2 Ⓑ Erstellt einen Schreibplan für eine Charakterisierung zu Dr. Watson.

Die Mittel des Spannungsaufbaus untersuchen

Eine entsetzliche Wache

Ich werde niemals diese schreckliche Nachtwache vergessen. Ich konnte nicht das geringste Geräusch hören, ich wusste, dass mein Begleiter mit wachen Augen einige Schritte von mir entfernt saß und genauso nervös war wie ich. Die Fensterläden ließen auch nicht das geringste Licht herein, und so warteten wir im absoluten Dunkeln. Draußen hörten wir von Zeit zu Zeit den Ruf eines Nachtvogels und einmal direkt vor unserem Fenster ein Gejammer wie von einer Katze. Der Gepard lief also tatsächlich frei herum. Aus der Ferne hörten wir alle Viertelstunde die tiefen Glockenschläge der Kirchenuhr. Eine Ewigkeit schien zwischen diesen Tönen zu liegen! Zwölf Uhr. Eins, zwei. Um drei Uhr saßen wir immer noch still da und warteten auf etwas, was immer es auch sein mochte.

Plötzlich fiel ein Lichtstrahl durch den Ventilator. Er erlosch sofort wieder, doch ihm folgte ein starker Geruch von verbranntem Öl und erhitztem Metall. Im anderen Raum hatte jemand eine Laterne entzündet, und ich hörte, wie sich jemand leise bewegte. Dann war wieder alles still, obwohl der Geruch stärker wurde. Eine halbe Stunde lauschte ich angespannt. Dann hörte ich plötzlich wieder etwas – ein schwaches, zischendes Geräusch, als ob Dampf aus einem kochenden Wasserkessel entweichen würde. Im gleichen Moment sprang Holmes vom Bett auf, zündete ein Streichholz an, schlug wie wild mit seinem Stock auf die Klingelschnur ein.

„Sehen Sie sie, Watson?", schrie er. „Sehen Sie sie?"

Aber ich sah nichts. Als Holmes die Kerze anzündete, hörte ich ein leises klares Pfeifen. Der plötzliche Lichtstrahl blendete mich aber so, dass ich nicht erkennen konnte, worauf mein Freund so wild einhieb. Ich sah nur sein todbleiches und von Entsetzen und Hass gezeichnetes Gesicht. Er hatte aufgehört zu schlagen und starrte zum Ventilator hinauf, als plötzlich durch die Stille der Nacht ein markerschütternder Schrei gellte, wie ich ihn nie zuvor gehört hatte. Er wurde lauter und lauter. Schmerz, Angst und Wut vereinten sich in einem schrecklichen Gebrüll. [...] Uns wurde ganz kalt ums Herz, und wir starrten uns gegenseitig an, bis die Schreie erstarben und uns wieder die Stille der Nacht umgab.

---

1 In diesem Textausschnitt tragen die Geräusche und ihre Lautstärke entscheidend zum Spannungsaufbau bei. Übertragt die Spannungskurve in euer Heft und führt sie weiter.

Zeile 1 – 17 (Nachtwache: Stille, unterbrochen von Tierlauten, Kirchturmuhr)
Zeile 18 – 23 (Plötzlich: ...)

2 Nicht nur die Beschreibung der Geräusche trägt in diesem Textauszug zum Spannungsaufbau bei. Nennt weitere (sprachliche) Mittel des Spannungsaufbaus und erklärt, wie sie dazu beitragen, die Leser/-innen an die Geschichte zu fesseln.

→ Starthilfe, S. 392
→ Attribute, S. 259

3 Bringt den Text „Eine entsetzliche Wache" als szenische Lesung auf die Bühne, wobei eine/r die Rolle des Vorlesers übernimmt und die anderen die Geräuschkulisse passend gestalten. Bezieht eure Vorarbeiten (Aufgabe 1 u. 2) in die Gestaltung ein.

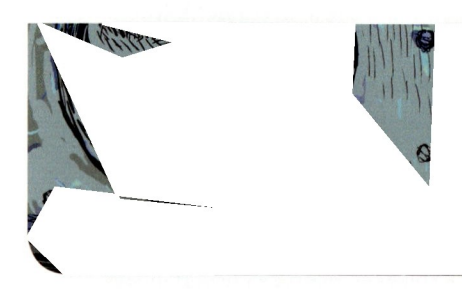

Die Auflösung einer Detektivgeschichte nachvollziehen

Holmes klärt das Verbrechen auf

Am Ende der Nacht klärt Holmes den Fall und das Geheimnis des gefleckten Bandes auf.

„Die [...] letzten gestammelten Worte, mit denen das arme Mädchen zweifellos die Erscheinung beschreiben wollte, die sie im flackernden Licht ihres Streichholzes gesehen hatte, brachten mich auf eine vollkommen falsche Spur. Doch als ich erkannte, dass die Gefahr für den Zimmerbewohner weder vom Fenster noch von der Tür herkommen konnte, stellte ich völlig neue Überlegungen an. Meine ganze Aufmerksamkeit war jetzt, wie ich Ihnen gegenüber schon erwähnt hatte, auf den Ventilator und die Klingelschnur gerichtet. Die Entdeckung, dass es sich dabei um eine Attrappe handelte, und dass das Bett am Fußboden festgeschraubt war, erweckte sogleich in mir den Verdacht, dass das Seil nur als Brücke zwischen der Öffnung und dem Bett dienen konnte. Ich dachte sofort an eine Schlange. Da mir bekannt war, dass der Doktor indische Tiere hielt, fühlte ich, dass ich auf der richtigen Fährte war. Sehen Sie, Watson, die Idee, Gift für einen Mord zu benutzen, das höchstwahrscheinlich durch keinen chemischen Test nachgewiesen werden konnte, passte sehr gut zu einem klugen und kaltblütigen Mann, der lange Jahre in Indien gelebt hat. Für ihn war die schnelle Wirksamkeit des Giftes wichtig. Es war unwahrscheinlich, dass bei einer Untersuchung die zwei kleinen Punkte, die die Giftzähne hinterlassen hatten, bemerkt werden würden. Dann das Pfeifen. Dr. Roylott musste die Schlange ja vor Tagesanbruch, bevor das zukünftige Opfer sie sehen konnte, zurückrufen. Wahrscheinlich hat er sie mithilfe der Milch darauf abgerichtet, auf seinen Pfiff hin zurückzukommen. Er ließ sie also zur geeigneten Stunde durch den Ventilator kriechen, mit der Gewissheit, dass sie an dem Seil hinabgleiten und auf dem Bett landen würde. Ob sie nun gleich beim ersten Mal zubeißen würde oder nicht, konnte er zwar nicht im Voraus wissen, vielleicht würde das Opfer eine ganze Woche lang entkommen, aber früher oder später musste es eben doch geschehen, und das Opfer war rettungslos verloren.

Diese Schlüsse zog ich, bevor ich den Raum des Doktors betreten hatte. Als ich dann noch den Stuhl untersuchte, bemerkte ich, dass er oft auf ihm gestanden haben musste, denn das war natürlich unumgänglich, wenn er zum Ventilator reichen wollte. Der Safe, das Schälchen Milch, die zu einer Schlinge geknüpfte Peitschenschnur, das alles gab mir die letzte Gewissheit. Das metallische Scheppern, das Miss Stoner gehört hatte, rührte offensichtlich daher, dass der Doktor die Tür zum Safe etwas zu hastig hinter dem unheimlichen Tier geschlossen hatte. Soviel also wusste ich, und Sie wissen, was dann folgte. Als ich die Schlange zischen hörte, dachte ich, Sie hätten sie auch gehört. Blitzschnell zündete ich die Kerze an und griff die Schlange an."

„Mit dem Erfolg, dass Sie sie durch den Ventilator wieder zurücktrieben."

„Nicht nur das, sondern auch mit dem Erfolg, dass sie auf der anderen Seite ihren Herrn angriff. Einige meiner Stockhiebe trafen ihr Ziel und reizten die Schlange so, dass sie den erstbesten, der sich ihr anbot, angriff. Indirekt also trifft mich die Schuld an Dr. Grimesby Roylotts Tod, aber ich muss gestehen, Watson, diese Schuld lastet nicht allzu schwer auf meinem Gewissen."

Eine Detektivgeschichte lesen – dem Täter auf der Spur

1 Wie versteht ihr den letzten Satz von Sherlock Holmes? Wie beurteilt ihr seine Aussage?

2 Wie starb Julia Stoner? Stellt den Ablauf der Tat in einem Flussdiagramm dar.

→ *Flussdiagramm, S. 349*

3 **A** Sammelt Textstellen, in denen die besonderen Fähigkeiten des Detektivs deutlich werden. Charakterisiert Holmes in Stichworten.

3 **B** „Auch der Detektiv soll ein Mensch sein, gewiss ein geschickter und findiger Mensch, aber immerhin ein Mensch." (Stefan Brockhoff)
Überprüft an dem Textauszug „Holmes klärt das Verbrechen auf", ob diese allgemeine Anforderung an die Figur des Detektivs auf Holmes zutrifft.

So könnt ihr weiterarbeiten:

Schreibt die Geschichte „Das gefleckte Band" in eine **Hörspielfassung** um. So geht ihr dabei vor:

→ *Hörbuch und Hörspiel unterscheiden, S. 338*

4 a) Erstellt eine Übersicht über die Texte dieses Kapitels, indem ihr die Überschriften den typischen Schritten einer Detektivgeschichte zuordnet.

Anfang des Hörspiels	• *Autor, Titel, Vorstellung der Hauptfiguren* • *Vorgeschichte, z. B. Helen Stoner bittet die Haushälterin um einen Termin bei Holmes oder Holmes weckt Dr. Watson*
Sherlock Holmes erfährt von einer Besucherin von einem geheimnisvollen Verbrechen.	• *Szene 1:* *Ein merkwürdiger Besuch in der Baker Street* • *Szene 2:* *Der Tod von Julia Stoner* • *Szene 3:* *Holmes nimmt den Fall an, befragt Helen Stoner über ihren Stiefvater und ihre Schwester*
Holmes beginnt mit den Ermittlungen	• *Szene 4:* *Besuch von Dr. Roylott in der Baker Street* • *Szene 5:* *Untersuchungen in Stoke Moran* • *Szene 6: …*
Ende des Hörspiels	• *…*

b) Überlegt euch für jede Szene eine Kulisse aus Geräuschen, z. B. die Hintergrundgeräusche zur Gestaltung der stürmischen Unglücksnacht von Julia Stoner.

Sich auf eine Klassenarbeit vorbereiten

Holmes und Watson

„Ich muss gestehen, Watson", sagte Holmes, als wir im Dunkeln am Fenster saßen, „es sind mir Bedenken gekommen, Sie heute Nacht mitzunehmen, die Sache ist sehr gefährlich."
„Kann ich Ihnen behilflich sein?"
„Ihre Gegenwart kann von unschätzbarem Wert sein."
„Dann komme ich auf jeden Fall mit."
„Das ist sehr freundlich von Ihnen."
„Sie sprechen von Gefahr. Natürlich haben Sie wieder mehr in diesen Räumen gesehen als ich."
„Nein, vielleicht gehen nur meine Schlussfolgerungen etwas weiter. Ich denke doch, dass Sie genauso viel bemerkt haben wie ich."
„Mit Ausnahme der Klingelschnur fiel mir eigentlich nichts Außergewöhnliches auf. Und was sie da soll, habe ich keine Ahnung."
„Haben Sie sich den Ventilator angesehen?"
„Ja, aber trotzdem finde ich es nicht so ungewöhnlich, eine kleine Öffnung zwischen zwei Zimmern zu haben. Im Übrigen ist die Öffnung so schmal, dass kaum eine Ratte durchschlüpfen kann."
„Ich wusste, dass wir einen Ventilator finden würden, ehe wir überhaupt nach Stoke Moran kamen."
„Na na ..."
„Doch, erinnern Sie sich, dass sie uns erzählte, ihre Schwester habe den Zigarrenrauch von Dr. Roylott gerochen. Es war also anzunehmen, dass zwischen diesen beiden Räumen eine Verbindung bestand, aber nur eine kleine, sonst wäre sie bei der amtlichen Untersuchung erwähnt worden. Ich tippte auf einen Ventilator."
„Nun gut, aber was ist Schlimmes an einem Ventilator?"
„Die eigenartige zeitliche Übereinstimmung. Eine Klingelschnur wird angebracht, ein Ventilator wird installiert, und eine im Bett schlafende junge Dame stirbt unvermittelt. Fällt Ihnen das nicht auf?"
„Ich sehe immer noch keinen Zusammenhang."
„Fiel Ihnen nichts Ungewöhnliches am Bett auf?"
„Nein."
„Es war am Fußboden festgeschraubt. Haben Sie jemals ein festgeschraubtes Bett gesehen?"
„Nein, nicht dass ich wüsste."
„Die junge Dame konnte ihr Bett nicht verschieben. Das Bett musste immer in gleichbleibender Entfernung zu dem Ventilator und dem Seil – so können wir es ruhig bezeichnen, denn eine Klingelschnur war es nie – sein."
„Holmes", rief ich, „ich glaube, langsam verstehe ich. Wir sind wirklich im letzten Augenblick gekommen, um ein hinterlistiges und schreckliches Verbrechen zu verhindern."
„Teuflisch und klug. Ein Arzt, der zum Verbrecher wird, ist besonders gefährlich. Er ist kaltblütig, und er weiß viel. [...] Jetzt lassen Sie uns um Gottes willen in Ruhe eine Pfeife rauchen und für einige Stunden an etwas Erfreulicheres denken."

Leistungsnachweis — Eine Detektivgeschichte lesen – dem Täter auf der Spur

Eine Charakterisierung verfassen und überarbeiten

Aufgabe 1: Charakterisiere Sherlock Holmes ausgehend von dem Textauszug „Holmes und Watson".

Stelle die Ergebnisse in folgenden Schritten dar:
1 a) Ordne die Textstelle in den Verlauf der Detektivgeschichte ein.
   b) Fasse den Verlauf und die Inhalte des Gesprächs zusammen. Beachte dabei die drei verschiedenenen „Phasen" des Gesprächs.
   c) Erkläre, welche Unterschiede Holmes zwischen seinen Schlussfolgerungen und denen seines Freundes Dr. Watson sieht. Was sagt die Art, wie er mit Dr. Watson spricht, über seinen Charakter aus? Arbeite mit Textbelgen.
   d) Nimm Stellung zu der Behauptung: „Sherlock Holmes ist ein Angeber."

Aufgabe 2: Tauscht eure Texte untereinander aus. Gebt eurem Partner oder eurer Partnerin mithilfe der folgenden Textlupe ein Feedback.

„Textlupe: Charakterisierung"

Textlupe zur Charakterisierung von:	😊	😐	☹	Verbesserungsvorschläge
1. Du hast die Textstelle richtig in den Verlauf der Geschichte eingeordnet.				
2. Du hast das Verhalten der Figur in der im Textauszug dargestellten Situation ausführlich und in korrekter Reihenfolge beschrieben.				
3. Du hast aus der Art und Weise, wie Holmes mit Watson spricht, passende Charaktereigenschaften des Detektivs abgeleitet und deine Aussagen mit Textbelegen gestützt.				
4. Du hast in deinen Formulierungen gezeigt, dass du die Aussagen zur Figur aus dem Text entnimmst (keine „ist-Formulierungen").				
5. Du hast abschließend Stellung zu der Behauptung in 1 d) genommen und deine Meinung nachvollziehbar begründet.				
6. Du hast die Zeitform Präsens verwendet.				
7. Rechtschreibung, Grammatik und Zeichensetzung sind korrekt.				

Aufgabe 3: Überarbeitet eure Texte mithilfe der Textlupe, indem ihr die Verbesserungsvorschläge, die ihr für hilfreich und passend haltet, in eure Texte einarbeitet.

Sprache in Texten untersuchen

Wir lesen vermutlich jeden Tag Texte: Lange Texte und kurze, lustige Texte und sachliche, auf unserem Handy, auf einem Tablet, in einem Buch, auf einem Plakat, in der Straßenbahn, auf der Rückseite der Cornflakes-Packung, ... Meistens haben wir unausgesprochene Erwartungen an einen Text und manchmal sind wir überrascht, enttäuscht oder frustriert, wenn der Text diesen nicht entspricht. Und manchmal spielen Texte sogar mit unseren Erwartungen ... In diesem Kapitel erfährst du mehr darüber, wie Texte sprachlich gestaltet sind, und lernst sprachliche Strukturen kennen, die dir beim Schreiben deiner Texte helfen können.

Wegen Überfischung:
Fischstäbchen akut vom Aussterben bedroht

Gland (dpo) – Haben wir bald die Ausrottung einer weiteren Spezies auf unserem Planeten zu beklagen? Die Weltnaturschutzunion IUCN hat das Fischstäbchen auf die Rote Liste der gefährdeten Arten gesetzt. Vor allem das Atlantische Fischstäbchen (*Panadus Atlanticus*), das sich durch seine rötlichen Schuppen und die längliche Form von seinen Artgenossen abhebt, ist mittlerweile wegen massiver Überfischung vom Aussterben bedroht.

Tierschützer räumen der als Speisefisch beliebten Art kaum noch Hoffnung aufs Überleben ein. „Die Fischstäbchenbestände im Atlantik befinden sich auf einem historischen Tiefststand", so der dänische Ozeanologe Erik Fritjof-Hansen vom [...] Institut in Kopenhagen. Vor allem der gewaltige Hunger der Industrieländer nach den fischigen Proteinlieferanten trage dazu bei, dass die Fangflotten immer weiter aufs offene Meer segeln, wo die scheuen Tiere ihre Brutplätze haben. So werden oft ganze Populationen an einem Tag ausgerottet.

Besonders bei Kindern ist der Meeresbewohner aufgrund seiner ulkigen Form beliebt. Noch immer rätseln Zoologen, wie sich das Fischstäbchen im Wasser überhaupt bewegen und fortpflanzen kann, da es über keinerlei Kiemen, Augen, Gräten oder Knorpel verfügt.

Isländische Fischer kannten die seltsamen Stäbchen schon seit Jahrhunderten als unerwünschten Beifang, den sie wieder ins Meer warfen. Erst seit der nahezu blinde britische Fischer Bromley Hargreave im Jahr 1921 versehentlich ein Fischstäbchen in seiner Pfanne briet, weiß man auch um die kulinarischen Vorzüge der Spezies. Seitdem sinkt die Zahl der Tiere mit jedem Jahr weiter.

Trotz der düsteren Aussichten wollen europäische Aquazoos noch einen letzten Anlauf zur Rettung des Atlantischen Fischstäbchens unternehmen – in Form eines großen Zucht- und Auswilderungsprogramms in der Nordsee. Im Juni sollen die ersten 5 x 15 Fischstäbchen in die Freiheit entlassen werden.

Sprache in Texten untersuchen   251

1 Lest den Artikel auf der linken Seite.

2 Die Klasse 8a hat Eindrücke zum Text gesammelt. Welche weiteren Eindrücke hattet ihr beim Lesen?

> „Das Atlantische Fischstäbchen (Panadus Atlanticus)" – Das klingt wie im Biounterricht.

> Das ist ein Sachtext. Da sind viele Fachwörter im Text.

> „Massive Überfischung, historischer Tiefstand, kulinarische Vorzüge" – Da sind viele Attribute im Text.

> Das ist doch alles Quatsch!

> Der Text ist genau wie ein Bericht in einer Zeitung oder auf einer Homepage im Internet aufgebaut.

3 Der Artikel wurde auf der Website des „Postillons" veröffentlicht. Erkläre bzw. recherchiere: Um was für eine Art von Tageszeitung handelt es sich beim Postillon?

4 Der Postillon schreibt auf seiner Seite, „alles, was im *Postillon* steht, ist Satire".
  a) Lies dir die Worterklärung für „Satire" durch.

  > S a·ti·re | Substantiv, feminin [die]
  > 1. Kunstgattung (Literatur, Karikatur, Film), die durch Übertreibung, Ironie und [beißenden] Spott an Personen, Ereignissen Kritik übt, sie der Lächerlichkeit preisgibt, Zustände anprangert, mit scharfem Witz geißelt
  > 2. künstlerisches Werk, das zur Gattung der Satire (1) gehört

  b) Diskutiert:
   - Wie schafft es der Text, dass er trotz Satire so sachlich informierend wirkt?
   - Welche Tipps müsste man berücksichtigen, damit man selbst so schreiben könnte wie im Postillon?
   - Inwiefern ist der Text ein richtiger Nachrichtenartikel? Beurteilt und nennt Gründe/Textstellen, die dafür bzw. die dagegen sprechen.

In diesem Kapitel lernt ihr, ...
› Rede auf unterschiedliche Arten wiederzugeben,
› Attribute in fachsprachlichen Texten zu untersuchen,
› sprachliche Formulierungsmuster zu untersuchen,
› mit dem Konjunktiv II irreale Situationen zu beschreiben,
› Informationen in Sätzen hervorzuheben.

Rede auf unterschiedliche Arten wiedergeben

Koch-Olympiade in Stuttgart

Interview mit Anne Kratz, der Kapitänin der deutschen Koch-Nationalmannschaft

Die 25-jährige Kapitänin der deutschen Koch-Nationalmannschaft startet mit ihrem Team bei der Olympiade der Köche in Stuttgart. Anne verrät: „Ich bin natürlich sehr aufgeregt".
Was sie kochen wird, steht schon fest. Sie erläutert, es gebe zu Beginn einen landestypischen Dip (Frankfurter grüne Soße) und Butter und dann sechs Finger-Foods. Danach, so Anne, werde eine Fischplatte serviert.
Die Kapitänin erklärt, der Kader umfasse knapp zwölf Personen mit Trainer. Laut Anne haben diese alle einzelne Aufgaben für die verschiedenen Gänge.
Das Kochen in einer fremden Küche sei schwierig, sagt Anne. Sie berichtet, dass sie daher in unterschiedlichen Küchen trainieren, um sich vorzubereiten.
Übermorgen ist der zweite Abend, an dem die dt. Nationalmannschaft punkten kann. Das Team muss ein Menü für 110 Personen kochen. Dabei sei laut Anne wichtig, jedes Gericht gleich gut zuzubereiten. Sie erklärt, am Ende seien Geschmack und Optik am wichtigsten für die Punkte.
Wer gewinnen wird, steht noch nicht fest. Aber Anne meint: „Wir sind hochmotiviert, dass wir natürlich vorne mitspielen wollen." Dabei werden sie auch von ihren Fans unterstützt. Anne erzählt, dass ihre Familien sie anfeuern und es eine kleine Fan-Gemeinschaft gibt.

1 Der Text fasst ein Interview zusammen, das mit Anne Kratz, der Kapitänin der deutschen Koch-Nationalmannschaft, geführt wurde. Dafür wurde an vielen Stellen die Rede von Anne Kratz wiedergegeben.
a) Lies den Text.
b) Benenne die Sätze, in denen Rede wiedergegeben wird.

2 Untersuche:
a) In welchen Sätzen wird der Konjunktiv I verwendet, um Rede wiederzugeben?
b) In welchen Sätzen findest du andere Arten der Redewiedergabe?

3 Arbeitet zu zweit: Diskutiert, inwiefern die einzelnen Formen der Redewiedergabe einen unterschiedlichen Eindruck bei der Leserin bzw. beim Leser erzeugen.

> *Anne berichtet: „Wir sind hochmotiviert."*
> *Anne berichtet, das Team sei hochmotiviert.*
> *Anne berichtet, dass das Team hochmotiviert sei.*
> *Laut Anne ist das Team hochmotiviert.*

4 Ordne die folgenden Formulierungsmuster den Beschreibungen aus dem Wissen- und-Können-Kasten zu:
  a. Anne meint, x sei y.
  b. Laut Anne ist x …
  c. Anne meint: „x."
  d. Anne meint, dass x.

5 Erkläre, inwiefern du den beiden folgenden Aussagen zustimmst.
  a. „Wenn ich unterschiedliche Formen der Redewiedergabe verwende, wirkt mein Text weniger eintönig."
  b. „Um Rede wiederzugeben, reicht allein der Konjunktiv I völlig aus."

6 Arbeitet zu zweit: Wählt eines der Interviews aus dem Medienpool und hört es euch an. Verfasst dazu einen Interviewtext wie auf S. 252.
  • Interview 1: Roboter Pepper
  • Interview 2: Wie klingen E-Autos?

  „Interview 1: Roboter Pepper"
  „Interview 2: Wie klingen E-Autos?"
  Textverarbeitungsprogramm

Starthilfe, S. 392

Tipp

Ihr könnt euch an den Formulierungs- mustern aus Aufgabe 4 orientieren, um Rede wiederzugeben.

❗ Wissen und Können

Rede wiedergeben

Die Rede anderer Personen kann auf unterschiedliche Arten sprachlich gekennzeich- net werden:

Anne berichtet: „Wir sind hochmotiviert." (**Direkte Rede, „…"**)
Anne berichtet, das Team sei hochmotiviert. (**Indirekte Rede, Konjunktiv I**)
Anne berichtet, dass das Team hochmotiviert sei. (**Indirekte Rede, *dass* …**)
Laut Anne ist das Team hochmotiviert. (**Quellenangabe, *laut/so* …**)

Welche Art der Redewiedergabe in einem Text auftritt, hängt auch mit der Textsorte zusammen. In Nachrichtentexten finden sich z. B. häufig Quellenangaben (Laut Anga- be des Pressesprechers …).

Arbeitsheft, S. 72/73

Sätze und Satzglieder untersuchen

Häufig bestehen Satzglieder aus einer Wortgruppe mit einem Nomen als Kern. Manchmal treten sie aber auch in einer anderen Form auf.

Mit Gesten besser Sprachen lernen? (Text leicht verändert)

PISA 2019 hat gezeigt: Jeder fünfte Fünfzehnjährige kann nicht einmal auf Grundschulniveau lesen. Das wollen Paderborner Sprachwissenschaftlerinnen nun mit einem neuen Ansatz ändern. Ihre Idee: Bildhafte Gesten sollen beim Spracherwerb helfen, denn Gesten und Gebärden sind von der Sprache unabhängig.

1a) Die Forschenden vermuten eine Unterstützung durch Gesten für die Kinder beim Spracherwerb.

2a) Zudem versprechen einige Studien eine bessere Speicherung des Wortes in Verbindung einer Geste im sogenannten „mentalen Gedächtnis".

3a) Das Forscherteam erwartet daher eine Erzielung positiver Effekte auf die lexikalische Entwicklung[1] der Kinder sowohl durch das Gestentraining als auch das Sprachtraining.

1b) Die Forschenden vermuten, dass die Gesten die Kinder beim Spracherwerb unterstützen können.

2b) Zudem versprechen einige Studien, dass ein Wort in Verbindung mit einer Geste besser im sogenannten „mentalen Gedächtnis" gespeichert wird.

3b) Das Forscherteam erwartet daher, dass ...

[1] lexikalische Entwicklung: Entwicklung des Wortschatzes

1 Arbeitet zu zweit: Im Text findet ihr Sätze in zwei Versionen.
  a) Diskutiert, ob ihr Version a) oder b) verständlicher findet.
  b) Ergänzt Satz 3b) nach dem Muster der vorangegangenen Sätze.
  c) Erklärt euch gegenseitig, welche der beiden Satzversionen ihr jeweils für den Text verwenden würdet.

2 Malin, Jonas und Tim sollen die Satzglieder in den Sätzen 1a) und 1b) bestimmen.
  Malin: Ich gehe so vor: *vermuten* ist das Prädikat. Dann überlegen wir, mit welchen Satzgliedern das Verb *vermuten* immer auftritt.
  Jonas: Das ist *jemand – vermutet – etwas*.
  Tim: Also müssen wir mindestens ein Subjekt (*jemand*) und ein Akkusativobjekt (*etwas*) finden. *Die Forschenden* ist hier das Subjekt.
  Malin: In 1a) finde ich auch das Akkusativobjekt: *eine Unterstützung der Gesten für die Kinder beim Spracherwerb*. Das kann ich nur gemeinsam ins Vorfeld stellen. Also ist das ein Satzglied.
  Tim: Aber was ist mit 1b)?
  Jonas: Der Nebensatz ist das Akkusativobjekt: *dass die Gesten die Kinder beim Spracherwerb unterstützen können*.
  Tim: Ein Nebensatz kann doch kein Akkusativobjekt sein!
  Diskutiert, wer Recht hat. Begründet eure Entscheidung.

Starthilfe, S. 392 **3** Bestimme die Satzglieder in den Satzpaaren 2 und 3. Gehe vor wie in Aufgabe 2.

Das Projekt läuft noch, doch man darf auf die Projektergebnisse gespannt sein:

4a) Dass ..., steht fest.

4b) Die Bedeutsamkeit der Ergebnisse für die weitere wissenschaftliche Auseinandersetzung steht fest.

5a) Wer die Studie liest, kann Kinder effektiver unterstützen.

5b) Ein Leser der Studie kann Kinder effektiver unterstützen.

Text leicht verändert

4 a) Ergänze Satz 4a).
  b) Bestimme die Satzglieder in den Satzpaaren 4 und 5. Gehe vor wie in Aufgabe 2.

5 Erkläre, welche Vorteile und Nachteile die unterschiedlichen Formen der Satzglieder für eine Leserin bzw. einen Leser haben.

Starthilfe, S. 392

❗ Wissen und Können

Formen von Satzgliedern untersuchen

Satzglieder können unterschiedliche Formen haben. Sie bestehen
- häufig aus einer **Wortgruppe**: **Ein Leser der Studie** kann Kinder unterstützen.
  (z. B. Wortgruppe mit Attributen als Subjekt)
- manchmal aus einem **einzelnen Wort**: **Leser** können Kinder unterstützen.
  (z. B. Wort als Subjekt)
- oder aus einem **Nebensatz**: **Wer die Studie liest**, kann Kinder unterstützen.
  (z. B. Nebensatz als Subjekt → Subjektsatz)

Wenn in einer **Wortgruppe** viele Attribute – also zusätzliche Informationen – auftreten, kann das beim Lesen schwieriger zu verstehen sein:
Die Forschenden vermuten ...
  eine Unterstützung durch Gesten für die Kinder beim Spracherwerb.
  (z. B. Wortgruppe mit Attributen als Akkusativobjekt)

Häufig wird dann die Variante, bei der das Satzglied als **Nebensatz** auftritt, als leichter verständlich empfunden:
Die Forschenden vermuten, ...
  dass die Gesten die Kinder beim Spracherwerb unterstützen können.
  (z. B. Nebensatz als Akkusativobjekt → Akkusativobjektsatz)

Arbeitsheft, S. 74

Texte anhand von Kriterien überarbeiten

Die BBC (British Broadcasting Corporation) ist eine öffentlich-rechtliche Rundfunkanstalt in Großbritannien, ähnlich wie bei uns ARD und ZDF. Von der BBC werden mehrere Hörfunk- und Fernsehprogramme sowie einen Internet-Nachrichtendienst betrieben.

Übersetzungsprogramme oder Apps helfen uns im Alltag, wenn wir schnell Informationen aus einer anderen Sprache bekommen wollen. Während sie einzelne Wörter gut übersetzen können, haben sie bei Texten oft noch Probleme.

Der folgende Artikel stammt ursprünglich aus dem Lokalteil der **BBC**-Homepage und wurde mit einem Übersetzungsprogramm aus dem Englischen übersetzt. Dadurch sind einige Stellen aber nicht ganz so, wie man sie im Deutschen formulieren würde.

Großbritannien: Zu fett zum Fliegen – Eule auf Diät gesetzt

Eine Eule, die aus einem Graben gerettet wurde und für verletzt gehalten wurde, war tatsächlich einfach zu fett zum Fliegen, sagte ein Vogelrettungszentrum.

Suffolk Owl Sanctuary sagte, der „feuchte" Vogel sei von einem Landbesitzer hereingebracht worden.

Als die Mitarbeiter die kleine Eule (*Athene noctua*) untersuchten, stellten sie fest, dass sie „einfach extrem fettleibig" und „nicht in der Lage ist, effektiv zu fliegen".

Die Eule wurde auf eine „strenge Diät" gesetzt, um von 245 g auf ein „natürlicheres Gewicht" abzunehmen, und wurde wieder in die Wildnis entlassen, sagte das Heiligtum.

Das Heiligtum in Stonham Aspal sagte, als der Vogel gewogen wurde, sei er ungefähr ein Drittel schwerer, als man es von einer großen gesunden weiblichen kleinen Eule erwarten würde.

Das Heiligtum sagte, es sei „äußerst ungewöhnlich, dass Wildvögel auf natürliche Weise in diesen Zustand geraten".

Der Falkner Rufus Samkin sagte: „Wo sie gefunden wurde, ist sehr produktives Land, und es war ein milder Winter und es gibt viel zu essen – Wühlmäuse, Mäuse.

„Wir denken, sie hat sich einfach unglaublich gut geschlagen und ist überfressen."

Er sagte, die Eule habe über ein paar Wochen zwischen 20 g und 30 g verloren, während das Personal die Nahrungsaufnahme überwachte.

„Wir können sie wiedersehen – wir hoffen nicht", sagte Herr Samkin. „Hoffentlich hat sie gelernt, ihr Gewicht in Ordnung zu halten, damit sie Raubtieren entkommen oder aufgegriffen werden kann."

1 Die Klasse 8a hat Problemstellen des Textes gesammelt. Schaut euch diese an:

> Da steht immer „Heiligtum"?! Das muss doch ein Übersetzungsfehler sein. Das englische Wort ist ja „Sanctuary". Wie übersetzt man das denn ins Deutsche?

> Mich stört für das Lesen, dass hinter jedem Satz ein Absatz ist. Ich denke bei jedem Absatz, dass ein neues Thema anfängt, aber das stimmt gar nicht.

> „von einer großen gesunden weiblichen kleinen Eule" – Das klingt ja total seltsam! Da muss doch gemeint sein, dass es eine kleine Eulenart ist, aber die Eule erwachsen?

> Ich bin beim Lesen einmal hängen geblieben. Wer ist denn jetzt plötzlich dieser Falkner?

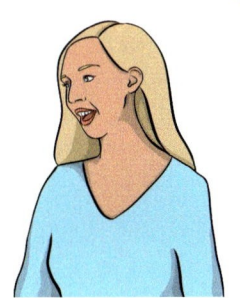

2 Sammelt weitere Stellen, an denen die Übersetzung nicht passt.

Starthilfe, S. 392

Text „Zu fett zum Fliegen – Eule auf Diät gesetzt"

3 Lest den Wissen-und-Können-Kasten und beantwortet die folgenden Fragen: In welchen Bereichen hat das Übersetzungsprogramm die wenigsten Fehler gemacht? Zu welchen Bereichen habt ihr die meisten Problemstellen gefunden?

❗ Wissen und Können

Texte überarbeiten

Angemessenheit des Textes:
- **Textsorte/Textfunktion:** Wird die Funktion des Textes deutlich? Entspricht der Text den Anforderungen an die Textsorte (Gliederung, Sprachstil, Adressatenbezug, ...)? ...
- **Textkohärenz:** Wird ein roter Faden des Themas deutlich? Gibt es Textstellen, die der Leserin und dem Leser helfen, die Zusammenhänge des Textes zu verstehen? Werden durch Absätze Sinnabschnitte gebildet? ...

Sprachliche Richtigkeit:
- **Wortwahl:** Beschreibt das Wort/die Formulierung genau genug das, was gesagt werden soll? Passt das Wort/die Formulierung zur Textsorte, oder ist es zu formell/informell? ...
- **Rechtschreibung, Grammatik:** Sind die Wörter richtig geschrieben? ...

→ *Sich in Gesprächen angemessen ausdrücken, S. 18–20*
→ *Situations- und adressatenangemessene Sprache, S. 377*

4 a) Arbeitet zu zweit: Überarbeitet den Text.
b) Erklärt, welche Lösungen ihr für die Problemstellen aus Aufgabe 1 gewählt habt.

Textverarbeitungsprogramm

Arbeitsheft, S. 75/76

Attribute in fachsprachlichen Texten untersuchen

Attribute können ein Nomen genauer beschreiben. Und manchmal ist diese Genauigkeit so wichtig, dass das Thema eines Textes ohne sie gar nicht mehr verständlich wäre ...

Stefan Neuhaus, Professor für Neuere deutsche Literatur an der Universität Koblenz-Landau

Was ist Literatur eigentlich?

Zunächst lässt sich ein **weiter** Literaturbegriff von einem **engen** [Literaturbegriff] unterscheiden. Ein **weiter** Literaturbegriff wird alles Geschriebene zur Literatur zählen, also auch Zeitungsartikel oder Gebrauchsanweisungen. [...] Ein **enger** Literaturbegriff schränkt Literatur auf fiktionale schriftsprachliche Texte ein [...]. Doch auch das ist in der Regel nicht deckungsgleich mit dem Literaturbegriff der Literaturwissenschaft, die sich vorrangig um sogenannte Höhenkammliteratur bemüht, also um die Gipfel der fiktionalen (‚erfundenen') Literatur, in deren Schatten bzw. Tälern sich die sogenannte Trivial- oder Unterhaltungsliteratur befindet.

---

1 Professor Stefan Neuhaus befasst sich im Text mit der Frage: „Was ist Literatur eigentlich?" bzw. „Was gehört zur Literatur dazu und was aber nicht?".
Für seine Erklärung spielen die beiden Attribute eng bzw. weit eine wichtige Rolle.
Arbeitet zu zweit:
  a) Eine Person liest den Text **ohne** die markierten Wörter vor. Die andere hört zu.
  b) Diskutiert, inwiefern der Text ohne diese beiden Attribute verständlich ist.

Starthilfe, S. 392

2 Erklärt, inwiefern ihr den beiden folgenden Aussagen zustimmt:
  a. „Attribute sind keine Satzglieder, deshalb kann man sie auch aus einem Satz weglassen."
  b. „Attribute können ganz entscheidende inhaltliche Unterschiede verdeutlichen und sind deshalb wichtig."

Vorlage: Satzgliedfeldertabelle

3 „ein enger Literaturbegriff" – „ein weiter Literaturbegriff"
  a) Trage die beiden Wortgruppen in eine Satzgliedfeldertabelle ein.
  b) Erkläre mithilfe der Satzgliedfeldertabelle, dass es sich bei weit bzw. eng um Attribute handelt.

Präposition	Artikel	Linksattribut(e)	**Kern des Satzglieds**	Rechtsattribut(e)

4 a) Finde ein Rechtsattribut zu Literaturbegriff.
  b) Finde ein Rechtsattribut aus dem Text „Was ist Literatur eigentlich?".

5 a) Lies vom untenstehenden Text zuerst Version A, danach Version B.
b) Vergleiche die beiden Textversionen. An welchen Stellen findest du in Version B zusätzliche Attribute?

Folie

(A) Manche Autoren spielen heute keine Rolle mehr – und umgekehrt. Der Roman Mephisto war Jahrzehnte verboten und wurde dann Schullektüre; Georg Büchner war während seines Lebens ein Autor und gilt heute als einer der wichtigsten. Heinrich Böll war einer der Autoren und spielt heute, auch an der Schule, kaum noch eine Rolle.

Text leicht verändert

(B) Manche Autoren, die einmal als wichtig galten, spielen heute keine Rolle mehr – und umgekehrt. Klaus Manns Roman Mephisto war Jahrzehnte verboten und wurde dann Schullektüre; Georg Büchner war während seines kurzen Lebens ein fast unbeachteter Autor und gilt heute als einer der wichtigsten der deutschsprachigen Literatur. Heinrich Böll war einer der bedeutendsten Autoren der 1970er-Jahre und spielt heute, auch an der Schule, kaum noch eine Rolle.

6 a) Notiere in Stichpunkten, welche Informationen man in Textversion A bzw. B über Georg Büchner erhält.
b) Erkläre, welche Rolle die Attribute für den Text spielen.

7 Erkläre, was mit der folgenden Aussage gemeint ist.
„Attribute können helfen, weniger Sätze zu schreiben, aber mehr auszusagen."

Starthilfe, S. 393

❗ Wissen und Können

Informationen durch Attribute ausdrücken

Ein Nomen kann mit mehreren Attributen gleichzeitig beschrieben werden. Dadurch können durch Attribute sehr viele inhaltliche **Informationen** in einen Satz integriert werden. Je mehr Attribute ein Nomen beschreiben, desto anspruchsvoller kann es für die Leserin bzw. den Leser werden, den Satz zu verstehen.

Ein bedeutender **Autor** der 1970er-Jahre, der in Köln geboren wurde, ...
Je nach ihrer Position unterscheidet man **Linksattribute** (vor bzw. links vom Bezugsnomen) und **Rechtsattribute** (hinter bzw. rechts vom Bezugsnomen).

Es gibt unterschiedliche **Formen** von Attributen:
- **Wortgruppen**: Adjektivattribute (der bedeutende **Autor**), Genitivattribute (Klaus Manns **Roman**/der **Roman** Klaus Manns), Präpositionalattribute (der **Autor** aus Köln)
- **Nebensätze**: Relativsätze (der **Autor**, der aus Köln stammt, ...), Subjunktionalsätze mit finitem Verb (die **Tatsache**, dass er aus Köln stammt, ...), uneingeleitete Nebensätze mit finitem Verb (die **Tatsache**, er komme aus Köln, ...), uneingeleitete Nebensätze mit zu-Infinitiv (die **Tatsache**, aus Köln zu kommen, ...)

Arbeitsheft, S. 77

Sachverhalte kommentiert darstellen

1 Arbeitet zu zweit:
  a) Lest die Satzvarianten.
     a. Leonard hat sich wahrscheinlich vorgenommen, für Mathe mehr zu lernen.
        Leonard hat sich vorgenommen, für Mathe mehr zu lernen.
     b. Amira will überraschenderweise am Schüleraustausch nach Paris teilnehmen.
        Amira will am Schüleraustausch nach Paris teilnehmen
     c. Frau Müller hat die Deutschhefte der 8b zum Glück doch nicht verloren.
        Frau Müller hat die Deutschhefte der 8b doch nicht verloren.
        Frau Müller hat die Deutschhefte der 8b nicht verloren.
     d. Linus hat offenbar für den Hürdenlauf geübt.
        Linus hat für den Hürdenlauf geübt.
  b) Diskutiert, inwiefern sich die Satzvarianten in ihrer Bedeutung unterscheiden. Welche Ausdrücke sind dafür verantwortlich?

Starthilfe, S. 393

2 Erklärt, wie diese Wörter/Wortgruppen die Aussage des Satzes beeinflussen.

Starthilfe, S. 393

3 Sammelt: Welche Wörter/Wortgruppen findet ihr noch, mit denen man ausdrücken kann, wie man zur Aussage eines Satzes steht?

> ## ❗ Wissen und Können
>
> **Aussagen kommentieren**
>
> Ausdrücke wie überraschenderweise, schlauerweise, zum Glück, offenbar, vielleicht, vergeblich, sicherlich, offensichtlich, doch, … nennt man „**Kommentarglieder**". Mit ihnen kann die Sprecherin bzw. der Sprecher kommentieren, wie sie oder er zu der Aussage des Satzes steht.
> Ein Kommentarglied kann in einem Satz zusätzlich zum Prädikat und den Satzgliedern auftreten.

4 Erkläre, was deine Lehrerin wohl meint, wenn sie zu dir sagt:
  a. „Sicherlich hast du deine Hausaufgaben gemacht."
  b. „Ich habe den Rückmeldezettel deiner Eltern überraschenderweise noch nicht bekommen."

5 Erkläre den Bedeutungsunterschied zwischen den beiden Sätzen:
  a. „Schlauerweise hat Daria ihr Englischbuch vor dem Vokaltest mit nach Hause genommen."
  b. „Schlauerweise hat Leon sein Englischbuch vor dem Vokaltest nicht mit nach Hause genommen."

Arbeitsheft, S. 78

Formulierungsmuster für das Argumentieren untersuchen

Fluch oder Segen? – E-Bikes für Kinder

Bei der Überlegung, ob E-Bikes auch für Kinder geeignet sein sollen, handelt es sich um ein zweischneidiges Schwert. Einerseits spricht bestimmt nichts dagegen, Kinder zur Bewegung an der frischen Luft zu animieren, andererseits sollten sie sich eben auch selbst bewegen. Ganz abgesehen davon, dass die Sprösslinge womöglich mit dem Pedelecfahren überfordert werden? Diese Fragen stehen im Raum und sollen durch folgenden Beitrag beantwortet werden.

Dürfen/sollen Kinder überhaupt E-Bike fahren?

Der Vorteil der Pedelecs und E-Bikes gegenüber den normalen Fahrrädern ist der Anreiz, den die Motorunterstützung bietet. Es ist spannender, schneller, weniger Plagerei und demnach weniger Überwindung sich auf das Rad zu schwingen, wenn einem gerade bei anstrengenderen Passagen sonst die Luft ausgehen würde. Das trifft sowohl auf Erwachsene als auch auf Kinder zu.

Dass Kinder durch E-Bikes zum Sport motiviert werden können, steht also außer Frage. Bei gemeinsamen Familienausflügen, wo es durch gebirgiges Gelände geht, wo die Eltern locker den genügenden Zug aufbringen oder ohnehin auch selbst mit dem E-Bike fahren, ergibt es durchaus Sinn, auch die Kleineren damit auszustatten. Im Alltag, wo es vielleicht ohnehin keine Höhenmeter zurückzulegen gibt, kann die Motorunterstützung getrost weggelassen werden. [...]

Problem Geschwindigkeit: Schnelligkeit von Kinder-Pedelecs

Neben der angeblich fehlenden körperlichen Bewegung ist der zweite Einwand gegen E-Bikes für Kinder häufig die Geschwindigkeit. Die Pedelecs seien zu schnell für das Kind, was es potenziell überfordern könnte. Das mag unter Umständen sogar zutreffen, wenn zu viel Motorunterstützung gegeben ist, allerdings sind die meisten Modelle ab Werk auf eine Maximalgeschwindigkeit von 20 km/h (statt 25 km/h wie bei den Erwachsenenrädern) gedrosselt.

Diese setzt auch nur dann ein, wenn auch getreten wird und kann weiter gedrosselt werden (siehe variable Unterstützungsgrade). Abgesehen davon erreichen Kinder auch aus eigener Muskelkraft 20 km/h Geschwindigkeit, sofern es nicht gerade bergauf geht. Beim Handling kommt es schließlich auch auf das Kind an. Wie sicher fühlt es sich generell auf einem Fahrrad, wie stabil kann es die Spur halten und das Rad manövrieren?

---

1 Bearbeitet zu zweit den ersten Absatz:
   a) Einer liest nur die markierten Stellen laut vor. Der andere liest danach nur die unmarkierten Stellen vor.
   b) Diskutiert: Wie unterscheiden sich die markierten/nicht markierten Stellen inhaltlich?

Starthilfe, S. 393

2 Überprüfe, welche der folgenden Aussagen zum ersten Absatz passen.
   a. Der Autor gibt einen Überblick über das Thema.
   b. Der Autor stellt seine eigene Meinung vor.

3 Luis sagt: „Ein Formulierungsmuster wie ‚Neben der angeblichen X ist der zweite Einwand gegen Y häufig Z.' kann ich beim Schreiben für meine eigenen Texte wiederverwenden, wenn ich auch Gegenargumente aufzählen will. Zum Beispiel: Neben der angeblichen Umweltverschmutzung durch Silvesterböller ist der zweite Einwand gegen Feuerwerk häufig der Preis."
Erkläre, wie Luis´ Idee funktioniert und was mit „Formulierungsmuster" gemeint ist.

> **❗ Wissen und Können**
>
> **Formulierungsmuster in Texten untersuchen**
>
> Es gibt in unserer Sprache typische Formulierungsmuster, mit denen wir wiederkehrende Handlungen in Texten durchführen (z. B. begründen, überleiten, beschreiben, usw.).
> Um diese Formulierungsmuster in einem Text oder Teilen eines Textes zu untersuchen, helfen zwei Fragen:
> - **Was macht der Autor inhaltlich?** und
> - **Wie macht der Autor das sprachlich?**
>
> | Was macht der Autor inhaltlich? (Teilhandlung) | z. B. Gründe/Vorteile nennen | z. B. Gegengründe/Probleme nennen |
> |---|---|---|
> | Wie macht der Autor das sprachlich? | Positiv hervorzuheben ist …
 Für … spricht …
 … ist als Vorteil festzustellen.
 … | Andererseits ist … zu berücksichtigen.
 Einerseits … andererseits …
 Es stimmt zwar, dass … aber …
 Auf der anderen Seite spricht … dagegen.
 … |
>
> In einem Text treten meist verschiedene inhaltliche Teilhandlungen auf z. B. beim Argumentieren (in einer Stellungnahme, einer Erörterung oder einem Kommentar): einen Überblick geben, Gründe nennen, Gegengründe nennen, Inhalte zusammenfassen, Lösungsvorschläge nennen, …

→ *Eine schriftliche Argumentation nach dem Sanduhr-Prinzip verfassen, S. 134/135*

4 a) Arbeitet zu zweit und untersucht den Text: Welche Formulierungsmuster für die Handlungen „Gründe nennen" und „Gegengründe nennen" treten in den Abschnitten zwei und drei auf? Übernehmt die Tabelle aus dem Wissen-und-Können-Kasten und ergänzt sie um die Formulierungsmuster aus dem Text.
b) Ergänzt die Tabelle um weitere Formulierungsmuster, die ihr zu den beiden Handlungen kennt.

5 Lena sagt: „Wenn ich „einerseits – andererseits" höre, dann denke ich ans Argumentieren. Wenn ich „es war einmal" höre, denke ich ans Erzählen. Ist das auch ein Formulierungsmuster?"
Beantworte Lenas Frage.

Arbeitsheft, S. 79/80

Mit dem Konjunktiv II irreale Situationen beschreiben

1 In den Sätzen wurden Aussagen im Konjunktiv II formuliert. Beschreibe, wie man diesen bildet.

Wenn ich bei einer Fee einen Wunsch frei hätte, ...
- *wäre* ich eine berühmte Schauspielerin.
- *spielte* ich in der Fußballnationalmannschaft.
- *hieße* ich anders.
- *flöge* ich als Astronautin ins Weltall.

2 Erkläre, bei welchen der Verben aus Aufgabe 1 für dich eine Formulierung des Konjunktivs mit würde üblicher ist.

❗ Wissen und Können

Mit dem Konjunktiv II Irreales beschreiben

Der Konjunktiv II wird verwendet, um Wünsche, Fiktives oder Aussagen über nicht Eingetretenes zu beschreiben.
Er wird mit der Präteritumsform des Verbs gebildet. Bei unregelmäßigen starken Verben ändert sich auch der Stammvokal.

heißen → hieß (Präteritum) → hieße (Konjunktiv II)
fliegen → flog (Präteritum) → flöge (Konjunktiv II)

Weil viele Konjunktivformen sehr selten im Sprachgebrauch auftreten, werden sie zum Teil als ungewohnt und sehr formell empfunden (z. B. heißen → hieße). In diesem Fall wird häufig die alternative Formulierung mit würde gewählt (würde heißen).

Aber auch wenn die Form des Konjunktiv II mit der Form des Präteritums identisch ist, wie es bei den regelmäßigen, schwachen Verben der Fall ist, wird häufig der *würde*-Konjunktiv verwendet. Damit wird gekennzeichnet, dass es sich nicht um ein Präteritum, sondern um einen Konjunktiv handelt.

Wenn ich bei einer Fee einen Wunsch frei hätte,
→ **spielte** ich in der Fußballnationalmannschaft. (Präteritum und Konjunktiv II)
→ **würde** ich in der Fußballnationalmannschaft **spielen**. (*würde*-Konjunktiv)

Starthilfe, S. 393

Textverarbeitungsprogramm

3 Übertrage die folgende Tabelle der 20 häufigsten Verben in dein Heft. Bilde den Konjunktiv II der angegebenen Verben.

	Infinitiv	Konjunktiv II		Infinitiv	Konjunktiv II
1	werden	*würde*	11	machen	
2	haben		12	gehen	
3	sein		13	stehen	
4	können		14	lassen	
5	müssen		15	sehen	
6	sollen		16	finden	
7	sagen		17	bleiben	
8	geben		18	liegen	
9	kommen		19	dürfen	
10	wollen		20	stellen	

4 Beurteile die Formen des Konjunktiv II, die du gebildet hast: Welche sind so üblich, dass du sie selbst verwendest? Welche sind eher unüblich, sodass du eher die Alternative des *würde*-Konjunktivs verwendest? Welche sind mit der Präteritumsform identisch, sodass du aus diesem Grund eher die Alternative des *würde*-Konjunktivs verwendest?

Wenn ich für einen Tag Schulleiter wäre, flöge ich immer mit meinem privaten Hubschrauber zur Arbeit. Da flögen auch meine Freunde mit. Dann ließe ich auf dem Schulhof eine Kletterwand bauen. Außerdem baute ich ein Schwimmbad
5 *für unsere Schule und schwömme jeden Tag, während die Klassen Unterricht hätten. Und ich böte in der Mensa für alle gratis Eis zum Nachtisch an. Natürlich bekäme auch jeder an der Schule ein Tablet geschenkt.*
Das und noch viel mehr täte ich, wenn ich Schulleiter wäre.

5 Anton hat aufgeschrieben, was er alles ändern würde, wenn er für einen Tag Schulleiter wäre. An welchen Stellen treten in seinem Text Konjunktiv II-Formen auf, die du nicht wählen würdest?

Textverarbeitungsprogramm

6 Stell dir vor, du wärst für einen Tag Schulleiterin oder Schulleiter an deiner Schule. Was würdest du tun? Schreibe auf.

Arbeitsheft, S. 81/82

Rede anderer Personen eindeutig wiedergeben

1 Lies dir die Sätze von Elisa durch.

> Josie hat gesagt, ich hätte gelogen!

> Josie hat gesagt, ich habe gelogen!

> Josie hat gesagt: Ich habe gelogen!

a) Wie wird in den einzelnen Sätzen sprachlich deutlich gemacht, wer gelogen hat?
b) Bilde den Konjunktiv I von haben. Bilde dann den Konjunktiv II von haben. Vergleiche die beiden Formen mit den Beispielsätzen.

2 Wenn die Konjunktiv I-Form eines Verbs nicht eindeutig zu erkennen ist, verwendet man die Konjunktiv II-Form des Verbs. Erkläre, welchen Nutzen diese Regel hat.

Starthilfe, S. 393

3 Lies dir den Text durch.

> *Auf der Klassenfahrt erzählt Paul seinem Freund Moritz, dass er schon länger die Vermutung hat, dass Moritz die Johanna aus der Parallelklasse liebt. Moritz streitet das aber ab und antwortet, dass das nicht stimme. Paul und Moritz streiten sich.*
> *Nach dem Streit unterhält sich Moritz mit Christina. Sie will wissen, warum er sich zuvor so mit seinem Freund Paul gestritten hat. Moritz antwortet: „Paul hat gesagt, ich liebe Johanna." Christina läuft sofort zu Johanna und erzählt ihr, dass Paul sie liebe. Daraufhin schreibt Johanna Paul eine Nachricht, dass es ja süß sei, dass er sie liebe, aber sie ihn nicht liebe.*

a) Erkläre, wie es zu dem Missverständnis gekommen ist.
b) Formuliere eindeutig, was Moritz zu Christina hätte sagen müssen, damit es nicht zu dem Missverständnis gekommen wäre.

> **Tipp**
>
> *Schreibe dir die Namen der Personen auf und zeichne Pfeile dazu, wer was zu wem gesagt hat.*

❗ Wissen und Können

Ersatzformen des Konjunktivs verwenden

Es gibt Fälle, in denen die Konjunktivform eines Verbs nicht eindeutig zu erkennen ist, weil sie mit einer Form des Indikativs identisch ist, aus der sie gebildet wird.

1) Wenn der Konjunktiv I mit dem Indikativ Präsens identisch ist, verwendet man stattdessen die Konjunktiv II Form des Verbs.
   Ich sagte, ich komme etwas später. (Konjunktiv I und Indikativ Präsens)
   Ich sagte, ich käme etwas später. (Konjunktiv II)
2) Wenn der Konjunktiv II mit dem Indikativ Präteritum identisch ist, verwendet man stattdessen die Umschreibung mit würde.
   Der Trainer sagte, …
   … alle hielten sich an seine Anweisungen. (Konjunktiv II und Indikativ Präteritum)
   … alle würden sich an seine Anweisungen halten. (*würde*-Konjunktiv)

Arbeitsheft, S. 83

Informationen in Sätzen hervorheben

1. Wochenlang hat Jacob seinem Freund Lukas erzählt, was für eine eingebildete Person doch Lea aus der 8c ist. Und dann sieht er in der Stadt plötzlich Jacob und Lea gemeinsam ins Kino gehen. Das muss er sofort Alex schreiben! Mit welchem der folgenden Sätze kann Lukas Alex am besten verdeutlichen, wie seltsam er es findet, dass Jacob ausgerechnet mit Lea ins Kino geht?
   Du glaubst nicht, was ich gerade gesehen habe: …
   a. … Jacob ist mit Lea ins Kino gegangen!
   b. … Jacob ist ins Kino gegangen mit Lea!
   c. … Ins Kino ist Jacob mit Lea gegangen!

2. In einigen Sätzen tritt hinter dem rechten Verbfeld noch ein Feld auf: das Nachfeld.
   a) Trage die drei Sätze von Aufgabe 1 in die Feldertabelle ein. *Starthilfe, S. 393*
   b) Beschreibe die Unterschiede der Besetzung der Felder in den drei Sätzen.

Vorlage: Feldertabelle

❗ Wissen und Können

Informationen im Nachfeld hervorheben

Das Nachfeld befindet sich hinter dem rechten Verbfeld. Es wird häufig nicht besetzt, kann aber in allen Satzformen auftreten.

Vorfeld	linkes Verbfeld	Mittelfeld	rechtes Verbfeld	Nachfeld
Auf Gleis 3	fährt	in Kürze	ein	der ICE 874 nach Berlin Hbf.

Im Deutschen ist die Stellung der Satzglieder recht flexibel. Im Gesprochenen kann man durch Betonung einzelne Informationen hervorheben. Im Geschriebenen kann man das durch die Position im Satz tun: z. B. im Nachfeld (der ICE 874 nach Berlin Hbf), aber auch im Vorfeld (auf Gleis 3).

> **Tipp**
> Trage die Sätze in die Feldertabelle ein und untersuche das Nachfeld. *Feldertabelle*

3. Untersuche die folgenden Sätze: In welchem Satz wird besonders die Information a) zur Zugnummer und dem Zielbahnhof und b) zum Zeitpunkt hervorgehoben?
   a. Der ICE 874 nach Berlin Hbf fährt auf Gleis 3 ein in Kürze.
   b. Der ICE 874 nach Berlin Hbf fährt in Kürze auf Gleis 3 ein.
   c. In Kürze fährt auf Gleis 3 ein der ICE 874 nach Berlin Hbf.

4. Verfasse einen Satz, in dem die Information zum Gleis hervorgehoben wird.

5. In einem Satz kann man mehr als eine Information hervorheben. Erkläre anhand des Satzbeispiels im Wissen-und-Können-Kasten, welche Informationen das in diesem Satz sind und welche Rolle welches Feld dabei spielt.

Arbeitsheft, S. 84

Schätze deinen Lernstand ein

Tiere sind klüger und verständiger, als viele denken (verändert)

Norbert Sachser, Verhaltensbiologe, Professor für Zoologie (Universität Münster):

„In den letzten 20 Jahren hat es eine Revolution des Tierbildes gegeben. Der Wandel in unserem Bild vom Tier betrifft unter anderem den Bereich Lernen und Kognition. Es können alle Tiere lernen – und einige sogar denken. Manche erkennen sich sogar im Spiegel, was zum Beispiel neun Monate alte Kinder nicht können. Einige wenige Tierarten sind zudem empathiefähig. Sie sind in der Lage, die Welt aus dem Blickwinkel eines anderen zu sehen und ihr Verhalten dementsprechend auszurichten. Das können die Menschenaffen, das können Delfine, das können interessanterweise auch einige Rabenvögel."

1 Gib die Aussagen Sachsers wieder. Verwende dabei unterschiedliche Formen der Redewiedergabe.

→ Seite 268/269, B
→ Seite 268/269, A
← Seite 252/253

2 a) Im folgenden Text ist jeder Satz mit *würde* formuliert. Schreibe den Text so um, dass keine *würde*-Formen mehr enthalten sind, sondern die Konjunktiv II-Formen vorkommen.
b) Überprüfe, welche der Konjunktiv II-Formen üblich sind und welche nicht.

Wenn ich Bundeskanzler wäre, würde ich Parks und Spielplätze anlegen, damit die Kinder draußen spielen können. Ich würde ein Elektroauto kaufen. Ich würde mich um die Gesundheit der Leute kümmern: Ich würde jeder Person ein Elektrofahrrad geben und ich würde Zigaretten verbieten. Ich würde die Kinder selbst entscheiden lassen, was sie in der Schule lernen möchten. Ich würde außerdem mehr Lehrer für die Lieblingsfächer der Kinder einstellen.

→ Seite 270, B
→ Seite 270, A
← Seite 263/264

3 a) Untersuche den folgenden Textauszug „Wichtig: leichte E-Bikes für Kinder". Was macht der Autor inhaltlich?
b) Wie geht der Autor des Textes sprachlich vor? Benenne drei Formulierungsmuster, die auftreten.

Wichtig: leichte E-Bikes für Kinder
Das Problem bei E-Bikes ist ganz oft ihr Gewicht. Gewöhnliche Modelle wiegen selten unter 20 kg, was für Kinder selbstverständlich viel zu schwer ist. Wenn sie sich abmühen müssen, um ein hingelegtes Fahrrad wieder aufstellen zu können, macht das in den seltensten Fällen Spaß. Außerdem kann ein zu großes Gewicht die Lenkung beeinträchtigen.
Daher sollte man einen Punkt berücksichtigen: Will man für die Tochter oder den Sohn also ein E-Bike anschaffen, sollte man definitiv darauf achten, dass es nicht zu schwer ist. Und das hängt wiederum mit Antriebsart und Reifengröße zusammen, die das Gewicht des E-Bikes beeinflussen.

→ Seite 271, B
→ Seite 271, A
← Seite 261/262

Arbeitsheft, S. 85/86

Redewiedergabe in einem Interviewtext untersuchen

Esperanto schon für Grundschulkinder?

Ulrich Brandenburg im Gespräch mit Liane von Billerbeck

Es ist still geworden um Esperanto, das vor 130 Jahren als Welthilfssprache für die Völkerverständigung entwickelt wurde. Ex-Diplomat Ulrich Brandenburg gehört zu den etwa 1000 Menschen weltweit, die Esperanto als Muttersprache gelernt haben. Welche Aufgabe könnte die Sprache heute noch erfüllen?

Am 14. April 2017 jährt sich der Todestag des Esperanto-Erfinders Ludwig Lejzer Zamenhof zum 100. Mal. Der Augenarzt und Philologe entwickelte 1887 aus Elementen verschiedener existierender Sprachen seine Welthilfssprache, verbunden mit einer Friedensutopie der Völker. Was ist heute – 130 Jahre später – von dieser Idee noch zu halten? Als Sprache in regelmäßigem Gebrauch hat sich Esperanto nie wirklich durchgesetzt. Laut dem Esperanto-Weltbund gibt es derzeit etwa 1000 Menschen, die Esperanto als (zweite) Muttersprache sprechen und zweisprachig damit aufwuchsen. Zu ihnen gehört auch Ulrich Brandenburg, Diplomat a.D., ehemaliger deutscher Botschafter in Moskau und Lissabon, geboren 1950 in Münster.

Zweisprachig mit Esperanto aufwachsen

Sein von Kriegserlebnissen und -gräueln geprägter Vater habe nach Kriegsende Esperanto gelernt – die Sprache, die für ihn Völkerverständigung und Frieden symbolisiert habe. Er habe mit ihm als Kind ausschließlich Esperanto gesprochen, erzählt Brandenburg. Seine Mutter dagegen habe nur Deutsch mit ihm gesprochen – auf diese Weise sei er zweisprachig aufgewachsen. Brandenburg pflegt die Sprache bis heute, räumt jedoch ein: im Dienst als Diplomat in der damaligen Sowjetunion, Irak oder Brüssel habe er Esperanto nicht nutzen können.

Jedoch habe er fast überall auf der Welt, außer im Irak, immer wieder einzelne Menschen, speziell Diplomaten, getroffen, die Esperanto gesprochen hätten. „*Was für mich immer interessant war: Sie haben ja als Diplomat jede Menge Kontakte: dienstliche Kontakte, privat-dienstliche. Das läuft aber alles über den jeweiligen Posten, die jeweilige Aufgabe. Und manchmal ist es auch schön, wenn man völlig private Kontakte pflegen kann und dadurch einen etwas anderen Blickwinkel auf das Land bekommt. [...] Und dafür war es interessant. Das war selbst in der Sowjetunion möglich, später habe ich die Kontakte dann dort weiter gepflegt.*"

Heute gibt es Online-Sprachkurse

Heute finde der Austausch der Esperanto-Community vor allem im Internet statt – auch Sprachkurse würden online angeboten. Es seien etwa 700.000 Nutzer für solche Kurse registriert. Wie viele davon das Angebot tatsächlich aktiv nutzten, sei jedoch nicht bekannt. Brandenburg hält es für sinnvoll, Esperanto auch als Schulfach anzubieten – gerade auch vor dem Hintergrund der Stimmung in der Europäischen Union.

„*Es gibt kein europäisches Staatsvolk, es gibt keine wirkliche gemeinsame europäische Öffentlichkeit. Und unter diesem grundsätzlichen Aspekt wäre es natürlich gut, wenn man eine Sprache hat, die sich leicht lernen lässt. Sie brauchen, um Esperanto zu lernen, nur ein Viertel oder ein Fünftel der Zeit, die Sie vielleicht für Englisch oder eine andere Fremdsprache einsetzen würden.*"

Es sei durchaus möglich, Esperanto schon in der Grundschule zu lernen. Die Sprache sei nämlich auch eine sehr gute Grundlage, um andere Sprachen zu lernen.

Sprache in Texten untersuchen   269

1 Lies den Text. In welchen Abschnitten wird Rede wiedergegeben?

2 Arbeitet zu zweit: Untersucht je einen der Abschnitte aus Aufgabe 1 genauer:
- In welchen Sätzen wird der Konjunktiv I verwendet, um Rede wiederzugeben?
- In welchen Sätzen findest du andere Arten der Redewiedergabe?

Vergleicht eure Ergebnisse. Welche Formen der Redewiedergabe treten in eurem Abschnitt auf?

Ⓐ Die Redewiedergabe untersuchen

3 Im Text sind an zwei Stellen längere direkte Zitate von Ulrich Brandenburg zu lesen. Überlege, warum gerade diese Stellen direkt zitiert wurden. Welche Gründe findest du dafür?

Ⓑ Rede wiedergeben

3 a) Herr Brandenburg erzählt im Interview auch, wie seine Eltern sich kennengelernt haben. Die Journalistin hat diese Stelle nicht in den Artikel aufgenommen. Gib seine Rede dazu so wieder, dass sie zum Artikel passt.

Textverarbeitungsprogramm

> **von Billerbeck:** *Ihr Vater hat mit den Kindern, also auch mit Ihnen, ausschließlich Esperanto gesprochen. Wie kam denn Ihr Vater zu dieser Sprache?*
> **Brandenburg:** *Mein Vater war fast fünf Jahre im Krieg. Er ist dann zurückgekommen mit dem Gefühl, so was darf nie wieder passieren. Er hat von Esperanto gehört, hat sich dann dort engagiert in der Esperanto-Bewegung […]. Mein Vater hat das damals gelernt, hat selber Kurse gegeben, hat bei einem dieser Kurse im Übrigen meine Mutter kennengelernt. Und wir haben es dann so gemacht wie andere auch schon vorher: Sie haben sich die Aufgaben geteilt. Meine Mutter hat mit uns Deutsch gesprochen, und mein Vater nur Esperanto. Und das haben wir dann bis zu seinem Tod beibehalten.*

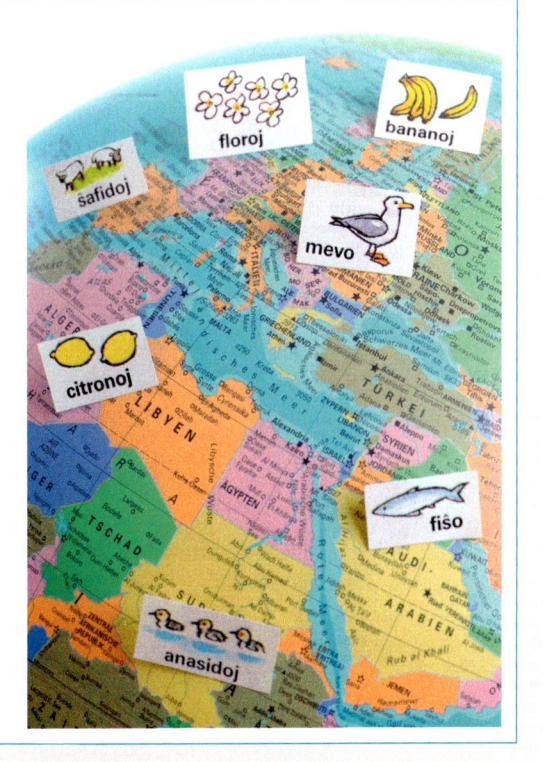

b) Vergleiche dein Ergebnis mit einer Partnerin oder einem Partner. An welchen Stellen habt ihr unterschiedliche Formen der Redewiedergabe gewählt? Warum?

Wünsche und Bedingungen mit dem Konjunktiv II beschreiben

Finn versucht schon lange, seine Mutter zu überzeugen, ihm ein E-Bike zu kaufen. Er hat sich dazu Notizen gemacht, wie er sich alles vorstellt, wenn er ein E-Bike bekommt. Weil er weiß, dass seine Mutter ihm bei diesem Thema nicht mehr zuhört, will er ihr in einem kurzen Brief alles genau erklären.

- mit dem E-Bike zur Schule fahren
- viel draußen sein
- nie mehr Mamataxi brauchen
- keine Langeweile mehr haben
- viel gesünder sein
- mit dem Rad für die Familie einkaufen
- …

A Einen Brief schreiben

Textverarbeitungsprogramm **1** Formuliere Finns Notizen zu einem Brief aus.

> Liebe Mama,
> wenn du mir ein E-Bike kaufst, würde ich immer mit dem E-Bike zur Schule fahren. Ich …

B Einen Brief schreiben und eigene Ideen ergänzen

Textverarbeitungsprogramm **1** Fallen dir noch weitere Punkte ein, die Finn versprechen kann, um seine Mutter zu überzeugen? Formuliere seine Notizen zu einem Brief aus und ergänze deine Punkte im Brief.

Textverarbeitungsprogramm **2** Finns Mutter findet die Idee, nachdem sie den Brief gelesen hat, gar nicht mehr so schlecht. Allerdings hat sie einige Vorstellungen, was Finn zuerst leisten muss, bevor er das E-Bike bekommt. Schreibe ihre Forderungen in einem Antwortbrief an Finn.

> Ich würde ihm ja ein E-Bike kaufen …
>
> - vom Geburtstaggeld einen Teil dazuzahlen
> - auch bei Regen alleine zum Judotraining fahren
> - in Kunst keine Fünf mehr
> - pünktlich Hausaufgaben machen
> - weniger mit Schwester streiten

Formulierungsmuster untersuchen und verwenden

Es gibt verschiedene Gründe, die dafür oder dagegen sprechen, für Kinder oder Jugendliche E-Bikes zu kaufen. Wenn du jemanden vom Kauf eines E-Bikes überzeugen willst, musst du bestimmt auch Gegenargumente wie die folgenden entkräften.

1 Nutze deine Tabelle mit Formulierungsmustern von S. 262, um die Gegenargumente darzustellen.

> 1) **Anzahl der Räder:** E-Bike und normales Rad?; mehrere Räder pro Person; Platzproblem; zusätzliche Kosten
>
> 2) **Preis:** Pedelecs um ein Vielfaches teurer; gerade Kinderräder; normales Rad ca. 300 € – elektrisches bis zum 10-fachen; teuer: Kinder wachsen, E-Bike wird zu klein
>
> 3) **Akku:** schlechte Mobilität, wenn der Akku leer ist; durch Akku sehr schwere Räder; was ist, wenn das Kind zum Freund fährt?
>
> 4) **kein richtiger Sport:** …

A Verfasse Absätze zu den Gegenargumenten 1–3.

→ Den Aufbau einer Argumentation kennen, S. 131

B Beurteile die Gegenargumente nach ihrer Wichtigkeit. Verfasse Absätze zu den Gegenargumenten 1–4. Starte mit dem Gegenargument, das du am wichtigsten findest, und beende den Text mit dem unwichtigsten Gegenargument.

→ Das Sanduhr-Prinzip kennenlernen, S. 132/133

2 Untersuche: Zu welchem der Gegenargumente oben passt der folgende Absatz? Was macht der Autor inhaltlich in diesem Absatz?

> *Eine Möglichkeit wäre, besonders auf die Qualität zu achten und davon zu profitieren, dass auch der Wiederverkaufswert eines E-Bikes nicht zu unterschätzen ist. Oder du verlässt dich von vorne herein auf den Wiederverkauf und erstehst das Kinder-E-Bike gebraucht. Mittlerweile etabliert sich nämlich auch schon ein respektabler Markt für gebrauchte E-Bikes, wobei der für die Kindermodelle vielleicht noch ein wenig dünn ausfällt.*

3 Arbeitet zu zweit:
a) Untersucht den Absatz: Welche Formulierungsmuster für die Handlung treten in dem Absatz auf?
b) Übernehmt die Tabelle in eure Hefte und tragt die Formulierungsmuster ein.
c) Ergänzt weitere Formulierungsmuster, die ihr zu der Handlung kennt.

→ Eine schriftliche Argumentation nach dem Sanduhr-Prinzip verfassen, S. 134/135

Was macht der Autor inhaltlich? (Teilhandlung)	…
Wie macht der Autor das sprachlich?	…

4 Nutze die Tabelle mit den Formulierungsmustern:

A Verfasse einen Lösungsvorschlag zu einem der übrigen Gegenargumente oben.

▫ Textverarbeitungsprogramm

B Verfasse Lösungsvorschläge zu den beiden Gegenargumenten, die für dich die stärkeren waren.

▫ Textverarbeitungsprogramm

Zeige, was du kannst

Barbara Kostolnik

Paris: Bio-Gemüse aus dem Automaten

Frisches Obst und Gemüse aus der eigenen Region wird auch in Frankreich immer beliebter. In Paris gibt es jetzt sogar die ersten Gemüse-Automaten. Geld rein, Gemüse ziehen, fertig. Zugegeben, der Raum, in dem die Automaten stehen, hat den Charme eines Waschsalons: es ist kühl, natürlich, schließlich wird hier unter anderem Gemüse feilgeboten, in metallischen Boxen mit Glasfenster. Vor dem Laden stehen zwei Pariserinnen, etwas unentschlossen:

„Wir kannten das Konzept noch nicht, wie funktioniert das gleich nochmal?"

Während die eine der anderen also erklärt, dass man da wohl Gemüse aus Automaten ziehen kann, ist Sylvana zielstrebig auf die Boxen zugesteuert.

„Ich nehme immer Basis-Gemüse, also Karotten, Salat, nicht zu kompliziert."

Nur, was sie heute kochen will, das weiß sie noch nicht – vielleicht diese Auberginen, die sie gerade so anlachen.

„Die sehen wirklich gut aus."

Sylvana ist eine Paradekundin, seit zwei Monaten kauft sie hier ein, die Preise findet sie OK und auch das Konzept:

„Ich weiß, dass die Produkte aus der Gegend kommen, dass es keine Zwischenhändler gibt, ich bin bisher immer gut gefahren und das Preis-Leistungs-Verhältnis stimmt."

Automaten-Konzept ist denkbar einfach

Bio-Gemüse, -Obst oder Eier kosten in etwa genau so viel wie im Supermarkt, nur hier bestimmt der Produzent den Preis. Das Automaten-Konzept ist denkbar einfach, erklärt der Erfinder Joseph Petit:

„Sie merken sich die Nummer, die auf der Scheibe der Box steht, drinnen ist auch ein Kassenzettel mit den Angaben zu Gewicht und Preis und dann tippen sie die Nummer beim Kassenautomaten ein, zahlen und zack."

Sylvana: „Jetzt öffnet sich die Tür, drinnen ist eine recyclebare Tüte, kann man alles einpacken, sehr praktisch."

Praktisch und transparent: auf einer Schautafel im Laden ist genau angegeben, woher Petit die Produkte bezieht: von Bauern aus einem Umkreis von 100 Kilometern um Paris – nachhaltig und umweltschonend soll es sein:

„Es gibt eine große Nachfrage nach diesen frischen Produkten, von Leuten, die sich umweltbewusst verhalten und ernähren wollen und auf ihren ökologischen Fußabdruck achten."

Frisch sind Erdbeeren, Bohnen oder Auberginen auf jeden Fall: morgens wird die Ware geerntet, dann nach Paris verfrachtet, ein Mitarbeiter füllt mehrmals am Tag die Boxen nach, wenn sie leer sind. Und leer sind sie schnell:

„Wir müssen am Ende des Tages fast nichts wegwerfen, weil wir 99 Prozent aller Produkte verkaufen, wir bieten ja auch Körbe an, da sind dann mehrere Sachen drin."

Spätabends gibt es dann auch im Automaten-Laden ein bisschen Markt-Feeling: wenn ein Mitarbeiter seine Waage aufbaut und die Reste aus den Boxen verkauft: von Mensch zu Mensch.

Leistungsnachweis   Sprache in Texten untersuchen   273

Der Text „Bio-Gemüse aus dem Automaten" ist die geschriebene Version eines Podcastbeitrags von Barbara Kostolnik, der im Radio gesendet wurde.

Wenn man den Podcast hört, ist es interessant, wenn sich Redebeiträge und erklärende Textpassagen manchmal Satz für Satz abwechseln. Beim Lesen des Textes stört diese Struktur aber eher.

Aufgabe: Überarbeite den Text zu einem Bericht, der deine Mitschülerinnen und Mitschüler informieren soll, was ein Gemüseautomat ist und wie das Automaten-Konzept in Paris funktioniert.

Text „Bio-Gemüse aus dem Automaten"

Gehe so vor:

Einen Text überprüfen

1   a) Lies den Text.
    b) Benenne Stellen, an denen dir beim ersten Lesen Probleme aufgefallen sind.
    c) Überprüfe anhand der folgenden Kriterien, welche Problemstellen der Text noch aufweist.
      • **Angemessenheit des Textes:** Textsorte/Textfunktion? Textkohärenz?
      • **sprachliche Richtigkeit:** Wortwahl? Rechtschreibung/Grammatik?

2   Wähle Aufgabenteil a) oder b).
    a) Markiere mithilfe einer Folie Textstellen, die überarbeitet werden sollen.
    b) Mache dir stichpunktartig Notizen, welche Bereiche überarbeitet werden sollen.

Folie

Einen Text neu formulieren

3   Formuliere den Text anhand deiner Notizen neu, sodass er sich nun an einer Leserin bzw. einem Leser orientiert und nicht mehr an Jemandem, die oder der zuhört.

> **Tipp**
> Es dürfen auch Sätze gestrichen oder mit anderen zusammengefasst werden.

Textverarbeitungsprogramm

Einen Text überarbeiten

4   Besprecht eure Texte in einer Schreibkonferenz. Geht dabei so vor:
    a) Legt fest, auf welche Kriterien (Aufgabe 1c) ihr besonders achten wollt.
    b) Ein Gruppenmitglied liest den eigenen Text vor, die anderen Mitglieder können dazu Verständnisfragen stellen.
    c) Der Text wird nun Satz für Satz vorgelesen. Nach jedem Satz tauschen sich die Gruppenmitglieder aus, die Autorin bzw. der Autor des Textes macht sich Notizen.

5   Überarbeitet eure Texte im Anschluss an die Schreibkonferenz. Setzt dabei auch die Tipps und Änderungsvorschläge um, die ihr erhalten habt.

Sprache reflektieren

Die Fähigkeit, Sprache erzeugen und verstehen zu können, unterscheidet den Menschen von allen anderen Spezies auf unserem Planeten. Es gibt jedoch verschiedene Tiere wie Delfine, die eigene Lautsysteme zur Verständigung entwickelt haben. Hunde oder Menschenaffen können einzelne Wörter oder Symbole lernen. Wo liegt aber die Besonderheit unserer menschlichen Sprache? Wie entwickelt und verändert sich eigentlich dieses Medium, in dem wir sprechen, singen, schreiben und mit anderen kommunizieren?

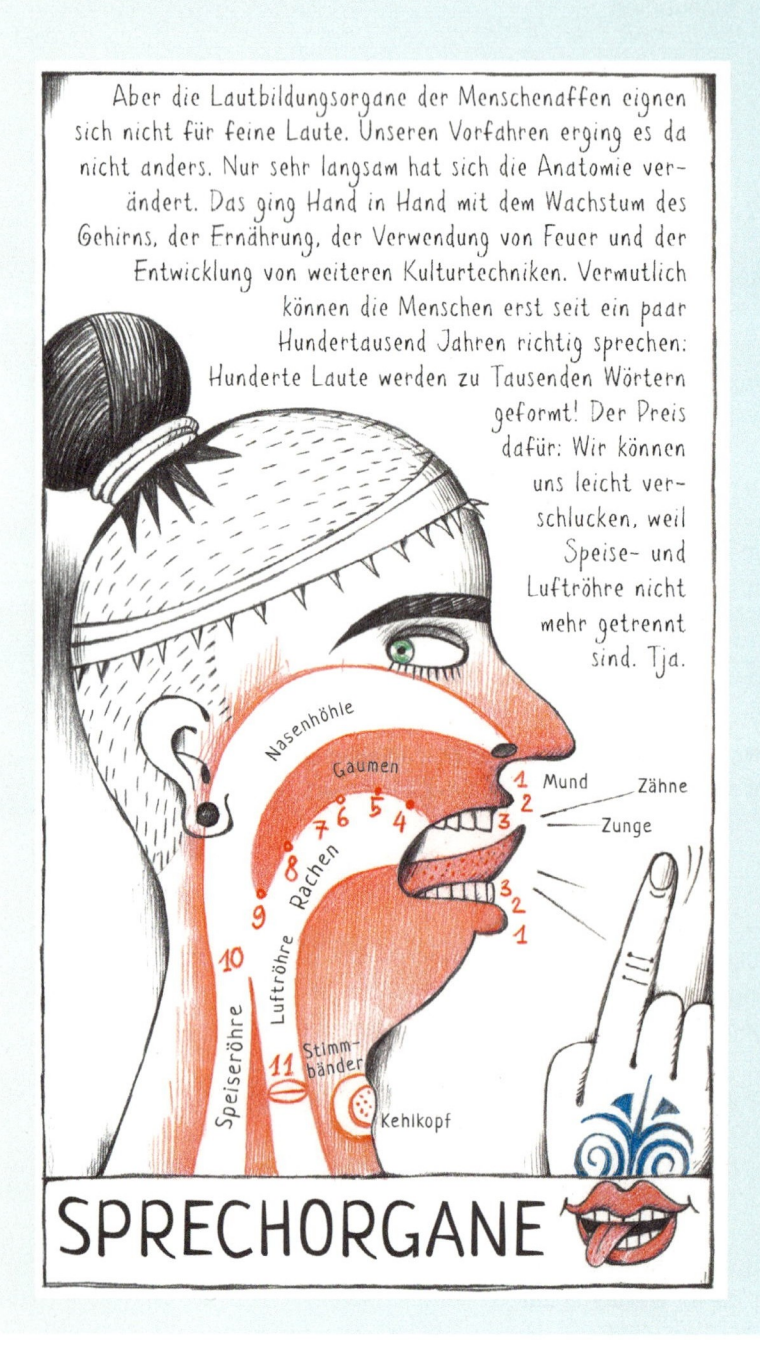

Aber die Lautbildungsorgane der Menschenaffen eignen sich nicht für feine Laute. Unseren Vorfahren erging es da nicht anders. Nur sehr langsam hat sich die Anatomie verändert. Das ging Hand in Hand mit dem Wachstum des Gehirns, der Ernährung, der Verwendung von Feuer und der Entwicklung von weiteren Kulturtechniken. Vermutlich können die Menschen erst seit ein paar Hunderttausend Jahren richtig sprechen: Hunderte Laute werden zu Tausenden Wörtern geformt! Der Preis dafür: Wir können uns leicht verschlucken, weil Speise- und Luftröhre nicht mehr getrennt sind. Tja.

SPRECHORGANE

Heute gibt es mehr als 7000 Sprachen auf der Welt, sie unterscheiden sich durch ihre Lautung. Es gibt eine Sprache, die Menschen in Papua-Neuguinea sprechen, die nur 12 Laute umfasst, andere afrikanische Sprachen haben ca. 160 verschiedene Laute. Das Deutsche besteht aus ca. 44 Lauten. Das System der Laute unterscheidet sich von Sprache zu Sprache sehr. Es ist nicht immer einfach, Laute ganz genau wiederzugeben. Besonders fällt uns das auf, wenn wir versuchen Laute in Schrift zu übertragen. Laute sind der kleinste Bestandteil der Sprache. Unsere Sprache besteht aber aus mehreren Ebenen: den Lauten, der geschriebenen Sprache, der Entwicklung und Bedeutung von Wörtern und vielem mehr. Sie alle bilden verschiedene Formen der Sprache ab.

Sprache reflektieren   275

1 Seht euch die Abbildung und den Text auf der linken Seite an und überlegt euch, was besonders an unserer Sprache ist.

Anders als ein Buch oder eine Tafel ist die Sprache kein konkreter Gegenstand, den man sehen und anfassen kann, sondern abstrakt und zudem sehr komplex. Betrachte dein Deutschbuch, je nach Perspektive hat es verschiedene Merkmale und du kannst dich zusätzlich auch für seine unterschiedlichen Eigenschaften interessieren: die Form, das Material und die Oberflächenbeschaffenheit, aber auch seine Funktion und so weiter. Genauso kannst du die Sprache untersuchen. Es kommt darauf an, wie du sie betrachtest.

2 Lies und besprich die folgenden fünf Sätze. Sie sind Beispiele dafür, in welchen unterschiedlichen Zusammenhängen das Wort „Sprache" verwendet wird.

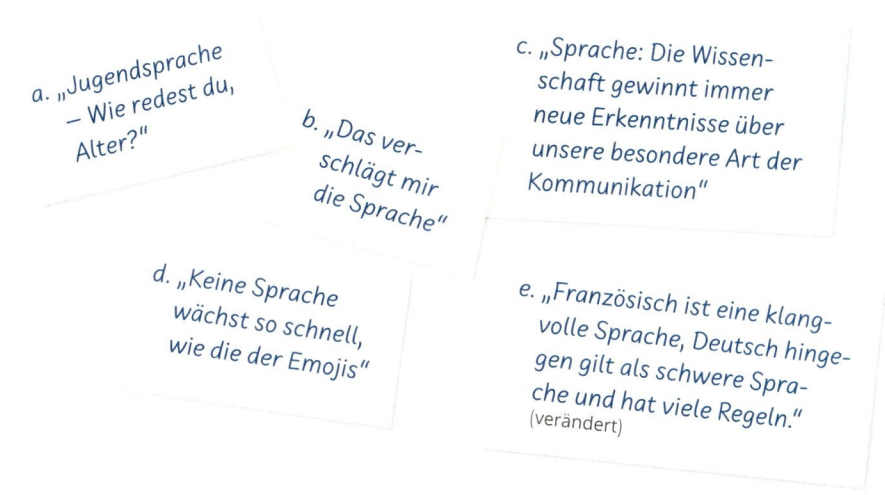

a. „Jugendsprache – Wie redest du, Alter?"

b. „Das verschlägt mir die Sprache"

c. „Sprache: Die Wissenschaft gewinnt immer neue Erkenntnisse über unsere besondere Art der Kommunikation"

d. „Keine Sprache wächst so schnell, wie die der Emojis"

e. „Französisch ist eine klangvolle Sprache, Deutsch hingegen gilt als schwere Sprache und hat viele Regeln."
(verändert)

a) Erklärt euch gegenseitig, was das Wort „Sprache" in den jeweiligen Sätzen bedeutet und wie es verwendet wird.
b) Überlegt euch gemeinsam, welche Funktion die Sprache im Kontext des jeweiligen Satz einnimmt.
c) Diskutiert, wo euch im Alltag Sprache begegnet und welche Funktion sie in der jeweiligen Situation hat.

3 a) Beschreibe, was Sprache für dich bedeutet.
b) Reflektiere deinen eigenen Sprachgebrauch: Verwendest du immer dieselbe Sprache? Wann und wie verändert sich dein Sprachgebrauch?

In diesem Kapitel lernt ihr, …
> wie sich Sprache auf den Ebenen der Wörter, Sätze und Texte unterscheidet,
> dass es sprachliche Varietäten gibt,
> wie sich Sprache und ihre Formen im Laufe der Zeit entwickeln,
> welche Bedeutung Sprache in der Gesellschaft hat,
> wie die Verwendung von Sprache mit der jeweiligen Situation zusammenhängt.

Sprache in unterschiedlichen Situationen verwenden

1 Beschreibe, wie in den verschiedenen Situationen Sprache verwendet wird.

2 a) Stell dir vor, du bist in der jeweiligen Situation: Wie verändert sich deine Sprachverwendung. Was musst du berücksichtigen? Sprichst du immer dieselbe Sprache?
b) Nenne Merkmale, die die Sprache in der jeweiligen Situation beschreiben.

3 Lies den folgenden Text und fasse zusammen, was beschrieben wird.

Nina Aleric

Das Beste aus allen Welten

Viele Menschen haben eine komplexe, gemischte (hybride) Identität, die nicht so leicht zu kategorisieren ist. Man kann sie am spontanen Sprachwechsel erkennen, am so genannten Code-Switching. Aber nicht nur die Sprache ist ausschlaggebend für die Kommunikation, auch die nonverbalen Informationen, die mitgeliefert werden, zählen. Zu diesen gehören die Gestikulation, das Sprechtempo, die Lautstärke und die Betonung, die Intonation. Wenn jemand also während des Sprechens in eine andere Sprache wechselt, ist es sehr spannend zu beobachten, inwieweit sich diese Richtwerte mit verändern. Code-Switching kann auf verschiedenen Ebenen stattfinden. Der Normalfall ist es, wenn der Sprachwechsel stattfindet, sobald die Bezugsperson wechselt. Ein Satz wie „Pravim Hörnchen [Ich backe Hörnchen, pravim bedeutet ‚ich mache' auf Bosnisch]" aber ist Code-Switching auf Satzebene. Letztlich kann ein Sprachwechsel aber sogar innerhalb eines Wortes stattfinden. Während die Schwestern Eldisa und Ermana mal deutsch und mal miteinander bosnisch sprechen, bleibt die Art ihres Erzählens typisch bosnisch. Es ist eine gestisch sehr lebhafte Art, die Dinge zu beschreiben. Eldisa, 16 Jahre alt, wurde in Deutschland geboren, ihre Eltern kommen aus Bosnien. „Gehenit [das deutsche Verb ‚gehen' mit der bosnischen Endung -it] sagen wir manchmal", sagt sie, „oder auch schmeckat [der deutsche Verbstamm ‚schmeck' mit der bosnischen Endung -at], weil es dafür irgendwie keinen guten Ausdruck auf Bosnisch gibt. Und wenn das Essen gut ist, dann sagen wir: Schmecka dobro!" Eldisa und Ermana kennen das Phänomen des Code-Switching sehr gut: „Zu Hause, wenn wir mit unseren Eltern sprechen, wechseln wir oft hin und her", sagt Ermana.

4 a) Erkläre, was der Begriff Code-Switching bedeutet und wann Code-Switching eingesetzt wird.
b) Überlege dir verschiedene Situationen, in denen du selbst Code-Switching anwendest und erzähle den anderen von diesen Situationen. Berücksichtige die Ergebnisse aus Aufgabe 1.

Starthilfe, S. 393

❗ Wissen und Können

Sprachvarietäten angemessen verwenden

Jeder von uns spricht nicht nur eine Sprache, sondern mehrere Formen von dieser, das nennt man **innere Mehrsprachigkeit**. Je nach Situation und Gesprächspartner/-in ist eine andere **Sprachvarietät** (Teilsprache) angemessen. Das Wechseln zwischen Sprachvarietäten oder zwischen verschiedenen Sprachen nennt man **Code-Switching**. Im Zentrum steht dabei die allgemeine und verbindliche Sprachform der **Standardsprache**, häufig wird sie auch Hochdeutsch genannt. Sie wird in formellen Situationen verwendet. Eine informellere Form ist die sogenannte **Umgangssprache**, die Menschen überregional im täglichen Umgang miteinander verwenden.
Daneben gibt es viele Sprachvarietäten, die nur in bestimmten Gruppen gesprochen werden (**Gruppensprachen/Soziolekte**) oder in bestimmten Regionen (**Dialekte**). Darüber hinaus hat jedes Fachgebiet eine eigene Spezialsprache (**Fachsprache**).

→ *Sich in Gesprächen angemessen ausdrücken, S. 18–20*
→ *Situations- und adressatenangmessene Sprache, S. 377*

5 Sieh dir die Abbildung an und finde konkrete Beispiele, in welchem Zusammenhang du die jeweilige Sprachvarietät verwendest.

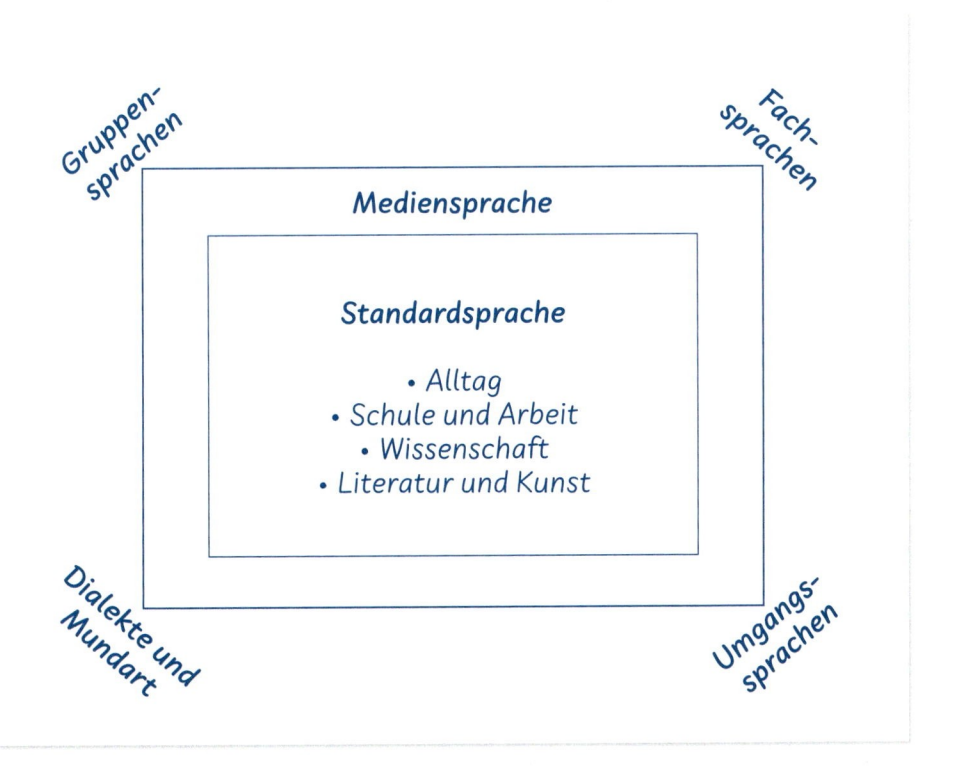

Gruppensprachen — *Fachsprachen*

Mediensprache

Standardsprache
- Alltag
- Schule und Arbeit
- Wissenschaft
- Literatur und Kunst

Dialekte und Mundart — *Umgangssprachen*

Arbeitsheft, S. 87

Sprache in unterschiedlichen Regionen vergleichen

1 Vergleiche die beiden Dialoge und beschreibe, wie sich die Sprache in den beiden Situationen unterscheidet.

Ja, Tach och. – Wo kommste denn her?

Icke, icke komme von der anderen Straßenseite.

Wo kommst du eigentlich schon her?

Mein Bus ist heute früher gefahren, deshalb bin ich schon so früh an der Schule.

→ *Sich in Gesprächen angemessen ausdrücken, S. 18–20*

→ *Situations- und adressatenangemessene Sprache, S. 377*

2 Wenn uns jemand nahesteht, wählen wir – gerade in der mündlichen Sprache – einen informelleren Sprachgebrauch oder regionale Formen wie den Dialekt. Überlegt euch, welchen Dialekt man in eurer Region spricht und beschreibt dessen Merkmale.

Starthilfe, S. 393

3 Vergleicht die beiden Karten. Könnt ihr gemeinsame Sprachregionen entdecken?

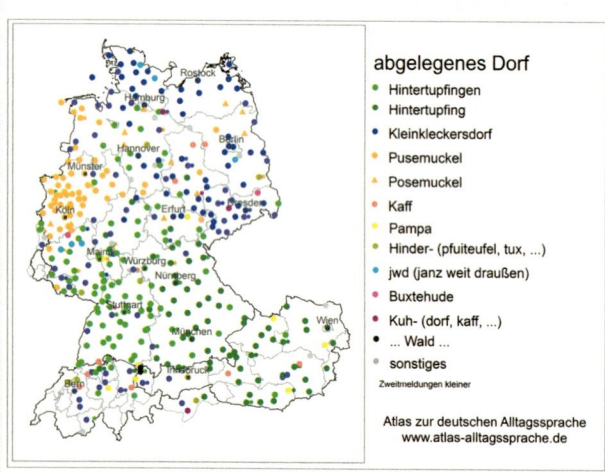

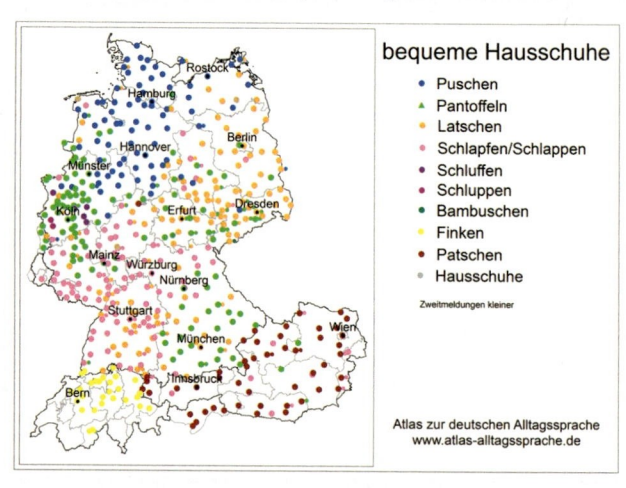

Vorlage: stumme Karte

4 a) Recherchiert, welche Dialekträume es für das Deutsche gibt, und vergleicht diese mit den beiden Karten.
b) Zeichnet die verschiedenen Dialekte in die stumme Karte ein.

> ❗ **Wissen und Können**
>
> **Sprachen in unterschiedlichen Regionen vergleichen**
>
> **Dialekte** sind **regional gebundene sprachliche Formen**, die abhängig vom Zusammenleben in einem bestimmten Landstrich auftreten. Sie werden vorwiegend gesprochen. Dialekt beeinflusst die Aussprache, den Wortschatz, aber auch den Satzbau oder die Tempuswahl.

Arbeitsheft, S. 88/89

Aktiv und Passiv nutzen und vergleichen

1 Lies den Text. Was fällt dir am Text auf? Wie wirkt der Text auf dich?

→ *Sprachliche Besonderheiten von Chats, S. 14–17*

Wie kann man mit Zeichen miteinander sprechen?

Smileys werden täglich millionenfach versandt. Am Computer wird der Gesprächspartner aber meist nicht gesehen. Missverständnisse sind schnell entstanden. Wenn direkt zu jemanden gesprochen wird, wird auch dessen Gesicht gesehen. Ein Spaß wird schnell durch ein zusätzliches Lächeln oder Augenzwinkern erkannt. Die Funktion dieser Gesten wird in der Onlinewelt durch Smileys erfüllt. Diese Smileys werden auch Emoticons genannt. Der Begriff wird aus dem englischen Wort „Emotion" abgeleitet. Dieser wird mit „Gefühl" übersetzt. Emoticons werden als Folge von Zeichen definiert, durch welche Gefühle und Stimmungen dargestellt werden.

2 a) Unterstreiche alle Passivsätze, die du für überflüssig oder unpassend hältst.
b) Wandle die unterstrichenen Passivsätze in Aktivsätze um und überarbeite den Text, sodass du ihn für angemessen hältst.
c) Vergleicht eure Ergebnisse. Erklärt, an welchen Stellen ihr unterschiedliche Ergebnisse erzielt habt.

Folie

❗ Wissen und Können

Aktiv und Passiv funktionell verwenden

Mit dem **Genus verbi** kann man die Perspektive auf ein Geschehen verdeutlichen. Wenn du einen Aktivsatz in einen Passivsatz umwandelst, wird das Akkusativobjekt des Aktivsatzes zum Subjekt des Passivsatzes. Das ehemalige Subjekt des Aktivsatzes kann mit der Präposition „von" angefügt oder auch weggelassen werden:

Vorfeld	linkes Verbfeld	Mittelfeld	rechtes Verbfeld	Nachfeld
Julia	öffnet	das Fenster.		
Das Fenster	wird	(von Julia)	geöffnet.	

Vorlage: Feldertabelle

Das **Vorgangspassiv** wird verwendet, um eine Handlung oder ein Geschehen in den Mittelpunkt zu stellen. Man bildet es mit dem Hilfsverb werden + Partizip II.
Beispiel: Das Fenster wird geöffnet.
Das **Zustandspassiv** wird verwendet, um einen Zustand zu beschreiben. Dieser Zustand ist dann das Ergebnis der Handlung oder des Geschehens. Man bildet es mit dem Hilfsverb sein + Partizip II.
Beispiel: Das Fenster ist geöffnet.

3 Übertrage die Feldertabelle von Seite 279 in dein Heft. Trage je zwei Aktivsätze und Passivsätze aus dem umformulierten Text ein.

Starthilfe, S. 393

4 Diskutiert, wann es sinnvoll ist, das Passiv zu verwenden, und wann ihr lieber das Aktiv verwendet.

5 In den folgenden Sätzen werden verschiedene Formen des Genus verbi verwendet. Bestimme die jeweilige Form.
   a. Ich werde beim Lauftraining gejagt.
   b. Ich bin beim Lauftraining gejagt.
   c. Das Schloss war gründlich geprüft.
   d. Das Schloss wurde gründlich geprüft.

> ### ⊙ Tipp
>
> **Zustandspassiv erkennen**
>
> Häufig erkennt man das Zustandspassiv nicht, weil man das Partizip II mit einem Adjektiv verwechselt: Die Tür ist geöffnet. ≠ Die Tür ist offen.
>
> Wenn ein Satz mit dem Verb sein und einem Partizip II vorliegt, kannst du versuchen, das Verb sein durch die entsprechende Form des Verbs werden zu ersetzen. Du formst das Zustandspassiv dadurch in Vorgangspassiv um. Wenn das möglich ist, weißt du, dass das Zustandspassiv vorliegt.
>
> Beispiel: Die Tür ist geöffnet. → Die Tür wird geöffnet. (Umformung möglich)
> Die Tür ist offen. → Die Tür wird offen. (Umformung nicht möglich)

→ Genus verbi, S. 379

6 Überprüfe, um welche Form des Genus verbi es sich handelt:
   a. Die Sportstunde ist schnell beendet.
   b. Deutschstunde ist schnell vergangen.
   c. Paul war beim Fußball schnell geschlagen.
   d. Paul war beim Fußball schnell geschlagen gewesen.

7 a) Ordne die Beispielsätze den verschiedenen Sprachen zu. Vergleiche, wie das Passiv in anderen Sprachen gebildet wird.

1	Deutsch	a	Pencere açılacaktır.
2	Englisch	b	La ventana está abierta.
3	Spanisch	c	Das Fenster wird geöffnet. Das Fenster ist geöffnet.
4	Französisch	d	The window is opened (by somebody). The window is being opened.
5	Türkisch	e	La fenêtre est ouverte.

b) Ergänzt die Liste um eigene Beispiele. Wie viele verschiedene Sprachen könnt ihr in eurer Klasse vergleichen?

Arbeitsheft, S. 90/91

Sprachliche Veränderungen verstehen

1 Lies den Liedtext aufmerksam und überlege, was dir besonders im Text auffällt.

Wise Guys

Denglisch

Oh Herr, bitte gib mir meine Sprache zurück,
ich sehne mich nach Frieden und 'nem kleinen Stückchen Glück.
Lass uns noch ein Wort versteh'n in dieser schweren Zeit,
öffne unsere Herzen mach' die Hirne weit.

Ich bin zum Bahnhof gerannt und war a little bit too late:
Auf meiner neuen Swatch war's schon kurz vor after eight.
Ich suchte die Toilette, doch ich fand nun ein „McClean",
ich brauchte noch Connection und ein Ticket nach Berlin.
Draußen saßen Kids und hatten Fun mit einem Joint.
Ich suchte eine Auskunft, doch es gab nur'n Servicepoint.
Mein Zug war leider abgefahr'n – das Traveln konnt' ich knicken.
Da wollt' ich Hähnchen essen, doch man gab mir nur McChicken.
Oh Herr, [...]

Du versuchst, mich upzudaten, doch mein Feedback turnt dich ab.
Du sagst, dass ich ein Wellnessweekend dringend nötig hab'.
Du sagst, ich käm' mit good Vibrations wieder in den Flow.
Du sagst, ich brauche Energy. Und ich denk': „Das sagst du so ..."
Statt Nachrichten bekomme ich den Infotainmentflash.
Ich sehne mich nach Bargeld, doch man gibt mir nicht mal Cash.

Ich fühl' mich beim Communicating unsicher wie nie –
da nützt mir auch kein Bodyguard. Ich brauch' Security!

Oh Lord, bitte gib mir meine Language zurück,
ich sehne mich nach Peace und 'nem kleinen Stückchen Glück.
Lass uns noch ein Wort versteh'n in dieser schweren Zeit,
öffne unsere Herzen, mach' die Hirne weit.

Ich will, dass beim Coffeeshop „Kaffeehaus" oben draufsteht,
oder dass beim Auto-Crash die „Lufttasche" aufgeht,
und schön wär's, wenn wir Bodybuilder „Muskelmäster" nennen
und wenn nur noch „Nordischgeher" durch die Landschaft rennen.

Oh Lord, please help, denn meine Language macht mir Stress,
ich sehne mich nach Peace und a bit of Happiness.
Hilf uns, dass wir understand in dieser schweren Zeit,
open unsre Hearts und make die Hirne weit.

Oh Lord, please gib mir meine Language back,
ich krieg hier bald die crisis, man, it has doch keinen Zweck.
Let us noch a word versteh'n, it goes me on the Geist,
und gib, dass „Microsoft" bald wieder „Kleinweich" heißt.

2 Im Liedtext werden viele englische Wörter verwendet. Denke darüber nach, wann dir im Alltag englisch klingende Wörter begegnen.

Folie

3 a) Unterstreiche im Text alle englisch klingenden Wörter.
b) Markiere alle Wörter, die du selbst benutzt. Überlege mit deiner Partnerin oder deinem Partner, in welchem Zusammenhang ihr diese Wörter gebraucht.
c) Warum benutzen wir englische Wörter in unserer Sprache?
d) Welche Funktion erfüllen diese Wörter?

4 Welche englischen Wörter aus dem Liedtext benutzt du nicht und warum nicht? Warum denkst du, verwenden die Wise Guys diese Wörter?

5 a) Überlegt euch, welche Position der Sprecher des Liedtextes einnimmt und diskutiert seine Aussagen.
b) Überlegt euch, warum am Ende des Liedtextes deutsche Alternativbegriffe gewählt wurden.

6 Lies die verschiedenen Meinungen und Argumente in den Sprechblasen und bewerte das Phänomen der Anglizismen in der deutschen Sprache.

> [Fremdwörter] finden wir immer dort, wo es Veränderungen gibt – neue Technologien und neue gesellschaftliche Praktiken müssen benannt werden, und wenn eine wichtige Bezugskultur schon Wörter hat, werden die einfach übernommen. *(verändert)*

> Kein Organismus verträgt eine derart geballte Ladung an Fremdkörpern, wie sie zurzeit das schier allgegenwärtige Englische einschleppt.

> Sprache ist ständig im Wandel, das ist normal. Anglizismen, die etwas beschreiben, das aus dem englischsprachigen Raum stammt, sind in Ordnung, aber ganz normale deutsche Begriffe ins Englische zu übersetzen, damit es „cooler" klingt, finde ich doch etwas lächerlich.

❗ Wissen und Können

Unterschiedliche Einflüsse auf den Wortschatz erkennen

Der Wortschatz des Deutschen setzt sich aus Wörtern mit verschiedener Herkunft zusammen. Er besteht aus einem nativen Wortschatz – darunter fallen die **Erbwörter**, die in der deutschen Sprache selbst geprägt worden sind. Sie sind ein Erbe des Germanischen oder Althochdeutschen (z. B. ahd. sunna – Sonne). Hinzu kommen Wörter aus anderen Sprachen, die sich angepasst haben, sowie der **Fremdwortschatz**. **Fremdwörter** sind aus anderen Sprachen übernommene Wörter, sie behalten ihre fremde Gestalt und sind nicht vollständig an die deutsche Aussprache, Betonung und Schreibweise angeglichen (z. B. Toilette). Eine Untergruppe sind **Anglizismen**, sie sind sprachliche Ausdrücke, die aus dem Englischen entnommen sind. Sie werden in allen Sprachebenen gebraucht (z. B. in der Fachsprache, Jugendsprache, Werbung).

Arbeitsheft, S. 92

Wortbildung untersuchen

Als Wortbildung bezeichnet man den Prozess, bei dem neue Wörter auf der Basis bereits vorhandener sprachlicher Mittel gebildet werden. Die deutsche Sprache hat äußerst vielfältige Wortbildungsmöglichkeiten, die zu einer ständigen Veränderung, aber auch Bereicherung des Wortschatzes beitragen.

1 Lukas möchte sich zum Mittagessen einen Döner Kebab kaufen. Sein Lieblingsimbiss hat folgende Angebote aufgelistet:
   a) Lies dir, wie Lukas, die Angebote durch und überlege dir, wie sie sich sprachlich unterscheiden.
   b) Beschreibe die Bedeutung der Wörter mithilfe ihrer Bestandteile in einer Bedeutungserklärung (Paraphrase), in der alle Wortbestandteile vorkommen.
   Beispiel:
   Puten-Döner ist ein Döner Kebab, der aus Putenfleisch hergestellt wird.
   c) Diskutiert gemeinsam eure Ergebnisse. Was ist euch beim Erstellen der Paraphrasen aufgefallen, was hat euch irritiert?

Angebote der Woche
Döner	3,50
Dürüm-Döner	4,00
Lamm-Döner	4,50
Döner mit Käse	4,00
Kinderdöner	3,00
Jumbodöner	5,00

❗ Wissen und Können

Typen der Wortbildung unterscheiden und nutzen können

Es gibt verschiedene Möglichkeiten, ein Wort neu zu bilden. Am häufigsten wird im Deutschen die **Komposition** verwendet. Die Wörter (Komposita) werden dabei aus zwei oder mehreren Wörtern, die als Bausteine verwendet werden, gebildet. Besonders häufig werden die Wörter in diesen Formen gebildet:
a. Das Erstglied (**Bestimmungswort**) bestimmt das Zweitglied (**Grundwort**) näher (z. B. hellgrün, Bargeld).
b. Die Bedeutung der beiden Bestandteile ist gleichordnend, sie könnten vertauscht werden, ohne dass sich die Bedeutung verändert (z. B. Hosenrock).
Viele Komposita enthalten **Fugenelemente**, das sind Verbindungsstücke, wie das Fugenelement -s (z. B. Prüfungsangst) oder das Fugenelement -n (z. B. Sonnenschein).

Die **Derivation** ist eine Form der Wortbildung, in der ein Wort von einem schon vorhandenen abgeleitet wird. Am häufigsten finden **Suffixbildung (Suffigierung)** und **Präfixbildung (Präfigierung)** statt.
Bei der **Suffigierung** werden neue Wörter mit Suffixen wie -ung, -er, -heit, -isch, -lich, -bar gebildet (z. B. Schön-heit). Häufig kommt es dabei zu einem Wortartenwechsel.
Bei der **Präfigierung** werden neue Wörter mithilfe von Präfixen wie be-, ent-, er-, miss-, ver- oder zer- gebildet (z. B. er-arbeiten, be-arbeiten). Durch diese Wortbildung findet eine Bedeutungsveränderung statt, aber meist folgt kein Wortartwechsel.

2 a) Schreibe alle Wörter, die im Songtext *Denglisch* auf S. 281 mit der Komposition gebildet wurden, heraus. Überprüfe mithilfe der Wortbestandteile, um welchen Typ (Typ a oder Typ b) es sich handelt.
   b) Beschreibe die Bedeutung der Wörter mithilfe einer Paraphrase.

3 a) Bilde aus den Wortstämmen neue Wörter, indem du sie mit den vorgegebenen Präfixen und/oder Suffixen verbindest.

Tipp

Für die Bildung von Verben benötigst du die Infinitivendung -en. Diese wird je nach Zeitform, Geschlecht und Anzahl der Handelnden angepasst.

Präfix: ab, aus, zer, er, auf, be, ein, ent, ge, miss, mit, nach, um, un, ver

Wortstamm: arbeit, chill, brech, denk, frag, freund, glück, wirtschaft

Suffix: er, haft, bar, ig, heit, um, ung, keit, lich, sam

b) Kläre die Bedeutung der neugebildeten Wörter, indem du diese in einem Satz verwendest. Beschreibe, wie sich die Wortbedeutung zu der Bedeutung des Stamms verändert.

c) Überlegt euch am Beispiel des Wortstamms -chill-, welche Bildungen möglich sind und welche nicht. Diskutiert diese Beispiele (z. B. Lukas hat gestern abgechillt).

Starthilfe, S. 393

4 a) Finde die Bedeutung von Wörtern heraus, indem du sie in Wortbausteine zerlegst. Übertrage dazu die Tabelle in dein Heft und ergänze sie:

misswirtschaften   chillig   Verarbeitung   entfreunden   zerbrechlich

Wort	Wortbausteine	Wortbausteine, mit deren Hilfe man die Bedeutung erschließen kann	Wortbausteine, die die Wortart anzeigen (nicht immer gegeben)	Wortbedeutung
unliebsam	un-lieb-sam	un- = nicht	-sam = Adjektiv	etwas, das man nicht lieben kann

b) Die Wörter chillig und entfreunden gibt es noch nicht sehr lange in unserem Wortschatz. Recherchiert, wo diese Wörter herkommen und diskutiert, in welchem Kontext sie verwendet werden.

5 a) Überlegt euch, wann und in welchem Zusammenhang neue Wörter gebildet werden.

b) Untersucht in eurem Umfeld (Zeitung, Werbung, soziale Medien): Wo könnt ihr Wortbildung finden? Welche Funktion hat die Wortbildung? Welche Formen der Wortbildung werden genutzt?

Arbeitsheft, S. 93/94

Jugendsprache reflektieren

Wie die Sprache insgesamt ist besonders die Jugendsprache ständigen Veränderungen unterworfen. Wir können selbst in den letzten 10 bis 20 Jahre beobachten, wie sich typisch jugendsprachliche Begriffe rasant verändert haben. Viele Modewörter von Jugendlichen der 1960er-Jahren sind heute bereits vergessen.

1 Sammelt Begriffe, die heutzutage für die Bezeichnung einer Frau oder eines Mannes üblich sind.

Matthias Heine

So dufte waren Opas Jugendwörter

Zentrale Themen der Jugendsprache waren damals wie heute die Beziehungen zwischen dem weiblichen und männlichen Geschlecht. Und schon in den 60er-Jahren wurden wesentlich mehr abschätzende und abfällige Ausdrücke verzeichnet, in denen sich Jungen über Mädchen äußern, als umgekehrt. Attraktive Frauen mussten sich damals gefallen lassen, als Bombe, Biene, Eule, Ische, dufte Kante, steiler Zahn, Stoßzahn oder Wuchtbrumme bezeichnet zu werden. Wenn Fahrgestell „Beine" und Berliner „Busen" bei einer Drüsenschau für gut befunden wurden, waren sie als Flamme oder Stammzahn begehrt. Weniger gefragte Mädchen wurden als Apparat (wenn sie dick waren), Säge, Lusche (mit dem Beiklang des Schmuddeligen), Zicke (albern und eingebildet) oder Krücke abgetan. Zahn war der Ausdruck für ein Mädchen allgemein. Wenn es sehr jung war, lag nahe, es Milchzahn zu nennen. Tolle Männer nannte man Hahn, Hirsch, Macker oder Star. Beurteilte man sie negativ, stand in der Jugendsprache 1962 entweder Geige, trübe Tasse, Zickendraht „Langweiler", halbes Hemd „großmäuliger Schwächling" oder Stapler „Angeber" zur Verfügung.

---

2 a) Im Textausschnitt werden verschiedene jugendsprachliche Begriffe der 1960er-Jahre vorgestellt. Untersuche den Text und schreibe alle Synonyme heraus.
b) Erklärt euch gegenseitig, wie sich deren Wortbedeutung verändert hat.

3 Vergleicht die aktuellen jugendsprachlichen Begriffe mit den jugendsprachlichen Begriffen der 1960er. Inwiefern haben sie sich bezüglich ihrer Herkunft verändert?

❗ Wissen und Können

Wortbedeutungsphänomene untersuchen

Zwei Wörter werden als **Synonyme** bezeichnet, wenn sie dieselbe Bedeutung, aber eine unterschiedliche Lautgestalt haben: beginnen – anfangen, Lift – Aufzug
Antonyme drücken eine gegensätzliche Bedeutung aus: arm – reich

Starthilfe, S. 393

4 a) Findet Antonyme zu folgenden Beispielen: **hinauf, verkaufen, beladen, vor, kalt**.
b) Diskutiert, ob es sich bei folgendem Paar um Antonyme handelt: **groß – winzig**.

5 Das folgende Gespräch stammt aus dem Buch *Crazy*, das im Jahr 2000 von sehr vielen Jugendlichen gelesen wurde. Es ist ein autobiografischer Text, den der Autor Benjamin Lebert mit 16 Jahren geschrieben hat. Er bildet die Jugendsprache um das Jahr 2000 ab.
Vergleiche den Wortschatz, den die Jugendlichen in *Crazy* verwenden, mit den Wörtern, die in den 1960ern verwendet wurden. Welche Unterschiede fallen dir auf?

„Die ‚Krug-Aktion' war *crazy*", wirft Janosch ein. Er sagt immer *crazy*. Zu allem aufregenden Dingen sagt Janosch *crazy*. Er liebt dieses Wort. „Diese Aktion soll *crazy* gewesen sein?", fragt der dicke Felix erstaunt. „War es denn auch *crazy*, mich als fettiges Chappi-Stück zu bezeichnen?" „Nein, das war nicht *crazy* – das war ein *accident*." Janosch lacht. „Ich haue dir gleich ein paar auf die Schnauze. Dann zeige ich dir einen richtigen *accident*", erwiderte Felix. „Soll das heißen, du bist heute Nacht dabei?", fragt Janosch.

6 Diskutiert mithilfe des Textausschnittes von *Crazy*, weshalb diese Form der Jugendsprache moderner wirkt als die Jugendsprache der 1960er-Jahre.

> ❗ **Wissen und Können**
>
> **Die Sprache Jugendlicher als Gruppensprache untersuchen**
>
> **Jugendsprache** bezeichnet eine **Gruppensprache (Soziolekt)** mit bestimmten Merkmalen, die von unterschiedlichen Gruppen von Jugendlichen zu verschiedenen Zeiten und in verschiedenen Altersstufen verwendet wird. Sie verändert sich schnell und ist sehr vielfältig (z. B. regionale Einflüsse, Einflüsse der sozialen Gruppe, Einflüsse durch andere Sprachen).
> Häufig werden innerhalb der Jugendsprache **Interjektionen** benutzt. Sie sind eine eigene Wortart, die meist Empfindungen, Emotionen oder Bewertungen ausdrücken. Sie sind nicht flektierbar und können allein für sich stehen. Sie sind keine Satzglieder oder Teil eines Satzes.
> Mit Interjektionen kannst du Empfindungen ausdrücken (z. B. Hurra!) oder jemanden auffordern etwas zu tun oder zu lassen (z. B. Psst!). In Graphic Novels und Comics beispielsweise werden Interjektionen als Hilfsmittel zur Darstellung von Geräuschen (z. B. Krach!, Wau!) oder zur Darstellung von Mimik (z. B. *grins*) verwendet.

Sprache reflektieren 287

7 Vergleicht die Aussagen und überlegt euch, wie sie jeweils wirken.

> Hey, jetzt mach aber mal halblang!

> Jetzt mach aber mal halblang!

> Krass! Was für eine Farbe.

> Was für eine Farbe!

> Boah – Alter, was labberst du?

> Ist dir bewusst, dass du etwas Falsches gesagt hast?

8 In der Jugendsprache werden verschiedene Interjektionen verwendet. Beobachtet euch einen Tag lang und sammelt gemeinsam Interjektionen, die ihr benutzt.

9 a) Sammle Gründe, warum Jugendliche eine eigene Sprachvarietät verwenden.
b) Recherchiere, was die Sprache der Jugendlichen beeinflusst und zeige verschiedene Beispiele auf, wann und in welchen Situationen du selbst Jugendsprache im Alltag verwendest.

→ *Sprachliche Besonderheiten von Chatsprache untersuchen, S. 14–17*

10 Jugendsprache wird oft auch in den Medien verwendet – einerseits, um Jugendliche als Zielgruppe anzusprechen, andererseits, um für Erwachsene modern und interessant zu sein.

→ *Sich in Gesprächen angemessen ausdrücken, S. 18–20*

> Gönn Dir ist einfach. Wenn man 1 gute Bank hat vong Vorsorge her.

a) Bewerte den Werbespruch eines Geldinstituts. Wie beurteilst du die Verwendung der Sprache?
b) Für die dargestellte Werbung wurde das Geldinstitut kritisiert. Diskutiert, inwiefern ihr diese Kritik für angemessen haltet.

Arbeitsheft, S. 88/89, 95

Unterschiedliche Wortbedeutungen erkennen und einordnen

1 Betrachte die drei Werbeslogans. Überlege dir, wie sie aufgebaut sind und erkläre, wie in diesen mit Wortbedeutung gespielt wird.

„Der Sommer kann Stadt finden"
(Werbung eines Flugunternehmens)

„Eine Curryphäe"
(Lebensmittelmarkt bewirbt ein Currygericht)

„Ver-chai-ung, geht's hier zum Kühlregal?"
(Werbung für ein Saftgetränk mit Chai-Tee)

2 Wörter können mehrere Bedeutungen haben. Überlegt euch, was das Wort ausschlagen bedeutet.

❗ Wissen und Können

Bedeutungsgleiche Wörter untersuchen und reflektieren

Polysemie (griech. *polys* ‚viel') liegt vor, wenn ein Wort mehrere Bedeutungen hat und mindestens ein Bedeutungsmerkmal identisch ist:
Glocke: a) Kirchenglocke, b) Klingel
→ gemeinsames Merkmal: beide machen ein Geräusch
Wenn zwei oder mehrere Wörter gleich geschrieben werden oder gleich klingen, aber eine unterschiedliche Bedeutung haben, spricht man von **Homonymie** (griech. *homonymia* ‚Gleichnamigkeit'):
Ton: a) Lehm, b) Laut, Klang

3 Erkläre, ob es sich bei den Beispielen jeweils um ein Homonym oder ein Polysem handelt.
Maler   Reif   modern   klar   Spielende   Birne   Veilchen   übersetzen

4 Das Wort Brücke hat besonders viele Polyseme. Recherchiere deren verschiedene Bedeutungen.

5 a) Überlegt euch, welche Homonyme sich hinter den Beispielen verbergen.
   a. Es ist der Höhepunkt innerhalb eines Abschnitts und die Zeremonie der Verbindung zwischen zwei Personen.
   b. Man kann es schießen und man braucht Musik dafür.
   c. Es macht gute Laune und man trägt beim Hineintreten besser Gummistiefel.
   d. Es hört jedes Wort für jemand drittes, der es gar nicht hören sollte und es ist ein Insekt.
   e. Es schlägt die Saiten in einem großen Musikinstrument und man findet es auch im Inneren des Ohres.

b) Finde selbst drei Homonyme und erstelle ein Rätsel für deine Partnerin oder deinen Partner.

Starthilfe, S. 393

6 Elias findet im Urlaub die folgenden Gerichte auf der Speisekarte und ist verwundert. Erkläre Elias, welche Fehler sich auf der Speisekarte eingeschlichen haben.
   a. Queso fresco, aguacate y miel – Fromage frais, avocat et miel – Frischer Käse, Rechtsanwalt und Honig
   b. Dátiles con tocino – Dates avec du bacon – Daten mit Speck
   c. La dinde farcie – suffed turkey – gefüllte Türkei

> **Tipp**
>
> Um Polysemie und Homonymie richtig zu verstehen, braucht man viel Hintergrundwissen, ansonsten können die Wörter schnell falsch eingesetzt werden.

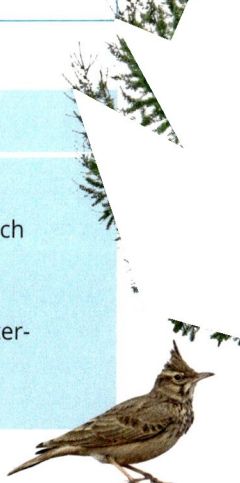

7 Beim Lesen eines englischen Textes hat Elias Schwierigkeiten. Er gibt daher einen Satz in ein Übersetzungsprogramm ein und wundert sich sehr über den Übersetzungsvorschlag. Erkläre Elias, was bei der Übersetzung schiefgelaufen ist.

Sprache: Englisch	Sprache: Deutsch
She cycled across the six-armed crossroads.	**Sie fuhr über die sechs bewaffnete Kreuzung.**

❗ Wissen und Können

Homophone und Homographe erkennen

Homophone sind eine Sonderform der Homonymie. Sie sind Wörter, die gleich lauten, aber unterschiedlich geschrieben werden:
Lerche – Lärche
Homographe sind dagegen Wörter, die gleich geschrieben werden, aber unterschiedlich ausgesprochen werden:
Versendung (Versendung eines Päckchens vs. Ende eines Verses)

8 Sammelt jeweils fünf weitere Beispiele für Homophone und Homographe.

Arbeitsheft, S. 96

Die Funktion von Wortarten untersuchen

Unterschiedliche Wörter und Wortarten haben ganz bestimmte Funktionen im Satz. Die meiste Zeit verwenden wir Wörter unbewusst, daher bemerken wir ihre Aufgabe im Satz erst, wenn sie fehlen.

Tipp

Das Schaubild ist eine idealtypische Darstellung. Nicht alle Wörter (z. B. Fremdwörter) lassen sich in dieses einordnen.

1 In den letzten Schuljahren hast du bereits viele Wortarten behandelt. Übertrage das Schaubild in dein Heft und ergänze die fehlenden Fachbegriffe für die jeweilige Wortart. Fast alle Wörter lassen sich gut in das Schema einordnen. *Starthilfe, S. 393*

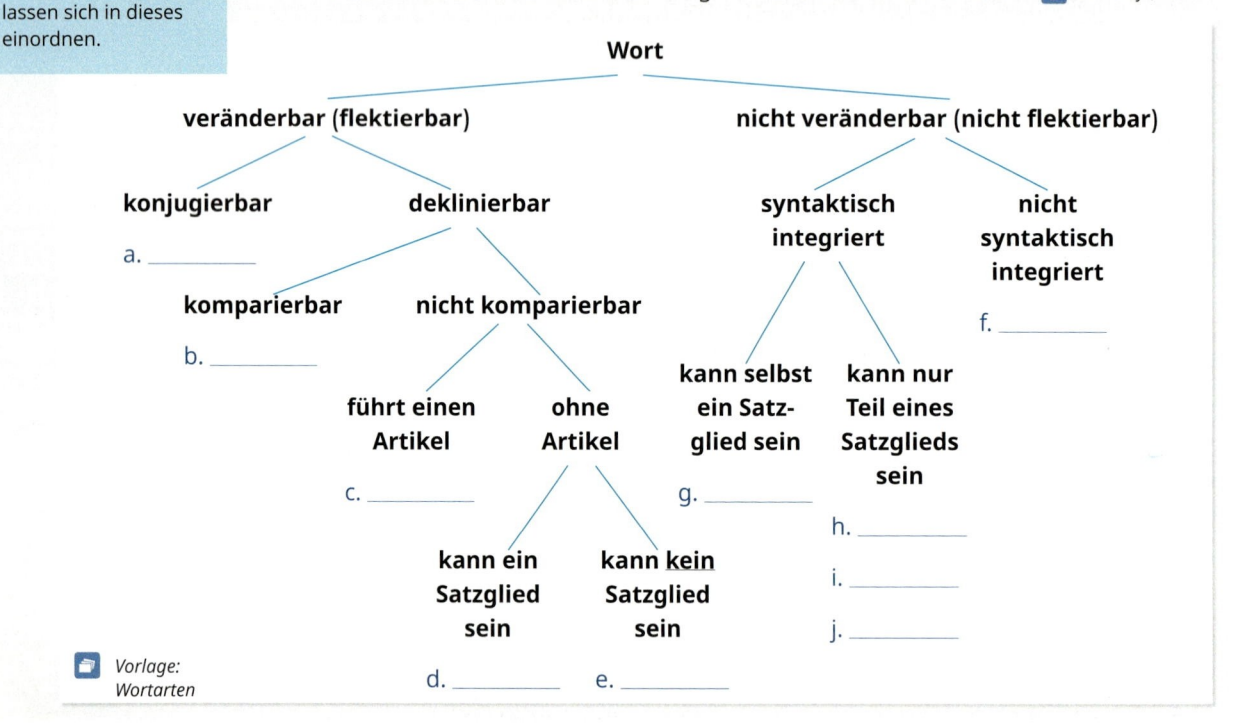

```
                                    Wort
                  ┌──────────────────┴──────────────────┐
         veränderbar (flektierbar)           nicht veränderbar (nicht flektierbar)
         ┌────────┴────────┐                  ┌──────────┴──────────┐
   konjugierbar       deklinierbar      syntaktisch              nicht
                                        integriert            syntaktisch
   a. _____                                                    integriert
         ┌──────────┴──────────┐
   komparierbar         nicht komparierbar                     f. _____
   b. _____                               kann selbst       kann nur
                                          ein Satz-         Teil eines
              führt einen    ohne         glied sein        Satzglieds
              Artikel        Artikel                        sein
              c. _____       g. _____
                                                            h. _____
              kann ein       kann kein                      i. _____
              Satzglied      Satzglied                      j. _____
              sein           sein
              d. _____       e. _____
```

Vorlage: Wortarten

(A) Demokratie ist eine sehr <u>alte</u> (1) Idee, es gibt sie <u>seit</u> (2) über zwei Jahrtausenden. Das Wort kommt aus <u>dem</u> (3) Griechischen und bedeutet: „Das Volk <u>herrscht</u> (4)". <u>Hey</u> (5), was für eine großartige Idee ist das, wenn alle herrschen dürfen <u>und</u> (6) <u>jeder</u> (7) das Recht hat mitzubestimmen. <u>In</u> (8) <u>einem</u> (9) großen Land gibt es aber auch vieles <u>zu</u> (10) <u>regeln</u> (11). <u>Deshalb</u> (12) gibt es in einer Demokratie dafür Wahlen. Der Bürger <u>darf</u> (13) Politiker wählen, deren Aufgabe ist es, Entscheidungen für alle zu treffen. Die verschiedenen Politiker <u>haben</u> (14) oft sehr unterschiedliche Meinungen und Interessen. <u>Man</u> (15) kann sich als Bürger den Politiker aussuchen, <u>der</u> (16) eigene Interessen möglichst gut vertritt.

(B) Als Volksvertreter/-innen <u>werden</u> (17) von <u>ihnen</u> (18) Entscheidungen getroffen. Es kann aber sein, dass sie egoistisch denken und ihre eigenen Entscheidungen treffen. Das ist ein Problem, aber in einer Demokratie ist die Macht geteilt.
Wenn den Bürgerinnen und <u>Bürgern</u> (19) die Arbeit ihrer gewählten Volksvertreter/-innen <u>nicht</u> (20) gefällt, dann werden sie diese nicht wiederwählen. Außerdem regeln Gesetze, was Politiker/-innen tun müssen und dürfen. Alle Wählenden haben also durch Wahlen die Möglichkeit mitzubestimmen, was in ihrem Land passiert.

2 Untersuche die Eigenschaften der unterstrichenen Wörter im Text auf der linken Seite und bestimme mithilfe der Abbildung aus Aufgabe 1 deren Wortart.

3 a) Vergleiche die Textteile (A) und (B) und beschreibe, was dir auffällt.
b) Häufig findet man in aktuellen Texten Schreibweisen, die beide Geschlechter umfassen – das war nicht immer so. Unterstreiche in beiden Textteilen alle Wörter, die auf auf Personen oder ein Geschlecht hinweisen.
c) Formuliere den Textteil (A) so um, dass er in einer gendergerechten Sprache verfasst ist.

Folie

Starthilfe, S. 394

❗ Wissen und Können

Gendergerechte Sprache funktionell verwenden

Als gendergerechte Sprache (auch geschlechtergerechte, gendersensible oder geschlechtsneutrale Sprache) wird eine Form der Sprache bezeichnet, die eine **Gleichstellung der Geschlechter** zum Ausdruck bringen will. Diese findet sich vor allem in der Veränderung des **Sprachsystems** innerhalb des **Wortschatzes**, der **Rechtschreibung** oder sogar der **Grammatik**. Wenn ein Text entsprechend der Vorgaben geschlechtergerechter Formulierungen verfasst oder überarbeitet wurde, nennt man das **„gendern"**. In diesen Rahmen werden z. B. auch **Indefinitpronomen** wie alle, andere, niemand verwendet. Sie werden allgemein gebraucht, wenn Lebewesen oder Dinge nicht näher bezeichnet werden, oder um unbegrenzte Mengen unbestimmt auszudrücken.

Wie gendergerecht muss Sprache sein?

Sprache ist ein wichtiges Kommunikationsmittel. „Lehrer und Schüler fordern mehr Bildung!" Die meisten, die diesen Satz lesen, sehen hier aufgrund der maskulinen Formen männliche Lehrer und männliche Schüler vor sich, alle anderen werden nicht explizit genannt und bleiben somit unsichtbar. Dieser Effekt wird durch vielfältige Untersuchungen bestätigt. Gendergerechte Sprache bedeutet, alle in der Sprache sichtbar und hörbar zu machen. Darüber wird in den letzten Jahren eine politische und hochemotionale Debatte geführt, bei der es nicht um eine geschlechtergerechte Sprache, sondern um geschlechtergerechten Gebrauch geht. Gelegentlich wird darüber diskutiert, ob anstelle des Indefinitpronomens „man", als neues Pronomen „frau" verwendet werden soll. Solche Diskussionen sowie Tabus und Vorschriften sind aber grundsätzlich in diesem Zusammenhang wenig sinnvoll. Ziel muss es sein, dass die breite Bevölkerung eine reflektierte Sprachkritik zeigt, die sich nicht hinter Vorschriften verschanzt.

4 Lies den Text „Wie gendergerecht muss Sprache sein?" und sammle weitere Informationen zu diesem Thema. Suche dabei auch Beispiele aus deinem Alltag.

5 Überlegte dir Gründe, warum es sinnvoll ist, eine gendergerechte Sprache zu verwenden.

Arbeitsheft, S. 97

Schätze deinen Lernstand ein

📝 *Folie*

1 a) Vergleiche die kurzen Textausschnitte und ordne sie einer sprachlichen Varietät zu. Begründe deine Meinung, indem du die jeweiligen Merkmale der Sprachvarietät markierst.

> a. Ja, Frau Schulze, es tut mir wirklich leid, dass ich schon wieder zu spät gekommen bin. Der Bus hatte Verspätung und deshalb hab ich beim Umsteigen den zweiten Bus nicht mehr bekommen. Und der nächste kam erst eine halbe Stunde später.

> b. Gestern waren wir hart am See chillen, das war wirklich hammer. Ey, was dann wieder alles schief gegangen ist, das glaubst du nicht! Kommt n' Typ rüber und redet so mit mir. Sagt dann: „Lass mal die Kohle rüberwachsen!"

> c. Auf der einen Seite wird die Auffassung vertreten, dass es verschiedene fremdsprachliche Einflüsse auf das Deutsche schon immer gab. Auf der anderen Seite wird die Besorgnis darüber geäußert, dass die Allgegenwart der Anglizismen zu einem Sprachverfall führe.

b) Erkläre, in welchem Kontext der jeweilige Text entstehen könnte und welche Funktion dieser hat.
c) Überprüfe, welche Sätze im Aktiv und welche im Passiv verfasst sind und markiere sie mit einem A oder einem P. 📝 *Folie*
d) Erkläre, was du durch den Vergleich des Aktivs und Passivs für die Texte feststellen kannst.

😊 → *Seite 294/295,* Ⓑ
😐 → *Seite 294/295,* Ⓐ
☹ ← *Seite 267/268, Seite 279/280*

2 Die Jugendsprache erzeugt ständig neue Wörter. Untersuche die folgenden Wörter und ordne sie einer Wortbildungsart zu.
freakig   Egotrip   Chillwiese   chillig   Softi   trendy   ultrasoft   rumlabern

3 Erkläre, wie das Wort schmeißen in den folgenden Sätzen verwendet wird. Benenne, um welche Form der Wortbedeutung es sich handelt.
a. Julia hat die Schule geschmissen.
b. Meti will nächste Woche eine Party schmeißen.
c. Frau Yilmaz schmeißt den Laden.
d. Herr Roth schmiss die Kreide.

4 Bestimme die Wortart der folgenden Wörter und erkläre deren Merkmale.
pfui   ja   boa   ey   gell   tschüss

5 a) Erkläre den Unterschied von Erbwörtern und Fremdwörtern.
b) Ordne die folgenden Wörter den Erbwörtern oder der Gruppe fremder Wörter aus anderen Sprachen zu. Aber Achtung: einige Wörter haben sich schon angepasst.
Haus   Sonne   Wein   Fenster   Mauer   Vater   Tanz   Schule   Palast   Wolkenkratzer   surfen   Internet

😊 → *Seite 293,* Ⓑ
😐 → *Seite 293,* Ⓐ
☹ ← *Seite 281/282*

📄 *Arbeitsheft, S. 98/99*

Sprachwandel nachvollziehen

Das Germanische ist die gemeinsame Ausgangsprache des Deutschen, Englischen und Niederländischen, ab ca. 500 n. Chr. entwickeln sich diese auseinander. Sprachliche Veränderungen werden unter anderem auf der Ebene der Laute, aber auch durch Übernahmen von Wörtern aus anderen Sprachen sichtbar.

Ⓐ Sprachwandel in verschiedenen Sprachen vergleichen

1 a) Ergänze die Tabelle mithilfe eines Übersetzungsprogramms.
b) Beschreibe, wie sich die Wörter in den einzelnen Sprachen verändert haben.

📝 *Folie*

Germanisch	Althochdeutsch	Niederländisch	Englisch
pund	punt (Pfund)		
etan	ezzan (essen)		
makôn	mahhôn (machen)		
opana	offan (offen)		
hundą	hunt (hundert)		

💡 **Tipp**

Das Zeichen ^ bedeutet, dass der Vokal gedehnt ausgesprochen wird. Die Buchstabenverbindung hh wird im Althochdeutschen wie ch ausgesprochen.

➡ *Numeralia, S. 135*

2 Untersuche die Abbildung und beschreibe, wann Wörter aus welchen Sprachen besonders häufig übernommen wurden.

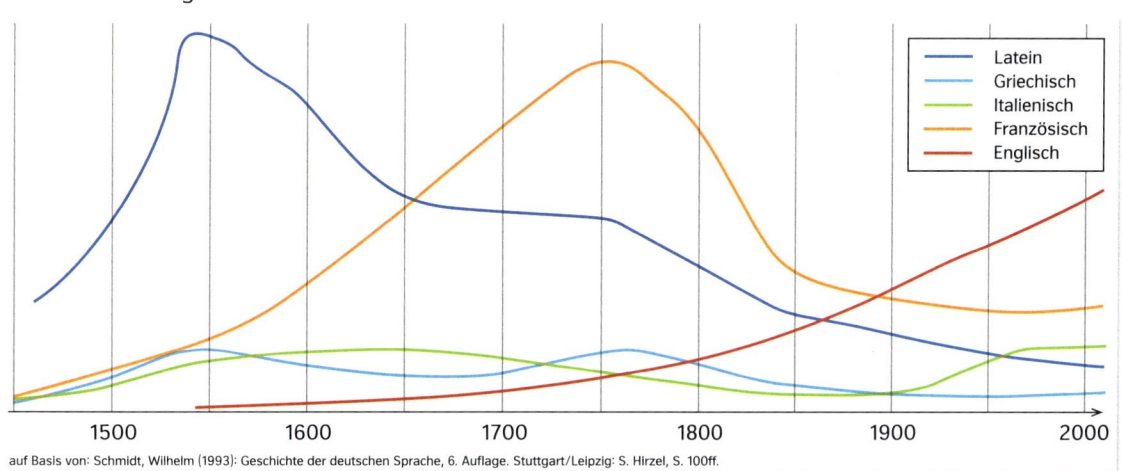

auf Basis von: Schmidt, Wilhelm (1993): Geschichte der deutschen Sprache, 6. Auflage. Stuttgart/Leipzig: S. Hirzel, S. 100ff.

Ⓑ Sprachwandel auf Ebene der Laute und Wörter untersuchen

1 a) Ergänze die obenstehende Tabelle und vergleiche, wie sich die Konsonanten p, t, k vom Germanischen zum Althochdeutschen verändert haben.
b) Untersuche die englischen Wörter und erkläre, inwiefern hier eine ähnliche Verschiebung der Laute stattgefunden hat.

📝 *Folie*

💡 **Tipp**

Häufig hängen Phasen, in denen viele Wörter übernommen werden, mit geschichtlichen Ereignissen zusammen. Recherchiere für jeden Übernahmehöhepunkt ein wichtiges Ereignis.

2 a) Untersuche die Abbildung oben und beschreibe jeweils die Hochphasen in denen Wörter aus anderen Sprachen übernommen wurden. Recherchiere für jeden Höhepunkt einer Phase drei Wörter, die in dieser Zeit als Lehnwörter ins Deutsche übernommen wurden. ✈ *Starthilfe, S. 394*
b) Diskutiert mögliche Gründe für die jeweiligen Übernahmen und Ereignisse, die diese beeinflusst haben könnten.

Die Fachsprache des Fußballs untersuchen

Wenige Fachsprachen erreichen so viele Menschen, wie die Fachsprache des Fußballspiels.

> Die erste Hälfte zeigte ein unterhaltsames Spiel, beide Mannschaften hatten hohe Investitionen. Aber Bayern kam mit einem Knalleffekt aus der Pause und schob das Spiel von Beginn an in die gegnerische Hälfte. Dann Gnabry mit Pass auf Müller. Doch das Pariser Abwehrbollwerk war ein echter Brocken. Zwei ließ das kalt: Kimmich an der Strafraumgrenze fand Coman im Zentrum. Dieser pflückte das Spielgerät herunter, es kommt zum Kopfball und er setzt das Ding in die Maschen. Die Pariser waren geschockt, warfen noch einmal alles nach vorne. Doch da war Neuer mit der nächsten Riesentat, er war der Fels in der Brandung. Abpfiff! Das Triple ist perfekt, der Jubel kannte keine Grenzen.

A Merkmale von Fachsprache erkennen

1
a) Untersuche den Textausschnitt nach Besonderheiten auf den Ebenen des Wortschatzes, Satzbaus und den Text als Gesamtes.
b) Erkläre, welche besonderen Merkmale die Fußballsprache im Textausschnitt aufweist.
c) Recherchiert, welche Merkmale Fachsprachen haben und diskutiert anschließend, inwiefern diese in der Fußballsprache zu finden sind.

B Besonderheiten der Fußballsprache erkennen

1 In der Fußballsprache wird wie in jeder Fachsprache ein Spezialwortschatz benutzt.
a) Ordne die Beispielwörter einem Wortbildungstypen zu.
Abstauber abklatschen Schongang Fliegenfänger Staubsauger Abstieg Aufsetzer Blutgrätsche verlängern Fahrstuhlmannschaft
b) Überlege, was die Komposita bedeuten könnten, wenn ihr die Bedeutung aus den Wortbausteinen herleitet. Vergleicht danach euren Vorschlag mit der tatsächlichen Wortbedeutung.
c) Ein typisches Merkmal der Fußballsprache ist ihre Bildhaftigkeit. Suche alle Metaphern im obigen Textausschnitt. Ordne fünf Beispiele in die Tabelle ein und ergänze die Leerstellen.

> **Tipp**
>
> Eine Metapher ist ein sprachliches Bild. Sie entsteht, wenn zwei unterschiedliche Bedeutungen zueinander in Beziehung gesetzt werden. Ein Wort wird dann in einer übertragenen Bedeutung gebraucht, z. B. Der Bomber der Nation.

Metapher	Herkunftsbereich der Wörter	Zielbereich der Wörter	Was ist gemeint?
gegnerische Mannschaft war ein echter Brocken	echter Brocken → Gestein, Bergbau; harte Arbeit	Der Gegner wird mit schwerem Gestein gleichgesetzt, die Verarbeitung ist anstrengend.	Ein Sieg über die gegnerische Mannschaft ist eine schwere Aufgabe.

2 Neben der Fußballsprache gibt es viele weitere Fachsprachen. Wählt eine aus und beschreibt deren Merkmale. Belegt diese an konkreten Beispielen.

Sprachliche Diskriminierung erkennen

1. Der folgende Textausschnitt ist ein Auszug aus einem Kinderbuchklassiker. Er entstand in den 1950er-Jahren, in einer Zeit, in der man Begriffe und Beschreibungen für Menschen anderer Ethnie verwendete, die heute nicht mehr üblich sind.

   A Lies den Textausschnitt und analysiere die jeweilige Wortwahl. Beschreibe, wie die verschiedenen Figuren in ihrem Äußeren und ihrem Verhalten dargestellt werden.

   B Lies den Text und nimm kritisch Stellung zu diesem Ausschnitt.

Wie kamen die beiden Negerlein auf die verschneite Dorfstraße? Und seit wann gab es Türken und Indianer in dieser Gegend? Türken mit roten Mützen und weiten Pluderhosen – und Indianer, die gräulich bemalte Gesichter hatten und lange Speere über den Köpfen schwangen? „Sie werden vom Zirkus sein", meinte der Rabe Abraxas. Aber die beiden Negerlein waren nicht vom Zirkus, und ebenso wenig die Türken und Indianer. Auch die kleinen Chinesinnen und der Menschenfresser, die Eskimofrauen, der Wüstenscheich und der Hottentottenhäuptling stammten nicht aus der Schaubude. Nein, es war Fastnacht im Dorf! Und weil Fastnacht war, hatten die Kinder am Nachmittag schulfrei bekommen, tollten verkleidet über den Dorfplatz. Die kleinen Türken warfen Papierschlangen. Der Hottentottenhäuptling brüllte: „Uaaah! Uaah" Der Menschfresser schrie: „Hungärr! Hungärrr! Wer will sich frrrressen lassen?" Die Chinesenmädchen kreischten auf Chinesisch, die Eskimofrauen quietschten in der Eskimosprache, und die Cowboys schossen mit Stöpselpistolen in die Luft.

---

2. Viele Kinderbuchklassiker verwenden Wörter, die heute als diskriminierend gelten. Daher ist eine Debatte entstanden, ob diese Wörter in den Texten ersetzt werden sollen. In dieser Debatte gibt es unterschiedliche Positionen:

   (A) „Diskriminierende Wörter sind grundsätzlich aus Kinderbüchern zu entfernen, nur so können rassistische Denkstrukturen überwunden werden."

   (B) „Veraltete und vor allem geschichtlich bedingt problematische Begriffe müssen ausgewiesen werden und mit einer Fußnote erklärt werden."

   (C) „Originale haben einen geschichtlichen und kulturellen Wert und dieser muss geschützt werden, daher wird eine Zensur grundsätzlich abgelehnt."

   Welche Position vertrittst du? Finde Argumente. Tauscht euch aus.

> **Tipp**
>
> Der Begriff *Neger* (lat. *niger* = schwarz) ist seit dem 17. Jahrhundert im deutschsprachigen Raum verbreitet. Er stand immer in einem rassistischen Kontext und ist heute das bekannteste Beispiel für diskriminierende Sprache. Ein diskriminierungsfreier Begriff ist *People of Color* (PoC, Person of Color).

3. Das Wort *Flüchtling* und dessen Gebrauch wird in den letzten Jahren viel diskutiert. Recherchiert, warum der Begriff als problematisch gilt und welche Alternativen es gibt.

4. Sammelt weitere Bereiche, in denen es sprachliche Diskriminierung gibt.

Zeige, was du kannst

Texte überarbeiten

Für den Jugendblog *#future* sollen mehrere Blogbeiträge zum Thema „Digitalisierung der Gesellschaft" entstehen. Weil viele Jugendliche Mitglieder in sozialen Netzwerken sind, soll sich ein Eintrag mit diesem Thema beschäftigen. Amira und Ben haben einen kritischen Text für den Jugendblog mit der Frage, wie viel Privatleben man mit den sozialen Netzwerken teilen sollte, verfasst. Nachdem sie Teile ihres Beitrags der Redakteurin gezeigt haben, gibt sie ihnen Überarbeitungshinweise.

> Heutzutage sind soziale Netzwerke ein heiß diskutiertes Thema, das quasi überall und in sämtlichen Medien kritisiert wird. Vor allem Facebook und Instagram sind an der Spitze dieser Diskussionen ganz weit vorne. Warum sind die so beliebt?
> Dafür spricht jedenfalls, dass man sich durch sie leichter Informationen beschaffen
> 5 kann. Das ist super, weil man sich so auch fix Informationen über andere Leute holen kann. Man erfährt sofort, was Menschen mögen und was nicht. So knüpft man rasch Freundschaften, da man schneller Leute findet, die so sind wie ich selber und die gleichen Interessen haben. Ein positiver Aspekt von derartigen Netzwerken ist auch, dass Promis ihre Fanbase leicht mit Informationen, über baldige Auftritte oder ähnliches,
> 10 informieren können. Mit diesen Netzwerken gewinnen sie zusätzliche neue Fans, sie geben dort ja auch viel über sich selbst preis, beispielsweise durch Posts. Viele Influencer teilen da auch mit ihren Followern ihr ganzes Leben und zeigen Produkte, die sie gerne hernehmen. Manchmal gibt's dann auch noch Rabattcodes – I like! …

Folie

1 a) Markiere Stellen, an denen der Text informell gestaltet ist.
b) Begründe, ob und an welchen Stellen du der folgenden Aussage der Redakteurin zustimmst.

> Diese Textstelle wirkt an vielen Stellen so, als ob ihr eure Argumentation mündlich und erzählend darstellen würdet.

c) Überarbeite die Textstelle, sodass der Text einen formellen Sprachgebrauch aufweist.

> Als positiver Aspekt der sozialen Netzwerke wird die schnelle Übertragung (1) von
> Bildern, Videos oder ähnlichem genannt. Beispielsweise werden diese durch einen
> Messenger (2) versandt. Dies wird als wichtige Eigenschaft bei Schülern gewertet.
> Denn wenn der Unterricht wegen einer Krankheit verpasst wird, wird das versäumte
> Arbeitsmaterial (3) ganz einfach per Nachricht geschickt. Auch in der Freizeit wird
> eine schnelle und unkomplizierte Datenübertragung (4) gewinnbringend. Anstelle
> eines Gangs zum Postkasten (5) bei nasskaltem (6) Wetter, wird eine Kündigung für
> den Sportverein (7) ganz bequem, zuhause im Internetformular ausgefüllt. Diese
> bekommt der Verein auf seinem Internetauftritt digital überreicht.

2 a) Begründe, ob und bei welchen Sätzen du der folgenden Aussage der Redakteurin zustimmst.

> In dieser Textstelle habt ihr so häufig das Passiv verwendet, dass manche Sätze schwer zu lesen sind. Insgesamt ist der Text deshalb auch schwer für Leserinnen und Leser zu verstehen.

b) Überarbeite die Textstelle. Entscheide dabei, an welchen Stellen du die Sätze im Aktiv oder Passiv formulierst.

3 Benenne die Wortbildungstypen, nach denen die unterstrichenen Wörter gebildet wurden.

4 Da ihr Text in einem Jugendblog erscheinen soll, haben Amira und Ben der Redakteurin vorgeschlagen, jugendsprachliche Elemente in ihrem Beitrag zu verwenden. Diskutiert, wie ihr mit diesem Vorschlag umgehen würdet.

5 Die Redakteurin möchte nochmals mit Amira und Ben über ihren Vorschlag diskutieren. Um eine möglichst passende Antwort zu finden, schlägt sie den beiden vor, das Problem von verschiedenen Perspektiven aus zu betrachten.
Versetze dich in die jeweilige Rolle und begründe deine Position.
  a. Stell dir vor, du bist Personalchefin in einer großen Firma. Was hältst du von Jugendsprache? Welche Argumente kannst du für deine Einstellung finden?
  b. Stell dir vor, du bist Werbegrafiker und sollst ein Produkt bewerben, das vor allem Jugendliche kaufen sollen. Welche Einstellung hast du gegenüber dem Thema Jugendsprache? Begründe deine Einstellung.
  c. Stell dir vor, du bist Redakteurin eines Jugendblogs und du möchtest einen interessanten Blog für Jugendliche gestalten. Wie positionierst du dich gegenüber der Jugendsprache?
  d. Du bist Jugendlicher und verwendest gerne Jugendsprache. Finde Argumente für deine Position.

Richtig schreiben

Ob Nachrichtensendungen, Zeitungen oder Schulbücher, allen gemeinsam ist, dass sie ohne Fremdwörter nicht auskommen. Warum ist das so? In diesem Kapitel erhältst du nicht nur Informationen zu Fremdwörtern und ihrer Funktion, sondern du erfährst auch, wann Wörter zusammen- oder getrennt geschrieben werden, wann ein Komma gesetzt werden muss und wer für die Regeln der deutschen Rechtschreibung zuständig ist.

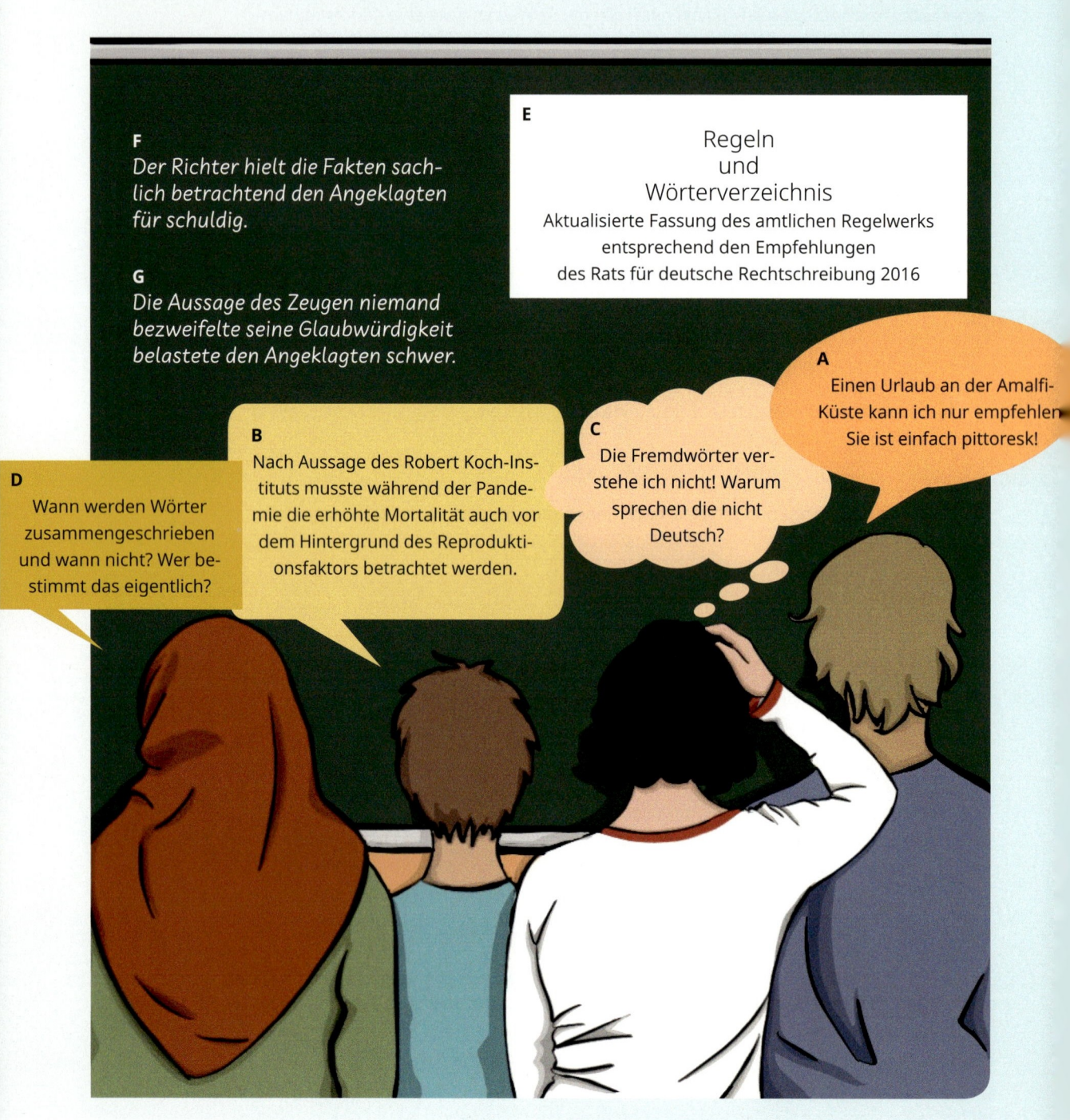

F
Der Richter hielt die Fakten sachlich betrachtend den Angeklagten für schuldig.

G
Die Aussage des Zeugen niemand bezweifelte seine Glaubwürdigkeit belastete den Angeklagten schwer.

E
Regeln und Wörterverzeichnis
Aktualisierte Fassung des amtlichen Regelwerks entsprechend den Empfehlungen des Rats für deutsche Rechtschreibung 2016

A
Einen Urlaub an der Amalfi-Küste kann ich nur empfehlen. Sie ist einfach pittoresk!

B
Nach Aussage des Robert Koch-Instituts musste während der Pandemie die erhöhte Mortalität auch vor dem Hintergrund des Reproduktionsfaktors betrachtet werden.

C
Die Fremdwörter verstehe ich nicht! Warum sprechen die nicht Deutsch?

D
Wann werden Wörter zusammengeschrieben und wann nicht? Wer bestimmt das eigentlich?

1. Schaut euch das Bild auf der linken Seite an.
   a) Welche Aussagen werden in den Sprechblasen A und B getroffen?
   b) Was bedeuten die dort verwendeten Fremdwörter?
   c) Aus welchen Sprachen stammen die Fremdwörter?
   d) Wer könnten die Adressaten sein?

2. Die Verwendung von Fremdwörtern hat unterschiedliche Gründe.
   Welche der folgenden Aussagen treffen auf die Texte in den Sprechblasen A und B und die darin enthalten Fremdwörter zu? Sind sie für beide Sprechblasen gleichermaßen zutreffend?

   Das hört sich sehr wissenschaftlich an.

   Das klingt sehr gebildet.

   Das hört sich sehr nach Fachsprache an.

   Das klingt sehr sachlich.

   Das klingt völlig altmodisch.   Das ist informativ.   Das versteht keiner.

3. Für die Regeln der Rechtschreibung und Zeichensetzung ist der Rat für deutsche Rechtschreibung zuständig. Er hat dazu ein amtliches Regelwerk veröffentlicht, dessen Titel du im Kasten E findest. Doch das Regelwerk benötigst du gar nicht, um bei den Sätzen F und G die fehlenden Kommas zu setzen.
   a) Lest euch in Partnerarbeit die beiden Sätze laut vor. Könnt ihr die Gliederung der Sätze „hören"? Wo müssten eurer Meinung nach Kommas gesetzt werden?
   b) Überprüft eure Vermutung. Was ist die Kernaussage des Satzes? Was ist als weitere Information ergänzt worden und könnte auch weggelassen werden?
   c) Schreibt die Sätze ab und setzt die Kommas. In jedem Satz müssen zwei Kommas gesetzt werden. Sie markieren den Anfang und das Ende der Ergänzung.

4. Wörter können manchmal zusammen- oder getrennt geschrieben werden.
   a) Überlege mit deiner Partnerin oder deinem Partner, welche Schreibung richtig ist.
      a. Du musst nicht im Stehen schreiben, du kannst ruhig **dabei sitzen/ dabeisitzen**.
      b. Um den Streit zu schlichten, muss nicht die ganze **Klasse dabei sitzen/ dabeisitzen**.
      c. Anna wollte die Party verlassen, ihr Freund wollte noch **da bleiben/dableiben**. Dann soll er eben **da bleiben/dableiben**, wo er will.
   b) Könnt ihr eure Entscheidung begründen?

> **In diesem Kapitel lernt ihr, ...**
> › Fremdwörter in Sachtexten zu erkennen und zu verstehen,
> › Fremdwörter in einem eigenen Sachtext zu verwenden,
> › unterschiedliche Wörterbücher für eigene Zwecke zu nutzen,
> › die Zusammen- und Getrenntschreibung richtig anzuwenden,
> › Satzstrukturen zu unterscheiden und Kommas richtig zu setzen.

Funktionen von Fremdwörtern erkennen

Vielleicht ist dir auch schon aufgefallen, dass in Sachtexten häufig Fremdwörter verwendet werden. Doch warum sind sie gerade in dieser Textsorte so oft zu finden? Welche Funktion haben sie? Kannst du Fremdwörter in Sachtexten verstehen und sie sinnvoll einsetzen? Mit diesen Fragen, aber auch mit der korrekten Schreibung von Fremdwörtern sowie der Nutzung verschiedener Wörterbücher wirst du dich in diesem Kapitel auseinandersetzen.

Klimawandel

(A) Für das Leben auf der Erde ist die wärmende Energieabstrahlung der Sonne eine wesentliche Voraussetzung. Die energiereiche Strahlung, die von den Gasen der Atmosphäre nicht reflektiert worden ist, trifft auf die Erdoberfläche. Hier kommt es einerseits zu einer Aufnahme, andererseits aber auch zu einer Reflexion der Energie. Für die Existenz von Leben auf unserem Planeten ist die Balance zwischen beiden eine wichtige Voraussetzung. Ist diese Balance nicht mehr vorhanden, kommt es zu einem Klimawandel. Mit Sorge registrieren deshalb die Wissenschaft, die Politik, aber auch nichtstaatliche Akteure und Interessengruppen eine zunehmende Erderwärmung. Grund dafür ist, dass die Atmosphäre mehr Sonnenenergie aufnimmt, als sie abstrahlt.

(B) Verursacht wird dies zum einen durch die Industrialisierung, zum anderen aber auch durch unseren Lebensstil. Beides hat zu enormen Emissionen an so genannten Treibhausgasen geführt, die aufgrund komplexer Prozesse eine Veränderung der Atmosphäre bewirkten. Als Folge erwärmt sich unser Planet zu sehr und das Klima wandelt sich. Unbestritten ist, dass industrielle Wirtschaftsformen, aber auch unser Lebensstil energieintensiv sind und leider auch zur systematischen Zerstörung von Lebensraum beitragen. Energieträger, die nachweislich eine schlechte Energiebilanz aufweisen, werden daher immer seltener subventioniert und sind als Folge wirtschaftlich auch nicht mehr profitabel. Ein positiver Effekt dieser Entwicklung ist, dass die Suche nach energieeffizienten und umweltverträglichen Energieträgern intensiviert wird.

1 Lies dir den Text zum Klimawandel durch.

2 Bearbeitet die Textteile mit einer Partnerin oder einem Partner.
   a) Wähle einen Textteil aus und gib den Inhalt mit eigenen Worten wieder.
   b) Welche der Fremdwörter kannst du nicht problemlos „übersetzen"?

Kompetenzen aufbauen — Richtig schreiben

3 a) Suche für deinen Textteil die Wörter heraus, die du für Fremdwörter oder mit Fremdwörtern zusammengesetzte Wörter hältst. Schreibe sie auf. Woran hast du sie erkannt? Tausche dich mit deiner Partnerin oder deinem Partner aus.
   b) Gibt es Wörter oder Wortzusammensetzungen, bei denen ihr nicht sicher seid, ob sie einen Wortstamm enthalten, der auf ein Fremdwort zurückzuführen ist? Überprüft dies gemeinsam mithilfe eines (Online-)Wörterbuchs und ergänzt fehlende Fremdwörter.
   c) Schaut euch die Wörter eurer Wortsammlung noch einmal genauer an. Welche Buchstaben oder Buchstabenkombinationen könnten zu Rechtschreibfehlern führen? Markiert sie.

Starthilfe, S. 394

> **Tipp**
>
> Ihr könnt ein (Online-)Rechtschreib-, Fremd- oder Herkunftswörterbuch verwenden.

❗ Wissen und Können

Fremdwörter gezielt verwenden

- Sie werden verwendet, um sich durch den Sprachstil **von der Umgangssprache abzuheben**. Die Nutzer/-innen möchten als gebildet und kompetent wahrgenommen werden (z. B. Die Landschaft ist pittoresk statt malerisch.).
- Der gezielte Einsatz von Fremdwörtern kann dabei helfen, eine **bestimmte Wirkung** zu erreichen: So lassen sich mit Fremdwörtern Inhalte **sachlich** erläutern (z. B. Emissionen statt Ablassen von Gasen, Ruß usw.), man kann Inhalte **verniedlichen** oder als **harmlos** erscheinen lassen (anthropogene Klimaveränderung statt von Menschen verursachte Veränderung), man kann aber auch mit ihnen **übertreiben**, um eine hohe Aufmerksamkeit zu erzielen (z. B. technische Revolution statt grundlegende technische Änderung).
- Häufig lassen sich schwierige und auch umfangreiche Sachverhalte durch Fremdwörter **kurz und genau** ausdrücken (z. B. Pantomime, Intelligenz, Kredit).
- Fremdwörter können als Synonyme verwendet werden. So lassen sich in Texten **Wiederholungen vermeiden** (z. B. adäquat für angemessen, diskret für vertraulich, infantil für kindisch).
- Die **internationale Verständigung** über Themen und Inhalte wird erleichtert, da gleiche Fachbegriffe verwendet werden (z. B. Internet, Emission).

4 Bei dem Text über den Klimawandel handelt es sich um einen informierenden Sachtext.
   a) Wähle drei Textstellen mit Fremdwörtern aus, die diese Aussage stützen. Welche Funktion(en) aus dem Wissen-und-Können-Kasten erfüllen sie?
   b) Stellt eurer Partnerin bzw. eurem Partner eure Auswahl vor und begründet eure Meinung.

Einen informierenden Text planen und schreiben, S. 112–116

5 Der Sachtext enthält viele Fremdwörter. Sind diese alle erforderlich?
   a) Suche ein Beispiel im Text, bei dem ein oder mehrere Fremdwörter durch einheimische Wörter ersetzt werden können, ohne die Wirkung des Textes zu verändern.
   b) Vergleicht eure Beispiele und begründet eure Auswahl.

Arbeitsheft, S. 100

Fremdwörter mit rh, th, ph richtig schreiben

Viele Wörter, die im Deutschen lange bekannt und gebräuchlich sind, werden dennoch schnell als Fremdwörter erkannt. Dies liegt häufig daran, dass ihre Schreibung Buchstabenverbindungen enthält, die für die deutsche Rechtschreibung unüblich sind. Solche Buchstabenverbindungen sind z. B. rh, th, ph. Gesprochen klingen sie wie r, t oder f.

1 Bei den folgenden Wörtern handelt es sich um Fremdwörter, die ursprünglich alle mit einem oder zwei h geschrieben wurden. Einige von ihnen dürfen inzwischen auch nur mit r, mit t oder mit f (anstatt ph) geschrieben werden.

These Sympathie Rhythmus Phänomen Morphium Panther Geographie Thema Katastrophe Alphabet Rheuma Methode Thron Apathie Theologie Saxophon Graphik Mythos Ästhetik Philosophie Paragraph Apotheke Thermometer Delphin Therapie Mikrophon Rhetorik Thunfisch Rhabarber Ethik Photographie

Arbeitet zu zweit. Sucht die Wörter heraus, bei denen inzwischen auch eine Schreibung nur mit r, t oder f erlaubt ist. Schreibt die Wörter in beiden Schreibweisen auf.

> **Tipp**
> Ihr könnt ein (Online-)Rechtschreib-, Fremd- oder Herkunftswörterbuch verwenden.

2 a) Viele Wörter haben sich nicht verändert. Fertigt dazu eine Tabelle an und tragt die Wörter aus Aufgabe 1 entsprechend ihrer Schreibung ein.

Wörter mit **th**	Wörter mit **ph**	Wörter mit **rh**
These		

b) Sucht anschließend zu diesen Wörtern Wortzusammensetzungen oder verwandte Wortformen. Bildet fünf Sätze, in denen ihr die Beispiele verwendet.

→ *Wortbildung untersuchen, S. 283/284*

→ *Lehnwörter, S. 383*

❗ Wissen und Können

Fremdwörter mit rh, th, ph richtig schreiben

Bei vielen Wörtern, die im Deutschen häufig verwendet werden, kann man am Klang nicht erkennen, dass es sich um Fremdwörter handelt, denn die Buchstaben klingen wie r, t oder f. Tatsächlich besitzen diese Fremdwörter Buchstabenverbindungen, die rh, th und ph geschrieben werden.
Allerdings ist es inzwischen auch bei einigen dieser Wörter möglich, mehrere Schreibvarianten zu verwenden. So können z. B. alle Wörter mit den Wortbausteinen phon, phot oder graph auch mit f geschrieben werden, also fon, fot oder graf. Langfristig werden diese Wörter dadurch zu Lehnwörtern.

Arbeitsheft, S. 101

Mit Fremdwörtern treffend schreiben

Der Energieverbrauch der Schule soll einer Überprüfung unterzogen werden. Dabei soll auch die Beleuchtung des Schulgebäudes in den Blick genommen werden. Der Schülerrat, der aufgefordert worden ist, ebenfalls Ideen zum Thema einzubringen, ist bei seiner Recherche auf folgenden Text gestoßen, der aber nicht mehr vollständig lesbar war.

Mit Licht sparen

Dass man ▨ einsparen kann, ohne auf gewohnte Annehmlichkeiten zu verzichten, lässt sich gut an ▨ Leuchtmitteln nachweisen. Sorgten früher Glühbirnen für eine heimelige ▨ zu Hause, ersetzen zunehmend Sparlampen die alten Lichtquellen. Sie haben eine wesentlich höhere ▨ als die in der EU nicht mehr zulässigen Glühbirnen. ▨ bedeutet dies, dass z. B. ▨ Leuchtmittel mit LEDs im Vergleich mit Glühbirnen lediglich etwa ein Sechstel der bisher erforderlichen Energie benötigen. ▨ sogar, dass insbesondere ▨ mit LED, einer ▨, sich auf dem Markt durchsetzen und ihn ▨ wird. Zwar verbrauchen auch klassische Energiesparlampen wenig Strom, sie haben jedoch im Vergleich einige Nachteile. So ist ein großes ▨, dass sie mit Quecksilber ein giftiges Schwermetall enthalten. …

1 a) Lest euch den Text vor und setzt die Wörter probeweise ein.
    b) Schreibt nun den Text mit den fehlenden Wörtern ab.

    aktuell   Atmosphäre   dominieren   Energie   Energieeffizienz Experten   konkret   lichtemittierende Diode   Manko   modern prophezeien   Technik

Textverarbeitungsprogramm

2 Der folgende Text setzt den Sachtext „Mit Licht sparen" fort. Allerdings verzichtet er weitestgehend auf Fremdwörter. Formuliere ihn so um, dass er vom Sprachstil zum Sachtext passt. Verwende dabei die unten aufgeführten Fremdwörter. Du kannst auch weitere Fremdwörter deiner Wahl verwenden.

    Elektronikbauteile und LED-Chips in LEDs   innovatives und elegantes Design kurioser Trend in der Industrie   Konsequenz   fatale Entwicklung Komplettreparatur oder komplette Entsorgung   ressourcenschonender Umgang   moderne Lichttechnik und modernes Lampendesign

Textverarbeitungsprogramm

Energiesparlampen sind zwar sparsamer als Glühbirnen, aber sie brauchen lange, bis sie hell sind. Es ist nicht gut für sie, wenn sie oft ein- und ausgeschaltet werden. Es ist auch nicht gut, dass sie wegen des Quecksilbers zur Entsorgung in die Schadstoffsammlung müssen. LEDs haben andere Bauteile und werden deshalb im Wertstoffhof oder beim Fachhandel zurückgegeben.

Ein weiterer Vorteil von LEDs ist, dass sie eine hohe Betriebsdauer haben. Sie können auch so hergestellt werden, dass Lampen vom Aussehen etwas Neues bieten und auch eine merkwürdige Form haben können. Es ist aber zu einer seltsamen Entwicklung in der Industrie gekommen. Sie verbaut ganz oft LEDs fest. Daher ist ein Auswechseln bei einem Schaden nicht mehr möglich. Lampen mit LEDs müssen entweder vollständig repariert oder vollständig entsorgt werden. Das ist nicht gut, weil so eine zeitgemäße Lichterzeugung und ein zeitgemäßes Lampenäußeres zu einer verhängnisvollen Entwicklung führen. Man muss fragen, ob dieses Vorgehen der richtige Weg ist, um mit Rohstoffen umzugehen.

3 Lest euch eure Texte vor. Schließen sie gut an den Ausgangstext an? Wurden die Fremdwörter richtig verwendet? Gebt euch eine Rückmeldung.

→ *Argumente sammeln, S. 126–129*

4 In dem Text wurden unterschiedliche Lichttechniken mit ihren Vor- und Nachteilen vorgestellt. Wenn ihr die dargestellten Sachverhalte abwägt, für welche Lichttechnik würdet ihr euch entscheiden? Begründet eure Meinung unter Verwendung passender Fremdwörter.

❗ Wissen und Können

Mit Fremdwörtern treffend schreiben

Die Produktion von Texten ist anlass- und adressatenbezogen. Dies gilt auch für die Verwendung von Fremdwörtern in Texten. Durch eine gezielte Wortwahl können Fremdwörter in Texten große Emotionen auslösen, sie können diese jedoch auch weitgehend verhindern oder versachlichen. Dadurch, dass Fremdwörter unterschiedliche Funktionen erfüllen können, sind sie in der Lage, Texte zu bereichern. Sie müssen jedoch zur Textsorte und zum Textinhalt passen.

Arbeitsheft, S. 102

Mit verschiedenen Wörterbüchern arbeiten

Wenn du unsicher bist, wie ein Wort geschrieben wird, du die Bedeutung eines Wortes nicht kennst, dir das Genus eines Wortes unbekannt ist oder du nicht weißt, wie der Plural eines Wortes gebildet wird, dann kann dir ein Wörterbuch weiterhelfen. Insbesondere zu unbekannten Wörtern, wie z. B. Fremdwörtern, erhältst du in gedruckten Wörterbüchern oder Online-Wörterbüchern viele Informationen.

1 Zu dem Wort Atmosphäre findest du in einem Fremdwörterbuch z. B. folgende Angaben:

Fremdwörterbuch-Eintrag

Atmosphäre die ; - , -n (gr.):
1. a) Gashülle eines Gestirns;
   b) Lufthülle der Erde.
2. (nicht gesetzliche) Einheit des Druckes
   (Zeichen für die physikalische Atmosphäre:
   atm, früher: Atm; für die technische Atmosphäre: at).
3. eigenes Gepräge, Ausstrahlung, Stimmung, Fluidum

2 Schlage nun das Wort Atmosphäre in einem Rechtschreibwörterbuch nach. Vergleiche dann die Angaben in beiden Büchern. Welche Angaben sind gleich? Worin unterscheiden sich die Einträge in den beiden Büchern?

Auch das Internet und seine Suchmaschinen können dir dabei helfen, Auskünfte zur Schreibung, Herkunft und Bedeutung von Wörtern zu erhalten. Das nachstehende Beispiel aus einem Online-Wörterbuchs zu „Atmosphäre" findest du im Internet.

3 Vergleiche die Einträge des Online-Angebots auf der nächsten Seite mit den Angaben in einem Rechtschreibwörterbuch und einem Fremdwörterbuch.
   a) Worin unterscheiden sie sich?
   b) Wofür kannst du sie nutzen?

Starthilfe, S. 394

Atmosphäre, die

Wortart: Substantiv, feminin
Häufigkeit: ▨▨▨▨▨

BEDEUTUNGSÜBERSICHT
1. a) Lufthülle der Erde; Luft
   b) Gashülle eines Gestirns
2. a) eigenes Gepräge, Ausstrahlung; Stimmung; Fluidum. Kurzum: Atmo
   b) Umgebung, Umwelt, Milieu
3. (Physik) Einheit des Druckes

WUSSTEN SIE SCHON?
Dieses Wort oder diese Verbindung ist rechtschreiblich schwierig (Liste der rechtschreiblich schwierigen Wörter).

SYNONYME ZU *ATMOSPHÄRE*
- Dunst, Luft[hülle], Liftschicht
- Gashülle
- Air, Ausstrahlung, Duft, Feeling, Flair, Fluidum, Hauch, Klima, Kolorit, Stimmung; (gehoben) Dunstkreis, Gepräge
- Ambiente, Milieu, Sphäre, Umgebung, Umwelt; (umgangssprachlich) Umgegend

AUSSPRACHE
Betonung: Atmosphäre
Lautschrift: [atmoˈsfɛːrə] 🔊

BEDEUTUNGEN, BEISPIELE UND WENDUNGEN
1. a) Lufthülle der Erde; Luft
   Grammatik
   ohne Plural
   Beispiel
   der Satellit verglühte beim Wiedereintritt in die Atmosphäre
   b) Gashülle eines Gestirns
   Beispiel
   die Atmosphäre der Venus

2. a) eigenes Gepräge, Ausstrahlung; Stimmung; Fluidum
   Kurzwort
   Atmo (1)
   Beispiele
   – eine kühle, frostige, angespannte Atmosphäre
   – eine Atmosphäre des Vertrauens
   – eine Atmosphäre der Behaglichkeit
   – diese Stadt hat keine Atmosphäre
   – Atmosphäre um sich verbreiten
   – eine angenehme, behagliche Atmosphäre schaffen
   b) Umgebung, Umwelt, Milieu
   Beispiel
   die fremde Atmosphäre ängstigte mich

3. Einheit des Druckes
   Gebrauch
   Physik
   Beispiele
   – absolute Atmosphäre (Zeichen: ¹ata)
   – physikalische Atmosphäre (Zeichen: atm)
   – technische Atmosphäre (Zeichen: at)
   – der Kessel steht unter einem Druck von 40 Atmosphären

4 Suche in einem Online-Wörterbuch, einem Rechtschreibwörterbuch und in einem Fremdwörterbuch die Eintragungen zu den Wörtern Reflexion und Effizienz.
  a) In welchem der drei Werke erhältst du die meisten Informationen zum Stichwort? Wobei können dir die Informationen helfen? Welche kannst du nutzen und welche benötigst du nicht?
  b) Wenn du das Nachschlagen vergleichst: Mit welchem Nachschlagewerk kannst du am besten arbeiten? Begründe deine Meinung.
  c) Du willst nur ganz schnell wissen, wie ein Wort geschrieben wird. Welches Wörterbuch würdest du nutzen? Kannst du dir weitere Situationen vorstellen, in denen du erst einmal bestimmte Wörterbücher nutzen würdest?

5 Das Internet und seine Programme sind so weit entwickelt, dass sie auch Rechtschreibfehler wie z. B. Athmusfäre bei der Eingabe in eine Suchmaschine verzeihen und das Wort in orthografisch korrekter Schreibweise anbieten.
  a) Überprüfe diese Aussage am Beispiel der folgenden falsch geschriebenen Wörter: Supwention, Panthomieme, Ilumination

  b) Buchstabiere die Wörter korrekt und kläre ihre Bedeutung.

❗ Wissen und Können

Mit verschiedenen Wörterbüchern arbeiten

Wie und welche Wörterbücher verwendet werden, hängt von der Nutzerin bzw. dem Nutzer, den zur Verfügung stehenden Medien, aber besonders auch vom Zweck der Nutzung ab.
Einfache Fragen zur **Orthografie** können sowohl über das Internet als auch mit einem gedruckten **Rechtschreibwörterbuch** gelöst werden.
Weitergehende Informationen erhält man durch **Online-Wörterbücher** sowie spezielle Wörterbücher wie **Fremdwörterbücher** oder -lexika und **Synonymwörterbücher**. Diese helfen z. B. nicht nur beim richtigen Schreiben, sondern geben auch Anregungen beim Schreiben von Texten, indem sie Wörter mit ähnlicher Bedeutung aufzeigen, um z. B. Wiederholungen zu vermeiden.
Bei der Arbeit mit einem Textverarbeitungsprogramm werden dir unter dem Button „**Thesaurus**" Synonyme und Antonyme vorgeschlagen, die du dir anzeigen lassen und anschließend auswählen kannst.

➡ *Synonyme und Antonyme, S. 285*

Wörter verschiedener Wortarten zusammen- oder getrennt schreiben

Selbst für geübte Schreiberinnen und Schreiber ist die Getrennt- und Zusammenschreibung nicht einfach. Da ist es hilfreich, wenn man auf einige Regeln zurückgreifen kann. Für die Regeln der Rechtschreibung ist der Rat für deutsche Rechtschreibung zuständig, der diese in einem amtlichen Regelwerk festschreibt.

Im Text über die kleine Insel im Atlantik sind einige Fälle, bei denen häufig Fehler gemacht werden, gelb unterlegt. Auf den nächsten Seiten lernst du, diese Fehler zu vermeiden.

Ein exklusives Reiseziel

São Tomé ist eine kleine Insel im Atlantischen Ozean, 200 Kilometer westlich von Afrika. Mit dem **satt grünen/sattgrünen** Dschungel, den gelben Stränden und ihren hohen Bergen soll sie angeblich aufgrund ihrer Schönheit niemanden **kalt lassen/kaltlassen**. Touristen wird es **schwer fallen/schwerfallen**, dieses Reiseziel zu erreichen, da es nur über Spezialanbieter zu buchen ist. Wer es denn auf die Hauptinsel des kleinen Inselstaats geschafft hat, kann sich das Eiland bei einer **Schweiß treibenden/schweißtreibenden** Wanderung von oben anschauen. Die Wanderung ist nicht **hoch gefährlich/hochgefährlich**, doch Vorsicht! Ohne einen erfahrenen Bergführer kann man auf den schmalen Pfaden zum **hoch gelegenen/hochgelegenen** Gipfel des Pico de São Tomé auch einmal **schwer fallen/schwerfallen**. Deshalb sollten ungeübte Wanderer, auch wenn sie deshalb für eine Zeit nicht mit anderen aus einer Gruppe **beisammen sein/beisammensein** können, vom Angebot eines Ausflugs besser **Abstand nehmen/abstandnehmen**.

1 Lies dir den Text durch. Welche Schreibung ist deiner Meinung nach richtig? Tausche dich mit einer Partnerin oder einem Partner darüber aus.

⊙ Tipp

Den Rat der deutschen Rechtschreibung kennenlernen

Der Rat für deutsche Rechtschreibung ist die zentrale Instanz in Fragen der Rechtschreibung. Ziele seiner Arbeit sind die Beobachtung und Weiterentwicklung der deutschen Rechtschreibung, die Bewahrung ihrer Einheitlichkeit und die Klärung von Zweifelsfällen. Weitere Informationen findest du unter www.rechtschreibrat.com.

Arbeitsheft, S. 103–107

Adjektiv und Verb zusammen- oder getrennt schreiben

2 Wenn Adjektive und Verben gemeinsam verwendet werden, kannst du in der Regel nicht viel verkehrt machen. Sie können nämlich immer getrennt geschrieben werden.
  a) Schau dir die folgenden Beispiele an. Wodurch unterscheiden sich die Beispiele in b. von den Beispielen in a.? Und wodurch unterscheiden sich die beiden Beispiele in b.?
      a. Du kannst eine Suppe **warm machen.**
         Du kannst eine Suppe **warmmachen.**
      b. Lara hat bei ihrem Referat **frei gesprochen**.
         Der Angeklagte wurde aus Mangel an Beweisen **freigesprochen**.
  b) Vielleicht hast du eine Vermutung, welche Regel über die Schreibung entscheidet. Überprüfe, ob sie auch bei dem folgenden Beispiel zutrifft.
      c. Max und seine Freundin Lara wollten einen Brief **zusammen schreiben**.
         In ihrem Brief mussten sie manche Wörter **zusammenschreiben**.

Starthilfe, S. 394

3 a) Übertrage die Tabelle in dein Heft und erkläre stichwortartig die jeweilige Bedeutung der folgenden Beispiele.
   schief gehen – schiefgehen   näher kommen – näherkommen
   locker lassen – lockerlassen   schlecht reden – schlechtreden
   offen bleiben – offenbleiben   gerade stehen – geradestehen

Adjektiv + Verb	Bedeutung
gut schreiben	z. B. schöne Handschrift, gute Texte schreiben
gutschreiben	z. B. Geldsumme als Guthaben auf ein Konto schreiben
schief gehen	…

Tipp

Wenn du bei den Bedeutungen unsicher bist, schlage in einem (Online-)Wörterbuch nach. Dort findest du Erläuterungen.

b) Schreibe zu vier Beispielen Sätze im Perfekt auf, in denen Adjektiv und Verb zusammengeschrieben bzw. getrennt geschrieben werden müssen. Vergleicht eure Sätze miteinander.
   Beispiel: Den Text hast du gut geschrieben.
               Die Bank hat mir 100 € gutgeschrieben.

Tipp

Du möchtest noch mehr über die Zusammen- und Getrenntschreibung wissen, doch das Regelwerk ist dir zu kompliziert? In manchen Wörterbüchern findest du unter einer eigenen Rubrik die Regeln mit anschaulichen Beispielen.

❗ Wissen und Können

Adjektiv und Verb zusammen- oder getrennt schreiben

Wenn ein Adjektiv und ein Verb ihre eigentliche Bedeutung behalten sollen, werden sie in der Regel getrennt geschrieben. Wenn sie zusammen eine neue, von der ursprünglichen abweichende Bedeutung erhalten, müssen sie jedoch zusammengeschrieben werden.

Arbeitsheft, S. 103

Adjektiv und Adjektiv zusammen- oder getrennt schreiben

4 Zwei nebeneinanderstehende Adjektive kannst du sowohl getrennt schreiben als auch zusammenschreiben:
schwer verdaulich – schwerverdaulich   leicht verdaulich – leichtverdaulich
Ist jedoch etwas ganz, sehr, ziemlich, ... schwer verdaulich oder schwerer verdaulich, dann wird immer getrennt geschrieben.

Starthilfe, S. 394

a) Wodurch unterscheiden sich die Beispiele oben? Formuliere eine Regel dazu.
b) Die folgenden Kombinationen kommen häufig vor. Du kannst sie getrennt oder zusammenschreiben. Schreibe vier Beispiele auf, die ausschließlich getrennt geschrieben werden dürfen. Verwende sie in Verbindung mit einem Nomen.
**grob gestrickt – grobgestrickt   gut aussehend – gutaussehend
gut bezahlt – gutbezahlt   halb fertig – halbfertig
hoch erfreulich – hocherfreulich   schlecht gelaunt – schlechtgelaunt
schwer verständlich – schwerverständlich   voll besetzt – vollbesetzt
voll entwickelt – vollentwickelt   voll klimatisiert – vollklimatisiert**

Beispiel: ein ziemlich grob gestrickter Pullover, ...

5 Es gibt auch Zusammensetzungen mit Adjektiven, die immer zusammengeschrieben werden.
a) Lies den Wissen-und-Können-Kasten.
b) Arbeitet zu zweit. Benennt abwechselnd zu jedem Beispiel möglichst viele Wortgruppen, in denen Adjektive mit bedeutungsverstärkenden Bestandteilen vorkommen.
bitter-   brand-   dunkel-
Beispiel: **bitter-:**
eine bitterkalte Nacht, ein bitterböser Brief, ...
c) Bilde ein möglichst langes und witziges, aus Adjektiven bestehendes Wort zu einem Nomen.
Beispiel: eine hyperbitterkalte Nacht

❗ Wissen und Können

Adjektiv und Adjektiv zusammen- oder getrennt schreiben

Wer zwei nebeneinanderstehende Adjektive getrennt schreibt, macht in der Regel nichts verkehrt. Es gibt jedoch eine Ausnahme: Zwei Adjektive werden zusammengeschrieben, wenn das erste die Bedeutung verstärkt oder abschwächt. Adjektive, die oft an der ersten Stelle stehen, sind zum Beispiel: bitter-, brand-, dunkel-, erz-, extra-, früh-, gemein-, grund-, hyper-, lau-, minder-, stock-, super-, tod-, ultra-, ur-, voll-.

Arbeitsheft, S. 104

Nomen und Verb zusammenschreiben

6 Nomen und Verben können eine Wortgruppe oder eine Wortzusammensetzung bilden. Handelt es sich bei den folgenden Wörtern um eine Wortgruppe oder eine Wortzusammensetzung? Sprecht sie euch laut vor. Wie werden sie geschrieben?

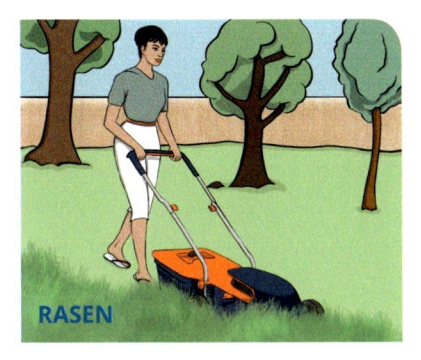

> **Tipp**
> Bei der Wortgruppe werden das Nomen und das Verb betont. Bei der Wortzusammensetzung wird hingegen das Nomen vor dem Verb betont.

RASEN   HEIM

7 Bei den folgenden Nomen und Verben handelt es sich entweder um Wortgruppen oder um Wortzusammensetzungen. Übertrage die Tabelle in dein Heft und trage die Wörter ein.

BANGE – machen   SCHLUSS – folgern   SKI – fahren   TEIL – haben
STAND – halten   WERT – legen   LOB – preisen   MAß – nehmen
HEIM – kommen   PLATZ – machen

Wortgruppe	Zusammensetzung
Bange machen	...

> **Tipp**
> Wenn du unsicher bist, kannst du dir die Beispiele vorsprechen, um die Betonungsstelle zu hören. Zur Kontrolle kannst du in einem (Online-)Wörterbuch nachschlagen.

8 Schreibe die folgenden Sätze ab und setze die Wörter ein. Verwende dabei das Perfekt.
ANGST – machen   HEIM – gehen   PROBE – fahren   EIS – essen
LEID – tun   RAD – fahren   EIS – laufen   NOT – leiden   KOPF – stehen
WERT – schätzen   HAND – haben

Textverarbeitungsprogramm

a. Jan ist gestern gleich nach dem Training auf dem kürzesten Weg ___.
b. In diesem heißen Sommer habe ich so viel ___ wie nie zuvor.
c. Die zunehmende Zahl an Unwettern auf der Welt hat mir richtig ___.
d. Ich bin schon mit drei Jahren ___, aber ___ bin ich erst mit zehn Jahren.
e. Heute habe ich ohne Pause zur Entspannung drei Minuten ___.
f. Der Armbruch meiner Schwester an ihrem Geburtstag hat mir richtig ___.
g. Vor dem Kauf sind meine Eltern das Auto erst einmal ___.
h. Meine Eltern lobten mich, weil ich alles zu ihrer Zufriedenheit ___ habe.
i. Nach dem Vortrag haben sie die Folgen der Veränderungen richtig ___.
j. In einem weiteren schneelosen Winter haben die Tiere keine ___.

> **Tipp**
> Wenn du unsicher bist, schlage in einem (Online-)Wörterbuch nach.

9 a) In den folgenden Sätzen ist jeweils nur eines der drei Beispiele richtig geschrieben. Welches? Begründe deine Entscheidung.
   a. A) Er hat gestern **Staubgesaugt**.
      B) Er **staubsaugte** gestern.
      C) Er **saugte** gestern **staub**.
   b. A) Sie musste auf ihren Bruder gut **achtgeben**.
      B) Sie **gibt** gut **Acht** auf ihren Bruder.
      C) Sie **gibt** große **acht** auf ihren Bruder.
   c. A) Er **schwamm Brust** im Wettkampf.
      B) Er **schwamm brust** in den Wellen.
      C) Er begann im Tiefen **Brustzuschwimmen**.
   d. A) Sie rannte ohne **Haltzumachen**.
      B) Sie rannte ohne **halt zu machen**.
      C) Sie rannte ohne **haltzumachen**.

b) Schreibe alle Sätze in richtiger Schreibweise in dein Heft.

Starthilfe, S. 394

10 a) Die folgenden Wortgruppen und Wortzusammensetzungen kennst du schon:
heimkommen, Klavier spielen, kopfstehen, eislaufen, Ski fahren.
Was hat sich verändert? Begründe, warum die Schreibung in den folgenden Sätzen richtig ist und formuliere eine Regel dazu. Vergleicht eure Regeln miteinander.
   a. Jan ist beim **Heimgehen** über einen Ast gestolpert.
   b. Maike liebt das **Klavierspielen** sehr.
   c. Torben ist vom **Kopfstehen** ganz schwindelig geworden.
   d. Marie mag das **Eislaufen**, aber schnelles **Skifahren** gefällt ihr noch mehr.

b) Schreibe mit dem Wortmaterial aus der Aufgabe 8 vier weitere Sätze auf.

> ❗ **Wissen und Können**
>
> **Nomen und Verb zusammenschreiben**
>
> Nomen und Verben können eine Wortgruppe bilden. Beide Wörter werden dann betont. Das Nomen behält seine Eigenständigkeit und Nomen und Verb werden getrennt geschrieben: Eis essen, Rasen mähen
>
> Hier werden Nomen und Verb zusammengesetzt: wertschätzen, heimgehen.
> Zwar sind beide Wortstämme noch erkennbar, doch die Nomen Wert und Heim sind stark verblasst. Sie werden gar nicht mehr als Nomen wahrgenommen, sondern sind zu Präfixen der Verben geworden. Daher werden diese Zusammensetzungen klein- und zusammengeschrieben. Das verblasste Nomen wird betont.
>
> Es gibt Nomen und Verben, die kannst du sowohl getrennt als auch zusammenschreiben: Acht haben – achthaben, Staub saugen – staubsaugen,
> Brust schwimmen – brustschwimmen, Halt machen – haltmachen.
> In Verbindung mit Artikelwörtern werden Wortgruppen und Wortzusammensetzungen aus Nomen und Verb jedoch immer groß- und zusammengeschrieben.

Arbeitsheft, S. 105

Verbindungen mit *sein* richtig schreiben

11 a) Schreibe die Sätze ab und trage die Verbindung mit sein korrekt ein.

    da   abhängig   traurig   wert   unabhängig   zufrieden

    a. Ole konnte mit dem Ergebnis der Klassenarbeit ____ .
    b. Sie hatte keine Lust, immer von seiner Tagesstimmung ____ .
    c. Könntest du bitte pünktlich um 7 Uhr ____ .
    d. Dieses große Geschenk hätte mindestens ein Dankeschön ____ müssen.
    e. Du musst nicht ____ , wenn du im Spiel nicht gewonnen hast.
    f. Sie hat sich von ihrem Freund getrennt, weil sie ____ wollte.

b) Erkläre deine Entscheidungen mithilfe des Wissen-und-Können-Kastens.
c) Kennt ihr noch weitere Wortgruppen, die mit sein gebildet werden?

12 a) Begründe die Zusammenschreibung der fettgedruckten Wörter.
    a. Ich dagegen vertrage das **Alleinsein** manchmal sehr gut.
    b. Ihr langes **Wegsein** beunruhigte alle.

b) Bilde drei Beispielsätze, in denen die Verbindung mit sein zusammengeschrieben wird. Du kannst dazu die folgenden Wörter verwenden:

    ruhig sein   hilflos sein   treu sein   vernünftig sein   gut sein

Starthilfe, S. 394

13 Beide Schreibungen mit sein sind richtig:
• **Getrennt sein** ist manchmal ganz schön schwer.
• **Getrenntsein** ist manchmal ganz schön schwer.

a) Begründe mithilfe des Wissen-und-Können-Kastens, warum in den Beispielen sowohl die Getrennt- als auch die Zusammenschreibung richtig ist.
b) Entscheide, welche Schreibung in den folgenden Sätzen richtig ist.
    a. **allein sein – Alleinsein**
       Ich mag nicht ständig ____ .
       Auch meine Freundin Johanna verabscheut ständiges ____ .
    b. **da sein – Dasein**
       Der Trainer erwartet von allen pünktliches ____ .
       Weil ich pünktlich ____ will, habe ich mir einen Wecker gestellt.
    c. **zusammen sein – Zusammensein**
       Beim nächsten Mannschaftstreffen wollen sie ungestört ____ .
       Beim letzten Mannschaftstreffen wurde ein ungestörtes ____ durch den Lärm von Baumaschinen verhindert.

❗ Wissen und Können

Verbindungen mit *sein* richtig schreiben

Verbindungen mit sein werden getrennt geschrieben, wenn sie als Verb verwendet werden. Als Nomen werden sie jedoch zusammengeschrieben. Oft signalisieren Artikelwörter die Großschreibung:
Morgen werde ich nicht **da sein**. Das **Dasein** vieler Menschen ist von Armut geprägt.

Arbeitsheft, S. 106

Nomen und Partizipien verbinden

Starthilfe, S. 394

14 Nomen können mit Partizipien verbunden werden. Werden diese Verbindungen wie ein Adjektiv verwendet, können sie sowohl zusammen- als auch getrennt geschrieben werden.
  a. Eine **aufsehenerregende** Theaterpremiere lockte viele Zuschauer an.
  b. Eine **Aufsehen erregende** Theaterpremiere lockte viele Zuschauer an.
Wenn diese Verbindungen erweitert werden, heißt es aufpassen:
  c. Eine <u>ziemlich</u> **aufsehenerregende** Theaterpremiere lockte viele Zuschauer an.
  d. Eine <u>ziemliches</u> **Aufsehen erregende** Theaterpremiere lockte viele Zuschauer an.
Bei Erweiterungen wie im Beispiel c. muss zusammengeschrieben werden, bei Erweiterungen wie im Beispiel d. muss getrennt geschrieben werden.
Vergleiche die beiden Beispiele. Worauf bezieht sich die Erweiterung im Satz c., worauf im Satz d.? Schreibe die Sätze ab und zeichne Pfeile ein.

Textverarbeitungsprogramm

15 Schreibe den folgenden Text ab. Beachte dabei die Zusammen- und Getrenntschreibung.

> *Im Radio waren heute ziemlich* **BESORGNIS/ERREGENDE** *Meldungen zu hören. Viele Länder setzen weiterhin auf eine großen* **GEWINN/VERSPRECHENDE** *Industrie. Dabei wird auch vor* **KLIMA/SCHÄDIGENDEN** *Investitionen nicht zurückgeschreckt. So wollen weiterhin besonders* **KOHLE/FÖRDERNDE** *Staaten nicht auf die Nutzung dieser Energiequelle verzichten. Zum Glück gibt es schon viele* **ROHSTOFF/VERARBEITENDE** *Industriezweige, die sich den Klimaschutz auf die Fahnen geschrieben haben. So wurden z. B.* **ABWASSER** *und* **ABLUFT/REINIGENDE** *Systeme verbaut. Dies hat dazu geführt, dass sich viele Gebiete, die sich in einem große* **BESORGNIS/ERREGENDEN** *Zustand befunden haben, auf dem Weg der Erholung befinden. Als ein Zeichen für diese Entwicklung ist z. B. die Zunahme* **FLEISCH/FRESSENDER** *Pflanzen in manchen Moorgebieten zu werten.*

❗ Wissen und Können

Nomen und Partizipien verbinden

Nomen und Partizipien können eine Verbindung eingehen. Sie können dann sowohl zusammen- als auch getrennt geschrieben werden. Diese Verbindung wird wie ein Adjektiv verwendet:
eine **aufsehenerregende** Premiere   eine **Aufsehen erregende** Premiere

Wird diese Verbindung erweitert, richtet sich die Getrennt- und Zusammenschreibung danach, ob sich die Erweiterung nur auf das Nomen vor dem Partizip bezieht oder auf die ganze Verbindung.
eine große **Not leidende** Bevölkerung   eine äußerst **notleidende** Bevölkerung

Arbeitsheft, S. 107

Kommas richtig setzen

Wörter und Sätze können durch eine Partizipgruppe oder eine Parenthese ergänzt werden. Beide enthalten weitere Informationen für die Leserinnen und Leser. Bei diesen Ergänzungen muss die Kommasetzung beachtet werden.

Das Komma bei Partizipgruppen setzen

1 Schau dir die folgenden Sätze an. Wann muss und wann kann ein Komma gesetzt werden? Leite eine Regel ab.

Starthilfe, S. 394

a. Die **Mathematikaufgabe lesend** (,) bemerkte sie nicht, dass es an der Haustür geklingelt hat.
b. Sie überlegte (,) **ihren Kugelschreiber in der Hand haltend** (,) die einzelnen Arbeitsschritte zur Lösung der Aufgabe.
c. Auf diese Weise, **jeden Arbeitsschritt überdenkend**, fand sie die richtige Lösung.
d. **Sichtlich über ihre Leistung erfreut**, so wandte sie sich der nächsten Aufgabe zu.
e. Sie, **schwer grübelnd**, ließ sich auch nicht vom Motorenknattern eines Rasenmähers ablenken.

2 a) Schreibe die folgenden Sätze ab und markiere die Partizipgruppen. Setze dann die fehlenden Kommas.

a. Den Arm hebend stand ein Spieler am Spielfeldrand, um eingewechselt zu werden.
b. Der Schiedsrichter ließ auf seine Uhr schauend jedoch die Mannschaften weiterspielen.
c. Dadurch auf eine mögliche Spielunterbrechung verzichtend verzögerte er die gewünschte Einwechselung.
d. Über das Verhalten des Schiedsrichters sehr verärgert so drehte sich der Spieler zu seinem Trainer um.
e. Der Trainer laut schimpfend ließ seinen Spieler weiterhin am Spielfeldrand auf die Einwechselung warten.

b) Begründe mithilfe der Regel, bei welchen Sätzen nicht zwingend Kommas bei den Partizipgruppen erforderlich sind.

> **Tipp**
> Wenn du bei Partizipgruppen immer ein Komma setzt, kann dir kein Fehler unterlaufen.

❗ Wissen und Können

Das Komma bei Partizipgruppen setzen

Partizipien werden von einem Verb abgeleitet. Häufig enden sie mit -end wie lesend (von lesen; sogenanntes „Partizip Präsens") oder werden mit ge- wie gelesen eingeleitet (sogenanntes „Partizip Perfekt").
Bei **Partizipgruppen** handelt es sich um erweiterte Partizipien, die durch Komma(s) abgegrenzt werden. Steht die Partizipgruppe vor einem Hauptsatz oder folgt sie auf das konjugierte Verb des Hauptsatzes, kann auf das Komma verzichtet werden.

Das Komma bei Parenthesen setzen

Eine weitere Möglichkeit, einen Satz mit zusätzlichen Informationen zu versehen, ist die Verwendung einer so genannten Parenthese. Dabei handelt es sich um einen Einschub in einen Satz.

Starthilfe, S. 394

3 a) Lies einer Partnerin oder einem Partner die Sätze a. – c. laut vor. Lassen sich die markierten Parenthesen der Beispielsätze akustisch erkennen?
   b) Wodurch unterscheiden sich die Parenthesen in den Sätzen a. – c.?
   a. Am frühen Morgen, **die Sonne schien schon**, starteten sie ihre Wanderung.
   b. Sie glaubten, **nachdem sie die Wanderkarte studiert hatten**, dass diese weniger anstrengend sein würde als die Wanderung am Tag zuvor.
   c. Doch ihre Wanderroute entpuppte sich, **leider eine böse Überraschung**, als weitaus kräfteraubender als erwartet.

4 Da Parenthesen einen Satz unterbrechen, müssen sie kenntlich gemacht werden. Dies kann durch das Setzen von Kommas erfolgen.
   a) Schreibe die folgenden Sätze ab. Markiere die Parenthesen und setze die fehlenden Kommas.
   a. Auf der Wanderkarte suchten sie die Erschöpfung war ihnen anzusehen nochmals nach einer leichteren Route.
   b. Gegen Mittag sie waren schon mehr als vier Stunden unterwegs machten sie eine längere Pause.
   c. Anschließend mussten sie ob sie wollten oder nicht ihre Wanderung fortsetzen.
   b) Ergänze die folgenden Sätze um Parenthesen. Schreibe die Sätze dazu ab und setze die Kommas.
   a. Am späten Nachmittag erreichten sie endlich ihr Ziel. / *sie waren zwischendurch ganz schön ins Schwitzen gekommen*
   b. Und einige freuten sich bereits jetzt schon auf die nächste Etappe ihrer mehrtägigen Wanderung. / *obwohl der Tag ihnen viel Kraft abverlangt hatte*
   c. Es sollte nämlich die letzte Etappe der Wanderwoche sein. / *hoffentlich ohne große Überraschungen*

❗ Wissen und Können

Das Komma bei Parenthesen setzen

Parenthesen unterbrechen als Einschübe eine Satzaussage, ohne in die syntaktische Struktur dieses Satzes integriert zu sein. Parenthesen können aus selbständigen Sätzen bestehen, sie können durch eine Konjunktion eingeleitet werden, sie können aber auch aus einer Wortgruppe bestehen. Anstelle von Kommas können auch Klammern oder Gedankenstriche eine Parenthese anzeigen:

Am frühen Morgen **(die Sonne schien schon)** starteten sie ihre Wanderung.
Am frühen Morgen – **die Sonne schien schon** – starteten sie ihre Wanderung.

Arbeitsheft, S. 108

Schätze deinen Lernstand ein

Fremdwörter richtig schreiben

1. Bei der Schreibung der folgenden Fremdwörter haben sich Fehler eingeschlichen. Schreibe die Wörter richtig auf. Nutze zur Kontrolle ein (Online-)Wörterbuch.
   Athmosfäre   profezeien   Effiziens   Supvention   Katastrofe   Teraphie
   Rythmus   Termometer   Balanze   Hecktik   Interresse   Konkurenz

2. Einige der folgenden Beispiele können mit einem **f** geschrieben werden. Schreibe sie auf.
   Phishingmail   Phantom   Delphin   Orthographie   Phosphat   Physik   Phantasie
   Photosynthese   Pharmaindustrie   Photovoltaik   Phänomen   Pharao   Philosophie

   → Seite 318, B
   → Seite 318, A
   ← Seite 302

Wörter getrennt und zusammenschreiben

3. Entscheide, ob in den Sätzen getrennt oder zusammengeschrieben werden muss.
   a. Du musst jetzt auch mal für einen Fehler **gerade/stehen**.
   b. Bei dem Konzert konnte ich nach einer Stunde nicht mehr **gerade/stehen**.
   c. Sie kann nicht verstehen, warum ihre Freundin sie so **schlecht/gemacht** hat.
   d. Die neue Autolackierung war wirklich **schlecht/gemacht**.

4. Ergänze die folgenden Aussagen.
   a. Adjektive und Verben müssen zusammengeschrieben werden, wenn …
   b. Zwei Adjektive werden zusammengeschrieben, wenn ….
   c. Verbindungen mit *sein* werden …

   → Seite 319, B
   → Seite 319, A
   ← Seite 308–314

Kommas richtig setzen

5. Erweitere die Sätze um die angebotenen Partizipgruppen. Schreibe sie dazu ab und setze die fehlenden Kommas.
   a. Sie verbrachte ihre Zeit im Restaurant mit dem Lesen einer Modezeitschrift.
      – auf den nächsten Zug wartend
   b. Beinahe hätte sie jedoch ihren Zug verpasst. – Ins Lesen vertieft
   c. Mit schnellen Schritten eilte sie zum Bahngleis. – die Zeitschrift unter den Arm geklemmt
   d. Gerade noch rechtzeitig erreichte sie ihren Zug. – Ihren kleinen Koffer hinter sich herziehend

6. Markiere in den Sätzen die Parenthesen. Schreibe die Sätze dazu ab und setze die fehlenden Kommas.

   Textverarbeitungsprogramm

   Unseren Wäldern droht wenn es das dritte Jahr in Folge ein trockener Sommer werden sollte durch Baumschädlinge wie dem Borkenkäfer eine erhebliche Gefahr. Große Kahlflächen der Harz ist dafür ein sichtbares Beispiel verdeutlichen eindrucksvoll die großen ökologischen und ökonomischen Schäden durch veränderte Umweltbedingungen. Die von Menschen beeinflussten Umweltbedingungen keine neue Erkenntnis werden als eine der Ursachen des Waldsterbens gesehen.

   → Seite 320 B
   → Seite 320 A
   ← Seite 315/316

   Arbeitsheft, S. 109

Fremdwörter richtig schreiben

Leider gibt es nicht für alle Fremdwörter Regeln, die dir bei der richtigen Schreibung helfen können. Bei einigen Fremdwörtern findest du Erkennungszeichen, bei einigen musst du dir dagegen die Schreibung einprägen, um keinen Fehler zu begehen. In Fällen, bei denen du dir über die Schreibung unsicher bist, solltest du ein (Online-)Wörterbuch zu Hilfe nehmen.

Die meisten der folgenden Fremdwörter sind dir bestimmt bekannt. Doch kannst du sie auch sicher schreiben?

1 a) In der Wörtersammlung befinden sich acht Fehler. Arbeitet zu zweit. Geht die Wörterliste abwechselnd Wort für Wort durch und entscheidet bei jedem Wort, ob es richtig oder falsch geschrieben wurde. Wer einen Fehler entdeckt, buchstabiert das Wort in richtiger Schreibung.
b) Bildet vier Sätze, in denen mindestens zwei Fremdwörter aus der Wörterliste vorkommen. Es können auch witzige Sätze sein. Diktiert sie eurer Partnerin oder eurem Partner.

Shampoo   Rhythmus   Thema   Pizza   Chronik   rhetorisch   Plateau
Curry   Trikot   Niveau   Psychologie   Krise   Pantomime   Ironie
Konfitüre   intim   Alergie   interressant   Charakter   Steak
chronologisch   Akzent   Symptom   Chanson   Volumen   Konflikt
Intrige   chaotisch   Chance   korupt   intuitiv   Populist   konsequent
Hektik   Konkurenz   abstrakt   Qualität   Motiv   Athlet   systematisch
Regisseur   Aparat   Fitnis   Parallele   Reperatur   Agression

Ⓐ Fremdwörter einer Wortfamilie ergänzen

2 Schreibe die folgenden Fremdwörter untereinander auf. Ergänze das Wort in der angegebenen Wortart.
Atmosphäre (Adjektiv)   **reflektieren** (Nomen)   **Existenz** (Verb)   **Balance** (Verb)
Interessen (Adjektiv)   **subventionieren** (Nomen)   **profitabel** (Nomen)
intensivieren (Nomen)   **effizient** (Nomen)   **Bilanz** (Verb)
Beispiel: Atmosphäre – atmosphärisch

Ⓑ Einheimische Wörter durch Fremdwörter ersetzen

2 Schreibe die gesuchten Fremdwörter auf. In Klammern wird die Buchstabenanzahl des gesuchten Begriffs genannt.
a. Empfänger eines Briefes (8)
b. Persönlicher Einsatz (10)
c. Ansteckung (9)
d. Gaststätte (10)
e. Überlieferung, Brauch (9)
f. Besonderes Viereck mit parallelen Seiten (14)
g. Forschungsreise (10)
h. Lufthülle der Erde (10)
i. Ablassen von Gasen, Staub, Ruß (8)

Regeln der Getrennt- und Zusammenschreibung anwenden

1 a) Schreibe die nachfolgenden Sätze richtig ab. Entscheide, ob die markierten Wörter getrennt oder zusammengeschrieben werden.
   a. Mit der neuen **hoch/modischen** Brille konnte er endlich wieder **klar/sehen**.
   b. Sie wollte endlich **klar/sehen**, warum ihre Freundin sie belogen hatte.
   c. Über das **brand/aktuelle** Thema zu Emissionen wurde von allen **schön/geredet**.
   d. Einige haben den Verbrauch von Kunststoffverpackungen **schön/geredet**.
   e. Der Koch hat für das Gulasch erst einmal das Fleisch **klein/geschnitten**.
   f. Danach hat er dann auch noch einige Kräuter **klein/geschnitten**.
   g. Im Englischen werden die meisten Wörter **klein/geschrieben**.
   h. Um viele Wörter auf eine Seite zu bekommen, hat sie sehr **klein/geschrieben**.

b) In zwei Sätzen kannst du sowohl getrennt als auch zusammenschreiben. Wodurch unterscheiden sich diese beiden von den anderen?

2 Welche der folgenden Aussagen sind richtig, welche falsch?
   a. Die Kombination von Adjektiv und Verb kann man immer zusammen- oder getrennt schreiben.
   b. Steht vor einer Kombination von Adjektiv und Verb ein Artikelwort, dann entsteht ein neues Nomen, das immer zusammen- und großgeschrieben wird.
   c. Die Kombination von Adjektiv und Verb kann eine neue Gesamtbedeutung ergeben.
   d. Wenn die Kombination von Adjektiv und Nomen eine neue Gesamtbedeutung ergibt, wird sie immer zusammengeschrieben.
   e. Kombinationen mit sein werden zusammengeschrieben.
   f. Wenn Nomen und Verb eine Wortgruppe bilden, werden sie getrennt geschrieben.
   g. Kombinationen aus Nomen und Partizip werden immer zusammengeschrieben.
   h. Wird bei einer Kombination aus Nomen und Partizip das Nomen durch ein Adjektiv erweitert, dann werden Nomen und Partizip immer getrennt geschrieben.

> **Tipp**
>
> Wenn du dir unsicher bist, schlage noch einmal auf den Seiten 308 – 314 nach.

Ⓐ Einen Fehlertext richtig abschreiben

3 Auf der Seite 308 hast du den Text „Ein exklusives Reiseziel" kennengelernt. Schreibe ihn richtig ab. Vergleiche deine Fassung mit einer Partnerin oder einem Partner.

Ⓑ Die Getrennt- oder Zusammenschreibung begründen

3 Im Text über die Insel São Tomé tauchten die nachfolgenden Beispiele auf. Begründe die richtige Schreibung mithilfe einer zutreffenden Regel.
   a. Schweiß treibend/schweißtreibend
   b. hoch gefährlich/hochgefährlich
   c. beisammen sein/beisammensein
   d. schwer fallen/schwerfallen

Satzstrukturen erkennen und Kommas richtig setzen

A Partizipgruppen und Parenthesen erkennen

a) Lest euch zu zweit die Sätze abwechselnd so vor, dass ihr die Partizipgruppen und Parenthesen „heraushören" könnt.
   a. Trotz der frühen Jahreszeit es ist erst Mai hat die Sonne bereits eine erstaunliche Kraft.
   b. Im Garten sitzend genießen die Menschen die wohlige Wärme der Sonnenstrahlen.
   c. Manch einer plant die eisigen Begleiter des Wonnemonats Mai vergessend bereits die Bepflanzung seines Gartens mit Blumen.
   d. Doch manchmal stürzen die hohen Tagestemperaturen wenn eine veränderte Wetterlage kalte Polarluft nach Mitteleuropa bringen sollte nachts in den Frostbereich ab.
   e. Eine ganze Aussaat vernichtend so kalt kann es an den so genannten Eisheiligen sein.
   f. Deshalb sollte man eine alte Bauernregel befolgend mit dem Pflanzen von Blumen sicherheitshalber erst nach der „Kalten Sophie" das ist der letzte Tag der Eisheiligen beginnen.
   g. Schon manch einer seine Ungeduld bereuend gelangte zu dieser Erkenntnis.

b) Übertrage die Sätze in dein Heft, markiere die Partizipgruppen und die Parenthesen in unterschiedlichen Farben und setze die fehlenden Kommas.

c) Zwei Sätze enthalten eine Partizipgruppe, bei der auf Kommas verzichtet werden kann. Markiere die Stellen in den Sätzen. Vergleiche dein Ergebnis mit deiner Partnerin bzw. deinem Partner. Begründet eure Entscheidungen.

B Parenthesen durch Zeichen sichtbar machen

Insbesondere Parenthesen, die mit Gedankenstrichen versehen sind, wecken bei der Leserin oder bei dem Leser eine hohe Aufmerksamkeit.
   a. Bei bestem Wetter starteten sie ihre Bootstour sie hatten sich dazu ein Paddelboot ausgeliehen über den See.
   b. Auf der Hälfte ihrer Tour nachdem sie bereits weit gepaddelt waren kam urplötzlich starker Sturm auf und Sirenen riefen die Boote zum Ufer zurück.
   c. Nur mit Mühe konnten sie einzelne Windböen sie sollen angeblich eine Windgeschwindigkeit von über 120 km/h gehabt haben ihr Boot vorm Kentern bewahren.
   d. Hilfe konnten sie leider weit und breit es war nämlich niemand mehr auf dem Wasser zu sehen in dieser bedrohlichen Situation nicht erwarten.
   e. Also paddelten sie mit aller Kraft hier machte sich ihr Training im Handballverein bezahlt zurück zu ihrem Bootsverleiher.

a) Bei welchen der Sätze würdest du die Parenthesen mit Gedankenstrichen hervorheben? Schreibe die Sätze ab und setze Kommas bzw. Gedankenstriche bei den Parenthesen.

b) Begründe deine Auswahlentscheidung.

Zeigt, was ihr könnt

Auf dieser Seite könnt ihr euer Wissen über die Schreibung von Fremdwörtern, über die Zusammen- und Getrenntschreibung sowie das Setzen von Kommas bei Partizipgruppen und Parenthesen überprüfen.

1 In den Text haben sich Fehler bei der Rechtschreibung und Zeichensetzung eingeschlichen. Schreibe den Text richtig ab. Nutze in Zweifelsfällen ein (Online-)Wörterbuch.

Textverarbeitungsprogramm

Von Hippokrates lernen

Die stathistische Lebenserwartung von Jungen und Mädchen, die zwischen den Jahren 2004 und 2006 geboren wurden, liegt bei ca. 76 Jahren für Männer und 82 Jahren für Frauen. Dieses erstaunliche Alter vor 100 Jahren lag das durchschnittliche Lebensalter in Deutschland bei 50 Jahren haben wir mehreren Facktoren zu verdanken. Einer davon ist die Entwicklung der modernen Medizin. Deren Grundlage wurde in der Antieke durch den hoch berühmten Hippokrates von Kos gelegt. Schon vor 2500 Jahren beschäftigte sich Hippokrates er gilt auch als Vater der modernen Medizin mit Krankheitssymthomen. Von seinen Beobachtungen in zahlreichen Schriften festgehalten profittierten seine Schüler. Hippokrates in seiner Jugend in Philosofie ausgebildet sah in ärztlichem Handeln auch eine etische Verantwortung. Diese Verantwortung ist heute noch brand aktuell.

2 Im zweiten Teil des Textes fehlen auch die Satzzeichen bei Nebensätzen, die durch eine Subjunktion eingeleitet werden, bei Relativsätzen und bei Aufzählungen. Schreibe den Text ab. Vergleiche ihn mit einer Partnerin oder einem Partner. Begründet abwechselnd die Änderungen, die ihr vorgenommen habt.

Textverarbeitungsprogramm

„Wenn wir jedem Individuum das richtige Maß an Nahrung und Bewegung zukommen lassen könnten hätten wir den sichersten Weg zur Gesundheit gefunden." Dieses Zitat geht auf Hippokrates zurück der damit schon im Altertum auf die richtige Prevention er selbst soll über 90 Jahre alt geworden sein für ein gesundes und langes Leben hingewiesen hat.
Wir lassen uns durch Hecktik und Streß im Alltag gefördert zu oft von Fertiggerichten verführen und wundern uns anschließend die Kalorin in den Fertigprodukten ausblendend über eine Gewichtszunahme. Eine gesunde Ernährung Fett und Kohlenhiedrate sind übrigens nicht automatisch Feinde einer gesunden Nahrung ist ausgewogen und braucht einen regelmäßigen Rhytmus gemeint sind damit regelmäßige Zeiten bei der Nahrungsaufnahme. Wenn dann noch sportliche Aktivitäten die Beweglichkeit Kraft und Ausdauer trainieren hinzukommen und auch auf ausreichend Schlaf geachtet wird hat man eine gute Basis dafür geschaffen dass es einem gut geht. Untersuchungen ergaben dass viele Zivilisationskrankheiten durch Übergewicht und Bewegungsmangel verursacht werden. Es ist schon Hippokrates hat dies erkannt nicht unmöglich die Anzahl der Erkrankungen zu reduzieren.

Andere in einem One-Minute-Talk informieren

Wie der Name „One-Minute-Talk" bereits verrät, geht es in dieser Art von Vortrag darum, alle wichtigen Informationen innerhalb einer Minute zu vermitteln. Deswegen eignet sich das Format gut, um kurz in ein neues Thema einzuführen oder Ergebnisse am Ende einer Lerneinheit zu bündeln.

❗ Wissen und Können

Einen One-Minute-Talk halten

Da eine Minute recht kurz ist, ist beim One-Minute-Talk vor allem eine gute Vorbereitung entscheidend. Beachte dazu die folgenden Arbeitsschritte und Hinweise.

1. Schritt: Den Vortrag vorbereiten
- Grenze dein Thema genau ein.
- Gliedere deine 60 Sekunden genau. Lege dazu exakt fest, wie viele Sekunden du für die Übermittlung welcher Informationen verwenden möchtest (z. B. 15 Sekunden: Allgemeine Informationen, 30 Sekunden: Besonderheiten, 15 Sekunden: Abwägendes Fazit).
- Informiere dich über dein Thema und trage die wichtigsten Informationen zu deinen Gliederungspunkten zusammen. Ggf. kann es hier auch noch zu Verschiebungen deiner Gliederung kommen.
- Kürze deine Notizen auf zentrale Schlagworte. Orientiere dich dabei an der Gliederung. Fasse dich kurz, um später beim Vortrag die Zeit nicht zu überschreiten.

2. Schritt: Den Vortrag üben
- Denke daran, zu Beginn dein Thema kurz zu nennen und am Schluss deine Meinung deutlich zu machen.
- Lerne deinen Vortrag so gut wie möglich auswendig. Solltest du Notizen benötigen, notiere dir höchstens drei bis vier Schlagwörter.
- Achte während des Vortragens darauf, dass die Inhalte trotz der Kürze inhaltlich verständlich bleiben. Achtung: Versuche nicht, durch schnelleres Sprechen Zeit zu sparen! Sprich klar und deutlich.
- Übe den Vortrag vor Mitschüler/-innen oder nimm deinen Übungsvortrag auf, z. B. mit der Videofunktion eines Smartphones. Bitte dein Test-Publikum um Rückmeldung oder prüfe anhand deiner Videoaufzeichnung selbst, ob du noch etwas verbessern kannst.

3. Schritt: Den Vortrag halten
- Halte deinen Vortrag. Behalte dabei stets die Zeit im Blick.

1 Informiert euch mithilfe des Wissen-und-Können-Kastens darüber, wie ein One-Minute-Talk funktioniert.

2 Bildet Vierergruppen. Bereitet One-Minute-Talks zu vier verschiedenen Themen aus D Eins 8 vor. Jede/r von euch hält anschließend einen Vortrag zu einem Thema. Gebt euch anschließend ein Feedback. Mögliche Themen könnten sein:
Wie gelingt Kommunikation? Was ist das Besondere an Kurzfilmen? Was macht moderne Lyrik aus? Was kann ich tun, um nicht auf „Fake-News" hereinzufallen?

Ein Gruppen- oder Partnerpuzzle durchführen

Mit dem Gruppenpuzzle werden komplexe Themen so erarbeitet, dass einerseits viel Material als Grundlage genommen werden kann, andererseits am Ende jeder Schüler und jede Schülerin das Thema als Gesamtes erfasst hat. Am Ende des Gruppenpuzzles steht ein Lernprodukt, das jeder einzelne im Plenum präsentieren und erläutern kann. Die Methode des Gruppenpuzzles verläuft in drei Phasen. In jeder Phase wechselt die Zusammensetzung der Gruppen.

Phase I: Stammgruppen
Für die Durchführung wird die Lerngruppe (die Klasse) in gleichgroße Stammgruppen aufgeteilt. Jede Stammgruppe erhält das gleiche Thema und erstellt dazu ein festgelegtes Lernprodukt. Das Thema ist unterteilt in etwa gleich arbeitsintensive Teilthemen, zu denen es Materialien gibt. Für jedes Teilthema wählt die Stammgruppe ein Mitglied als Experten.

Phase II: Expertengruppen
Die Aufgabe eines Experten ist es, zusammen mit den Experten der anderen Stammgruppen das Teilthema zu erarbeiten und es an seine eigene Stammgruppe zu vermitteln. Dazu treffen sie sich in Expertengruppen, die dasselbe Teilthema bearbeiten. Wenn zum Beispiel wie in der Grafik die zwei Stammgruppen jeweils aus drei Teilnehmerinnen und Teilnehmern bestehen, dann gibt es ebenso viele Expertenthemen, entsprechend auch drei Expertengruppen mit jeweils zwei Teilnehmerinnen und Teilnehmern.
a) Die 2. Phase beginnt in der Regel mit einer Einzelarbeit. Jeder Experte bearbeitet sein Material und macht sich Notizen.
b) Danach tauschen sich die Experten aus, klären offene Fragen und einigen sich auf eine gemeinsame Darstellung des Teilthemas.

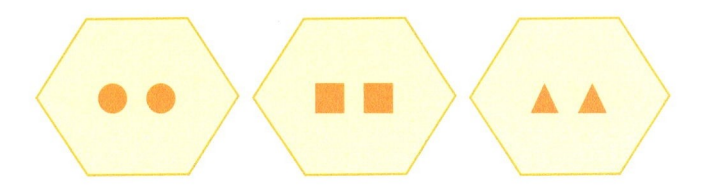

Phase III: Stammgruppen
Nun kehren die Experten in ihre Stammgruppen zurück und präsentieren dort der Reihenfolge nach die Ergebnisse ihrer Arbeit in den Expertengruppen. Die anderen machen sich jeweils Notizen. Anschließend erarbeiten die Gruppen gemeinsam auf der Grundlage ihres neuen Wissensstandes ihr Lernprodukt.

Präsentation
Nach den drei Phasen erfolgt die Präsentation des Lernproduktes im Klassenplenum. Das kann ein Vortrag sein, der durch eine Visualisierung gestützt ist. Die Produkte können aber auch in einem Museumgang präsentiert werden.

➡ *Museumsgang, S. 335*

⚙ Methoden und Arbeitstechniken

Ein Gruppenpuzzle lässt sich selten in einer Unterrichtsstunde durchführen. Zumeist sind mindestens 90 Minuten nötig. Es lässt sich aber auch als Arbeitsform für erheblich größere Themen verwenden. Beispielsweise kann man ein ganzes Kapitel im Buch auch in einem Gruppenpuzzle durchführen. Das Kapitel 2 („Über Kommunikationsstörungen nachdenken") lässt sich so gut bearbeiten.

1. a) Kommt zunächst in Stammgruppen von je vier Schüler/-innen zusammen. Eure Aufgabe wird es sein, einen Flyer mit Kommunikationsregeln für Streitschlichter (siehe Seite 41) zu entwickeln.
   b) Teilt dazu das Kapitel 2 in vier Teilthemen unter euch auf:
      1. **Rahmenbedingungen**: Seite 28; Aufgaben 1a, c und 2,
      2. **Störungen auf der Ebene der Sprache**: Seite 29–31; Aufgaben 1, 3c, d und 6,
      3. **Störungen auf der Beziehungsebene**: Seite 32–36; Aufgaben 1 (allein lesen), 3, 4, 6 und 13,
      4. **Bedeutung von non- und paraverbaler Kommunikation:** Seite 38–40; Aufgaben 1, 2, A 3 und B 3 (ohne Präsentation).

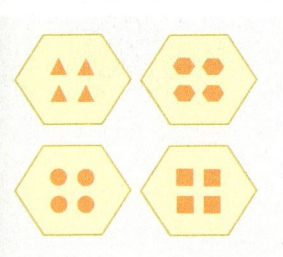

2. a) Bildet nun Expertengruppen mit anderen Schüler/-innen, die dasselbe Thema wie ihr bearbeitet.
   b) Arbeitet zunächst die Schulbuchseiten eures Teilthemas mithilfe der oben angegebenen Aufgaben in Einzelarbeit durch. Löst die Aufgaben und macht euch dazu Notizen. Notiert auch Fragen, die sich euch bei der Lektüre und Bearbeitung gestellt haben. Wichtig sind besonders die Aufgaben zum Erste-Hilfe-Koffer.
   c) Klärt in der Gruppe die offenen Fragen und überarbeitet eure Notizen zu dem Teilthema. Haltet genau fest, worauf es bei eurem Teilthema ankommt, sodass ihr es im nächsten Schritt eurer Stammgruppe vorstellen könnt.

3. a) Kehrt in eure Stammgruppen von Aufgabe 1 zurück.
   b) Stellt euch gegenseitig die Ergebnisse der Expertenarbeit vor und macht euch dazu Notizen. Klärt alle offenen Fragen.
   c) Gestaltet abschließend den Flyer und gebt euch anschließend ein Feedback. Orientiert euch dabei an der Aufgabe 1 b-d auf Seite 41.

4. Besprecht im Klassenplenum, wie euch die Methode „Gruppenpuzzle" gefallen hat. Was lief gut, was lief weniger gut? Welche Vor- und Nachteile hat die Methode?

⚙ Methode

Ein **Gruppenpuzzle** ist eine Form der Gruppenarbeit. Dabei werden Themen zunächst in sogenanten **Stammgruppen** untereinander aufgeteilt, dann in **Expertengruppen** erarbeitet und schließlich wieder in den Stammgruppen zusammengetragen. Am Ende der Gruppenarbeit steht ein gemeinsames Lernprodukt, das in der Klasse präsentiert wird.
Die kleine Schwester des Gruppenpuzzles ist das **Partnerpuzzle**. Dabei ist von vornherein festgelegt, dass es lediglich zwei Teilthemen gibt. Sowohl das Experten- als auch das Stammteam ist dann jeweils ein Duo.

Eine Mitschrift anfertigen

Mitschriften halten Gesprochenes fest. So könnt ihr z. B. auf mündlich vermittelte Lerninhalte bzw. Informationen auch später zurückgreifen. Fertigt ihr eine Mitschrift etwa von einem Unterrichtsgespräch, einem Vortrag oder einem Rundfunkbeitrag an, seid ihr auf zwei Ebenen gefordert: Ihr müsst konzentriert zuhören und gleichzeitig das Gehörte verarbeiten und notieren.

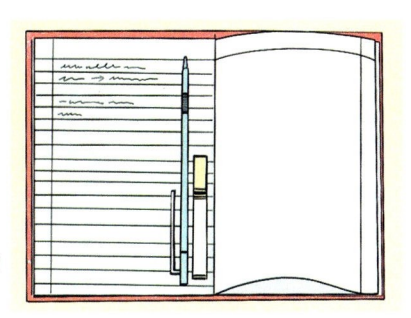

❗ Wissen und Können

Eine Mitschrift anfertigen

Nicht alles, was ihr gehört habt, kann im schnellen, flüchtigen Ablauf des Gesprochenen mitgeschrieben werden. So muss beim Notieren eine Auswahl getroffen und Wichtiges von weniger Wichtigem unterschieden werden. Wie das funktioniert, erfahrt ihr hier.

1. Schritt: Die Mitschrift vorbereiten
- Zieht auf durchnummerierten DIN-A4-Blättern einen Rand für Merkwörter. Beschriftet einseitig. Am oberen Rand des ersten Blattes gebt ihr Art, Datum und Thema des Gehörten an.
- Legt eindeutige Zeichen und Abkürzungen fest, z. B. „→", um Zusammenhänge deutlich zu machen; „?", wenn etwas unklar oder nicht verstanden ist; usw. So spart ihr Zeit.
- Macht euch den Verwendungszweck eurer Mitschrift klar: Was wollt ihr wozu wissen? Worauf wollt ihr achten? So lenkt ihr eure Aufmerksamkeit beim Zuhören.
- Wird das Gesprochene von einem Speichermedium abgespielt, empfiehlt es sich, das Material zuerst anzuhören, ohne mitzuschreiben. So verschafft ihr euch einen Überblick.

2. Schritt: Aufmerksam zuhören
- Beachtet Gliederungshinweise der Sprechenden (z. B. zuerst, danach, der wichtigste Punkt).
- Erkennt Schlüsselstellen und Zusammenfassungen.
- Unterscheidet Wichtiges von Unwichtigem.

3. Schritt: Die Mitschrift durchführen
- Konzentriert euch auf das Wesentliche. Schreibt es stichwortartig auf.
- Schreibt nur gut verwertbare Aussagen als Zitate wortwörtlich auf.
- Notiert Namen, Orte, Zeitangaben, Fakten.
- Lasst Platz bei Unverstandenem, versucht die Lücken später zu ergänzen. Nutzt den Rand.
- Achtet in der Mitschrift auf Übersichtlichkeit.

4. Schritt: Die Mitschrift überarbeiten
- Bereitet nach Möglichkeit gemeinsam, zu zweit oder zu dritt nach. Vergleicht.
- Klärt Unverstandenes. Füllt die Lücken soweit möglich.
- Streicht unwichtige Stellen.
- Nutzt den Rand für Korrekturen, Ergänzungen, eigene Anmerkungen.
- Prüft die Korrektheit der Zitate auf wortwörtliche Übereinstimmung.
- Verbessert Unleserliches.

→ **Eure Mitschriften sollten auf das Wesentliche konzentriert, inhaltlich korrekt, übersichtlich und lesbar sein. So eignen sie sich zur Wiederverwendung bzw. Weiterverarbeitung.**

Methoden und Arbeitstechniken

Ein Autor/Reporter rollt den Mord an Burak Bektaş (22 Jahre) noch einmal auf, um dem Täter auf die Spur zu kommen (vgl. S. 78/79). Dazu zeichnet er die letzten Minuten von Burak nach und befragt hier Ömer (21 Jahre), einen von Buraks Begleitern bei dem Mordanschlag.

🔊 *Interview mit Ömer*

1. Fertige eine „Mitschrift" der Zeugenaussagen von Ömer an.
   Überlege zuvor: Welche Aspekte erscheinen dir zur Aufklärung der Tat besonders wichtig? Werden Hintergründe der Tat deutlich, lassen sich Rückschlüsse auf den Mörder ziehen? Dazu sollten auch mögliche Mordmotive mitgedacht werden, z. B. Probleme mit Passanten/Anwohnern oder Fremdenfeindlichkeit. Vielleicht lässt sich auch kein Anlass erkennen?

2. Setze Schritt 1 „Die Mitschrift vorbereiten" um. Bereite dein Blatt wie folgt vor:

Mitschrift: Podcast „Wer hat Burak erschossen?", rbb 2015 Aufgeschrieben von: am:	Seite 1
...	Randnotizen

3. Gehe nun wie in Schritt 2 „Aufmerksam zuhören" und Schritt 3 „Die Mitschrift durchführen" vor.
   - Entscheide: Welche Stellen helfen wohl nicht, Licht in den Fall zu bringen?
   - Schreibe die wichtigen Informationen in Stichworten auf, verwende möglichst auch eigene Formulierungen. Setze Abkürzungen ein.
   - Notiere besonders wichtige Aussagen als Zitat.

4. Setzt Schritt 4 „Die Mitschrift überarbeiten" um. Vergleicht eure „Mitschriften". Wählt die besten Umsetzungen aus und begründet, warum diese besonders gelungen und hilfreich sind.

Verschiedene Lesetechniken anwenden

Zu vielen Themen wie z. B. auch zum Thema „Gletscherschmelze" findet man bei der Recherche eine Menge verschiedener Materialien. Oftmals unterscheiden sich diese in Umfang, Schwierigkeit und Textsorte. Je nachdem, welche Fragen du an einen Text oder eine Grafik hast, eignen sich unterschiedliche Vorgehensweisen.

❗ Wissen und Können

Verschiedene Lesetechniken anwenden

Folgende **allgemeine Regeln** gelten beim Sichten und Erschließen mehrerer Texte:
1. Kläre zuerst die Fragestellung: Was genau will ich wissen? Warum lese ich diesen Text?
2. Arbeite vom Bekannten zum Unbekannten, vom einfach Formulierten zum Speziellen und vom neuesten zum ältesten Text.

Man unterscheidet verschiedene Lesetechniken. Je nachdem, welche Fragen du an den Text hast, eignen sie sich unterschiedlich gut, um die gewünschten Informationen zu erlangen.

Intensives Lesen

Diese Technik hast du sicherlich schon an vielen Textsorten erprobt und geübt. Das gründliche Durcharbeiten eines Textes sowie das Verstehen und Nachvollziehen des Inhaltes sind das Ziel. Das intensive Lesen strebt das umfassende Behalten des Textes und eine sichere Orientierung an, sodass du weißt, was wo geschrieben steht. Dies ist zeitintensiv, da du beispielsweise unbekannte Wörter nachschlägst oder ableitest, den Text in Sinnabschnitte gliederst und Wichtiges herausschreibst. Wesentlich rascher sind die Lesetechniken des überfliegenden und des auswählenden Lesens, diese haben jedoch nicht das Ziel, einen Text genau zu verstehen.

Orientierendes (diagonales) Lesen

Mit dieser Lesetechnik kannst du dir in kurzer Zeit einen Überblick vom Inhalt verschaffen, um in einem nächsten Schritt die für deine Frage relevanten Passagen genau in den Blick zu nehmen. Dafür wird nicht Zeile für Zeile von links nach rechts gelesen, sondern auch von oben nach unten (= diagonales Lesen). Es geht dabei nicht um eine Steigerung der Lesegeschwindigkeit, lass dir also ruhig Zeit. Markiere Begriffe, die im Zusammenhang mit deiner Frage an den Text stehen (sog. Schlüsselbegriffe) und Passagen, die dich überraschen, dir wichtig erscheinen oder du nicht verstehst z. B. mithilfe bestimmter Zeichen wie *, ! und ?.

Auswählendes (selektives) Lesen

Bei dieser Technik liest du den Text suchend, das heißt, dass du dich ausschließlich auf bestimmte Begriffe (z. B. Namen, Zahlen, Wortketten) konzentrierst. Das Textverständnis steht nicht im Mittelpunkt dieser Technik, hier geht es ausschließlich um das Finden von vorher festgelegten Begriffen, die für die weitere Arbeit an dem Thema wichtig sind. Eine Folge dieser Lesetechnik ist es, dass ganze Abschnitte übersprungen werden können, da der gesuchte Begriff darin nicht auftaucht. In einem nächsten Schritt können die so gefundenen Stellen intensiv gelesen werden und gegebenenfalls weiterverwertet werden.

Vergleichendes Lesen

Für das vergleichende Lesen liegen dir mindestens zwei verschiedene Texte zu einem gleichen Thema vor. Die Lesetechnik ist recht anspruchsvoll, da sie voraussetzt, dass du die Texte intensiv gelesen und verstanden hast. Nun geht es darum, der Argumentation des Textes zu einer Fragestellung zu folgen und dabei Gemeinsamkeiten und Unterschiede festzustellen.

Orientierendes Lesen

📝 *Folie*

1 Verschaffe dir mithilfe des Textes M 1 einen Überblick über das Thema „Gletscherschmelze". Nutze eine Folie.
- Unterstreiche Schlüsselbegriffe.
- Markiere überraschende (*), wichtig erscheinende (!) oder unverständliche (?) Passagen.

Auswählendes Lesen

📝 *Folie*

2 Prüfe den Text M 1 dahingehend, ob er Antworten auf die folgenden Fragen liefert. Nutze eine Folie, die du über den Text legst, und markiere die entsprechenden Textstellen in unterschiedlichen Farben:
- *Wodurch wird die Gletscherschmelze verursacht?*
- *Welche Folgen hat die Gletscherschmelze?*
- *Was kann gegen die Gletscherschmelze getan werden?*

Intensives Lesen

3 Lies den Text M 1 nun intensiv Satz für Satz.
- Kläre unbekannte Begriffe mithilfe eines Wörterbuchs oder Online-Wörterbuchs.
- Lies den Text Absatz für Absatz. Finde Überschriften zu den Sinnabschnitten.
- Notiere die wichtigsten Aussagen des Textes auf einem gegliederten Stichwortzettel oder halte sie in einer Mindmap fest.

Vergleichendes Lesen

→ *Hypertexte lesen, S. 339*

4 Bei der Internetrecherche stößt du auf eine Vielzahl von Materialien, die sich mit dem Thema der Gletscherschmelze befassen. Oft sind ähnliche Beiträge mithilfe von Hyperlinks untereinander verlinkt. Um die für dich relevanten Informationen herauszufiltern, musst du diese vergleichend lesen.
Lies nun auch den Text M 2 und vergleiche ihn hinsichtlich der Frage, welche Ursachen die Gletscherschmelze hat, mit dem Text M 1. Lege dir dazu eine Tabelle an, in die du wichtige Informationen und ihre Fundstellen einträgst.

Grund für die Gletscherschmelze	M 1	M 2
Treibhausgasemissionen	Z. 7–9	---
...		

www.greenpeace.de/themen/klimawandel/folgen-des-klimawandels/berge-ohne-eis-die-gletscher-schmelzen **M 1**

BERGE OHNE EIS: DIE GLETSCHER SCHMELZEN

In den Alpen ist die Veränderung besonders gut dokumentiert. Seit Beginn der Industrialisierung um 1850 haben die Gletscher dort etwa ein Drittel ihrer Fläche und die Hälfte ihrer Masse verloren. Vor allem seit den 90er-Jahren hat sich das Tempo erhöht und wird sich in den nächsten Jahren voraussichtlich weiter steigern: Die heutige Schmelze wurde durch Treibhausgasemissionen vor dreißig Jahren verursacht. Gletscherforscher rechnen mit einem fast vollständigen Abschmelzen noch in diesem Jahrhundert.

Es gibt 5000 Gletscher in den Alpen. Wenn viele von ihnen für immer abgeschmolzen sind, könnte es empfindliche Einbrüche in der Wasserversorgung geben. Gletscher speichern Trinkwasser. Große europäische Flüsse wie Rhône und Rhein entspringen in Gletschergebieten. Das Süßwasser aus der Gletscherschmelze ist das wichtigste Trinkwasserreservoir in den alpinen Regionen.

Dem Wintersport droht vielerorts in den Alpen das Aus. Zu diesem Schluss kam eine Studie der UNEP, des UN-Umweltprogramms, im Jahr 2003. [...] Allgemein wird die Schneegrenze im Zuge der Klimaerwärmung in den nächsten 30 bis 50 Jahren um 200 bis 300 Meter höher liegen.

[...] Unmittelbare Folge der Gletscherschmelze sind Überschwemmungen, verbunden mit Erdrutschen, Schlamm- und Gesteinslawinen. Langfristig droht Trinkwasserknappheit, denn drei Viertel aller Süßwasserreserven sind im Gletschereis gebunden. Experten der Vereinten Nationen befürchten, dass sich die Zahl der Menschen, die in Regionen akuter Wasserknappheit leben, bis 2025 weltweit von derzeit knapp einer Milliarde auf 1,8 Milliarden erhöhen könnte.

Das Schmelzwasser lässt außerdem den Meeresspiegel ansteigen. Inselstaaten wie Tuvalu und Küstenregionen wie Bangladesch drohen unterzugehen. Ganze Ökosysteme mit unzähligen Tier- und Pflanzenarten sind in Gefahr. An den Gletschern lässt sich ablesen, wie rasant die vom Menschen gemachte Erderwärmung voranschreitet. Sie zieht eine Vielzahl von ökologischen und sozialen Problemen nach sich: Hunger, Verelendung sowie eine Zunahme von Fluchtbewegungen und Konflikten.

---

www.planet-wissen.de/natur/klima/gletscher/gletscherschmelze-100.html **M 2**

Gletscherschmelze – wie in den Alpen, so in der Welt

Allein in den Alpen gibt es rund 5000 Gletscher. Berechnungen der Glaziologen zeigen, dass sich ihre Anzahl in den nächsten Jahren halbieren dürfte. Derzeit werden Alternativen gesucht, die Region in Zukunft alternativ mit Trinkwasser zu versorgen. Was für die Alpen gilt, ist fast uneingeschränkt weltweit gültig.

Auf Exkursionen nach Kasachstan und China haben Wissenschaftler die Gletscherschmelze und ihre Folgen untersucht. Die Beobachtungen zeigen alarmierende Ergebnisse auch für Zentralasien: Zunächst herrscht ein Überangebot an Wasser, weil die Eisvorräte schwinden. Sobald die Gletscher abgeschmolzen sind, beginnt die Zeit der Wasserknappheit.

Täler, die einst mächtige Flüsse führten, werden dann ausgetrocknet sein. Doch welches Klima bräuchten Gletscher, um auf ihre einstige Größe anzuwachsen? Die Prognose ist ernüchternd: Der [Gletscher] Vernagtferner beispielsweise bräuchte mindestens 200 feuchtkühle Sommer, um das Tal auszufüllen wie noch vor gut 100 Jahren.

Kommunikation

Argumente gewichten

Argument ist nicht gleich Argument. Das liegt daran, dass manche Argumente stärker sind als andere und jeweils andere **Adressaten** ansprechen. Dein Klassenlehrer lässt sich vielleicht von anderen Gründen überzeugen als deine Mitschüler oder deine Eltern.
Man kann seine Argumente **nach verschiedenen Kriterien gewichten**: In einer Diskussion ist es häufig sinnvoll, mit einem **starken Argument zu beginnen**, das die Aufmerksamkeit aller Zuhörer sichert. Anschließend kann man seine Argumente **von den eher schwächeren zu den stärkeren steigern**, da das letzte Argument zum Schluss am längsten präsent bleibt.

Chat-Sprache untersuchen
(→ Seite 14–17)

In Chats lassen sich einige sprachliche Besonderheiten beobachten, die von der Standardsprache abweichen. Oft dienen sie dem schnellen Austausch von Informationen oder der Übermittlung von Emotionen.

Wortebene (morphologisch)
- Assimilationen, z. B. haste (statt „hast du")
- Tilgungen am Wortanfang oder Wortende, z. B. ne (statt „eine")
- phonetische Kurzformen, z. B. wat? (statt „was?")
- Inflektive, z. B. *grins

Satzebene (syntaktisch)
- Akronyme, z. B. hmdl
- Einwortsätze, z. B. Dabei?
- Subjektellipsen, z. B. Bin dabei

Ebene des Mediums
- Emojis als nonverbale Begleitung, z. B. ☺
- Hervorhebungsakzente, etwa durch Großschreibung, z. B. HALLO
- fehlende Satzzeichen
- expressive Ausrufe, z. B. Aha, Oha
- Weglassen von persönlichen Anreden

Diskutieren

Einen Meinungsaustausch oder eine Aussprache nennt man eine **Diskussion**. Damit eine Diskussion gelingt, ist es wichtig, dass die → Gesprächsregeln eingehalten werden.
Wenn ihr diskutiert, solltet ihr eure Meinungen begründen, darauf hören, was eure Gesprächspartner/-innen sagen und aufeinander eingehen. Respektiert, dass eure Mitschülerinnen und Mitschüler andere Meinungen haben können. Um den eigenen Standpunkt dennoch möglichst überzeugend zu vertreten, könnt ihr je nach Adressat/-in oder Anlass → Argumente gewichten, d. h. danach sortieren, ob sie vom Gegenüber eher als stark oder als schwach empfunden werden. Zudem ist sinnvoll, sich bereits vor der Diskussion Gedanken darüber zu machen, welche Argumente Diskussionspartner/-innen mit anderen Positionen nennen könnten.
Folgende **Formulierungshilfen** können dabei helfen, zu weiteren Argumenten überzuleiten und Gegenargumente zu entkräften:

Überleitungen
- Ein Argument für meine Meinung ist …
- Des Weiteren sollte man bedenken, dass …
- … darf nicht vergessen werden.
- Wichtig ist …
- Für meine Ansicht spricht außerdem, dass …
- Man muss berücksichtigen, dass …
- Außerdem …, Zudem …, Darüber hinaus …, Weiterhin …, Zusätzlich …

Entkräftungen/Vorwegnahmen
- Ich verstehe deinen Punkt, finde aber trotzdem, dass …
- Obwohl du recht hast, sollte man … bedenken.
- Sicherlich ist dein Argument richtig, aber …
- Auch wenn …, muss beachtet werden, dass …
- Natürlich lässt sich einwenden, dass … . Trotzdem …
- Zwar haben wir bedacht, dass … , aber … ist nichtsdestotrotz wichtiger.

Im Deutschunterricht lernt ihr **verschiedene Arten von Diskussionen** kennen:

In einer **Pro-und-Kontra-Diskussion** entscheidet sich jeder Teilnehmer für die Pro- oder die Kontra-Position zu der Streitfrage (z. B. „Klassenrat – ja oder nein?"). Beide Positionen sollten etwa gleich stark vertreten sein.
- Jeder notiert möglichst viele Argumente für seine Position (mit Beispielen und Belegen).
- Jeweils fünf Vertreter/-innen der Pro- und der Kontra-Position diskutieren vor der Klasse. Legt vorher eine Zeit fest, z. B. 5–10 Minuten.
- Ein oder zwei Schüler/-innen leiten (moderieren) die Diskussion. Sie
  – beginnen das Gespräch, begrüßen die Teilnehmer/-innen, nennen das Thema.
  – erteilen das Rederecht und achten darauf, dass sich Pro- und Kontra-Seite abwechseln, jede/r zu Wort kommt und sich alle an die → Gesprächsregeln halten.
  – beenden die Diskussion, fassen die wichtigsten Argumente zusammen und lassen über die Streitfrage abstimmen.
- Nach der Diskussion geben Zuschauende, Moderator/-innen und Diskutierende ein Feedback:
  • Was ist gut gelungen? Was fiel leicht?
  • Was klappte noch nicht so gut?
  • Was sollte besser werden?

Bei einer **Rollendiskussion** nehmt ihr nicht eure persönliche Meinung zu einer Streitfrage ein, sondern schlüpft in die Rolle einer bestimmten Person, aus deren Perspektive ihr die Streitfrage beurteilt. Beim Formulieren der Argumente müsst ihr darauf achten, dass sie zu der Rolle passen, die ihr in der Diskussion vertretet.
- Entscheidet euch für eine Rolle und überlegt, welchen Standpunkt ihr zu der Streitfrage einnehmt.
- Formuliert möglichst viele Argumente, Beispiele und Belege für eure Sichtweise (Position).

Führt die Diskussion durch:
- Zwei Schülerinnen oder Schüler moderieren.
- Die Teilnehmer/-innen stellen sich in ihrer Rolle vor.
- Einige Schüler/-innen beobachten die Diskussion.

Tauscht euch im Anschluss an die Diskussion aus:
- Wie gut ist es euch gelungen, euch in die Rollen hineinzuversetzen?
- Seid ihr aufeinander eingegangen?
- Hat sich eine Position durchgesetzt?

In einer **Fishbowl-Diskussion** diskutieren ein oder mehrere Vertreter jeder Gruppe in der Mitte der Klasse eine Streitfrage, während die Mitschülerinnen und Mitschüler sie beobachten, um hinterher eine Rückmeldung geben zu können.
Dennoch haben alle die Möglichkeit, an der Diskussion teilzunehmen, da immer ein Stuhl für wechselnde Diskussionsteilnehmer bereitsteht.
Durch die Diskussion führen **Moderatorinnen oder Moderatoren**, die die Diskussion auch einleiten und am Ende das Ergebnis zusammenfassen. Dieses muss nicht immer eine Einigung sein, sondern kann auch einen Kompromiss oder eine Unvereinbarkeit der beiden Positionen beinhalten.

Bei der **Kugellager-Diskussion** stellen sich die Teilnehmer/-innen in zwei Kreisen (innerer und äußerer Kreis) auf oder bilden zwei Stuhlkreise und diskutieren jeweils mit der ihnen gegenüberstehenden oder -sitzenden Person. Wenn der Lehrer oder die Lehrerin ein Zeichen gibt, rücken z. B. die Teilnehmer aus dem Außenkreis einen Schritt oder Sitz nach links und sprechen mit der nächsten Person.

Feedback geben

Das Feedback (*engl.:* Rückmeldung) soll denjenigen, der es erhält, stärken und ihn motivieren, sich zu verbessern. Deshalb ist die Regel zu beachten, dass man immer mit **einem positiven Aspekt beginnt und schließt**. Natürlich kann dazwischen auch weniger Gelungenes herausgestellt oder können Verbesserungsvorschläge gemacht werden. Diese sollten allerdings in der **Ich-Form** formuliert sein und stets höflich und wertschätzend vorgetragen werden. Am besten ist es, wenn zudem noch **Tipps** gegeben werden, wie etwas konkret verbessert werden kann.
Auf folgende Punkte kann das Publikum achten, um dem Vortragenden ein hilfreiches Feedback zu geben:

1. Feedback geben zu einer Diskussion

Anders als in einer schriftlichen Argumentation muss man beim mündlichen → Diskutieren nicht nur überzeugend und adressatengerecht → Standpunkte vertreten, sondern auch auf die Körpersprache achten. Neben der **Körperhaltung** und dem **Blickkontakt** gehören zur Körpersprache zum Beispiel auch die **Mimik** und die **Gestik**. Außerdem kann man auch seine **Stimme** unterschiedlich einsetzen. Besonders hilfreich ist es, wenn man nach einer Diskussion ein Feedback bekommt, mithilfe dessen man sich verbessern kann. Folgende Punkte können Anhaltspunkte für ein Feedback zur Körpersprache sein:

Körperhaltung
- Stehst oder sitzt du aufrecht und selbstbewusst?
- Hast du eine respektvolle, offene, freundliche Haltung?

Gestik & Mimik
- Unterstreichst du deine Worte durch Bewegungen und Ausdruck?
- Wirken deine Bewegungen und dein Ausdruck natürlich und nicht künstlich? Passen sie zu dir?

Blickkontakt
- Schaust du deine Adressaten an?
- Schaust du unterschiedliche Adressaten an?

Stimme
- Kann dich jeder gut verstehen (Lautstärke, Sprechtempo, Deutlichkeit, ...)?
- Variierst du deine Stimme, um zu überzeugen (laut/leise, aufgeregt/ruhig, ...)?

2. Feedback geben zu einer Präsentation

Zur Darstellung des Inhalts
- Weckt der Beitrag Interesse?
- Sind die Informationen korrekt?
- Werden zu viele oder zu wenige Informationen gegeben?
- Sind die wesentlichen Aspekte des Themas herausgestellt?
- Ist die Abfolge der Inhalte schlüssig?

Zur Ausführung des Vortrags
- Ist die Aussprache klar und deutlich?
- Sind das Sprechtempo und die Pausen passend?
- Wird flüssig und zusammenhängend vorgetragen?
- Wird möglichst frei gesprochen?
- Ist Blickkontakt hergestellt?

- Wird die vorgesehene Zeit eingehalten?
- Ist die Körpersprache (Körperhaltung, Gestik, Mimik) angemessen eingesetzt?
- Wird in Standarddeutsch vorgetragen?

Zur Gestaltung der Folien
- Ist die Abfolge der Inhalte/Folien stimmig?
- Sind die einzelnen Stichpunkte verständlich, knapp und selbsterklärend formuliert?
- Ist die Gestaltung übersichtlich und die Schrift gut lesbar?
- Finden sich passende und abwechslungsreiche Visualisierungselemente?
- Wurde auf sprachliche Richtigkeit geachtet und Umgangssprache vermieden?

Gesprächsregeln anwenden

Gespräche finden aus unterschiedlichen Anlässen statt. Meist haben sie bestimmte Themen, z. B. die Planung des nächsten Klassenausflugs oder Probleme in der Klasse. Damit Gespräche gelingen, sollten bestimmte Regeln berücksichtigt werden, z. B.:
- einander ausreden lassen
- aktiv zuhören
- Meinungen begründen

Kommunikationsstörungen erkennen und lösen
(→ Seite 28–36)

Um zu verstehen, woran Gespräche scheitern, muss man sich zunächst einmal klar machen, welche Art von Störung vorliegt. Dabei hilft ein einfaches Kommunikationsmodell:

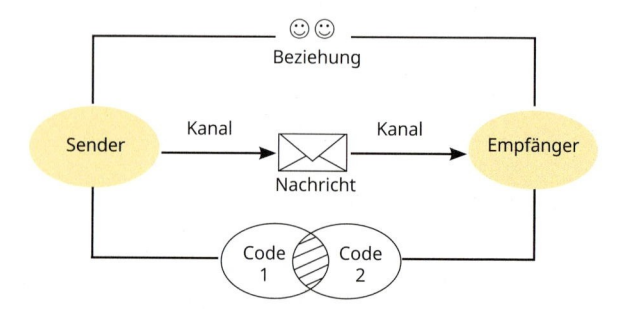

Sender — Kanal → Nachricht → Kanal — Empfänger
Beziehung
Code 1 / Code 2

Folgende Arten von Kommunikationsstörungen können beispielsweise auftreten, wenn der Sender (= der Sprechende oder Schreibende) eine Nachricht an den Empfänger übermittelt:

1. Störungen auf der Ebene des Kanals

Manchmal scheitert die Kommunikation schon an den Rahmenbedingungen, z. B., weil der Empfang am Telefon schlecht ist oder es in einem Raum sehr laut ist und man den anderen akustisch nicht versteht.

Hier kann man die andere Person beispielsweise bitten, lauter und deutlicher zu sprechen oder sich auf einen anderen Zeitpunkt oder ein anderes Medium für das Gespräch einigen.

2. Störungen auf der Ebene der Sprache

Es gibt Kommunikationsstörungen, die den **Code** einer Nachricht betreffen. Mit Code ist im weitesten Sinne eine Sprache (also beispielsweise auch ein Dialekt oder Jugendsprache) gemeint. Wenn Gesprächspartner Informationen austauschen, werden diese vom Sender nach einem bestimmten Code erzeugt und vom Empfänger nach demselben Code interpretiert. Verständnisprobleme treten immer dann auf, wenn die Gesprächsteilnehmer/-innen den Code nicht kennen oder falsch verstehen.

Um Kommunikationsstörungen auf sprachlicher Ebene zu beheben, kann man u. a. um Worterklärungen bitten, nach einer gemeinsamen Sprache suchen, einen Übersetzer oder eine Übersetzerin einbeziehen oder Körpersprache zur Unterstützung einsetzen.

3. Störungen auf der Beziehungsebene

Unbeabsichtigte Störungen auf der Beziehungsebene können auftreten, weil die Beteiligten aneinander vorbeireden, unaufmerksam für die Wünsche und Erwartungen des anderen sind, oder eine der Personen das Gesagte anders verarbeitet als es gemeint war. Störungen auf der Beziehungsebene treten aber auch auf, wenn eine Person das Gespräch **bewusst** manipuliert, seinem Gegenüber absichtlich nicht richtig zuhört oder diesen ignoriert, weil kein wirkliches Interesse an dem Gespräch besteht.

Bei Kommunikationsproblemen auf der Beziehungsebene sollte man das Gespräch über die gescheiterte Kommunikation suchen. Dabei ist zu klären, was das Gegenüber falsch verstanden hat, welche Erwartungen evtl. enttäuscht wurden oder durch welche Äußerungen sich der Gesprächspartner vielleicht gekränkt oder verletzt gefühlt hat. Oft ist eine Entschuldigung angebracht.

Merkt man hingegen, dass man von einer anderen Person bewusst manipuliert wird, ist es manchmal besser, sich Hilfe und Unterstützung von einer außenstehenden Person zu suchen.

Gruppen- oder Partnerpuzzle durchführen
(→ Seite 323/324)

Ein **Gruppenpuzzle** ist eine Form der Gruppenarbeit. Dabei werden Themen zunächst in sogenanten **Stammgruppen** untereinander aufgeteilt, dann in **Expertengruppen** erarbeitet und schließlich wieder in den Stammgruppen zusammengetragen. Am Ende der Gruppenarbeit steht ein gemeinsames Lernprodukt, das in der Klasse präsentiert wird. Die kleine Schwester des Gruppenpuzzles ist das **Partnerpuzzle**. Dabei ist von vornherein festgelegt, dass es lediglich zwei Teilthemen gibt. Sowohl das Experten- als auch das Stammteam ist dann jeweils ein Duo.

Kurzreferate vorbereiten, durchführen und einschätzen

Es kommt immer wieder vor, dass du im Unterricht ein kurzes Referat halten oder eine digitale Präsentation zu einem bestimmten Thema erstellen sollst. Hier findest du Hinweise, wie du dich vorbereitest, wie du dein Referat präsentierst und vorträgst – und wie du Mitschüler/-innen eine Rückmeldung zu ihrem Vortrag geben kannst.

1. Thema erfassen: Worum geht es?
- Recherchefragen stellen
- eigene thematische Schwerpunkte setzen
- Erwartungen der Zuhörer vorwegnehmen

2. Recherchieren
- Bücherei, Internet, Interviews …
- Überblick über die Materialien verschaffen
- Materialien auf Glaubwürdigkeit prüfen und auswählen

3. Materialien auswerten
- wichtige Informationen festhalten (Strukturskizze, Stichwortzettel)
- Herkunft notieren
- eigenes Wissen hinzufügen

4. **Themenaspekte ordnen und darstellen**
   - Gliederung, Mindmap oder Tabelle
   - Handzettel zum Verteilen an die Zuhörer verfassen

5. **Den Vortrag vorbereiten**
   - Vortragssituation einschätzen
   - Vortragskarten anlegen

6. **Den Vortrag halten**
   - Einleitung (Thema angeben, Interesse wecken, Gliederung des Vortrags vorstellen)
   - Hauptteil (Sachverhalte zusammenhängend darstellen, Teilaspekte in festgelegter Abfolge vortragen)
   - Schluss (die wichtigsten Punkte herausstellen oder Fazit ziehen, eigene Meinung mitteilen, Diskussion/Gespräch anregen, verwendete Materialien angeben)

Hinweise zur Vortragstechnik:
- möglichst freies Sprechen
- flüssiges, zusammenhängendes Vortragen
- deutliche Aussprache
- korrektes Standarddeutsch
- angemessene Lautstärke
- passendes Sprechtempo
- sinnvolle Pausengestaltung
- häufiger Blickkontakt
- unterstützender Einsatz der Körpersprache
- vorgegebenen Zeitrahmen einhalten

7. **Nach dem Vortrag → Feedback geben**
   - mit positivem Aspekt beginnen und schließen
   - in der Ich-Form formulieren
   - höflich und wertschätzend bleiben

Eine weitere Form des Kurzreferats ist der **One-Minute-Talk** (S. 322). Hier sollen wichtige Informationen in genau einer Minute vorgetragen werden. Bei einem One-Minute-Talk sind folgenden Arbeitsschritte und Hinweise zu beachten:

1. Schritt: Den Vortrag vorbereiten
- Grenze dein Thema genau ein.
- Gliedere deine 60 Sekunden genau. Lege dazu exakt fest, wie viele Sekunden du für die Übermittlung welcher Informationen verwenden möchtest (z. B. 15 Sekunden: Allgemeine Informationen, 30 Sekunden: Besonderheiten, 15 Sekunden: Abwägendes Fazit)

- Informiere dich über dein Thema und trage die wichtigsten Informationen zu deinen Gliederungspunkten zusammen. Ggf. kann es hier auch noch zu Verschiebungen deiner Gliederung kommen.
- Kürze deine Notizen auf zentrale Schlagworte. Orientiere dich dabei an der Gliederung. Fasse dich kurz, um später beim Vortrag die Zeit nicht zu überschreiten.

2. Schritt: Den Vortrag üben
- Denke daran, zu Beginn dein Thema kurz zu nennen und am Schluss deine Meinung deutlich zu machen.
- Lerne deinen Vortrag so gut wie möglich auswendig. Solltest du Notizen benötigen, notiere dir höchstens drei bis vier Schlagwörter.
- Achte während des Vortragens darauf, dass die Inhalte trotz der Kürze inhaltlich verständlich bleiben. Achtung: Versuche nicht, durch schnelleres Sprechen Zeit zu sparen! Sprich klar und deutlich.
- Übe den Vortrag vor Mitschüler/-innen oder nimm deinen Übungsvortrag auf, z. B. mit der Videofunktion eines Smartphones. Bitte dein Test-Publikum um Rückmeldung oder prüfe anhand deiner Videoaufzeichnung selbst, ob du noch etwas verbessern kannst.

3. Schritt: Den Vortrag halten
- Halte deinen Vortrag. Behalte dabei stets die Zeit im Blick.

Medium und Konzept unterscheiden
(→ Seite 18–20)

Mündliche und schriftliche Kommunikation kann man auf zwei Ebenen voneinander unterscheiden:

1. Mediale Ebene: Auf der **medialen Ebene** lässt sich meist eindeutig entscheiden, ob ein Text oder ein Gespräch mündlich oder schriftlich ist. Hier geht es um die Form der **Übermittlung:** Medial mündlich sind Nachrichten, die wir sprechen und hören, etwa ein persönliches Gespräch oder eine Sprachnachricht. Medial schriftlich sind Nachrichten, die wir schreiben und lesen, etwa Briefe oder Chatnachrichten.

2. Konzeptionelle Ebene: Da geschriebene Texte (z. B. ein Chat) aber manchmal aussehen wie mündliche Gespräche und ein guter Redner „druckreife" Texte sprechen kann, muss man bei der Einordnung auch die sogenannte **konzeptionelle Ebene** bedenken. Die Frage ist hier: Folgt die **Art und Weise**, wie ich mich ausdrücke, eher den Regeln gesprochener und geschriebener Sprache? Generell gilt: Je näher man seinem Gesprächspartner steht und je weniger offiziell und förmlich der Anlass ist, desto eher wird man sich konzeptionell mündlich ausdrücken. Ein (medial mündliches) Bewerbungsgespräch wird also in der Regel konzeptionell schriftlich sein, eine (medial schriftliche) Textnachricht an ein Familienmitglied konzeptionell mündlich. Die Zuordnung ist hier weniger eindeutig und lässt sich eher auf einer Skala anordnen.

medial eindeutig mündlich:
es wird gesprochen

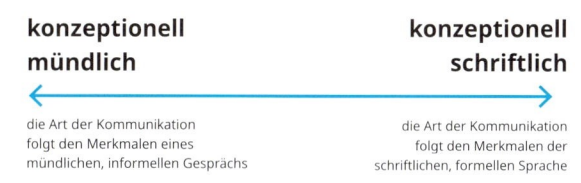

konzeptionell mündlich	←——————→	konzeptionell schriftlich
die Art der Kommunikation folgt den Merkmalen eines mündlichen, informellen Gesprächs		die Art der Kommunikation folgt den Merkmalen der schriftlichen, formellen Sprache

medial eindeutig schriftlich:
es wird geschrieben

Einen One-Minute-Talk halten
(→ Seite 322)

Ein One-Minute-Talk ist eine besondere Form des → Kurzvortrags, bei dem ihr andere in 60 Sekunden über ein Thema informiert oder von eurer Meinung überzeugt. Da die Zeit knapp ist, müsst ihr euch sorgfältig vorbereiten, den Vortrag gut strukturieren, auswendig lernen und vorher proben.

Standbilder bauen

Mit einem Standbild könnt ihr u. a. zeigen, wie ihr bestimmte Szenen oder Situationen aus einem literarischen Text, z. B. aus einem Theaterstück oder einer Ballade, verstanden habt. Dafür müsst ihr die entsprechende Textstelle zunächst genau lesen und euch über eure Lesart verständigen. Anschließend wählt ihr einen Baumeister, die restlichen Gruppenmitglieder stellen sich als „Baumaterial" zur Verfügung. Folgende Aufgaben habt ihr in den beiden Rollen:

1. Du bist der **Baumeister**
- Achte darauf, dass die Gruppenmitglieder das Standbild richtig umsetzen: Gehe von Schüler zu Schüler. Korrigiere Körperhaltung, Gestik und Mimik, sowie die Haltung der Personen zueinander. Du darfst dafür auch einen Gehilfen bestimmen.
- Gib deinen Mitschülern ein Zeichen zum „Erstarren", wenn du mit dem Standbild zufrieden bist. Rufe z. B. „Einfrieren".
- Bereite dich darauf vor, den Zuschauern später zu erklären, warum ihr das Standbild auf diese Weise gestaltet habt.

2. Ihr seid das „**Baumaterial**"
- Konzentriert euch auf die Anweisungen des Baumeisters und führt diese möglichst genau aus.
- Wenn der Baumeister euch das Zeichen zum Erstarren gibt: Verharrt für eine gewisse Zeit in der Stellung. Prägt euch die Position genau ein oder lasst euch fotografieren.
- Sprecht während der Bauphase nicht miteinander, damit alle die Hinweise des Baumeisters verstehen.

Standpunkte vertreten

Bevor du deine Argumente zu einer strittigen Frage formulierst, machst du dir selbst klar, welchen **Standpunkt** du vertrittst und wer der Adressat ist. Nachdem du deine Meinung formuliert hast, nennst du überzeugende **Begründungen**. Besonders stark sind deine Argumente zudem, wenn du sie zusätzlich durch eine **Stärkung** stützen kannst.

Argument

Standpunkt/ Meinung	+ Begründung	+ Stärkung (Beleg/Beispiel/ Vergleich/Folgerung)
Ich finde, wir brauchen einen Klassenchat,	weil man darin nach Hausaufgaben fragen kann.	Gestern war z. B. Jan Luca krank und wollte wissen, was wir in Mathe aufhaben. (Beispiel)

Vorlesen und vortragen

Wenn du etwas vorliest oder vorträgst, geht es auch darum, andere von dir und deinem Text oder Thema zu überzeugen. Die folgenden **Tipps für gutes Vorlesen und Vortragen** können dir helfen:
- Suche den **Kontakt zu deinen Zuhörern**.
- Gib ihnen die Gelegenheit, mitzudenken und das Gehörte „sacken zu lassen", indem du z. B. am Satzende kleine **Pausen** machst.
- Signalisiere deinen Zuhörern, was wichtig ist. **Betone** dafür **wichtige Informationen** besonders.
- Gestalte mit deiner **Stimme** und deiner **Sprechweise** den Text, z. B. indem du je nach Situation und Sinn laut oder leise, schnell oder langsam, ruhig oder aufgeregt sprichst.

Übrigens: Gutes Vorlesen heißt nicht automatisch fehlerfreies Vorlesen. Es ist nicht schlimm, wenn du dich mal verliest. Störend ist allerdings, wenn du immer wieder stockst und so die Zuhörer dir nur schwer folgen können. Lies deshalb jeden Text, den du vortragen möchtest, mehrfach und markiere im Text bzw. notiere daneben, wo du Pausen machen möchtest, was du besonders hervorheben und wo du deine Stimme und Sprechweise verändern willst: Folgende Vortragszeichen kannst du verwenden:

laut vortragen ↑		betontes Wort —	
leise vortragen ↓		schneller werden »	
Stimme heben ↗		langsamer werden «	
Stimme senken ↘		kurze Sprechpause |	
Verse verbinden ↶		lange Sprechpause ||	

Medien

Audioguide

Der Audioguide besteht aus einzelnen Hörtexten, die durch eine Ausstellung führen. Die Audiotexte sollen über das Thema und die Ausstellungsstücke informieren. Der Besucher der Ausstellung kann sich z. B. Bilder anschauen und gleichzeitig den gesprochenen Text mit erklärenden Informationen dazu anhören.

Boulevardzeitungen / Abonnementzeitungen
(→ Seite 74/75)

Ursprünglich waren **Boulevardzeitungen** (von *franz. boulevard* = Straße) Zeitschriften, die auf offener Straße verkauft wurden. Da man im Gegensatz zu den **Abonnementzeitungen**, die sich einer festen Leserschaft sicher sein konnten, täglich neu um die Laufkundschaft werben musste, versuchte man, Leser-/innen durch auffällige Gestaltung und reißerische Themen anzulocken. Bis heute setzen Abonnementzeitungen stärker auf intensive Recherche, abwägende Analyse und seriöse Hintergrundinformationen, während Boulevardzeitungen meist leichte Unterhaltung produzieren, die sogenannten "soft news". Typisch ist auch eine emotionalisierende Berichterstattung, etwa bei politischen Themen.

Diagramme auswerten

Ein Diagramm ist ein **Schaubild**, das dazu dient, Größenverhältnisse (z. B. Prozentzahlen) anschaulich darzustellen. Es gibt verschiedene Diagrammarten, z. B. **Balken-, Kreis- oder Säulendiagramme.**

Balkendiagramm — Kreisdiagramm (Tortendiagramm) — Kurvendiagramm (Liniendiagramm) — Säulendiagramm (Stabdiagramm)

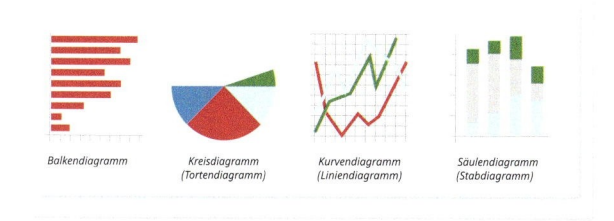

Wenn du ein Diagramm auswerten willst, kannst du so vorgehen:
- Gib die Thematik an. Manchmal gibt es eine Überschrift, die das Thema nennt.
- Verschaffe dir Klarheit über die Bedeutung der Zahlen, Beschriftungen, Farben usw.
- Stelle fest, woher das Diagramm und die Daten stammen. Gib die Quelle an.
- Notiere die Aspekte, von denen du denkst, dass sie gut zu deiner Frage oder Aufgabenstellung passen.
- Formuliere die benötigten Informationen aus.

Dokumentation

Doku ist das Kurzwort für Dokumentarbericht, Dokumentarfilm und Ähnliches: Sie will tatsächliche Begebenheiten/Sachverhalte wahrheitsgetreu vermitteln.

Filme und Serien untersuchen
(→ Seite 82–92)

Einen ersten Eindruck von einem Film oder einer Serie bekommt man oft über eine Werbeanzeige, ein Plakat oder einen Trailer. Ein **Filmplakat** will auf einen neuen Film aufmerksam machen. Es weist in der Regel folgende Elemente auf: Filmtitel, Werbeslogan, Namen der Schauspieler/-innen, des Regisseurs / der Regisseurin und weiterer an der Filmproduktion beteiligter Personen, Porträtfotos der Hauptfiguren und Bilder von Filmszenen.

Ein **Trailer** ist ein kurzer Werbeclip für einen neuen Film im Kino, auf DVD oder im Fernsehen. Er besteht aus Filmausschnitten, die durch eine Sprecherstimme, Schrifteinblendungen und Musik ergänzt werden. Ein Trailer dauert in der Regel zwischen 60 und 120 Sekunden.

Um einen Filmausschnitt zu untersuchen, muss man ganz genau hinsehen und hinhören: Was zeigt die Kamera und wie zeigt sie es? Wie ist der Filmton gestaltet, wie unterstützt er die Filmbilder? Zum Beschreiben von Filmszenen dienen die folgenden Fachbegriffe:

- Die **Einstellung** ist die kleinste Einheit in einem Film (von einem Schnitt zum nächsten). Mehrere Einstellungen, die durch eine Handlung miteinander verbunden sind, bilden eine **Filmszene**. Sie zeichnet sich durch die Einheit von Ort, Zeit und beteiligten Figuren der Handlung aus. Aus der Abfolge der Szenen setzt sich der Film zusammen.

- Die einzelnen Filmszenen werden in der **Montage** zu einem gesamten Film zusammengefügt. Dabei kann die Reihenfolge, in der die Szenen montiert werden, von der zeitlichen Reihenfolge der gezeigten Handlungen abweichen, indem z. B. Rückblenden zu Ereignissen gezeigt werden, die bereits früher stattgefunden haben. Man spricht dann von **achronologischem Erzählen** im Film (im Unterschied zum **chronologischen Erzählen**, das sich an die zeitliche Reihenfolge der Ereignisse hält, von denen erzählt wird).

- Die **Kameraperspektive** bezeichnet den Blickwinkel, aus dem die Kamera eine Szene filmt. Eine Figur oder ein Gegenstand wirkt anders, je nachdem, ob man sie von unten (Untersicht), von oben (Aufsicht) oder auf Augenhöhe (Normalsicht) betrachtet.

- Neben dem Blickwinkel der Kamera spielt es eine Rolle, ob die Kamera nah dran ist an den Figuren und Objekten, die sie filmt, oder ob sie weiter weg steht. Je nach Entfernung der Kamera ändert sich nämlich der Bildausschnitt. Der Fachbegriff hierfür heißt **Einstellungsgröße**. Häufig verwendete Einstellungsgrößen sind die Totale, die Halbtotale, die Halbnah-Einstellung, die Nah-Einstellung, die Groß-Einstellung und die Detail-Einstellung.

- Auch die **Kameraführung** im Film ist für die Wirkung der Bilder wichtig. Kameras können eine Einstellung beispielsweise aus dem **Stand** filmen, ohne sich zu bewegen. Dadurch bleibt immer derselbe Ausschnitt des Raumes sichtbar und die Bilder wirken ruhig.
  Die Kamera kann aber auch beweglich sein. Dies kann in einem **Schwenk** geschehen, bei dem die Kamera nach oben, unten, zur Seite oder im Kreis geschwenkt wird, oder durch eine **Kamerafahrt**, bei der sich die Kamera mit oder an Figuren und Objekten vorbei bewegt. Die Bewegung der Kamera kann in beiden Fällen schnell oder langsam sein. Die Kameraführung kann dabei ruhig sein, indem die Kamera auf ausgelegten Schienen gefahren wird, oder sie kann unruhig und wackelig sein, weil es sich um eine von einem Menschen getragene **Handkamera** handelt.

- Der **Filmton** setzt sich aus allem zusammen, was man im Film hören kann. Normalerweise konzentrieren wir uns darauf, was die Figuren sagen, für die Wirkung des Films sind jedoch Geräusche und Musik genauso wichtig. Elemente des Filmtons sind Sprache, Geräusche und Musik.

  Je nachdem, ob die Tonquelle auf dem Bild zu sehen ist oder nicht, spricht man von On-Ton oder Off-Ton. Beim Einsatz von Musik wird unterschieden zwischen Musik im Film (Musik im On, für die Figuren hörbar) und Filmmusik (Musik aus dem Off, nur für das Filmpublikum, nicht aber für die Figuren hörbar).

- Durch **Licht und Farbe** können im Film Stimmung und Atmosphäre erzeugt werden. Farben können auch mit bestimmten symbolischen Bedeutungen versehen sein oder z. B. als warm oder kalt wahrgenommen werden. Auch verschiedene Handlungsebenen eines Films können durch unterschiedliche Farbgebung markiert werden.

- Ein **Spielfilm** erzählt seine Geschichte an einem Stück, er dauert in der Regel eineinhalb bis zwei Stunden. **Serien** dagegen erzählen in Fortsetzungen, das heißt, sie teilen ihre Geschichten in mehrere Episoden auf. Die Episoden können jeweils eine abgeschlossene Handlung haben (Episodenhandlung). Besonders spannend wird es aber, wenn die Geschichte am Schluss einer Episode nicht aufhört, sondern später weitererzählt wird. Dann spricht man von episodenübergreifender Handlung. Oftmals endet eine Episode sogar mit einem sogenannten Cliffhanger – also genau dann, wenn es am spannendsten ist. Dann kann man es kaum erwarten, sich die nächste Episode und somit die Fortsetzung der Geschichte anzusehen.

Hörbuch und Hörspiel unterscheiden

Hörbuch und Hörspiel ähneln sich, weisen aber dennoch einige Unterschiede auf. Beim **Hörbuch** liest in der Regel ein einzelner Sprecher oder eine Sprecherin einen Text aus einem Buch vor. Beim **Hörspiel** sprechen hingegen verschiedene Sprecher/-innen in Form von Dialogen miteinander. Passende Geräusche oder Musik unterstreichen hier die Handlung.

Hypertexte

Hypertexte sind Texte, die über sogenannte **Links** oder **Hyperlinks** miteinander verknüpft sind. Klickt man im Internet auf einen solchen Link, wird man automatisch zu einem anderen Text weitergeleitet.

Im Internet recherchieren

Um einen Informationstext zu verfassen oder ein Kurzreferat auszuarbeiten, kannst du Sachtexte nutzen, die du im Internet gezielt suchst (recherchierst). Bei der Recherche im Internet kannst du so vorgehen:

1. Schritt: Das Thema klären
a) Überlege, was du zu deinem Thema herausfinden willst und was für andere (z. B. bei einem Referat) interessant sein könnte. Das kann sich durch die Recherche verändern bzw. erweitern.
b) Skizziere dazu eine Übersicht (z. B. mit Fragen oder einer Mindmap).

Ziel: Damit bereitest du ein gezieltes Suchen nach den benötigten Informationen vor.

2. Schritt: Eine Suchmaschine nutzen
a) Lege Suchbegriffe fest. Sie lassen sich aus der Übersicht ableiten – es sollten Schlüsselwörter des Themas sein.
b) Wähle eine geeignete Suchmaschine aus.
c) Gib den Kernbegriff deines Themas (z. B. Döner Kebab) ein und verbinde ihn durch Pluszeichen (+) mit einem oder mehreren Suchbegriffen (z. B. Geschichte, Wortherkunft, Gesundheit etc.). Also z. B.: Döner Kebab + Wortherkunft.

Ziel: Die Kombination von Suchbegriffen hilft, Suchergebnisse einzuschränken und zügig passende Ergebnisse zu erzielen.

3. Schritt: Die Ergebnisliste bewerten und Links auswählen
a) Sichte und prüfe die Trefferliste auf die Eignung für deine Informationssuche. Berücksichtige vor allem: Titel und Adresse der Internetseite sowie die Angaben zum Inhalt der Seite.
b) Entscheide dich für mehrere Treffer.

Ziel: Durch die Auswahl mehrerer Links hast du eine Vergleichsmöglichkeit und kannst eine Vorauswahl treffen.

4. Schritt: Die Suchergebnisse auswerten und festhalten
Klicke nacheinander auf die ausgewählten Links.
a) Verschaffe dir auf den aufgerufenen Seiten einen Überblick. Untersuche die Seiten mit den Kontrollfragen:
- Wer?/Von wem?   • Was?/Wie?   • Wann?
- Warum?

Ziel: Auf diese Weise stellst du fest, ob eine Seite zuverlässig ist und die Informationen brauchbar sind.

b) Halte die benötigten Informationen der verschiedenen Websites in einer Tabelle fest. Notiere dir:
- Webadresse
- Verfasser und/oder Einrichtung sowie Textart
- Wichtigste Informationen
- Datum des Erscheinens oder der Aktualisierung
- Absicht

c) Bei widersprüchlichen Informationen sollte mit weiteren, verlässlich eingeschätzten Seiten geprüft und korrigiert werden.

Ziel: Du sicherst so die Informationen und du kannst durch direkten Vergleich die Richtigkeit der Angaben kontrollieren und Widersprüche erkennen.

5. Schritt: Die Informationen bündeln
Fasse die Informationen aus den verschiedenen Quellen in eigenen Worten zusammen. Gib die verwendeten Webadressen an (→ Quellenverzeichnis).
Ziel: Damit führst du die verschiedenen Informationen zusammen und hast ein Recherche-Ergebnis.

Infotainment
(→ Seite 52–54)

Eine Infotainment-Sendung verfolgt das Ziel, die Zuschauerinnen und Zuschauer **auf unterhaltsame Weise** über einen oder mehrere komplexe Sachverhalte zu **informieren**. Der Begriff Infotainment ist ein Kofferwort, das sich aus den englischen Worten **info**rmation und enter**tainment** zusammensetzt. Als Infotainment werden dabei nicht nur Fernsehsendung bezeichnet. Auch einige Internetformate wie beispielsweise Erklärvideos setzen auf diese

Kombination aus Information und Unterhaltung.
Typische Mittel von Infotainment sind:
- Personalisierung: Der Sachverhalt wird an konkreten Beispielen erläutert. Oft stehen einzelne Personen und ihre Geschichten im Mittelpunkt.
- Dramatisierung: Durch Musikeffekte, einprägsame Bilder oder bewegend erzählte Geschichten wird der Sachverhalt besonders emotional präsentiert.
- Visualisierung: Visuelle Elemente wie Grafiken oder Modelle veranschaulichen die Sachverhalte, sodass der Zuschauer oder die Zuschauerin die Erklärungen leicht nachvollziehen kann.
- Ständiger Wechsel der Inhalte: Indem einzelne Aspekte des Themas und neue Informationen in möglichst schneller Folge präsentiert werden, wird die Aufmerksamkeit des Zuschauers oder der Zuschauerin aufrecht erhalten.

Journalistische Textsorten
(→ Seite 64–73)

Die journalistischen Textsorten, denen man in Zeitungen und Online-Zeitungen begegnet, lassen sich einteilen in Textsorten **mit Faktenorientierung** und Textsorten **mit Meinungsorientierung**.

Die **Nachricht** bzw. **Meldung** und der **Bericht** zählen zu den Textsorten **mit Faktenorientierung**. Sie sind durch folgende Merkmale gekennzeichnet:

Inhalt: Nachricht / Meldung und Bericht sind sachlich und nüchtern formuliert. Sie beantworten die W-Fragen (Was? Wo? Wer? Wann? Wie? Warum? Welche Folgen? Welche Informationsquelle?), Wertungen werden weitgehend vermieden, die Informationen bleiben faktentreu, die Angaben sind nachprüfbar, die Quelle (Autor oder Nachrichtenagentur) ist meist mit Kürzel angegeben.
Aufbau: meist Lead-Stil: (1) Dachzeile / Schlagzeile / Unterzeile: Grundinformationen; (2) Vorspann / Einstieg: Zusammenfassung des gesamten Inhalts; (3) Haupttext: ausführliche Darstellung mit Zusatzinformationen, Details
Sprache: nüchtern, sachlich, kaum wertende Ausdrücke, kaum Adjektive, Haupttempus: Präteritum, indirekte Rede für Aussagen
Auswahl: Ereignisse von allgemeinem Interesse oder von Interesse für die Leserschaft der jeweiligen Zeitung (z. B. Lokalnachrichten)

Umfang Nachricht bzw. **Meldung**: sehr knapp, nur wenige Sätze, einspaltig, ca. 15–20 Spaltenzeilen (Kurzform)
Umfang Bericht: ausführlicher, ca. 40–60 Spaltenzeilen (Langform)

Die **Reportage** ist ebenfalls eine faktenorientierte Textsorte. Der Autor oder die Autorin schildert die Sachverhalte und Ereignisse jedoch lebendig und lässt auch persönliche Eindrücke einfließen.

Inhalt: Der Verfasser oder die Verfasserin informiert über ein Thema an einem besonderen Beispiel, stellt Hintergründe und Zusammenhänge dar, gibt persönliche Vor-Ort-Eindrücke wieder und verknüpft Sachinformationen (Fakten, Zitate) geschickt mit erlebnisbetonten Passagen (Wahrnehmungen des Verfassers). Er oder sie liefert exakte Angaben zu Ort und Zeit.
Aufbau: Die Überschrift weckt meist Neugier / Aufmerksamkeit, zu Beginn wird durch eine Schilderung der Situation vor Ort häufig mitten in das Geschehen eingeführt, der oder die Protagonisten werden kurz beschrieben, manchmal leitet auch ein szenischer Einstieg (Zitate aus Dialogen) zum Thema hin. Der Hauptteil enthält Spannungsmomente und folgt einem roten Faden (inhaltlich schlüssige Abfolge). Oft nimmt der Schluss wieder Bezug auf den Anfang und rundet den Text auf diese Weise ab.
Sprache/Stil: anschaulich, lebendig und fesselnd formuliert, kurze Sätze (parataktischer Satzbau), direkte Rede wird häufiger eingesetzt (Zitate), Nutzung von starken Verben und präzise beschreibenden Adjektiven, überraschenden Vergleichen, Personifikationen und Metaphern; Haupttempus: Präsens
Gesamtwirkung des Textes: erfüllt die Forderung nach Anschaulichkeit, Lebendigkeit, Nähe zum Geschehen, Echtheit / Authentizität sowie Korrektheit / Nachprüfbarkeit
Umfang: umfangreich, ca. 120 Spaltenzeilen und mehr

Der **Kommentar** und die **Karikatur** bzw. der **Comic** zählen zu den journalistischen Textsorten **mit Meinungsorientierung**. Folgende Merkmale zeichnen sie jeweils aus:

Kommentar
Inhalt: Der namentlich genannte Verfasser äußert seine Meinung zu einem Ereignis oder Thema, es soll eine Position zu einem Thema / Sachverhalt deutlich werden, dazu werden nachvollziehbare Begründungen, auch unter Berücksichtigung von Gegenargumenten, geliefert.
Aufbau: Häufig gibt es einen Einstieg mit Darstellung des Sachverhalts, zu dem der Kommentar Stellung bezieht, und eine Erläuterung seiner Bedeutung. Der Leser soll sich seine eigene Meinung dazu bilden.
Sprache: wertende Ausdrücke, vor allem Adjektive, Metaphern, Vergleiche, häufig Selbstnennung des Verfassers oder der Verfasserin (ich, meine, ...), Aufzählungen, rhetorische Fragen, Doppelpunkte, Ausrufezeichen; Haupttempus: Präsens
Auswahl: Themen von aktuell großem öffentlichen Interesse oder speziellem Interesse (siehe Ressorts: Politik, Kultur, Sport,...)
Umfang: oft länger als ein Bericht

Cartoon / Karikatur
Inhalt: Der Karikaturist zeigt seine Meinung zugespitzt und provokativ zu einem meist tagesaktuellen Thema.
Sprache / Ausdruck: i. d. R. gezeichnet, witzig, übertreibend, ironisch, auch mahnend
Auswahl: Ereignisse von allgemeinem Interesse
Umfang: meist ein einziges Bild

Medien

Medien (lat. *medium* = Vermittler) übermitteln Informationen. Wir nutzen sie, um Botschaften auszutauschen (Kommunikation), um uns über aktuelle Ereignisse oder bestimmte Themen zu informieren, um uns zu unterhalten bzw. unterhalten zu lassen oder um Daten zu speichern, z. B. Fotos oder Texte.

Medienbeiträge vergleichen
(→ Seite 48)

Beim Vergleich von Beiträgen aus verschiedenen Medien kannst du folgendermaßen vorgehen:

1. Schritt: Materialien vorstellen
Dazu nennst du jeweils die **TATTE-Informationen** (Titel, Autor, Textart / Medienart, Thema, Erscheinungsjahr) sowie das gemeinsame Thema.

2. Schritt: Inhalte zusammenfassen
Fasse den Inhalt sachlich und mit eigenen Worten zusammen. Orientiere dich an den W-Fragen.

3. Schritt: Materialien inhaltlich vergleichen
Achte darauf, welche Informationen wie ausführlich in welchem Beitrag präsentiert werden.

4. Schritt: Unterschiede herausarbeiten
Untersuche, wie sich die Materialien in der Präsentation der Informationen voneinander unterscheiden. Berücksichtige dabei die Art des Mediums (zum Beispiel Printmedium [Zeitung], visuelles Medium [Fernsehen, Internetvideo, ...]), die Gestaltung des jeweiligen Beitrags und die sprachliche Darstellung.

5. Schritt: Zielgruppe bestimmen
Schlussfolgere, welche Zielgruppe (Fachpublikum, Erwachsene, Kinder, ...) mit dem jeweiligen Beitrag angesprochen werden soll, welchen Zweck (sachliche Information, Erregen von Aufmerksamkeit, Unterhaltung, etc.) dieser anstrebt und welche Art der Aufbereitung (schnelle Information, mit Hintergrundwissen aufbereitete Wissensvermittlung, ...) im Vordergrund steht.

Textverarbeitungsprogramme zum kooperativen Schreiben nutzen

1. Schritt: Das Dokument anlegen
Erstelle ein Dokument und gib ihm einen eindeutigen Namen. Um gemeinsam mit anderen Personen an dem Dokument arbeiten zu können, lade es in einen Cloudspeicher.
a) Wähle ein Textverarbeitungsprogramm aus und erstelle ein neues Dokument.
b) Speichere dein Dokument unter einem sinnvollen Namen ab. Wähle als Speicherort einen Cloudspeicher, da es nur so möglich ist, dass andere Personen Zugriff auf das Dokument erhalten können.

2. Schritt: Den Text schreiben und überarbeiten
Lege das Format deines Textes fest, indem du z. B. Schriftart, Schriftgröße oder Schriftfarbe auswählst. Verfasse anschließend deinen Text. Überarbeite deinen Text und tippe ihn, falls er nicht von vornherein am Computer geschrieben wurde, in verbesserter Form in das Textverarbeitungsprogramm ein.

3. Schritt: Das Dokument freigeben
Gib die Datei frei, so dass andere Personen die Berechtigung haben, auf deine Datei zuzugreifen. Anschließend könnt ihr gemeinsam an der Datei arbeiten.
a) Wähle in der Menüleiste das Feld DATEI. Im Untermenü klickst du nun auf das Feld FREIGEBEN.
b) Entscheide, wie weitere Personen Zugriff auf deine Datei erhalten sollen. Mithilfe eines Freigabelinks kannst du schnell Zugriff auf deine Datei gewähren. Wähle dazu EINEN FREIGABELINK ABRUFEN.
c) Erstelle einen Bearbeitungslink und teile diesen den Personen mit, die deine Datei bearbeiten sollen. Jeder, der diesen Link nun in einem Webbrowser eingibt, kann direkt in deiner Datei arbeiten. Denke daran, den Bearbeitungslink wieder zu entfernen, wenn eure gemeinsame Arbeit abgeschlossen ist.
d) Überarbeitet gemeinsam den Informationsbeitrag. Alle Änderungen, die ihr vornehmt, können sofort von allen Bearbeitenden gesehen werden.

Öffentlich-rechtliche und private Rundfunkanstalten

In Deutschland gibt es private und staatliche Sender. Während der **private Rundfunk** (z. B. Sat 1, RTL) sich durch Werbeeinnahmen trägt, wird der **öffentlich-rechtliche Rundfunk** (ARD, ZDF, Deutschlandradio) größtenteils durch die Bevölkerung finanziert. Die öffentlich-rechtlichen Sender sind im Gegenzug per Gesetz dazu verpflichtet, mit ihrem Angebot wesentlich zur Erhaltung von Demokratie und Vielfalt beizutragen.

Podcast
(→ Seite 49–51, 56–58)

Ein Podcast ist eine Serie von Mediendateien, die in **regelmäßigem Rhythmus** zur Verfügung gestellt werden und „on demand" (= auf Abruf) gehört werden können.
Podcasts lassen sich **abonnieren**, sodass man über neue Folgen benachrichtigt wird, und haben zumeist einen Aufbau, der bei jeder Folge einer Reihe identisch ist. Die Folgen beginnen mit einer **persönlichen Begrüßung** und nutzen **Verweise** auf andere Folgen, damit die Zuhörer/-innen sich angesprochen und einbezogen fühlen.
Sprachlich sind Podcasts oft **informell** und **in einfachen Sätzen** gehalten. Je nach Thema und Zielgruppe kann ein Podcast sprachlich aber durchaus auch komplexer gestaltet sein, wobei es sich generell um einen medial mündlichen Text handelt.

Wenn du selbst **einen Podcast aufnehmen** willst, kannst du folgendermaßen vorgehen:

1. Schritt: Bereite dich inhaltlich vor
Recherchiere zu deinem Thema. Lege genau fest, worum es in deinem Beitrag gehen soll, und welche Aspekte du behandeln möchtest. Notiere anschauliche Beispiele.

2. Schritt: Plane dein Manuskript
Überlege dir einen Einstieg, der zu deinem Thema hinführt und das Interesse der Zuhörer/-innen weckt. Formuliere einen Schluss, der den Podcast abrundet und Lust macht, die nächste Folge zu hören (Call to Action).

3. Schritt: Formuliere dein Manuskript aus

4. Schritt: Erstelle eine Titelmusik
Suche einen passenden Jingle für deinen Podcast, der einen Wiedererkennungswert besitzt.

5. Schritt: Bearbeite deine Aufnahme
Du kannst deine Aufnahme mit Effekten belegen oder Hintergrundmusik hinzufügen, um sie interessanter zu machen. Passende Soundeffekte findest du beispielsweise in der Sounddatenbank der BBC, die du kostenfrei verwenden darfst. Die Datenbank findest du unter http://bbcsfx.acropolis.org.uk. Achte aber darauf, dass ein Podcast möglichst natürlich wirken sollte. Nutze Schnitte und Effekte daher sparsam.

Kurzfilm
(→ Seite 82–99)

Kurzfilme unterscheiden sich vor allem durch ihre Länge von bis zu 30 Minuten von klassischen Spielfilmen, die ihre Geschichten in 90 Minuten oder länger erzählen. Die geringe Zeit, die in einem Kurzfilm für das Erzählen einer Geschichte zur Verfügung steht, führt dazu, dass Kurzfilme oft auf eine bestimmte Weise erzählen.

Zu den typischen Merkmalen gehören:
- **Direkter Einstieg**: Die Handlung in Kurzfilmen beginnt unmittelbar (= in medias res), ohne eine längere Vorstellung von Figuren, Schauplatz oder Vorgeschichte.
- **Beschränkung auf ein zentrales Ereignis**: Die gesamte Handlung eines Kurzfilms konzentriert sich meist auf eine zentrale Veränderung der Situation, ein unerwartetes Ereignis, das dem Geschehen eine entscheidende Wendung gibt.
- **Überraschendes Ende**: Die Auflösung am Ende lässt die Ereignisse oft in einem zuvor nicht erwarteten Licht erscheinen und gibt diesen eine neue Bedeutung.
- **Fokus auf die Hauptfiguren**: Die Geschichte konzentriert sich ganz auf die Hauptfigur(en) und die Bedeutung der Ereignisse für ihr Leben. Die Nebenfiguren verkörpern oft nur bestimmte Typen.
- **Keine langen Dialogszenen**: Kurzfilme erzählen ihre Geschichte in der Regel hauptsächlich visuell und mit wenigen Worten.
- **Bedeutsame Themen**: Im Zentrum von Kurzfilmen stehen häufig Themen von be-sonderer gesellschaftlicher oder menschlicher Bedeutung.

Werbung untersuchen

Werbung begegnet uns in ganz unterschiedlichen Ausprägungen, etwa in Form von Werbeanzeigen oder Werbespots. Um die Gestaltung und Wirkung von Werbung zu untersuchen, helfen die folgenden Fachbegriffe:

- **Werbeanzeigen** und **Werbeplakate** finden sich etwa in Zeitungen und Zeitschriften oder als Außenwerbung, z. B. an öffentlichen Gebäuden oder Plätzen. Die **typischen Bestandteile einer Werbeanzeige** sind: Schlagzeile, Werbetext, Slogan, Produktnamen und/oder Logo, Bild.

    - Die Schlagzeile ist neben dem Bild der zentrale Blickfang einer Anzeige, der auf den ersten Blick Aufmerksamkeit und Interesse erregen soll.
    - Die Aufgabe des Werbetextes ist es, über die Schlagzeile hinaus weitere Informationen zum beworbenen Produkt bzw. zur beworbenen Dienstleistung zu liefern.
    - Der Slogan ist ein gleichbleibender Spruch, der in allen Werbeformen für eine Firma oder eine Marke auftaucht. Er trägt damit zur Wiedererkennung und zu einer bestimmten Imagebildung der Produkte bei.
    - Der Produkt- oder Markenname taucht häufig in Verbindung mit einem Logo auf, das einen hohen Wiedererkennungswert hat und in manchen Fällen den Markennamen sogar ersetzen kann.
    - Die Bilder in Werbeanzeigen haben die Funktion, die Aufmerksamkeit zu wecken. Hierzu können sie das beworbene Produkt in den Mittelpunkt stellen. Sie können aber auch eine schöne Landschaft oder glückliche Menschen zeigen, um bei den Betrachtern positive Gefühle im Zusammenhang mit der beworbenen Marke auszulösen.

Werbeprofis gestalten ihre Anzeigen darüber hinaus häufig nach dem sogenannten **AIDA-Prinzip**.
AIDA steht für die englischen Wörter:
- **A**ttention: Die Werbung soll die Aufmerksamkeit der Angesprochenen erregen.
- **I**nterest: Es soll Interesse am beworbenen Produkt geweckt werden.
- **D**esire: Der Wunsch zum Kauf des Produkts soll entstehen.
- **A**ction: Die Kaufhandlung soll ausgeführt werden.

- **Werbespots** sind zu Werbezwecken produzierte Kurzfilme, die im Fernsehen, Kino oder Internet zu sehen sind. Wie bei anderen → Filmen auch, lassen sich Erzählweise, Kameraperspektive, Einstellungsgrößen, Kameraführung, Licht- und Farbgestaltung uvm. untersuchen und mit dem Werbeziel (Markenimage, Wirkung auf die Zielgruppe usw.) in Verbindung setzen. Als Gestaltungsmittel kommen neben Text- und Bildelementen auch Geräusche und Musik zum Einsatz. Häufig findet sich in Werbefilmen auch ein sogenannter Jingle. Dabei handelt es sich um einen gesungenen Slogan oder eine kurze Erkennungsmelodie, die fest mit der Fernseh- oder Radiowerbung für ein bestimmtes Produkt oder eine bestimmte Marke verbunden sind.

Texte schreiben

Aus der Perspektive einer Figur schreiben

Wenn du einen Text (z. B. eine E-Mail oder einen Tagebucheintrag) aus der Sicht einer Figur schreibst, solltest du darauf achten, dass der Inhalt und die sprachliche Gestaltung zu dieser Figur passen. Überlege dir im Vorfeld, wie sich die Figur in der Erzählung verhält, welche Gefühle und Einstellungen für sie typisch sind, wie sie sich normalerweise ausdrückt und was sie weiß bzw. wissen kann.

Einen Appell formulieren
(→ Seite 136)

An jemanden zu appellieren bedeutet, sich mit einer Bitte, einem Anliegen oder einer Aufforderung an jemanden zu wenden. Wenn du einen Appell an jemanden richtest, möchtest du erreichen, dass der Adressat in deinem Interesse handelt. Daher musst du gegebenenfalls einen Grund anführen, der für die Adressatin bzw. den Adressaten einsichtig ist.

Argumentieren
(→ Seite 131)

Um andere von (d)einem Standpunkt zu überzeugen, z. B. in einer → argumentativen E-Mail, einem Flyer oder einem Beitrag für ein Forum, musst du gute **Argumente** vorbringen. Argumente sind **Meinungen**, die durch **Begründungen** und **Stärkungen** (Beispiele, Belege, Vergleiche, Folgerungen ...) gestützt sind. Ähnlich wie ein Haus ist eine Argumentation besonders stabil, wenn sie auf mehreren Begründungen und Stärkungen aufbaut.
Du kannst deine Argumente wie Ketten aneinanderhängen (**Argumentationskette**) oder aber nach einem Beleg noch einmal auf die Behauptung zurückgreifen, sodass sich das Argument wie ein Kreis schließt (**Argumentationskreis**). Argumentationsketten und -kreise sind gleichwertig. Wichtig ist, dass die Argumentation in sich stimmig und im Zusammenhang nicht eintönig ist.
Um die einzelnen Etagen des „Meinungshauses" miteinander zu verknüpfen, solltest du Überleitungen und Konnektoren (Verknüpfungswörter) nutzen:
erstens ... ein weiteres wichtiges Argument ist ...
außerdem ... zudem ... auch ... darüber hinaus ...
weiterhin ...

Meinung
Schokolade wird oft nicht fair hergestellt,

Argument 1:
weil die Arbeiter auf den Kakaoplantagen zu wenig Geld verdienen.

Stärkung 1 (Beleg):
In dem Buch „Der SchokoLaden" habe ich gelesen, dass Schokoladenbauern in Peru nur einen Euro pro Tag verdienen.
Stärkung 2:
...

Argument 2:
Außerdem wird Schokolade im Supermarkt oft zu billig verkauft, wenn man bedenkt, wie viel Aufwand die Herstellung erfordert.

Stärkung 1 (Beispiel):
Die Tafel Schokolade, die ich letzte Woche gekauft habe, kostete z. B. nur 66 Cent.
Stärkung 2:
...

Argumente entkräften
(→ Seite 130)

Eine Argumentation wird noch überzeugender, wenn du auf (mögliche) **Gegenargumente** eingehst und diese **wirkungsvoll entkräftest**. Dadurch kann die Gegenseite diese Argumente nicht mehr für sich nutzen.
Welche Argumente für die Entkräftung besonders überzeugend sind, hängt von den **Interessen der Gegenseite** ab. Daher ist es wichtig, sich in diese hineinzuversetzen und so deren (mögliche) Argumente zu bedenken.

Beispiel: Sicherlich haben Sie recht damit, dass Wölfe dem Menschen gefährlich werden können (Gegenargument), doch wissen Sie auch, dass der Mensch nicht auf dem Speiseplan der Wölfe steht (Entkräftung).

Zum Entkräften von Einwänden kann man folgende Formulierungen verwenden:
Mir ist klar, dass ..., aber ...
Einerseits ..., andererseits ...
Es stimmt schon, dass ... Jedoch ...

Argumente stärken

Es gibt verschiedene Möglichkeiten, Argumente zu stärken. Diese nennt man **Stärkungen**. So kannst du ein Argument noch überzeugender gestalten:

1. Beispiele geben
Füge deiner Begründung etwas hinzu, das du entweder selbst erlebt/beobachtet oder erzählt bekommen hast.

Für den Abschuss von Wölfen spricht, dass Wölfe gefährliche Tiere sind. Aus eigener Erfahrung kann ich bestätigen, dass sie auch große Tiere jagen und töten.

2. Belege anführen
Führe Belege an, indem du dich auf Fakten aus Fachartikeln, Diagrammen, Zeitungsartikeln, Forschungsberichten etc. beziehst. Es ist besonders überzeugend, wenn du deine Gründe mit Fakten von einem Experten oder durch eine Studie belegen kannst.

Wölfe sind für die Menschen eine Gefahr. Dies bestätigt auch die NINA-Studie, die belegt, dass bereits neun Menschen von Wölfen getötet wurden.

3. Vergleiche einbringen
Nutze einen Vergleich, indem du den Inhalt deines Argumentes zu einem anderen Thema in Beziehung setzt.

Die Gefahr eines Wolfangriffs ist sehr gering. Im Vergleich zu dem Risiko, im Straßenverkehr verletzt oder getötet zu werden, ist es sogar zu vernachlässigen.

4. Folgerungen ziehen
Benenne die Folgen von eigenen Vorschlägen oder die Folgen von Vorschlägen oder Positionen der Gegenseite, wenn sie deinen Standpunkt stärken.

Der Abschuss des Wolfes ist nicht zielführend. Wenn Sie einen Wolf erschießen, werden ihm in kürzester Zeit andere Wölfe nachfolgen, da für sie ein neues Revier freigeworden ist.

Eine argumentative E-Mail schreiben

Eine argumentative E-Mail (oder ein argumentativer Brief) soll einen Adressaten von deiner Meinung oder deinem Anliegen überzeugen. So kannst du die E-Mail aufbauen:

Absender: Verwende eine seriöse E-Mail-Adresse, die z. B. aus deinem Vor- und Nachnamen besteht. Kosenamen oder Fantasiebezeichnungen können dazu führen, dass deine E-Mail nicht ernst genommen wird oder im Spamordner landet.

Kopie/CC: Wenn der Inhalt deiner E-Mail für weitere Personen wichtig oder interessant ist, solltest du sie in CC setzen. So können sie deine E-Mail lesen und wissen, dass sie nicht direkt darauf antworten müssen.

Betreff: Der Betreff der E-Mail sollte das Anliegen deiner E-Mail kurz zusammenfassen.

Anrede: Beginne eine formelle E-Mail immer mit einer Anrede. Diese sollte angemessen sein. Schreibe Personen, die eine wichtige Funktion erfüllen oder dir unbekannt sind, immer mit „Sehr geehrte Frau/ Sehr geehrter Herr ..." an. Freunde kannst du z. B. mit „Liebe/r" oder „Hallo" anschreiben.

Einleitung: Formuliere als Erstes, warum du schreibst. Dazu erläuterst du, welche Situation dich dazu veranlasst hat, eine E-Mail zu schreiben (Anlass) und was du mit dieser E-Mail erreichen möchtest (Ziel).

Argumentation: Bringe deine Argumente im Text in eine sinnvolle Abfolge. Formuliere dann deine Argumente aus und entfalte sie mit verschiedenen Stärkungen.

Schluss: Fasse kurz deine Position zusammen und formuliere eine Aufforderung an deinen Adressaten.

Verabschiedung: Beende deine E-Mail mit einer angemessenen Verabschiedung, z. B. formell: „Mit freundlichen Grüßen" oder informell „Liebe Grüße". Schreibe darunter deinen Vor- und Nachnamen.

Signatur: Unter deinem Namen kannst du eine Signatur anfügen. Diese kann deine Adresse und Telefonnummer enthalten. Auch wichtige Funktionen, z. B. ein Amt als Schülersprecher, kann dort angefügt werden und den Inhalt deiner E-Mail stärken.

Eine Argumentation nach dem Sanduhr-Prinzip verfassen
(→ Seite 132–135)

So kannst du eine Argumentation nach dem Sanduhr-Prinzip aufbauen:
Einleitung: Stelle das Thema vor und erkläre, was du diskutieren möchtest.

Hauptteil: Führe zuerst die **Argumente der Gegenseite** an. Sortiere sie so, dass das Argument, welches du für das stärkste hältst, am Anfang und das schwächste am Ende steht. Denke an Beispiele und Stärkungen. Leite dann zu deiner Position über, z. B. indem du deine Meinung formulierst oder das letzte Argument aufgreifst und entkräftest. Führe **eigene Argumente** an, die du so sortierst, dass dein schwächstes Argument zuerst genannt wird und dein stärkstes zuletzt. Achte auf eine sinnvolle Verknüpfung der Argumente, z. B. durch Formulierungen wie: beispielsweise, folglich, dementsprechend, aus diesem Grund, daraus folgt, einerseits – andererseits, am wichtigsten ist, … .
Du kannst auch Verknüpfungen durch Aufzählungen mit → Numeralia wie erstens..., zweitens... schaffen.

Schluss: Stelle deine **eigene Position** noch einmal kurz dar und → **appelliere** gegebenenfalls an deine Leserin oder deinen Leser.

Berichten

Berichte informieren den Leser sachlich. Man unterscheidet z. B. zwischen Berichten über ein Ereignis (**Ereignisbericht**) und Berichten über die Ergebnisse einer Untersuchung (**Untersuchungsbericht**).

Ereignisberichte verfassen
Mit dem Ereignisbericht (z. B. Unfallbericht, Sportbericht) informiert der Verfasser den Leser über den Ablauf, die Folgen und die Hintergründe eines konkreten Ereignisses. Er klärt die W-Fragen:
- Was ist geschehen?
- Wann ist es geschehen?
- Wo ist es geschehen?
- Wer war beteiligt?
- Wie ist es genau abgelaufen?
- Warum ist es geschehen?
- Welche Folgen hatte das Ereignis?

Es wird eine sachliche Sprache verwendet, das heißt, dass z. B. keine Spannung erzeugt wird und die Handlung nicht besonders ausgeschmückt wird. Gedanken und Gefühle werden in der Regel nicht dargestellt und Handlungen oder Aussagen nicht gewertet. Ein Ereignisbericht bezieht sich auf ein vergangenes Ereignis und wird deshalb im Präteritum geschrieben. Aussagen können in der indirekten Rede (→ Konjunktiv I) oder als Zitat wiedergegeben werden.

Untersuchungsberichte verfassen
Der Untersuchungsbericht fasst die Ergebnisse einer Recherche zusammen und nutzt dabei Informationen aus verschiedenen Quellen. Er informiert über einen Sachverhalt, der auch für die Zukunft eine Wirkung oder Relevanz haben kann. Deshalb wird das Präsens verwendet. Die Sprache ist sachlich und Aussagen werden in der indirekten Rede oder als Zitat wiedergegeben. Grafiken und Bilder können den Text ergänzen. Ein Untersuchungsbericht kann z. B. einen Beruf oder eine Organisation wie die Feuerwehrjugend vorstellen. So kannst du vorgehen:
- Nenne zunächst das Thema des Berichts.
- Fasse wichtige Erkenntnisse in eigenen Worten zusammen.
- Verwende Informationen aus verschiedenen Quellen und gib diese am Ende deines Textes an.
- Gib Aussagen als Zitate oder in der indirekten Rede wieder.
- Zur Verdeutlichung der Aussagen kannst du Bilder oder Grafiken einfügen.

Beschreiben

Unser Alltag ist voll von Beschreibungen. An Bäumen hängen Zettel, auf denen in Form eines **Steckbriefs** eine entlaufene Katze beschrieben wird, in einem **Rezept** erfahren wir, wie man etwas kocht, in einer Bastelanleitung steht, wie etwas hergestellt wird, in Geschichten werden Figuren beschrieben, und in einem Reiseführer werden fremde **Orte, Wege** und **Gegenstände** beschrieben.
Beschreibungen richten sich an einen **Adressaten**. Sie **informieren** so, dass jemand, der das Beschriebene nicht kennt, eine genaue Vorstellung davon bekommt oder danach handeln kann.
Wenn du eine Beschreibung anfertigen willst, kannst du so vorgehen:

1. **Plane deine Beschreibung**, bevor du mit dem Schreiben beginnst:
   - Mache dir klar, für wen und für welchen Zweck du die Beschreibung anfertigst.
   - Überlege, welche Informationen wichtig sind.
   - Sammle nötige Informationen z. B. in einem Cluster oder lege einen Stichwortzettel an.
   - Bringe sie in eine sinnvolle Reihenfolge.
   - Entscheide dich, ob du den Adressaten ansprichst (du, Sie) oder eine neutrale Sprache verwenden möchtest (man, Passiv).
2. **Verfasse deine Beschreibung**. Nutze deine Vorarbeiten und berücksichtige die folgenden Tipps für unterschiedliche Beschreibungen.
3. **Überarbeite abschließend deine Beschreibung**, indem du die Tipps als Checkliste nutzt.

Tipps für die Funktionsbeschreibung eines Gegenstandes
- Benenne wichtige Elemente des Gegenstandes.
- Nenne eventuell ihre Position oder ein Merkmal, an dem man das Element erkennt.
- Beschreibe den Nutzen oder die Bedienungsweise des Elementes und wozu es verwendet wird/wurde.

Beispiel: Der schwarze Tragegriff steht an der Oberseite des Feuerlöschers ab. Daran hält man den Feuerlöscher mit einer Hand fest, während man mit der anderen Hand löscht.

Tipps für die Beschreibung eines Vorgangs
Eine Vorgangsbeschreibung bezieht sich auf wiederkehrende Vorgänge. Eine Bedienungsanleitung oder eine Handlungsanweisung sind Vorgangsbeschreibungen.

- Handlungen oder Vorgänge, die nicht einmalig stattgefunden haben, sondern immer wiederkehren, werden im Präsens beschrieben.
- Die Sprache ist sachlich und anschaulich, z. B. durch Adjektive und präzise Orts- oder Zeitangaben.
- Wichtig ist die richtige Reihenfolge der einzelnen Schritte und die Nennung aller notwendigen Details. Abhängig vom Adressaten kann eine Anrede (du oder Sie) oder eine neutrale Formulierung (man oder Verben im Passiv) verwendet werden.

Tipps für die Beschreibung von Diagrammen
(→ Seite 105/106)
Diagramme bilden einen bestimmten Sachverhalt, eine bestimmte Entwicklung, einen Vergleich oder eine Verteilung übersichtlich und anschaulich ab. Bevor du ein Diagramm beschreiben kannst, musst du es zunächst auswerten (→ Diagramme auswerten).
- <u>Einleitung:</u> Nenne Titel, Thema, Art der Grafik (Schaubild, Kreisdiagramm, ...), Veröffentlichungsdatum und die Quelle.
- <u>Hauptteil:</u> Beschreibe, was die Y-Achse und X-Achse anzeigen und gehe dann auf die einzelnen Ergebnisse ein. Benenne und deute aussagekräftige Werte (höchster, niedrigster, mittlerer Wert, Auffälligkeiten).
- <u>Schluss:</u> Fasse die Hauptaussage des Diagramms abschließend zusammen.

Schreibe sachlich und objektiv und verwende das Präsens.

Briefe schreiben

Briefe können einen oder mehrere Empfänger haben. Die Art und Weise, wie du schreibst, hängt von deinem **Adressaten** ab.
Beginne jeden Brief mit einer **Ortsangabe**, dem **Datum** und einer passenden **Anrede**. Wenn du jemanden siezt, verwendest du die Anredepronomen in der Höflichkeitsform: Sie, Ihnen ... Verdeutliche, warum du den Brief schreibst. Überlege dir auch, was für deinen Adressaten interessant und wichtig sein könnte. Beende den Brief mit einer **Grußformel**.
Übrigens: Alle genannten Punkte gelten auch für das Schreiben von **E-Mails**. Auf die Ortsangabe und das Datum kannst du verzichten, da die E-Mail-Programme dies automatisch einfügen.

Charakterisieren (Figuren)
(→ Seite 148, 236–240)

Bei einer Charakterisierung – auch **Figurenbeschreibung** genannt – beschreibst und erklärst du das Verhalten und die Eigenschaften einer literarischen → Figur. Wie beim Schälen einer Zwiebel lernst du die Figur beim Lesen Schicht um Schicht näher kennen und kannst sie schließlich charakterisieren. Dafür müssen **Hinweise** zum Aussehen der

Figur, zu ihren Beziehungen und Lebensumständen, ihrem Verhalten und ihren Gedanken und Gefühlen zusammengetragen werden:

- Ein Erzähler kann das **Aussehen** und **Verhalten** (→ äußere Handlung) sowie die **Gedanken** und **Gefühle** (→ innere Handlung) von Figuren beschreiben.
- Die Figuren geben uns auch selbst Hinweise auf ihre **Eigenschaften** durch das, was sie tun oder sagen und wie sie es sagen (Sprechweise). Figuren können auch andere Figuren beschreiben und bewerten.
- Daneben sagt auch die **Beziehung** zwischen einzelnen Figuren (Figurenkonstellation) viel über ihren Charakter aus. Man sollte daher auch untersuchen, wie sie miteinander umgehen, mit wem sie verwandt, befreundet oder verfeindet sind und welche Gründe es hierfür gibt.

Eine Charakterisierung sollte **folgende Bausteine** besitzen:
- Am Anfang gibst du an, um welchen Text und welche Figur es geht. Nenne dabei den Autor, die Textsorte und den Titel. Stelle dann die Figur kurz mit ein paar Sätzen vor und ordne die Textstelle ggf. in die Gesamthandlung ein.
- Dann beschreibst du die Figur vollständig und in der richtigen Reihenfolge. Du kannst eingehen auf:
    - äußere Merkmale (Alter, Aussehen, Kleidung, Familie, Beruf, Lebensumstände),
    - Verhalten, Charaktereigenschaften, Einstellungen, Gedanken und Gefühle,
    - Verhältnis/Beziehungen zu anderen Figuren..
- Am Ende kannst du die Figur abschließend bewerten und darlegen, was du von ihr und ihrem Verhalten hältst.

Achte darauf, dass du …
- passende Zitate als Belege für deine Aussagen über den Charakter der Figur angibst.
- keine Aufzählung von einfachen Sätzen mit „ist" produzierst. Schreibe nicht: *Er ist stark. *Er ist wütend. *Er ist gewalttätig.
Verwendest stattdessen Formulierungen wie: „Man erkennt an seinem Verhalten, dass …", „Daran wird deutlich, dass …" „Hinweise für … sind …", „Daraus kann man schließen, dass …"
- in der Zeitform Präsens schreibst.

Erzählen

Den Kern jeder Geschichte bildet mindestens ein besonderes oder unerwartetes Ereignis. Also etwas, das nicht jeden Tag passiert, das unseren Erwartungen widerspricht und das deshalb **erzählenswert** und **interessant** ist. Häufig löst eine bestimmte Situation oder ein Problem die Handlung einer Geschichte aus. Dieses Problem kann auch ein unerwartetes Ereignis sein.
Damit sich ein Leser oder Zuhörer eine Geschichte wirklich vorstellen und beim Lesen mitfiebern kann, muss diese anschaulich und lebendig erzählt sein. Um dies zu erreichen, verwenden Erzähler bestimmte „Werkzeuge", sogenannte **Erzählmittel**:

- Wörtliche Rede und die Wiedergabe von Gedanken und Gefühlen: „Hört doch auf!", rief ich ärgerlich und dachte: „Das war es dann wohl mit meiner Party."
- Vergleiche, anschauliche Adjektive und ausdrucksstarken Verben: Ich fühlte mich wie ein Ballon kurz vorm Zerplatzen. Ich wurde immer wütender. Meine Lippen zitterten und bebten.

Spannend wird eine Geschichte dann, wenn die Leser wissen wollen, wie die Handlung weitergeht. Um eine Geschichte spannend zu gestalten, sollte sie einen oder mehrere Spannungshöhepunkte haben. Außerdem tragen bestimmte **Erzählmittel** zur Steigerung der Spannung bei:
- Personifikationen: Schon hatte die Dunkelheit ihn verschluckt …
- Innere Handlung: Sie bekam furchtbare Angst und wollte nur noch weg von diesem Ort …
- Vorausdeutungen: Doch dann passierte etwas ganz Unerwartetes …
- Szenisches Präsens: Es roch nach altem Käse. Ich tastete mich weiter vor. Plötzlich bricht etwas aus dem Tor hervor – und berührt meine Wange.

Tipps für das Planen und Schreiben einer Geschichte
Eine gute Vorbereitung für das Schreiben eigener Geschichten ist die Entwicklung eines **Erzählplans**. Darin notierst du stichwortartig alle wichtigen Informationen für deine Geschichte:
- Im Mittelpunkt steht das erzählenswerte Ereignis.
- Darum herum entwickelst du deine Geschichte:
  - Wann und wo spielt die Geschichte?

- Welche Figuren kommen vor?
- Was löst die Handlung aus?
- Notiere auch die einzelnen Erzählschritte. Sie sollten sinnvoll aufeinander aufbauen. Für eine spannende Geschichte kannst du einen Spannungsbogen als Planungshilfe verwenden.
- Nutze deinen Erzählplan, um mithilfe der Stichpunkte die Geschichte zu erzählen.
- Finde auch eine passende Überschrift.
- Schreibe im Präteritum (ich blinzelte, er zeigte ...).

Tipps zum Überarbeiten einer Geschichte
Überarbeite deine Geschichte im Rahmen einer → Schreibkonferenz oder nutze eine → Textlupe.

Folgende **Checkliste** kann dir/euch auch helfen:
- Die Erzählschritte bauen sinnvoll aufeinander auf.
- Die Spannung wird aufgebaut und steigt bis zu einem Höhepunkt an.
- Der Spannungshöhepunkt wird besonders anschaulich und spannend ausgestaltet (anschauliche Adjektive, ausdrucksstarke Verben, ...).
- Die innere Handlung wird genau erzählt (Sinneswahrnehmungen, Gefühle und Gedanken der Figuren).
- Die äußere Handlung wird ausgestaltet und genau beschrieben (Was passiert? Wo sind die Figuren? etc.).
- Die Spannung fällt wieder ab, wird am Ende aufgelöst.
- Die Erzählperspektive wird konsequent angewendet und eingehalten.

Eine Figurenbeschreibung verfassen
→ **Charakterisieren (Figuren)**

Flussdiagramme erstellen

Flussdiagramme können dir helfen, auf einfache Art und Weise **Abläufe aller Art zu veranschaulichen**. So lassen sich Handlungsschritte visualisieren, Abläufe erklären und Entscheidungsbäume darstellen. Neben Kästen und Pfeilen können auch Symbole zur Veranschaulichung genutzt werden. Du kannst Flussdiagramme zudem als Planungshilfe nutzen, z. B. für → Inhaltsangaben oder → Informationstexte.

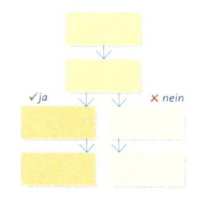

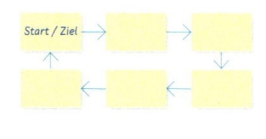

Grafiken mithilfe eines Textes erstellen

Eine Grafik kann Zusammenhänge manchmal verständlicher darstellen als ein Text. In einem Untersuchungsbericht oder einem Sachtext kannst du Grafiken verwenden, die du selbst erstellt hast. Bei der Umwandlung eines Textes in eine Grafik wählt man eine passende **Diagrammart**, einheitliche **Bezeichnungen** (Prozente, absolute Zahlen) und wichtige **Informationen** aus. Weniger Wichtiges kann weggelassen werden, wenn die Aussage dadurch nicht verfälscht wird.
Tipp: Mehrere kleine Diagramme können übersichtlicher sein als ein komplexes Diagramm.

Informationstexte verfassen
(→ Seite 100–123)

Es gibt verschiedene Arten von **Informationstexten**, z. B. Beschreibungen und Informationsbroschüren zur gesunden Ernährung, zur Verkehrssicherheit oder über Umweltthemen.
Informationstexte beruhen oft auf **unterschiedlichen Materialien**. Wenn du einen Informationstext schreiben möchtest, dann kannst du so vorgehen:

1. **Das Schreiben vorbereiten** (→ Seite 110)
   - Verschaffe dir einen Überblick über die vorliegenden Materialien. Dies können Texte, Fotos, Tabellen, Diagramme, ... sein.
   - Mache dir bewusst, was dein Schreibziel ist, an wen der Text adressiert ist und was die Textsorte erfordert.

2. **Die Materialerschließung vorbereiten** (→ Seite 111)
   - Mache dir Gedanken zum Titel des Textes oder des Schaubildes und überlege dir, worum es gehen könnte.
   - Überlege dir, was du selbst zu dem Thema weißt. Aktiviere dein Vorwissen, indem du dir Notizen z. B. in Form einer Mindmap machst.

3. **Materialien erschließen** (→ Seite 111)
   - Lies den Text ein erstes Mal zügig durch und markiere Stellen, die dir besonders wichtig erscheinen, die dich wundern oder die du nicht verstehst (= **orientierendes Lesen**). Kläre Passagen, die dir unklar sind. Überlege dir, was die Leserin oder der Leser deines Textes besonders

interessieren könnte und formuliere hierzu Fragen.
- Lies den Text ein zweites Mal, nun jedoch intensiv und markiere wichtige Schlüsselbegriffe (= **intensives Lesen**). Unterteile den Text in Sinnabschnitte und formuliere Unterüberschriften. Halte die wichtigsten Informationen schriftlich, z. B. in einer Mindmap, fest. Überprüfe, ob die Fragen, die du beim ersten Lesen formuliert hast, mit den Notizen aus deiner Mindmap beantwortet werden können.
- Prüfe, wenn vorhanden, mehrere Materialien zu einem Thema auf Gemeinsamkeiten und Unterschiede und ergänze deine Notizen.

4. **Den Informationstext planen** *(→ Seite 112)*
   - Überlege, für wen und zu welchem Zweck du den Text schreibst.
   - Markiere Informationen, die du für deinen Text benötigst.
   - Vermerke, in welcher sinnvollen Anordnung du sie notieren möchtest.

5. **Den Informationstext verfassen** *(→ Seite 116)*
   - Verdeutliche in einer interessanten Einleitung, um was es gehen wird und wecke das Interesse der Leser/-innen, indem du an die Lebenswelt anknüpfst, Fragen stellst oder interessante Fakten aufzeigst.
   - Stukturiere den Hauptteil durch sinnvolle Textabschnitte.
   - Schreibe (z. B. mithilfe von Konnektoren) zusammenhängend und in der geplanten Reihenfolge.
   - Verwende bei Beschreibungen das Präsens.
   - Informiere objektiv (sachlich), verzichte auf persönliche Äußerungen. Vermeide daher Personalpronomen wie ich oder du, verwende stattdessen das allgemeine man.
   - Formuliere so, dass Leser/-innen, die sich noch nicht mit dem Thema beschäftigt haben, gut informiert werden.
   - Verwende treffende Nomen (z. B. Fachbegriffe), Verben, Adjektive und Vergleiche.
   - Schreibe abwechslungsreich. Vermeide z. B. inhaltliche Wiederholungen und die ständige Verwendung der Verben sein und haben.
   - Schließe mit einem Schluss ab.
   - Finde eine passende Überschrift.

Innere Monologe verfassen

In einem inneren Monolog spricht die literarische Figur sozusagen zu sich selbst, sie „denkt laut". Ihre Situation, ihr Handeln, was sie denkt, fühlt und wahrnimmt – all dies wird deutlich. Deshalb wird der innere Monolog auch aus der **Ich-Perspektive** und meist im **Präsens** geschrieben. Um die Gedanken und Gefühle deutlich zu machen, kannst du bestimmte Satzzeichen verwenden. Gefühle, Ausrufe oder bestimmte Vorhaben kannst du z. B. mithilfe von Ausrufezeichen kennzeichnen, Fragen durch Fragezeichen und Denkpausen durch Bindestriche. Abgebrochene Gedanken kannst du durch drei Punkte darstellen. Du kannst auch mit Füllwörtern (z. B. oh, ohje) arbeiten, mit kurzen und abgehackten Sätzen, Satzabbrüchen und Wiederholungen.

Beim Planen, Schreiben und Überarbeiten eines inneren Monologes kannst du so vorgehen:

1. **Einen Schreibplan erstellen**
   - Mache dir noch einmal klar, was der Schreibauftrag ist.
   - Sammle Ideen zum Inhalt deines Textes, z. B. in einer Mindmap.
   - Plane die Struktur deines Textes (Wie beginnt der Monolog, wie geht es weiter, was macht einen guten inneren Monolog aus, …)?

2. **Den inneren Monolog schreiben**
   - Schreibe die erste Version deines Textes.
   - Verwende die Notizen aus Schritt 1.

3. **Den inneren Monolog überarbeiten**
   - Überprüfe deinen Text im Hinblick darauf, wo und wie (Stil, Rechtschreibung, Satzbau, …) er verbessert werden könnte.
   - Kontrolliere, ob die Kriterien für einen inneren Monolog erfüllt sind.
   - Markiere in deinem Text, was du verbessern könntest.

4. **Die Endversion verfassen**
   - Schreibe nun eine Endversion deines inneren Monologes, indem du die Verbesserungsmöglichkeiten aus Schritt 3 bedenkst.

Tipp: Schritt 3 könnt ihr auch mit einem Partner bearbeiten, indem ihr eure Texte austauscht und euch gegenseitig Rückmeldung gebt, ob sie die Merkmale eines guten inneren Monologs erfüllen.

Einen Museumsgang durchführen

Diese Methode dient der **Präsentation** von Texten und anderen Produkten aus Einzel- und Gruppenarbeit. Die Ergebnisse werden gut sichtbar im Klassenzimmer ausgestellt, auf den Tischen ausgelegt oder an die Wand gehängt – ähnlich wie in einem Museum. Ihr wandert im Klassenzimmer umher, seht euch die ausgestellten Produkte der anderen an und **bewertet** sie.

1. Die Ergebnisse ausstellen
Legt das Ergebnis eurer Arbeit (z. B. einen Text oder ein Plakat) auf euren Tisch oder hängt es an einer vorher festgelegten Stelle aus. Bei digital erstellten Produkten stellt ihr die Ergebnisse auf einem digitalen Endgerät, z. B. einem Laptop, zur Verfügung.

2. Die Ergebnisse besichtigen und Bewertungen dazu festhalten
Geht einzeln oder in Gruppen von Tisch zu Tisch und begutachtet die ausliegenden Arbeitsergebnisse. Wer das Produkt (z. B. den Text oder das Plakat) erstellt hat, kann es präsentieren oder für Fragen zur Verfügung stehen. Wenn ihr das Produkt in einer Arbeitsgruppe erstellt habt, stellt ein Schüler oder eine Schülerin aus dem Team die Ergebnisse vor. Ihr habt zwei Möglichkeiten, die gezeigten Produkte zu bewerten:

Ⓐ Macht euch **Notizen zu den Ergebnissen** und präsentiert diese im Anschluss an den Museumsgang.

ODER

Ⓑ Bei den Arbeitsergebnissen liegt ein **Rückmeldebogen** aus, den ihr mit euren Hinweisen ausfüllt. Den Rückmeldebogen erhaltet ihr von eurer Lehrerin oder eurem Lehrer oder ihr könnt ihn auf Basis der Checklisten im Kapitel selbst erstellen.

3. Die Rückmeldungen vorstellen und nutzen
Ⓐ Wenn ihr euch Notizen zur Bewertung gemacht habt, stellt ihr sie anschließend vor.
Ⓑ Wenn ihr mit Rückmeldebögen gearbeitet habt, kann der Schüler, die Schülerin oder die Arbeitsgruppe, der oder die das Produkt erstellt hat, diese in Ruhe auswerten. Ihr solltet den anderen aber für mögliche Rückfragen zur Verfügung stehen.

4. Mit den Rückmeldungen weiterarbeiten
Geht zu eurer eigenen Station zurück und und überarbeitet eure Produkte mithilfe der Rückmeldungen, die ihr erhalten habt.

Ein Quellenverzeichnis anlegen

Um am Ende einer schriftlichen Arbeit oder eines → **Kurzreferats** offen zu legen, woher du deine Informationen hast, musst du ein Quellenverzeichnis anlegen. Wenn es sich um mehrere Quellen handelt, sortierst du diese **alphabetisch** nach den Nachnamen der Autoren. Internetseiten, bei denen dir der Autor nicht bekannt ist, folgen im Anschluss an die übrigen Quellen. Diese sortierst du dann alphabetisch nach dem Titel der Internetseite. Auf folgende Art und Weise kannst du die Quelle jeweils angeben:

1. **Buch**: Nachname, Vorname: Titel. Ort: Verlag Jahr, Seite(n). Falls das Buch mehrere Autoren hat und von einem Herausgeber veröffentlicht wurde, nennst du den Namen des Herausgebers und notierst (Hrsg.) im Anschluss an die Nennung des Namens.
2. **Zeitungsartikel**: Name, Vorname: Titel des Artikels. In: Titel der Zeitschrift (Ausgabe) Jahr, Seite(n).
3. **Internetseite ohne Autor**: Titel des Beitrags, >Internetadresse<, Datum der Veröffentlichung (letzter Aufruf: Datum, an dem du die Seite das letzte Mal aufgerufen hast).

Texte überarbeiten

Mit einer **Textlupe** könnt ihr euch gegenseitig Rückmeldungen zu selbstverfassten Texten geben:
1. Jeder bekommt einen Text und eine Textlupe. Das ist eine Checkliste mit Gesichtspunkten zu Geschichten, Beschreibungen, Berichten usw. (Ein Formular dazu findet ihr im Medienpool.)
2. Lest den Text mehrmals und kreuzt einen Smiley zu jedem Gesichtspunkt an. Darunter könnt ihr eintragen, was euch an dem Text gut oder nicht so gut gefallen hat. Zusätzliche Überarbeitungstipps könnt ihr an den Rand des Textes schreiben.

3. Der Verfasser des Textes schaut sich die Rückmeldungen an und wählt drei oder vier Punkte aus, die er an seinem Text verbessern will.

In einer **Schreibkonferenz** besprecht ihr eure Texte nacheinander in Kleingruppen:
1. Legt fest, auf welche Gesichtspunkte ihr besonders achten wollt: Textaufbau, Verständlichkeit, ...
2. Einer liest seinen Text vor, die anderen können dazu Verständnisfragen stellen.
3. Der Text wird nun Satz für Satz vorgelesen. Nach jedem Satz tauschen sich die Teilnehmer aus, der Autor des Textes macht sich Notizen.
4. Nach der Schreibkonferenz überlegt sich jeder, welche Tipps er berücksichtigen will und überarbeitet seinen Text.

Bei einem **Papier-Posting** gebt ihr euch in Kleingruppen von ca. vier Schüler/-innen auf Klebezetteln Rückmeldung zu euren Texten.

1. **Textblätter vorbereiten**
   Jedes Gruppenmitglied schreibt oder klebt seinen Text in die Mitte eines DIN A3-Blattes. Dabei muss darauf geachtet werden, dass an den Seiten genügend Platz bleibt, um dort später Notizen festzuhalten.

2. **Beobachtungsaufträge verteilen**
   - Macht euch bewusst, worauf es bei der jeweiligen Textsorte ankommt. Die Checklisten oder der Wissen-und-Können-Teil im Anhang des Buches können euch dabei helfen.
   - Verteilt innnerhalb eurer Posting-Gruppe Aufträge: Bei einer Inhaltsangabe kann zum Beispiel einer darauf achten, ob die richtige Zeitform verwendet wurde, ein anderer prüft, ob der Schreibende die Inhalte sachlich wiedergegeben hat, ein Dritter korrigiert Rechtschreibung und Zeichensetzung und ein Vierter achtet auf den sprachlichen Stil.

3. **Die Texte lesen und Rückmeldung auf Klebezetteln geben**
   Die Texte werden in der Gruppe reihum so ausgetauscht, dass jeder jeden Text einmal gelesen und mit Notizen auf Klebezetteln versehen hat. Die Notizen der anderen Gruppenmitglieder dürfen ebenfalls kommentiert werden.

4. **Anregungen zum Überarbeiten nutzen**
   Wenn jeder alle Texte kommentiert hat, erhält der Verfasser seinen Text zurück und überarbeitet diesen. Er entscheidet selbst, welche Anregungen umgesetzt werden und welche nicht.

Das Schreiben vorbereiten

Wenn du eine Geschichte, ein Gedicht oder einen informierenden Text schreiben möchtest, dann solltest du zunächst Ideen und Informationen sammeln, z. B. auf einem Stichwortzettel oder in einem **Cluster**:
- Schreibe das Thema in die Mitte eines leeren Blattes Papier und kreise es ein.
- Notiere alles, was dir zum Thema einfällt: Erlebnisse, Informationen, Gefühle ...
  Deine Einfälle können zum Ausgangspunkt für weitere Ideen werden.
- Einfälle und Ideen, die du verwenden willst, kannst du farbig markieren.

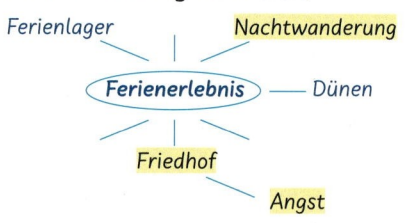

Ferienlager   Nachtwanderung
Ferienerlebnis — Dünen
Friedhof
Angst

Anschließend kannst du deine Ideen ordnen und z. B. mithilfe eines gegliederten Stichwortzettels, eines Erzählplans oder einer Mindmap in eine sinnvolle Reihenfolge bringen.

Eine **Mindmap** ist eine geordnete Stichwortsammlung, gegliedert nach Ober- und Unterbegriffen:
- Schreibe das Thema in die Mitte eines leeren Blatt Papiers und kreise es ein.
- Zeichne von der Mitte aus Zweige und notiere am Ende Oberbegriffe. Hebe sie durch Einkreisen, Unterstreichen oder farbige Markierung hervor.
- Ergänze die Oberbegriffe um Unterbegriffe. Zeichne dazu weitere Zweige ein und schreibe an ihrem Ende weitere Stichwörter auf.

Körper   Kopf   Augen
Silbermöwe   Schnabel
Beine   Flügel   Schwanz

Texte lesen und untersuchen

Anekdote

Anekdoten sind kurze **Klatsch- und Tratschgeschichten**, die man sich bereits seit der Antike erzählt. Sie handeln meist von bekannten und allseits geschätzten **Persönlichkeiten**. Zur Zeit der → Aufklärung werden sie häufig auch in den Kalendern der Landbevölkerung festgehalten. Die in der Anekdote geschilderte Begebenheit kann wahr oder erfunden sein. Anekdoten sind kurz, beschränken sich auf das Wesentliche und charakterisieren menschliche Eigenschaften (Schlagfertigkeit, Klugheit, Geiz, Neugierde o. Ä.) der Person, von der sie handeln. Am Ende findet sich meist eine überraschende Wendung, eine Pointe, welche den Leser schmunzeln lässt.

Aufklärung

→ Kalendergeschichten erlebten ihre Blüte zur Zeit der Aufklärung – das ist die Zeit **zwischen dem 17. und 18. Jahrhundert**, die man nachträglich derart benannte. Zu Beginn der Epoche waren Aberglaube, Vorurteile und Unwissen noch gang und gäbe. Die Aufklärung ist eine **Zeit des Umbruchs**, die zugleich ein Aufbruch in unsere moderne Welt ist. Man war bestrebt, sich von alten Denkweisen und Vorstellungen zu befreien. Die Vordenker der Aufklärung forderten die Menschen auf, selbstständig zu denken und nichts als gegeben hinzunehmen, ohne es mittels der Vernunft zu hinterfragen. Statt blindem Gehorsam wurden nun **Bildung und Wissenschaft** immer wichtiger. Das Motto dieser Zeit stammt von Immanuel Kant (1724–1804) und lautet: **„Sapere aude!"** – Habe Mut, dich deines eigenen Verstandes zu bedienen!

Äußere und innere Handlung

Die Ausgestaltung äußerer und innerer Handlung ist eine wesentliche Erzähltechnik.
Unter **äußerer Handlung** versteht man Geschehnisse, die für alle an einer erzählten Situation beteiligten Figuren sichtbar und sinnlich wahrnehmbar sind. Als **innere Handlung** bezeichnet man Vorgänge, die sich nur im Kopf, im Bewusstsein einer Figur abspielen: Der Leser erfährt, was eine Figur denkt, fühlt oder will.

Man unterscheidet also zwischen dem Fortgang der Handlung (= äußere Handlung) und der Beschreibung von Gefühlen und Gedanken der beteiligten Figuren (= innere Handlung).

Autor / Autorin

Den Verfasser oder die Verfasserin eines Textes nennt man Autor bzw. Autorin. Häufig spricht man auch von Schriftsteller/Schriftstellerin oder Dichter/Dichterin.

Balladen

Das Wort Ballade stammt aus Südfrankreich und bezeichnete ursprünglich ein Lied, das beim Tanzen gesungen wurde. Der Begriff wurde im 18. Jahrhundert auch im deutschen Sprachraum heimisch, stand nun aber für ein mehrstrophiges Erzählgedicht, das herausragende Menschen und außerordentliche Ereignisse in den Mittelpunkt stellt.
Balladen enthalten Elemente aus allen drei literarischen Gattungen:

Erzählende Elemente: Eine Ballade erzählt eine zumeist spannende Geschichte. Häufig gibt es einen Erzähler (Epik).

Dramatische Elemente: Die Ballade schildert eine besonders lebendige Szene. Spannung wird dabei vielfach durch die wörtliche Rede aufgebaut (Dramatik).

Lyrische Elemente: Die Ballade hat die Formelemente des Gedichts wie Strophen, Verse, Reime und vielfach ein Metrum (Lyrik).

Detektivgeschichten
(→ *Seite 230–249*)

Detektivgeschichten gibt es seit dem **19. Jahrhundert**. Es handelt sich um eine besondere Art von **Kriminalgeschichten**. Im Mittelpunkt steht ein Detektiv, der ein geheimnisvolles Verbrechen bzw. einen "Fall" aufklärt. Neben Romanen oder Erzählungen begegnen uns Detektivgeschichten z. B. auch in Form von Filmen oder Hörspielen.

Der **Aufbau von Detektivgeschichten** folgt einem Muster. Wenn man als Leser bzw. Leserin dieses Muster kennt, findet man im Text deutliche und versteckte Hinweise zur Lösung des Falls.

- Am **Anfang** der Geschichte erfährt der Detektiv von einem rätselhaften Verbrechen.
- Im **Hauptteil** der Geschichte wird erzählt, wie der Detektiv die beteiligten Figuren befragt und den Tatort untersucht.
- Am **Schluss** steht die Auflösung des Falls durch den Detektiv.

Dialoge untersuchen

Halte zunächst fest, welche Handlung zu dieser Szene geführt hat, und fasse dann den Inhalt der Szene kurz zusammen. Folgende Fragen kannst du bei der Untersuchung beantworten:

- Wer sind die Gesprächspartner und um welches Thema, welche Themen geht es?
- Welche Positionen und Meinungen vertreten die Gesprächspartner?
- Bei einem Streit (Konflikt): Wird er gelöst? Wenn ja, wie? Wenn nein, warum nicht?
  Welche Gefühle werden deutlich?
- Ist der Redeanteil gleichmäßig verteilt oder spricht einer der beiden mehr als der andere?
- Wie drücken sich die Gesprächspartner aus: Verwenden sie Alltagssprache, Umgangssprache, Dialekt, …?
- In welcher Beziehung stehen die Gesprächspartner zueinander?
- Welche Ziele verfolgen die Gesprächspartner?
- Wer kann welches Ziel realisieren? Was verändert sich im Laufe des Gesprächs? (Was ist am Ende anders als zu Beginn? Warum kommt es zu einer Veränderung? Oder: Warum verändert sich nichts?)

Epische Texte

Schon seit mehr als 2 500 Jahren gibt es epische Texte (Epik), lyrische Texte (Lyrik) und szenische Texte (Drama).
Epische Texte sind erzählende Texte wie Jugendbücher/Romane, → Anekdoten, → Erzählungen oder → Kalendergeschichten.
Sie haben einen **Erzähler** und sind meist im **Fließtext** geschrieben. Der Erzähler ist fast immer eine unsichtbare oder erfundene Figur (die „Stimme des Textes"), die sich der → Autor oder die Autorin ausgedacht hat.
Von lyrischen Texten (→ Gedichten) unterscheiden sich epische Texte dadurch, dass sie eine Handlung erzählen, nicht in Versen und Reimen geschrieben sind und kein festes Metrum haben.
Im Gegensatz zu epischen Texten bestehen szenische Texte vor allem aus Dialogen und Monologen und sind für das → Theater gemacht.

Erzähler, Erzählform und Erzählperspektive
(→ Seite 150)

Der Erzähler einer Geschichte kann verschiedene **Perspektiven** einnehmen, aus denen er uns einen Einblick in die Figurenwelt gibt:

Eine Geschichte kann in der **Ich-Form** erzählt sein. Dann spricht man von einem **Ich-Erzähler**:
Das Gewitter wurde immer schlimmer. Da sah ich die Umrisse eines halb verfallenen Hauses vor mir …
Der Ich-Erzähler ist eine Figur in der erzählten Welt. Er erzählt die Geschichte aus seiner Perspektive, die Leser sehen die erzählte Welt mit seinen Augen. Meistens erfahren sie dabei auch eine Menge über die Gedanken und Gefühle des Ich-Erzählers.

Steht der Ich-Erzähler außerhalb der Handlung, weiß aber alles über den Handlungsverlauf und die Gedanken und Gefühle der Figuren, so handelt es sich um einen **allwissenden (auktorialen) Erzähler**. Er bestimmt, von welchen Orten und Begebenheiten er als nächstes erzählt, legt die Zeitabläufe (Vor-/Rückblenden) fest und mischt sich durch Wertungen und Kommentare ein. Man bezeichnet dies auch als das **erlebende Ich**.
Ist der Ich-Erzähler gerade selbst in der Situation und berichtet, was er erlebt, handelt es sich um einen **personalen Erzähler**. Er kennt den Verlauf und Ausgang der Handlung nicht, hier spricht man von einem **erzählenden Ich**.

Eine Geschichte kann auch in der **Er-** oder **Sie-Form** erzählt werden. Dann spricht man von einem **Er-/Sie-Erzähler**: Das Gewitter wurde immer schlimmer. Lia rannte zu dem halb verfallenen Haus und öffnete vorsichtig die Tür. Sie ging …
Der Er-/Sie-Erzähler ist keine Figur der Geschichte. Man erkennt ihn daran, dass in der 3. Person Singular (er/sie) erzählt wird. Er schildert das Geschehen

meistens aus der Perspektive einer oder mehrerer Figuren, die in der Geschichte vorkommen. Dabei kann er auch die Gefühle und Gedanken dieser Figur bzw. Figuren wiedergeben.

Erzählschritte/Handlungsschritte

Eine Geschichte, z. B. ein Auszug aus einem Jugendbuch oder eine → Kalendergeschichte, besteht in der Regel aus verschiedenen **Erzählschritten**. Ein Erzählschritt umfasst Sätze, die inhaltlich eng zusammengehören. Er endet, wenn etwas Neues passiert, z. B. wenn sich bei der Hauptfigur etwas ändert, der Ort der Handlung wechselt, ein Zeitsprung stattfindet oder eine neue Figur auftritt.
Statt von Erzählschritten kann man auch von **Handlungsschritten** oder Sinnabschnitten sprechen. Erzählschritte können, müssen aber nicht mit den Absätzen in einem Text übereinstimmen.

Erzählungen

Erzählungen sind Geschichten von besonderen Erlebnissen und Ereignissen, die tatsächlich stattgefunden haben oder die sich jemand ausgedacht hat. Häufig haben sie aktuelle Bezüge und handeln von Menschen und ihren Problemen. Oftmals behandeln Erzählungen ähnliche Themen, z. B. die Themen Freundschaft, Schule, …

Fabeln

Fabeln sind kurze Erzähltexte, in denen sprechende und handelnde Tiere die Hauptrolle spielen, die stellvertretend für den Menschen stehen. Sie wurden von Dichtern wie Äsop, Luther, La Fontaine oder Lessing auch deshalb verfasst, um verschlüsselt Kritik an den Mächtigen und Herrschenden ihrer Zeit zu üben – weil es zu gefährlich war, sie direkt zu äußern.
Fabeln haben meist einen ähnlichen **Aufbau**: Es wird eine Ausgangssituation beschrieben, bei der meist zwei Tiere aufeinandertreffen. Darauf folgt die Handlung (Aktion) eines Tieres, die zu einer Gegenhandlung (Reaktion) des anderen Tieres führt. Diese Konfliktsituation endet mit einem Ergebnis, aus dem eine Lehre/Moral abgeleitet wird. Häufig wird die Lehre in einem abschließenden Satz formuliert. Manchmal fehlt die Lehre aber auch. Dann muss der Leser diese selbst schlussfolgern.

Figuren
(→ Seite 220)

Personen, die in einer Geschichte oder einem Theaterstück vorkommen, nennt man **Figuren**. Meist erfährt der Leser aus dem Zusammenhang der Geschichte, wie die Figur aussieht, welche Eigenschaften sie hat und was sie besonders beschäftigt, freut oder traurig macht.
Fast alle Geschichten, Romane, Theaterstücke oder Filme haben **Hauptfiguren** (→ Theater), die im Mittelpunkt der Handlung stehen. Über diese Figuren erfährt der Leser oder Zuschauer besonders viel.

Mithilfe einer **Personenkonstellation** kann das Beziehungsgeflecht der Figuren grafisch dargestellt werden. Sie dient der Veranschaulichung, macht also die **Art der Beziehung** (Liebe, Freundschaft, Hass, Konkurrenz, …) deutlich und zeigt, **welche Figuren zusammengehören**. In einem Schaubild lässt sich die Art der Beziehung durch Striche, Pfeile, Schlüsselwörter und Symbole kennzeichnen, z. B. ❤️ für Liebe, 💨 für Hass, 😊 für Freundschaft, … .

Graphic Novels

Graphic Novels erzählen Geschichten mithilfe von Texten und Bildern. Die Illustrationen sind dabei unverzichtbar für das Verstehen der Erzählung und eröffnen eine weitere Bedeutungsebene über den Text hinaus. Die Bandbreite von Graphic Novels ist groß und reicht von einer comicähnlichen Darstellung bis hin zu einer Kombination von Texten und Bildern. Es handelt sich hier also um „grafische Literatur".

Wichtige **Fachbegriffe** sind:
- Balloons (Sprech- und Gedankenblasen)
- Textbox (Kasten mit Text)
- Panel (Einzelbild)
- Soundword (Versprachlichung von Geräuschen)
- Speedline (Aktionslinie, die Bewegungen oder Bewegungsrichtungen darstellt)
- Rinnstein/Gutter (Lücke zwischen den einzelnen Panels)

Gedichte

Gedichte, auch als **Lyrik** (griech. *lyrikós = zum Spiel der Lyra gehörende Dichtung*) oder Poesie (griech. *poíēsis = Dichtkunst, das Dichten*) bezeichnet, sind sprachliche Kunstwerke, die aus **Versen** (Zeilen) und **Strophen** (Abschnitten) bestehen. Innerhalb eines Verses kann es Einschnitte geben, also eine kurze (Sprech-)Pause im Vers. Diese bezeichnet man als **Zäsur**. Die Verse in einem Gedicht können sich reimen. Ein **Reim** bezeichnet den Gleichklang zweier oder mehrerer Silben: Haus – Maus, leben – geben, klingenden – singenden.

Klingen die Silben nur beinahe gleich, spricht man von einem unreinen Reim: Löwe – böse, Freude – heute.

Die regelmäßige Anordnung der Reime bezeichnet man als **Reimschema**. Um das Reimschema eines Gedichts zu bestimmen, kann man die Versenden mit Kleinbuchstaben kennzeichnen. Jeder gleiche Reim bekommt denselben Buchstaben. Häufig vorkommende Reimschemata sind **Paarreim** (aabb), **Kreuzreim** (abab) und **umarmender Reim** (abba), hin und wieder auch der **Schweifreim** (aabccb).

Haus	a	Haus	a	Haus	a
Maus	a	gehen	b	gehen	b
gehen	b	Maus	a	stehen	b
stehen	b	stehen	b	Maus	a

Reimen sich Worte innerhalb eines Verses, spricht man vom **Binnenreim** (Und seufzte lang und bang). Einzelne Verse, die ohne Reim bleiben, bezeichnet man als „**Waise**". Gedichte ohne Reime nennt man **freie Verse**.

Wenn ein Satz (oder eine Wortgruppe) nicht mit dem Vers endet, sondern in den nächsten Vers, die nächsten Verse oder die nächste Strophe springt, spricht man von einem **Zeilensprung** (oder **Enjambement**). Mithilfe von Enjambements können einzelne Worte der Textfassung durch die End- oder Anfangsstellung im Vers hervorgehoben und Sachverhalte betont werden:

> Und der Ritter in schnellem Lauf
> Steigt hinab in den furchtbarn Zwinger
> Mit festem Schritte

Wichtig bei der Beschreibung der Form sind neben den regelmäßigen Strukturen vor allem auch die **Auffälligkeiten und Unregelmäßigkeiten**. Sie haben häufig eine besondere inhaltliche Bedeutung. Dabei kann es sich beispielsweise um fehlende oder überzählige Silben handeln, die das Metrum stören, oder auch um reimlose Verse innerhalb eines eigentlich regelmäßigen Reimschemas. So kann ein unregelmäßiges Metrum z. B. auf den Moment, in dem ein Unglück geschieht, hinweisen.

In Gedichten, besonders häufig in Liedern, kann es auch eine immer wiederkehrende Folge von Versen geben, die man **Refrain** oder **Kehrvers** nennt. Gedichtverse sind oft nach einer regelmäßigen Abfolge von betonten (/) und unbetonten (_) Silben geordnet. Das nennt man **Versmaß (Metrum)**. Man unterscheidet folgende Versmaße:

$$\begin{array}{cc} \_ & / \\ x & x \end{array}$$

Jambus: Del - fin
(unbetont, betont)

$$\begin{array}{cc} / & \_ \\ x & x \end{array}$$

Trochäus: Lö - we
(betont, unbetont)

$$\begin{array}{ccc} \_ & \_ & / \\ x & x & x \end{array}$$

Anapäst: E - le - fant
(unbetont, unbetont, betont)

$$\begin{array}{ccc} / & \_ & \_ \\ x & x & x \end{array}$$

Daktylus: Kän - gu - ru
(betont, unbetont, unbetont)

Handlungsorte untersuchen

Die Handlung von Romanen ereignet sich an bestimmten **Orten**, die oft eine wichtige Rolle für die → Figuren und die Handlung spielen. Bei der Untersuchung könnt ihr auf folgende Aspekte eingehen:
- die **Art** des Ortes, zum Beispiel eine Großstadt, ein Raum, ein Ort in der Natur,
- die **Bedeutung** eines Ortes für den Handlungsverlauf,
- die **Wahrnehmung** des Ortes und seiner Atmosphäre durch eine Figur.

Inhaltsangabe

Vorarbeiten:
- Lies den Text sorgfältig und markiere unbekannte Wörter, die du anschließend erschließt oder nachschlägst.
- Gliedere den Text, indem du Handlungsschritte findest und sie mit Kurztiteln oder Überschriften versiehst. Der Wechsel eines Schauplatzes, Auf- und Abtritte von Figuren oder Veränderungen im Handlungsablauf sind Gliederungssignale. **Achtung**: Nicht alle Textteile gehören zur Handlung. Beschreibungen, Erzählerkommentare oder Schilderungen können die Handlung unterbrechen und sollten in der Inhaltsangabe nicht wiedergegeben werden.

Das kennzeichnet die Inhaltsangabe:
- Die Inhaltsangabe informiert **sachlich** darüber, was in einem Text geschieht. Der Leser soll den Text verstehen können, obwohl er die Geschichte nicht gelesen hat.
- Verfasse daher zuerst eine Einleitung, welche Auskunft über die Textsorte, den Autor, den Titel und das **Thema** der Geschichte gibt. So kann der Leser den Text bereits einordnen und weiß, worum es geht.
- Gib in eigenen Worten den Textinhalt in **knapper und sachlicher Sprache** wieder.
- Wörtliche Rede kommt in der Inhaltsangabe nicht vor, sie wird zusammengefasst oder durch die **indirekte Rede** (→ Konjunktiv I) wiedergegeben.
- Die Zeitform ist das **Präsens**. Achte auf die **Reihenfolge** der Handlungsschritte.

Kalendergeschichten

Im 17./18. Jahrhundert, zur Zeit der → **Aufkärung**, enthielten Kalender neben den rein kalendarischen Angaben Bauernregeln, Gesundheitsratschläge, Kochrezepte und auch **Geschichten**. Die Kalender hingen nicht an der Wand, sondern waren in Buchform gebunden und konnten immer wieder verwendet und gelesen werden. Neben der Bibel und dem Gesangbuch waren sie oft die einzigen Bücher, die die Landbevölkerung besaß und damit deren einzige Lektüre.
Die kurzen Geschichten handeln von lustigen und merkwürdigen **Begebenheiten aus dem Alltag** der „einfachen Leute", entführten sie aber auch an Orte, an die sie zeitlebens niemals gelangen würden, zum Beispiel ins Morgenland. Die Sprache ist einfach gehalten, da die Käufer keine Leseerfahrung hatten und Kalendergeschichten zum Vorlesen gedacht waren. Die Texte haben eine **belehrende Absicht**, die sich durch das kommentierende Einmischen des Erzählers (auktorialer → Erzähler) zeigt.
Hauptvertreter dieser Textsorte ist Johann Peter Hebel. Auch viele Jahre später beschäftigten sich Autoren mit dieser Textsorte, so zum Beispiel Bertolt Brecht oder Franz Kafka.

Kurzgeschichten

(→ Seite 153, 156)

Kurzgeschichten haben einen **geringen Umfang** und erzählen von **alltäglichen Situationen**. Die Handlung beginnt meist **unvermittelt** und endet plötzlich. Man hat den Eindruck, dass Kurzgeschichten nur einen Ausschnitt einer Gesamthandlung bieten. Dieser **Ausschnitt** wird linear erzählt, selten gibt es Vor- oder Rückblenden. Oft hat die Geschichte gegen Ende einen **Wendepunkt**, der überrascht oder irritiert.
Da Gefühle und Gedanken oft ausgespart sind, enthalten diese Texte viele **Leerstellen**, die die Leserin bzw. der Leser mit eigenen Gedanken füllen muss.
Die **Sprache ist meist einfach** gehalten, häufig liegt Alltagssprache vor. In vielen Texten sind **Symbole** zu finden, die erst beim intensiven Lesen entdeckt und gedeutet werden können.

Kurzgeschichten interpretieren

(→ Seite 159, 160)

Ein Interpretationsaufsatz setzt sich aus der Erschließung (Analyse) sowie der Deutung (Interpretation) eines Textes zusammen.
Bei der **Analyse** beschreibst du den Text und seinen Aufbau ganz genau. Hier nimmst du vor allem Inhalt, sprachliche Gestaltung und Merkmale der Textsorte in den Blick.
Die anschließende Texterschließung baut auf diesen Ergebnissen auf. In dieser nimmst du eine **Interpretation** des Textes vor. Du gehst also den Fragen nach, was die Autorin oder der Autor der Leserin bzw. dem Leser anhand des Textes mitteilen will oder welche Bedeutung der Text für die Leserin bzw. den Leser heute hat.

Beim Planen, Schreiben und Überarbeiten des Interpretationsaufsatzes kannst du so vorgehen:

1. **Einen Schreibplan erstellen**
   - Mache dir klar, wie der Arbeitsauftrag lautet.
   - Untersuche die Kurzgeschichte genau. Nimm dazu den Fragenkatalog auf S. 157 zu Hilfe.
   - Plane die Struktur deines Textes.
2. **Den Interpretationsaufsatz schreiben**
   - <u>Einleitung</u>: Nenne Textsorte, Autor, Titel und Erscheinungsjahr. Gib den Inhalt der Kurzgeschichte knapp wieder und nenne die Aussageabsicht des Autors.
   - <u>Hauptteil</u>: Treffe Aussagen zu der Erzählperspektive, den Figuren und ihrer Charakteristik, der Zeit und dem Ort der Handlung, der Handlung/dem Ereignis/dem Konflikt und beschreibe Merkmale der Sprache (z. B. Sprachebene und Symbole).
   - <u>Schluss</u>: Fasse die wichtigsten Ergebnisse zusammen und erläutere der Absicht der Autorin/des Autors. Mache Aussagen zur Wirkung des Textes und äußere eventuell deine eigene Meinung.
3. **Den Interpretationsaufsatz überarbeiten**
   - Überprüfe deinen Text auf inhaltliche und sprachliche Richtigkeit.
   - Kontrolliere, ob du alle Aufgaben abgearbeitet hast, die du bei der Abfassung eines Interpretationsaufsatzes zu erledigen hast.

Lügengeschichten

Erzähler von **Lügengeschichten** wollen ihre Leser vor allem unterhalten. Die Leser oder Zuhörer wissen natürlich, dass der Erzähler lügt, auch wenn er immer wieder betont, die reine Wahrheit zu sagen. Durch Fragen oder Aufforderungen zum Mitdenken spricht er sein Publikum direkt an und zieht es in das Geschehen hinein. Viele Lügengeschichten sind am Anfang noch realistisch/glaubwürdig, bis der Ich-Erzähler vor ein **Problem** gestellt wird. Bei der Lösung des Problems übertrieben und gelogen. Oft entsteht daraus ein neues Problem, das durch eine weitere Lüge gelöst wird. So wird **Lüge um Lüge** zu einer Kette aneinandergereiht. Am Ende hat der Erzähler das Problem auf die unglaublichste Weise gelöst.

Lyrisches Ich
(→ Seite 188/189)

In Gedichten werden Gefühle, Beobachtungen und Gedanken durch einen **lyrischen Sprecher** mitgeteilt. Dieser Sprecher darf nicht gleichgesetzt werden mit dem → Autor/der Autorin, sondern ist – wie das Gedicht selbst – erfunden. Taucht im Gedicht ein Sprecher in der Ich-Form auf, so spricht man von einem **expliziten lyrischen Ich**. Fehlt das Personalpronomen, so bezeichnet man den Sprecher als **implizites lyrisches Ich**. Wird der Inhalt des Gedichts eher neutral aus der Perspektive eines Beobachters präsentiert, wird die Bezeichnung Sprecher genutzt.

Märchen

Märchen werden seit hunderten von Jahren erzählt und gelesen. Sie sind meist ähnlich aufgebaut: Zu Beginn eines Märchens werden Ort, Situation und Figuren vorgestellt. Der Leser erhält Informationen zur **Ausgangssituation** des Geschehens. Oft steht am Anfang ein Ereignis, das die Heldin oder den Helden in eine außergewöhnliche Situation bringt. Sie oder er muss losziehen und Aufgaben und Prüfungen lösen. Konkrete Orts- und Zeitangaben fehlen allerdings: Vor langer Zeit lebte in einem finsteren Wald ein kleiner Zwerg.
Die **Handlung** wird in mehreren, aufeinanderfolgenden **Handlungsschritten** erzählt. Am Ende wird die Heldin oder der Held für seine Mühen belohnt. Das Gute siegt über das Böse. Typische Märchenelemente sind: Zauberwesen, -dinge, -sprüche, magische Zahlen, formelhafte Wendungen wie: Es war einmal … Und wenn sie nicht gestorben sind …

Moderne Lyrik
(→ Seite 186–207)

Der Begriff „moderne Lyrik" bezeichnet Formen von Lyrik, die sich schon äußerlich von traditionell gestalteten Gedichten unterscheiden. Diese Texte sind zeitlich nicht nur in der Gegenwartslyrik vorzufinden. Folgende Merkmale sind typisch für moderne Lyrik:

- **Freie Formen**
  Moderne Lyrik **verzichtet häufig auf traditionelle, regelhafte Formelemente** wie Strophen-

bau, Reimschema oder Versmaß. Dennoch sind diese freien Formen nicht beliebig, sondern ganz bewusst gewählt. Die Verse der traditionellen Lyrik nennt man in der modernen Lyrik Zeilen.

- **Sprache und Satzbau**
  Moderne Lyrik erweitert die sprachlichen Möglichkeiten, indem auch „unlyrische" Begriffe aus Fachsprachen, Fremdsprachen oder Alltagssprache genutzt werden. Der Satzbau entspricht vielfach nicht der Standardgrammatik. Die Texte arbeiten mitunter mit Satzbrüchen oder -abbrüchen, Einklammerungen oder lose aneinandergereihten Wortgruppen und ungewöhnlichen Zeilenumbrüchen. Auch Auslassungen und Lücken sind möglich.

- **Paradoxien**
  In modernen Gedichten werden das Leben und die Welt oft als kompliziert und undurchschaubar dargestellt. Lösungen für wahrgenommene Probleme bieten die Autor-/innen seltener an. Das drückt sich bisweilen darin aus, dass in den Texten paradoxe (= scheinbar widersprüchliche oder absurde) Situationen beschrieben werden.

Novelle
(→ Seite 166–185)

Die Novelle (*italienisch* novella: „Neuigkeit") ist eine kurze Prosaerzählung, die von sonderbaren oder dramatischen bzw. „unerhörten Begebenheiten" (Johann Wolfgang von Goethe) handelt. Novellen sind in der Form **kurz** gehalten, stellen eine **begrenzte Anzahl von Figuren** in den Mittelpunkt und zielen zumeist recht geradlinig auf einen **zentralen Höhe- oder Wendepunkt** der Geschichte ab. Sie können aber auch mehr als einen Wendepunkt haben.

Rahmenhandlung und Binnenhandlung

Viele literarische Texte haben eine **Rahmenstruktur.** Eine Handlung bildet als Rahmen Anfang und Ende des Textes.
Innerhalb dieses Rahmens ist eine zweite Ebene mit einer **Binnenhandlung** (z. B. in Form einer Rückblende) eingebaut, die sich meistens durch eine andere Zeit, einen anderen Ort oder andere handelnde Personen von der Rahmenhandlung unterscheidet.

Rollenbiografien verfassen

Eine **Rollenbiografie** ist ein Text, in dem die → Figur in Ich-Form Auskunft über sich selbst gibt, d. h. sie spricht über sich selbst, als stelle sie sich einem Fremden vor. Das tut sie im Präsens und sie spricht so wie im Stück. Dabei folgt ihre Vorstellung keinem festen Schema; nach der Begrüßung kann sie zunächst einige **allgemeine Fakten** über sich nennen:
Wie heiße ich, wie alt bin ich, woher komme ich, was mache ich beruflich …?
Danach kann sie über ihren **Charakter** und ihre **Einstellungen** sprechen:
Welche Eigenschaften habe ich? Was kann ich besonders gut, was gar nicht? Was liebe ich, was hasse ich? Was wünsche ich mir? Wonach sehne ich mich? Wovor habe ich Angst? Was sind meine Ziele? Was ist mein größtes Problem? Was will ich, bekomme es aber nicht?

Auch die **Beziehungen** zu anderen sind wichtig:
Was bedeuten mir Freunde und Familie? Wer ist mein bester Freund/Freundin? Wie komme ich mit anderen aus? Wie sehen andere mich?

Sachtexte

Sachtexte liefern vor allem Informationen und Erklärungen. Sie unterscheiden sich von literarischen Texten wie → Erzählungen oder → Gedichten dadurch, dass die Inhalte nicht frei erfunden sind, sondern sich vor allem mit wirklichen Themen beschäftigen. Typische Sachtexte sind Nachrichten, → Berichte, → Beschreibungen, Informationsbroschüren, Lexikonartikel oder Kochbücher.
Sachtexte enthalten häufig auch Diagramme, Tabellen, Grafiken und Abbildungen.
Um einen → Informationstext zu verfassen oder ein → Kurzreferat auszuarbeiten, kannst du z. B. Sachtexte, Diagramme und andere Medien wie kurze Radiobeiträge oder Videoclips nutzen, die du zuvor im Internet gezielt gesucht (recherchiert) hast.
Bei der **Recherche** ist immer auch auf die Zuverlässigkeit der Sachtexte zu achten, hilfreich ist dabei der Vergleich mit Texten, die sich dem gleichen Thema widmen: Bei unterschiedlichen Angaben musst du mit weiteren Texten prüfen.

Sachtexte erschließen

Die **Fünf-Schritt-Lesemethode** hilft dir, längere Texte Schritt für Schritt zu erschließen, wichtige Informationen zu erkennen und herauszuschreiben.

1. Schritt: Den Text überfliegen
a) Lies den Text zügig: Achte auf Überschriften, Anfänge der Textabschnitte sowie den Schluss.
b) Schau dir Abbildungen und Bildunterschriften an.
c) Bestimme das Thema.
Ziel: Damit verschaffst du dir einen Überblick und erfasst das Thema.

2. Schritt: Fragen stellen
Schreibe auf, was dich an dem Thema interessiert, welche Fragen du an den Text hast.
Du kannst z. B. W-Fragen stellen: Wer? Wo? Warum? Wie viele? Welches Aussehen? ...
Ziel: So bereitest du eine gezielte Informationsentnahme vor.

3. Schritt: Den Text gründlich lesen
Lies Absatz für Absatz genau:
a) Unterschlängele Wörter, die du nicht verstehst. Prüfe, ob sich der Sinn der Worte aus dem Textzusammenhang ergibt oder aus bekannten Wörtern ableiten lässt. Wenn nicht, schlage im Wörterbuch nach.
b) Markiere Schlüsselwörter. Das sind Wörter und Textstellen, die für die Aussage des Textes wichtig sind und die du dir merken möchtest. Markiere nur das Nötigste, sonst verlierst du den Überblick.
c) Prüfe, welche weiteren Informationen Bilder und Grafiken liefern.
Ziel: Danach weißt du genauer, worum es in dem Text geht.

4. Schritt: Den Inhalt abschnittsweise erfassen
a) Finde Überschriften zu den Abschnitten.
b) Fasse dann den Inhalt ganz kurz zusammen. Die Schlüsselwörter können dabei helfen.
Ziel: Auf diese Weise erfasst du die Hauptaussagen des Textes.

5. Schritt: Informationen festhalten
Schreibe die wichtigsten Informationen aus dem Text geordnet auf. Du kannst z. B.

- Fragen stellen und aus dem Text beantworten,
- einen gegliederten Stichwortzettel anlegen,
- eine Mindmap erstellen.

Ziel: So sammelst du die wichtigsten bzw. benötigten Informationen und kannst auf sie zurückgreifen.

Sagen

Im Zentrum von **Heldensagen** stehen Heldenfiguren (z. B. Odysseus oder Perseus), die von besonderer, geheimnisvoller, z. T. göttlicher Herkunft sind. Dies erklärt die übermenschlichen Kräfte, durch die sie im Kampf gegen scheinbar unbesiegbare Gegner bestehen können. Entscheidend für den Erfolg sind auch besondere menschliche Eigenschaften: Mut, Ausdauer, Gerechtigkeitssinn und Kreativität. Die Helden zeigen aber auch menschliche Schwächen und begehen Verbrechen. Selbstüberschätzung (Hybris) und Leidenschaften lassen den Helden dann scheitern und er wird bestraft (Nemesis). In den Geschichten kommen neben den Helden viele weitere Figuren vor: Gegner und Feinde, aber auch Helfer und Freunde des Helden.

Neben den Heldensagen gibt es auch die sogenannten **Ortssagen**: Diese Geschichten geben sagenhafte Erklärungen für Besonderheiten in der Natur oder in einer Stadt, die sich die Menschen anders nicht erklären konnten.

Sagen entstehen auch in unserer heutigen Zeit. Wie die alten Geschichten wurden auch diese **modernen Sagen** zuerst mündlich weitergegeben, später aufgeschrieben und z. B. im Internet verbreitet.

Schelmengeschichten

Schelmengeschichten sind kurze, lustige Erzählungen, die die Zuhörer oder Leser zum Lachen bringen sollen. Der Grund dafür ist die Hauptfigur, der **Schelm** (wie z. B. Till Eulenspiegel). Mit seinen Streichen zeigt der Schelm, dass auch die Klugen und Mächtigen ihre Fehler und Schwächen haben. Er nimmt auch Rache für erlittenes Unrecht. Manchmal handelt er allerdings auch aus purem Übermut oder aus Bosheit.

Sprachliche Mittel
(→ Seite 153)

In literarischen Texten finden sich häufig sprachliche Mittel, auch **Stilmittel** genannt, die dazu beitragen, diese Texte lebendig, anschaulich und interessant zu machen.
Zu den sprachlichen Mittel zählen z. B.:
- **Sprachliche Bilder**, dazu gehören:
  - **Personifikationen**: Leblosen Dingen, Tieren oder Naturerscheinungen werden menschliche Eigenschaften und Verhaltensweisen zugeordnet, z. B.: Die Herzen aber sind frei und froh.
  - **Metapher**: Ausdrücke werden aus dem üblichen Sprachgebrauch gelöst und auf einen anderen Bereich übertragen. So erhält das Wort eine neue Bedeutung, z. B.: Ein Meer von Rosen, der Zahn der Zeit
  - **Vergleich**: Mithilfe von Vergleichspartikeln (als, wie, als ob, als wenn) wird etwas direkt mit etwas anderem verglichen, z. B.: Er sieht aus wie ein Geist.
- **Alliteration**: Zwei oder mehrere aufeinanderfolgende oder nahe beieinander liegende Worte haben den selben Anfangsbuchstaben, z. B. weiche Wattewolken.
- **Anapher:** Eine Sonderform der Wiederholung; am Satz- oder Versanfang werden ein oder mehrere Wörter wiederholt, z. B. Und schüttelt die Mähnen, Und streckt die Glieder, Und legt sich nieder.
- **Antithese**: Gegensätzliche Begriffe stehen einander gegenüber, z. B. hell und dunkel, gut und böse.
- **Aufzählung (Akkumulation)**: Mehrere Wörter oder Wortgruppen werden aneinandergefügt, durch Kommas getrennt oder durch und verbunden. So wird eine Verstärkung erzielt.
- **Ellipse**: Ein Satz oder Teilsatz wird nur unvollständig gebildet, einzelne Satzglieder werden weggelassen, z. B.: Wie weit noch, Steuermann?
- **Lautmalerei**: Geräusche und Laute werden mit Worten so wiedergegeben, dass das Wort möglichst genau wie das Geräusch klingt, z. B. rüttert und rattert.
- **Neologismus**: Bisher noch nicht existierende Worte werden neu geschaffen, um damit eine Aussage zu verstärken, z. B.: rüttert.
- **Wiederholung**: Einzelne Wörter, Ausdrücke oder ganze Verse werden mehrfach verwendet.

Eine Stellungnahme zum Verhalten einer literarischen Figur formulieren
(→ Seite 172–175)

In einer persönlichen Stellungnahme bewertest du die Handlungen, Konflikte oder Eigenschaften literarischer Figuren unter einer konkreten Fragestellung.

1. In der **Einleitung** gibst du an, zu welcher Frage du Stellung nimmst. Außerdem solltest du hier deine erste Einschätzung zur strittigen Frage formulieren, z. B.: Ich möchte zur Frage Stellung nehmen, ob … Vrenchen ist der Überzeugung, dass … Hat sie Recht? Ich denke …

2. Im **Hauptteil** führst du Argumente für und/oder gegen deine Position an, z. B.: Ich denke einerseits, dass Vrenchen im Recht ist, weil … Andererseits glaube ich, dass Sali auch richtigliegt, wenn er …

3. Am **Schluss** fasst du deine Position zur Frage noch einmal zusammen, z. B. Abschließend kann man sagen, dass …

Theater (Drama)
(→ Seite 212, 213, 216, 219, 223)

Das Theater, so wie wir es heute kennen, ist vor ca. 2 500 Jahren in Griechenland entstanden.
Die **Schauspieler** trugen Masken und standen auf Holzkisten, damit man sie besser sehen konnte. Gespielt wurde unter freiem Himmel und manche Theater (griech. *theatrón* = Platz, auf dem Schauspieler einem Publikum etwas vorführen) waren so groß wie Sportstadien. Die meisten Theateraufführungen heutzutage finden in Theaterhäusern statt. Die Art und Weise, wie ein Stück von einem Regisseur auf der Bühne verwirklicht bzw. umgesetzt wird, nennt man **Inszenierung** (In-Szene-Setzen). Zu einer Inszenierung gehören zum Beispiel **Kulissen** (Bühnenbilder) sowie der Einsatz von **Requisiten** (Gegenständen).
Der aus dem Griechischen abgeleitete Fachbegriff für ein **Theaterstück** lautet **Drama** (griech. *drãma* = Handlung, Geschehen). Bereits die Griechen kannten die Unterscheidung zwischen einer **Tragödie** (das Stück endet mit dem Tod des Helden oder der Heldin) und einer **Komödie** (die Handlung arbeitet mit den Mitteln der Komik und endet gut). Die wichtigste (und umfangreichste) Handlungseinheit eines

Dramas ist der **Akt** (vergleichbar mit dem Kapitel bei einem Roman). In der Regel besteht ein **Akt** aus mehreren **Szenen**.

Aufbau eines Dramas *(→ Seite 212, 219, 223)*
Eine **Szene** ist ein kurzer, abgeschlossener Teil eines Theaterstücks. Beginn und Ende einer Szene sind durch einen Zeit-, Orts- oder Figurenwechsel gekennzeichnet. Ein szenischer Text besteht im Gegensatz zu einem epischen Text vor allem aus Gesprächen zwischen → Figuren auf der Bühne, aus Monologen und Dialogen, die durch Regieanweisungen ergänzt werden.
Viele Dramen aus früheren Zeiten sind in der Regel in drei bzw. fünf Akten aufgebaut: Der Beginn oder die Einleitung eines Dramas bezeichnet man als **Exposition**. Der Zuschauer lernt Ort, Zeit, die Figuren und erste Konflikte kennen. Die Handlung kommt in Gang und steigert sich über einen Konflikt zum Höhepunkt. So kommt dem **Konflikt** eine zentrale Funktion zu: Dieser entzündet sich an gegensätzlichen, sich widersprechenden Interessen oder Anschauungen (Einstellungen, Werten), die das Verhalten der Figuren motivieren. D.h. die Hauptfigur (Protagonist) verfolgt ein bestimmtes Ziel und wird von ihrem Gegner (Antagonist) daran gehindert. Der eskalierende Konflikt erzeugt Spannung, die einen Höhepunkt in der Auseinandersetzung zwischen beiden Figuren erreicht.
Der Höhepunkt ist zugleich **Wendepunkt** und bezeichnet die Stelle, an der die Handlung sich plötzlich so verändert, dass die Situation der Hauptfigur(en) zum Besseren (Problem wird gelöst) oder Schlechteren (Katastrophe bahnt sich an) umschlägt. Nach dem Höhepunkt läuft die Handlung und somit auch der Konflikt auf die **Auflösung** zu – in der Komödie kommt es häufig zum Happy End, in der Tragödie zur Niederlage (Tod) der Heldin oder des Helden.

Hauptfiguren *(→ Seite 213)*
Besteht der Titel eines Dramas aus einem Namen, kann man in der Regel davon ausgehen, dass es sich bei der → Figur um eine Hauptfigur (Held/in, Protagonist/in) handelt, die sich durch eine **besondere Eigenschaft** oder ein **besonderes Schicksal** auszeichnet. Meist sind dieser Figur weitere Figuren zugeordnet, die wichtig sind, weil sie **entscheidende Bedeutung** für die Hauptfigur (z.B. als Gegner/ Antagonist oder Verbündeter) und den Verlauf der Handlung besitzen (weitere Hauptfiguren). Oft stehen sie im Personenverzeichnis vorne.

Bühne und Rolle
Die Handlung eines Stückes spielt sich immer an einem oder verschiedenen Orten ab. Dieser Ort oder Raum der Handlung wird im Theater auf der **Bühne** dargestellt. In der Regel ist dieser Raum, die Bühne, klar vom Zuschauerraum abgetrennt. Ein Bühnenbild und/oder Gegenstände können den Raum (Ort der Handlung) näher kennzeichnen.
Sobald der Schauspieler die Bühne betritt, legt er seine Persönlichkeit ab und schlüpft in eine Rolle. Diese **Rolle** besteht aus der → Figur, die er verkörpert, dem Text (was die Figur sagt) und ihren Aktionen auf der Bühne (→ Rollenbiografien verfassen). Auch eine Figur kann in eine Rolle schlüpfen. Dies nennt man dann **Spiel im Spiel**.

Monolog und Dialog
Dialog lautet der Fachbegriff für das Gespräch von zwei oder mehreren → Figuren. **Monolog** nennt man das Selbstgespräch einer Figur, aber auch den längeren Redeanteil einer Figur in einem Dialog (→ Dialoge untersuchen).
Um eine **Figur** zu verstehen und darzustellen, muss man sich in sie hineinversetzen und sich vorstellen, was sie fühlt (♥), denkt (💭) und mit ihren Worten beabsichtigt (⇒). Das nennt man den **Subtext** (wörtlich: Untertext). Man kann sich den Subtext bewusst machen, indem man ihn in der Ich-Form formuliert.

Botenberichte und ihre Funktion *(→ Seite 216)*
Der Auftritt und Bericht eines „Boten" (oder einer ähnlichen Figur) diente schon in der griechischen Tragödie dazu, die Zuschauerinnen und Zuschauer über ein für die Handlung **wichtiges Geschehen** zu unterrichten. Dieses sollte oder konnte nicht direkt dargestellt werden, z.B. weil es zeitlich vorher oder an einem weiter entfernten Ort stattfand oder weil das Geschehen tabuisiert war (Gewalt, Sexualität usw.). Der Bericht dient auch zur **Spannungssteigerung**, denn die Informationen verschärfen in der Regel den Konflikt.

Sprache

Adjektive

Mit Adjektiven kannst du **Eigenschaften** von Dingen, Lebewesen und Sachverhalten genauer **bezeichnen** und **vergleichen:** Die Brücke ist hoch, der Turm ist höher, der Wolkenkratzer ist am höchsten.
Je nach Kasus, Numerus und Genus des Nomens, das sie begleiten, verändern sich Adjektive: eine schöne Katze, ein schöner Kater, einen schönen Kater.
Ein Adjektiv kann im Satz unterschiedlich gebraucht werden:
1. Es kann direkt vor dem **Nomen** stehen und dieses näher beschreiben. Dann wird es verändert: der gelbe Vogel, ein gelber Vogel.
2. Es kann mit den **Verben** sein oder werden gebraucht werden. Dann verändert es sich nicht: Der Vogel ist gelb. Kinder werden groß.
3. Es kann ein **Verb näher bestimmen**. Dann wird es nicht verändert: Er fährt schnell.

Adverbien

Adverbien (Sg. Adverb) bestimmen die näheren Umstände eines Geschehens, also genauer **wo, wann, wie** oder **warum** es stattfindet. Man unterscheidet daher Adverbien des Ortes (Lokaladverbien: hier, dort, oben, rechts, vorwärts, ...), Adverbien der Zeit (Temporaladverbien: seither, immer, sofort, oft, abends, ...), Adverbien der Art und Weise (Modaladverbien: gerne, sehr, leider, fast, genug, ...) und Adverbien des Grundes (Kausaladverbien: deshalb, darum, folglich, trotzdem, dazu, ...). Sie gehören zu den Wörtern, die im Satz unverändert bleiben.

Appositionen

Appositionen stehen rechts vom Nomen und bestimmen dieses näher. Sie sind durch Kommas abgetrennt. Nomen innerhalb der Apposition sowie das genauer bestimmte Nomen weisen in der Regel den gleichen Kasus auf:

Der Mann, der mit der Narbe an der rechten Wange, trägt eine Kappe.

Artikelwörter und Pronomen

Bestimmte und unbestimmte Artikel sind häufige Begleiter des Nomens. Der unbestimmte Artikel (ein, eine) kann etwas Unbekanntes einführen. Der bestimmte Artikel (der, die, das) verweist oft auf etwas schon Bekanntes, Eindeutiges:

Ein Mann und **eine** Frau gehen spazieren. **Der** Mann trägt **einen** Hut, **die** Frau **eine** Tasche.

Das Wort das kann jedoch nicht nur als **Begleiter zu einem Nomen** auftreten (Lina kommt es nicht so sehr auf das Aussehen einer Person an.), sondern auch als **Demonstrativpronomen** (Im Moment gibt es an Linas Schule keine Uniformen, das könnte sich bald ändern.) oder als **Relativpronomen** (Lina liest im Internet von einem Internat, das Schuluniformen vorschreibt.).

Pronomen treten häufig statt Nominalgruppen in Texten auf. In Texten dienen sie dazu, Bezüge deutlich zu machen und Verweise herzustellen. Außerdem helfen sie dabei, einen Text abwechslungsreicher zu gestalten. Es gibt verschiedene Arten von Pronomen:

Personalpronomen können in der 3. Person Singular (er, sie, es) und Plural (sie) Nomen oder ganze Nominalgruppen ersetzen.
Possessivpronomen können auf einen Besitz verweisen oder eine Zugehörigkeit zum Ausdruck bringen (mein, dein, sein, ihr, ...).
Demonstrativpronomen (hinweisende Pronomen) verweisen deutlich auf Sachverhalte oder Lebewesen und stellen dadurch einen gedanklichen Zusammenhang her (dieser, diese, dieses, jener, ...).
Indefinitpronomen (unbestimmte Pronomen) verweisen in sehr allgemeiner Weise auf Personen oder Sachverhalte (man, irgendwer, alle, jemand, keine/r, ...).
Reflexivpronomen (rückbezügliche Pronomen) beziehen sich fast immer auf das Subjekt des Satzes (zurück), in dem sie vorkommen (sich, mich, dich, ...).
Relativpronomen leiten einen Relativsatz (→ Attributsatz) ein (der, die, das, welcher, welche, welches, ...).

Dialekte
(→ Seite 278)

Dialekte sind **regional gebundene sprachliche Formen**, die abhängig vom Zusammenleben in einem bestimmten Landstrich auftreten. Sie werden vorwiegend gesprochen.
Dialekt beeinflusst die Aussprache, den Wortschatz, aber auch den Satzbau oder die Tempuswahl.

Formulierungsmuster in Texten untersuchen
(→ Seite 262)

Es gibt in unserer Sprache typische Formulierungsmuster, mit denen wir wiederkehrende Handlungen in Texten durchführen (z. B. begründen, überleiten, beschreiben, usw.).
Um diese Formulierungsmuster in einem Text oder Teilen eines Textes zu untersuchen, helfen zwei Fragen:
- **Was macht der Autor inhaltlich?** und
- **Wie macht der Autor das sprachlich?**

Was macht der Autor inhaltlich? (Teilhandlung)	z. B. Gründe/Vorteile nennen	z. B. Gegengründe/Probleme nennen
Wie macht der Autor das sprachlich?	Positiv hervorzuheben ist … Für … spricht … … ist als Vorteil festzustellen. …	Andererseits ist … zu berücksichtigen. Einerseits … andererseits … Es stimmt zwar, dass … aber … Auf der anderen Seite spricht … dagegen. …

In einem Text treten meist verschiedene inhaltliche Teilhandlungen auf z. B. beim Argumentieren (in einer Stellungnahme, einer Erörterung oder einem Kommentar):
einen Überblick geben, Gründe nennen, Gegengründe nennen, Inhalte zusammenfassen, Lösungsvorschläge nennen, …

Gendergerechte Sprache
(→ Seite 291)

Als gendergerechte Sprache (auch geschlechtergerechte, gendersensible oder geschlechtsneutrale Sprache) wird eine Form der Sprache bezeichnet, die eine **Gleichstellung der Geschlechter** zum Ausdruck bringen will. Diese findet sich vor allem in der Veränderung des **Sprachsystems** innerhalb des **Wortschatzes**, der **Rechtschreibung** oder sogar der **Grammatik**. Wenn ein Text entsprechend der Vorgaben geschlechtergerechter Formulierungen verfasst oder überarbeitet wurde, nennt man das „**gendern**". In diesen Rahmen werden z. B. auch **Indefinitpronomen** wie alle, andere, niemand verwendet. Sie werden allgemein gebraucht, wenn Lebewesen oder Dinge nicht näher bezeichnet werden, oder um unbegrenzte Mengen unbestimmt auszudrücken.

Homophone und Homographe
(→ Seite 289)

Homophone sind eine Sonderform der Homonymie. Sie sind Wörter, die gleich lauten, aber unterschiedlich geschrieben werden: Lerche – Lärche

Homographe sind dagegen Wörter, die gleich geschrieben werden, aber unterschiedlich ausgesprochen werden: Versendung (Versendung eines Päckchens vs. Ende eines Verses)

Jugendsprache
(→ Seite 286)

Jugendsprache bezeichnet eine **Gruppensprache (Soziolekt)** mit bestimmten Merkmalen, die von unterschiedlichen Gruppen von Jugendlichen zu verschiedenen Zeiten und in verschiedenen Altersstufen verwendet wird. Sie verändert sich schnell und ist sehr vielfältig (z. B. regionale Einflüsse, Einflüsse der sozialen Gruppe, Einflüsse durch andere Sprachen).

Häufig werden innerhalb der Jugendsprache **Interjektionen** benutzt. Sie sind eine eigene Wortart, die meist Empfindungen, Emotionen oder Bewertungen ausdrücken. Sie sind nicht flektierbar und können allein für sich stehen. Sie sind keine Satzglieder oder Teil eines Satzes. Mit Interjektionen kannst du Empfindungen ausdrücken (z. B. Hurra!) oder jemanden auffordern etwas zu tun oder zu lassen (z. B. Psst!). In Graphic Novels und Comics beispielsweise werden Interjektionen als Hilfsmittel zur Darstellung von Geräuschen (z. B. Krach!, Wau!) oder zur Darstellung von Mimik (z. B. *grins*) verwendet.

Junktionen

Sätze oder Satzteile können mit Junktionen (Konjunktionen, Subjunktionen und Adverbien) verknüpft werden, um Bedeutungszusammenhänge zwischen Einheiten eines Textes zu verdeutlichen. Durch Junktionen wird eindeutig, in welchem Verhältnis die einzelnen Geschehnisse zueinander stehen:
Anna schreibt gute Noten. Anna lernt Vokabeln.
- zeitlicher Zusammenhang:
  Anna schreibt gute Noten, **seit** sie Vokabeln lernt.
- begründender Zusammenhang:
  Anna schreibt gute Noten, **weil** sie Vokabeln lernt.
- Zusammenhang in Form einer Bedingung:
  Anna schreibt gute Noten, **falls** sie Vokabeln lernt.

Wörter (Junktionen), die Sätze miteinander verknüpfen, kann man danach unterscheiden und benennen, welchen Zusammenhang sie deutlich machen, z. B., dass eine Aussage begründet wird (kausal):
denn, deswegen, deshalb, daher, weil, da.
Die verschiedenen Junktionen besetzen unterschiedliche Positionen im Satz und können unterschiedliche Arten von Sätzen miteinander verbinden. Die Verbindung von zwei Hauptsätzen bezeichnet man als **Satzreihe**. Die Verbindung von Hauptsatz und Nebensatz bezeichnet man als **Satzgefüge**.

Adverbien können zwei Hauptsätze verbinden. Sie stehen im Vorfeld des einen Satzes.
Konjunktionen verbinden Hauptsätze. Sie stehen im Verbindungsfeld zwischen den beiden Sätzen.
Subjunktionen (z. B. dass) leiten Nebensätze (Verbletztsätze) ein und verbinden diese mit dem Hauptsatz. Sie stehen vor dem Mittelfeld.

Häufig treten **dass-Sätze** mit Verben des Sagens, Meinens, Hoffens und Wünschens auf. Der dass-Satz gibt an, was jemand sagt, meint, hofft oder wünscht.
Was denkt Lina? Sie denkt, **dass** sich manche in Uniformen unwohl fühlen würden.
Achtung: Die Subjunktion dass ist von dem Wort das zu unterscheiden (→ Artikelwörter und Pronomen).

Kommasetzung zwischen Sätzen

Satzzeichen gliedern Texte und unterstützen damit das Lesen und Verstehen. Mithilfe von Kommas grenzen wir **Teilsätze** oder **Satzgefüge** (= Verbindung von Hauptsatz und Nebensatz) voneinander ab. Jeder Teilsatz enthält als Kern ein finites Verb. Zu diesem Verb gehören weitere Satzglieder. Sie bilden gemeinsam eine **verbhaltige Gruppe**. Das Komma zeigt an, was grammatisch zu welcher Gruppe gehört. Es zieht die Grenze zwischen verbhaltigen Gruppen. So erkennst du die Grenze zwischen Teilsätzen:
1. Suche die finiten Verben.
2. Überlege, was jeweils zu dem finiten Verb gehört. Unterstreiche es in der gleichen Farbe.
3. Setze das Komma zwischen den verbhaltigen Gruppen in unterschiedlicher Farbe.

Beispiele:
1. Lina mag Sport eigentlich nicht so sehr beim Sportfest hat sie aber trotzdem die meisten Punkte geholt.
2. + 3. Lina mag Sport eigentlich nicht so sehr, beim Sportfest hat sie aber trotzdem die meisten Punkte geholt.

1. Unser Rektor gab sportlich wirklich alles während unser Hausmeister mit schlauen Tricks gewann.
2. + 3. Unser Rektor gab sportlich wirklich alles, während unser Hausmeister mit schlauen Tricks gewann.

Kommasetzung in komplexen Sätzen

Sätze können aus mehr als zwei verbhaltigen Gruppen bestehen. Alle Teilsätze müssen mit einem Komma voneinander abgegrenzt werden. Du kannst die gleichen Strategien nutzen wie bei der einfachen Verbindung aus Haupt- und Nebensatz:

1. Niko berichtet dass er und seine Freunde jedes Jahr ein Fest organisieren an dem alle Kinder aus der Nachbarschaft teilnehmen.
2. + 3. Niko berichtet, dass er und sein Freunde jedes Jahr ein Fest organisieren, an dem alle Kinder aus der Nachbarschaft teilnehmen.

Subjunktionen (→ Junktionen) sind wichtige Hinweise darauf, dass ein Nebensatz vorliegt, der mit einem Komma abgegrenzt werden muss. Wo ein Komma gesetzt werden muss, hängt davon ab, ob der Nebensatz dem Hauptsatz folgt, vorausgeht oder ob er eingeschoben ist. Wenn ein Nebensatz in einen anderen Satz eingeschoben ist, werden beide Satzgrenzen mit dem Komma markiert:
1. Milo hat obwohl er weit zurücklag nicht aufgegeben.
2. + 3. Milo hat, obwohl er weit zurücklag, nicht aufgegeben.

Als Sätze innerhalb von Sätzen treten häufig Attributsätze wie der Relativsatz auf, deren Bezugsnomen im Vorfeld oder im Mittelfeld steht:
1. Der Unfall der sich gestern ereignete war heute überall Thema.
2. + 3. Der **Unfall**, der sich gestern ereignete, war heute überall Thema.

Kommasetzung bei Parenthesen (→ *Seite 316*)

Parenthesen unterbrechen als Einschübe eine Satzaussage, ohne in die syntaktische Struktur dieses Satzes integriert zu sein. Parenthesen können aus selbständigen Sätzen bestehen, sie können durch eine → Konjunktion eingeleitet werden, sie können aber auch aus einer Wortgruppe bestehen. Anstelle von Kommas können auch Klammern oder Gedankenstriche eine Parenthese anzeigen:
Am frühen Morgen **(die Sonne schien schon)** starteten sie ihre Wanderung.
Am frühen Morgen **– die Sonne schien schon –** starteten sie ihre Wanderung.

Kommasetzung bei Partizipgruppen (→ *Seite 315*)

Partizipien werden von einem Verb abgeleitet. Häufig enden sie mit -end wie lesend (von lesen; sogenanntes „Partizip Präsens") oder werden mit ge- wie gelesen eingeleitet (sogenanntes „Partizip Perfekt").
Bei **Partizipgruppen** handelt es sich um erweiterte Partizipien, die durch Komma(s) abgegrenzt werden. Steht die Partizipgruppe vor einem Hauptsatz oder folgt sie auf das konjugierte Verb des Hauptsatzes, kann auf das Komma verzichtet werden.

Kommasetzung bei Sätzen mit zu-Infinitiv

Der zu-Infinitiv ist eine Verbform, die aus zu und einer Verbform im Infinitiv besteht (Sie lieben es, draußen **zu spielen**.). Auch mit dem zu-Infinitiv können verbhaltige Gruppen entstehen (Infinitivsatz). Sie werden mit einem Komma abgegrenzt. Du kannst dafür die gleiche Strategie wie bei den finiten Verben verwenden:
1. Suche das finite Verb und den zu-Infinitiv. Kreise sie in verschiedenen Farben ein.
2. Welche Satzglieder gehören zum finiten Verb, welche zum zu-Infinitiv? Markiere sie in der passenden Farbe.
3. Setze das Komma zwischen die Verbgruppen in unterschiedlicher Farbe.
1. Die Mannschaft hofft das Turnier zu gewinnen.
2. + 3. Die Mannschaft hofft, das Turnier zu gewinnen.

Manchmal gibt es mehrere Möglichkeiten für ein Komma. Dann kommt es auf die Bedeutung an, die der Satz haben soll.
Ben verspricht, Patrick einen neuen Wecker zu kaufen.
In diesem Fall wissen wir nicht genau, wem Ben sein Versprechen gibt. Das Versprechen lautet, dass er Patrick einen neuen Wecker kauft.
Ben verspricht Patrick, einen neuen Wecker zu kaufen.
In diesem Fall wissen wir, dass Ben Patrick sein Versprechen gibt. Das Versprechen lautet, dass er einen neuen Wecker kauft, aber wir wissen nicht sicher, für wen er den Wecker kauft.

Satzzeichen bei der wörtlichen Rede

Wenn eine Person in einem Text etwas sagt, dann steht dies in Anführungszeichen. Die wörtliche → Rede wird meist durch einen Redebegleitsatz begleitet:
- **Vorangestellter Begleitsatz:** Nach einem vorangestellten Begleitsatz steht ein Doppelpunkt.
  Nina sagt: „Das Eis schmeckt nicht."
- **Nachgestellter Begleitsatz:** Beim nachgestellten Begleitsatz trennt ein Komma nach dem Anführungszeichen oben die wörtliche Rede vom Begleitsatz. Beachte: Enthält die wörtliche Rede einen Aussagesatz, wird kein Punkt gesetzt.
  „Wann beginnt das Training?", fragt Antonio.
  „Es geht um 17.30 Uhr los", antwortet Mia.

- **Eingeschobener Begleitsatz:**
  „Um den Ball zu bekommen", erklärt der Trainer, „musst du sprinten."

Mit Kommentargliedern Aussagen kommentieren
(→ Seite 260)

Ausdrücke wie überraschenderweise, schlauerweise, zum Glück, offenbar, vielleicht, vergeblich, sicherlich, offensichtlich, doch, ... nennt man „**Kommentarglieder**". Mit ihnen kann die Sprecherin bzw. der Sprecher kommentieren, wie sie oder er zu der Aussage des Satzes steht. Ein Kommentarglied kann in einem Satz zusätzlich zum → Prädikat und den → Satzgliedern auftreten.

Konjunktionen → Junktionen

Nomen

Nomen werden **großgeschrieben**. In Texten können wir sie oft auch daran erkennen, dass sie von einem Artikel und/oder einem Adjektiv begleitet werden:
das Tier, der schnelle Läufer, alte Hosen.
Die → bestimmten Artikel (der, die, das) zeigen das **grammatische Geschlecht** (**Genus**, Pl. Genera) des Nomens an: Maskulinum (der Löwe), Femininum (die Katze), Neutrum (das Pferd). Manchmal stimmen grammatisches und natürliches Geschlecht überein:
der Mann, die Frau, der Junge.
Nomen haben einen **Numerus** (Zahl). Sie können im **Singular** (Einzahl) und im **Plural** (Mehrzahl) stehen. Die meisten Nomen verändern sich, wenn sie im Plural stehen. Der Plural kann durch verschiedene Formen angezeigt werden: -e, -(e)n, -er, -s, mit Umlaut.

Der **bestimmte Artikel** lautet im Plural immer die:
der Mann – die Männer, die Frau – die Frauen,
das Kind – die Kinder.
Den **unbestimmten Artikel** gibt es nur im Singular:
ein Mann – Männer, eine Frau – Frauen,
ein Kind – Kinder.

Nomen können in vier verschiedenen **Kasus** (Fällen, Sg. der Kasus, Pl. die Kasus – sprich „Kasuus") stehen: im **Nominativ**, im **Genitiv**, im **Dativ** oder im **Akkusativ**. Je nachdem, in welchem Kasus ein Nomen steht, verändert sich der Begleiter des Nomens und manchmal das Nomen selbst.

Singular	Maskulinum	Femininum	Neutrum
Nominativ	der Ball	die Gabel	das Messer
Genitiv	des Balls	der Gabel	des Messers
Dativ	dem Ball	der Gabel	dem Messer
Akkusativ	den Ball	die Gabel	das Messer

Mithilfe der vier Kasus kannst du erkennen, in welcher Beziehung Nomen oder Nominalgruppen zu anderen Elementen im Satz stehen. So steht zum Beispiel das Subjekt eines Satzes im Nominativ, das Objekt im Dativ oder Akkusativ und seltener auch im Genitiv.

Nomen großschreiben

Nomen werden großgeschrieben. Sie treten häufig mit einem Artikelwort (z. B. ein, eine, einem, der, die, das, den, dem, seine, ihre, mein, viele, keine, nichts, etwas, zum, beim) auf. Das Artikelwort ist das Signal für die Großschreibung. Oft steht ein Adjektiv zwischen Artikelwort und Nomen. Dabei ist es wichtig, immer den gesamten Satz zu berücksichtigen und darauf zu achten, worauf sich das Artikelwort bezieht:
der bissige Hund; der bissige, wilde Hund ...

Manchmal treten Nomen auch ohne Artikel auf. Wenn du dir unsicher bist, führe die **Artikelprobe** am Satz durch:
Er repariert Fahrräder. → Er repariert die Fahrräder.

Zusätzlich kannst du mit der **Adjektivprobe** oder **Erweiterungsprobe** überprüfen, ob es sich um ein Nomen handelt, indem du Adjektivattribute ergänzt. Achte dabei auf die Flexionsendungen der Adjektivattribute (-e, -en, -er, -es oder -em). Großgeschrieben wird das Wort, das mit dem Adjektivattribut erweitert wurde.
Er repariert die alten, klapprigen, rostigen Fahrräder.
Das großzuschreibende Wort, auf das sich der Artikel bezieht, „rutscht" durch die eingefügten Adjektive immer weiter nach rechts. Es wird durch die Adjektive näher beschrieben.

Auch die **Umstellprobe** hilft dir dabei zu bestimmen, ob ein Wort großgeschrieben werden muss.
1. Ermittle mithilfe der Umstellprobe die Satzglieder.
   der mops   ist   ein begleiter
   ein begleiter   ist   der mops

2. Prüfe, ob du die Wörter erweitern kannst:
   Der dicke mops ist ein treuer, lieber begleiter
3. Großgeschrieben werden alle Wörter, die am rechten Rand des Satzglieds stehen.
   Der Mops   ist   ein Begleiter.

Ausnahmen bei der Großschreibung
Die meisten Fälle, in denen man großschreibt, kann man durch die vorgestellten Strategien ermitteln. Doch es gibt auch einige Ausnahmen. So ist zum Beispiel die Schreibung von Redewendungen nicht einheitlich geregelt (durch dick und dünn; über kurz oder lang, aber: von Nahem/von nahem; bis auf Weiteres/weiteres). Die richtige Schreibung muss man sich merken oder im Wörterbuch nachschlagen.

Nominalisierte Verben und Adjektive richtig schreiben

Wörter anderer Wortarten wie Verben und Adjektive können im Satz als Nomen verwendet werden. Sie lassen sich ebenfalls mit den dir bekannten Proben ermitteln:
Ich jogge gerne. Aber:
Beim Joggen bekomme ich den Kopf frei. → Beim **regelmäßigen** Joggen bekomme ich den Kopf frei.

Das Hemd ist neu. Aber:
Ich wünsche mir etwas Neues. → Ich wünsche mir etwas **interessantes, spannendes** Neues.

Bei **nominalisierten Adjektiven** ist es manchmal schwierig, ein passendes Erweiterungswort zu finden. nichts Kluges → nichts schlaues Kluges (?), im Tiefen → im kalten Tiefen (?).
In diesen Fällen dienen die Artikelwörter als Signal für ein großzuschreibendes Adjektiv. Beachte aber auch hierbei stets den gesamten Satz, damit keine Fehler entstehen: Er springt ins tiefe Wasser. vs. Er springt ins Tiefe.

Numeralia

Numeralia (Zahlwörter) sind Ausdrücke, die eine Menge oder Zahl bezeichnen (z. B. eins, erste, erstens, viele, mehrfach, viertel, Hundertstel). Sie können unterschiedlichen Wortarten zugeordnet werden, manchmal werden sie auch als eigene Wortart gesehen, meist können sie flektiert werden.

Polysemie und Homonymie
(→ *Seite 288*)

Polysemie (griech. *polys* ‚viel') liegt vor, wenn ein Wort mehrere Bedeutungen hat und mindestens ein Bedeutungsmerkmal identisch ist:
Glocke: a) Kirchenglocke, b) Klingel
→ gemeinsames Merkmal: beide machen ein Geräusch

Wenn zwei oder mehrere Wörter gleich geschrieben werden oder gleich klingen, aber eine unterschiedliche Bedeutung haben, spricht man von **Homonymie** (griech. *homonymia* ‚Gleichnamigkeit'):
Ton: a) Lehm, b) Laut, Klang

Präpositionen

Präpositionen (Sg. Präposition) bezeichnen Beziehungen zwischen Dingen oder Personen. Sie sind deshalb meistens mit einer Nominalgruppe verbunden, deren Kasus sie bestimmen:
Der Genitiv folgt z. B. nach unterhalb, während, wegen:
Während des Einbruchs war niemand im Haus.
Der Dativ folgt z. B. nach aus, bei, mit:
Aus dem Haus hörte man Geräusche.
Der Akkusativ folgt z. B. nach durch, für, gegen:
Der Dieb kletterte durch das Fenster.
Einige Präpositionen (z. B. auf, über, neben, an und in) können mit Akkusativ und Dativ stehen. Die Präposition mit Akkusativ zeigt die Richtung an, die Präposition mit Dativ den Ort: Der Dieb flüchtet in das Versteck. (Wohin? → Akkusativ)
Der Dieb wartet in dem Versteck. (Wo? → Dativ)
In manchen Fällen kann sich die Präposition mit dem Artikel verbinden: an + das → ans, zu + dem → zum, in + dem → im, …

Es gibt → Verben, die in Verbindung mit mehr als einer Präposition auftreten. Bei manchen dieser Verben kann man die Präposition austauschen, ohne dass sich dadurch der Sinn des Satzes verändert. Bei anderen Verben verändert sich der Sinn des Satzes, wenn man die Präposition austauscht.

Rede wiedergeben
(→ *Seite 253*)

Die Rede anderer Personen kann auf unterschiedliche Arten sprachlich gekennzeichnet werden:

- Anne berichtet: „Wir sind hochmotiviert."
  (**Direkte Rede, „..."**)
- Anne berichtet, das Team **sei** hochmotiviert.
  (**Indirekte Rede, → Konjunktiv I**)
- Anne berichtet, **dass** das Team hochmotiviert sei.
  (**Indirekte Rede, *dass* ...**)
- **Laut** Anne ist das Team hochmotiviert.
  (**Quellenangabe, *laut/so*...**)

Welche Art der Redewiedergabe in einem Text auftritt, hängt auch mit der Textsorte zusammen. In Nachrichtentexten finden sich z. B. häufig Quellenangaben (**Laut** Angabe des Pressesprechers ...).

Sätze und Satzstrukturen

Die typische Struktur des deutschen Satzes
(→ Seite 266)

Das **Prädikat** besteht in deutschen Sätzen oft aus zwei Verben oder Verbteilen. Diese beiden Verben bzw. Verbteile bilden zusammen die **Verbklammer**.

Vorfeld	linkes Verbfeld	Mittelfeld	rechtes Verbfeld	Nachfeld
Elsa	geht	am Samstag ins Kino.		
Frida	darf	ihre Schwester	begleiten.	
In der Deutscharbeit	schnitt	Mathilda sehr gut	ab.	
Auf Gleis 3	fährt	in Kürze	ein	der ICE 874 nach Berlin Hbf.

1. Im **linken** und **rechten Verbfeld** ist Platz für Verben und Verbteile. Sie bleiben auch beim Verschieben der Satzglieder immer an derselben Stelle. Das Verb mit der Personalform steht im linken Verbfeld. Das rechte Verbfeld kann auch leer sein.
2. Vor dem linken Verbfeld befindet sich das **Vorfeld**. Es hat Platz für ein Satzglied.
3. Die beiden Verbfelder „umklammern" das **Mittelfeld**. Hier kann der Satz um weitere Satzglieder erweitert werden.
4. Hinter dem rechten Verbfeld befindet sich das **Nachfeld**. Es wird häufig nicht besetzt, kann aber in allen Satzformen auftreten.

Im Deutschen ist die Stellung der Satzglieder recht flexibel. Im Gesprochenen kann man durch Betonung einzelne Informationen hervorheben. Im Geschriebenen kann man das durch die Position im Satz tun: z. B. im Nachfeld (der ICE 874 nach Berlin Hbf), aber auch im Vorfeld (auf Gleis 3).

Satzformen/Stellungstypen im Deutschen

Sätze lassen sich nach der Stellung des konjugierten Verbs im Satz unterscheiden.

Beim **Verbzweitsatz** (V2) steht das konjugierte Verb an zweiter Satzgliedposition. Verbzweitsätze sind typisch für Aussagen und Ergänzungsfragen („W-Fragen").

Vorfeld	linkes Verbfeld	Mittelfeld	rechtes Verbfeld
Ina	muss	zum Zahnarzt	gehen.
Wann	muss	Ina zum Zahnarzt	gehen?

Beim **Verberstsatz** (V1) beginnt der Satz mit dem konjugierten Verb. Das Vorfeld des Satzes bleibt unbesetzt. Mit Verberstsätzen werden Entscheidungsfragen („Ja/Nein-Fragen") und oft Aufforderungen formuliert.

Vorfeld	linkes Verbfeld	Mittelfeld	rechtes Verbfeld
	Muss	Ina zum Zahnarzt	gehen?
	Geh	zum Zahnarzt!	

Beim **Verbletztsatz** (VEnd) steht das konjugierte Verb am Ende des Satzes. Das linke Verbfeld bleibt somit unbesetzt. Im Vorfeld steht ein einleitendes Wort (z. B. Subjunktion oder Relativpronomen). Verbletztsätze sind in ihrer Bedeutung in der Regel an andere Sätze gebunden. Deshalb treten sie vor allem in **Satzgefügen** auf.

Vorfeld	linkes Verbfeld	Mittelfeld	rechtes Verbfeld
Wenn		Ina zum Zahnarzt	gehen muss,
	wird	ihr angst und bange.	
Ina	geht	zu dem Zahnarzt,	
der		ihre ganze Familie	behandelt.

Wenn ein Verbzweit- oder Verberstsatz inhaltlich an einen vorangehenden Satz anschließt, können vor dem Vorfeld Konjunktionen stehen (z. B. und, oder, aber, denn, doch, …). Dadurch entsteht eine **Satzverbindung**.

	Vorfeld	linkes Verbfeld	Mittelfeld	rechtes Verbfeld
	Ina	muss	zum Zahnarzt	
und	ihre Mutter	fährt	sie	hin.

Satzglieder und Satzgliedteile ermitteln

Satzglieder können aus einem einzelnen Wort oder einer zusammengehörigen Wortgruppe bestehen. Um zu erkennen, was ein Satzglied bildet, kannst du den **Vorfeldtest**/die **Verschiebeprobe** anwenden: Prüfe, welche Wörter aus dem Mittelfeld du als Paket ins Vorfeld des Satzes verschieben kannst. Sie bilden gemeinsam ein Satzglied. Manchmal ist das nur ein einzelnes Wort. **Achtung**: Der Sinn des Satzes darf sich beim Verschieben nicht verändern, wohl aber die Betonung und Akzentuierung.
Alle Wörter bzw. Wortgruppen, die du nicht ins Vorfeld des Satzes verschieben kannst, ohne dass der Sinn des Satzes verloren geht oder sich verändert, sind Satzgliedteile.
Auch kannst du die **Weglassprobe** anwenden. Prüfe: Welche Wörter kannst du weglassen? Wörter, die nur gemeinsam weggelassen werden können, bilden ein Satzglied. Aber **Vorsicht**: Die Weglassprobe kann nicht für alle Satzglieder angewendet werden.

Vorfeld	linkes Verbfeld	Mittelfeld	rechtes Verbfeld
Ronja	möchte	immer die Erdnussbutter mit den großen Stückchen	essen.
Immer	möchte	Ronja die Erdnussbutter mit den großen Stückchen	essen.
*Mit den großen Stückchen	möchte	Ronja immer die Erdnussbutter	essen.
Die Erdnussbutter mit den großen Stückchen	möchte	Ronja immer	essen.

* „Mit den großen Stückchen" ist kein Satzglied, sondern ein Satzgliedteil, da es nicht ins Vorfeld des Satzes verschoben werden kann.

Vorfeld	linkes Verbfeld	Mittelfeld	rechtes Verbfeld
Eric	liest	der alten Frau im Rollstuhl manchmal die Zeitung	vor.
Manchmal	liest	Eric der alten Frau im Rollstuhl die Zeitung	vor.
Die Zeitung	liest	Eric der alten Frau im Rollstuhl manchmal	vor.
*Im Rollstuhl	liest	Eric der alten Frau manchmal die Zeitung	vor.
Der alten Frau im Rollstuhl	liest	Eric manchmal die Zeitung	vor.

* „Im Rollstuhl" ist kein Satzglied, sondern ein Satzgliedteil, da es nicht ins Vorfeld des Satzes verschoben werden kann, ohne dass sich dabei der Sinn des Satzes verändert.

Formen von Satzgliedern untersuchen
(→ Seite 255)

Satzglieder können unterschiedliche Formen haben. Sie bestehen
- häufig aus einer **Wortgruppe**: Ein Leser der Studie kann Kinder unterstützen.
  (z. B. Wortgruppe mit Attributen als Subjekt)
- manchmal aus einem **einzelnen Wort**: Leser können Kinder unterstützen. (z. B. Wort als Subjekt)
- oder aus einem **Nebensatz**: Wer die Studie liest, kann Kinder unterstützen.
  (z. B. Nebensatz als Subjekt = Subjektsatz)

Wenn in einer **Wortgruppe** viele Attribute – also zusätzliche Informationen – auftreten, kann das beim Lesen schwieriger zu verstehen sein:
Die Forschenden vermuten ...
  eine Unterstützung durch Gesten für die Kinder beim Spracherwerb. (z. B. Wortgruppe mit Attributen als Akkusativobjekt)

Häufig wird dann die Variante, bei der das Satzglied als **Nebensatz** auftritt, als leichter verständlich empfunden:
Die Forschenden vermuten, ...
  dass die Gesten die Kinder beim Spracherwerb unterstützen können. (z. B. Nebensatz als Akkusativobjekt = Akkusativobjektsatz)

Den Aufbau von Satzgliedern analysieren und darstellen

Alle Satzglieder, die aus mehreren Satzgliedteilen – also Wörtern oder Wortgruppen – bestehen, haben einen Kern, der in der Regel aus einem Wort besteht. Bei den meisten Satzgliedern ist dieses Wort ein Nomen. Um diesen Kern herum befinden sich weitere Satzgliedteile.
Um den Aufbau eines Satzlieds zu analysieren und darzustellen, kannst du das Satzglied in eine **Satzglied-Feldertabelle** eintragen. Je nach Aufbau des Satzglieds können unterschiedliche Felder der Tabelle besetzt sein oder leer bleiben.

Auf die große Abschlussfeier der Abiturienten freue ich mich schon lange.
Ich musste gestern zum Zahnarzt.
Der Hund im Garten meines Nachbarn trägt ein blaues Halsband.

Präposition	Artikel	Linksattribut(e)	Kern des Satzglieds	Rechtsattribut(e)
Auf	die	große	**Abschlussfeier**	der Abiturienten
zu	dem		**Zahnarzt**	
	Der		**Hund**	im Garten meines Nachbarn
	ein	blaues	**Halsband**	

Unterschiedliche Satzglieder bestimmen und nutzen

Subjekt und Prädikat
Der inhaltliche Zusammenhang und die Endung des Verbs zeigen an, wer in einem Satz etwas tut:
XY berichte aus dem Stadion. XY = ich
XY passt zu Meyer. XY = er, der Spieler ...
Dieses Satzglied nennt man **Subjekt**. Das Subjekt bestimmt die Endung (Personalform) des Verbs:
Ich berich**e** aus dem Stadion.
Du berich**test** aus dem Stadion.
Die beiden Reporter berich**ten** aus dem Stadion.
Subjekt und Prädikat gehören eng zusammen. Sie passen sich einander immer in **Person** und **Numerus** (Zahl) an.

So gehst du vor, um das Subjekt zu ermitteln:
1. Trage den Satz in eine Feldertabelle ein. Dabei bestimmst du das **Prädikat**.
2. Ermittle die **Satzglieder** bzw. die **Satzgliedgrenzen** mithilfe des Vorfeldtests/der Verschiebeprobe.
3. Wende die **Frageprobe** („Wer oder was ...?") an. Nach den Fragewörtern muss immer das Verb mit der Personalform folgen, dann fragst du richtig:
   Das Kind spielt Fußball.
   Wer oder was spielt Fußball? – Das Kind.
4. Das Satzglied, das die Antwort auf deine Frage gibt, ist das Subjekt.

Du kannst das Subjekt auch durch Umwandlung des Satzes in den **Notizzettelstil** (in eine **Infinitivkette**) ermitteln:
- Setze das Verb in den Infinitiv. Dabei wandert es ans Ende des Satzes.
- Das Satzglied, das du nun nicht mehr vor das Verb im Infinitiv setzen kannst, ist das Subjekt. Beispiel:
  Lea wischt nach jeder Stunde die Tafel.
  → Lea nach jeder Stunde die Tafel wischen
  Lea ist also das Subjekt des Satzes.

Das Prädikativ

Das **Prädikativ** ist ein Satzglied, das die **Funktion** hat, das Subjekt eines Satzes genauer zu beschreiben.
(1) Die Schildkröte ist langsam.
    (langsam ist ein Prädikativ)
(2) Die Schildkröte geht langsam.
    (langsam ist eine adverbiale Bestimmung)

In Satz (1) wird durch das Wort „langsam" eine Eigenschaft der Schildkröte genannt, also das Subjekt des Satzes näher beschrieben. In Satz (2) wird durch das Wort langsam die Tätigkeit der Schildkröte, also das Prädikat des Satzes, näher beschrieben.
Das Prädikativ ist eng an bestimmte Verben bzw. das Prädikat gebunden, deshalb wird es auch Prädikativ genannt. Typische Verben, bei denen ein Prädikativ steht sind sein, werden und bleiben. Prädikative sind nicht weglassbar, ohne dass der jeweilige Satz seinen Sinn verliert oder verändert.
Mein Hund bleibt immer gelassen.
Mein Hund bleibt immer.
Das Prädikativ „gelassen" ist nicht weglassbar, ohne dass der Satz seinen Sinn verliert bzw. verändert.

Prädikative können unterschiedliche **Formen** haben. Neben Prädikativen, die aus einem Adjektiv bestehen, gibt es auch Prädikative, die Nomen enthalten und aus mehr als einem Wort bestehen. Sie erfüllen dieselbe Funktion wie adjektivische Prädikative, nämlich die genauere Beschreibung des jeweiligen Subjekts. Sie stehen, genau wie die Subjekte selbst, im Nominativ und können entsprechend mit „wer" oder „was" erfragt werden.
Mein Bruder war schon immer sehr hilfsbereit.
(Kern des Prädikativs ist ein Adjektiv.)
Er wird sicher einmal ein sehr guter Polizist werden.
(Kern des Prädikativs ist ein Nomen im Nominativ.)

Die Objekte

Viele Sätze benötigen neben dem Subjekt zusätzlich **Objekte** als „Mitspieler". Das Verb bestimmt, welche Arten von Objekten in einem Satz auftreten können. Bevor du die Objekte näher bestimmen kannst, musst du mithilfe des Vorfeldtests die Satzgliedgrenzen ermitteln.
Du hast bereits **Akkusativ-, Dativ- und Genitivobjekte** kennengelernt und gelernt, wie du sie mit der **Frageprobe** und der **Ersatzprobe** bestimmen kannst:

Bestimmung mit der Frageprobe:
Um die Frageprobe durchzuführen, probierst du aus, auf welches der folgenden Fragewörter das jeweilige Objekt antwortet. Nach den Fragewörtern muss immer das Verb mit dem Subjekt folgen, dann fragst du richtig.
- Wen oder was? = Akkusativobjekt
- Wem? = Dativobjekt
- Wessen? = Genitivobjekt

Peter antwortet Laura.
Wen oder was antwortet Peter? Frage passt nicht!
Wem antwortet Peter? – Laura. Frage passt.
Das Objekt ist also ein Dativobjekt.
Wessen antwortet Peter? Frage passt nicht!

Bestimmung mit der Ersatzprobe:
Um die Ersatzprobe durchzuführen, ersetzt du das Satzglied, das du bestimmen möchtest, durch ein Fantasiewort, z. B. „Schnirp", und probierst aus, welcher der folgenden Artikel vor dem Fantasiewort passend ist.
- den Schnirp = Akkusativobjekt
- dem Schnirp = Dativobjekt
- des Schnirps = Genitivobjekt

Peter antwortet Laura.
Peter antwortet den Schnirp. Artikel passt nicht!
Peter antwortet dem Schnirp. Artikel passt.
Das Objekt ist also ein Dativobjekt.
Peter antwortet des Schnirps. Artikel passt nicht!

Ein weiteres Objekt ist das **Präpositionalobjekt**. Manche Verben treten nämlich in Verbindung mit einer ganz bestimmten Präposition oder einigen wenigen ganz bestimmten Präpositionen auf, die nicht beliebig austauschbar sind. Diese Präpositionen stehen im Satz nie allein, sondern bilden zusammen mit einem Wort bzw. einer Wortgruppe

ein Satzglied: das Präpositionalobjekt. Wie alle anderen Satzglieder kannst du auch das Präpositionalobjekt in das Vorfeld des Satzes verschieben.
Meine Schwester telefoniert stundenlang **mit** ihrer Freundin.
Mein Vater beschwerte sich **bei** meinem Lehrer/ **über** meinen Lehrer.

Das Wort bzw. die Wortgruppe nach der Präposition steht entweder im Akkusativ oder im Dativ. Erfragen kannst du Präpositionalobjekte immer mit der Präposition + „wen/was" oder „wem/was" und meistens auch mit einem einzelnen Fragewort, in dem die Präposition enthalten ist.
Mit wem/was telefoniert meine Schwester stundenlang? – Mit ihrer Freundin. → Dativ
Über wen/was (Wor**über**) beschwerte sich mein Vater? – Über meinen Lehrer. → Akkusativ

Die adverbialen Bestimmungen

Adverbiale Bestimmungen (kurz: **Adverbiale**; Einzahl: das **Adverbial**) liefern im Satz Informationen über die genaueren Umstände der Geschehnisse. Deshalb werden sie auch Umstandsbestimmungen genannt. Adverbiale Bestimmungen sind Satzglieder. Sie können allein im Vorfeld des Satzes stehen. Adverbiale Bestimmungen können unterschiedliche **Funktionen** haben, da sie unterschiedliche Fragen beantworten können:

- Satzglieder, die auf die Fragen Wann? Wie lang? Seit/Bis wann? Wie oft? antworten, nennt man **Temporaladverbiale** (Zeitbestimmungen).
Frederik hat nächsten Montag einen Zahnarzttermin.
Wann hat Frederik einen Zahnarzttermin? – nächsten Montag
- Satzglieder, die auf die Fragen Wo? Wohin? Woher? Von wo? antworten, nennt man **Lokaladverbiale** (Orts- und Richtungsbestimmungen).
In der Schule haben wir heute viel gelernt.
Wo haben wir heute viel gelernt? – in der Schule (Ortsbestimmung)
Die Austauschschüler kommen aus Kanada.
Woher kommen die Austauschschüler? – aus Kanada (Richtungsbestimmung)
- Satzglieder, die auf die Fragen In welcher Art und Weise? Wie? Wodurch? Womit? Mit wem? antworten, nennt man **Modaladverbiale** (Bestimmungen der Art und Weise).

Meine Tante fährt immer zu langsam Auto.
Wie fährt meine Tante immer Auto? – zu langsam
- Satzglieder, die auf die Fragen Warum? Weshalb? Wieso? Weswegen? Wegen was/wem? antworten, nennt man **Kausaladverbiale** (Bestimmungen des Grundes).
Der Hund döst wegen der großen Hitze den ganzen Tag im Schatten.
Weswegen döst der Hund den ganzen Tag im Schatten? – wegen der großen Hitze
- Satzglieder, die auf die Frage Trotz welchen Umstandes? antworten, nennt man **Konzessivadverbiale** (Bestimmungen des Gegengrundes).
Oliver geht trotz seiner Erkältung zum Fußballtraining.
Trotz welchen Umstandes geht Oliver zum Fußballtraining? – trotz seiner Erkältung
- Satzglieder, die auf die Fragen Wozu? Wofür? Für was/wen? antworten, nennt man **Finaladverbiale** (Bestimmungen des Zwecks).
Zu ihrem Schutz lernen die Kinder wichtige Verkehrsregeln.
Wozu lernen die Kinder wichtige Verkehrsregeln? – zu ihrem Schutz
- Satzglieder, die auf die Frage Mit welcher Folge/Konsequenz? antworten, nennt man **Konsekutivadverbiale** (Bestimmungen der Folge).
Zu ihrer Freude bekam Annika eine Einladung zu Monas Geburtstagsparty.
Mit welcher Folge bekam Annika eine Einladung zu Monas Geburtstagsparty? – zu ihrer Freude
- Satzglieder, die auf die Frage Unter welcher Bedingung? antworten, nennt man **Konditionaladverbiale** (Bestimmungen der Bedingung).
Bei schlechtem Wetter trage ich einen Schirm bei mir.
Unter welcher Bedingung trage ich einen Schirm bei mir? – bei schlechtem Wetter

Adverbiale Bestimmungen können unterschiedliche **Formen** haben:
- **Wortgruppe mit Präposition** am Anfang
Trotz des Gewitters gingen die Kinder schwimmen.
- **Wortgruppe ohne Präposition** am Anfang
Zwei Wochen lang wurde der Kater vermisst.
- **einzelnes Wort**
Vorsichtig stellte sie das Tablett hin.

Adverbiale Bestimmungen und Präpositionalobjekte voneinander abgrenzen

Da adverbiale Bestimmungen, die mit einer Präposition beginnen, und Präpositionalobjekte die gleiche Form haben (beide beginnen mit einer Präposition und enthalten mindestens ein weiteres Wort/eine weitere Wortgruppe), sind sie auf den ersten Blick nicht leicht voneinander zu unterscheiden.
Zur Unterscheidung kannst du zwei unterschiedliche **Proben** nutzen:

1. Wird die Präposition vom Verb bestimmt oder ist sie frei wählbar je nachdem, was man gerade ausdrücken möchte? Im ersten Fall handelt es sich grundsätzlich um ein Präpositionalobjekt, im zweiten Fall um ein Adverbial. Leider ist diese Frage nicht immer eindeutig zu beantworten.
   Sie telefonierte **mit** ihrer Mutter. (Die Präposition wird vom Verb bestimmt. → Präpositionalobjekt)
   Sie telefonierte auf/neben/vor ihrem Bett. (Die Präposition ist frei wählbar je nachdem, was ausgedrückt werden soll. → Adverbial)
   Die Bürgerinitiative kämpft **für/gegen** den Ausbau der Bundesstraße. (Die Präpositionen werden zwar einerseits vom Verb bestimmt, andererseits hängt die Entscheidung für eine der beiden Präpositionen davon ab, was ausgedrückt werden soll. Insofern ist nach dieser Probe nicht klar, um welches Satzglied es sich handelt.)
2. Kann man die Präposition und das dazugehörige Wort/die dazugehörige Wortgruppe nur mit oder auch ohne die Präposition erfragen? Im ersten Fall handelt es sich meistens um ein Präpositionalobjekt, im zweiten Fall meistens um ein Adverbial.
   Für/Gegen was bzw. Wo**für**/Wo**gegen** kämpft die Bürgerinitiative? – Für/Gegen den Ausbau der Bundesstraße. (Die Präposition und die dazugehörige Wortgruppe kann nur mit der Präposition erfragt werden. → Präpositionalobjekt)
   Wo telefonierte sie? – Auf/Neben/Vor ihrem Bett. (Die Präposition und die dazugehörige Wortgruppe kann auch ohne die Präposition erfragt werden. → Adverbial)
   Manchmal führen die beiden Proben bei derselben Wortgruppe zu unterschiedlichen Ergebnissen:
   Es roch **nach** Pommes Frites in der Küche. (Die Präposition wird vom Verb bestimmt, was für ein Präpositionalobjekt spricht.)

   Wie roch es in der Küche? – Nach Pommes Frites. (Jedoch können die Präposition und die dazuge-

hörige Wortgruppe auch ohne die Präposition erfragt werden, was für ein Adverbial spricht.) Insofern ist eine eindeutige Bestimmung nicht immer möglich.

Adverbialsätze

Adverbiale Bestimmungen kann man nicht nur in Form von Satzgliedern (Wörtern/Wortgruppen) formulieren, sondern auch in Form von Gliedsätzen (Nebensätzen). Solche Nebensätze nennt man Adverbialsätze. Adverbialsätze sind vor allem dann nützlich,
- wenn man Informationen logisch miteinander verbinden möchte:
  Er möchte nicht zu spät kommen. Er stellt sich den Wecker.
  → Um nicht zu spät zu kommen, stellt er sich den Wecker.
- wenn adverbiale Satzglieder zu lang und zu kompliziert erscheinen:
  Luisa möchte in den Sommerferien trotz der Einladung ihrer besten Freundin auf den Bauernhof ihrer Oma nach Helgoland fahren.
  → Luisa möchte in den Sommerferien nach Helgoland fahren, obwohl ihre beste Freundin sie auf den Bauernhof ihrer Oma eingeladen hat.
- wenn man eine adverbiale Bestimmung besonders hervorheben möchte:
  Sie möchte trotz dieser tollen Einladung nach Helgoland fahren.
  → Sie möchte, obwohl sie diese tolle Einladung erhalten hat, nach Helgoland fahren.

Adverbialsätze können genau dieselben **Funktionen** haben wie adverbiale Satzglieder und beantworten entsprechend dieselben Fragen. Je nach Funktion beginnen die meisten Adverbialsätze mit typischen Einleitewörtern (→ Subjunktionen). Diese stellen einen Bedeutungszusammenhang zwischen der Aussage des Hauptsatzes und den Informationen des Adverbialsatzes her.

- **Temporalsätze** dienen dazu, eine Aussage zeitlich einzuordnen (vorher, gleichzeitig, nachher), und können mit bevor, ehe, während, als, sobald, nachdem beginnen.
  Er spülte das Geschirr, **nachdem** er gegessen hatte.
- **Lokalsätze** dienen dazu, eine Aussage örtlich einzuordnen, und können mit wo, wohin, woher

beginnen.
*Er ging zurück, **wo** er hergekommen war.*
- **Modalsätze** dienen dazu, die Art und Weise, auf die etwas geschieht, darzustellen, und können mit *indem, dadurch dass, ohne dass* beginnen.
*Er pflegt sein Auto, **indem** er es mit Glanzwachs poliert.*
- **Kausalsätze** dienen dazu, eine Aussage zu begründen, und können mit *weil, da* beginnen.
*Er kauft viele Getränke ein, **weil** er am Wochenende eine Party feiert.*
- **Konzessivsätze** dienen dazu, einen sich nicht auswirkenden Gegengrund darzustellen, und können mit *obgleich, obwohl, wenn auch* beginnen.
*Er lebt äußerst sparsam, **obwohl** er im Lotto gewonnen hat.*
- **Finalsätze** dienen dazu, einen Zweck darzustellen, und können mit *damit, dass, auf dass, um* beginnen.
*Er kauft neue Lautsprecher, **um** lauter Musik hören zu können.*
- **Konsekutivsätze** dienen dazu, eine Folge darzustellen, und können mit *sodass, dass, als dass* beginnen.
*Er spielte so lang Tennis, **dass** ihm der Unterarm wehtat.*
- **Konditionalsätze** dienen dazu, eine Bedingung darzustellen, und können mit *wenn, falls, sofern, soweit* beginnen.
*Er wird er eine Weltreise machen, **falls** er im Lotto gewinnt.*

Adverbialsätze können unterschiedliche **Formen** haben.
- Am häufigsten treten sie als **Subjunktionalsatz mit finitem Verb** auf:
*Er stellt sich den Wecker, **damit** er nicht zu spät kommt.*
Bei diesem Finalsatz handelt es sich um einen Subjunktionalsatz mit finitem Verb, da er mit der Subjunktion *damit* eingeleitet wird und das Verb konjugiert ist.
- Bei Finalsätzen ist auch ein **Subjunktionalsatz mit zu-Infinitiv** gebräuchlich:
*Er stellt sich den Wecker, **um** nicht zu spät **zu** kommen.*

Bei diesem Finalsatz handelt es sich um einen Subjunktionalsatz mit zu-Infinitiv, da er mit der Subjunktion *um* eingeleitet wird und das Verb als Infinitiv mit *zu* auftritt.
- Bei Konditionalsätzen ist auch ein **uneingeleiteter Nebensatz mit finitem Verb** gebräuchlich:
***Ertönt** der Feueralarm, müssen wir das Schulgebäude verlassen.*
Bei diesem Konditionalsatz handelt es sich um einen uneingeleiteten Nebensatz mit finitem Verb, da keine einleitende Subjunktion vorhanden ist und das Verb konjugiert ist.

Attribute *(→ Seite 259)*

Attribute sind **Beifügungen zu Nomen**. Mit ihnen kannst du ein Nomen genauer beschreiben und präzisieren, von wem oder was genau die Rede ist. Sie antworten auf die Frage „Was für ein/eine/einen ...?" oder „Welcher/welches/welche/welchen ...?". Ein Nomen kann mit mehreren Attributen gleichzeitig beschrieben werden. Dadurch können sehr viele inhaltliche **Informationen** in einen Satz integriert werden. Je mehr Attribute ein Nomen beschreiben, desto anspruchsvoller kann es für die Leserin bzw. den Leser werden, den Satz zu verstehen.
*Ein bedeutender **Autor** der 1970er-Jahre, der in Köln geboren wurde, ...*
Attribute können nicht allein im Vorfeld eines Satzes stehen, sondern nur zusammen mit den anderen Teilen des Satzglieds, zu dem sie gehören. Attribute sind also keine Satzglieder, sondern **Satzgliedteile**. Je nach ihrer Position unterscheidet man **Linksattribute**, die vor bzw. links von dem Bezugsnomen stehen, und **Rechtsattribute**, die hinter bzw. rechts von dem Bezugsnomen stehen.

Es gibt unterschiedliche **Formen** von Attributen:
- **Wortgruppen:** Adjektivattribute (*der bedeutende Autor*), Genitivattribute (*Klaus Manns Roman*/*der Roman Klaus Manns*), Präpositionalattribute (*der Autor aus Köln*).
- **Nebensätze:** Relativsätze (*der Autor, der aus Köln stammt, ...*), Subjunktionalsätze mit finitem Verb (*die Tatsache, dass er aus Köln stammt, ...*), uneingeleitete Nebensätze mit finitem Verb (*die Tatsache, er komme aus Köln, ...*), uneingeleitete Nebensätze mit zu-Infinitiv (*die Tatsache, aus Köln zu kommen, ...*)

Adjektivattribute sind Linksattribute und bestehen aus Adjektiven, die sich ihrem Bezugsnomen in Ge-

nus und Kasus anpassen. Sie beziehen sich immer auf das Nomen, das hinter ihnen steht.
Der junge Mann trägt einen grünen Mantel und eine alte zerrissene Jeans.
Was für ein/Welcher Mann? – Der junge Mann.
Was für einen/Welchen Mantel? ...

Genitivattribute können als Links- und Rechtsattribute auftreten und bestehen aus einem Wort oder einer Wortgruppe im Genitiv. In Form von Rechtsattributen beziehen sie sich immer auf das Nomen, das direkt vor ihnen steht.
Ich leihe mir Lisas Fahrrad.
Wessen Fahrrad leihe ich mir? – Lisas Fahrrad.
Der Ring des Zauberers wurde gestohlen.
Wessen/Was für ein Ring wurde gestohlen?
– Der Ring des Zauberers.

Präpositionalattribute sind Rechtsattribute und bestehen aus einer Präposition und einem dazugehörigen Wort bzw. einer dazugehörigen Wortgruppe, dessen/deren Kasus durch die Präposition bestimmt wird. Wenn mehrere Rechtsattribute hintereinander stehen, können sich Präpositionalattribute entweder auf das Nomen beziehen, das direkt vor ihnen steht, oder auf ein Nomen, das im Satzglied weiter vorne steht.

Ich wünsche mir ein Fahrrad mit einer rosa Klingel am Lenker.

Ich kaufe mir das Fahrrad mit rosa Klingel im Schaufenster.
Viele Attribute können weggelassen werden, ohne dass dabei der Sinn des Satzes verloren geht. Sie enthalten zusätzliche Informationen, die für das Gesamtverständnis zwar bereichernd, aber nicht unbedingt notwendig sind.
Die Hundetrainerin hält ein hartes Abrichten unter Zwang für grausam.
Die Hundetrainerin hält ein hartes Abrichten für grausam. *(Präpositionalattribut weglassbar)*
Es gibt aber auch Attribute, die nicht weggelassen werden können, ohne dass der Sinn des Satzes sich verändert oder verloren geht. Sie enthalten Informationen, die für das Gesamtverständnis notwendig sind.
Die Hundetrainerin hält das Festhalten an Ritualen für wichtig.

Die Hundetrainerin hält das Festhalten für wichtig. *(Präpositionalattribut nicht ohne Sinnverlust weglassbar)*

Präpositionalattribute und präpositionale Satzglieder voneinander unterscheiden

Da Präpositionalattribute und Satzglieder, die mit einer Präposition beginnen (Präpositionalobjekte und Adverbiale mit einer Präposition am Anfang), die gleiche Form haben (beide beginnen mit einer Präposition und enthalten mindestens ein weiteres Wort/eine weitere Wortgruppe), sind sie auf den ersten Blick nicht leicht voneinander zu unterscheiden. Um solche Wortgruppen sicher voneinander zu unterscheiden, kannst du folgendermaßen vorgehen:

1. Durch die Verschiebeprobe kannst du ermitteln, ob es sich um ein Satzglied oder ein Satzgliedteil handelt. Wenn es sich um ein Satzgliedteil handelt, ist es ein Präpositionalattribut. Wenn es sich um ein Satzglied handelt, ist es ein Präpositionalobjekt oder ein Adverbial.
Ronja möchte immer die Erdnussbutter mit den großen Stückchen essen.
*Mit den großen Stückchen möchte Ronja immer die Erdnussbutter essen. (Satzgliedteil, daher Präpositionalattribut)
Ronja hat ein ganzes Glas Erdnussbutter mit einem großen Löffel verputzt.
Mit einem großen Löffel hat Ronja ein ganzes Glas Erdnussbutter verputzt. (Satzglied, daher in diesem Fall: Modaladverbial)
2. Du kannst überprüfen, ob vor der Wortgruppe ein Nomen steht, auf das sich die Wortgruppe bezieht, oder ob sich die Wortgruppe auf das Prädikat bezieht. Im ersten Fall handelt es sich um ein Präpositionalattribut, im zweiten Fall um ein Präpositionalobjekt oder ein Adverbial.
Ronja möchte immer die Erdnussbutter mit den großen Stückchen essen. („Mit den großen Stückchen" bezieht sich auf das Nomen „Erdnussbutter". Es ist also ein Präpositionalattribut.)
Ronja hat ein ganzes Glas Erdnussbutter mit einem großen Löffel verputzt. („Mit dem großen Löffel" bezieht sich nicht auf ein Nomen, das davor steht, sondern auf das Prädikat „hat ...verputzt". Es ist also ein Satzglied, in diesem Fall ein Modaladverbial.)

Attributsätze

Man kann Nomen nicht nur mit Satzgliedern (Prädikativen) und Satzgliedteilen (→ Attributen) genauer beschreiben, sondern auch mit Nebensätzen. Solche Nebensätze werden Attributsätze genannt. Man benötigt sie,
- wenn man Informationen in einem Satzgefüge miteinander verknüpfen möchte,
  Das Schloss ist weltberühmt. Das Schloss besuchen wir morgen.
  → Das Schloss, das wir morgen besuchen, ist weltberühmt.
- wenn die Informationen, die einem Nomen beigefügt werden sollen, sehr umfangreich sind,
  Ein tagsüber an Höhlendecken hängendes Säugetier ist eine Fledermaus.
  → Ein Säugetier, das tagsüber an Höhlendecken hängt, ist eine Fledermaus.
- wenn die Informationen, die einem Nomen beigefügt werden sollen, nicht als Satzgliedteil (Attribut) oder dadurch, dass man das Nomen selbst mit anderen Wörtern zusammensetzt, formuliert werden können.
  Der Verdächtige machte die Keinesfallsalstäterinfragekommaussage.
  → Der Verdächtige machte die Aussage, keinesfalls als Täter in Frage zu kommen.

Es gibt verschiedene **Formen** von Attributsätzen:
- **Relativsätze**
  Ein Säugetier, **das** tagsüber an Höhlendecken hängt, ist eine Fledermaus.
  Bei diesem Attributsatz handelt es sich um einen Relativsatz, da er mit dem Relativpronomen „das" eingeleitet wird und sich auf das vorausgehende Nomen „Säugetier" bezieht. Der Relativsatz ist ein Attribut zu diesem Nomen und bildet mit ihm zusammen ein Satzglied. Relativsätze beschreiben als Attributsätze das Nomen, auf das sie sich beziehen, genauer. Sie vermitteln damit wichtige Informationen, können aber weggelassen werden, ohne dass der Satz grammatisch falsch wird. Die Form des Relativpronomens richtet sich auch nach der Form des Nomens, auf das es sich bezieht. Einfluss haben der Numerus des Bezugsnomens und das Genus des Bezugsnomens. Weitere Relativpronomen sind: der, die, den, dem, dessen, welcher, ...

- **Subjunktionalsätze mit finitem Verb**
  Der Verdächtige machte die Aussage, **dass** er keinesfalls als Täter in Frage **komme**.
  Bei diesem Attributsatz handelt es sich um einen Subjunktionalsatz mit finitem Verb, da er mit der Subjunktion dass eingeleitet wird und das Verb konjugiert ist.
- **uneingeleitete Nebensätze mit finitem Verb**
  Der Verdächtige machte die Aussage, er **komme** keinesfalls als Täter in Frage.
  Bei diesem Attributsatz handelt es sich um einen uneingeleiteten Nebensatz mit finitem Verb, da keine einleitende Subjunktion vorhanden ist und das Verb konjugiert ist.
- **uneingeleitete Nebensätze mit zu-Infinitiv**
  Der Verdächtige machte die Aussage, keinesfalls als Täter in Frage **zu kommen**.
  Bei diesem Attributsatz handelt es sich um einen uneingeleiteten Nebensatz mit zu-Infinitiv, da keine einleitende Subjunktion vorhanden ist und das Verb als Infinitiv mit zu auftritt.

Relativsätze → Attributsätze

Subjunktionen → Junktionen

Situations- und adressatenangmessene Sprache

Für **unterschiedliche Situationen und Adressaten** gibt es **verschiedene sprachliche Ausdrücke und Formulierungen**. Die Wahl des passenden/angemessenen sprachlichen Ausdrucks zur jeweiligen Situation und zum jeweiligen Adressaten hängt auch mit sprachlicher **Höflichkeit** zusammen:
Im vertrauten, informellen Sprachgebrauch begrüßen wir z. B. Personen anders als im distanzierten, formellen Sprachgebrauch.
Informeller und formeller Sprachgebrauch kann sowohl gesprochen als auch geschrieben verwendet werden. Manche sprachlichen Ausdrücke treten jedoch nur gesprochen oder nur geschrieben auf.

informeller Sprachgebrauch ←――――――→ formeller Sprachgebrauch

Sprachvarietäten angemessen verwenden
(→ Seite 277)

Jeder von uns spricht nicht nur eine Sprache, sondern mehrere Formen von dieser, das nennt man **innere Mehrsprachigkeit**. Je nach Situation und Gesprächspartner/-in ist eine andere **Sprachvarietät** (Teilsprache) angemessen (→ situations- und adressatenangemessene Sprache). Das Wechseln zwischen Sprachvarietäten oder zwischen verschiedenen Sprachen nennt man **Code-Switching**. Im Zentrum steht dabei die allgemeine und verbindliche Sprachform der Standardsprache, häufig wird sie auch Hochdeutsch genannt. Sie wird in formellen Situationen verwendet. Eine informellere Form ist die sogenannte **Umgangssprache**, die Menschen überregional im täglichen Umgang miteinander verwenden.

Daneben gibt es viele Sprachvarietäten, die nur in bestimmten Gruppen gesprochen werden (**Gruppensprachen/Soziolekte**) oder in bestimmten Regionen (→ Dialekte). Darüber hinaus hat jedes Fachgebiet eine eigene Spezialsprache (**Fachsprache**).

Synonyme und Antonyme
(→ Seite 285)

Zwei Wörter werden als **Synonyme** bezeichnet, wenn sie dieselbe Bedeutung, aber eine unterschiedliche Lautgestalt haben: beginnen – anfangen
Antonyme drücken eine gegensätzliche Bedeutung aus: arm – reich

Texte überarbeiten
(→ Seite 257)

Angemessenheit des Textes:
- **Textsorte/Textfunktion:** Wird die Funktion des Textes deutlich? Entspricht der Text den Anforderungen an die Textsorte (Gliederung, Sprachstil, Adressatenbezug, ...)? ...
- **Textkohärenz:** Wird ein roter Faden des Themas deutlich? Gibt es Textstellen, die der Leserin und dem Leser helfen, die Zusammenhänge des Textes zu verstehen? Werden durch Absätze Sinnabschnitte gebildet? ...

sprachliche Richtigkeit:
- **Wortwahl:** Beschreibt das Wort/die Formulierung genau genug das, was gesagt werden soll? Passt das Wort/die Formulierung zur Textsorte, oder ist es zu formell/informell? ...
- **Rechtschreibung, Grammatik:** Sind die Wörter richtig geschrieben? ...

Verben

Im Wörterbuch steht das Verb im **Infinitiv**: springen. Verben können **Personalformen** bilden: Das Verb passt sich durch die Endung immer an die Person an. An den Verbstamm wird die passende Personalendung angehängt:

	Singular	Plural
1. Person	ich springe	wir springen
2. Person	du springst	ihr springt
3. Person	er/sie/es springt	sie springen

Verben können **Zeitliches** ausdrücken. Dafür verwenden wir verschiedene grammatische **Tempusformen**:
1. **Gegenwärtiges:** Das Ereignis ist gerade/jetzt; jemand berichtet/erzählt aktuell.
   Präsens: ich spiele, er springt, ...
2. **Vergangenes:** Das Ereignis ist vorüber; jemand berichtet/erzählt später darüber.
   Perfekt: ich habe gespielt, er ist gesprungen ...
   Präteritum: ich spielte, er sprang, ...
   Im mündlichen Sprachgebrauch wird oft das Perfekt benutzt, im schriftlichen meistens das Präteritum.
   Wenn ein Ereignis weiter zurückliegt als das, was im Präteritum mitgeteilt wird, benötigt man das **Plusquamperfekt:** ich hatte gespielt, er war gesprungen.
3. **Zukünftiges:** Das Ereignis liegt noch vor uns; jemand berichtet/erzählt, was noch kommen wird, was man plant zu tun.
   Futur I: ich werde spielen, er wird springen, ...
   Präsens + Zeitangabe: ich spiele morgen
   Wenn man vermutet, dass ein Ereignis oder eine Handlung in der Zukunft abgeschlossen sein wird, kann man das **Futur II** verwenden: ich werde gespielt haben, er wird gesprungen sein.

Bildung der Tempusformen

Präsens und **Präteritum** sind **einteilige Verbformen**. Bei **regelmäßigen Verben** wird im Präteritum an den Verbstamm die Endung -t(e) angehängt. Danach folgt die Personalendung: ich lach**te**, du lach**test**, ...
Unregelmäßige Verben bilden das Präteritum durch Veränderung des Wortstamms. Mit Ausnahme

der 1. und 3. Person Singular folgt dann die Personalendung: ich liege → ich lag, du liegst → du lagst.

Futur, **Perfekt** und **Plusquamperfekt** sind **zweiteilige Verbformen**.
Das **Futur** wird mit dem Hilfsverb werden und dem Infinitiv eines Verbs gebildet: ich werde ... spielen.
Das **Perfekt** wird mit den Hilfsverben haben oder sein und meist mit der ge-Form des Verbs (Perfektform/Partizip II) gebildet: er hat ... gespielt.
Das **Plusquamperfekt** wird mit den Hilfsverben haben oder sein im Präteritum und dem Partizip II des betreffenden Verbs gebildet: er hatte gespielt.
Das **Futur II** ist eine **dreiteilige Verbform**: Sie besteht aus der Personalform des Hilfsverbs werden im Präsens, dem Partizip II des betreffenden Verbs und dem Infinitiv der Hilfsverben sein oder haben: er wird gespielt haben, sie wird gekommen sein.

Tempusformen können jedoch nicht nur Zeitliches ausdrücken. So kann das Präsens auch verdeutlichen, dass eine Aussage allgemeingültig ist: Nach dem Winter kommt der Frühling.
In erzählten Texten verdeutlicht das Präteritum häufig, dass es sich um ein ausgedachtes, fiktives Geschehen handelt.

am-Progressiv

Der *am*-Progressiv wird häufig im informellen Sprachgebrauch verwendet, um zu beschreiben, dass eine Handlung in diesem Moment verläuft.
Er wird mit dem Hilfsverb sein + am + dem Infinitiv des Verbs gebildet, der in diesem Zusammenhang häufig nominalisiert ist.

Häufig wird zusätzlich eine Zeitangabe (Temporalangabe) verwendet. Im Gegensatz zum einfachen Präsens kann diese jedoch auch wegfallen, da die *am*-Formulierung bereits das Andauern der Handlung kennzeichnet.

Sie ist gerade am Jonglieren. (Sie jongliert jetzt gerade.)
Sie jongliert gerade. (Sie jongliert jetzt gerade.)
Sie jongliert. (Jonglieren ist ihr Hobby.)
Der *am*-Progressiv tritt in manchen deutschen Regionen häufiger auf. Er wird generell hauptsächlich im informellen Sprachgebrauch verwendet. Im formellen Sprachgebrauch ist er nicht üblich.

Aktiv und Passiv (→ *Seite 279*)

Mit dem **Genus verbi** (wörtlich: dem Geschlecht des Verbs) kann man die Perspektive auf ein Geschehen verdeutlichen:

Im **Aktivsatz** erfährt man etwas über Handelnden und auch die Handlung. In vielen Aktivsätzen ist das grammatische Subjekt ein Handlungsträger, also beispielsweise eine Person, die etwas tut. Man spricht auch von **Agens** (von lat. *agere* = handeln).
Aktivsatz: Emma hat die Schokoladenkekse aufgegessen. (Emma = Subjekt/Agens)

Im **Passivsatz** tritt das Agens, also der Handelnde, meistens nicht auf. Dadurch wird die Handlung mehr hervorgehoben.
Passivsatz: Die Schokoladenkekse wurden von Emma aufgegessen.
Das Passiv wird mit einem Hilfsverb (werden, sein) und dem Partizip II des betreffenden Verbs gebildet.

Wenn du einen Aktivsatz in einen Passivsatz **umwandelst**, wird das Akkusativobjekt des Aktivsatzes zum Subjekt des Passivsatzes. Das ehemalige Subjekt des Aktivsatzes kann mit der Präposition von angefügt oder auch weggelassen werden:

Vorfeld	linkes Verbfeld	Mittelfeld	rechtes Verbfeld	
Emma	hat	die Schokoladenkekse	aufgegessen	.
Die Schokoladenkekse	wurden	(von Emma)	aufgegessen	.

Unterschiedliche Formen des Passivs (→ *Seite 279*)

Das **Passiv** kann verwendet werden, um eine Handlung oder ein Geschehen in den Mittelpunkt zu stellen. (Der Rasen wird gemäht.) Man nennt diese eine Passivform daher auch „Vorgangspassiv".
Das Passiv kann jedoch auch verwendet werden, um einen Zustand zu beschreiben. Dieser Zustand ist dann das Ergebnis der Handlung oder des Geschehens. (Der Rasen ist gemäht.) Daher nennt man

diese andere Passivform dann „Zustandspassiv".

Das **Vorgangspassiv** bildet man mit dem Hilfsverb werden + Partizip II: Der Rasen wird gemäht.

Das **Zustandspassiv** bildet man mit dem Hilfsverb sein + Partizip II: Der Rasen ist gemäht.

Das *bekommen*-Passiv

Das *bekommen*-Passiv wird mit einer Form von bekommen oder erhalten (informell auch kriegen) und dem Partizip II gebildet:
Linda bekommt (von Daniel) das Wörterbuch geliehen.

Sätze mit dem *bekommen*-Passiv dienen dazu, den Empfänger einer Handlung oder den Adressaten eines Geschehens besonders in den Vordergrund zu stellen. Daher können sie nur in Situationen verwendet werden, in denen Empfänger oder Adressat besonders hervorgehoben werden sollen.
Das *bekommen*-Passiv ist im informellen Sprachgebrauch häufig und üblich, im formellen Sprachgebrauch jedoch nicht akzeptiert.

Imperativ

Der **Imperativ** ist eine Verbform, mit der **Bitten, Befehle oder Aufforderungen** zum Ausdruck gebracht werden:
Räum dein Zimmer auf! Hilf mir bitte!

Bei regelmäßigen Verben wird die Imperativform mit dem Präsensstamm gebildet, an den die Endung -e/-et angefügt wird: Acht-e! Acht-et!

Einige Verben bilden jedoch auch unregelmäßige Imperativformen mit i/ie:
Hilf mir! (nicht: helfe) Lies das Buch! (nicht lese)
Schlage im Wörterbuch nach, wenn du unsicher bist.

Konjunktiv I

Der **Konjunktiv I** wird verwendet, wenn die → Rede einer anderen Person wiedergegeben wird (indirekte Rede).
Leon: „Ich bin der beste Fußballer in meiner Mannschaft."
Pia: „Leon sagt, er **sei** der beste Fußballer in seiner Mannschaft."

Da mit dem Konjunktiv I meistens die Rede einer oder mehrerer Personen wiedergegeben wird, bewirkt er eine eigene Distanzierung von den wiedergegebenen Inhalten. Diese kann verschiedene Gründe haben: Sie kann dazu dienen,
• neutral zu bleiben,
• auszudrücken, dass man mit einer Aussage nicht übereinstimmt, oder
• die Verantwortung für den Inhalt einer Aussage nicht zu übernehmen.

Der Konjunktiv I ist besonders in formellen Kommunikationssituationen (z. B. in Zeitungsartikeln, Protokollen, Nachrichten, ...) üblich.
Er wird aus dem Wortstamm und der Konjunktivendung gebildet:
laufen → „Julius **läuft** die 800 m in unter drei Minuten." → Julius **laufe** die 800 m in unter drei Minuten.
sein → „Anton **ist** ein schrecklicher Angeber." → Anton **sei** ein schrecklicher Angeber.

Konjunktiv II *(→ Seite 263)*

Der **Konjunktiv II** wird verwendet, um Wünsche, Fiktives oder Aussagen über nicht Eingetretenes zu beschreiben. Er wird mit der Präteritumsform des Verbs gebildet. Bei unregelmäßigen starken Verben ändert sich auch der Stammvokal.
heißen → hieß (Präteritum) → hieße (Konjunktiv II)
fliegen → flog (Präteritum) → flöge (Konjunktiv II)

Weil viele Konjunktivformen sehr selten im Sprachgebrauch auftreten, werden sie zum Teil als ungewohnt und sehr formell empfunden (z. B. heißen → hieße). In diesem Fall wird häufig die alternative Formulierung mit würde gewählt (würde heißen).

Aber auch wenn die Form des Konjunktiv II mit der Form des Präteritums identisch ist, wie es bei den regelmäßigen, schwachen Verben der Fall ist, wird häufig der *würde*-Konjunktiv verwendet. Damit wird gekennzeichnet, dass es sich nicht um ein Präteritum, sondern um einen Konjunktiv handelt.

Wenn ich bei einer Fee einen Wunsch frei hätte, → **spielte** ich in der Fußballnationalmannschaft.

(Präteritum und Konjunktiv II)
→ **würde** ich in der Fußballnationalmannschaft spielen. (*würde*-Konjunktiv)

Ersatzformen des Konjunktivs verwenden
(→ Seite 265)

Es gibt Fälle, in denen die Konjunktivform eines Verbs nicht eindeutig zu erkennen ist, weil sie mit einer Form des Indikativs identisch ist, aus der sie gebildet wird.
1. Wenn der Konjunktiv I mit dem Indikativ Präsens identisch ist, verwendet man stattdessen die Konjunktiv II Form des Verbs.
   Ich sagte, ich komme etwas später. (Konjunktiv I und Indikativ Präsens)
   Ich sagte, ich käme etwas später. (Konjunktiv II)
2. Wenn der Konjunktiv II mit dem Indikativ Präteritum identisch ist, verwendet man stattdessen die Umschreibung mit würde.
   Der Trainer sagte, ...
   ... alle hielten sich an seine Anweisungen.
   (Konjunktiv II und Indikativ Präteritum)
   ... alle würden sich an seine Anweisungen halten.
   (*würde*-Konjunktiv)

Wortbedeutung

Viele Wörter haben gemeinsame Bedeutungsmerkmale. Eine Gruppe von Wörtern mit ähnlicher und gleicher Bedeutung (→ **Synonyme**) bildet ein **Wortfeld**. Ein **Oberbegriff** fasst gemeinsame Bedeutungsmerkmale der **Unterbegriffe** zusammen. Die Mitglieder einer Familie (= Oberbegriff) beispielsweise sind alle miteinander verwandt und stammen manchmal voneinander ab: Mutter, Vater, Tochter, Sohn ... (= Unterbegriffe).

Wortbildung
(→ Seite 283)

Neue Wörter entstehen häufig durch Zusammensetzung vorhandener Wörter oder durch Ableitung von vorhandenen Wörtern.
Eine **Zusammensetzung** (Kompositum, Pl. Komposita) ist eine Verbindung aus zwei oder mehreren Wörtern. Besonders häufig werden die Zusammensetzungen in diesen Formen gebildet:

- Das Erstglied (**Bestimmungswort**) bestimmt das Zweitglied (**Grundwort**) näher (z. B. hellgrün, Bargeld).
- Die Bedeutung der beiden Bestandteile ist gleichordnend, sie könnten vertauscht werden, ohne dass sich die Bedeutung verändert (z. B. Hosenrock).

Bestimmungswort und Grundwort können wiederum aus Wortzusammensetzungen bestehen (z. B. Rhabarbermarmeladenbrot). Das Genus des Kompositums richtet sich nach dem Grundwort.

Viele Komposita enthalten **Fugenelemente**, das sind Verbindungsstücke, wie das Fugenelement -s (z. B. Prüfung**s**angst) oder das Fugenelement -n (z. B. Sonne**n**schein).

Bei einer **Ableitung** (Derivation) wird der Wortstamm mithilfe von Suffixen und Präfixen ergänzt. Bei der **Suffixbildung** (Suffigierung) werden neue Wörter mit Suffixen wie -ung, -er, -heit, -isch, -lich, -bar gebildet (z. B. schön → Schön-heit). Häufig kommt es dabei zu einem Wortartenwechsel.
Bei der **Präfixbildung** (Präfigierung) werden neue Wörter mithilfe von Präfixen wie be-, ent-, er-, miss-, ver- oder zer- gebildet (z. B. arbeiten → er-arbeiten, be-arbeiten). Durch diese Wortbildung findet eine Bedeutungsveränderung statt, aber meist folgt kein Wortartwechsel.

In manchen Wörtern treffen zwei Konsonanten aufeinander. Man spricht aber nur einen Konsonanten, z. B. zerreißen, Verrenkung. Für die richtige Schreibung des Wortes kann es hilfreich sein, das Wort in seine Bausteine zu zerlegen.

Alle Wörter mit dem gleichen Wortstamm gehören zu einer **Wortfamilie**. Bei Ableitungen verändert sich bisweilen der Stammvokal, sodass sich mehrere Wortstämme ausbilden (z. B. verbindlich, Verbund, Bündnis, Verband).

Wörter und Wortarten

Wörter lassen sich in veränderbare und nicht veränderbare Wörter einteilen, diese unterscheiden sich wiederum nach bestimmten **Wortarten**:

Wissen und Können

```
veränderbar (flektierbar)                          nicht veränderbar (nicht flektierbar)
    │                                                           │
konjugierbar    deklinierbar                     Adverbien   Konjunktionen   Präpositionen
    │           │       │        │                  │             │               │
  Verben     Nomen   Artikel  Adjektive           gerne        und, als       auf, wegen
                     Pronomen
  lieben      Liebe  die, du, dein  lieb
```

Es gibt Wortarten, die man **deklinieren** kann. Das bedeutet, dass man sie im Genus, Kasus und Numerus verändern kann:
ein netter Junge, ein nettes Mädchen, einem netten Mädchen, die netten Eltern.

Bei Nomen ist das Genus festgelegt, die anderen Wortarten passen sich auch im Genus an das Bezugsnomen an.
Das Verb verändert ebenfalls seine Form. Die Formveränderung beim Verb nennt man **Konjugation:**
sie kommt, er kam, wir sind gekommen.

Wörter richtig schreiben

Doppelkonsonanten

Bei Wörtern wie Mutter sprichst und hörst du nur ein t. Dieser Konsonant gehört zu beiden Silben, er verbindet sie miteinander. Deshalb spricht man auch vom **Silbengelenk.**
Im Schriftlichen wird dieser Konsonant verdoppelt: rennen, Butter, fallen, kommen. Er wird verdoppelt, damit man sieht, dass der Vokal der betonten Silbe kurz gesprochen wird.
Hat ein Wort eine Silbengelenkschreibung in einer zweisilbigen Form, bleibt der Doppelkonsonant auch in der einsilbigen Form erhalten. So kann man den Wortstamm schnell erkennen (**Stammprinzip**). Das erleichtert das Lesen.

Fremdwörter *(→ Seite 302)*

In Fremdwörtern kommen häufig andere Buchstaben und Buchstabenkombinationen vor als im einheimischen Wortschatz (z. B. sh, y, c, ph, rh).
Auch gelten für Fremdwörter zum Teil andere **Laut-Buchstaben-Zuordnungen** als für einheimische Wörter. Das liegt daran, dass Fremdwörter oft wie in ihrer Herkunftssprache geschrieben werden (z. B. chatten). Die meisten Fremdwörter des Deutschen stammen aus dem Lateinischen, Griechischen, Italienischen, Französischen und Englischen, wobei viele ursprünglich griechische Wörter über das Lateinische und viele ursprünglich lateinische Wörter über das Französische ins Deutsche kamen.

Besonderheiten bei der **Schreibung**:
- In Fremdwörtern wird für das lange i, anders als in einheimischen Wörtern, oft i geschrieben (z. B. Risiko). Wenn das lange i am Ende steht und die letzte Silbe betont ist, wird meistens ie geschrieben (z. B. Philosophie).
- Im einheimischen Wortschatz kann der Buchstabe c nicht alleine vorkommen (sondern nur als ch oder ck). Anders verhält es sich in Fremdwörtern. Hier kann c auch alleine stehen. Er wird dann je nach Wort wie k (Cousin), s (Cent), tsch (Cello) oder ts (circa) ausgesprochen.
- Bei vielen Wörtern, die im Deutschen häufig verwendet werden, kann man am Klang nicht erkennen, dass es sich um Fremdwörter handelt, denn die Buchstaben klingen wie r, t oder f. Tatsächlich besitzen diese Fremdwörter Buchstabenverbindungen, die rh, th und ph geschrieben werden.

Besonderheiten bei der **Aussprache**:
- Fremdwörter bestehen häufig aus mehr als zwei Silben und sind selten auf der ersten Silbe betont (z. B. Kon fi tü re).
- Auch für ch gibt es in Fremdwörtern mehr Aussprachevarianten als im heimischen Wortschatz.
- In Fremdwörtern werden sp und st oft als st wie in Steak und sp wie in Sport gesprochen. In einheimischen Wörtern wird das st jedoch meist als scht (z. B. Stock) und das sp als schp (z. B. Spatz) gesprochen.

- In manchen Wörtern wird der Buchstabe v als w ausgesprochen, in anderen als f. Als Grundregel gilt: Handelt es sich um ein Fremdwort, spricht man meist w (Klavier), handelt es sich um ein einheimisches Wort, spricht man meist f (Vater).

Häufig gebrauchte Fremdwörter können sich in ihrer Schreibung und Aussprache allmählich der deutschen Sprache anpassen. Bei einigen Fremdwörtern mit den Buchstabenverbindungen rh, th und ph ist es z. B. inzwischen möglich, mehrere Schreibvarianten zu verwenden. So können z. B. alle Wörter mit den Wortbausteinen phon, phot oder graph auch mit f geschrieben werden, also fon, fot oder graf und werden dadurch langfristig zu Lehnwörtern. Man bezeichnet diese als **Lehnwörter**, da sie sozusagen aus einer anderen Sprache entlehnt sind. Ob und wie schnell diese Anpassung geschieht, lässt sich jedoch nicht voraussagen.

Funktionen von Fremdwörtern *(→ Seite 301, 304)*

Die Produktion von Texten ist anlass- und adressatenbezogen. Dies gilt auch für die Verwendung von Fremdwörtern in Texten. Sie können unterschiedliche Funktionen erfüllen, müssen jedoch zur Textsorte und zum Textinhalt passen:

- Sie werden verwendet, um sich durch den Sprachstil **von der Umgangssprache abzuheben**. Die Nutzer/-innen möchten als gebildet und kompetent wahrgenommen werden (z. B. Die Landschaft ist pittoresk statt malerisch.).
- Der gezielte Einsatz von Fremdwörtern kann dabei helfen, eine **bestimmte Wirkung** zu erreichen: So lassen sich mit Fremdwörtern Inhalte **sachlich** erläutern (z. B. Emissionen statt Ablassen von Gasen, Ruß usw.), man kann Inhalte **verniedlichen** oder als **harmlos** erscheinen lassen (anthropogene Klimaveränderung statt von Menschen verursachte Veränderung), man kann aber auch mit ihnen übertreiben, um eine hohe Aufmerksamkeit zu erzielen (z. B. technische Revolution statt grundlegende technische Änderung).
- Häufig lassen sich schwierige und auch umfangreiche Sachverhalte durch Fremdwörter **kurz und genau** auszudrücken (z. B. Pantomime, Intelligenz, Kredit).

- Fremdwörter können als → Synonyme verwendet werden. So lassen sich in Texten **Wiederholungen vermeiden** (z. B. adäquat für angemessen, diskret für vertraulich, infantil für kindisch).
- Die **internationale Verständigung** über Themen und Inhalte wird erleichtert, da gleiche Fachbegriffe verwendet werden (z. B. Internet, Emission).

Getrennt- und Zusammenschreiben

In den meisten Fällen ist klar, ob getrennt oder zusammengeschrieben wird, in manchen Fällen ist es hingegen nicht ganz einfach. Wenn du dir unsicher bist, können dir die folgenden Strategien helfen, eine Entscheidung zu treffen:

1. Verwende die Umstellprobe:
   Er streicht im ganzen Haus Türen.
   → Türen streicht er im ganzen Haus.
2. Verwende die Ersatzprobe:
   Er streicht im ganzen Haus Türen.
   → Er streicht im ganzen Haus Fenster.
3. Achte auf die Betonung:
   Sie wollen die Belohnung zusammen nehmen. –
   Sie müssen ihren ganzen Mut zusammennehmen.
4. Achte auf die Bedeutung:
   krankschreiben = (als Arzt) schriftlich bestätigen, dass jemand aufgrund einer Krankheit vorübergehend arbeitsunfähig ist

Tipps zum Getrennt und Zusammenschreiben
(→ Seite 309, 310, 312, 313, 314)

- **Adjektiv und Verb:** Wenn ein Adjektiv und ein Verb ihre eigentliche Bedeutung behalten sollen, werden sie in der Regel getrennt geschrieben. Wenn sie zusammen eine neue, von der ursprünglichen abweichende Bedeutung erhalten, müssen sie jedoch zusammengeschrieben werden.
- **Adjektiv und Adjketiv:** Wer zwei nebeneinanderstehende Adjektive getrennt schreibt, macht in der Regel nichts verkehrt. Es gibt jedoch eine Ausnahme: Zwei Adjektive werden zusammengeschrieben, wenn das erste die Bedeutung verstärkt oder abschwächt. Adjektive, die oft an der ersten Stelle stehen, sind zum Beispiel: bitter-, brand-, dunkel-, erz-, extra-, früh-, gemein-, grund-, hyper-, lau-, minder-, stock-, super-, tod-, ultra-, ur-, voll-.

- **Nomen und Verb:** Nomen und Verben können eine Wortgruppe bilden. Beide Wörter werden dann betont. Das Nomen behält seine Eigenständigkeit und Nomen und Verb werden getrennt geschrieben: Eis essen, Rasen mähen
Hier werden Nomen und Verb zusammengesetzt: wertschätzen, heimgehen. Zwar sind beide Wortstämme noch erkennbar, doch die Nomen Wert und Heim sind stark verblasst. Sie werden gar nicht mehr als Nomen wahrgenommen, sondern sind zu Präfixen der Verben geworden. Daher werden diese Zusammensetzungen klein- und zusammengeschrieben. Das verblasste Nomen wird betont.
Es gibt Nomen und Verben, die kannst du sowohl getrennt als auch zusammenschreiben:
Acht haben – achthaben, Staub saugen – staubsaugen, Brust schwimmen – brustschwimmen, Halt machen – haltmachen.
In Verbindung mit Artikelwörtern werden Wortgruppen und Wortzusammensetzungen aus Nomen und Verb jedoch immer groß- und zusammengeschrieben.
- **Verbindungen mit** sein: Verbindungen mit sein werden getrennt geschrieben, wenn sie als Verb verwendet werden. Als Nomen werden sie jedoch zusammengeschrieben. Oft signalisieren Artikelwörter die Großschreibung:
Morgen werde ich nicht **da sein**. Das **Dasein** vieler Menschen ist von Armut geprägt.
- **Nomen und Partizipien:** Nomen und Partizipien können eine Verbindung eingehen. Sie können dann sowohl zusammen- als auch getrennt geschrieben werden. Diese Verbindung wird wie ein Adjektiv verwendet:
eine **aufsehenerregende** Premiere
eine **Aufsehen erregende** Premiere
Wird diese Verbindung erweitert, richtet sich die Getrennt- und Zusammenschreibung danach, ob sich die Erweiterung nur auf das Nomen vor dem Partizip bezieht oder auf die ganze Verbindung
eine große **Not leidende** Bevölkerung

eine äußerst **notleidende** Bevölkerung

Merkwörtertraining

Wörter mit Dehnungs-h wie fahren, mahlen, dehnen, mit Doppelvokal wie Boot, See, Meer oder mit ih wie ihm, ihr, ihnen sind **Merkwörter**.

Tipps zum Trainieren von Merkwörtern

- Wörter, deren Schreibung du nicht mit einer Rechtschreibstrategie erklären kannst, im **Wörterbuch** nachschlagen, aufschreiben und Sätze bilden
- Wörter gegenseitig als **Partnerdiktat** diktieren
- **Wortfamilien** bilden: der Schnee, der Schneeball, schneeweiß, ...; fahren, der Fahrer, die Fährte, ...
- Merkwörter mit der gleichen schwierigen Stelle **alphabetisch geordnet** aufschreiben
- (lustige) **Sätze** mit Merkwörtern bilden
- eine kurze **Geschichte** mit Merkwörtern ausdenken

Stammprinzip

Wortstämme werden in allen Ableitungen gleich oder zumindest so ähnlich wie möglich geschrieben. Die Rechtschreibstrategien Verlängern und Ableiten helfen dir bei der Schreibung weiter, z. B. leiht wegen leihen; häuten wegen Haut.

Auf Wortbausteine achten

Wörter setzen sich aus verschiedenen Bausteinen zusammen, z. B. **Präfix**, **Wortstamm**, **Suffix**.
Da gleiche Bausteine gleich geschrieben werden, kann dir dieses Wissen eine große Hilfe für die Rechtschreibung sein.
Wenn du dir beim Schreiben unsicher bist, zerlege die Wörter in Bausteine, um Fehler zu vermeiden.
Auf den Wortstamm lassen sich alle Wörter einer **Wortfamilie** zurückführen.
entführen abführen Führung verführbar
Manchmal verändert sich der Wortstamm allerdings:
Wort wörtlich, nehmen Entnahme
Verbinden sich Präfixe mit Wortstämmen oder Wortstämme mit Wortstämmen, treffen manchmal zwei oder sogar drei gleiche Konsonanten im Wortinnern aufeinander. Man hört beim Sprechen jedoch nur einen: an- + -nehmen → annehmen, Fahr- + -rad → Fahrrad, Schiff- + -fahrt → Schifffahrt.

Die h-Schreibung

Es gibt zwei stumme h: das **silbentrennende** und das **Dehnungs-h**. Beide kann man über die Untersuchung der Schreibsilbe herleiten. Das silbentrennende h steht am Anfang der unbetonten Silbe. Es trennt zwei Vokale voneinander, z. B. in dem Wort Ze-hen. Beim Lesen sieht man durch das h sofort, dass das Wort aus zwei Silben besteht.
Das Dehnungs-h steht am Ende der betonten Silbe, wenn deren Vokal lang ausgesprochen wird, wie z. B. in Sah-ne. Das Dehnungs-h kann nur vor l, m, n, oder r stehen. Allerdings kommt es nicht in allen Wörtern vor, in denen es vorkommen könnte (Löhne – Töne). Wörter mit Dehnungs-h gehören deshalb zu den Merkwörtern.

Wörter mit z oder tz, k oder ck

Bei tz und ck handelt es sich um besondere Silbengelenkschreibungen. Sie bilden den Laut z oder k ab. Muss die betonte Silbe geschlossen werden, schreibst du ein tz oder ein ck wie in Mütze oder Bäcker.
Ist die betonte Silbe bereits geschlossen oder handelt es sich um eine offene Silbe, schreibst du z oder k: Münze oder lenken bzw. reizen oder Luke.

Wörter mit s-Lauten: s, ss, ß

Du weißt nicht, ob du einen s-Laut mit s, ss oder ß schreiben musst? Dann überlege:
1. Ist der s-Laut **stimmhaft**? Dann schreibe s: Sahne, Rose, lesen, …
2. Ist der s-Laut **stimmlos**? Dann betrachte eine zweisilbige Wortform und unterscheide:
   a) Die 1. Silbe ist offen, der Vokal wird lang ausgesprochen? Dann schreibe ß: Füße, gießen, …
   b) Die 1. Silbe ist offen, sie enthält einen lang ausgesprochenen Diphtong (ei, au, eu, …)? Dann schreibe ß: heißen, draußen, …
   c) Die 1. Silbe ist geschlossen, der Vokal wird kurz ausgesprochen, der s-Laut bildet das Silbengelenk? Dann schreibe ss: Kissen, essen, …

Wörter mit i-Laut

Ist die erste Silbe offen und das i wird lang gesprochen, schreibt man ie, wie z. B. im Wort Liebe.
Ist die erste Silbe geschlossen und das i wird kurz gesprochen, schreibt man i, wie z. B. im Wort Hitze.
Die wenigen Wörter, die von dieser Regel abweichen, sind Ausnahmewörter, also Merkwörter, z. B. Tiger, Bibel, Biber, ihr, ihm, ihnen und ihn.

Wörter mit b, d, g oder s am Wort- oder Silbenende

Die Laute b, d, g werden am Wortende bzw. am Silbenende als p, t, k gesprochen. In den zweisilbigen Formen sprechen wir in diesen Wörtern aber b, d, g. Wir sprechen also z. B. beim Wort Hund am Ende ein t, schreiben aber ein d, damit der Wortstamm gleich bleibt. Das erleichtert das Lesen, weil man die Wörter so schneller wiedererkennt.
Dies gilt auch für die s-Schreibung. Das s in Gras wird stimmlos gesprochen, weil es am Wortende steht. Man schreibt es aber dennoch mit s, weil in einer zweisilbigen Form wie in Gräser das s stimmhaft ist und der stimmhafte s-Laut immer mit einem s geschrieben wird. Wenn du dir bei der Schreibung unsicher bist, verlängere die Wörter.

Wörter mit ä oder e, äu oder eu

Die Umlaute ä und äu hören sich oft so an wie e oder eu. Die meisten Wörter mit äu stammen von Wörtern mit au ab, die meisten Wörter mit ä von Wörtern mit a: Bäu/eume? → Baum → also äu, Wä/elder? → Wald → also ä.

Worttrennung am Zeilenende

Regeln für die Worttrennung am Zeilenende:
1. Es darf kein einzelner Buchstabe am Wortanfang oder am Wortende abgetrennt werden. Also nicht: A-bend-kleid, sondern richtig: Abend-kleid.
2. Steht nur ein Konsonant zwischen zwei Vokalen, kommt der Konsonant auf die neue Zeile: le-ben.
3. Stehen mehrere Konsonanten zwischen zwei Vokalen, kommt nur der letzte auf die neue Zeile: knusp-rig, Kas-ten, Schü-ler.
4. Die Buchstabenverbindungen ch, sch und ck kommen ungetrennt in die neue Zeile: la-chen, Fi-sche, He-cke.

Mit verschiedenen Wörterbüchern arbeiten
(→ Seite 307)

Wie und welche Wörterbücher verwendet werden, hängt von der Nutzerin bzw. dem Nutzer, den zur Verfügung stehenden Medien, aber besonders auch vom Zweck der Nutzung ab.
Einfache Fragen zur **Orthografie** können sowohl über das Internet als auch mit einem gedruckten **Rechtschreibwörterbuch** gelöst werden.
Weitergehende Informationen erhält man durch **Online-Wörterbücher** sowie spezielle Wörterbücher wie **Fremdwörterbücher** oder -lexika und **Synonymwörterbücher**. Diese helfen z. B. nicht nur beim richtigen Schreiben, sondern geben auch Anregungen beim Schreiben von Texten, indem sie Wörter mit ähnlicher Bedeutung aufzeigen, um z. B. Wiederholungen zu vermeiden.
Bei der Arbeit mit einem Textverarbeitungsprogramm werden dir du unter dem Button „**Thesaurus**" Synonyme und Antonyme vorgeschlagen, die du dir anzeigen lassen und anschließend auswählen kannst.

Unterschiedliche Einflüsse auf den Wortschatz erkennen
(→ Seite 282)

Der Wortschatz des Deutschen setzt sich aus Wörtern mit verschiedener Herkunft zusammen.
Er besteht aus einem nativen Wortschatz – darunter fallen die **Erbwörter**, die in der deutschen Sprache selbst geprägt worden sind. Sie sind ein Erbe des Germanischen oder Althochdeutschen (z. B. ahd. sunna – Sonne). Hinzu kommen Wörter aus anderen Sprachen, die sich angepasst haben sowie der **Fremdwortschatz**.
→ **Fremdwörter** sind aus anderen Sprachen übernommene Wörter, sie behalten ihre fremde Gestalt und sind nicht vollständig an die deutsche Aussprache, Betonung und Schreibweise angeglichen (z. B. Toilette). Eine Untergruppe sind **Anglizismen**, sie sind sprachliche Ausdrücke, die aus dem Englischen entnommen sind. Sie werden in allen Sprachebenen gebraucht (z. B. in der Fachsprache, Jugendsprache, Werbung).

🚀 **Seite 13, Aufgabe 4**

Für diese Äußerung spricht beispielsweise, dass Jugendliche sich per Chat meist ohne Probleme und sehr effektiv verständigen können, weil sie den „Code" der Chatsprache kennen.
Gegen die Äußerung lässt sich anführen, dass die Abkürzungen der Chatsprache recht begrenzt und eher auf typische Wendungen beschränkt sind und somit kaum von einem „ausgeklügelten Vokabular" die Rede sein kann.

🚀 **Seite 16, Aufgabe 2b**

Ihr könnt die sprachlichen Besonderheiten nach den sprachlichen Ebenen Wort, Satz und Medium unterscheiden, möglich ist aber auch die Bildung anderer Kategorien, etwa: Abkürzungen, Ausdruck von Emotionen, (Missachtung von) Regeln der Rechtschreibung, …

🚀 **Seite 24, Aufgabe B 3b**

Folgende Faktoren können beispielsweise zu Missverständnissen führen: Gerät, Anwendung / Programm, kultureller Hintergrund, Beziehung der Kommunikationspartner, Kommunikationsverhalten einer Person, …

🚀 **Seite 27, Aufgabe 3**

Die nachfolgenden Beispiele helfen euch, wenn euch nicht direkt etwas einfällt:
- Sportunterricht: Der Lehrer sagt am Ende der Stunde „So, abbauen." Einige Schülerinnen und Schüler verstehen aufgrund der Lautstärke in der Halle „abhauen", gehen in die Umkleidekabine und bekommen daraufhin Ärger.
- Zwei Freunde verabreden sich für ein Treffen am Bahnhof, allerdings wartet einer am Haupt- und einer am Busbahnhof.
- Als Sarah ihre Freundin Lynn zum wiederholten Mal für den Nachmittag versetzt und sich ausufernd entschuldigt, schreibt Lynn nur: „Schön, dass dir unsere Freundschaft so viel wert ist." Sarah ist beruhigt, wundert sich aber, dass Lynn am nächsten Tag nicht mehr mit ihr redet.

🚀 **Seite 29, Aufgabe 1d**

Wie könnte Tenniplatzis z. B. darauf reagieren, dass es bei der Legion nur einen ungenießbaren Eintopf zu Essen gibt? Was könnte er denken, als die Soldaten gemustert und neu eingekleidet werden?

🚀 **Seite 34, Aufgabe 4**

Versuche deine eigenen Erfahrungen miteinzubeziehen, um die Frage zu beantworten. Wann hattest du das letzte Mal einen Streit mit einem Freund bzw. einer Freundin oder einem Familienmitglied über ein persönliches Thema? Warum ist die Klärung eines solchen Streitgesprächs schwieriger als die Aufklärung eines sprachlichen Missverständnisses?

🚀 **Seite 38, Aufgabe 4**

Weitere Emotionen können beispielsweise sein: Dankbarkeit, Zufriedenheit, Zweifel, Scham …

🚀 **Seite 48, Aufgabe 5c**

Vergleicht die beiden Beiträge im Hinblick auf die genannten vier Funktionen miteinander:
- In welchem Beitrag habt ihr mehr Informationen erhalten?
- Bei welchem Material habt ihr eher den Eindruck, dass eine Meinung vertreten wird, die euch beeinflussen soll?
- Bei welchem Material findet eher eine Kommunikation mit dem Rezipienten oder der Rezipientin statt?
- Welcher Beitrag hat euch besser unterhalten?

🚀 **Seite 48, Aufgabe 6b**

Überlegt, welchen Eindruck vom Hoverbike ihr in welchem Material bekommen habt: Wie weit scheint das Fahrzeug bereits entwickelt zu sein? Wie stark begeistert die Erfindung in welchem Beitrag? Welche Wirkung hat es auf euch, das Hoverbike im Video auch „in Aktion" zu sehen?

🚀 **Seite 52, Aufgabe 3d**

Ihr könnt zum Beispiel diese Fachbegriffe verwenden: Jingle zur Wiedererkennung – Anmoderation eines Beitrags – zum Thema hinführender Vorspann – vertiefende Erläuterung – informierender Beitrag innerhalb der Sendung

Seite 63, Aufgabe 2

Folgende Aufbauelemente einer Nachrichten-Website kannst du nach dem Muster der Tageszeitung finden und zuordnen:
- Kopfzeile
- Aufmacher / Bildaufmacher mit Hauptschlagzeile / Topnachricht
- Schlagzeilen zu aktuellen Topnachrichten mit / ohne Dachzeile, Unterzeile, Teaser, Foto / Video
- Links zu Berichten, Analysen, Kommentaren etc.
- Links zu Sachgebieten / Ressorts (Ressortleiste)
- Werbung

Seite 72, Aufgabe 4

Die folgenden Fragen und Auswahlmöglichkeiten helfen dir beim Auffinden der sprachlichen / stilistischen Merkmale der Reportage:
- Wie genau wird der Ort / die Situation wahrgenommen und vermittelt (→ sachlich, neutral / erlebnisbetont mit sinnlichen Eindrücken)?
- Wie geht der Verfasser mit Äußerungen von Personen um (→ direkte / indirekte Rede)?
- Welches Tempus ist als Haupttempus verwendet?
- Welche Satzbauweise ist bevorzugt eingesetzt (→ Ellipsen / Parataxen / Hypotaxen, kurze / lange Sätze)?
- Welche Sprachformen sind im Artikel zu finden (→ Hochsprache, Standardsprache, Umgangssprache, Dialekte, korrekte Sprache, fehlerhafte Sprache, …)?
- Welche Art von Verben wird überwiegend gebraucht (→ aussagekräftige, treffende Verben / „Allerweltsverben" wie machen, sein, haben)?
- Welcher Sprachstil herrscht vor (→ sachliches Formulieren / lebendiges, bildhaftes Formulieren mit Vergleichen, Personifikationen, Metaphern)?

Seite 85, Aufgabe 4

So könnt ihr jeweils beginnen:

Ⓐ David und seine Familie sind heute Morgen los zum Spielzeugland. Ich wollte so gerne mit, aber Mama hat es verboten. Das ist so ungerecht. David ist mein bester Freund, wir machen doch sonst auch immer alles zusammen. Also habe ich meinen Koffer gepackt und bin hinterher …

Ⓑ Die Geschichte, die ich nun erzähle, ist schon mehr als ein halbes Jahrhundert her. Damals ahnte ich noch nicht, welch trauriges Schicksal die Familie meines besten Freundes ereilen würde und als was für eine stille Heldin sich meine Mutter herausstellen würde …

Seite 87, Aufgabe 6

So kannst du beginnen:
Nach der rassistischen Lehre der Nationalsozialisten sollte man die Zugehörigkeit der Menschen zu bestimmten Rassen angeblich bereits an äußeren Merkmalen erkennen. In beiden Szenen wird aber klar gezeigt, dass das überhaupt nicht funktioniert.
In der ersten Szene …
In der zweiten Szene …

Seite 89, Aufgabe 3c

Überlege, welche Wirkung es hat, dass der Zuschauer oder die Zuschauerin anfangs nicht versteht, warum die Mutter so entsetzt ist, als sie das leere Bett ihres Sohnes sieht. Der Zuschauende weiß auch nicht, warum der Sohn das Bett verlassen hat und wo er ist.

Seite 97, Aufgabe 3

Zur Lösung der Aufgabe kannst du die folgenden Satzanfänge nutzen:
- Jesus wird in der Inschrift als König der Juden bezeichnet. Damit wäre er in dem Ort …
- Jesus wurde zwischen zwei Verbrechern gekreuzigt. An einer dieser Stellen steht nun das Schild. Damit wird verdeutlicht…
- Das Wirken von Jesus Christus war geprägt von Nächstenliebe und Mitmenschlichkeit. Dass er scheinbar im Sterben alle Kraft benötigt, um den Text des Schildes zu lesen, …

Seite 104, Aufgabe 4c

Folgende Fragen könnt ihr z. B. in eurer Mindmap oder eurem Cluster berücksichtigen:
- Was ist Plastik?

- Warum ist das Plastik ein Problem für die Natur?
- Wie viel Plastik schwimmt in den Weltmeeren?

Seite 106, Aufgabe 6

Für die Einleitung sinnvolle Wörter und Ausdrücke könnten sein:
- Das Diagramm „XY" zeigt, dass…/ In dem Diagramm „XY" wird dargestellt….
- Es handelt sich um eine Balkendiagramm/ Säulendiagramm/Kuchendiagramm.
- Die X-Achse zeigt … und die Y-Achse …

Seite 107, Aufgabe 1b

Ein informierender Text soll die Leserin bzw. den Leser über ein bestimmtes Thema informieren. Dafür beleuchtet der Text verschiedene Aspekte. Dabei geht es nicht darum, die Leserin/den Leser von einer bestimmten Meinung zu überzeugen. Wie muss daher die Sprache gestaltet sein? Wie der Inhalt?

Seite 107, Aufgabe 1c

Überprüfe noch einmal den Schreibauftrag. Wer wird die Broschüre lesen? Ein Text, der sich an Experten eines Themengebietes richtet, muss anders formuliert werden und wird andere Aspekte beleuchten als ein Text, der für Laien geschrieben ist. Ein Text für Experten wird z. B. mit vielen Fachbegriffen bestückt sein, ohne dass diese erklärt werden müssen. Ein Text, der für Laien geschrieben ist, wird weniger Fachbegriffe beinhalten und wenn diese vorkommen, müssen sie erklärt werden. Was musst du also bei der Sprache und dem Inhalt deiner Broschüre beachten?

Seite 112, Aufgabe 2

Überprüfe, welche Begründungen du in Aufgabe 1 für die bessere Einleitung gewählt hast. Versuche daraus nun Kriterien abzuleiten.
Beispiel: Text 1 ist interessanter gestaltet. Eine gelungene Einleitung muss also das Interesse der Leserin/des Lesers wecken.

Seite 114, Aufgabe 7

Überprüfe die beiden Textauszüge:

- Hat der Text einen roten Faden?
- Sind die einzelnen Informationen in einer sinnvollen Reihenfolge angeordnet?
- ist der Text verständlich geschrieben?
- Enthält der Text relevante oder auch irrelevante Informationen?

Seite 115, Aufgabe 12

Überprüfe, ob am Schluss des Textes M 4 neue Informationen genannt werden und inwiefern der Schluss Fragen bezüglich des Textes eröffnet.

Seite 130, Aufgabe 2a

Ordne folgende Argumente zu:
Vorbereitung auf digitale Wirklichkeit im Berufsleben, fehlende Ausstattung, hohe Kosten für Anschaffung und Instandhaltung der Geräte usw., individuelles Üben, Attraktivität der Schule

Seite 131, Aufgabe 1

Ordne folgende Formulierungen in die Mindmap ein: andererseits, außerdem erstens, daher, deshalb, einerseits, darum, folglich, auf der einen Seite, dagegen, trotz, auf der anderen Seite, zweitens, deswegen

Seite 134, Aufgabe 2

Weitere Formulierungen könnten sein:
Trotz der Tatsache, dass… und … komme ich zu dem Schluss, dass … ; Wenn Sie sich unsere Argumente anschauen, erkennen Sie sicher, dass … Deshalb fordern wir Sie auf … ; … hat zwar durchaus triftige Gründe für …, doch letztlich überzeugen uns diese nicht. Unterstützen Sie uns daher, indem Sie …

Seite 134, Aufgabe 3b

Folgende Stichpunkte können dir helfen:
- Thema: …
- Gegenposition: …
- 1. Gegenargument: …
- 2. Gegenargument: …
- eventuell 3. drittes Gegenargument: …
- 1. eigenes Argument: …
- 2. eigenes Argument: …
- 3. eigenes Argument: …

- Zusammenfassung (Welche Aussage ist dir besonders wichtig?): …
- eventuell Appell (Wer soll was tun?) : …

Seite 136, Aufgabe 1
Du kannst auf die Länge der drei Texte schauen. Achte auch darauf, ob der gesamte Text dazu auffordert, etwas zu tun, oder ob der Text noch weitere Elemente enthält. Welche sind das?

Seite 136, Aufgabe 2
Gehe einmal in Gedanken durch das Schulgebäude und über das Gelände. Wo findest du Aufforderungen? Zum Beispiel: Stellt die Fahrräder nicht neben den Fahrradständern ab, damit die Fluchtwege frei bleiben. Denke z. B. an folgende Situationen: Anstehen am Schulkiosk, Betreten der Sporthalle, Verhalten bei Feueralarm, …

Seite 147, Aufgabe 2
- Sammle zuerst alles, was du über Irinas Aussehen erfährst.
- Beobachte nun ihr Verhalten gegenüber den verschiedenen Personen.

Seite 148, Aufgabe 6b
Irina mag ihre Nase nicht. Als Onkel Thomas sagt „Du und deine Nase, ihr wachst ja noch." befürchtet Irina, dass die Nase bald noch größer und unverhältnismäßiger aussehen wird. Überlege, welche Sorgen sie sich deshalb macht.
Du könntest so beginnen: Oh je, wenn das stimmt, dann werde ich einfach nie wieder aus dem Haus gehen und …

Seite 150, Aufgabe 4
Der Wissen-und-Können-Kasten auf S. 150 gibt dir einen Überblick über die verschiedenen Erzählperspektiven.

Seite 153, Aufgabe 4
Markiere zuerst alle Informationen, die du über den Pfarrer findest. Achte darauf, wie er sich gegenüber dem Ich-Erzähler verhält und finde passende Adjektive dafür.

Seite 155, Aufgabe 6
Handlungsorte sind wichtige Gliederungssignale, markiere diese zuerst. Lies dann nur den Abschnitt bis zu dem nächsten Handlungsort und untersuche das Verhalten des Skorpions genau.

Seite 156, Aufgabe 8
Du kannst so beginnen: Dieses Sprichwort bedeutet, dass man einem Menschen, der einem einen Gefallen getan hat, …

Seite 163, Aufgabe 4
Achte auf die Länge der Sätze und darauf, welcher Wortschatz verwendet wird.

Seite 169, Aufgabe 4b
Überlege dazu, wie es wäre, wenn die Geschichte aus einer anderen Perspektive erzählt würde, z. B. aus der Perspektive von Sali oder Vrenchen.

Seite 171, Aufgabe 1a
So kannst du beginnen:
Am Anfang des Gesprächs tritt Marti zwar bestimmt auf, bietet aber auch an, den Konflikt um das ‚gestohlene' Dreieck ruhen zu lassen, wenn Marti ihm dieses zurückgibt: „Streit wird das nicht abgeben sollen!" (Z. 24)

Seite 180, Aufgabe 4b
Im Podcast heißt es: „Der Horizont der beiden Jugendlichen ist – das muss man wohl so sagen – nicht sehr groß. Sie kennen nur ihr Dorf und die nahegelegene Stadt Seldwyla. Ein anderes Leben als ein kleinbürgerliches können sie sich nicht vorstellen. Revolutionäre sind sie also nicht." Stimmst du dieser Einschätzung zu?

Seite 188, Aufgabe 1
Bei der Gliederung des Gedichts von Malkowski kannst du dich an den Satzenden als Gliederungsabschnitte orientieren.

Seite 189, Aufgabe B 5b
Eine stilistische Besonderheit kann entweder ein

sprachliches Mittel sein oder auch ein Sprichwort bzw. eine Redewendung.

Seite 190, Aufgabe 2
Zur Beschreibung der Form des Gedichts kannst du im Anhang „Wissen und Können" noch einmal auf Seite 356 nachlesen.

Seite 191, Aufgabe 4b
Achte besonders auf die Aufzählungen.

Seite 192, Aufgabe 9
Sprachebenen können sein: Fachsprache, Hochsprache / Standardsprache, Alltagssprache oder auch Umgangssprache (vgl. Seite 277).

Seite 194, Aufgabe 7
Überlege, wer genau das „Du" ist, das hier angesprochen wird. Dabei kannst du verschiedene Antwortmöglichkeiten finden.

Seite 197, Aufgabe 5a
Beachte vor allem die Sprachebene des Gedichts. Die Ausdrucksweise des Ich kann dir bei der Charakterisierung helfen.

Seite 198, Aufgabe 2
Untersuche die verwendeten sprachlichen Bilder und die Schreibung der fremdsprachlichen Elemente.

Seite 199, Aufgabe 7
Beachte auch den Namen „Mister Goodwill". Was bedeutet er und als was charakterisiert er den Amerikaner?

Seite 212, Aufgabe 5
Der folgende Textanfang kann dir helfen:
Mit Exposition bezeichnet man den ersten Teil (Beginn) eines Theaterstücks (oder Romans), in dem die Handlung in Gang kommt. Oft geschieht dies mitfilfe eines Konflikts – so auch in dem Dialog zwischen Antigone und ihrer Schwester Ismene. Sie streiten sich über Antigones Plan, den toten Bruder Polyneikes zu beerdigen. Dazu ist Antigone fest entschlossen, während Ismene ängstlich und vorsichtig auf Kreons Verbot hinweist: Dieses königliche Gesetz dürfe Antigone nicht brechen ...

Seite 212, Aufgabe 6a
So kannst du beginnen:
Die markierten Textstellen unterscheiden sich insofern vom übrigen Text, dass sie in einem eher „altertümlichen" Deutsch verfasst sind, d. h. sie sind nicht so leicht verständlich wie der übrige Text. Dazu tragen auch altertümliche Wörter wie „Freveltat" bei ...

Seite 214, Aufgabe 5
Die Ausführungen zu den Gemeinsamkeiten und den Unterschieden könnten so beginnen:
Gemeinsamkeiten: Die Ausgangssituation ist in beiden Expositionen dieselbe: Polyneikes darf nicht begraben werden, und Antigone ist entschlossen, gegen Kreons Verbot zu verstoßen. In beiden Versionen ist sie ...
Unterschiede: In der Fassung von Wartke zeitgemäße Sprache, auch Umgangssprache; Antigone tritt in der modernen Version nicht ganz so bestimmend gegenüber ihrer Schwester auf ...

Seite 215, Aufgabe 5
Eine Textstelle, die Komik erzeugt, ist z. B.: „... wo der Tote gerade – äh. vergammelt" (Z. 18) . Sie wirkt komisch, weil das Verb „vergammeln" im Zusammenhang mit verderbenden Lebensmitteln u. a. verwendet wird – sich hier aber auf einen toten Menschen bezieht.
Komisch wirken auch die ausführlichen Wiederholungen, mit denen der Wächter seine Beobachtung schildert: „Also wirklich, das war wie in einem Traum! / Es war wirklich kaum zu glauben ..." (Z. 44/45). Obwohl eigentlich etwas Schreckliches geschildert wird, muss der Zuschauer hier lachen ...

Seite 219, Aufgabe 2
So kannst du beginnen:
Die Szene stellt die zentrale Auseinandersetzung

zwischen Protagonistin (Antigone) und Antagonist (Kreon) dar. Da der Dialog mit einem ausführlichen Statement Antigones endet, in dem sie überzeugend ihren Standpunkt darlegt, kann man argumentieren, dass sie als Siegerin das Feld verlässt. Dennoch ist klar, dass Kreon als König ‚das Sagen' hat und seine Macht auch durchsetzen wird. So könnte man Antigone als ‚moralische Siegerin' bezeichnen …

Seite 222, Aufgabe 1

Der folgende Einstieg kann dir helfen:
Der zentrale Konflikt entzündet sich am Verbot des Königs, den toten Polyneikes zu beerdigen. Dagegen verstößt Antigone und wird folgerichtig bestraft. Der Konflikt löst sich insofern, da sie zum einen Selbstmord begeht und zum anderen Kreon – auch beeinflusst von der Argumentation anderer – einsieht, dass er mit seinem Verbot nur Unglück hervorgerufen hat …

Seite 223, Aufgabe 8

Du kannst so beginnen:
Diese Aussage kann man so verstehen, dass es ein (vorherbestimmtes) Schicksal gibt, aus dem sich der Mensch nicht befreien kann, d. h. er kann tun, was er will, das Unglück wird seinen Lauf nehmen …

Seite 233, Aufgabe 3

Die Szene lässt sich in drei Abschnitte gliedern:
1) Holmes begrüßt die Besucherin
2) Holmes ermuntert die Frau
3) Holmes beeindruckt die Besucherin mit seiner Methode

Nutzt die Hinweise auf das Verhalten von Holmes in den Zeilen 2/3, 23–25 und 35/36.

Seite 237, Aufgabe 3

Achtet darauf, wie Pauline und Tom darüber urteilen, ob Helen Stoner eine ängstliche Person ist. Überlegt: Ist die Besucherin in der Baker Street eine Person, die dauerhaft ängstlich ist oder nur in einer bestimmten Situation ängstlich reagiert?

Seite 238, Aufgabe 5

Folgende Fragen können dir helfen:
- An welcher Stelle der Handlung tritt sie auf?
- Welche Rolle hat sie in der Handlung?
- In welcher Verfassung ist sie zu Beginn, in welcher am Schluss der Textstelle?

Seite 245, Aufgabe 2

Mittel des Spannungsaufbaus sind die Informationen, durch die sich der vom Leser erwartete Höhepunkt verzögert, z. B.
- Vorausdeutungen,
- genaue Beschreibungen von (unheimlichen) Ereignissen,
- die Darstellung von Gefühlen und Gedanken der betroffenen Figuren.

Seite 253, Aufgabe 6

Ihr könnt den Text ähnlich strukturieren wie den Interviewtext auf S. 252.
Beim Schreiben eines Interviewtextes müsst ihr nicht jeden Satz verwenden, ihr könnt auch zusammenfassen.
Beispiel: Herr X erläutert die drei Probleme von Y.

Seite 254, Aufgabe 3

Überlege, mit welchen Satzgliedern versprechen und erwarten normalerweise auftreten.
Bilde zuerst jeweils einen „Bauplan"-Satz wie Jonas.

Seite 255, Aufgabe 5

Überlege z. B., welche Form leichter/schwerer zu verstehen ist.

Seite 257, Aufgabe 2

Überprüft z. B. die Wortwahl, den roten Faden, …

Seite 258, Aufgabe 2

Beachte: Den Kern komplexer Satzglieder bildet in der Regel ein Nomen.

Starthilfen

🚀 Seite 259, Aufgabe 7
Vergleiche z. B. die Sätze:
- Klaus Manns Roman Mephisto war Jahrzehnte verboten.
- Der Roman Mephisto wurde von Klaus Mann geschrieben. Er war Jahrzehnte verboten.

🚀 Seite 260, Aufgabe 2
Überlegt, inwiefern die Satzvarianten das Gleiche bedeuten.

🚀 Seite 260, Aufgabe 3
Überlegt, mit welchen Wörtern/Wortgruppen man z. B. verdeutlichen kann, dass es
- nicht zu erwarten war, dass Frau Müller die Klassenarbeit nach drei Tagen zurückgegeben hat.
- zu erwarten war, dass Frau Müller die Klassenarbeit nach drei Tagen zurückgegeben hat.

🚀 Seite 261, Aufgabe 1b
Die folgenden Impulse können dir helfen:
Welche Stellen passen nur zu diesem Text?
Welche Stellen könnten auch in einem anderen Text auftreten?

🚀 Seite 264, Aufgabe 3
Bilde zunächst die Präteritumsform der Verben.

🚀 Seite 265, Aufgabe 2
Lies die beiden folgenden Sätze laut vor. Lässt sich mündlich ein Unterschied feststellen?
Josie hat gesagt, ich habe gelogen.
Josie hat gesagt: Ich habe gelogen.

🚀 Seite 266, Aufgabe 2
Untersuche, in welchem Feld die wichtige Information, dass es ausgerechnet Lea war, auftritt.

🚀 Seite 277, Aufgabe 4a
Bedenke: Code-Switching kommt auch bei Menschen vor, die keine Fremdsprache sprechen.

🚀 Seite 278, Aufgabe 3
Lege eine Folie über die Karten und markiere jeweils die Gebiete, in denen jeweils ein Wort gebraucht wird. Vergleiche nun die jeweiligen Gebiete miteinander und schau wo sie sich überschneiden.

🚀 Seite 280, Aufgabe 4
Überlege dir zwei Situationen, in denen du im Alltag Aktiv verwendest und zwei Situationen, in denen du Passiv verwendest. Beschreibe diese Situationen deiner Partnerin oder deinem Partnet. Überlegt euch nun, wie die jeweilige Form des Genus verbi auf euch wirkt.

🚀 Seite 284, Aufgabe 5a
Zur Unterstützung kannst du dir die Wortbedeutung mithilfe von Wortbausteinen erklären:
Viele Wörter bestehen aus mehreren Wortbausteinen. Das Wort unliebsam besteht aus drei Wortbausteinen: un-lieb-sam. Das sind die kleinstmöglichen Wortbausteine.
Damit du die Bedeutung eines Wortes herausfindest, musst du die Einzelbausteine näher bestimmen und zu größeren Wortbausteine zusammensetzen.
Beispiel: un = nicht, lieb, sam = Adjektiv
→ unliebsam ist etwas, das man nicht lieben kann.

🚀 Seite 286, Aufgabe 4b
Überlegt euch, was genau die beiden Wörter bedeuten. Inwiefern bilden diese einen Bedeutungsgegensatz oder nicht? Findet eine begründete Erklärung für eure Antwort.

🚀 Seite 289, Aufgabe 5a
In der folgenden Wörtersammlung sind auch die Lösungswörter versteckt:
Ambos, Vertrag, Ball, Hammer, Pistole, Pfütze, Grille, Hochzeit, Wanze, Lache.

🚀 Seite 290, Aufgabe 1
Folgende Begriffe müssen in die Lücken eingesetzt werden: Verb, Adjektiv, Nomen, Pronomen, Artikel, Adverb, Präposition, Konkunktion/Subjunktion, Partikel, Interjektion

Seite 291, Aufgabe 3c

Für eine **gendergerechte Sprache** …
- verwende Paarnennungen: Schülerinnen und Schüler,
- nutze Alternativbezeichnungen, die kein Geschlecht fordern: Lehrkraft statt Lehrer,
- gebrauche substantivierte Partizipien und Adjektive: die Jugendlichen, Mitarbeitende,
- verwende Umformulierungen, um Personenbezeichnungen zu vermeiden:
  Der Schüler muss die Hausaufgabe machen.
  → Die Hausaufgabe ist zu machen.,
- setze Sonderschreibformen ein:
  SchülerInnen, Schüler*innen, Lehrer_innen, Lehrkraft (m/w/d).

Seite 293, Aufgabe B 2a

Die folgenden Ereignisse beeinflussen die Übernahme von Wörtern aus anderen Sprachen. Sie sind nicht in der richtigen Reihenfolge aufgelistet, ordne die Ereignisse der Abbildung zu:
- Alliierte (v. a. USA) haben in der Nachkriegszeit großen Einfluss, Englisch wird zur weltweiten Verkehrssprache
- Übersetzung des griechischen Epos „Odyssee"
- Etablierung des Lateinischen als Sprache der Wissenschaft
- Bibelübersetzung durch Luther
- Entstehung der Oper
- Italien wird zum beliebten Reiseland
- Absolutismus und die Mode des Versailler Hofs als Vorbild für alle europäischen Höfe der Zeit
- führende Rolle Englands in Politik, Wirtschaft und Lebensstil
- Industrielle Revolution

Seite 301, Aufgabe 3a

Achte z. B. auf Silben und Buchstabenverbindungen, die bei einheimischen Wörtern ungebräuchlich sind.

Seite 305, Aufgabe 3

Überlege: Welche weitergehenden Informationen und Hinweise, die in den anderen Wörterbüchern fehlen, erhältst du in einem Online-Wörterbuch?

Seite 309, Aufgabe 2a

Berücksichtige bei deinen Überlegungen auch die Bedeutung der Wörter.

Seite 310, Aufgabe 4a

Achte darauf, ob das Adjektiv geändert oder erweitert wurde

Seite 312, Aufgabe 10a

Denke an die Rechtschreibstrategien zur Großschreibung von Wörtern.

Seite 313, Aufgabe 12a

Denke an die Rechtschreibstrategien zur Großschreibung von Wörtern.

Seite 314, Aufgabe 14

Was ändert sich dadurch, dass es im Satz d. ziemlich**es** heißt?

Seite 315, Aufgabe 1

Beachte, an welcher Stelle im Satz die Partizipgruppe steht.

Seite 316, Aufgabe 3b

Schau dir den unterschiedlichen Aufbau der Parenthesen an.

Lösung zu Seite 38, Aufgabe A 3

1d, 2b, 3g, 6f, 7a, 8e, 9c

Lösung zu Seite 39, Aufgabe A 7c

So hoch ist laut einer US-amerikanischen Studie des Psychologieprofessors Albert Mehrabian der Anteil der folgenden Faktoren auf den Gesamteindruck, den ein Mensch beim Sprechen hinterlässt: Worte: **7 %**, Tonfall der Stimme: **38 %**, Körpersprache: **55 %**.

Autoren- und Quellenverzeichnis

Seite 12/13: Prüfer, Tilmann: *„hi paps wmds? bb l"*, ZEIT Magazin Nr. 48/2019, 20.11.2019, >https://www.zeit.de/zeit-magazin/2019/48/chatsprache-internetsprache-jugendliche-pruefers-toechter< (letzter Aufruf: 03.09.2020).

Seite 25: Wolf, Jennifer/Fuchs, Alexandra: *Häkelenten tanzen nicht. Ein Chat-Roman*. Hamburg: Impress. Ein Imprint der Carlsen Verlag GmbH 2015 (Anfang des E-books).

Seite 29: Goscinny, René (Text) / Uderzo, Albert (Zeichnungen): *Asterix als Legionär*. Comic. Band 10. Stuttgart: Egmont Ehapa 1966, S. 18 u. 28.

Seite 30: Kratzer, Hans: *Die Bluatsschand mit der Sprache*, Süddeutsche Zeitung, 04.01.2019, >https://www.sueddeutsche.de/bayern/rottaler-mundart-die-bluatsschand-mit-der-sprache-1.4274536< (letzter Aufruf: 03.09.2020).

Seite 31: *Beleidigte Gasteltern*. Aus: Lavric, Eva: Interlinguale und interkulturelle Missverständnisse. In: Moderne Sprachen (MSp). Zeitschrift des Verbandes der Österreichischen Neuphilologen (VÖN), 46/1, Wien: PRAESENS VERLAG 2002, S. 1.

Seite 32/33: *Beziehungsprobleme*. Dialog aus der Serie „The Big Bang Theorie", Staffel 6, Folge 6 (Min. 10:53 –13:39), Produktion: Warner Bros. Television, Chuck Lorre Productions, Transkript, hrsg. v. Alan Sharp, übersetzt v. Florian Koch, >https://bigbangtrans.wordpress.com/series-6-episode-06-the-extract-obliteration/< (letzter Aufruf: 30.11.2020).

Seite 35, 36 u. 37: Hübner, Lutz: *Creeps. Ein Jugendtheaterstück*. Leipzig: Ernst Klett Schulbuchverlage 2012, S. 17 f., 17 u. 23.

Seite 40: Emig, Ann-Katrin: *Die Macht der nonverbalen Kommunikation – „Das habe ich doch gar nicht gesagt!"*, SRH Fernhochschule – The Mobile University, Riedlingen, 04.11.2017, >https://www.wipub.net/wp/die-macht-der-nonverbalen-kommunikationdas-habe-ich-doch-gar-nicht-gesagt/< (letzter Aufruf: 03.09.2020).

Seite 46: Brien, Jörn: *Hoverbike: Brite erfindet fliegendes Fahrrad*, yeebase media GmbH, Hannover, 30.04.2016, >https://t3n.de/news/hoverbike-fliegendes-fahrrad-702049/< (letzter Aufruf: 03.09.2020).

Seite 49: Emmerich, Alexander: *Podcast*. In: Duden Allgemeinbildung. Frisches Wissen. Smartphone, Smoothie, Sommermärchen: Neue Begriffe des 21. Jahrhunderts. Berlin: Dudenverlag 2014, S. 107.

Seite 49: *Wie guckt man …* Einführungstext zu einer Folge aus der Podcast-Serie „Jubel & Krawall", Folge 9: Zukunftsszenarien, Berlin: 2020, Moderatoren/Autoren: Sophie Passmann und Matthias Kalle, Produzent: Audible GmbH.

Seite 50: Anfang der 9. Folge des Podcasts „Jubel & Krawall, Transkript: 00:00–01:42 (ohne Intro) (wie S. 49).

Seite 55: Frumkina, Natalia: *Schule an digitalen Grenzen*, 25.03.2020, Norddeutscher Rundfunk, Hamburg, >https://www.tagesschau.de/inland/schule-corona-101.html< (letzter Aufruf: 03.09.2020).

Seite 57: *Virtuell oder doch real?*, 22.08.2016, Landesanstalt für Kommunikation (LFK), Stuttgart, >https://www.handysektor.de/artikel/virtuell-oder-doch-real< (letzter Aufruf: 03.09.2020).

Seite 62: *Titelseite des Tagesspiegel* vom 06.11.2018, 74. Jahrgang.

Seite 63: Startseite von SpiegelOnline, 11.10.2020, 11:55 Uhr.

Seite 64: *Malta: Bloggerin in Malta durch Autobombe getötet*, DIE ZEIT/© AFP, 16.10.2017, >https://www.zeit.de/news/2017-10/16/malta-bloggerin-in-malta-durch-autobombe-getoetet-16175802< (letzter Aufruf: 17.11.2017).

Seite 64/65: *Autobombe tötet maltesische Bloggerin*, Frankfurter Allgemeine Zeitung (FAZ)/© AFP, 16.10.2017, >https://www.faz.net/aktuell/gesellschaft/kriminalitaet/malta-bloggerin-durch-autobombe-getoetet-15249964.html< (letzter Aufruf: 04.09.2020).

Seite 66/67: Richter, Nicolas: *Der Journalisten-Mord von Malta ist ein Angriff auf die Werte Europas*, Süddeutsche Zeitung, 17.10.2017, >https://www.sueddeutsche.de/medien/mord-auf-malta-der-journalisten-mord-von-malta-ist-ein-angriff-auf-die-werte-europas-1.3712576< (letzter Aufruf: 04.09.2020).

Seite 70/71: Hasel, Verena Friederike: *„Komm rein und lern Deutsch"*, Tagesspiegel, 04.12.2018, >https://www.tagesspiegel.de/politik/reporterpreis-2018-als-beste-lokalreportage-komm-rein-und-lern-deutsch/20517208.html< (letzter Aufruf: 04.09.2020).

Seite 74: *Boulevardzeitungen und Abonnement-Zeitungen im Vergleich*. Aus: Horaczek, Nina / Wiese, Sebastian: Informiert euch! Wien: Czernin Verlag 2018, S. 66 f.

Seite 75: Müller, Thomas: *Rappen, bis die Polizei kommt*, Bild Saarland, 06.11.2018, S. 11.

Seite 75: *Rapper löst in Zweibrücken Großeinsatz der Polizei aus*. Aus: Saarbrücker Zeitung, 05.11.2018.

Seite 76: Maroldt, Lorenz: *Knall auf Fall*, Tagesspiegel, 27.12.2018, Titelseite.

Seite 77: *Titelseite des Tagesspiegel* vom 27.12.2018, 74. Jahrgang.

Seite 78: *Tötungsdelikt in Neukölln – Zeugen gesucht*, Polizeimeldung vom 12.04.2012, Neukölln, 05.04.2012, >https://www.berlin.de/polizei/polizeimeldungen/pressemitteilung.85278.php< (letzter Aufruf: 04.09.2020).

Seite 80: *Info: „Die 18. Shell Jugendstudie stützt sich …"*, Pressemeldung BELTZ Verlagsgruppe, 15.10.2019, Julius Beltz GmbH & Co. KG, Weinheim, >https://www.beltz.de/presse/pressemeldungen/aktuelle_meldungen.html?tx_news_pi1%5Bnews%5D=14819&tx_news_pi1%5Bcontroller%5D=News&tx_news_pi1%5Baction%5D=detail&cHash=5b2d0e1d40382651d99abb3f0f5aae1b< (letzter Aufruf: 04.09.2020).

Verzeichnisse

Seite 80/81: Auszug aus der Shell-Jugendstudie, Zusammenfassung der 18. Shell-Jugendstudie 2018, S. 14, Shell Deutschland Oil GmbH, Hamburg, >https://www.shell.de/ueber-uns/shell-jugendstudie/_jcr_content/par/toptasks.stream/1570708341213/4a002dff58a7a9540cb9e83ee0a37a0ed8a0fd55/shell-youth-study-summary-2019-de.pdf< (letzter Aufruf: 04.09.2020).

Seite 95/96: Langgässer, Elisabeth: *Saisonbeginn*. In: Klassische deutsche Kurzgeschichten, Werner Bellmann (Hg.), Stuttgart: Reclam 2003, S. 21–24.

Seite 103: Hoffmann, Solvejg: *Die fünf Müllstrudel der Ozeane*, >https://www.geo.de/geolino/natur-und-umwelt/16513-vdo-umweltverschmutzung-die-fuenf-muellstrudel-der-ozeane<, GEOlino. G+J Medien GmbH (letzter Aufruf: 20.07.2020).

Seite 107/108: Fulterer, Ruth: *Darum muss sich der Westen kümmern*, >https://www.zeit.de/2019/36/plastikmuell-meer-verschmutzung-mikroplastik-tiere-verantwortung-meeresbiologin<, ZEIT ONLINE GmbH, Ausgabe 36, 28. August 2019 (letzter Aufruf: 20.07.2020).

Seite 109: Geschier, Katharina: *Diese fünf Projekte sollen das Meer vom Plastik befreien*, >https://www.br.de/puls/themen/welt/initiativen-gegen-plastik-im-meer-100.html<, Bayerischer Rundfunk, Redaktion PULS, 05.06.2019 (letzter Aufruf: 20.07.2020).

Seite 117: Martin, Andreas: *Upcycling – Praxistipps* (Originaltitel: *Was ist Upcycling? Einfach erklärt*), >https://praxistipps.focus.de/was-ist-upcycling-einfach-erklaert_45820<, FOCUS Online, 10.09.2018 (letzter Aufruf: 20.07.2020).

Seite 117: *Seit wann gibt es Upcycling und wer hat es erfunden?* (Originaltitel: *Was ist Upcycling?*), >https://www.selbst.de/die-geschichte-des-upcycling-was-ist-upcycling-50195.html<, SELBST.de, BAUER XCEL MEDIA Deutschland KG, Hamburg (letzter Aufruf: 20.07.2020).

Seite 117: Kafyeke, Terri: *Ein Liter Licht: Plastikflaschen werden zu Solarlampe*, >https://reset.org/blog/ein-liter-licht-plastikflaschen-werden-zu-solarlampen-06132017<, RESET, 13.06.2017 (letzter Aufruf: 20.07.2020).

Seite 119: Redaktion von kindersache: *Was bedeutet Klimawandel?*, >https://www.kindersache.de/bereiche/wissen/natur-und-mensch/was-bedeutet-klimawandel<, Deutsches Kinderhilfswerk e.V., 05.01.2016 (letzter Aufruf: 20.07.2020).

Seite 120: Niklas: *Was ist der Treibhauseffekt?* (Originaltitel: *Klimawandel erklärt*), >https://www.jbn.de/kampagnen/klimawandel/klimawandel-erklaert/<, Jugendorganisation BUND Naturschutz (JBN) (letzter Aufruf: 20.07.2020).

Seite 120: Baur, Dr. Manfred: *Weltweiter Klimaschutz*. In: WAS IST WAS, Band 125 Klima: Eiszeiten und Klimawandel. Nürnberg: Tessloff Verlag 2019, S. 44/45.

Seite 122: Becker, Jenny Louise/Jungblut, Indra (RESET-Redaktion): *Elektromüll – „e-waste"* (Originaltitel: *Elektroschrott – „e-waste"*), >https://reset.org/knowledge/elektroschrott-e-waste<, RESET, 2011 (letzter Aufruf: 20.07.2020).

Seite 123: Kreß, Kerstin: *Was passiert mit Elektromüll?* (Originaltitel: *Was passiert mit Elektroschrott?*), >https://www.wasistwas.de/archiv-technik-details/was-passiert-mit-elektroschrott.html<, WAS IST WAS, Nürnberg: Tessloff Verlag, 24.9.2012 (letzter Aufruf: 20.07.2020).

Seite 125: Willenbrock, Harald: *Die Alemannenschule stellt sich vor* (Originaltitel: *Schule machen*), >https://www.brandeins.de/magazine/brand-eins-wirtschaftsmagazin/2020/eigensinn/alemannenschule-wutoeschingen-schule-machen<, brand eins (letzter Aufruf: 20.07.2020).

Seite 126/127: *Englisch auf der Hallig* (Originaltitel: *Englisch E-Learning*), >https://www.halligschulen.de/langeness/unterricht-auf-der-hallig/englisch/<, Halligschule Langeneß (letzter Aufruf: 20.07.2020).

Seite 127: Tutt, Birgit: *Die „Schule für Circuskinder" in Nordrhein-Westfalen* (Originaltitel: *Schule für Circuskinder in NRW*). In: deutsch ideen SI – Ausgabe Nordrhein-Westfalen. Braunschweig: Bildungshaus Schulbuchverlage 2012, S. 36.

Seite 138/139: Beeker, Sonja: *Homeschooling in den USA* (Originaltitel: *Homeschooling in den USA Gemüsebeet statt Schulbank*), >https://www.deutschlandfunkkultur.de/homeschooling-in-den-usa-gemuesebeet-statt-schulbank.2147.de.html?dram:article_id=387204<, Deutschlandradio: Echtzeit, 27.05.2017 (letzter Aufruf: 20.07.2020).

Seite 141: Thorand, Gregor: *Unterricht für Weltenbummler* (Originaltitel: *Wie man mit Schulkind auf Weltreise geht*), >https://www.travelbook.de/reisen/weltreise/fruehstueck-mit-giraffen-auf-weltreise-mit-schulkind<, TRAVELBOOK.de, Axel Springer SE, 27.09.2016 (letzter Aufruf: 20.07.2020).

Seite 145: Setz, Clemens J.: *Eine sehr kurze Geschichte*. In: Ders.: Die Liebe zur Zeit des Mahlstädter Kindes. Erzählungen. © Suhrkamp Verlag Berlin 2011, S. 255.

Seite 146/147: Kötter, Ingrid: *Nasen kann man so und so sehen*. In: Ders.: Literarische Texte verstehen und interpretieren, Band 3. München: Manz 1994, S. 44ff.

Seite 149: Zimmermann, Tanja: *Eifersucht*. In: Grenz, Dagmar: 55 gewöhnliche und ungewöhnliche, auf jeden Fall aber kurze und Kürzestgeschichten. Stuttgart: © Ernst Klett Verlag GmbH 1987, S. 8.

Seite 151/152: Röder, Marlene: Scherben. In: Ders.: *Melvin, mein Hund und die russischen Gurken*. Erzählungen. Ravensburg: Ravensburger 2011, S. 83–86.

Seite 154: Adrian, Lisa: *„Laut einer FBI-Statistik ..."* (Originaltitel: *Betrug, Diebstahl, Mord – diese Sternzeichen sind am gefährlichsten*), >https://www.cosmopolitan.de/fbi-statistik-enthuellt-betrug-diebstahl-mord-diese-sternzeichen-sind-am-gefaehrlichsten-80878.html<, Bauer Media Group: Cosmopolitan 17.09.2018 (letzter Aufruf: 20.07.2020).

Seite 155: Reinig, Christa: *Skorpion* (Originaltitel: *Orion trat aus dem Haus. Neue Sternbilder*). Düsseldorf: Eremiten-Presse 1968, S. 31/32.

Seite 157/158: Blume, Bob: *Deutschstunde*, >https://bobblume.de/2015/02/04/deutschstunde/<, 04.02.2015 (letzter Aufruf: 20.07.2020).

Seite 161: Suter, Martin: *At the top*. In: Ders.: Unter Freunden und andere Geschichten aus der Business Class. Zürich: Diogenes Verlag 2007, S. 65/66.

Seite 162/163: Berg, Sybille: *Hauptsache weit*, >https://bobblume.de/2018/12/05/unterricht-sibylle-berg-hauptsache-weit/<, Blume, Bob (letzter Aufruf: 20.07.2020).

Seite 164: Franck, Julia: *Streuselschnecke*. In: Dies.: Bauchlandung, Geschichten zum Anfassen. Köln: DuMont 2000, S. 51/52.

Seite 166, 168/169, 170/171, 172/173, 174/175, 176/177, 178/179, 180, 181, 185: … „Ich glaube am Ende", …, … Jetzt waren aber auch ihre Kinder nachgekommen, Septembermorgen, Der Streit um den mittleren Acker, Auf der Brücke, Ungewisse Zukunft, Das Unglück nimmt seinen Lauf, Kirchweih, Der Freitod, Der schwarze Geiger, Im Gasthaus. Aus: Keller, Gottfried: Romeo und Julia auf dem Dorfe. Erarbeitet und mit Anmerkungen versehen von Helge Wilhelm Seemann. Hg. v. Johannes Diekhans. Paderborn: Bildungshaus Schulbuchverlage Westermann Schroedel Diesterweg Schöningh Winklers 2018, S. 59 u. 35, 5–7, 16–19, 32–35, 40–42, 47–50, 81–84, 88–90, 43–45, 70–72.

Seite 183: Shakespeare, William: *Romeo und Julia*. Aus: Romeo and Juliet / Romeo und Julia (Englisch / Deutsch). Übers. u. hg. von Herbert Geisen, Stuttgart: Reclam 2020, S. 135–137.

Seite 186: Stolle, Thomas / Stolle, Johannes / Nowak, Andreas / Kloß, Stefanie: *B 96 [Songtext]*. In: Silbermond: Leichtes Gepäck, 27.11.2015, Track 3, Vertrieb: Verschwende deine Zeit, Produktion: Thomas Stolle, Alexander Freund, Moritz Enders, Transkription: LyricFind, >https://www.google.de/search?hl=de&source=hp&ei=RW_JW8y-BIb6kwXtr4-YBg&q=silbermond+b96+text&oq=Silbermond+b96&gs_l=psyab.1.2.0l6j0i22i30k1l2j0i22i10i30k1j0i22i30k1.1884.9622.0.12209.16.11.1.4.4.0.122.696.10j1.11.0....0...1c.1.64.psy-ab..0.16.718...0i131k1.0.mCQGjr__6Fg< (letzter Aufruf: 04.09.2020).

Seite 188: Malkowski, Rainer: *Radfahrt*. In: Ders.: Einladung ins Freie. Gedichte. Frankfurt a. M.: Suhrkamp Verlag 1977, S. 46.

Seite 188: Buth, Matthias: *Auf dem Fahrrad*. In: Ders.: Ohne Kompass. Gedichte. Düsseldorf: Erb 1984, S. 22.

Seite 190: Eichendorff, Joseph von: *Der frohe Wandersmann*. In: Ders.: Sämtliche Gedichte und Versepen, Frankfurt am Main und Leipzig: Insel Verlag 2001, S. 226.

Seite 191: Kraus, Hans Peter: *Die Entdeckung der Welt*, >www.lyrikmond.de/gedichte-thema-12-29.php#2382<, 04.02.2015 (letzter Aufruf: 22.06.2020).

Seite 193: Holz, Arno: *Märkisches Städtchen [Erstfassung 1898/99, Fassung von 1925]*. In: Ders.: Phantasus. Über die Welt hin. Berlin: J. H. W. Dietz Nachfolger 1925, S. 2.

Seite 195: Politycki, Matthias: *Der Ausflug*. In: Ders.: Die Sekunden danach. 88 Gedichte. Hamburg: Hoffmann und Campe 2009, S. 120.

Seite 196: Brecht, Bertolt: *Der Radwechsel*. In: Ders.: Werke. Große kommentierte Berliner und Frankfurter Ausgabe, Berlin und Weimar: Aufbau Verlag / Frankfurt am Main: Suhrkamp Verlag 1988, Band 12: Gedichte 2, S. 310, © Bertolt-Brecht-Erben / Suhrkamp.

Seite 197: Karsunke, Yaak: *Matti wechselt das Rad*. In: Ders.: reden & ausreden. Neununddreißig Gedichte. Berlin: Verlag Klaus Wagenbach 1969, S. 26.

Seite 198: Kaléko, Mascha: *Momentaufnahmen eines Zeitgenossen [erste Strophe]*. In: Dies.: Sämtliche Werke und Briefe in vier Bänden. Hg. und kommentiert von Jutta Rosenkranz, München: dtv 2012, Bd. 1: Werke, S. 179, © 2012 dtv Verlagsgesellschaft, München.

Seite 199: Kaléko, Mascha: *Der kleine Unterschied*. In: Dies.: Sämtliche Werke und Briefe in vier Bänden. Hg. und kommentiert von Jutta Rosenkranz, München: dtv 2012, Bd. 1: Werke, S. 665, © 2012 dtv Verlagsgesellschaft, München.

Seite 201: Kaléko, Mascha: *Sehnsucht nach dem Anderswo*. In: Dies.: Sämtliche Werke und Briefe in vier Bänden. Hg. und kommentiert von Jutta Rosenkranz, München: dtv 2012, Bd. 1: Werke, S. 653, © 2012 dtv Verlagsgesellschaft, München.

Seite 202: Tekinay, Alev: *Dazwischen*. In: chamisso – Viele Kulturen – eine Sprache. Adelbert-von-Chamisso-Preisträgerinnen und Preisträger 1985–2001, Robert-Bosch-Stiftung 2001.

Seite 202: Cumart, Nevfel: *Zwei Welten*. In: Ders.: Zwei Welten. Gedichte. Düsseldorf: Grupello 1996.

Seite 204: Ören, Aras: *Plastikkoffer*. In: Migranten erzählen. Für die Sekundarstufe hg. von Peter Müller. Texte und Materialien für den Unterricht. Stuttgart: Reclam 2018, S. 55.

Seite 206: Politycki, Matthias: *Summe meiner Fehlfahrten*. In: Ders.: Ratschlag zum Verzehr der Seidenraupe. 66 Gedichte. Hamburg: Hoffmann und Campe 2003, S. 28.

Seite 206: Ross, Jan: *Was verbindet uns …* (Originaltitel: *Macht mich Bildung zu einem besseren Menschen?*). In: DIE ZEIT, 4/2020, S. 36.

Seite 209, 210, 211, 214, 215, 216, 217/218, 221, 224, 226, 228/229: Wartke, Bodo / Kalisch, Carmen / Schütze, Sven: *Auszug der 13. Szene, 1. Szene: Die fromme Freveltat, 1. Szene (Fortsetzung), 12. Szene: Kreons Staat, 13. Szene: Die Würde des Menschen, 13. Szene: Die Würde des Menschen (Fortsetzung), 19. Szene: Späte Einsicht, Antigone, 16. Szene: Der Abschiedsbrief, 5. Szene: Bruderzwist* (Originaltitel: *Antigone – nach dem antiken Drama von Sophokles*). © Hamburg: Reimkultur GmbH & Co KG 2018, www.bodowartke.de, S. 54, 13/14, 14/15, 47, 48/49, 48–54, 71–73, 54/55, 61–64, 24–26.

Seite 214, 222, 224: Sophokles: „Vor dem Königshaus ...", „Kreon: Weh mir! ...", Antigone (Originaltitel: *Antigone. Tragödie*). Übersetzung von Kurt Steinmann. Hrsg. von Mario Leis und Nancy Hönsch. Stuttgart: Reclam Verlag 2016, S. 7/8, 56/57, 27/28.

Seite 220: Bundesamt für Justiz: *„Die Würde des ..."*, >https://www.gesetze-im-internet.de/gg/art_1.html<, Grundgesetz für die Bundesrepublik Deutschland. Art 1 (letzter Aufruf: 20.07.2020).

Seite 231: *Wie sich Dr. Watson und Sherlock Holmes zum ersten Mal begegnen.* In: Doyle, Arthur Conan: Sherlock Holmes. Die Romane. Eine Studie in Scharlachrot. Übers. v. Margerete Jacobi. Köln: Anaconda 2013, Seite 12 u.14.

Seite 232, 233, 234/235, 239, 241, 242, 243, 244, 245, 246, 248: *Ein merkwürdiger Besuch in der Baker Street, Die Besucherin stellt sich vor, Die Geschichte von Julia Stoners Tod, Ein verdächtiger Besucher, Untersuchungen in Stoke Moran, Im Schlafzimmer von Dr. Roylott, Helen Stoner erzählt Sherlock Holmes von Dr. Roylott, Eine unheimliche Nacht, Eine entsetzliche Wache, Holmes klärt das Verbrechen auf, Holmes und Watson.* In: Doyle, Arthur Conan: Sherlock Holmes Geschichten. Übers. von Margarethe Nedem. Zürich: Diogenes 1984, S. 8–10, 10/11, 15–18, 20/21, 25/26, 27–29, 11/12, 31–33, 33, 35–37, 30/31.

Seite 250: *Wegen Überfischung: Fischstäbchen akut vom Aussterben bedroht*, >https://www.der-postillon.com/2015/05/wegen-uberfischung-fischstabchen-akut.html<, Steckenpferd Enterprises: Der Postillon, 26.05.2015 (letzter Aufruf: 20.07.2020).

Seite 251: Dudenredaktion: *Sa·ti·re | Substantiv, feminin [die]* (Originaltitel: *Satire, die*), >https://www.duden.de/rechtschreibung/Satire<, Bibliographisches Institut (Hrsg.): Duden Online-Wörterbuch. Berlin: Dudenverlag.

Seite 252: Lohmöller, Veronika: „*Ich bin natürlich sehr aufgeregt*", „*Wir sind hochmotiviert, dass wir natürlich vorne mitspielen wollen.*" (Originaltitel: *Koch-Olympiade: Anne Kratz, Kapitänin der deutschen Koch-Nationalmannschaft*), >https://www.br.de/mediathek/podcast/aktuelle-interviews/koch-olympiade-anne-kratz-kapitaenin-der-deutschen-koch-nationalmannschaft/1792119<, © BR 2020/Veronika Lohmöller; in Lizenz der BRmedia Service GmbH, 15.02.2020 (letzter Aufruf: 20.07.2020).

Seite 254/255: *Mit Gesten besser Sprachen lernen?*, >https://www.bmbf.de/de/mit-gesten-besser-sprachen-lernen-10449.html<, Bundesministerium für Bildung und Forschung, 12.12.2019.

Seite 256: *Großbritannien: Zu fett zum Fliegen – Eule auf Diät gesetzt* (Originaltitel: *Rescued owl was 'too fat to fly', Suffolk sanctuary says*), >https://www.bbc.com/news/uk-england-suffolk-51294545<, Übersetzung von: Google Übersetzer. BBC News, 29.01.2020 (letzter Aufruf: 20.07.2020).

Seite 258, 259: Neuhaus, Stefan: *Was ist Literatur eigentlich?*, „*(B) Manche Autoren ...*". In: Ders.: Grundriss der Literaturwissenschaft, 3. Auflage. Tübingen: Narr Francke Attempto 2009, S. 2.

Seite 261: *Fluch oder Segen? – E-Bikes für Kinder* (Originaltitel: *E-Bike für Kinder: Altersbeschränkungen & worauf es sonst noch ankommt*), >https://greenstorm.eu/radgeber/e-bike-kinder<, Greenstorm Mobility (letzter Aufruf: 20.07.2020).

Seite 267: Sachser, Norbert: *Tiere sind klüger und verständiger, als viele denken* (Originaltitel: *Die erstaunlichen Fähigkeiten der Tiere. Norbert Sachser im Gespräch mit Dieter Kassel*), >https://www.deutschlandfunkkultur.de/lernen-fuehlen-probleme-loesen-die-erstaunlichen.1008.de.html?dram:article_id=455519<, Deutschlandfunk Kultur, Deutschlandradio, 05.08.2019 (letzter Aufruf: 20.07.2020).

Seite 268, 269: Brandenburg, Ulrich/von Billerbeck, Liane: *Esperanto schon für Grundschulkinder?*, „*von Billerbeck: Ihr ...*" (Originaltitel: *Esperanto schon für Grundschulkinder? Ulrich Brandenburg im Gespräch mit Liane von Billerbeck*), >https://www.deutschlandfunkkultur.de/weltsprache-esperanto-schon-fuer-grundschulkinder.1008.de.html?dram:article_id=383757<, Deutschlandfunk Kultur, Deutschlandradio, 13.04.2017 (letzter Aufruf: 20.07.2020).

Seite 271: *„Eine Möglichkeit wäre ..."* (Originaltitel: *E-Bike für Kinder: Altersbeschränkungen & worauf es sonst noch ankommt*), >https://greenstorm.eu/radgeber/e-bike-kinder<, Greenstorm Mobility (letzter Aufruf: 20.07.2020).

Seite 272: Kostolnik, Barbara: *Bio-Gemüse aus dem Automaten*, >https://www.deutschlandfunkkultur.de/paris-bio-gemuese-aus-dem-automaten.2165.de.html?dram:article_id=326011<, Deutschlandfunk Kultur, Deutschlandradio, 21.07.2015 (letzter Aufruf: 20.07.2020).

Seite 275: Arnu, Titus/Zips, Martin: „*Jugendsprache – Wie redest du Alter?*" (Originaltitel: *Wie redest du, Alter?*), >https://www.sueddeutsche.de/leben/jugensprache-wie-redest-du-alter-1.4214188<, Süddeutsche Zeitung, 16.11.2018 (letzter Aufruf: 20.07.2020).

Seite 275: Sieling, Britta: *Keine Sprache wächst so schnell, wie die der Emojis*, >https://www.welt.de/kmpkt/article173772039/Emojis-Keine-Sprache-waechst-so-schnell-wie-die-der-Emoticons.html<, Axel Springer SE: Welt, 21.02.2018 (letzter Aufruf: 20.07.2020).

Seite 275: Dudenredaktion: „*Französisch ist eine ...*" (Originaltitel: *Sprache, die*), >https://www.duden.de/rechtschreibung/Sprache<, Bibliographisches Institut (Hrsg.): Duden Online-Wörterbuch. Berlin: Dudenverlag (letzter Aufruf: 20.07.2020).

Seite 276: Aleric, Nina: *Das Beste aus allen Welten*, >https://www.fluter.de/das-beste-aus-allen-welten<, Bundeszentrale für politische Bildung: fluter, 24.06.2011 (letzter Aufruf: 20.07.2020).

Seite 278: Bieschke-Behm, Manfred: „*Ja, Tach och ...*" (Originaltitel: *Ick bringe die Heckenschere mit (Dialekt-Dialog)*), >https://www.e-stories.de/view-kurzgeschichten.phtml?41011<, Schwab, Jörg: e-Stories.de, 05.05.2016 (letzter Aufruf: 20.07.2020).

Seite 281: Wise Guys: *Denglisch*, >https://www.wiseguys.de/index-94.html<, Text: Dickopf, Daniel. meinsongbook Verlag, Niederkassel (letzter Aufruf: 20.07.2020).

Seite 282: Taube, Annika von: *„[Fremdwörter] finden wir …"* (Originaltitel: *Geht das nicht auch auf Deutsch?*), >https://www.zeit.de/community/2014-11/anglizismus-digitalisierung<, Zeit, 18.11.2014 (letzter Aufruf: 20.07.2020).

Seite 282: nitric: *„Sprache ist ständig …"* (Originaltitel: *Leserkommentar 14*), >https://www.zeit.de/community/2014-11/anglizismus-digitalisierung<, Zeit, 18.11.2014 (letzter Aufruf: 20.07.2020).

Seite 282: Steding, Florian: *„Kein Organismus verträgt …"* (Originaltitel: *Geballte Ladung an Fremdkörpern (Leserbrief)*). In: Süddeutsche Zeitung, 07.06.1999.

Seite 285: Heine, Matthias: *So dufte waren Opas Jugendwörter*, >https://www.welt.de/kultur/article145411821/So-dufte-waren-Opas-Jugendwoerter.html<, Axel Springer SE: Welt, 20.08.2015 (letzter Aufruf: 20.07.2020).

Seite 286: Lebert, Benjamin: *„Die ‚Krug-Aktion' war …"* (Originaltitel: *Crazy*). Köln: Kiepenheuer & Witsch 2000, S. 39/40.

Seite 287: *„Gönn Dir ist …"* (Originaltitel: *Neue Sparkassen-Werbung: „Gönn Dir ist einfach" – So wirbt eine Bank heute*), >https://www.news.de/wirtschaft/855647445/sparkasse-werbung-fuer-jugend-von-jung-von-matt-slogan-goenn-dir-ist-einfach-wenn-man-1-gute-bank-hat/1/<, MM New Media: news.de, 05.09.2016 (letzter Aufruf: 20.07.2020).

Seite 288: easyJet Airline Company: *„Der Sommer kann Stadt finden"*, >https://twitter.com/DatenSchnipsel/status/1126551098326695936<, DatenSchnipsel, 09.05.2019 (letzter Aufruf: 20.07.2020).

Seite 288: Lamer, Dr. Annika: *„Eine Curryphäe"*, >https://www.annika-lamer.de/origineller-schreiben-wortspiele-in-der-werbung/<, Lamer, Dr. Annika: Origineller schreiben. Wortspiele in der Werbung, 18.03.2018 (letzter Aufruf: 20.07.2020).

Seite 288: *„Ver-chai-ung, geht's hier zum Kühlregal?"*, >https://www.facebook.com/innocent/photos/würzen-sie-mir-bitte-kurz-helfen/10156105232417270/<, Innocent, 20.03.2018 (letzter Aufruf: 20.07.2020).

Seite 289: Mankarios, Alexandra: *„She cycled across …"* (Originaltitel: *Wortschatz braucht Weltwissen*), >https://www.wortschatz-blog.de/wortschatz-braucht-weltwissen/<, CASIO Europe: Wortschatz-Blog.de, 01.06.2017 (letzter Aufruf: 20.07.2020).

Seite 295: Preußler, Ottfried: *„Wie kamen die …"* (Originaltitel: *Die kleine Hexe*). Stuttgart: Thienemann Verlag 1957, S. 86.

Seite 305: Dudenredaktion: *Fremdwörterbuch-Eintrag* (Originaltitel: *Atmosphäre, die*). In: Bibliographisches Institut (Hrsg.): Duden Fremdwörterbuch, 7., neu bearbeitete und erweiterte Auflage. Berlin: Dudenverlag 2001, S. 100.

Seite 306: Dudenredaktion: *Atmosphäre, die*, >https://www.duden.de/rechtschreibung/Atmosphaere<, Bibliographisches Institut (Hrsg.): Duden Online-Wörterbuch. Berlin: Dudenverlag (letzter Aufruf: 20.07.2020).

Seite 390: *„Der Horizont der beiden Jugendlichen ist – das muss man wohl so sagen – nicht sehr groß …"*, Zitat aus: Borchardt, Katharina: SWR2 Klassiker der Schullektüre / Romeo und Julia auf dem Dorfe [Podcast], Min. 20:45–20:58, >https://www.swr.de/swr2/literatur/broadcastcontrib-swr-16178.html<, 13.12.2018 (letzter Aufruf: 04.09.2020).

Bildquellenverzeichnis

|akg-images GmbH, Berlin: 167.1, 182.1, 229.1; Heritage-Images / The Print Collector 213.3. |Alamy Stock Photo, Abingdon/Oxfordshire: 195.2; ableimages 201.1; AlessandroBiascioli 25.1; Borzdov, Maksim 99.1; Bull, Marion 191.2; Cooper, Donald 225.1; Cultura Creative (RF) 10.2; Esplugues, Antonio 180.1; Fairclough, James 152.1; Geraint Lewis 211.1; GL Archive 214.1; Granger Historical Picture Archive 230.1; Image Source 39.1; imageBROKER 28.2, 193.2; juan moyano 57.1; Kuttig - Travel 202.1; MBI 45.1; Mulholland, Timothy 20.1; ONOKY - Photononstop 21.1; PhotoAlto 24.2; Pictorial Press Ltd 196.1; Picture Partners 184.1; Schickert, Peter 194.1; SPUTNIK 183.1; sunnychicka 154.1; Sviridova, Valeriia 56.1, 58.1; Tetra Images 21.2, 28.1; The Picture Art Collection 193.1; Underhill, Colin 15.4; Vaartjes, Michiel 188.1; Weiss, Yael 23.1; Westend61 GmbH 14.1; Zoonar GmbH 73.1. |Alamy Stock Photo (RMB), Abingdon/Oxfordshire: Horree, Peter/© VG Bild-Kunst, Bonn 2020 144.3. |Alemannenschule Wutöschingen, Wutöschingen: 124.1, 124.3, 124.4. |ALTEFEUERWACHE Mannheim GmbH, Mannheim: Baum, Dominik 205.1. |Antirassistische Initiative e.V., Berlin: Initiative zur Aufklärung des Mordes an Burak Bektas, https://burak.blackblogs.org/ 78.1. |ASTERIX®-OBELIX®-IDEFIX®/LES EDITIONS ALBERT RENE/GOSCINNY-UDERZO/www.asterix.com, Vanves Cedex: © 2020 29.1, 29.2, 29.3, 29.4. |Audible GmbH, Berlin: 49.1. |avant-verlag GmbH, Berlin: Wie gut, dass wir darüber geredet haben © Julia Bernhard & avant-verlag, 2019 26.1. |Axel Springer Syndication GmbH, Berlin: 75.1. |Badisches Staatstheater, Karlsruhe: 166.1, 166.2, 166.3. |bpk-Bildagentur, Berlin: CNAC-MNAM / © Association Marcel Duchamp / VG Bild-Kunst, Bonn 2020 144.2; Deutsches Historisches Museum 87.1. |Brücken, Andreas, Nersingen: 218.1. |Brückner, Hannah, Hamburg: 17.1, 20.2, 28.3, 31.1, 36.1, 40.1, 41.2, 41.3, 60.1, 69.1, 69.2, 69.3, 100.3, 101.1, 102.1, 102.2, 104.1, 104.2, 105.1, 110.1, 113.1, 113.2, 115.1, 118.1, 128.1, 128.2, 130.1, 131.1, 131.2, 133.1, 135.1, 139.1, 140.1, 143.1, 190.1, 204.2, 206.1, 276.1, 278.1, 279.1, 286.1, 287.1, 288.1, 296.1, 297.1, 322.1, 325.1, 326.1, 328.1. |Bundesanstalt für Straßenwesen, Bergisch Gladbach: 187.1. |cartoonmovement.com, Amsterdam: Paolo Lombardi 66.1. |Claudia Juranits Fotografie, 4573 Lohn-Ammannsegg: 35.1, 37.1. |Cumart, Nevfel, Bamberg: Helmut Ölschlegel 203.1.

|DER SPIEGEL (online), Hamburg: 63.1. |Deutscher Wetterdienst (DWD), Offenbach: 120.1. |Elspaß, Prof. Dr. Stephan, Augsburg: Möller, Prof. Dr. Robert, Liège: Atlas zur deutschen Alltagssprache (Elspaß/Möller) 278.2, 278.3. |fotolia.com, New York: Krahl, Hans-Jürgen 148.1; Marla 88.1, 88.2, 88.3, 88.4, 88.9, 88.10, 88.11, 88.12, 88.17, 88.18, 88.19, 88.20, 88.25, 88.26, 88.27, 88.28, 88.33. |Gerstenberg Verlag GmbH & Co. KG, Hildesheim: Vitali Konstantinov: Es steht geschrieben © 2019 274.1. |Getty Images, München: AFP 64.1. |Google Maps / Street View: 79.2. |Grittner, Rudolf, Duisburg: 209.2. |Guse, Klaus-Michael, Siegen: 44.1, 55.2. |Hanna-Barbera Productions, Inc., c/o Warner Bros. Entertainment Inc., Burbank, California: 32.1. |Historische Kommission zu Berlin e.V., Berlin-Mitte: Ellen Franke 199.1. |Interfoto, München: Teuffen, D.H. 95.1; The Advertising Archives 144.1. |iStockphoto.com, Calgary: bdStudios 100.5; Freder, Dirk 44.2, 55.3; gece33 149.1; hatman12 259.1; Lya_Cattel 122.1; maroke 55.1; ollo 91.1; ozgurdonmaz 38.1; Vetta 230.2; Wavebreakmedia Titel. |Kartographie Michael Hermes, Hardegsen Hevensen: 51.1, 61.1, 61.2, 79.1, 81.1. |Kieler Nachrichten, Kiel: Wohlfromm, Jörg 126.1. |laif, Köln: Barth, Theodor 137.1. |MAGNETFILM GmbH, Berlin: © 2009 Spielzeugland, Jochen A. Freydank, Mephisto Film GmbH 82.1, 85.1, 86.1, 87.2, 88.5, 88.6, 88.7, 88.8, 88.13, 88.14, 88.15, 88.16, 88.21, 88.22, 88.23, 88.24, 88.29, 88.30, 88.31, 88.32, 88.34, 90.1, 90.2, 92.1, 94.1, 94.2. |Naumann, Andrea, Aachen: 220.3, 220.4, 355.1. |PantherMedia GmbH (panthermedia.net), München: cajoer 19.1, 19.2; MakroBetz 191.1. |Picture-Alliance GmbH, Frankfurt/M.: akg-images 230.4; dpa - Report / Anspach, Uwe 269.1; dpa / Gambarini, Federico 127.2; dpa / Hitij, Maja 126.2; dpa / Nietfeld, Kay 74.1; dpa / Seeger, Patrick 124.2; Redmann, Markus 303.1; Pohlmann, Bettina, Hamburg: 141.1. |Reimkultur GmbH & Co. KG, Hamburg: Fotograf: Sven Schütze 208.1; Fotografen: Gernot Hoersch & Joe Frohriep 213.2. |Rudel, Leona, Hanau: 145.1, 146.1, 150.1, 150.2, 153.1, 156.1, 162.1, 165.1, 209.3, 210.1, 212.1, 213.1, 215.1, 220.1, 220.2, 227.1, 227.2, 250.1, 251.1, 252.1, 253.1, 253.2, 255.1, 257.1, 260.1, 263.1, 264.1, 265.1, 266.1, 298.1, 300.1, 307.1, 311.1, 311.2. |Schölzel, Nik: © 2017 209.1. |Schule für Circuskinder in NRW, Hilden: 127.1. |Schwarzstein, Yaroslav, Hannover: 42.1, 52.1, 59.1, 83.1, 168.1, 169.1, 170.1, 171.1,

172.1, 173.1, 174.1, 176.1, 178.1, 181.1, 232.1, 234.1, 236.1, 236.2, 237.1, 237.2, 238.1, 239.1, 240.1, 242.1, 243.1, 244.1, 246.1, 248.1. |Shutterstock.com, New York: Motortion Films 41.1. |Shutterstock.com (RM), New York: Hartswood Films/REX 230.3. |stock.adobe.com, Dublin: alfotokunst 308.1; bannafarsai 100.2; bennytrapp 100.4; fizkes 10.3; helivideo 316.1; hikdaigaku86 270.1; kaliantye 138.1; Lara 147.1; lassedesignen 319.1; M.Dörr & M.Frommherz 272.1; marina_larina 100.1; mizar_21984 305.1; monticelllo 305.2; Mucha, Thomas 10.1; olenatur 310.1; Pixel-Shot 313.1; Potapov, Alexander 289.1; somchaisom 304.1; Stefan 164.1; taka 270.2; Tatiana 289.2; Vogel, Felix 189.1; warmworld 14.2, 15.1, 15.2, 15.3, 15.5, 22.1; Zemgaliete, Mara 283.1. |THE SOHO AGENCY, London: 46.1, 47.1. |Theater Heilbronn, Heilbronn: Inszenierung des Theaters Heilbronn: »Antigone«; nach Sophokles, Euripides, Aischylos in einer Bearbeitung von John von Düffel, Inszenierung: Johanna Schall; Ausstattung: Heike Neugebauer. Schauspieler: Joachim Foerster (Polyneikes), Gabriel Kemmether (Eteokles) 228.1. |Thienemann in der Thienemann-Esslinger Verlag GmbH, Stuttgart: © 2013, Otfried Preußler: Die kleine Hexe. Mit Illustrationen von Winnie Gebhardt 295.1. |ullstein bild, Berlin: Fotografisches Atelier Ullstein 198.1; Schiff-Fuchs 197.1; Teutopress 195.1; Thielker 204.1. |University of Minnesota, Department of Computer Science & Engineering, Minneapolis: https://grouplens.org/blog/investigating-the-potential-for-miscommunication-using-emoji/ 24.1. |Verlag Der Tagesspiegel GmbH, Berlin: 62.1, 77.1; Thilo Rückeis 70.1. |Walzl, Stephan, Oldenburg: 2015 223.1. |WDR mediagroup GmbH, Köln: 241.1, 241.2, 241.3; aus: Quarks vom 15.01.2019: Ewig jung: Wie Wissenschaftler das Altern stoppen wollen 53.1. |Wypior, Veronika, Bad Driburg: 97.1. |Zeitverlag Gerd Bucerius GmbH & Co. KG, Hamburg: © Aline Zalko 12.1. |© Suffolk Owl Sanctuary, UK: 256.1. |© SWR, Stuttgart: rundum gesund 54.1.

Wir arbeiten sehr sorgfältig daran, für alle verwendeten Abbildungen die Rechteinhaberinnen und Rechteinhaber zu ermitteln. Sollte uns dies im Einzelfall nicht vollständig gelungen sein, werden berechtigte Ansprüche selbstverständlich im Rahmen der üblichen Vereinbarungen abgegolten.

Textsortenverzeichnis

Anekdote
31 E. Lavric: Beleidigte Gasteltern

Appellierender / werbender Text
82 Filmplakat: Spielzeugland

Berichte
64 Autobombe tötet maltesische Bloggerin
75 Rappen, bis die Polizei kommt
75 Rapper löst in Zweibrücken Großeinsatz der Polizei aus

Blogeintrag / Foreneintrag
296/297 Digitalisierung der Gesellschaft

Briefe / E-Mails
132 Digitale Lernangebote an unserer Schule
133 Liebe Klasse 8a
140 Lieber Linus

Chatbeiträge / Tweets
11 Liebe Gabi, …
14 Kino
15 Staffellauf
15 Mittagessen
44 Baut doch bitte …
55 Auf meinem Gym …

Detektivgeschichten
231 Auszug aus A. C. Doyle: Sherlock Holmes. Eine Studie in Scharlachrot
232, 233, 234/245, 239, 241, 242, 243, 244, 245, 246, 248 Auszüge aus A. C. Doyle: Sherlock Holmes. Das gefleckte Band

Dialogische Texte
18 Auszug aus einem Gespräch I/II
21 Gespräch über das Training
28 Telefonat zwischen Vater und Tochter
32/33 Szene aus: The Big Bang Theory
107/108 Interview: Darum muss sich der Westen kümmern
236 Diskussion über Helen Stoner

Diskontinuierliche Texte
27, 30, 34 Kommunikationsmodell nach W. Herlitz
51 Balkendiagramm: Die beliebtesten Podcast-Themen der Deutschen
53 Kurvendiagramm aus „Quarks"
61 Balkendiagramm: Meistgenutzte Nachrichtenmedien in Deustchland
79 Karte: Tatort Rudower Straße
81 Balkendiagramm: Shell-Jugendstudie: Welchen Nachrichtenangeboten vertrauen Jugendliche?
105 Balkendiagramm: Abbaugeschwindigkeiten verschiedener Produkte
110 Kreisdiagramm: Plastikmüll im Jahr 2017 in Deutschland
120 Kurvendiagramm: Temperaturverlauf in Deutschland
123 Balkendiagramme: Elektromüll global
128 Kreisdiagramme: Schnelles Internet und WLAN in Fach- und Klassenräumen, Klassensätze Tablet-PCsoder Smartphones
143 Balkendiagramm: Stoffbewältigung
143 Balkendiagramm: Zeiteinteilung
187 Karte: Lage und Verlauf der B 96
207 Karte zum Gedicht „Summe meiner Fehlfahrten"

Gedichte / Songtexte
187 Silbermond: B 96
188 R. Malkowski: Radfahrt
188 M. Buth: Auf dem Fahrrad
190 J. v. Eichendorff: Der frohe Wandersmann
191 H.-P. Kraus: Die Entdeckung der Welt
193 A. Holz: Märkisches Städtchen
195 M. Politycki: Der Ausflug
196 B. Brecht: Der Radwechsel
197 Y. Karsunke: Matti wechselt das Rad
198 M. Kaléko: Momentaufnahmen eines Zeitgenossen
199 M. Kaléko: Der kleine Unterschied
201 M. Kaléko: Sehnsucht nach dem Anderswo
202 A. Tekinay: Dazwischen
202 N. Cumart: Zwei Welten
204 A. Ören: Plastikkoffer
206 M. Politycki: Summe meiner Fehlfahrten
281 Wise Guys: Denglisch

Glosse
30 H. Kratzer: die Bluatsschand mit der Sprache

Graphic Novels / Comics / Cartoons
26 J. Bernhard: Wie gut, dass wir darüber geredet haben
29 R. Goscinny / A. Uderzo: Asterix als Legionär
66 P. Lombardi: Cartoon zum Mord an Daphne Caruana Galizia

Kolumnen
12/13 T. Prüfer: Chatsprache: „hi paps wmds? bb l"
76 L. Maroldt: Knall auf Fall

Kommentar
66/67 N. Richter: Der Journalisten-Mord von Malta ist ein Angriff auf die Werte Europas

Kurzgeschichten
95/96 E. Langgässer: Saisonbeginn
145 C. J. Setz: Eine sehr kurze Geschichte
146/147 I. Kötter: Nasen kann man so und so sehen
149 T. Zimmermann: Eifersucht
151/152 M. Röder: Scherben
155 C. Reinig: Skorpion
157/158 B. Blume: Deutschstunde
161 M. Suter: At the Top
162/163 S. Berg: Hauptsache weit
164 J. Franck: Streuselschnecke

Meldungen
64 Malta: Bloggerin in Malta durch Autobombe getötet
78 Tötungsdelikt in Neukölln – Zeugen gesucht

Podcasts
50 „Jubel und Krawall": Folge 9 (Auszug)
78 „Wer hat Burak erschossen?": Folge 2/9
180 „Romeo und Julia auf dem Dorfe" (Auszug)
272 Paris: Bio-Gemüse aus dem Automaten

Reportage
70 V. F. Hasel: „Komm rein und lern Deutsch"

Romanauszüge
25 J. Wolf / A. Fuchs: Häkelenten tanzen nicht
286 B. Lebert: Crazy
295 O. Preußler: Die kleine Hexe

Novellenauszüge
166, 168/169, 170/171, 172/173, 174/175, 176/177, 178/179, 180, 181, 185 Auszüge aus G. Keller: Romeo und Julia auf dem Dorfe

Sachtexte / informierende Texte
11 Standardsprache
23 Emojis – eindeutig uneindeutig?!
40 A.-K. Emig: Die Macht der nonverbalen Kommunikation
45 So funktioniert Microblogging
46 J. Brien: Hoverbike: Brite erfindet fliegendes Fahrrad
55 N. Frumkina: Schule an digitalen Grenzen
57 Virtuell oder doch real?
74 N. Horaczek / S. Wiese: Boulevardzeitungen und Abonnement-Zeitungen im Vergleich
80/81 Auszug aus der Shell-Jugendstudie 2019
85 Der historische Hintergrund
86/87 Nationalsozialistische Rassenlehre
103 Die fünf Müllstrudel der Ozeane
109 Diese fünf Projekte sollen das Meer vom Plastik befreien
117 Ein Liter Licht: Plastikflaschen werden zu Solarlampe
117 Seit wann gibt es Upcycling und wer hat es erfunden?
117 Upcycling – Praxistipps
119 Was bedeutet Klimawandel?
120 Was ist der Treibhauseffekt?
120 Weltweiter Klimaschutz
122 Elektromüll – „e-waste"
123 Was passiert mit Elektromüll?
125 Die Alemannenschule stellt sich vor
126 Halligschulen
126/127 Englisch auf der Hallig
127 Die „Schule für Circuskinder in Nordrhein-Westfalen"

127 Online-Lernen im Zirkus
137 Gemischte Klassen
138/139 Homeschooling in den USA
141 Unterricht für Weltenbummler
142 Freiarbeit im Unterricht
145 Entstehung und Entwicklung der Kurzgeschichte
154 Skorpion (24.10.–21.11.)
167 Romeo und Julia auf dem Dorfe (1856)
182 William Shakespeare's „Romeo und Julia"
197 Zusatzinformation zum Gedicht
198 Emigrant / Exil
199 Mascha Kaléko
252 Koch-Olympiade in Stuttgart
254/255 Mit Gesten besser Sprachen lernen?
256 Großbritannien: Zu fett zum Fliegen – Eule auf Diät gesetzt
258 Was ist Literatur eigentlich?
261 Fluch oder Segen? – E-Bikes für Kinder
267 Tiere sind klüger und verständiger, als viele denken
268 Esperanto schon für Grundschulkinder?
276 Das Beste aus allen Welten
279 Wie kann man mit Zeichen miteinander sprechen?
285 So dufte waren Opas Jugendwörter
291 Wie gendergerecht muss Sprache sein?
300 Klimawandel
308 Ein exklusives Reiseziel
321 Von Hippokrates lernen

Satirische Texte
250 Wegen Überfischung: Fischstäbchen akut vom Aussterben bedroht

Szenische Texte
35, 37 L. Hübner: Creeps
183 Auszug aus W. Shakespeare: Romeo und Julia (3. Akt, erste Szene)
209, 210, 211, 215, 216, 217/218, 221, 224, 226, 228/229 Auszüge aus B. Wartke, C. Kalisch, S. Schütze: Antigone
214, 222, 224 Auszüge aus Sophokles: Antigone

Wörterbuch-Einträge
49 A. Emmerich: Podcast
305 Fremdwörterbuch: Atmosphäre die
306 Online-Wörterbuch: Atmosphäre, die

Stichwortverzeichnis

A
ä/e, äu/eu 385
Ableitung, ableiten 381, 384
Abonnementzeitung 74, 337
Adaption, literarische 167
Adjektiv 309/310, 319, 363, 368, 382/383
Adjektivattribut 259, 376
Adressat 377
Adverb 363, 365, 382
adverbiale Bestimmungen (Adverbiale) 373/374
Adverbialsatz 374/375
Agens 379
AIDA-Prinzip 343
Akkumulation (Aufzählung) 361
Akkusativ 367
Akkusativobjekt 255, 279, 371–373
Akronym 16, 17, 330
Aktiv, Aktivsatz 279/280, 379
Alltagssprache 153, 194, 212, 222, 276/277, 359
Alliteration 361
am-Progressiv 379
Anapäst 356
Anapher 361
Anekdoten 31, 353
Anglizismus 282, 386
Anredepronomen 347
Antithese 361
Antonym 285/286, 378
Appell 136, 344
Apposition 363
Argument, argumentieren 124–143, 261/262, 271, 330/331, 336, 344–346, 364
Argumentationshaus 125
Argumentationskette 131, 344
Argumentationskreis 131, 344
Artikel, Artikelwörter 363, 367, 382
Artikelprobe 367
Assimilation 17, 330
Assoziation 187
Attribute 254/255, 258/259, 371, 375/376
Attributsatz 258/259, 377
Audioguide 337
Aufforderungen, Aufforderungssätze 380
Aufklärung 353
Auflösung 212, 223, 246/247, 362
Auktorialer/allwissender Erzähler 150, 354
äußere Handlung 348, 353
Autorin/Autor 351, 353, 364

B
Balladen 200, 353
Balloon 355
Begründung 125, 129, 131, 336, 344/345
Beispiel/Beleg 129, 131, 336, 344/345
bekommen-Passiv 380
Bericht, berichten 64–69, 340, 346
Beschreibung, beschreiben 105/106, 241/242, 346/347
Bestimmungswort 283, 381
Bildaufmacher 62
Binnenhandlung 359
Blog 44/45, 296/297
Botenbericht 215/216, 362
Boulevardzeitung 74, 337
Briefe/E-Mails 347
Bühne 361/362

C
Cartoon 66, 69, 341
Charakterisierung (Figuren) 146–148, 236–240, 244, 347/348
Chatsprache 10–25, 330
Chronologisches / achronologisches Erzählen im Film 89, 338
Code 31, 333
Code-Switching 276/277, 378

D
Daktylus 356
dass-Sätze 365
Dativ 367
Dativobjekt 372/373
Dehnungs-h 384/385
Deklination, deklinieren 290, 382
Demonstrativpronomen 363
Derivation 283/284, 381
Detektivgeschichte 230–249, 353/354
Diagramme 105/106, 337, 347, 349
Dialekt 277/278, 364
Dialog 219, 354, 362
direkte Rede 252/253, 368/369
Diskriminierung (Sprache) 295
Diskussion, diskutieren 330–332
Dokumentation 337
Doppelkonsonant 382
Doppelvokal 384
Drama 208–229, 354, 361/362

E
Einstellung 91, 337
Einstellungsgrößen 338
Ellipse 17, 330, 361
Enjambement (Zeilensprung) 356
Entkräftung, entkräften (Gegenargumente) 130, 261/262, 271, 330, 344
epischer Text 354
Erbwort 281/282, 386
Ereignisbericht 346
Ersatzprobe 372, 383
Er-/Sie-Erzähler 354/355
Erweiterungsprobe 367
Erzähler, erzählen 88/89, 149/150, 354/355, 338, 342/343, 348/349
Erzählform 157, 354/355
Erzählmittel 348
Erzählperspektive 149/150, 354/355
Erzählplan 348/349, 352
Erzählschritte 355
Erzählungen 355
Exposition 168/169, 210–214, 362

F
Fabel 355
Fachsprache 193–195, 276/277, 294, 359, 378
Feedback (Rückmeldung) geben 331/332
Feldertabelle 266, 371
Figur 220, 347/348, 355
Figurenkonstellation 84/85, 220, 355
Fiktion, fiktiv 180, 258, 263
Filmeinstellungen 91, 337
Filmmusik 92, 338
Filmplakat 82/83, 337
Filmrezension 99
Fishbowl-Diskussion 331
Flexionsformen 367
Flussdiagramm 349
formeller Sprachgebrauch 18–20, 276/277, 334/335, 377/378
Formulierungsmuster 261/262, 271, 364
Frage, Fragesatz 369
Frageprobe 371/372
Fremdwörter 281/282, 300–304, 318, 382/383
Fremdwörterbuch 305–307, 386
Fünf-Schritt-Lesemethode 360
Futur I und II 378/379

G
Gattung 177, 251, 353
Gedichte 186–207, 356
Gegenstandsbeschreibung 347
gendergerechte Sprache 291, 364
Genitivattribut 258/259, 375/376
Genitivobjekt 372
Genus 367, 382
Genus verbi 279/280, 379
Gesprächsregeln 332
Gestik 38–40, 331/332
Getrennt- und Zusammenschreibung 308–314, 319, 383/384
Graphic Novel 355
Groß- und Kleinschreibung 367/368
Grundwort 283/284, 381
Gruppenpuzzle 323, 324
Gruppensprache (Soziolekt) 276/277, 285–287, 364/365, 378
Gutter 355

H
Handlungsort 241/242, 356
Handlungsschritte 355
Hauptfigur 172–175, 213, 219, 355, 362

Hauptsatz 365/366
Höflichkeit 347, 377
Höhepunkt 212, 219, 362
Homograph 289, 364
Homonym 288/289, 368
Homophon 289, 364
Hörspiel, Hörbuch 247, 338
Hyperlinks 328, 339

I
Ich-Erzähler 149/150, 354/355
Ich-Perspektive 150, 350
i, ie, ih 385
Imperativ, Imperativsatz 380
Indefinitpronomen 291, 363/364
indirekte Rede 252/253, 368/369
Infinitiv 378
Infinitivkette 372
Inflektive 17, 330
informeller Sprachgebrauch 18–20, 51, 276–278, 334/335, 377–380
informieren 100–123, 346, 352
Infotainment 52–54, 339/340, 281
Inhaltsangabe 357
innere Handlung 348, 353
innere Mehrsprachigkeit 276/277, 378
innerer Monolog 350/351
Interjektion 286, 364/365
Internetrecherche 339
Interpretationsaufsatz 157–160, 357/358

J
Jambus 356
Jugendsprache 14–17, 285–287, 364/365
Junktionen 365

K
Kalendergeschichte 357
Kamerabewegung / Kameraführung 91, 338
Kamerafahrt 91, 338
Karikatur 66, 69, 341
Kasus 367
Kehrvers (Refrain) 356
Kolumne 62
Kommasetzung 315/316, 320, 365/366
Kommentar (Textsorte) 66/67, 69, 80, 341
Kommentarglied 260, 367
Kommunikation 10–25, 26–41, 330–336
Kommunikationskanal 27
Kommunikationsstörungen 28–36, 332/333

komplexe Sätze 365/366
Komposition 283/284, 381
Konflikt 38–40, 170/171, 215–223, 354, 362
Konjugation, konjugieren 290, 382
Konjunktion 365, 367, 382
Konjunktiv I 252/253, 265, 268/269, 368/369, 380/381
Konjunktiv II 263–265, 270, 380/381
Konflikt (Literatur) 171/172, 215/216, 219, 223
konzeptionelle Mündlichkeit / Schriftlichkeit 18–20, 22, 334/335
Komödie 223, 361/362
Körpersprache 38–40, 331–333
Kreisdiagramm 110, 128, 337, 347
Kugellager 331
Kulisse 361
Kurzfilm 82–99, 342/343
Kurzgeschichten 144–165

L
Lautmalerei 361
Laut-Buchstaben-Beziehung 382
Lead-Stil 65, 69, 340
Lehnwort 302, 383
Lehre 355
Lesetechniken 102–105, 110/111, 121, 327–329, 349/350
Logo 62, 343
Lyrik 186–207, 356, 358/359
lyrischer Sprecher 189, 358
lyrisches Ich 189, 358

M
Märchen 358
mediale Mündlichkeit / Schriftlichkeit 18–20, 22, 334/335
Medien 42–99, 341
Mediensprache 12–17, 277, 330
Meinungen/Standpunkte begründen 330/331, 336, 344
Meldung 64, 69, 340
Merkwörter 384/385
Metapher 361
Metrum 356
Microblogging 44/45
Mimik 38–40, 286, 331/332, 364/365
Mindmap 352
Mitschrift 325
Mittelfeld 369
Moderne Lyrik 186–207, 358/359
Monolog 350/351, 362
Montage 89, 338

Mundart 277
Mural 205
Museumsgang 351

N
Nachfeld 266, 369
Nebensatz 254/255, 259, 365/366, 371, 374/375, 377
Neologismus 361
Nomen 311–314, 367/368, 382, 384
Nominativ 367
Notizzettelstil 372
Novelle 166–185, 359
Numerale 135, 346, 368
Numerus 367, 371, 382

O
Objekt 254/255, 371–374, 376
Objektsatz 254/255, 371
One-Minute-Talk 322, 334
Online-Wörterbuch 307–307, 386

P
Paarreim 356
Panel 98, 355
Papier-Posting 240, 352
Para- und nonverbale Kommunikation 38–40
Paradoxie 196, 359
Parenthese 316, 320, 366
Partnerpuzzle 323/324, 333
Partizip, Partizipgruppe 279/280, 314/315, 320, 366, 380, 384
Passiv, Passivsatz 279/280, 379/380
Perfekt 378/379
personaler Erzähler 149/150, 354
Personalform 371, 378
Personalpronomen 363
Personenkonstellation 84, 220, 355
Personifikation 348, 361
phonetische Kurzformen 17, 330
Plural 367, 378
Plusquamperfekt 378/379
Podcast 49–51, 56–58, 63, 78, 180, 273, 326, 342
Poesie 356
Polysem 288/289, 368
Possessivpronomen 363
Prädikat 369, 371/372
Prädikativ 372
Präfix 381, 384
Präposition 368
Präpositionalattribut 259, 375/376
Präpositionale Satzglieder 376

Präpositionalobjekt 372/373, 374, 376
Präsens 378/379
Präsentieren 333/334, 351
Präteritum 378/379
Pronomen 363
Pro-und-Kontra-Diskussion 331

Q
Quellenangaben 115, 253, 369, 351

R
Rahmenhandlung 359
Rat der deutschen Rechtschreibung 308
recherchieren (im Internet) 305–307, 339, 386
Rechtschreibwörterbuch 305, 307, 386
Redewiedergabe 252/253, 268/269, 368/369
Reflexivpronomen 363
Refrain 356
Regieanweisung 219, 362
Reim, Reimschema 356
Relativpronomen 363, 377
Relativsatz 366, 375, 377
Reportage 70–73, 78/79, 340
Requisiten 361
Ressort 62/63, 69, 341
Rinnstein 355
Rolle 362
Rollenbiografie 359
Rollendiskussion 331

S
s-Laute 385
Sachtexte recherchieren, prüfen und verwerten 299/300, 339, 359/360
Sanduhr-Prinzip 132–143
Satire 251
Satzarten 369
Sätze und Satzstrukturen 320, 369
Sätze verbinden 365
Satzformen 266, 369
Satzfunktion 374/375
Satzgefüge 365, 369, 377
Satzglieder 254/255, 260, 266, 286, 364–377, 392
Satzreihe 365
Satzverbindungen 370

Satzzeichen 17, 321, 330, 350, 365/366
Schnitt 56, 337, 342
Schlagzeile 62, 65, 69, 76, 340, 343, 388
Schreibkonferenz 273, 349, 352
Schweifreim 356
Sender-Empfänger-Modell 27, 30/31, 34, 332
Silbe, Schreibsilbe 382, 385
Silbengelenk 382, 385
silbentrennendes h 385
Singular 363, 367, 378/379
Slogan 288, 337, 343
Soundword 355
soziale Netzwerke 45, 81, 296/297
Spannung, Spannungsbogen 72, 89, 184, 216, 219, 245, 348/349, 353, 362
Speedline 355
sprachliche Bilder 361
Sprachvarietät 277, 287, 292, 378
Sprachwandel 293
Stärkungen 125, 134/135, 139, 336, 344–346
Stammprinzip 382, 384
Standardsprache 11, 17, 277, 330, 378
Standbild 33/34, 210, 335/336
Steckbrief 147, 213, 231, 346
Stellungnahme 172–175, 181, 262, 361, 364
Stilmittel 90, 191, 361
Stoff, literarischer 182, 184, 208
Storyboard 95, 97/98
Streit, streiten 11, 37, 41, 170–174, 212, 219/220, 225, 228, 265, 299, 331, 354
Strophe 188–191, 198–205, 356
Subjekt 254/255, 279, 363, 367, 371/372, 379
Subjektellipse 17, 330
Subjektsatz 256, 371
Subjunktion 321, 365/366, 369, 374/375, 377
Subtext 362
Suffix 283/284, 381, 384
Symbol 52, 90, 153, 159, 203, 220, 274, 349, 355, 358
Synonym 285, 301, 306/307, 378, 381, 383, 386
Synonymwörterbuch 307, 386

Szene 36/37, 86–92, 94, 98, 183, 215, 221–223, 228, 247, 337/338, 353/354, 361/362
szenisches Präsens 348
szenische Texte 354, 362

T
TATTE-Informationen 48, 341
Teaser 62/63, 388
Tempusformen 378/379
Textbox 355
Textkohärenz 257, 273, 378
Tragödie 208/209, 216, 223, 361/362
Transkript 50, 78, 180
Trochäus 356
Theater 209, 354/355, 361/362
Thesaurus 307, 386

U
umarmender Reim 356
Umstandsbestimmung 373
Umstellprobe 367, 383
Untersuchungsbericht 346, 349

V
Verb 254, 259, 280, 309, 311–315, 318/319, 363, 365/366, 369–378, 382–384
Verberstsatz (V1) 369/370
verbhaltige Gruppe 365/366
Verbfeld 266, 279, 369/370. 379
Verbklammer 369
Verbletztsatz (VEnd) 365, 369
Verbzweitsatz (V2) 369
Vergleich 106, 189/190, 200, 336, 345, 347, 359, 361
Vers 200, 356
Verschiebeprobe 370/371, 376
Versmaß 190, 192, 356, 359
Virtuelle Welten 56–58
Visualisierung, visualisieren 24, 40, 323, 332, 340, 349
Vorfeld 255, 266, 279, 344, 365/366, 369/370, 373, 375, 379
Vorfeldtest 370
Vorgangsbeschreibung 347
Vorgangspassiv 279/280, 379/380
Vortrag, vortragen 19, 23/24, 40, 59, 192, 311, 322–325, 333/334
Vortragszeichen 336

W
Waise 356
Weglassprobe 370
Wendepunkt 176/177, 182, 184, 212, 359, 362
Werbeanzeige 337, 343
Werbespot 343
Werbung 62/63, 282, 284, 287/288, 343
W-Fragen 47/48, 65, 69, 72, 79, 341, 346, 360, 369
Wiederholung (Stilmittel) 361
Wortarten 284, 286, 290–292, 318, 364, 368
Wortbausteine 284, 384
Wortbedeutung 284/285, 288, 292, 294, 381
Wortbildung (Komposition, Derivation) 283/284, 381
Wörter ableiten 360, 381, 384
Wörterbuch 305–307, 318, 321, 328, 360, 368, 378, 380, 384, 386
Wörter zerlegen (und verlängern) 284, 381, 384
Wortfamilie 318, 381, 384
Wortfelder 153, 381
wörtliche Rede 348, 353, 366
Wortschatz 278, 282–286, 291, 364, 382, 386
Wortstamm 284, 301, 312, 379–386
Worttrennung 385

Z
Zäsur 356
Zeichensetzung 249, 299, 321, 352
Zeilensprung 356
Zeitangaben 325, 347, 358
Zeitformen 238, 249, 348, 352, 357
Zitieren 73, 79, 325, 340, 346, 348
zu-Infinitiv 259, 366, 375, 377
zusammengesetztes Nomen (Kompositum) 312, 342, 381, 384
Zustandspassiv 279/280, 380